Œuvre de Roustaing

SPIRITISME CHRÉTIEN
RÉVÉLATION DE LA RÉVÉLATION

LES ÉVANGILES
SUIVIS DES COMMANDEMENTS
EXPLIQUÉS EN ESPRIT ET EN VÉRITÉ
Par les Évangélistes, les Apôtres et Moïse

ANALYSE ET RÉSUMÉ
Par René CAILLIÉ
Vice-Président honoraire de la Société d'Études psychologiques de Paris

> J'aurais encore beaucoup de choses à
> vous dire, mais vous ne pouvez les porter
> présentement ; mais, quand cet esprit de
> vérité sera venu, il vous enseignera toute
> vérité ; car il ne parlera pas de lui-même,
> mais il dira tout ce qu'il aura entendu,
> et il vous annoncera les choses à venir ; il
> me glorifiera, parce qu'il recevra de ce
> qui est à moi, et il vous l'annoncera.
> (Jean, XVI, v. 12, 13, 14.)

1884

PÉAULT, RONCOT & Cⁱᵉ
Rue Santeuil, 8
NANTES

AUX BUREAUX
DE L'*Anti-Matérialiste*
AVIGNON

LIBRAIRIE DES SCIENCES PSYCHOLOGIQUES
5, Rue des Petits-Champs

PARIS

Œuvre de Roustaing

SPIRITISME CHRÉTIEN
RÉVÉLATION DE LA RÉVÉLATION

LES ÉVANGILES
EXPLIQUÉS EN ESPRIT ET EN VÉRITÉ
Par Moïse, les Évangélistes et les Apôtres

ANALYSE ET RÉSUMÉ
Par René CAILLIÉ
Vice-Président honoraire de la Société d'Études psychologiques de Paris

> *J'aurais encore beaucoup de choses à vous dire, mais vous ne pourez les porter présentement ; mais quand cet esprit de vérité sera venu, il vous enseignera toute vérité ; car il ne parlera pas de lui-même, mais il dira tout ce qu'il aura entendu ; et il vous annoncera les choses à venir ; il me glorifiera, parce qu'il recevra de ce qui est à moi, et il vous l'annoncera.*
> (Jean, XVI, v. 12, 13, 14.)

NANTES

IMPRIMERIE NOUVELLE
PÉAULT, RONCOT & Cie
8, Rue Santeuil, 8.

Aux Bureaux
de L'*Anti-Matérialiste*

1884

OBSERVATIONS

ET

CORRECTIONS DES ERREURS

Page 8. Ligne 11 et 12. Il faut comprendre que l'assassin *passait* pour honnête homme.

Ligne 29, *lire :* (ou *spiritualisme* moderne...

Page 13. Ligne 33, *lire :* où se *trouvaient*...

Page 15. Ligne 31, *lire :* Zœllner au lieu de Zollner.

Agénère. Suivant le dictionnaire universel de Maurice Lachâtre, on appelle ainsi un être qui n'a pas été engendré ; c'est une variété de l'apparition tangible, l'état de certains esprits qui peuvent revêtir momentanément les formes et les apparences d'une personne vivante au point de faire complètement illusion. L'histoire et les légendes de tous les peuples contiennent la relation de beaucoup d'apparitions de ce genre. Mais il y a une différence importante à faire entre les agénères et la *corporéité fluidique* du Christ. On peut s'en rendre compte en lisant ce que dit des agénères Allan Kardec à la page 329 de sa *Genèse*. Les agénères n'ont que les apparences de la matière charnelle sans en avoir les qualités ; ils ont un corps qui se forme instantanément et disparait de même en s'évaporant par la désagrégation des molécules fluidiques. On ne pourrait ni les tuer, ni les enchaîner et les coups qu'on leur porterait frapperaient dans le vide. Ils ne font jamais de longs séjours et ne peuvent devenir les commensaux habituels d'une maison, ni figurer parmi les membres d'une famille. Le Christ, lui, quand il vint accomplir sa mission, avait pris *l'incorporation* que prennent les esprits parfaits dans les *mondes fluidiques* supérieurs, et il la prenait et la reprenait à volonté. A l'encontre des agénères, il était apte à une longue tangibilité. Il n'y a donc aucune analogie à établir entre le Christ et les agénères.

Page 34. Ligne 21, *lire:* ne *fait* pas encore.

Page 40. Ligne 8, *lire* : comme *la* source...

Page 43. Ligne 4. Nous avons fait erreur en présentant ici le Christ comme agénère ; car cela est contradictoire à l'esprit des *Quatre-Évangiles* de J.-B. Roustaing.

Page 44. Ligne 3, au lieu de Vie, *lire* : *nature.*

Page 45. Dernière ligne : *Elie y monta sur un char de feu.* Il faut comprendre que c'est l'ESPRIT d'Élie, car la révélation de Roustaing nous apprend qu'Élie était bien incarné à la manière humaine, puisque plus tard il s'incarna de nouveau sous le nom de Jean.

Page 66. Ligne 13, *lire:* ont *écrit...*

Page 73. Ligne 21, on appelle perfection *sidérale,* la plus haute perfection, toujours au-dessous de celle de Dieu, à laquelle un Esprit peut arriver: c'est la plus grande perfection intellectuelle et morale relativement à tous les mondes. Les esprits qui la possèdent ne peuvent habiter que les mondes purs.

Ligne 29, *lire : quels* que soient....

Page 74. Première ligne, *lire* : pleine de *bonté.*

Page 89. Dernière ligne. *Théonomie* veut dire: *l'ensemble des lois de Dieu.* Dieu règle et conduit l'univers et toute les créations qu'il contient par des lois qui soient immuables.

Page 91. Ligne avant-dernière, supprimer ces quatre mots : un esprit très pur.

Page 94. Ligne 14, *lire :* vraies couleurs.

Page 95. Ligne 14, *lire :* subtil.

Page 96. Ligne 19, *lire :* Katie au lieu de Katy.

Page 111. *Remarque.* Nous prions les lecteurs de notre résumé de retrancher du livre les pages 111, 112, 113 et 114. A ce moment de notre étude, notre foi n'était pas encore faite et nous ne possédions pas entièrement notre sujet.

Page 123. Nous prions également nos lecteurs de vouloir bien retrancher cette page de notre livre. Il n'y a, pensons-nous, aucune comparaison possible, entre le Kristna des Indes et le Jésus des Evangiles. On peut seulement tirer une conclusion, que l'attente d'un Messie existait chez les Hindous comme chez les Hébreux.

Page 150. Ligne 9, une virgule indispensable a été oubliée ; *lire :* de notre globe,

Page 168. Ligne 17 et suivantes, il y a erreur de doctrine ; les esprits *purs*, comme il est dit à la page 156, sont mis à l'abri de toute chûte par leur état de perfection. Ce que nous disons dans ces huit lignes-là s'applique aux esprits qui n'ont point encore atteint la perfection sidérale.

Page 178. Première ligne, *lire :* qui *ne* nous les a livrées...

Page 180. Ligne 4, *lire :* auprès *des* médecins...

Page 194. Ligne 9, *lire :* lever.

Page 228. Ligne 21, *lire :* subissent.

Page 229. Ligne 11, *lire :* à quoi *auraient pu* servir.

Page 330. Ligne 8, *lire :* *l'affligeait.*

Page 385. Ligne 2, *lire:* *qui doive.*

Page 385. Avant-dernière ligne, *lire:* *décrépite.*

Page 414. Ligne 14, *lire:* *quel que.*

Page 437. Ligne 29, *lire :* *ses.*

Page 530. Dernière ligne, *les descendants des fautes des ascendants.*

Page 539. Ligne 23, *lire :* et l'on n'en trouvera...

Page 567. Ligne 8, *lire:* *Iscariote.*

Page 593. Ligne 22, *lire:* *couvrant* le monde.

Page 612. Ligne 17, *lire :* afin de *rallier...*

Page 615. A la ligne 15 mettre une *virgule* au lieu d'un point.

Page 628. Ligne 11, *lire :* organe *direct...*

Page 680. Ligne 7, *lire :* il *faut* que...

Page 698. Dernière ligne, *lire :* avaient *disparu.*

Page 716. Ligne 4, *lire :* sa *loi...*

Page 765. Ligne 4, *lire :* par la pratique, avec...

Page 773. Ligne avant-dernière et suivantes ; il y a a erreur de doctrine ; les esprits *purs* comme il est dit à la page 156 sont mis à l'abri de toute chûte par leur état de perfection. Ce que nous disions dans ces cinq pages-là s'applique aux esprits qui n'ont pas atteint la perfection sidérale.

Dernière ligne, *lire :* Mais l'orgueil peut les prendre *avant d'arriver* à des hauteurs pareilles.

Page 775. Ligne 29, *lire :* *puddleur* au lieu de pudleur.

Page 779. Ligne 20, *lire :* c'est le boudhisme qui est après le brahmanisme, la religion la plus ancienne du monde.

Page 788. Ligne 10, *lire :* *peuple* juif au lieu de temple juif.

790. Ligne 5, il faut retrancher la virgule après : *Après tout.*

PRÉFACE

Nous sommes peut-être à l'époque la plus extraordinaire, la plus digne de l'attention des penseurs, que l'on ait vue depuis l'arrivée de Jésus sur la terre.

Tout le monde sait la manière pour ainsi dire miraculeuse dont le *Spiritisme* a fait son apparition, et la vitesse incroyable avec laquelle en moins de trente ans, il a envahi l'Europe entière. Ce fait est certainement tout aussi étonnant que celui de la *doctrine du crucifié* — dont personne ne peut nier la miraculeuse extension sur le globe — imposant ses principes superbes à toutes les nations de l'occident. Tous ceux qui ont fait du *Spiritisme* une étude sérieuse ne peuvent guère se soustraire à cette pensée : qu'une grande révolution morale et religieuse est en train de s'accomplir et qu'une immense armée *d'Esprits,* de Messagers divins, s'est ébranlée, comme sous l'effet d'un commandement, pour ouvrir les yeux des aveugles, combattre et tuer le Matérialisme, et ramener enfin la Foi sur la Terre. « Les temps sont arrivés, nous crient ces voix amies, où toutes choses doivent être rétablies dans leur sens véritable pour dissiper les ténèbres, confondre les orgueilleux et glorifier les justes. Les grandes voix du ciel retentissent comme le son de la trompette, et les cœurs des anges s'assemblent.

Hommes ! Nous vous convions au divin concert. Que vos mains saisissent la lyre ! Que vos voix s'unissent, et qu'en un hymne sacré elles s'étendent et vibrent d'un bout de l'univers à l'autre. Hommes, frères que nous aimons, nous sommes près de vous. Aimez-vous les uns les autres, et dites au fond de votre cœur, en faisant la volonté du Père qui est au ciel : Seigneur ! Seigneur ! Et vous pourrez entrer dans le royaume des cieux (1). »

Nier la réalité des phénomènes spirites n'appartient plus qu'aux ignorants, aux hommes de parti pris, à ceux qui, comme la grenouille du bon La Fontaine, crèveront dans leur peau d'orgueil plutôt que de se soumettre et d'avoir foi. Et cependant : *Les faits sont des choses opiniâtres,* leur crie-t-on. Etudiez, avec constance et sans moquerie, et vous serez bien vite convaincus devant la certitude qui s'impose et l'évidence qui terrasse le démon du doute. Et quant à vous, savants, qui portez si haut votre intelligence, devenez plus humbles et plus modestes ; au lieu de rire et vous moquer, ce qui est toujours facile, étudiez, expérimentez, car « *La Science est tenue, de par l'éternelle loi de l'honneur, à regarder en face et sans crainte, tout problème qui peut se présenter à elle.* » Au bout de ces études vous trouverez la foi, c'est-à-dire le bonheur.

Certitude scientifique des phénomènes spirites. C'est en Amérique que le Spiritisme prit naissance, en décembre 1847. Cet honneur

---

(1) *L'Evangile selon le Spiritisme,* d'A. Kardec. Préface.

était réservé à ce pays de la liberté par excellence.

La famille Fox se composait du père et de la mère, et de trois jeunes filles, dont les deux plus jeunes, Marguerite et Kate, étaient agées la première de quinze ans et la seconde de douze. Cela commença par des coups frappés : puis on vit les meubles s'agiter et osciller dans tous les sens ; puis on entendit des pas invisibles qui semblaient marcher sur le parquet ; puis enfin les deux jeunes filles, sentirent comme une main froide qui leur touchait les joues. Les bruits devinrent si forts et si continus que le repos de la famille en fut compromis et, l'être indiscret et invisible, comme par moquerie, imitait tous les cris d'effroi que faisaient les jeunes filles et s'amusait à produire tous les bruits possibles. A la fin, la plus jeune, Kate, se familiarisant avec l'invisible inconnu, au lieu de s'en effrayer s'en amusa, et, faisant claquer gaiement ses doigts, s'écria :

« Allons ! Monsieur Pied-Fourchu, faites comme moi ! »

Pied-Fourchu fit comme elle et produisit exactement le même claquement de doigts.

L'enfant fit en l'air, silencieusement, un certain nombre de mouvements. L'invisible frappa un nombre égal de coups.

« Mère ! s'écria-t-elle, écoute ! Il voit aussi bien qu'il entend. »

La mère accourut.

— « Compte dix, cria-t-elle. »

Il compte dix.

— « Quel âge a Marguerite et quel âge a Kate ? »

Il répondit exactement leurs âges
— « Combien ai-je d'enfants ? »
— Sept.

La réponse n'était pas exacte. Mme Fox n'en avait que six. Réitération de la question, réitération de la réponse. L'Esprit répondait toujours : sept. Soudain, se ravisant, Mme Fox s'écria :
— « Combien en ai-je de vivants ? »
— Six.
— « Combien sont morts ? »
— Un.

Cela était vrai. La Vérité se trouvait vengée.

Alors on alla appeler des voisins et toute la nuit se passa à causer avec l'invisible qui fit à toutes les questions les réponses les plus satisfaisantes (1).

Voici, résumé aussi simplement et aussi naïvement que possible, le point de départ de cette grande Révélation, ou, si vous aimez mieux, de cette grande découverte des temps modernes, qui prouve d'une manière évidente et péremptoire, la possibilité des communications entre les vivants et les âmes des morts.

Nous allons maintenant décrire à grands traits la marche du phénomène à travers le monde aussi succinctement que nous pourrons.

Plusieurs désincarnés se communiquèrent et vinrent dire que des Esprits philosophiques et scientifiques (et à leur tête le grand Franklin) qui, pendant leur existence terrestre, s'étaient livrés à l'étude de l'électricité et des autres impondérables, étaient *chargés* d'opérer un grand mouvement dans les idées des habitants de la

---

(1) *Choses de l'autre monde*, par Eugène Nus.

Terre. Nombre d'Esprits, amenés par des affections de famille, vinrent réjouir le cœur de leurs amis étonnés et aider à la manifestation du phénomène nouveau. Ils vinrent proclamer la joyeuse nouvelle, dire qu'ils vivaient toujours, qu'ils aimaient toujours, et ils annonçaient, avec les tendres expressions de l'affection humaine et avec la sagesse d'Êtres placés dans une sphère plus élevée de la vie, qu'ils veillaient, du haut de leur nouvelle demeure, sur les bien-aimés qu'ils avaient laissés sur la Terre. Ils donnèrent enfin tout un ensemble d'instructions pour guider ceux qui désiraient entrer en relations occultes avec les Esprits de l'espace.

Mais il fallait une sanction éclatante au phénomène pour qu'il put prendre bientôt partout son droit de cité. Cette sanction, il la trouva dans le fanatisme et la persécution qui firent irruption dans la famille Fox. Et l'on vit se produire des scènes sauvages, des scènes d'injures grossières, de violences et d'absurdités de toutes sortes. Plusieurs prêtres vinrent exorciser les Esprits, mais, quand ils virent que ceux-ci faisaient chorus avec les *Amen* et les *Dominus vobiscum*, ils se retirèrent furieux en déclarant que les pauvres fillettes avaient fait un pacte avec le diable.

La famille Fox, maudite et tourmentée de tous les côtés, dut changer de domicile et se retirer dans la ville de Rochester. Mais les Esprits les suivaient partout et là les enfants faillirent être mises en pièces. Elles continuèrent cependant ces causeries charmantes qui agrandissaient si superbement la sphère de leur existence et remplissaient leur cœur de joie et de bonheur.

On inventa un alphabet pour causer plus facilement avec les Invisibles et bientôt on put faire avec eux des conversations courantes.

L'Esprit frappeur, le premier dont il a été parlé, put enfin donner des renseignements sur sa personnalité. Il apprit à ses hôtes qu'il se nommait Charles Rosna, colporteur de son vivant, et qu'il avait été assassiné dans cette maison pour son argent, et enterré dans le cellier. Il désigna même son assassin parmi les noms qu'on lui cita ; c'était actuellement un brave homme qui, en effet, habitait le cottage à l'époque peu reculée indiquée par l'Esprit. On fit des fouilles sous le cellier. On y trouva de la chaux, du charbon, des débris de vaisselle, une petite touffe de cheveux, quelques os et un fragment de crâne déclarés par un chirurgien du lieu comme ayant fait partie d'une charpente humaine, « preuves évidentes qu'un homme avait été enterré là, et que la chaux et le charbon qui accompagnaient ces quelques débris avaient été employés à faire disparaître les traces de cette mystérieuse inhumation. »

On comprend l'émoi causé dans la contrée. Enfin, avons-nous dit déjà, la famille fut forcée de se réfugier à Rochester. L'Esprit du colporteur voulait sans doute contraindre les jeunes Médiums, en les chassant de leur maison, à transporter le *Spiritisme* (ou Spiritualiste moderne comme on l'appelle en Amérique) sur un plus grand théâtre.

Là, nouvelles manifestations des Esprits frappeurs et, le mauvais esprit des vivants s'en mêlant, les Fox furent accusés d'imposture et sommés de renoncer à leurs pratiques. Cette fois M. et Mme Fox tinrent bravement tête à l'orage et répondirent « qu'ils considéraient comme un devoir suprême pour eux de propager la connaissance de phénomènes qu'ils regardaient comme consacrant l'avènement d'une grande et consolante vérité, utile à tous. »

Ils furent chassés de leur Église, eux et tous leurs adeptes. De plus on ameuta contre eux la populace. Mais, devenus résignés et confiants dans la mission qu'ils croyaient que Dieu leur avait donnée, les apôtres de la foi nouvelle offrirent de faire la preuve publique de la réalité de ces manifestations d'outre-tombe. On commença par une conférence où furent exposées toutes les péripéties du phénomène, sa marche paraissant providentielle et ses progrès, et, malgré les huées, on aboutit pourtant à la nomination d'une commission chargée d'examiner et d'étudier les faits.

Cette commission fut obligée d'avouer, ses travaux terminés, qu'après l'examen le plus minutieux, elle n'avait pu découvrir aucune trace de fraude.

On nomma une seconde commission composée d'esprits plus sévères et plus minutieux encore. Des dames fouillèrent et même déshabillèrent les Médiums. Second rapport encore plus favorable.

Il est impossible de décrire l'indignation qui se manifesta à cette seconde déception. Une troisième commission fut immédiatement choisie parmi les plus incrédules et les plus railleurs. Le résultat de ses investigations, encore plus outrageantes pour les pauvres jeunes filles, tourna plus que jamais à la confusion de leurs détracteurs.

Toute la ville alors s'en mêla et la foule exaspérée, convaincue de la trahison de ses commissaires, avait déclaré que, si ce troisième rapport était favorable, elle *lyncherait* tous les imposteurs, les Médiums avec leurs avocats. Mais, nouvelles Jeanne d'Arc, les jeunes filles, malgré leur terreur extrême, escortées de leur famille et de quelques amis, ne se présentèrent pas moins à la séance et prirent courageusement place sur l'estrade de la grande salle, « tous décidés à périr, s'il le fallait, dirent-ils, martyrs d'une impopulaire mais incontestable vérité. »

A peine le rapporteur eut-il achevé sa déclaration qu'un tumulte effroyable s'éleva, et la foule exaspérée allait se précipiter sur l'estrade et mettre en pièces Marguerite et Kate, lorsqu'un quaker, nommé Georges Willets, dont la religion pacifique donna aux paroles qu'il prononça une autorité toute particulière, déclara « que la troupe de rufians qui voulait lyncher les jeunes filles ne le ferait qu'en marchant sur son corps. »

Ainsi le danger fut conjuré par le dévouement d'un juste, par le courage d'un brave.

Nous avons dit la naissance du *Spiritisme*.

Honneur et gloire à ces jeunes filles, Marguerite et Catherine Fox, qui n'hésitèrent pas à offrir leur vie pour le triomphe de la foi nouvelle. Aux grandes époques de l'évolution des Humanités montant par le progrès vers la lumière, quand l'esprit du mal lève trop haut la tête, il faut de grands dévouements pour ramener les hommes dans la vraie voie ; ces dévouements, c'est toujours dans les femmes qu'on les trouve.

I. — *Tout ce que nous venons de dire prouve, et par excès d'évidence, l'existence des Esprits et la possibilité de relations entre les vivants et les morts.*

Maintenant, nous allons montrer la traînée de poudre enlaçant, en moins de dix ans, l'Europe tout entière. Il n'y a pas dans l'histoire d'exemple semblable d'une doctrine parcourant tant d'espace en si peu de temps et s'imposant d'une manière aussi paisible. C'est qu'aussi aucune question ne présente autant d'intérêt puisque c'est celle de la *preuve scientifique* de l'existence de l'âme ; c'est qu'aussi aucuns principes ne sont plus purs que ceux de la Révélation nouvelle, puisque ce sont tout simplement les principes du Christ.

La persécution est le coup de fouet qui fait galoper une idée. En 1850, le *Modern Spiritualism* avait envahi presque tous les États de l'Union. L'égalité d'instruction a fait la femme américaine l'égale de l'homme, c'est une des raisons qui firent que la foi nouvelle, dans ce pays, marcha si vite. Un des hommes les plus considérables de la magistrature, le juge Edmonds, *chief justice* de la suprême cour de New-York et président du Sénat, se convertit au nouveau spiritualisme. Dès lors, ce fut un *tolle* général des feuilles évangéliques et des journaux profanes incestueusement unis pour combattre le monstre. Rien n'y fit et, nouveau Phénix, on avait beau le terrasser, il renaissait incessamment de ses cendres. D'autres sénateurs se convertirent et bientôt une pétition, appuyée de 15,000 signatures, fut adressée au congrès de Washington pour qu'il voulut bien reconnaître et proclamer la réalité des phénomènes spirites. Elle ne fut point accueillie favorablement, mais cela n'empêcha pas les apôtres et les convertis d'apparaître de tous côtés, et même plus que jamais, comme la vie après une pluie d'orage.

D'Amérique, traversant les mers, la bonne nouvelle fait son entrée en Angleterre. Là, les hommes les plus éminents soumettent le phénomène à l'investigation scientifique. La méthode est celle des temps modernes : on expérimente et l'on tire des faits observés leur conclusion naturelle. A la tête de ces savants nous trouvons un homme de génie, dont la réputation est européenne, William Crookes, de l'académie royale de Londres. Il eut le courage de ses opinions et, comme Galilée, il offrit à l'insulte ses cheveux blancs.

Crookes étudie, tout particulièrement, et sans jamais se départir de la méthode scientifique, tous ces phénomènes si singuliers de la matière impondérable et, vaincu par l'évidence, il vient courageusement déclarer à tous ces magistrats, ces pasteurs, ces lettrés, ces scientifiques, qui l'avaient chargé d'*anéantir* ces superstitions ridicules, que rien n'était plus certain que la réalité de ces faits : « *Je ne dis pas que cela est possible, leur jette-t-il à la face, je dis que cela est.* »

Mais, par un effet de despotisme autoritaire et d'orgueil infaillible des savants de nos jours, assez semblables à ceux des papes obligeant un vieillard à renier son génie et la vérité elle-même, les conclusions de Crookes, ses études si convaincantes et si consciencieuses, les phénomènes spirites enfin, furent opiniâtrement repoussés par toutes les Académies. C'est que l'on peut être savant et n'être point intelligent ; c'est que parmi les savants, il y a ceux qui savent en ayant appris *par cœur* la science des autres et sont incapables d'inventer ni de déchirer aucun voile de l'inconnu ; et il y a, d'un autre côté, ceux qui, véritables missionnaires et révélateurs divins, cherchent et vont de l'avant, la foi dans l'âme et le courage au cœur. Ceux-là, sans honte et sans vergogne, sont les vrais pasteurs des peuples, les lumières de l'humanité.

Crookes fut traité de fou, mais il n'était pas homme à reculer.

Par un hasard des plus extraordinaires, ou plutôt par la vertu du doigt divin le soutenant dans ses efforts, Crookes trouva sur sa route un puissant et excellent Médium, Mlle Florence Cook, âgée de 15 ans, et pleine de dévouement pour la sainte cause, pour cette révélation nouvelle qui devait rendre à l'humanité sa vieille et simple foi des temps d'autrefois. Pendant trois années consécutives les phénomènes les plus merveilleux se produisirent devant lui et quelques savants de ses amis.

La Médium, Mlle Florence Cook, était couchée, endormie, sur un canapé, dans un cabinet attenant au salon où se trouvait les expérimentateurs. Une demi-obscurité était faite dans ce cabinet, car il est prouvé que l'obscurité facilite énormément la production des phénomènes. Alors, *pendant que l'on voyait Mlle Cook endormie sur son canapé*, une belle forme féminine apparaissait dans ce salon. Elle disait s'appeler Katy King, affirmait qu'elle avait autrefois vécu incarnée dans l'Inde sous le nom d'Annie Morgan, et qu'elle avait la mission de prouver à ces pauvres et aveugles habitants de la Terre la persistance de leur personnalité après la mort et la preuve de la réincarnation des âmes. Elle était blonde et Mlle Cook était brune. Elle était plus grande et plus grosse que Mlle Cook. Celle-ci avait au cou un grain de beauté que Katy n'avait pas. Enfin cet Esprit charmant, entièrement matérialisé, racontait tristement des faits de son ancienne existence au pays des Brahmanes, se promenait dans le salon au bras de M. Crookes, s'amusait avec ses enfants et se prêtait à toutes les expériences et constatations nécessaires pour permettre d'établir sa parfaite réalité et rendre enfin ces études entièrement scientifiques.

Ces expériences duraient pendant une heure et souvent même pendant deux heures consécutives. Puis, à un moment donné, l'apparition visible et tangible s'affaiblissait et semblait s'évanouir ; elle se rapprochait petit à petit du Médium et disparaissait pour recommencer le lendemain la même étude et la même expérience.

Au bout de trois ans de cette existence, Katy-King déclara sa mission terminée : « Adieu, dit-elle, ma mission est accomplie, que Dieu vous bénisse ! » et on ne la revit plus.

Ce que Crookes raconte de ces apparitions merveilleuses est vraiment charmant. Il prit plusieurs fois la photographie de Katie, « mais la photographie, dit-il, est aussi impuissante à dépeindre la beauté parfaite du visage de Katie, que les mots le sont eux-mêmes à décrire le charme de ses manières. La photographie peut, il est vrai, donner un dessin de sa pose, mais comment pourrait-elle reproduire la pureté brillante de son teint, ou l'expression sans cesse changeante de ses traits si mobiles, tantôt voilés de tristesse lorsqu'elle racontait quelque amer événement de sa vie passée, tantôt souriant avec toute l'innocence d'une jeune fille lorsqu'elle avait réuni mes enfants autour d'elle, et qu'elle les amusait en leur racontant des épisodes de ses aventures dans l'Inde.

Autour d'elle elle créait une atmosphère de vie ;
Ses yeux semblaient rendre l'air lui-même plus brillant.
Ils étaient si doux, si beaux, et si pleins
De tout ce que nous pouvons imaginer des cieux !
Sa présence subjuguait à tel point ! que vous n'auriez pas trouvé
Que ce fût de l'idolâtrie de se mettre à ses genoux.

II. — *Ces faits, parfaitement connus, prouvent que les Esprits peuvent se matérialiser, autrement dit: prouvent la possibilité de l'existence des agénères.*

Mais, passons en Allemagne. « Là aussi il y a de vieilles ladies qui ne veulent entendre parler ni des pierres tombées du ciel, ni des poissons volants. » L'un des premiers astronomes de ce pays, M. Zollner, voulut aussi s'occuper des phénomènes spirites avec la certitude anticipée qu'il en démontrerait l'absurdité. Comme les autres, il fut pris à la souricière et devint un croyant des plus religieux et des plus fervents.

Irrité de voir ce qu'il appelait les *superstitions* de l'antiquité revenir à fleur d'eau, il jura ses grands Dieux qu'il démontrerait l'absurdité des jongleries spirites. Donc, il fit son siège. Il se procura un bon Médium et commença avec lui des investigations scientifiques et très consciencieuses, comme le sont toujours celles d'un vrai savant. Mais, ô rage ! ô désespoir ! le doigt de Dieu était encore là, et les résultats furent tout le contraire de ce qui était dans l'esprit et dans les prévisions du savant. Il dut constater la réalité des Esprits, leur savoir supérieur et leur puissance. Trop loyal pour savoir mentir, il s'inclina devant l'évidence et devant la sagesse et les desseins du Maître de l'univers, du *Père des cieux étoilés*, comme il l'appelle dans une prière d'amour et de reconnaissance qu'il lui adresse du fond de son cœur ému. Il livra courageusement et loyalement à la publicité les faits merveilleux dont il avait été le témoin. Dire les insultes de ses collègues matérialistes et athées, est chose inutile ; on connaît l'espèce humaine et son orgueil et son entêtement. Il suffira qu'on sache que, nouveau Galilée et nouveau Crookes, il fut conspué par toutes les académies orthodoxes et mis au ban de leur Eglise. Toujours et partout l'espèce humaine se montre semblable à elle-même : infaillible, aveugle et intolérante.

Les belles expériences de Zollner seraient trop longues à raconter. Elles furent scientifiques dans la plus sévère acception du mot et faites avec la participation d'un Médium puissant et dévoué, M. Slade. Coups frappés sur les murs et dans les tables ; versets d'Évangiles écrits dans toutes les langues, sur les faces intérieures et cachées de deux ardoises hermétiquement fermées, collées par leurs bords et liées ensemble ; pieds et mains d'Esprits laissant leur empreinte dans une pâte liquide de paraffine dans le vide de laquelle on coulait ensuite du plâtre pour en conserver le moule... Enfin de toutes ces expériences on doit conclure avec certitude :

III. — *Que rien n'est plus facile pour les Esprits que de se communiquer à nous au moyen de l'écriture et dans toutes les langues.*

Mais arrivons en France ; c'est là où nous en voulions venir, car notre intention n'est point ici de faire l'histoire complète du Spiritisme. Nous ne voulons qu'en donner un aperçu succint pour préparer l'esprit de nos lecteurs à la lecture du livre dont nous nous proposons de faire l'analyse.

Empressons-nous de rendre justice à nos savants... Ils firent chorus avec les intolérants et se mirent du côté des rieurs et des indignés. Aucuns des grands noms connus n'osa se hasarder sur un terrain aussi compromettant et si scabreux, si ce n'est Camille Flammarion, l'astronome populaire, et M. François Vallès, qui fut nommé président de la *Société d'Études psychologiques*, créée à l'effet d'étudier les phénomènes nouveaux. Sorti l'un des premiers sujets de cette école polytechnique qui fournit tant de brillantes intelligences au pays, M. Vallès ne dédaigne pas de consacrer le reste de ses jours à l'élucidation et à la propagation de ces faits spirites qui ont une si grande importance au point de vue moral et religieux. Les livres qu'il a publiés à ce sujet (1), dans lesquels on sent le style et l'autorité du savant, sont éminemment recommandables pour tous ceux qui ne veulent point se précipiter tête baissée dans ces études délicates.

Cependant beaucoup d'expériences et d'études se font en France au sujet des phénomènes spirites, mais c'est en dehors de l'enceinte des académies. L'extension que prend chaque jour la doctrine spirite est énorme. Elle a son journalisme, ses savants et ses poëtes. On reconnaît facilement un immense mouvement religieux qui se manifeste par une marche sage, lente, mais sûre; c'est un degré de plus à cette grande échelle des révélations au moyen desquelles Dieu fait monter jusqu'à lui toutes ses Humanités, au fur et à mesure qu'elles émergent du sein des différentes animalités qui leur ont donné naissance.

Rien d'ailleurs n'est aussi parfaitement évident que la nécessité des Révélations. Ce qui le prouve, c'est, d'une part, l'erreur et l'impuissance de la foi aveugle, et, de l'autre, l'erreur et l'impuissance de la raison humaine. De la première, de la foi aveugle voulons-nous dire, il ne sert d'en parler vraiment; c'est l'ignorance préconisée. C'est le trône de l'intolérance; du fanatisme et de l'orgueil dominateur établi sur le roc et le granit. La foi aveugle n'a fait que du mal et l'on peut voir encore ses mains rouges de sang. Mais de l'autre, de la raison humaine, il

---

(1) 1° *Entretiens sur le Spiritisme*; 2° *Le Surnaturel* considéré dans ses origines et dans les conséquences utiles de ses apparitions.

faut bien avouer, si légitimes et si nécessaire qu'en soient l'usage et l'exercice, il faut bien avouer qu'elle n'a produit guère que négation, et qu'elle n'a conduit qu'au doute, au scepticisme, à l'incrédulité. Elle a détruit *sans remplacer*, du moins jusqu'à ce jour, laissant les âmes indécises, et la foi incertaine flotter, comme un nuage poussé par tous les vents qui ne sait où se poser. Depuis plus de 6,000 ans (nous reconnaissons d'ailleurs que ce chiffre n'est qu'un atome dans la vie éternelle) tous les champs de l'existence humaine, aussi bien au point de vue intellectuel et moral qu'au point de vue de la matière, ont été labourés dans tous les sens par les travailleurs de la pensée, et cependant l'intelligence et la raison humaines ont été et restent encore dans la plus complète impuissance de rien expliquer : ni la nécessité, ni le motif, ni le but de la vie humaine, ou, plus généralement, *de la Vie*.

Il fallait, pour ouvrir nos yeux à la lumière, la découverte toute récente du Magnétisme et des phénomènes de son action sur l'homme, au point de vue de son effet curatif des maladies et au point de vue du dégagement de l'âme à l'état somnambulique. Il a fallu tous les admirables effets psychologiques de Médiumnité établissant les rapports des Esprits incarnés avec les Âmes des morts, avec les Êtres du monde invisible, pour mettre en lumière, *aux yeux de tous*, l'existence de ces relations. C'est toute une révolution qui vient nous prouver que rien n'est mystère ni miracle, et que Dieu gouverne l'Univers par des lois, lois qu'il est donné à l'homme de découvrir comme récompense, comme prix de son travail et de ses sueurs, car : « *il n'y a rien de secret qui ne doive être connu et rien de caché qui ne sera découvert.* »

Mais rien ne peut être contraire aux lois immuables qui régissent notre Planète.

Bénie soit donc la Révélation nouvelle, *le Spiritisme*, nouveau jet de lumière divine qui vient répandre ses rayons sur tout ce qui paraissait ténèbres, nous montrer les causes naturelles de ce qui nous paraissait incompréhensible et *hors nature*, et faire enfin sortir la vérité de tout ce qui paraissait miracle ou mensonge. C'est ainsi que s'effacent et disparaissent les ténèbres de la nuit devant l'aube qui se lève et fait place à la lumière éclatante du jour.

Personne en effet ne peut nier le progrès et rien ne nous a jamais paru aussi inintelligent ni plus inadmissible que cette théorie de nos astronomes — qui n'est d'ailleurs qu'une simple hypothèse — qui fait mourir tous les globes les uns après les autres. Ces Messieurs, presque tous matérialistes, ne croyant point à l'immortalité de l'âme ne peuvent croire non plus à celle des Planètes et des Soleils. Qu'une Terre de l'espace, après s'être transformée et purifiée, laisse dans la voirie céleste sa partie matérielle (comme nous mêmes en mourant pour entrer dans une vie nouvelle nous abandonnons notre corps au creuset terrestre), cela se comprend, mais il faut admettre aussi que sa partie purifiée s'élève en même temps dans la hiérarchie des globes, par exemple en devenant soleil lumineux et créateur.

Donc impossible de nier le progrès. Mais ce progrès comment se fait-il ? De deux manières : et par le travail naturel de l'homme qui construit et aménage lui-même sa propre demeure en usant comme il l'entend du libre arbitre dont le Créateur lui a fait don ; et par une suite de Révélations, successives et continues, dont sont chargés les Anges et les Esprits. C'est toujours Dieu qui, tout en laissant à l'homme son libre-arbitre, le soutient et le guide ; mais cette action de Dieu, c'est au moyen de ses Messagers célestes, qui sont de mille degrés différents, qu'elle se manifeste. La Révélation, cela est bien évident, est proportionnée à l'état d'avancement de chaque être, de chaque peuple et de chaque Planète.

Une chose paraît étonnante dans ces Révélations diverses qui nous viennent des Esprits, c'est qu'elles ne concordent pas toutes ensemble.

Cependant, pour ce qui est de celles que l'on peut appeler « *Les grandes Révélations* » elles concordent plus qu'on ne pourrait croire, et souvent, par les grandes lignes qui forment leur cadre, elles rentrent l'une dans l'autre et ne diffèrent que par les détails. D'un autre côté il faut bien s'imaginer que les Esprits peuvent se tromper comme nous. Ils peuvent enfin se laisser entraîner dans de grandes théories qui leur semblent belles et paraissent avoir pour eux le cachet de la vérité. N'ont-ils pas comme nous leur libre-arbitre ! Sont-ils donc infaillibles comme nos papes, et parfaits comme nos savants ? Non. Ils sont seulement, *et pas toujours*, supérieurs à ceux qu'ils sont chargés de surveiller, de conseiller et de guider.

Ici nous touchons un point délicat. Bien délicat en effet puisqu'il est *tout le nœud de la question dans ce travail.*

Nous admettons que, parmi les Esprits qui se

communiquent aux hommes, il y en a de SUPÉRIEURS, spécialement *chargés par Dieu de Missions*. Ceux-là sont les ANGES. Les autres ne sont que les *Esprits*. Par dessus tous, sont les MESSIES qui, comme le Christ, vont sur les différentes Planètes, innombrables dans les champs du Ciel, comme l'atome et la poussière sur notre globe, pour donner un puissant essor aux Humanités qui s'y forment. Les Messies sont innombrables aussi, comme les Anges et les Planètes. Pour ce qui est de nous, il nous serait complètement impossible de comprendre Dieu et le progrès sans les Messies.

C'est par milliers que l'on compte, dans l'antiquité aussi bien qu'à notre époque contemporaine, les *manifestations spirites*, les Révélations d'outre-tombe. Nous n'en citerons que quelques unes seulement.

Dans l'antiquité, c'est à chaque pas que nous rencontrons des faits d'interposition des Esprits au milieu des actions des hommes. Rien que dans la Bible ces faits abondent. N'était-ce pas une Révélation que celle dont parle le prophète Daniel au chapitre V, lors du fameux festin de Balthazar ? Voici les versets tels qu'on peut les lire. Jugez :

5. « Et à cette même heure là sortirent de la muraille les doigts d'une main d'homme, qui écrivait à l'endroit du chandelier, sur l'enduit de la muraille du palais royal. Et le roi *voyait* cette partie de main qui écrivait. »

6. « Alors le visage du roi fut changé, et ses pensées se troublèrent, et les jointures de ses

reins se desserraient, et ses genoux se heurtaient l'un contre l'autre. »

25. « Or la main avait écrit :

Mene, Thekel, Upharsin.

Daniel, appelé par le roi pour expliquer ces mots, lui dit que Dieu mettait fin à son règne.

30. « En cette même nuit Balthasar, roi de Chaldée, fut tué. »

Mais laissons l'antiquité où de pareils faits foisonnent et montrons que, de nos jours, ces mêmes faits se produisent, où se reproduisent, comme par le passé ! Seulement l'homme, plus instruit, est devenu plus orgueilleux et plus vain ; tombé dans les erreurs inintelligentes et grossières du Matérialisme, il ne veut plus croire à rien qu'à ce qui sort tout botté de son cerveau de Jupiter olympien. Il se croit Dieu lui-même. Orgueil et sottise !

Dans les temps modernes, les Cagliostro, les Swedenborg et tant d'autres que, dans ses idées étroites, le catholicisme appelle des charlatans, n'étaient autres que des Médiums, comme lui-même l'était Daniel. Parlons de quelques uns et commençons par l'un de ceux qui ont été le plus moqués et dénigrés. Parlons de Swedenborg.

Un jour qu'il était à table, un nuage se forme devant lui duquel sort une voix : « *Tu manges trop,* » lui dit-elle. Il se fait plus sobre et bientôt il entre en communication régulière avec les Esprits et les Anges. Il entretient des rapports suivis avec les âmes de beaucoup d'hommes fameux de l'antiquité et des temps modernes. On lui raconte tout ce qui se passe dans l'espace parmi ces désincarnés, qui ne sont invisibles que pour nos yeux de chair et qui nous sont identiques. Quand le grand Médium Suédois écrit tout cela, il ne dit pas « *je crois* »; il dit « *j'ai vu* ». Et tout ce qu'il nous raconte est fort beau ma foi et, pour des hommes sans parti pris, porte bien en soi le cachet de la vérité. Ses amis célestes lui racontent que tous les globes sont habités et qu'ils ne sont autre chose que les pépinières où se forment les Esprits; que les Esprits, une fois désincarnés, vont dans l'espace continuer la série de leurs progrès et de leurs transformations et que, là, ils se séparent en deux grands camps: dans le premier, vont les Esprits qui se laissent guider, qui aiment le Beau, le Bien et le Vrai, et montent progressivement l'échelle qui doit les conduire à partager la gloire et les travaux de Dieu; dans le second, vont les Esprits qui ne se complaisent que dans le mal, et c'est *l'enfer* où ils resteront éternellement s'ils ne veulent point abjurer leurs mauvais sentiments et leurs honteuses passions. Dieu, nous dit Swedenborg, est le Grand Homme Infini dont les globes matériels répandus dans l'espace constituent le corps. Nous tous, qui faisons partie de la vie de Dieu, nous sommes en lui, nous vivons en lui, nous nous mouvons en lui, — *in Deo sumus, vivimus et movemur*. Les Esprits et les Anges, soit dans le Ciel, soit dans l'enfer, se réunissent par sociétés sympathiques et les uns habitent la Tête, le Cœur et les Poumons de Dieu quand les autres habitent ses jambes ou ses pieds (1). Ces sociétés sont composées d'Esprits qui n'ont pas tous la même valeur,

---

(1) Il ne faut pas prendre ici les choses à la lettre.

ni les mêmes capacités, aussi occupent-ils différentes places dans l'ensemble, et la place dépend du mérite de chacun. Chaque société possède un corps formé par l'ensemble des individus qui la composent et exactement fait à l'image de celui de Dieu. Mais tous les citoyens d'une même société portent le même nom et quand on dit l'ange Raphaël, l'ange Gabriel ou Satan, ce sont des milliers d'Esprits ou d'Anges qui portent ce nom.

Plus près de nous encore, prenons un exemple entre mille. On connaît le bel ouvrage de Louis de Tourreil « *La Religion Fusionnienne* » (1). Nous allons essayer de donner en deux mots à nos lecteurs un aperçu succinct de cette œuvre. Le Fusionnisme est une Religion révélée qui a pour but d'identifier l'homme à l'homme, et les hommes à Dieu qui est le GRAND TOUT. Il est certain que l'on peut faire rentrer cette Révélation dans celle de Swedenborg et celle de Louis Michel (*de Figanières*) et il est très permis de croire à une grande Révélation générale faite par des Esprits différents ; ce serait enfin l'arrivée de cet *Esprit de Vérité* annoncée par Jésus.

Suivant de Tourreil, il n'y a dans l'Univers qu'une seule substance unique qui est Dieu ; et nous tous, minéraux, plantes, animaux et hommes, nous ne sommes que des parties de la Divinité. *In Deo sumus, vivimus et movemur*. Cela rentre dans ce qu'on lit dans le *Discours*

---

(1) Cette œuvre comprend quatre volumes et est divisée en trois parties: *le Livre de la connaissance, le Livre de la vie et le Livre de la perfection.*

de Jésus à ses disciples, Évangile selon Saint-Jean :

10. Ne croyez-vous pas que je suis en mon Père et que mon Père est en moi ? Ce que je vous dis, je ne vous le dis pas de moi-même, mais mon Père qui demeure en moi fait lui-même les œuvres que je fais.

19. Encore un peu de temps, et le monde ne me verra plus. Mais pour vous, vous me verrez, parce que je vis et que vous vivrez aussi.

20. En ce jour là, vous connaîtrez que je suis en mon Père, et vous en moi, et moi en vous.

Nous sommes *Un* avec Dieu, dit de Tourreil, tous tant que nous sommes. Nous sommes tellement *Un* que l'amour de nos semblables n'est pas seulement un devoir, que c'est une nécessité, une fatalité attachée à notre existence. Et pour que la Société en soit arrivée où elle est, à ce que les hommes ne s'aiment pas entre eux, il faut qu'il y ait perversion totale dans notre nature. *La Religion fusionienne* vient mettre l'Humanité dans sa voie qui est la voie de l'Amour, la voie de l'amour réciproque. Oh ! si vous saviez comme cela est vrai qu'il faut que nous nous aimions les uns les autres ! Si vous le saviez ! si vous le saviez ! Le sentez-vous ? sentez-vous que tous les cœurs humains doivent se fondre un jour, et que tout cela doit palpiter à l'unisson du cœur de Dieu, ce cœur divin dont les battements sont la vie du monde ? Il faut savoir aimer, tout est là. Il faut aimer tout le monde, même ceux qui n'aiment pas, même ceux qui veulent exclure de ce monde l'amour et la fraternité. Ce n'est rien d'aimer ceux qui aiment.

Cette Révélation divine consiste précisément à nous faire aimer les méchants et ceux même qui dissolvent les liens d'amour. C'est même à cela que nous devons être occupés : à aimer les détestables. Comment les convertirions-nous si nous ne les aimions pas ? Il faut bien que quelqu'un cède en ce monde. D'ailleurs l'amour à l'égard des méchants est encore une tactique : cela les tue d'être aimé par leurs victimes. Que croyez-vous qu'il faille faire contre un homme scélérat entre tous les scélérats ? Le soumettre aux coups de la justice ? Mais le méchant en engendre d'autres par son supplice même. Le seul moyen de tuer la méchanceté, c'est d'aimer le méchant. Aimons-le, aimons-le encore, aimons-le toujours. Et savez-vous ce qui arrivera ? C'est que cet amour, sans que nous le sachions, rayonnera de nos poitrines ; il traversera, comme un courant magnétique, les grilles élevées, les murailles épaisses, les vastes salons, les appartements secrets ; il traversera la cuirasse où se trouve ce cœur de bronze, et ce cœur, à un moment donné, il le touchera, il l'amollira, il le vaincra ; et cet homme qui, hier, était contre nous ; demain sera l'un de nous.

Saint-Paul nous l'a dit : « Quoique nous soyons plusieurs, nous ne formons néanmoins qu'un seul corps, et nous sommes tous réciproquement les membres les uns des autres. » Et moi je vous dis, au nom de Dieu : Nous ne sommes pas plusieurs séparés, mais nous vivons *Un* dans *Tous* et *Tous* dans *Un*. Et nous devons aimer notre prochain plus que nous-mêmes.

Il serait trop difficile et trop long de résumer un système de doctrine aussi complet, ce que nous voulons principalement montrer c'est qu'il arrive à M. de Tourreil la même chose qu'à Saint-Augustin lors de la conversion de ce dernier. C'est également une voix de l'air qui fit rentrer de Toureil dans les sentiers du bien, c'est une apparition qui, d'un sceptique et d'un viveur, fit de lui un révélateur. Voici ce qu'il raconte lui-même :

« J'étais sous-lieutenant de marine. Vous savez ce que c'est qu'un marin : on n'est pas fou de la religion et l'on est malheureusement trop fou d'autres choses. Tel que vous me voyez, j'ai beaucoup offensé Dieu et l'Humanité par la légèreté de ma vie de jeune homme. Ayant quitté la vie de marin, je vécus quelque temps à Paris, comme y vivent ceux qui s'aiment mieux eux-mêmes qu'ils n'aiment leurs semblables et qui croient que le bonheur est dans la volupté. Il n'en est rien pourtant.

« J'étais donc complètement livré au plaisir, lorsque le hasard me conduisit dans le bois de Vincennes. J'étais seul. Je me promenai longtemps, livré à mes pensées, dans les massifs. Puis me trouvant fatigué, je vins m'asseoir sous un arbre. A peine étais-je assis, que je vis un *Être blanc* ; oui, un être blanc ; quelque chose qui, tout-à-coup, me transforma l'âme, et qui me dit d'une voix que j'entends encore : « *Change de vie et c'est toi qui annonceras la nouvelle parole.* »

« Je fus si ému que je fondis en larmes. Quand je me relevai la *Religion fusionnienne* était tout entière dans mon esprit. »

Mais c'est dans tous les coins de la France que se fait la Révélation nouvelle et c'est bien là un

signe des temps ; aveugle qui ne veut pas le voir !
En 1816, naissait à Figanières, de simples
paysans, Louis Michel. Enfant du peuple, il
n'eut d'autre éducation que celle du peuple et
n'apprit absolument que ce que l'on apprend à
l'école primaire : à lire, à écrire et à compter.
Mais c'était un puissant Medium et, comme
Swédenborg, son âme, détachée de son corps,
voyageait partout, aux antipodes, sous la
croûte du globe, dans les astres. Il décrivait
avec la plus parfaite rectitude de jugement tous
les lieux que, pendant son sommeil magnétique,
on lui faisait visiter, et cependant il n'était jamais sorti de son village. Les événements depuis
longtemps passés, aussi bien que les événements
futurs, il les voyait et les décrivait avec une
facilité miraculeuse. Un voyage dans Uranus,
dans Saturne ou dans Jupiter ne dépendait
pour lui que d'un simple acte de sa volonté,
mais lorsque, éveillé, on lui racontait tout ce
qu'il avait dit, il ne voulait pas y croire jusqu'à
ce qu'enfin il eut compris qu'il n'était que l'instrument d'un moteur extérieur, d'une puissance
Céleste qui parlait par l'intermédiaire de ses lèvres
et de son cerveau. Voilà ce que certain jour dicta
l'Esprit en parlant à Louis Michel de sa mission :

« Esprit de la Terre, j'ai à te faire de grandes
révélations . . . .
Les hommes sont à ce point égarés qu'ils ne
peuvent plus se comprendre, s'entendre les uns
les autres. Plus de bonne foi parmi eux. Egoïsme
et ambition, voilà la grande devise. Apprends
que nous sommes entraînés par un grand courant, par une immense tourbillon qui s'arrêtera
dans une paix générale et définitive.

« L'homme placé par la Providence à la tête de ce mouvement immense, grand pivot de puissantes combinaisons, portera dans tout le globe le flambeau des lumières.

« Tu t'en souviens, je t'ai parlé d'un homme parfait, d'un homme privilégié des régions où est le grand Moteur qui dirige tout. Il est envoyé sur la planète Terre pour faire triompher la puissance du bien, détruire l'égoïsme, l'avarice et l'ambition, anéantir les êtres monstrueux en rapport avec la puissance du mal. C'est alors que s'engage une lutte terrible entre ces deux grands agents universels : le bien et le mal. Quand le mal sera terrassé, une régénération bienfaisante sèmera l'abondance sur la Planète.

« Les hommes ont atteint la dernière limite de la perversité. Tu le sais, le jeune homme a fait à peine les premiers pas dans la vie, que la corruption l'inonde de tous côtés ; mais, après la régénération dont je te parle, cette corruption sera maîtrisée.

« Il y a aussi sur la planète des hommes secondaires envoyés pour féconder ce grand développement de vertu et de sagesse. Grâce à eux, les nouvelles idées se propageront dans notre belle France et sur tout le globe, avec la rapidité de l'étincelle électrique, avec la promptitude de l'éclair. »

Dans une autre séance voici ce qui se passa :

— « Je vous remercie, dit Louis Michel, d'avoir bien voulu m'entretenir si longtemps aujourd'hui. Ah ! moi, un être si simple ! »

— « J'ai très bien fait, répondit l'Esprit, c'est la simplicité qu'il me faut. De cette manière tu ne diras que ce que je voudrai. J'ai cherché longtemps un être comme toi. Marche donc avec le laurier embrasé de l'amour ! et tu verras. »

Mais voici des lignes qui donnent bien à réfléchir et pourraient faire croire que cet Esprit, qui avait pour habitude de signer : l'*esprit de Vérité*, était peut-être un grand chercheur, voulant faire épouser aux hommes un système sorti tout botté de son cerveau. On sait que dans l'espace les Esprits travaillent et continuent leurs études. Dans une autre séance voici ce qu'il dit encore à Michel :

« Pénètre-toi bien de cette vérité écrite dans tous les mondes : Nous faisons tous partie du grand Moteur ! Tous nous avons une étincelle plus ou moins pure du feu céleste ; une foi vive, une ferme volonté, nous assurent toujours l'aide des éléments célestes.

« Il est essentiel que tu saches ceci : tu es *le seul* de bien loin, *le seul* sur la planète, tu es *le seul,* dis-je, pénétré du principe vivifiant divin et en rapport avec le Père des Pères. »

Nous regardons comme un devoir de chercher à donner à nos lecteurs une idée de cette œuvre, de faire connaître un peu cette admirable *cosmogonie révélée,* et tout entière dictée à un paysan ignorant et simple par un habitant des sphères célestes prenant auprès de lui le nom *d'Esprit de Vérité*. Nous ne pouvons évidemment donner, en quelques mots, qu'une idée incomplète de cette œuvre remarquable (1), pleine d'une science décrite avec la main sûre d'un véritable savant et

---

(1) Nous en avons fait un résumé dans le Journal *Lumière et Liberté* de Genève.

qui trouve son estampille et son contrôle dans ce que nous a appris elle-même notre science humaine, soit dans ses découvertes astronomiques, soit dans ses recherches de physiologie. Mais, c'est si peu de chose que notre pauvre science humaine toute entière basée sur des hypothèses ! L'homme est borné, aussi bien dans le pore infime et microscopique qu'il habite dans le petit coin de l'Univers sans bornes où il se meut, que dans les instruments d'étude qu'il peut mettre à sa portée. Il faut donc admettre, comme un fait hors de doute par excès d'évidence, que jamais il n'eut pu sortir de ce cercle étroit, où le renferme son ignorance, pour savoir ce qui se passe dans le reste de cet immense Univers sans bornes, sans le secours d'une Révélation venue d'en Haut. Pour nous, qui avons tant cherché à nous faire un concept raisonnable de la Création qui nous plut et mit le repos dans notre âme avide de fixer sa croyance et sa foi dans ce grand problème de l'inconnu, nous n'avons rien trouvé qui nous satisfît autant. Pour le repos de notre esprit, nous admettons ce vaste et beau système comme étant *l'exacte expression de la vérité*, et il nous semble qu'il nous serait impossible de comprendre autrement l'Univers et la Création : *Dieu*, placé comme un immense aimant de matière infiniment pure et quintessenciée au centre de l'Univers, dans les Cieux des Cieux, et créant et gouvernant son incommensurable domaine au moyen de fluides sortis de Lui-même et portant en soi tous les rêves de sa *Pensée* à l'état de *fieri ;* les mondicules *infinitésimaux* et les astres *gigantesques*, se transformant sans cesse avec les Humanités et tous les Êtres qui les couvrent en décrivant leurs courbes éternelles et sûres à travers l'espace et la matière ; *l'âme*, d'essence divine, étincelle infime dans *l'hominicule* invisible à nos microscopes, plus grande et plus élevée dans *l'homme*, enfin d'une puissance inouïe dans les *unités collectives* formant les âmes d'astres de toutes natures et toutes, infimes ou grandioses, composant l'ensemble des serviteurs obéissant à la Pensée de Dieu dans son œuvre éternelle de vie ; enfin le libre-arbitre, la peine et la récompense, le désir ardent et toujours inassouvi, qui pousse en avant, joint à l'attraction divine qui tend les bras à tous ses enfants. Rien de plus rationnel, rien de plus consolant, rien de plus beau ni de plus grand ! Ajoutons à tout cela, que c'est la lumière qui se fait au milieu des ténèbres, car : les obscurités de la Bible et de l'apparition de l'homme sur la Terre, les prophéties des prophètes hébreux, l'œuvre de Moïse et la mission du Christ, tout se trouve expliqué.

Cette Révélation nous dit que l'Univers avec tous les fluides qui le constituent (soleils lumineux, terres opaques, globes transparents et globes fluidiques, invisibles à nos yeux, parcourant l'espace) n'est autre chose que le corps de Dieu lui-même vivant absolument comme vit notre propre corps, car nous sommes *exactement faits à l'image de Dieu*. Dieu a comme nous des artères immenses, des veines bleues, des ganglions où se ramasse la vie pour se distribuer en rayonnant autour de chacun, un système nerveux que suivent les fluides divins de sa volonté ainsi que les Esprits et Grands Messagers chargés de la répandre dans tous les coins de l'immense Univers. C'est la vie, l'intelligence et le mouvement partout. Non seulement Dieu a une Ame, mais toute molécule infinitésimale, et tout globe aussi monstrueux qu'il soit, possèdent une Ame aussi, *dérivée* de la grande Ame Universelle. Chaque Nébuleuse que nous voyons avec nos télescopes et qui renferme des millions et des millions de soleils, est un Être vivant à l'image du Dieu-Vivant-Créateur, et l'on voit régner dans son sein la même hiérarchie des intelligences et des puissances que, sur notre Terre, nous voyons régner au sein d'une nation ! D'abord les petits soleils (comme le nôtre) *chefs de tourbillons* autour de chacun desquels tournent, soumises à leur volonté, toutes les Planètes qui sont nées de lui en vertu de la même loi d'amour qui règne dans tout l'Univers. Chacun de ces tourbillons tourne autour du Soleil *chef d'Univers* dont il dépend. Enfin tout cet ensemble de chefs de second ordre et de troisième ordre tourne autour de leur chef, le *Soleil central*, immense aimant colossal plein d'amour, de puissance et de vie. Et tout ce gigantesque ensemble de globes intelligents contenus dans une Nébuleuse ne font encore qu'un point imperceptible du Grand Corps de Dieu (1).

Nos lecteurs jugeront de la véracité plus ou moins acceptable de cette révélation qui est certainement d'une nature différente des autres. Toujours est-il que le prétendu *Esprit de vérité* dicta au jeune paysan du Var deux gros volumes intitulés l'un : *La Clé de la Vie* et l'autre *La Vie Universelle*, qui forment l'ensemble de cette belle cosmogonie révélée dont nous ne pouvions dire ici que quelques mots. Le fait sur lequel

---

(1) Cette Révélation de Louis Michel (*de Figanières*) est corroborée par un livre entièrement dicté par les Esprits, qui vient de paraître et a pour titre : *Les vies mystérieuses de l'Être humain et de l'Être Terre*.

nous désirons nous appuyer est celui-ci : c'est qu'au milieu de toutes ces révélations qui nous tombent aujourd'hui des nues à profusion, il est difficile de savoir quelles sont celles que l'on peut accepter et celles que l'on doit rejeter. Les Esprits dans l'espace travaillent comme nous, ont leur liberté comme nous et, par conséquent, peuvent se tromper comme nous. Il faut donc savoir reconnaître ceux qui sont de véritables Messagers, *ceux qui sont de Dieu.*

Nous voici arrivé à la Révélation de Roustaing, celle qui va faire l'objet de ce travail.

L'apparition du christianisme fut, aucun ne peut le nier, un grand événement dans l'histoire de notre Planète. Les juifs étaient un peuple à part. Ils admettaient, il est vrai, l'unité d'un Dieu créateur, maître unique de l'Univers, mais ils avaient aussi l'orgueil et la prétention de croire qu'ils étaient le seul peuple de la Terre aimé de Dieu, tous les autres étant infailliblement condamnés à leur être soumis et à leur obéir. C'étaient les lois et institutions de Moïse qui les avaient ainsi fanatisés, car Moïse fut un des plus durs et des plus cruels réformateurs qui fut jamais. Pour que le peuple juif rentrât dans l'harmonie de la Planète, il fallait qu'il fut arraché à son fanatisme, à ses préjugés, à ses dogmes infaillibles, à la domination de ses prêtres. Telle fut la mission de Jésus et, après lui, celle des apôtres. Nous admettons certainement cette mission comme divine, car c'est au moyen de Messies, d'Anges et d'Esprits supérieurs, que Dieu dirige la Planète terrienne et la conduit à ses destinées. Les Messies de Dieu sont de tous genres, de toutes les époques et de tous les peuples. Ils constituent la grande *Révélation éternelle et universelle* sans laquelle le progrès des Planètes ne saurait se comprendre. Tout, dans l'Univers, s'élève vers Dieu dans une marche insensible et régulière, et tous les peuples d'une même Terre sont destinés à n'en faire un jour qu'un seul, quand ils auront bien compris cette belle loi de la Transformation indéfinie de tous les êtres, la loi du progrès sans limites. Quand un de ces peuples sort de l'ensemble et met le trouble dans l'harmonie, il faut bien qu'il soit ramené dans la voie, et ce sont les guerres, les lourds impôts de la défaite, la domination du vainqueur, qui servent de moyens. Mais ce sont aussi les Messies qui, aux époques mémorables, sont les grands Révélateurs et viennent donner à la Planète un essor plus direct et plus prompt.

Non, personne ne peut nier la beauté de la doctrine du Christ et la nécessité de sa venue. Quel soin ne prend-il pas d'ouvrir les yeux aux grands, aux prêtres, aux Scribes, à tous les Docteurs, en leur disant : « *Prenez l'esprit et point la lettre.* » Je ne viens pas détruire la loi, disait-il encore, mais l'éclairer, la réformer dans ses abus. Il était bien, en vérité le grand Réformateur des Juifs, leur Messie. Et les Apôtres ! N'est-ce pas vraiment miraculeux la manière dont ils continuent la mission du Maître ? Ils font tout pour opérer le mélange des Juifs et des Gentils dans une même croyance et la même foi. Quelle était leur grande difficulté ? C'était de faire croire aux Juifs que les Gentils, qui n'étaient pas circoncis, pussent être Chrétiens, et c'est avec toutes les peines qu'ils parviennent à faire comprendre, aux uns et aux autres, que la circoncision n'entrait pour rien dans l'ordre des choses morales.

Quand on médite cette grande réforme du Christ et qu'on juge la cause par la grandeur des effets produits, on doit se dire qu'il y a là quelque chose de préconçu, quelque chose de divin, et que cette réforme n'était qu'un chaînon nécessaire et indispensable de l'histoire morale et religieuse de la Planète. Elle était nécessaire, autant qu'il l'est de nos jours, d'empêcher le catholicisme actuel d'imposer ses dogmes, si faux et dangereux pour le progrès des peuples et l'avenir de la Planète.

Oui, il y a, dans la venue du Christ, quelque chose de vraiment extraordinaire. On ne peut nier que son arrivée n'ait été annoncée et prédite par les prophètes Hébreux. Aujourd'hui, la croyance aux prophètes et à la prédiction des choses à venir est facile ; car combien ne voyons-nous pas de médiums endormis prédire des faits qui sont encore, pour nous, dans les ténèbres de l'avenir et qui, cependant, arrivent juste à l'époque prédite ? C'est par milliers qu'on pourrait citer de ces cas dans les réunions d'expériences spirites. Il en était de même chez les Israélites et il n'est pas de peuple chez lequel les Voyants, les Oracles, les Pythonisses, les inspirés de tous les ordres, aient joué un rôle aussi considérable que chez eux. Nous pouvons donc croire aux prophéties qui ont annoncé l'arrivée du Christ ; il n'y a, dans cette croyance, rien qui puisse blesser l'amour de la vérité ni la raison, puisque les phénomènes du Spiritualisme moderne nous offrent des cas semblables. Alors, il n'y a plus qu'un pas à faire pour admettre et croire que Jésus fut un Messie à part, un Messie divin. Et si ce fut vraiment une révélation divine, quoi d'étonnant à ce que les Apôtres qui, autrefois, furent les propagateurs de cette doctrine si belle, si élevée et si consolante, viennent *à l'état d'Esprits* continuer cette Révélation, la ramener dans son véritable esprit et la parfaire. Quoi donc! Tous les Esprits viennent s'entretenir avec nous, et cela serait défendu aux Apôtres, à ceux qui ont aidé autrefois Jésus dans sa mission! Nous voyons donc, et le simple bon sens est là pour aider notre foi, nous voyons donc qu'il est aussi simple que facile d'admettre que les Évangélistes et les Apôtres aient pu choisir Roustaing, homme religieux et plein de jugement, homme instruit et capable de les comprendre, comme intermédiaire entre eux et les incarnés. Dans tout cela, donc, rien qui ne soit parfaitement acceptable.

Cette œuvre n'émane pas de moi, dit Roustaing dans sa préface des *Quatre Évangiles,* elle vient de ceux qui ont préparé l'avènement de la mission de Jésus, de ceux qui ont été appelés à écrire et conserver les paroles prononcées par le Maître, les actes accomplis par lui, et tous les évènements qui ont présidé à son apparition et à son passage sur la Terre. C'est une *ère nouvelle* qui commence aujourd'hui pour les habitants de la Terre, et ils viennent continuer leur tâche; ils viennent rendre, de nouveau, témoignage de la mission du Christ en accomplissant eux-mêmes une nouvelle mission, celle-là toute spirituelle, qui sera la RÉVÉLATION DE LA RÉVÉLATION. Il faut que la lumière pénètre au fond de tous les cœurs, éclaire toutes les intelligences. Ils viennent *dépouiller l'esprit de la lettre,* répandre la clarté sur tout ce qui paraissait obscur et ténébreux, montrer aux incarnés de la Terre que tout, tout ce qui se fait et se produit ici-bas ne fait qu'obéir *au cours régulier des lois de la Nature*. Ce que, dans l'ignorance de ces lois, les uns appellent : *mystères*, *miracles*, et les autres : *légendes* et *fables*, tout cela va servir à faire sortir la Vérité de ses bandelettes de momie.

Les Évangélistes et les Apôtres devaient revenir sur la Terre pour concourir à l'accomplissement des promesses du Maître. Pour prouver la vérité et la source divine de l'enseignement chrétien, le Christ aussi doit revenir. comme il l'a dit lui-même ; mais ce second avènement de Jésus doit être précédé de la phase régénératrice qui se produit en ce moment par le *Spiritisme*, qui est l'enseignement de *l'Esprit de vérité*, enseignement conduit par tous les Esprits qui se communiquent actuellement aux hommes, et prouve la réalité de l'existence de l'âme par des phénomènes de toutes sortes dont Allan-Kardec avait pour mission de donner la clef. Le *Livre des Esprits* et le *Livre des Médiums* ont été les premiers marbres qui ont servi de base au superbe édifice de l'ère nouvelle. Le Spiritisme, c'est le *précurseur* qui devait précéder le second avènement de Jésus, lequel ne doit revenir que lorsque la Planète aura été épurée et transformée. Alors la Vérité paraîtra *sans voile*, et nous pourrons tous comprendre — tous ceux du moins qui n'auront point été rejetés sur d'autres planètes inférieures — les destinées splendides que Dieu réserve à ceux qui aiment. Alors, la sublime morale du Christ resplendira à tous les regards, dans tout son éclat et toute sa pureté.

Roustaing, bâtonnier des avocats à la Cour de Bordeaux, eut plusieurs manifestations spontanées par lesquelles les Esprits lui indiquaient la tâche qu'ils avaient à remplir. Un fait, très digne de remarque, c'est que ce grand travail de *la Révélation de la Révélation* une fois commencé, il se continua d'une manière naturelle et régulière, comme une source qui, s'échappant du sein entr'ouvert de la montagne, coule en pensant que son devoir est d'alimenter le fleuve qui doit abreuver les plaines et tous les habitants du globe. Aucune intervention d'Esprit léger n'eut lieu, comme cela arrive si souvent dans les séances de spiritisme vulgaire où il est permis — sans doute pour nous avertir que Dieu nous a laissé à tous notre libre arbitre pour nous instruire en jugeant — que des Esprits inférieurs viennent jeter le trouble et la confusion. Ce travail, de longue haleine, fut toujours soutenu et protégé par les hautes influences qui le dirigeaient ; aussi voit-on, d'un bout à l'autre, et *sans la moindre contradiction*, la même thèse admirablement soutenue, admirablement défendue. L'origine de l'âme, toutes ses phases de développement, ses fins et ses destinées, la naissance et la personnalité du Christ, tous ces grands problèmes qui ont causé dans le monde tant de contradictions et de luttes insensées, tant d'actes de barbarie et tant d'effusion de sang, y sont traités d'une manière rationnelle et lumineuse. Cette Révélation doit marquer la fin de l'antagonisme et des conflits entre la Science et la Religion. La connaissance du Spiritisme, qui nous a appris l'existence des Esprits et la possibilité de leurs communications avec les vivants, nous a permis de comprendre l'Ancien et le Nouveau Testament dans les relations qu'ils nous montrent entre le monde spirituel et le monde corporel et dans tout ce qu'ils ont de providentiel et de divin. D'un autre côté, le magnétisme, connu et accepté de nos jours par tous les gens sérieux, nous a initiés aux moyens qu'employait Dieu pour relier l'âme à la matière et les mondes entre eux. Dans les temps anciens et dans les temps modernes, c'est partout et c'est toujours que l'on rencontre devant soi le magnétisme pour expliquer tout, pour nous permettre de tout comprendre. C'est la grande loi de la nature intimement liée à tous les phénomènes qui relient le monde spirituel au monde corporel.

La Révélation de la Révélation vient démontrer aux hommes la nécessité pour tous de l'instruction intégrale. « *Il n'y a rien de secret qui ne doive être connu et rien de caché qui ne doive être découvert.* »

Par un premier Médium, Roustaing reçut de Jean, fils d'Elisabeth et de Zacharie, la communication suivante :

« *Les temps sont venus* où les prophéties doivent s'accomplir. Le règne de la Vérité commence. Peuples voués au culte idolâtre de la fortune, détachez vos pensées de cette profane adoration, tournez vos regards vers les régions célestes, écoutez les voix des Esprits du Seigneur qui ne peuvent se lasser de faire entendre cet avertissement salutaire : *Les temps sont venus.*

« *Les temps sont venus.* Dieu a envoyé des Esprits aux hommes pour les aider à sortir de la superstition et de l'ignorance. Il veut le progrès intellectuel et moral ; mais il est enrayé par l'orgueil et l'égoïsme, obstacles qu'il ne pouvait franchir que par des luttes sanglantes et meurtrières. Le Spiritisme, levier puissant que votre Père a mis entre les mains de quelques fervents Apôtres, le fera marcher, d'un pas rapide, au sommet qu'il doit gravir pour arracher l'Humanité tout entière au lourd sommeil qui tenait sa pensée et son corps penchés vers la terre...

« *Les temps sont venus* où tous, vous devez reconnaître vos erreurs et vos fautes...

« Que les saints commandements de Dieu, donnés à Moïse sur le Mont-Sinaï, soient le Code qui règle vos devoirs envers vos consciences ; que le saint Évangile soit la douce philosophie qui vous fasse résignés, compatissants et doux envers vos frères, car vous êtes tous membres de la même famille. Le Spiritisme est venu vous apprendre la vraie fraternité et *les temps sont venus*.

« *Les temps sont venus* où va germer, de toutes parts, la précieuse semence que le Christ, l'esprit de vérité, a répandue parmi les hommes.

« Savez-vous quels sont les fruits abondants que les vrais Spirites vont recueillir de cette récolte bénie ? C'est la liberté, la fraternité, l'égalité devant Dieu et devant les hommes. C'est le Spiritisme qui va tous les convier à cette moisson abondante, car l'orgueil et l'égoïsme, le fanatisme et l'intolérance, l'incrédulité et le matérialisme vont disparaître de la terre pour faire place à l'amour et à la charité qui vous sont prêchés par les Esprits du Seigneur. Ils sont toujours avec vous, car LES TEMPS SONT VENUS. »

Plus tard, ce fut un autre Médium, Mme Collignon, qui tomba comme miraculeusement sous sa main. Cette dame fut, dès lors, le seul Médium qui servit à la grande Révélation. Elle n'émit aucune opinion qui lui fut personnelle, bien au contraire, car l'idée du Christ agénère, incarné seulement comme Esprit et par voie *exclusive de tangibilité*, répugnait à sa raison. Même, Mme Collignon résistait, se refusait, pour ainsi dire, à servir d'instrument à des Esprits qu'elle commençait à regarder comme des imposteurs, et qui, cependant, au contraire, étaient des Esprits éminents venus aux temps prédits pour dévoiler ce qui avait été caché jusqu'alors. Mme Collignon croyait et croit encore, paraît-il, que l'Incarnation du Christ a été analogue à celle de tous les hommes de notre Planète et ne peut comprendre la nécessité d'une dérogation à la règle générale de l'incarnation des missionnaires de l'Humanité. « Aussi, nous a raconté M. Guérin, l'ami et le fidèle disciple de Roustaing, arrivait-il souvent, dans le cours des dictées médianimiques que la pensée des inspirateurs de ce travail, véritablement providentiel, était comme paralysée dans sa libre manifestation, à cause de cette hostilité personnelle du Médium à accepter cette théorie nouvelle, contradictoire avec celle qui faisait l'objet de ses préférences. Aussi, M. Roustaing m'a dit souvent quelle persévérance et quel dévouement il lui avait fallu pour poursuivre le travail et encourager le Médium, alors que les Esprits lui faisaient écrire pour ainsi dire *mécaniquement : « Le Médium résiste. »*

Il est certain qu'il y a dans toute cette révélation trois faits éminemment remarquables :

1° L'homogénéité constante de la pensée, toujours élevée, des Esprits Inspirateurs sans qu'aucune *intervention* étrangère vint jamais en faire suspecter l'origine ;

2° La résistance du Médium à la manifestation de la pensée des Esprits, alors qu'ils émettaient au sujet de la vie du Christ une théorie antipathique à ses convictions ;

3° Les manifestations spontanées faites à Roustaing avant qu'il ne connut Mme Collignon et que l'on peut lire dans la préface de son livre : *Les quatre Évangiles*.

Enfin nous devons dire deux mots, pour terminer le tableau résumé de toutes ces Révélations qui pleuvent des Cieux, du livre remarquable qui vient de paraître : *Palingénésie de l'esprit et de la matière,* LES VIES MYSTÉRIEUSES *et* SUCCESSIVES de l'être *humain et de l'être terre*. Ce livre nous donne sur la Création, sur les Esprits, sur la vie dans l'espace, une idée nette et précise. Surtout elle nous montre comment les êtres supérieurs venus de sphères plus élevées que la nôtre ne vivent pas de la même manière que nous. Après avoir dit que tous les Esprits naissent dans l'ignorance, la faiblesse et l'aveuglement, on les montre, apprenant à se conduire sous la surveillance d'Esprits protecteurs, dévolus à cette mission, qui les aident de leurs conseils et leur donnent les instructions nécessaires pour leur faire comprendre les devoirs de la vie spirite, pour éveiller leur conscience et fonder leur raison. Cette période est *l'âge d'or* conservé par la tradition dans le souvenir des hommes. C'est le moment où Dieu enseigne à Adam et à Eve (pris tous deux comme emblèmes d'une généralité) le nom et l'usage des animaux et des plantes. Petit à petit l'Esprit, qui a pu expérimenter la sagesse et la bonté de ses guides, a l'idée parfaite du bien et du mal ; alors arrive le moment du choix des épreuves, et il peut devenir missionnaire et martyr, comme aussi ange rebelle. La chute figurative dans la Bible caractérise cette période. Nous retrouvons là les Esprits *faillis* et les Esprits *infaillis* de la Révélation Roustainienne, car tous n'ont pas la même virilité, ni la même persévérance dans la résignation, l'espérance et la foi. Les uns triomphent, les autres succombent et quelques uns tombent de chute en chute. Les Esprits appartiennent donc au rang des *forts,* au rang des *relevés* ou bien au rang des *chutés*. (Page 82 et suivantes).

Il y a deux voies pour aller à Dieu. Il n'y en aurait qu'une si tout Esprit avait choisi celle de la sagesse.

L'émanation divine forme les Esprits, de tout temps, toujours, à toute heure. Ils s'échappent de l'éternel principe comme les rayons s'échappent du soleil et possèdent un *périsprit virtuel* qu'ils ne doivent plus quitter, et qui se revêt d'un *second périsprit* correspondant à la nature du monde qu'ils vont habiter. Quand l'Esprit a failli, sa faute consommée, il se voile et son périsprit devient lourd, opaque et grossier, etc., etc. Mais la forme de ce corps fluidique, premier habitacle de l'Esprit, est la forme séraphique, c'est-à-dire la forme humaine élevée au plus parfait état de puissance et de beauté. Seuls les mondes divins la possèdent.

Les êtres descendus sur notre globe et venus des mondes divins, ne meurent pas quoique cependant leur arrivée sur la Terre, souvent inconnue, ait parfois l'apparence d'une venue ordinaire : Moïse naquit d'une mère juive ; Melchisedech n'eut pas de parents ; Hénoch retourna au ciel enlevé par deux anges ; Elie y monta sur un char de feu ; Apollonius de Thyane ne mourut pas non plus et ne laissa sur Terre aucune trace de son corps. Tous ces êtres étaient évidemment fluidiques et avaient cependant passé de longues années parmi les hommes, et leur corps se nourrissait de pain. La désagrégation des molécules matérielles et leur transformation en molécules fluidiques est un fait qui doit ressortir de tous ces exemples. Pour cette catégorie d'Esprits, le périsprit use le corps et le soutient par son fluide, ou se met en sa place jusqu'au moment où l'Esprit doit quitter la Terre. Mais il y a des Esprits de toutes natures ; les mondes supérieurs en envoient qui n'ont pas besoin de se nourrir et dont le corps est visible et tangible : les anges qui annoncèrent la ruine de Sodome ; ceux qui apparurent à l'apôtre Pierre dans sa prison ; l'ange qui conduisit Tobie ; celui qui apparut à Manué, furent des Esprits des mondes élevés qui prenaient un corps en construisant sur la Terre leur périsprit au moyen des molécules de l'atmosphère. Ils n'ont même pas conscience du phénomène qui se produit en eux. Pour ce qui est des Esprits moyens, ils ne peuvent apparaître ; une fois entrés dans la vie spirite ils ne peuvent plus en sortir que par l'incarnation. (Page 335).

Mais la hiérarchie des Esprits n'a pas de bornes puisqu'ils s'élèvent toujours vers la perfection qu'ils n'atteignent jamais. C'est l'échelle de Jacob qui monte jusqu'à Dieu. Les Esprits se rassemblent dans les Cieux par groupes de même catégorie et ne portent tous qu'un seul et même nom. Chaque groupe supérieur y prête assistance au groupe inférieur. Les Esprits arrivés aux rangs sublimes ne communiquent plus avec les âmes séparées et, s'ils s'occupent des hommes, c'est simplement comme *Humanités* et nullement comme *individus*.

Les grands missionnaires ne peuvent pas se recruter parmi les Esprits qui vivent avec Dieu, où le souvenir de l'Humanité a perdu sa force. Lorsqu'un Esprit doit être envoyé en mission, on le choisit parmi les Esprits du quatrième ciel, ou parmi ceux qui entourent les portiques du sanctuaire (comme a dit David) et dont la charge est d'inspecter les mondes. Ceux-là sont en dehors de tout groupe et détachés de toute Planète ; ils appartiennent à un monde divin et brûlent d'ardeur pour l'avancement des Esprits. Quand un ordre leur est donné, ils sont revêtus d'un signe qui enjoint à tout Esprit de leur obéir tant que dure leur mission. Ils traversent l'espace comme l'éclair et s'assimilent, à mesure qu'ils descendent, les atômes qui leur forment un corps fluidique avec lequel ils s'incarnent, soit qu'ils prennent naissance comme le Christ, soit qu'ils arrivent *agénères* comme Melchissédec. (Page 391).

Pour terminer cette préface nous dirons que ces Révélations, dictées médianimiquement par les Esprits, nous ont amené à croire à l'existence d'une grande *Révélation générale* s'exerçant sur toute la surface du globe en même temps. Il faut considérer cet Esprit de Vérité dont il est parlé partout comme l'ensemble d'une grande quantité d'Esprits disséminés de toutes parts, et opérant collectivement l'œuvre de la régénération planétaire sous la direction sans doute d'un haut personnage invisible et céleste, de Jésus lui-même peut-être. En effet ces Révélations nous montrent presque toutes des Christ se dévouant pour venir relever sur toutes les Planètes les Humanités déchues ; aussi, tous ceux qui croient aux prophéties de la Bible et à la mission divine du Christ sur notre Terre, n'auront aucune peine à admettre que c'est aujourd'hui la venue de cet Esprit de Vérité, annoncé par Jésus, qui *ne parlera pas de lui-même, mais doit nous dire tout ce qu'il aura entendu et nous annoncer les choses à venir,* car, est-il dit encore : *il n'y a rien de secret qui ne doive être connu, et rien de caché qui ne doive être découvert et paraître publiquement.*

N'est-il pas vrai que la Société s'écroule de toute part ? Il n'y a plus sur la Terre que des voleurs, des empoisonneurs et des assassins ; la science, devenue exotérique et tombée dans les mains d'exploiteurs et de coupables, est une calamité publique au lieu de jouer son beau rôle de bienfaitrice, au lieu d'être la source de bien-êtres et de bonheurs nouveaux ; l'amour immodéré des richesses a amassé l'or et l'argent dans quelques mains égoïstes et l'on voit une poignée de riches, faisant la loi, accaparer toutes les jouissances et tous les bien-êtres quand le reste de la nation manque du simple nécessaire. L'on ne vit plus pour accomplir les devoirs de la vie, on vit pour jouir et pour manger pendant que d'un autre côté les pauvres et les deshérités passent leur existence à haïr et détester, à envier, à souffrir toujours pour mourir finalement de misère. La richesse est si mal et si injustement répartie ! C'est comme une balance où tous les poids sont d'un même côté. L'égoïsme et l'orgueil ont envahi le monde, et cela devait être puisqu'il n'y a plus ni morale, ni religion, et que l'on ne croit pas plus à son âme qu'à Dieu lui-même.

Parlerons-nous de l'amour, cette grande force divine faite pour unir les cœurs, alléger le poids de l'épreuve sur la Terre et chercher, pour les fusionner dans un seul, deux êtres qu'attirent l'un vers l'autre la loi des affinités naturelles ? L'amour est vilipendé et brisé dans ses ressorts divins car le mariage n'est plus qu'un marché, une véritable prostitution dans son genre, qui éloigne et dégoûte les natures élevées. C'est la corruption qui se cache sous le voile du mensonge et de l'hypocrisie. Cela devait être puisque les jeunes gens ne sont pas libres de se rechercher. Cela devait être puisque le confessionnal a tué l'amour, puisque le prêtre a tué la femme et l'épouse. Cela devait être puisque l'absurde dogme de l'Immaculée-Conception a deshonoré l'acte par lequel Dieu unit et crée.

Parlerons-nous du Catholicisme et de sa foi qu'il impose par le fer et le feu ? Est-il capable d'adoucir et d'alléger les maux d'une Société si malheureuse ? Non. Bien plus, nous l'accuserons de tous nos maux. Le Catholicisme a tué la religion et c'est lui qu'il faut rendre responsable de ce matérialisme affreux qui nous envahit de toutes parts et jette l'âme dans toutes les léthargies de la mort, comme le froid qui condense aux pôles tous les gaz de l'air. La seule religion qui soit au monde est celle dont on trouve les principes divins dans le pur et simple enseignement du Christ et dont notre cœur, seul, doit être le sanctuaire et le temple sacré. *Aimons-nous les uns les autres.* Le Catholicisme jouant, par l'intermédiaire de ses papes et de ses prêtres, le rôle qu'a toujours joué dans le monde l'orgueil et l'ambition cachés sous le voile des choses sacrées n'a eu qu'un but : celui d'asservir l'Humanité tout entière pour la dominer. Pour mieux accomplir ses noirs desseins et régner plus facilement, il n'hésite point à commettre le plus grand des crimes : il asservit l'âme humaine en étouffant en elle l'intelligence, en la jetant, faible et désarmée, dans les dangereuses ténèbres de l'ignorance. L'infaillibilité d'un pauvre ciron plein d'orgueil, a tué le germe chrétien au moment où il allait prendre son essor pour envahir le monde et le régénérer. Voilà ci-dessous un tableau succinct bien fait pour rendre évidente aux yeux de tous la marche de ses envahissements.

1er et 2e Siècle. — C'est l'époque du christianisme dans sa pureté. Tous les hommes sont frères.

3e Siècle. — Usage des autels et des cierges dans les églises, sur la fin du siècle. Origine de la vie monastique.

4e Siècle. — Usage de l'encensoir et de l'encens. Prières pour les morts.

6e Siècle. — Culte en langue latine. Primauté de l'évêque de Rome. L'Extrême-Onction (550). Le Purgatoire (593).

8e Siècle. — Culte de la croix. Culte des reliques. Culte de la vierge. Culte des images. Constitution des messes basses. Eglises bâties en l'honneur des saints. Messes pour les morts. Le baisement de l'orteil du pape (709).

9e Siècle. — Le dogme de la transubstantiation et celui du sacrifice de la messe font leur première apparition dans l'Eglise.

10e Siècle. — Baptême des cloches. Célibat des

prêtres. Fêtes du rosaire. Institution du cardinalat. Canonisation (983).

11ᵉ Siècle. — Infaillibilité de l'Eglise. Usage des chapelets. Canon de la messe. Indulgences (1019).

12ᵉ Siècle. — Découverte des sept sacrements. Trafic des indulgences.

13ᵉ Siècle. — La transubstantiation devient loi de l'Eglise. Adoration de l'hostie introduite par Honorius III. L'Immaculée-Conception. Etablissement du Jubilé par Boniface VII. La confession auriculaire. Fête-Dieu. Clochette de la messe. Inquisition. Dispenses.

14ᵉ Siècle. — Procession du Saint-Sacrement.

15ᵉ Siècle. — Ouverture officielle du purgatoire par le concile de Florence. Retranchement de la coupe. Le concile général mis au dessus du pape par les conciles de Pise, de Constance et de Bâle. La tradition est mise au même rang que l'Ecriture sainte par le concile de Trente.

16ᵉ Siècle. — Canonisation des livres apocryphes.

En 1854, l'Immaculée-Conception de la Vierge, et en 1870 l'infaillibilité du pape sont imposés comme dogmes.

Ce tableau nous montre, pour ainsi dire, la transformation continue du Christianisme en Catholicisme. Ce sont tous les dogmes de l'Inde envahissant l'Occident (1). C'est une véritable cris-

---

(1) On pourra facilement s'en rendre compte en lisant : *La Bible dans l'Inde* » de L. Jacolliot.

tallisation, la lettre enveloppant l'esprit d'incrustations qui, sans cesse accumulées, finissent par le cacher entièrement.

Le Spiritisme est la religion nouvelle qui vient dire aux peuples : prenez l'esprit et pas la lettre, car *l'esprit vivifie* et *la lettre tue*. Que chacun de vous, ô hommes! soit son prêtre et son roi. Pour cela, il faut que chacun devienne religieux, il faut que la religion sorte des temples de pierre pour entrer dans le temple de la famille et s'incarner dans le cœur du père et de la mère. Que toutes les églises, que toutes les mosquées, que toutes les synagogues, que tous les temples deviennent des monuments publics pour servir aux conférenciers de toutes les opinions, car l'époque est venue où toutes les religions n'en doivent plus faire qu'une. Et puisque ce sont les prêtres qui s'opposent à cette grande unité religieuse, par leur fanatisme et leur esprit de clocher, laissons de côté les prêtres. Un bon livre que l'on médite vaut mieux que tous les sermons en trois points qu'ils pourront nous faire et dont on peut dire :

Sunt verba et voces prætereaque nihil.

En commençant l'œuvre que nous nous sommes proposée, le Résumé des *Quatre Évangiles* de Roustaing, nous nous mettons sous la protection des amis célestes chargés par Dieu de soutenir et de guider « les hommes de bonne volonté » et nous voulons toujours avoir à la pensée ces paroles sorties de leur bouche :

« *Souviens-toi que les bons Esprits n'assistent que*
« *ceux qui servent Dieu avec humilité et désintéresse-*
« *ment, et qu'ils répudient quiconque cherche dans la*
« *voie du ciel un marchepied pour les choses de la*

« Terre ; ils se retirent de l'orgueilleux et de l'ambi-
« tieux. L'orgueil et l'ambition seront toujours une
« barrière entre l'homme et Dieu ; c'est un voile jeté
« sur les célestes clartés, et Dieu ne peut se servir de
« l'aveugle pour faire comprendre la lumière. » (1)

Maintenant, si nos lecteurs veulent bien nous permettre de leur donner un conseil, nous leur dirons que, pour comprendre facilement le livre que nous publions, il est bon d'avoir été préalablement initié aux croyances de la *Révélation Spirite*. Cette initiation, ils la trouveront dans « *Le Livre des Esprits* » d'Allan Kardec.

Enfin, pour terminer cette préface, nous dirons que nous ne sommes ni pour, ni contre l'œuvre de Roustaing, n'ayant point encore notre opinion faite à ce sujet. Nous ne sommes qu'un pionnier loyal, amant passionné de la vérité, cherchant à élucider une question qui intéresse les croyants et les penseurs. Nous n'avons donc pas de parti pris, et ce qui nous a fait entreprendre l'analyse et le résumé de cette œuvre, c'est d'abord parce qu'elle renferme des beautés réelles qui nous ont séduit, et que, d'un autre côté, nous avons pensé qu'en livrant à l'attention et à la discussion certaines idées émises sur la naissance et la mort du Christ, nous amènerions quelques personnes à sortir de cet état d'indifférence religieuse, qui est un des malheurs de notre société, et à méditer l'œuvre chrétienne. Il y aura combat. Tant mieux ! Du choc des idées sortira la lumière.

Quoi qu'il arrive, d'ailleurs, il n'en résultera

---

(1) Allan Kardec, *Le Livre des Esprits*. Prolégomènes.

certainement aucune défaite, ni pour la morale chrétienne qui restera toujours le plus beau code religieux qu'il y ait et ce qu'il y a de plus doux et de plus consolant pour les cœurs, ni pour notre foi qui se résume en un petit nombre de croyances acceptables par tout le monde et qui doivent réunir en une seule et même toutes les religions :

La Croyance en Dieu, Puissance éternelle, incréée, présente partout ;

La Foi dans les destinées infinies de l'âme humaine ;

L'Amour et le Dévouement pour nos semblables.

RENÉ CAILLIÉ.

INTRODUCTION

A une époque où le scepticisme et la raillerie ont enfermé la lumière sous le boisseau, une Révélation nouvelle est devenue nécessaire pour expliquer les mystères et les miracles et rétablir les faits dans la vérité. Aujourd'hui que le Spiritisme a ouvert de nouveaux horizons, tout ce qui était regardé comme *surnaturel* devient simple et clair, rien n'est plus au dessus de notre compréhension. Les évangélistes, assistés de Moïse et des apôtres, viennent nous expliquer les évangiles en *dépouillant l'esprit de la lettre.*

Cette belle et pure doctrine des Evangiles, n'est pas celle de Jésus, mais celle du Père Céleste qui l'a envoyé pour porter aux hommes ses commandements et leur enseigner les vérités éternelles. Mais cet enseignement du Christ a été faussé, altéré, dénaturé par les interprétations humaines, par toutes sortes de dogmes inventés par le plus détestable esprit de domination, inconciliables avec l'esprit moderne. Il fallait donc — et ceux qui croient à l'existence de Dieu et à la Providence l'admettront sans réserve — que la lumière se fît et que l'Humanité apprît enfin quelles sont les phases de son développement, quelles sont ses fins et ses destinées. Il était indispensable que les hommes apprissent à connaître la ligne de conduite à tenir pour suivre sûrement le chemin qu'ils ont à parcourir pour l'épuration et le progrès de leur âme.

La Révélation de la Révélation vient nous dire que le culte institué par Jésus est tout spirituel, et qu'il faut le prendre, non point à la lettre, mais en *esprit et en vérité*. Il doit être intérieur par le secret de la prière, extérieur par toutes les œuvres de fraternité, de justice et d'amour, d'appui mutuel aussi bien dans l'ordre des choses matérielles que dans celui des choses intellectuelles et morales. Prière du cœur et non des lèvres, instruction en commun pour s'éclairer mutuellement sur la science de Dieu et de la vie, exhortations mutuelles pour nous élever au bien et nous corriger de nos défauts, voilà quelles doivent être les bases de notre nouvelle vie. Soyons toujours unis dans une même adoration pour le Père commun, seul Dieu, *un* et *indivisible*, et dans un même amour des hommes qui sont tous frères. Ce n'est plus dans Jérusalem ni sur la montagne qu'il faut adorer Dieu, c'est par le travail, la charité, l'amour, l'humilité, l'étude, la science et le dévouement, qui seuls peuvent nous conduire au progrès personnel, au progrès collectif, qui seuls peuvent amener l'harmonie sur notre chère planète.

La Révélation de la Révélation nous fait savoir

qu'il est bien vrai qu'il faut que le triage se fasse entre l'ivraie et le bon grain, car c'est là une condition indispensable pour la purification et la transfiguration de notre globe. Les temps sont venus où les méchants vont être séparés d'avec les bons, où tous ceux qui veulent rester coupables, aveugles et rebelles, seront jetés *dans les ténèbres extérieures.* Ceux-là seront extraits de notre humanité planétaire, pour être rejetés sur d'autres planètes inférieures où ils auront à expier leur opiniâtreté dans le mal et leur aveuglement volontaire.

Cette Révélation nouvelle apporte à l'homme tous les rayons de lumière qui lui doivent ouvrir les yeux. Elle nous dit *quel est le Père* et nous explique *quel est le Fils* en faisant connaître la véritable généalogie du Christ, et *l'origine de l'esprit,* la naissance de l'âme, ses phases, ses fins et ses destinées dans l'infini de l'espace et dans l'éternité du temps. Tous les faits et tous les évènements qui ont marqué l'apparition du Christ sur la Terre, toutes ses prédictions et toutes ses promesses sur l'avenir de notre planète et son Humanité, s'y trouvent expliqués.

Jésus a dit :

« *Toutes choses m'ont été mises entre les mains par mon père ; et nul ne connaît le fils si ce n'est le père, et nul ne connaît le père si ce n'est le fils et celui à qui le fils aura voulu le révéler.* »

C'était, de la part de Jésus rendre témoignage de l'autorité et des pouvoirs que Dieu lui avait confiés sur notre planète et son Humanité. C'était aussi montrer la nécessité des Révélations progressives dont le Christna des Indes n'a été qu'un des premiers chaînons. Il y a eu, il y a et il y aura toujours des missionnaires, soit errants dans l'espace, soit incarnés sur les globes, pour développer l'entendement de l'homme qui, créé ignorant et simple à sa naissance, ne peut s'élever que par les conseils des Esprits chargés de le guider dans la voie du progrès. C'est ainsi que l'on peut comprendre la raison d'être de la révélation hébraïque annonçant l'arrivée du Grand Messie, supérieur à tous les autres, Révélation qui contenait toutes les promesses des Révélations futures. C'est ainsi, également, que la Révélation de Jésus contenait toutes les promesses des Révélations à venir, et entre autres celle de la venue de *l'esprit de vérité.*

Jésus a dit aussi :

« *La vie éternelle consiste à vous connaître, mon Père, vous qui êtes le* SEUL DIEU *véritable, et à connaître* JÉSUS-CHRIST, *que vous avez envoyé.* »

Par ces paroles prononcées à haute voix devant ses disciples, alors qu'il allait se livrer aux hommes pour mourir, Jésus rendait encore témoignage de *l'unité individuelle* de Dieu et de la mission qui lui avait été donnée de diriger les hommes vers la lumière et le progrès.

L'ère païenne, qui se perd dans la nuit des temps, avait établi la réalité des relations, occultes ou patentes, entre les incarnés et les Esprits errants, entre protégés et Protecteurs. Ce sont ces rapports des hommes avec toutes les catégories d'Esprits désincarnés, bons et mauvais, qui ont donné naissance au *Polythéisme.* Les initiés seuls avaient conservé la pensée de *l'unité divine* pendant que la multitude égarée était laissée dans son aveuglement et son erreur par ceux qui abusaient de leur puissance et voulaient à tout prix satisfaire leur ambition et leur orgueil en dominant.

Il fallait bien que l'essor nouveau se fit en quelque point du globe, car on n'a pas d'idée d'une force produisant un effet sans avoir son point d'application. Le peuple hébreu fut choisi pour l'ère préparatoire à l'avènement de *l'ère chrétienne*. Moïse fut celui par lequel cette ère transitoire eut lieu et les prophètes d'Israël annoncèrent l'ère suivante, celle du Messie divin, d'une manière assez évidente et assez claire. Ainsi le présent se trouvait constamment relié au passé.

Moïse avait évidemment pour mission d'ensevelir le Polythéisme qui régnait alors parmi tous les peuples. Il proclamait hautement le Monothéisme en appelant Dieu : l'ETERNEL, le seul éternel et seul Dieu, « *le Dieu des dieux* ». C'est ce qui lui fait dire : « *Dieu* a pris séance dans l'assemblée des *dieux*, et, assis au milieu d'eux, il juge les *dieux*. » C'était le proclamer le juge suprême de tous les Esprits.

Plus tard l'apôtre Paul, inspiré aussi par les Esprits du Seigneur qui l'assistaient dans l'accomplissement de sa mission, dit d'une manière plus explicite encore :

« *Il n'y a nul autre Dieu que le* SEUL DIEU ; *car encore qu'il y en ait qui soient appelés dieux, soit dans le Ciel, soit sur Terre, il n'y a néanmoins pour nous qu'un* SEUL DIEU *qui est le Père de qui toutes choses tirent leur être et qui nous a faits pour Lui. Il n'y a qu'*UN DIEU, *père de tous, qui est au-dessus de tout, étend sa providence sur tous, et qui est en nous tous. Tout* EST *de lui tout* EST *par lui, tout* EST *en lui. Il est le Roi des rois, le Seigneur des seigneurs, qui seul pos-*

sède l'IMMORTALITÉ et qui habite une lumière inaccessible, et que nul homme n'a vu et ne peut voir. Il est le Père de gloire qui donne aux hommes de bonne volonté l'esprit de sagesse et de lumière pour le connaître. »

Jésus, lui, nous dit :

DIEU EST ESPRIT.

Cette Révélation nouvelle, appuyée sur le Spiritisme, vient déchirer le voile qui couvrait certains secrets qu'il nous est permis aujourd'hui de connaître. Elle nous montre l'univers fonctionnant par des lois immuables et éternelles comme l'essence et la volonté dont elles émanent. Elle nous montre la vie et l'harmonie universelles se déroulant sous l'empire de la grande loi magnétique. Le *Magnétisme* est l'agent qui fonctionne partout, dans l'ordre spirituel, dans l'ordre fluidique et dans l'ordre matériel. Il est dans la pensée de Dieu, il est l'instrument de toutes les créations, et c'est par ses combinaisons et ses transformations qu'il produit la diversité dans l'unité pour le développement et le progrès de toutes les essences.

Dieu, c'est le Créateur incréé, l'esprit des Esprits, l'être des êtres, en même temps intelligence, pensée et fluide, animant de sa volonté tout ce qui tient à lui. Il crée l'essence spirituelle — fluide qui porte en soi l'intelligence et la pensée, — à l'aide d'une combinaison subtile dont l'*essence* ne se trouve que dans les rayonnements divins. C'est cette essence spirituelle qui est destinée à devenir *esprit* afin que tout, partant de lui, retourne à lui. Elle va d'épurations en transformations et part de l'infiniment petit pour aller jusqu'à l'infiniment grand. Sous la direction des Esprits préposés, l'essence spirituelle suit toute l'échelle sans fin du progrès en passant par les règnes minéral, végétal et animal, jusqu'aux limites du règne humain qui est la période préparatoire à l'état d'*Esprit formé*. Après cette période l'Esprit se trouve à l'état d'ignorance, d'innocence et de simplicité, investi de la conscience de ses facultés et de ses actes et du don si précieux, et en même temps si dangereux, du libre-arbitre. Alors l'Esprit est désormais une créature libre et responsable appelée à choisir sa voie en toute liberté sous l'influence amie des conseils et des avis de ses guides : les Esprits supérieurs et les Anges. S'il faillit et tombe dans le mal, il est incarné sur un globe en rapport avec son état et sur lequel il doit expier ses fautes. S'il marche graduellement dans la voie du progrès en restant docile à la voix et aux conseils de ses guides, il arrive à la perfection, à l'état de pureté parfaite et immaculée. Mais, tous cependant, partis du même point, doivent un jour se retrouver au point culminant de la perfection, car aucune des créatures de Dieu ne peut être déshéritée. Seulement il est rendu à chacun *suivant ses œuvres*.

MAIS QU'EST-CE QUE JÉSUS ?

Les uns voient en lui un être *miraculeusement* incarné dans le sein d'une vierge par l'opération du Saint-Esprit : l'Homme-Dieu partageant tous les attributs de la divinité.

Les autres ne voient dans Jésus, qu'un homme charnel tel qu'eux, fruit de l'œuvre humaine de Joseph et de Marie, *mort réellement* sur le Golgotha et *non ressuscité*.

Telles sont les deux seules croyances humaines qui ont survécu à toutes les hypothèses, à tous les systèmes. La Révélation de la Révélation vient dire à ce sujet toute la vérité. L'époque transitoire nécessaire à toute transformation nouvelle, est aujourd'hui terminée. Les travailleurs de la pensée ont fait leur devoir, mais ils ont attesté à la fois les efforts de l'intelligence et de la raison humaines et leur impuissance à tout comprendre. La lettre a porté ses fruits, maintenant *elle tue*, et, puisque les hommes sont à bout et n'y voient plus clair, il fallait donc qu'une Révélation nouvelle vint expliquer, *en esprit et en vérité*, ces deux œuvres de la volonté divine : la Révélation hébraïque et la Révélation messianique.

Mais il faut que l'homme sache bien que tout a sa raison d'être dans les Révélations successives et progressives, selon la prescience et la sagesse infinies de Dieu. Car si vous aimez Dieu, Créateur incréé, vous êtes obligé d'admettre sa sagesse, vous êtes obligé d'admettre aussi sa prescience. Ces Révélations doivent être, et sont en effet, toujours appropriées à l'état des intelligences, aux besoins de chaque époque et de chaque ère. Dieu comble l'homme de ses bienfaits, mais dans la mesure de ce qu'il peut comprendre et peut supporter. Les Humanités sont comme chacun des membres qui les composent : elles ont leur enfance, leur puberté, leur virilité, qui sont autant d'étapes qui les conduisent à l'époque de leur transfiguration, époque où elles passent, avec leur Planète en harmonie, à l'état de vie supérieure. Pendant leur enfance tout est mystère pour elles, et l'esprit est caché sous le voile de la lettre. Puis, viennent les temps de la virilité et c'est l'esprit qui s'impose en illuminant la voie. C'est justement à cette phase qu'est actuellement arrivée notre Humanité terrienne.

Ainsi l'homme se trouve constamment guidé à travers les siècles ; il est éclairé sans jamais être ébloui.

A l'époque de la Révélation messianique, une foule d'Esprits s'étaient incarnés pour aider le Christ dans l'accomplissement de sa mission. Marie et Joseph étaient de ceux-là. Quand l'ange apparaît à Marie et lui dit : « Vous avez trouvé grâce devant Dieu. » Cela voulait dire *selon l'esprit* : le moment est venu où la mission que vous avez demandée doit s'accomplir. Et l'ange lui dit :

« *Vous concevrez dans votre sein et vous enfanterez un fils à qui vous donnerez le nom de Jésus ; il sera grand et sera appelé le fils du Très-Haut ; le Seigneur-Dieu lui donnera le trône de David son père ; il règnera éternellement sur la maison de Jacob et son règne n'aura point de fin.* »

Alors Marie dit à l'ange :

« *Comment cela se fera-t-il, car je ne connais pas d'homme ?* »

L'ange lui répondit :

Le Saint-Esprit surviendra en vous et la vertu du Très-Haut vous couvrira de son ombre ; c'est pourquoi ce qui naîtra de vous sera appelé le fils de Dieu. »

Tout cela peut paraître extraordinaire et même inadmissible, mais par la suite tout s'éclairera. Ce qu'il nous faut dans cette étude, c'est l'absence de tout parti pris, et c'est là l'unique manière d'étudier une question. Se moquer d'une chose quand on ne la comprend pas, rien de plus facile, mais l'étudier sérieusement et pas à pas c'est la seule méthode digne d'un amant de la vérité.

Il y a un fait qu'il faut tout d'abord admettre,

c'est, d'un côté : l'accomplissement des prophéties dans la personne de Jésus et de l'autre : l'apparition du Christ dont le passage sur la Terre nous apparaît comme un miracle continuel, si nous pouvons nous exprimer ainsi, dans l'ordre physique et dans l'ordre moral. Ses actes étaient certainement en dehors de ceux des hommes. Sa vie, sa mort, sa résurrection, ses apparitions aux femmes et à ses disciples, son ascension au ciel, tous les événements qui ont présidé à sa mission terrestre, offrent, on ne peut le nier, quelque chose d'extraordinaire et de particulier.

Le champ fut ouvert aux efforts et aux luttes de la pensée, aux interprétations et aux contradictions humaines, mais il faut bien avouer que beaucoup d'esprits supérieurs, considèrent tous ces faits comme étant d'essence divine et rien n'est plus facile à un spirite que d'accepter cette mission comme telle. Rien n'est plus facile, et cela sans faire aucun outrage à la raison, que d'admettre cette mission de Jésus, puis l'œuvre propagatrice des Apôtres, les uns et les autres, aidés ou guidés par les Esprits supérieurs, chargés de veiller à l'accomplissement de l'œuvre que Dieu avait jugée opportune et nécessaire pour faire faire un pas de plus à notre Humanité dans le progrès. Si l'on admet l'existence des Esprits supérieurs, il faut bien admettre aussi le pouvoir qu'ils ont de nous faire quelque bien, à nous qui sortons à peine des langes de l'animalité.

Les apôtres peuvent donc être considérés comme étant des Esprits incarnés dans le but de servir Jésus dans sa mission. Cela ne veut pas dire qu'ils fussent alors des esprits supérieurs mais ils étaient soutenus, comme nous le sommes tous, par des amis célestes qui les aidaient à l'accomplissement de la mission qu'ils s'étaient donnée en s'incarnant. On se figure généralement les apôtres autrement que ce qu'ils étaient en réalité. Plusieurs, même, en dehors du sceptique Thomas, étaient fort incrédules, et Jésus le leur a maintes fois reproché. Ils se disputaient souvent entre eux pour avoir la supériorité et Jésus leur infligeait de sévères réprimandes sur leur orgueil en leur disant que ceux qui étaient les premiers sur la Terre, seraient les derniers dans le royaume de Dieu. Quand Jésus annonça qu'il se rendait à Jérusalem, ses disciples croyaient qu'il y allait pour se faire nommer roi des Juifs, et déjà ils s'occupaient à se répartir les plus belles dignités, et Pierre, le chef des apôtres, n'était pas celui qui montrait le moins d'ardeur. « Aussi, dit M. François Vallès (1), lorsque le Maître déclara qu'il n'allait à Jérusalem que pour y souffrir et y mourir : « A Dieu ne « plaise, lui dit Pierre en le prenant à part, tout « cela ne vous arrivera point. » Hélas ! ne croyez pas que ce soit par commisération, par charité, que ce disciple s'exprime ainsi. Voulez-vous connaître quel était en ce moment le fond de la pensée de Pierre? Le Maître va nous l'apprendre : « Jésus, se retournant vers Pierre lui dit : Retirez- « vous de moi, Satan ; vous m'êtes à scandale « parce que vous n'avez point de goût pour les « choses de Dieu, mais pour les choses de la « terre. » Doit-on s'étonner d'après cela qu'à quelques jours d'intervalle, Pierre toujours imbu de pensées égoïstes et terrestres, et quoiqu'il eût été bien averti, ait trois fois renié son maître ? »

---

(1) *Entretiens sur le spiritisme*, page 96.

Le rôle vraiment grand des apôtres ne se dessina que plus tard, car c'est surtout après la disparition du Christ que les Esprits supérieurs vinrent à leur aide. Maintenant, nous savons tous que, dans l'espace, les désincarnés continuent leurs études et leur instruction, on peut donc admettre qu'aujourd'hui ces mêmes disciples du Christ soient devenus Esprits supérieurs, ne se réincarnant plus sur la Terre, mais aidant de leurs conseils et de leurs inspirations les hommes de bonne volonté. Il sera donc aisé de comprendre que les apôtres Mathieu et Jean, que Marc disciple de Pierre, et Luc disciple de Paul, ont écris autrefois vers la fin du premier siècle de l'ère nouvelle ouverte par le Christ, les Évangiles sous l'influence et l'inspiration des Esprits du Seigneur. Mais aujourd'hui, ce sont eux-mêmes qui sont devenus les propres inspirateurs et qui se servent de la Révélation Spirite pour continuer l'œuvre de Jésus, et expliquer par l'intermédiaire de Médiums mécaniques, ses actes et ses paroles en *esprit et en vérité*. Car les révélations arrivent successivement, aux temps où elles doivent se produire relativement à l'état des intelligences, aux besoins et aux aspirations de l'époque.

Les Évangiles sont destinés à s'expliquer et se compléter les uns par les autres. Ils ont pour but de conserver et de transmettre aux générations futures la grande œuvre de la Révélation messianique, monument impérissable qui doit servir de code au renouvellement du monde ; œuvre accomplie par l'effet de la volonté divine devant qui doit tomber tout ce qui est apocryphe ou faux, et qui doit devenir la règle de la foi. Le règne de la lettre a fait son rôle ; il était nécessaire à l'état des intelligences d'alors. Aujourd'hui c'est le règne de l'esprit qui commence, de *l'esprit qui vivifie*. A tout progrès il faut un état transitoire ; c'est une loi à laquelle obéit tout ce qui existe et qui vit, car tout ce qui existe et vit progresse. Nos savants le savent bien et ils ont dit : *Natura non facit saltum*. Les luttes de la pensée, les controverses, les interprétations et les contradictions humaines, toutes les révoltes de la science et de la raison, ont joué chacun leur rôle dans cette guerre à mort de l'esprit contre la lettre ; ils ont sapé et ruiné l'erreur jusqu'à ses derniers fondements. La vérité va triompher, et c'est l'œuvre du Spiritisme, la grande œuvre de la Révélation nouvelle.

Cette Révélation, dont Roustaing n'a été que l'instrument conscient et dévoué, vient expliquer la révélation faite par l'ange à Marie et à Joseph, ainsi que la *nécessité*, le *motif* et le *but* de ces faits. Elle vient expliquer l'œuvre et la mission terrestre de Jésus, quelle est l'origine du Christ, et quelle est sa position spirite par rapport à Dieu et à notre Planète ; quelle a été la nature du corps qu'il a revêtu pour son passage sur la Terre ; comment et par qui ce corps a été formé *sans qu'aucune loi de la nature ait été violée*. Elle nous fait bien voir et comprendre que Jésus n'est pas Dieu, mais seulement un Grand Esprit chargé par Dieu de conduire à ses fins harmonieuses l'Humanité terrienne. D'ailleurs Jésus n'a jamais dit qu'il était Dieu. Toutes ses paroles protestent au contraire contre cette divinité qui lui a été attribuée par les interprétations humaines.

Jésus n'est pas Dieu, parce que Dieu est *Un*, qu'il n'y a nul autre Dieu que le Père, qui est le *seul* Dieu *véritable*, le Dieu immuable, éternel et infini, le seul Esprit immortel ; créant, mais non par la *divisibilité* de son essence ; créateur incréé de tout ce qui vit et tient l'être, n'ayant en lui que des *créatures*.

Jésus n'a pas été un homme charnel revêtu d'un corps matériel humain, tel que celui de l'homme de notre Planète engendré par le concours des deux sexes. Son corps n'a pas été le fruit de la conception humaine parce que sa nature supérieure comme Esprit, le mettait dans *l'impossibilité* de s'unir comme nous, à la matière terrestre ; mais sa génération n'a point été une dérogation aux lois immuables de la nature. L'homme orgueilleux, et encore plein d'ignorance, doit seulement se dire qu'il ne connaît pas toutes les lois de la nature ; se moquer ou railler est pour lui du dernier ridicule. Un seul d'entre nous pourra-t-il seulement nous dire comment s'enfantent les hommes dans Jupiter qui est un monde supérieur ou dans le soleil ? Est-ce que le grand savant Crookes ne nous a pas démontré scientifiquement, par ses rapports pendant trois ans avec l'Esprit matérialisé de Katy-King, qu'il y a pour les Esprits d'autres manières de prendre un corps que celle que nous avons, nous, qui sommes encore noyés dans la matière bestiale ? Le Spiritisme avec ses merveilleux phénomènes de matérialisation et d'apparition d'Esprits, a singulièrement élargi le domaine de nos compréhensions. Aujourd'hui il n'y a plus de miracles ; et il n'y a plus que des lois merveilleuses qui sortent des arcanes de l'inconnu et montrent tout simplement combien Dieu est grand et puissant, et l'homme petit.

La matérialisation du Christ pouvait donc n'être

qu'une apparence, comme celle de Katy King dont le corps s'évanouissait quand les fluides de son Medium étaient épuisés ; et alors on comprend ces paroles prononcées par Jésus au moment de quitter la Terre :

« *Je quitte la vie pour la reprendre ; personne* NE ME L'ÔTE ; *mais* C'EST MOI *qui la quitte* DE MOI-MÊME, J'AI LE POUVOIR *de la quitter et* J'AI LE POUVOIR *de la reprendre ; c'est le commandement que j'ai reçu de mon père.* »

La Révélation de la Révélation vient faire connaître aux hommes quelles étaient réellement l'origine et la nature du Christ. Parti, comme toutes les autres créatures de Dieu, de l'état originaire d'*essence spirituelle*, il obéit aux lois immuables et éternelles que suit la nature pour le développement et le progrès des êtres. Il passa par les règnes minéral, végétal et animal pour arriver à l'état d'*Esprit formé*, alors investi du libre arbitre et de la raison, ayant la conscience de ses facultés et de ses actes. Jésus fut, comme toutes les autres créatures, appelé à choisir sa voie et, toujours docile aux conseils de ses guides, il resta pur dans la voie du progrès. C'est pourquoi, parti comme tout le monde de l'état d'innocence, de simplicité et d'ignorance, il parvint au point culminant de la perfection sans avoir jamais failli et devint *pur Esprit*.

Cette Révélation nous apprend encore que Jésus fut établi par Dieu protecteur et gouverneur de notre globe, chargé de son développement et de son progrès dans tous les règnes de la nature qu'il recèle. C'est lui qui a pour mission de conduire à la perfection notre Humanité.

Elle nous apprend encore ce qu'il faut entendre

par ce *Saint-Esprit* et quelle fut l'*opération* par laquelle eurent lieu la grossesse, la conception et l'enfantement de Marie vierge, sans que les lois immuables de la nature aient été violées. Par Saint-Esprit il faut entendre tous les *Esprits* du Seigneur, ministres et agents de ses volontés, chargés d'aider le Christ dans l'accomplissement de sa mission divine. C'étaient des Esprits supérieurs non incarnés.

L'apôtre Paul était l'un des principaux Esprits incarnés pour aider le Christ dans sa mission, pour servir le présent et préparer l'avenir. Il était souvent un Médium inconscient et prononçait des paroles dont il ne comprenait pas le sens exact et qui ne devaient arrêter l'attention des hommes, que lorsque ceux-ci seraient devenus capables de saisir l'*esprit et la vérité* cachés sous la lettre. St-Paul est celui qui, entre tous, prépara le mieux l'ère spirite et la Révélation nouvelle. C'est lui qui appuya plus particulièrement sur la nature extra-humaine de Jésus en le présentant *sans père, sans mère et sans généalogie*.

Mais alors, Jésus-Christ n'étant *ni* homme de notre Planète pas plus par conception humaine due à Joseph et à Marie que par conception miraculeuse et divine dans le sein de Marie vierge; et n'étant *ni* Dieu non plus, on comprend facilement la *nécessité, le motif et le but* de cette nouvelle Révélation. Il était nécessaire de ramener l'esprit humain dans la voie de la vérité en montrant la position spirite de Jésus par rapport à Dieu et par rapport à notre Planète.

Si l'on suit, à travers les temps et les siècles, la marche de l'esprit humain dans sa voie lente et laborieuse vers le progrès de la science à tous les points de vue, aussi bien chez le peuple hébreu que chez les autres peuples, mais surtout depuis les temps où l'avènement du Messie fut annoncé et préparé jusqu'à l'époque de l'apparition et du passage du Christ sur la Terre, et aussi depuis cette dernière époque jusqu'à nos jours, on doit s'incliner avec admiration devant la prescience et la sagesse infinies de Dieu, donnant à chaque peuple et à chaque ère ce qu'ils peuvent porter, comme il donne à l'insecte infime l'intuition de tous les actes qu'il doit accomplir dans sa mission et dans sa vie d'insecte. Notre Humanité terrienne, qui un jour sera *Une*, est conduite et dirigée de mille manières, aussi bien par les grands Esprits de l'espace que par les Esprits incarnés en mission qui sont toujours relativement supérieurs aux masses. Dieu, qui nous a fait sortir des rangs de l'animalité, nous fait avancer petit à petit vers la lumière et la vérité, de telle sorte, que nous puissions toujours être éclairés sans jamais être éblouis. Mais tout, tout, dans cette marche admirable du progrès, se fait *sans dérogation aucune* aux lois de la nature qui sont immuables comme est immuable elle-même la volonté de Dieu dont elles émanent. Il faut en effet se dire que les lois qui régissent les mondes inférieurs, comme le nôtre, ne sont pas les mêmes que celles qui régissent les mondes célestes. Il faut se dire aussi que les lois auxquelles obéissent les Esprits purs ne sont pas celles qui règlent la vie des hommes incarnés comme nous, qui sommes encore si près de l'animalité. Aussi peut-il y avoir pour nous de l'*extraordinaire*, mais du *surnaturel* jamais. Mettons tout orgueil de côté, avouons-nous humblement que nous ne sommes que de pauvres ignorants, et la foi nous viendra bien vite. Alors peut-être, ne nous sera-t-il pas trop difficile d'admettre que l'apparition et le passage de Jésus sur la terre n'ont été autre chose qu'une manifestation spirite tantôt avec tangibilité, tantôt sans tangibilité, suivant les circonstances et les besoins de sa mission terrestre. Il nous sera peut-être facile d'admettre que Christ est bien celui qui, proclamant, sous l'*écorce du mystère* et sous le *voile de la lettre*, sa nature et son origine extra-humaine, *en dehors de notre humanité*, a dit :

Pour vous, vous êtes d'ici-bas, *mais, pour moi, je suis* d'en haut. *Vous êtes de ce monde, et moi, je ne suis pas de ce monde. Je suis descendu du ciel, non pour faire ma volonté, mais pour faire la volonté de celui qui m'a envoyé.* »

Cette Œuvre, cette Révélation des Révélations, entreprise et commandée par les ministres du Seigneur, a pour but de préparer l'unité des croyances parmi les hommes. Elle nous montre qu'il n'y a qu'*une foi*. Elle nous apprend qu'il n'y a qu'un seul dieu, *Un et indivisible ;* créateur incréé, créant mais non par la divisibilité de son essence ; notre père céleste de Qui toutes choses tirent l'être et qui nous a faits pour Lui. Elle nous apprend en même temps que Jésus-Christ, l'Esprit de pureté parfaite et immaculée, dont la perfection se perd dans la nuit des éternités, étant le protecteur et le gouverneur de notre globe, à la formation duquel il a présidé, est chargé de son développement et de son progrès ainsi que du développement et du Progrès de toutes les créatures dans tous les règnes de la nature, et de conduire enfin notre humanité à la perfection.

Les Esprits du Seigneur, que l'on peut tous réunir sous la dénomination de SAINT-ESPRIT si l'on veut, travaillent sous la direction de Jésus, au développement et au progrès de notre Planète et de tout ce qui la constitue. Ces Esprits sont nos frères, nos protecteurs, nos guides. Ils nous inspirent et nous guident dans la voie du perfectionnement, dans l'ordre physique aussi bien que dans l'ordre intellectuel et moral. Soit errants, soit incarnés, ils sont toujours en mission pour nous conduire dans la lumière et la vérité. Missionnaires humbles et dévoués ils progressent eux-mêmes en faisant progresser leurs frères.

Heureux ceux qui, parmi nous, reçoivent le *baptême du Saint-Esprit et du feu* que Dieu accorde toujours aux hommes de bonne volonté. Ceux-là se purifient en s'élevant de progrès en progrès par la voie de la réincarnation. Cette marche ascensionnelle à travers des vies successives et progressives, les conduit, à travers les temps et les siècles, vers la perfection sidérale, vers la vie éternelle des purs Esprits, qui les rapprochent du grand foyer de la Toute-Puissance, du Seigneur des Seigneurs, de Celui qui est *seul* puissant, qui *seul* possède l'immortalité, qui habite une lumière inaccessible et que nul parmi les hommes n'a vu et ne peut voir.

Cette Révélation de la Révélation fait comprendre aux hommes que, quelles que soient leurs cultes extérieurs, il n'y a pour eux QU'UNE SEULE VOIE DE SALUT : la charité, qui implique la Justice et l'Amour, la base de la foi et la source de toute espérance; cette charité qui se pratique sous toutes les formes, dans l'ordre physique, intellectuel et moral ; cette charité enfin dont l'apôtre Paul a dit :

Qu'elle est patiente, douce et pleine de beauté — qu'elle n'est point envieuse — qu'elle n'est point téméraire et précipitée — ne s'enfle point d'orgueil — n'est point dédaigneuse — ne cherche point ses propres intérêts — ne se pique et ne s'aigrit de rien — n'a point de mauvais soupçons — ne se réjouit point de l'injustice mais se réjouit de la vérité.

Nous répétons, en terminant, ces solennelles paroles de Jésus : « La vie éternelle consiste à vous connaître, mon père, qui êtes le *seul Dieu véritable*, et à connaître Jésus-Christ que vous avez envoyé. »

ÉVANGILES

SELON MATHIEU, MARC ET LUC

MIS EN CONCORDANCE

> « *C'est l'esprit qui vivifie; la chair ne sert de rien : les paroles que je vous dis sont esprit et vie.* »
> JEAN VI. 64.

> « *La lettre tue et l'esprit vivifie.* »
> PAUL AUX CORINTHIENS.

LUC
CHAPITRE I. V. 1-4

Évangiles.

V. 1. Plusieurs personnes, ayant entrepris d'écrire l'histoire des choses qui ont été accomplies parmi nous, 2, suivant le rapport que nous ont fait ceux qui, dès le commencement, les ont vues de leurs propres yeux et qui ont été les ministres de la parole, 3, j'ai cru, très excellent Théophile, qu'après avoir été exactement informé de toutes ces choses depuis le premier commencement, je devais aussi vous en représenter toute la suite, 4, afin que vous reconnaissiez la vérité de ce qui a été annoncé.

1.

Nous savons tous aujourd'hui ce que c'est qu'un Médium : *c'est une personnalité humaine servant d'intermédiaire entre les hommes et les Esprits.* Un médium peut être complètement endormi et son âme étant, pour un instant, séparée de son corps au moyen des passes magnétiques, c'est un

Esprit de l'espace qui se sert de ses organes laissés libres, pour exprimer sa pensée. Mais il y a aussi les *Médiums inspirés* qui, de tous temps, ont servi d'instruments inconscients à la Puissance Divine pour diriger les peuples dans la voie du progrès. Un orateur puissant comme Lamartine, un poëte merveilleux comme V. Hugo, un philosophe logique et clairvoyant comme Allan Kardec, doivent être considérés comme des instruments soit de Dieu lui-même, soit des Grands Esprits établis par Lui ministres de ses ordres et de ses volontés.

Les évangélistes étaient, sans le savoir, Médiums historiens inspirés. Mais sous le souffle de l'inspiration ils conservaient cependant l'indépendance de leur nature. L'intuition qui les aidait était due à l'inspiration divine dont les Esprits Supérieurs étaient les instruments auprès de *leur nature humaine* qui restait en même temps libre et faillible.

Le libre-arbitre est un don de Dieu que Dieu lui-même est obligé de respecter, car de lui seul découlent et la responsabilité, et le mérite et le démérite.

D'un autre côté il y a une chose que l'homme doit comprendre, c'est qu'il est d'une certaine nature, que cette nature a ses lois et que, lorsque les Esprits veulent atteindre un certain but auprès de lui, ils doivent *humaniser les moyens*. L'homme étant un être imparfait, ces moyens procèdent de sa nature et sont eux-mêmes imparfaits.

Il faut aussi considérer que si, d'une part, les interprétateurs et les traducteurs ont souvent faussé l'intention première, d'autre part, les paroles des apôtres — qui eux, n'ont point écrit — furent transmises et rapportées de bouche en bouche, longtemps avant d'avoir été écrites. Que d'erreurs donc, en vertu de tous ces éléments contraires, n'ont pas dû se glisser dans la reproduction des instructions et les pensées du Christ ! D'ailleurs les Evangélistes, comme les écrivains de tous genres, se trouvaient souvent sous la domination de leur inspiration propre, livrés à leur jugement intime ; autre raison de fausse interprétation.

On voit donc bien qu'une *Révision des Evangiles* devenait nécessaire avec les progrès intellectuels de l'Humanité. Cette Révélation nouvelle ce sont les Evangélistes et les apôtres eux-mêmes qui viennent nous la faire à l'état d'Esprits.

Pour ce qui est des Evangiles, les divergences mêmes, peu importantes d'ailleurs, qu'ils présentent quelquefois, doivent être regardées comme un cachet de véracité. Il faut d'ailleurs passer, sans s'y appesantir, sur les critiques de détails qui ne doivent arrêter l'attention que des enfants ou des gens puérils.

Le difficile, c'est de ne pas confondre dans les narrations évangéliques les paroles prononcées par le Maître, les actes accomplis par lui, avec ce qui dans ces narrations reflète et reproduit nécessairement les impressions et les interprétations des hommes de l'époque selon leurs préjugés ou leurs traditions.

LUC

CHAPITRE I. — V. 5-25

Apparition de l'ange à Zacharie, — naissance de Jean prédite, — Zacharie rendu muet.

V. 5. Il y avait, sous le règne d'Hérode, roi de Judée, un prêtre nommé Zacharie, de la famille sacerdotale d'Abia, l'une de celles qui servaient dans le temple chacune en leur rang ; et sa femme était aussi de la race d'Aaron, et s'appelait Élisabeth ; 6, ils étaient tous deux justes devant Dieu, et ils marchaient dans tous les commandements et les ordonnances du Seigneur d'une manière irrépréhensible ; 7, ils n'avaient point de fils parce que Élisabeth était stérile, et qu'ils étaient déjà tous deux avancés en âge ; 8, or, Zacharie faisant sa fonction de prêtre devant Dieu dans le rang de sa famille ; 9, il arriva par le sort, selon ce qui s'observait entre les prêtres, que ce fut à lui d'entrer dans le temple du Seigneur pour y offrir les parfums. 10. Cependant, toute la multitude du peuple était dehors, faisant sa prière à l'heure où on offrait les parfums ; 11, et un ange du Seigneur lui apparut, se tenant debout à la droite de l'autel des parfums. 12. Zacharie, le voyant, en fut tout troublé, et la frayeur le saisit ; 13, mais l'ange lui dit : « Ne craignez point, Zacharie, parce que votre prière a été exaucée, et Élisabeth, votre femme, vous enfantera un fils auquel vous donnerez le nom de Jean ; 14, vous en serez dans la joie et dans le ravissement, et beaucoup de personnes se réjouiront de sa naissance ; 15, car il sera grand devant le Seigneur, il ne boira point de vin, ni rien de ce qui peut enivrer, et il sera rempli du Saint-Esprit dès le sein de sa mère ; 16, et il convertira plusieurs des enfants d'Israël au Seigneur leur Dieu ; 17, et il marchera, devant lui, dans l'esprit et la vertu d'Élie pour convertir les cœurs des pères aux enfants, et les incrédules à la prudence des justes, pour préparer au Seigneur un peuple parfait. » 18. Et Zacharie dit à l'ange : « Comment connaîtrai-je ceci, car je suis vieux et ma femme est avancée en âge ? » 19. L'ange, répondant, lui dit : « Je suis Gabriel, toujours présent devant Dieu, et j'ai été envoyé pour vous parler et vous annoncer cette bonne nouvelle ; 20, et vous allez devenir muet et vous ne pourrez plus parler jusqu'au jour où ces choses arriveront, parce que vous n'avez point cru à mes paroles qui s'accompliront en leur temps. » 21. Or, le peuple attendait Zacharie et s'étonnait qu'il demeurât si longtemps dans le temple ; 22, mais quand il fut sorti, il ne pouvait leur parler, et ils connurent qu'il avait eu une vision dans le temple, car il le leur faisait entendre par signes, et il demeura muet. 23. Quand les jours de son ministère furent accomplis, il retourna en sa maison. 24. Or, après ces jours-là, Élisabeth, sa femme, conçut ; et elle se cacha durant cinq mois, disant : 25. « C'est là la grâce que le Seigneur m'a faite en ce temps pour me retirer de l'opprobre où j'étais devant les hommes. »

2.

Le Spiritisme nous a appris quelles sont les véritables lois de la vie éternelle.

L'homme naît et meurt des quantités de fois avant d'arriver à cet état de perfection qui doit lui procurer la plénitude de ses facultés, avant qu'il ait acquis la charité et l'amour parfaits, la connaissance de Dieu et de ses œuvres, la connaissance de toute la vérité sans voile.

Pour lui chacune des existences qui se succèdent est solidaire de celle qui l'a précédée. Souvent, quand un Esprit n'a point encore atteint sa perfection sidérale, mais que ses actes n'ont point été coupables, souvent il accepte une mission parmi les habitants de la Terre, et alors il accepte en même temps une série de faits qui s'accomplissent inconsciemment, pendant qu'il est incarné, mais qui doivent forcément s'accomplir, malgré toutes ses répugnances d'incarné, parce qu'il en a pris l'engagement à l'état d'Esprit.

C'est ainsi qu'Elisabeth, qui faisait partie du groupe d'Esprits ayant demandé à assister Jésus dans son œuvre de régénération, avait accepté d'avance toutes les épreuves. Son époux Zaccharie était dans le même cas. La livrée de la chair leur avait fait oublier les engagements qu'ils avaient pris, mais ces engagements n'en étaient pas moins pris, eux et toutes les conséquences qui devaient découler d'eux.

Quant à la naissance extraordinaire de Jean elle avait pour but de frapper, dès l'origine de ces grands événements, l'esprit public. Mais il est évident que la stérilité d'Elisabeth ne doit être comprise qu'en ce sens qu'Elisabeth, qui n'avait pas dépassé les dernières limites de l'âge auxquelles s'arrêtent la fécondité selon les lois naturelles pour la reproduction sur notre Planète, était jusqu'à ce jour restée sans enfants.

Il ne faudrait pas croire que chaque être organisé ait un Esprit spécialement chargé de veiller en lui aux actes de la reproduction. L'action spirite des Esprits sur les phénomènes de la nature est bien réelle, mais elle est générale. Les Esprits agissent sur les masses et ne font que diviser et diriger, suivant les nécessités, les fluides divers qui remplissent l'atmosphère et nous environnent.

Pour la plante comme pour les animaux, chaque être nouveau arrive en son temps marqué, et tout, là comme partout ailleurs, est régi par des lois immuables. Il en est absolument de même pour l'homme, seulement, pour lui, la formation et la naissance de son corps sont les conséquences absolues des résolutions prises par lui avant son incarnation. Ainsi, une femme avant de s'incarner déterminera si elle aura des enfants ou n'en aura pas, ou bien l'époque précise de sa maternité. Le Spiritisme en effet nous a appris que l'Esprit choisit toujours lui-même ses épreuves, et, s'il ne compose pas la matière du corps qu'il revêt sur la Terre, du moins il règle d'avance la série d'épreuves auxquelles ce corps sera soumis. Les Esprits préposés préparent pour l'incarné les éléments qui lui sont nécessaires pour l'accomplissement de tous les événements de son incarnation, mais c'est l'incarné lui-même qui, en vertu d'une certaine force inhérente à son âme, appelle ou repousse ces éléments. N'est-ce point ainsi que l'on voit dans la nature chaque arbre soutirer de l'atmosphère ou du sein de la terre les éléments nécessaires à la formation des fleurs et des fruits qui lui sont propres ? Il y a là une loi que nous ne comprenons pas encore. Dès son origine, l'Esprit qui s'incarne a attiré à lui les fluides qui portent l'expression de ses volontés au moment où il a choisi l'épreuve. Les Esprits préposés ne font que manipuler et diriger ces fluides ; leur unique mission est d'exercer une surveillance active et de veiller à ce que chaque épreuve ait son cours.

C'est ainsi qu'Elisabeth, qui avait choisi pour épreuve une stérilité temporaire, repoussait en recevant son corps terrestre les fluides qui servent à la fécondité jusqu'au moment, réglé d'avance, où l'expiration du terme fut arrivée. Alors, *au point de vue des humains,* c'était la prière de Zacharie qui avait été exaucée, tandis qu'au véritable point de vue, *au point de vue spirite,* c'étaient les phases des épreuves acceptées d'avance qui suivaient leur cours.

On le voit d'ailleurs, Zacharie était inconsciemment Médium auditif et voyant, ce qui lui permit de voir l'ange et de s'entretenir avec lui. Son mutisme forcé n'eut d'autre but que de lui donner la foi en corroborant les prédictions qui lui avaient été faites.

Un fait sur lequel il faut insister c'est celui des paroles de l'ange à Zacharie au sujet d'Elie. Plus tard nous verrons en effet le Christ dire qu'Elie était Jean et que Jean avait été Elie, ce qui prouve que la loi de réincarnation a été établie par Jésus lui-même.

Afin de relever l'Humanité et la mieux guider, les Esprits revêtent souvent une livrée qui paraît infime aux yeux des hommes. Leur dévouement sait se produire sous toutes les formes. Les manifestations des grands Esprits du Seigneur, soit par incarnations, soit par apparitions, sont rares, mais *à certaines époques transitoires* elles deviennent nécessaires; et cela aussi bien sur les autres Planètes que sur la nôtre. Il existe bien des Planètes supérieures à la nôtre où des Esprits plus élevés encore ont besoin de venir ranimer les élans affaiblis des hommes pour le Beau et le Bien.

A l'Avenir vous reconnaîtrez aux signes suivants un Esprit supérieur incarné parmi vous :

« Aucune tache n'aura jamais souillé sa vie et tous ses actes, toutes ses pensées, seront uniquement dominés par l'amour de Dieu et du prochain. Son enfance sera douce et dépouillée des mauvais penchants qui se manifestent généralement chez l'enfant. Sa jeunesse sera laborieuse et l'amour du travail, du bien et du progrès, étouffera ses instincts matériels. Dans sa virilité, aucun abus, aucun excès, tout y sera irréprochable. Dans sa vieillesse il sera respecté, vénéré, adoré dans le sens de notre langage humain. Il sera indulgent pour toutes les faiblesses, prêtera à toutes les défaillances son aide et son concours. Il attendra l'heure de la délivrance la paix au cœur et le sourire aux lèvres. »

Les temps sont arrivés où des Esprits semblables vont venir s'incarner parmi nous pour donner au progrès une impulsion nouvelle et plus active.

Ici se présente une question. Est-il vrai que la science humaine puisse détruire la stérilité chez une femme ?

Non. Tout ce qui arrive ici-bas, c'est toujours la conséquence des épreuves que l'on a choisies avant de s'incarner pour la vie nouvelle que l'on est en train de fournir. Ne voyez-vous pas des malades mourir malgré tous les traitements de la science médicale quand d'autres, au contraire, recouvrent si facilement la santé ? Ne voit-on pas le traitement qui a rendu mère la femme jusqu'alors stérile, échouer sur d'autres ? C'est que le temps de l'une est arrivé quand les autres sont rivées à l'épreuve qu'elles ont choisies.

Et il n'y a là ni fatalisme, ni prédestination, car toute la Doctrine Spirite a pour fondements l'épreuve et l'expiation librement choisies, par l'Esprit qui se réincarne, et suivant mathématiquement toutes les phases de leur déroulement comme la Planète suit la courbe qui la lie au Soleil dont elle est née.

Naissance ou mort tout est déterminé selon les lois immuables de l'harmonie universelle qui régit l'Univers. Pour la mort il n'y a de fatal que la limite naturelle fixée, par les lois divines, comme heure irrévocable de la fin humaine. L'homme ne pourra jamais prolonger le cours de sa vie au-delà de cette limite, mais en vertu de son libre-arbitre il peut en arrêter le cours, et, de fait, l'usage et l'abus que nous faisons tous de notre existence terrestre nous empêche toujours d'atteindre cette limite naturelle. Ainsi se trouvent satisfaites en même temps la fatalité inhérente à l'immuabilité de la loi divine et les prérogatives qui découlent de l'exercice de notre libre arbitre.

Quant à notre science humaine, elle ne peut rien produire contrairement aux lois de l'incarnation, pas plus que contrairement au choix et à la durée des épreuves. La stérilité d'Elisabeth devait cesser à l'époque déterminée d'avance, rien n'aurait pu l'en empêcher.

Nous demandons la permission de raconter ici un fait arrivé dans l'une de nos soirées d'expériences spirites. C'était au commencement de la production de ces phénomènes qui avaient évidemment pour but de frapper l'attention et d'ouvrir l'ère nouvelle du Spiritisme. Une table répondait par des coups frappés. Un monsieur, marié depuis plus de 15 ans l'interroge en riant et lui dit :

— Aurais-je beaucoup d'enfants ?
— Oui.

Il regarde sa femme avec un sourire où l'ironie se mêlait à l'incrédulité la plus complète.

— Combien en aurons-nous ?
— Deux.

Dans les trois années qui suivirent, la prédiction se trouva catégoriquement vérifiée.

Qui nous dit que cette stérilité n'avait pas été préparée d'avance, pour fournir des preuves à l'appui de la démonstration de la réalité des faits spirites ?

Cependant la science peut venir en aide dans certains cas en se prêtant au développement des fluides de l'incarné nécessaires à la reproduction. Ainsi, par exemple, un Esprit a, dans une autre existence, négligé ses devoirs de chef de famille ou de mère dévouée. Il prend, en se réincarnant pour une vie nouvelle, la ferme résolution de réparer ses torts. Mais on ne se corrige pas de ses défauts aussi vite qu'on le voudrait. Il n'ose pas entrer dans la vie de famille avant d'être certain qu'il aura la persévérance nécessaire, ou bien il voudra être soumis à une longue attente qui lui rende plus chère la naissance de l'enfant désiré. Alors seulement il sera permis à la science de lui venir en aide pour l'accomplissement de ses désirs *au moment marqué par lui d'avance* avant sa réincarnation. Alors seulement la stérilité cessera et la science pourra être l'intermédiaire employé pour la faire cesser quoiqu'elle put également prendre fin sans avoir besoin de l'action d'aucune science humaine. Il ne faut pas que les hommes soient amenés à renoncer aux recherches de la science car elle est un des moyens employés pour l'accomplissement des desseins de la Providence ; d'ailleurs elle doit conduire l'homme à la découverte de tous les secrets de la nature.

Un jour l'homme connaîtra tous les mystères de la fécondation humaine car il doit tout connaître et tout comprendre. Il y a une foule d'Esprits incarnés qui ont pour mission de servir de sujets d'étude et d'expérimentation. L'homme suit, encore inconsciemment pour l'instant, la marche progressive d'épuration de la Planète et de son humanité et, dépouillant petit à petit tout ce qui est ignorance et mystère, il doit parvenir à comprendre toutes les combinaisons fluidiques qui forment la matière ; il saura ce que sont ces fluides, comment on les manie et comment on en peut former des corps, ainsi que cela arrive dans les Planètes plus élevées que la nôtre où les fluides nécessaires à telle ou telle action de la vie sont attirés les uns vers les autres par le seul fait d'une double et uniforme pensée. C'est ainsi que se passeront aussi les choses sur notre Planète quand elle aura atteint le même degré d'élévation.

Est sage l'homme qui se tient en garde contre l'inconnu. Car il est sage de ne pas se jeter aveuglément dans toute idée nouvelle, de ne pas accepter légèrement pour bonnes toutes maximes qui arrivent à nous cachées sous le voile charmant de l'éloquence ; chaque chose et chaque idée veulent être sévèrement étudiées et sondées avec les yeux de l'intelligence. Il ne faut pas voir avec ses yeux ni entendre avec ses oreilles de chair ; il faut entendre et voir avec les oreilles et les yeux de l'esprit, car c'est alors seulement que l'on apprend à raisonner, à étudier et se rendre compte. Si donc Zacharie fut frappé de mutisme ce n'est pas *pour avoir douté*, c'était pour l'obliger à réfléchir, pour le forcer à penser. Ce ne fut point un châtiment que lui imposait Dieu, car Dieu ne peut faire un crime à l'homme de son ignorance.

Quand l'ange dit : *Il ne boira ni vin ni rien de ce qui peut enivrer*, il ne faut pas croire que ce fut une défense faite aux hommes de jouir intelligemment et modérément des biens que Dieu leur donne. Cette phrase s'appliquait aux obligations auxquelles étaient astreints chez les Juifs tous ceux qui se vouaient au service de Dieu. Par ces mots l'ange disait qu'il fallait que dès sa naissance Jean fut consacré au Seigneur. C'est ainsi que dans les évangiles, il faut savoir prendre l'esprit et non pas la lettre.

Il sera rempli du Saint-Esprit, dit l'ange, *dès le sein de sa mère*. Ici le Spiritisme va nous éclairer de son flambeau pour nous faire comprendre.

Les Spirites ont appris à connaître les lois de l'incarnation. On leur a dit quelles pénibles angoisses viennent assaillir l'Esprit qui va s'incarner pour accomplir sa série d'épreuves ; quel trouble résulte de ses inquiétudes, trouble qui va toujours en augmentant jusqu'au moment de la naissance et ne fait souvent que s'affaiblir bien lentement pendant la première période de son enfance matérielle. Les mystères de la vie des âmes nous sont aujourd'hui connus et nous savons que l'Esprit, après avoir expié dans l'erraticité ses crimes, par des souffrances et des tortures morales proportionnées à ces crimes, entre un jour dans *l'ère de la réparation*. C'est alors qu'il choisit les épreuves qu'il croit les plus propres à son avancement. Mais ces épreuves, qu'il a souvent choisies terribles et quelquefois même au-dessus de ses forces, lui font douter de lui et même de la possibilité de les mener à bonne fin. Il se sent si faible et si misérable dans son passé ! Aussitôt saisi dans tout son être par les liens de la matière, il tremble et s'effraye ; son trouble augmente d'intensité au fur et à mesure que l'enveloppe qu'il doit revêtir dans le sein maternel se forme et l'étreint.

L'enveloppe charnelle de l'Esprit commence à se river à lui dès le premier instant de la conception. Le lien, c'est un cordon fluidique qui se resserre de plus en plus en l'attirant petit à petit vers sa nouvelle prison, et ce n'est que lorsque la naissance est opérée, que l'Esprit est lié complètement au corps et ne peut plus s'en détacher. Une fois né, l'Esprit ressent toujours l'*engourdissement* occasionné par la matière qui l'embrasse et qui l'étreint et ce n'est que petit à petit, en grandissant, qu'il parvient à récupérer une certaine liberté *relative*. Plus la matière qui se combine à lui est pesante et grossière, plus l'engourdissement est long et pénible, et plus l'épreuve est dure et sévère. Ainsi un Esprit très criminel s'incarnera dans un corps d'idiot, quand au contraire un Esprit en mission aura l'enveloppe d'un Newton, d'un Lamartine ou d'un Victor Hugo.

Mais si l'Esprit qui s'incarne est supérieur, c'est avec joie qu'il subit les étreintes de la chair, et, *dès le sein de sa mère*, il apprécie l'étendue de l'œuvre qui lui a été départie et bénit le Seigneur de la grâce et de la confiance qu'il lui donne. Celui-là conserve, malgré les étreintes de la chair, une certaine indépendance, une certaine liberté, qui lui permettent de triompher des angoisses et du trouble de la réincarnation. Ainsi fut Jean. Il était rempli du Saint-Esprit, cela veut dire que, par sa nature élevée, il attirait à lui pour l'aider, les Esprits supérieurs chargés de l'assister dans sa mission.

Que nous faut-il entendre par ce Saint-Esprit dont il est tant parlé dans les Évangiles ?

Ce mot était une locution familière aux Hébreux qui croyaient que Dieu *Lui-Même* se manifestait aux hommes par son souffle divin. Quand ils voulaient dire qu'un des leurs était inspiré de Dieu, ils disaient qu'il était *rempli du Saint-Esprit* et que le souffle de Dieu parlait en lui. Pour eux le Saint-Esprit était une partie individualisée de Dieu Lui-Même. Il n'en est rien cependant, et ici encore il faut nous mettre entièrement *au point de vue spirite.*

Le SAINT-ESPRIT est un *nom figuré* qui doit nous représenter l'ENSEMBLE des purs Esprits, des bons Esprits, de tous les Esprits supérieurs.

C'est une Phalange Sacrée composée des ministres de Dieu hiérarchiquement distribués suivant l'ordre de leur élévation intellectuelle et morale.

Quant à Dieu, Il est UN et INDIVISIBLE, ÉTERNEL, INFINI et seul IMMORTEL et OMNISCIENT. Il rayonne en tous lieux sans jamais se diviser, et les purs Esprits SEULS reçoivent DIRECTEMENT ses ordres ou ses inspirations. Les *Purs Esprits* transmettent les volontés divines aux *Esprits Supérieurs* qui les transmettent aux *Bons Esprits,* et c'est ainsi que l'ÉCHELLE SPIRITE descend jusqu'à nous. C'est par l'intermédiaire de tous ces instruments intelligents que fonctionnent et s'accomplissent tous les phénomènes de la vie et de l'harmonie universelles aussi bien dans l'ordre physique que dans l'ordre intellectuel et moral. Ainsi Dieu a réglé les lois éternelles et immuables de sa Création qui va toujours s'élevant et progressant et qui conduit, en vertu d'une théonomie admirable et merveilleuse digne de la Puissance Infinie, toutes les Humanités vers le bonheur.

L'ange apparut à Zacharie sous la forme qui lui parut la plus propre à frapper son imagination. Il le rendit muet par la simple action fluidique de sa volonté. C'était du magnétisme spirituel. C'est ainsi qu'un magnétiseur, au milieu de nous, prive de l'usage de la parole telle personne de la société, sensible à son fluide. C'est par milliers que nous constatons aujourd'hui des cas semblables. La chose était bien facile pour l'ange, il n'eut qu'à charger de fluides *ad hoc* la langue de Zacharie. Le magnétisme, aujourd'hui si parfaitement connu dans ses merveilleux effets, nous servira désormais à expliquer, *d'une manière toute naturelle*, tous « LES MIRACLES. »

LUC
CHAPITRE Ier. — V. 26-38

Annonciation.

V. 26. Or, comme Élisabeth était dans son sixième mois, l'ange Gabriel fut envoyé par Dieu en une ville de Galilée, appelée Nazareth. — 27. A une vierge fiancée à un homme nommé Joseph, de la maison de David ; et cette vierge s'appelait Marie. — 28. L'ange étant entré où elle était, lui dit : « Je vous salue, ô pleine de grâce ; le Seigneur est avec vous ; vous êtes bénie entre toutes les femmes. » — 29. Mais elle, l'ayant entendu, fut troublée par ses paroles ; et elle pensait en elle-même quelle pouvait être cette salutation. — 30. L'ange lui dit : « Ne craignez point, Marie ; car vous avez trouvé grâce devant Dieu. — 31. — Voilà que vous concevrez en votre sein, et vous enfanterez un fils à qui vous donnerez le nom de Jésus. — 32. Il sera grand et sera appelé le fils du Très-Haut ; le Seigneur-Dieu lui donnera le trône de David, son père ; il règnera éternellement sur la maison de Jacob. — 33. Et son règne n'aura point de fin. » — 34. Alors Marie dit à l'ange : « Comment cela se fera-t-il, puisque je ne connais point d'homme ? » — 35. L'ange lui répondit : « *Le Saint-Esprit surviendra en vous* et la vertu du Très-Haut vous couvrira de son ombre, c'est pourquoi le saint qui naîtra de vous sera appelé le Fils de Dieu. — 36. Et voilà que votre cousine Élisabeth a conçu un fils en sa vieillesse et elle est dans son sixième mois, elle qui *est appelée* stérile. — 37. « Parce que rien ne sera impossible à Dieu. » Alors Marie lui dit : « Voici la servante du Seigneur, qu'il me soit fait selon votre parole; » et l'ange s'éloigna d'elle.

3.

« Hommes, n'oubliez pas que vous étiez de petits enfants lorsque Jésus est descendu parmi vous pour ouvrir les voies de votre régénération, et que vous l'êtes encore.

« Inclinez-vous devant la sagesse infinie qui préside à votre progrès et le dirige, par son Christ qui est le maître, le protecteur et le gouverneur de votre Planète et de son Humanité. Elle vous donne petit à petit la lumière et la vérité et vous conduit vers la perfection à travers les temps et les siècles. »

Jésus, arrivant *Esprit* sur la Terre, n'aurait point été compris. Nul n'aurait apprécié son dévouement ni ses douleurs morales; c'est pourquoi il fallait qu'il offrît à l'homme l'exemple de la souffrance physique. A ceux qui versaient le sang des taureaux et des brebis, il fallait un sacrifice de chair et de sang. L'homme d'ailleurs est trop orgueilleux pour qu'un *Esprit* du Seigneur, descendu sur la Terre, eût suffi pour le relever. Il lui fallait un Dieu. Aussi tout fut préparé pour faire croire à la naissance d'un Dieu.

Marie était un Esprit supérieur, un Esprit très pur en mission sacrée pour aider à la régénération humaine, et qui, dans ce but, se soumit à toutes les lois de l'incarnation humaine. Elle fut Médium *voyant* et *auditif*, mais d'une manière tout-à-fait inconsciente. Son intelligence était alourdie par l'enveloppe qui la recouvrait et lui avait fait perdre le *souvenir* comme cela arrive à tout Esprit qui se réincarne. Aussi Marie ne devait pas connaître l'*Origine Spirite* de ce fils qui lui était annoncé par un ange. On sait d'ailleurs que les juifs croyaient que Dieu lui-même communiquait avec les hommes et que le *Saint-Esprit* était l'intelligence de Dieu même se manifestant à l'Humanité. Leur laisser connaître, à cette époque, les secrets d'outre-tombe, c'eût été les entraîner dans une voie dangereuse, car ils n'étaient point encore de force à se garantir des dangers qu'offrent à la faiblesse humaine les relations avec le monde invisible. Ils auraient eu tant de confiance dans cette vie future et tant de confiance aussi dans ce Dieu infiniment bon, succédant au Dieu toujours irrité de Moïse, qu'ils n'eussent plus fait aucun effort pour se perfectionner par eux-mêmes. Ce n'est que le temps et toutes nos réincarnations successives, apportant avec elles l'expiation et le progrès, qui nous ont préparés aujourd'hui à comprendre la vie spirituelle. Et encore, combien sont capables de la comprendre ! Si grands et si surprenants que sont les progrès du Spiritisme, combien sont nombreux ceux dont l'esprit est encore trop matériel et l'intelligence trop infirme pour en embrasser les vérités et les doctrines ?

Plus l'Esprit s'épure, plus il s'éloigne des besoins matériels et des instincts de l'animal. De même, plus les mondes s'élèvent dans la hiérarchie des globes, plus les besoins de la chair s'affaiblissent et plus les moyens de reproduction s'épurent et se spiritualisent. Le contact et le rapprochement de la matière pour engendrer la matière est une des conditions inhérentes à notre infériorité et n'existe que pour les mondes inférieurs, au nombre desquels se trouve la Terre.

Dans les mondes supérieurs, qui sont fluidiques, c'est la seule volonté qui est la base de la reproduction qui se fait alors par simple attraction des fluides appropriés sous les effets de la puissance magnétique. Ce n'est plus par *incarnation* qu'un Esprit fait son apparition sur ces Planètes, mais par *incorporation*. Quand un Esprit est appelé dans une famille dont l'amour et les désirs l'attirent, il trouve tout préparés les fluides nécessaires à son incorporation qu'il opère lui-même, lesquels, s'adjoignant et s'assimilant au périsprit, forment le corps qui correspond à la nature de la Planète et qui n'est que *relativement* semblable au nôtre.

Dans ces Planètes plus avancées, il n'y a pas de mâles et de femelles dans le sens que nous attachons à ces mots. La distinction des sexes n'existe qu'au point de vue fluidique et moral, et elle est due simplement à la différence qui existe dans la nature et les propriétés des fluides (1). Ce qu'il faut que nous sachions bien, c'est que, dans toutes les sphères, le physique et le moral sont intimement liés l'un à l'autre. Les fluides servent à l'expression des sentiments et des propriétés de

---

(1) C'est ce que nous dit également la Révélation de Louis Michel (de Figanières) : il existe dans l'espace les fluides masculins et les fluides féminins, par l'union desquels se font toutes les procréations.

l'Esprit. C'est là une vérité dont nous trouvons à chaque pas la preuve autour de nous. Tout Esprit qui s'incarne ici-bas subit l'influence de notre matière planétaire, qui n'est d'ailleurs autre chose que la condensation de fluides épaissis et solidifiés, ainsi qu'on en voit l'exemple dans la glace qui n'est que de la vapeur légère concentrée.

Dans ces mondes élevés l'amour, mot profané par nous, existe dans toute sa belle et noble expression et dans des conditions épurées, tel que nous le représente nos poètes dont les œuvres ne sont souvent que des aspirations spirites nous présentant l'avenir en son vrai jour et ses vrais couleurs.

Seuls les Esprits Purs, qui ne peuvent plus être soumis à aucune incarnation, à cause de leur nature tout-à-fait épurée, disposent de tous les fluides de l'Univers avec une science complète et en usent avec la liberté la plus entière. Ils vont de Planète en Planète en s'assimilant un périsprit en rapport avec les régions qu'ils parcourent. Ils prennent, quittent et reprennent à volonté ces périsprits en unissant ou divisant les principes toujours prêts à obéir à leur appel et à leur désir.

C'est ce qui faisait dire à Jésus : *Je quitte la vie pour la reprendre ; personne ne me l'ôte ; c'est moi qui la quitte de moi-même ; j'ai le pouvoir de la quitter et j'ai le pouvoir de la reprendre.* » (Jean, X, v. 18).

Jésus eut pu, par l'acte seul de sa volonté, se constituer, en venant sur la Terre, un *périsprit tangible*, mais Marie, Esprit supérieur et dévoué, avait pour mission de participer à la grande œuvre de régénération. Elle y participa en effet;

seulement ce fut inconsciemment, car l'état d'incarnation humaine dans lequel elle était ne lui permettait pas de se souvenir.

Il ne faut pas rire de ce que l'on ne peut pas comprendre et penser qu'il est complètement impossible à la science de rien savoir de ce qui se passe dans les autres Planètes. Si elle pouvait descendre sur les Planètes inférieures, elle verrait que l'air qui les entoure nous étoufferait par sa pesanteur, voilerait notre vue par son épaisseur et nous paraîtrait comme un voile impénétrable. Elle verrait que, dans les régions supérieures, nous éprouverions le vertige en nous trouvant dans un air trop pur et trop subtile. Tous ces faits sont naturels et n'ont rien qui soit extraordinaire. Ce que l'homme, dans son ignorance, regarde comme une dérogation aux lois immuables de la Création, ne présente pas le moindre déplacement d'une seule de ces lois universelles. Un jour l'homme vaincra toutes les difficultés qui l'empêchent de s'élever dans l'espace.

Jésus était trop pur pour revêtir la livrée du coupable ; sa *nature spirituelle* était *incompatible* avec l'incarnation matérielle telle que nous la subissons sur notre Terre. Son apparition fut le résultat d'une apparition spirite tangible ; son périsprit revêtit toutes les apparences du corps humain, de manière à faire illusion autant que le réclamait la nécessité. Jésus, malgré l'apparence, était toujours *Esprit* ayant la conscience de tous ses actes. La nature du corps qu'il revêtit ne fut qu'un spécimen hâtif de l'organisme humain, tel qu'il apparaîtra un jour sur certains points de notre Planète et tel qu'il existe, d'ailleurs, sur certaines Planètes élevées.

Il faut regarder Jésus comme notre divin modèle. Il est la plus grande essence après Dieu, mais il n'est pas la seule essence spirituelle au même degré ; chaque Planète a *son esprit fondateur* qui est son protecteur et son gouverneur, et reçoit directement l'inspiration divine.

En revenant à l'annonciation, quand l'ange dit à Marie : « *Le Saint-Esprit surviendra en vous,* » il lui annonçait que ses yeux s'ouvriraient et qu'elle comprendrait plus tard un mystère qui, alors, lui paraissait impénétrable.

Enfin, pour ce qui est du fait même de l'apparition de l'ange à Marie, rien n'est certainement plus facile à admettre, puisque semblables faits se reproduisent actuellement de nos jours où nous voyons des Esprits causer de vive voix avec nous et se présenter à nos yeux avec la forme humaine la plus réelle et la plus complète. Les relations intimes et journalières de Katie-King avec M. Crookes en sont une preuve évidente et péremptoire. Donc, absolument rien que l'on puisse nier ou mettre en doute quant à la possibilité de l'apparition de l'ange à Marie et de la conversation tenue entre elle et lui.

LUC
CHAPITRE Ier. — V. 39-45

Visite de Marie à Elisabeth.

V. 39. Or, en ces jours-là, Marie, se levant, s'en alla, en hâte, vers les montagnes, et en une ville de la tribu de Juda. — 40. Et étant entrée dans la maison de Zacharie, elle salua Elisabeth. — 41. Et il arriva que quand Elisabeth eut entendu la voix de Marie qui la saluait, son enfant tressaillit dans son sein, et elle fut remplie du Saint-Esprit. — 41. Et elle s'écria à

haute voix et dit : « Vous êtes bénie entre toutes les
» femmes, et le fruit de vos entrailles est béni; 43 : — et
» d'où me vient ce bonheur que la mère de mon Sei-
» gneur vienne vers moi ? — 44. Car votre voix n'a
» pas plus tôt frappé mon oreille lorsque vous m'avez
» saluée, que mon enfant a tressailli de joie dans mon
» sein. — 45. Bienheureuse, vous, qui avez cru, parce
» que ce qui vous a été dit de la part du Seigneur
» sera accompli. »

4.

Quand Marie entra chez Elisabeth, l'Esprit de Jésus (ou l'Esprit de l'un de ceux qui le secondaient), était près d'elle et l'accompagnait absolument comme le font tous les jours nos Anges Gardiens. Quant à l'Esprit de Jean, bien qu'il n'eut point eu à supporter les angoisses de l'incarnation, comme Esprit supérieur en mission, il était déjà en rapport avec le fœtus qui prenait sa forme dans le sein d'Elisabeth ; il produisit le tressaillement dont il est parlé tout simplement *en vue d'augmenter les preuves.*

Les paroles adressées par Elisabeth à Marie furent un simple effet de Médiumnité, et le produit de l'inspiration d'un Esprit du Seigneur. Elisabeth était alors *Médium inspiré.*

LUC

CHAPITRE Ier. — V. 46-56

Cantique de Marie

V. 46. Alors Marie dit ces paroles : « Mon âme glorifie le Seigneur ; — 47, et mon esprit est ravi de joie en Dieu mon Sauveur ; — 48, parce qu'il a regardé la bassesse de sa servante, voici que désormais je serai appelée bienheureuse dans la succession de tous les siècles ; — 49, car le Tout-Puissant a fait pour moi de grandes choses, lui dont le nom est saint ; — 50, et dont la miséricorde se répand, d'âge en âge, sur ceux qui le craignent ; — 51, il a déployé la force de son bras ; il a dissipé ceux qui s'élevaient d'orgueil dans les pensées de leur cœur ; — 52, il a renversé les grands de leurs trônes et il a élevé les petits, les humbles ; — 53, il a rempli de biens ceux qui étaient affamés et il a renvoyé les riches les mains vides ; — 54, il a reçu Israël comme son serviteur, se souvenant de sa miséricorde ; — ainsi qu'il a parlé à nos pères, à Abraham, à sa postérité à jamais. » — 56. Marie demeura avec Elisabeth environ trois mois ; puis elle retourna en sa maison.

5.

Ce cantique est un élan de reconnaissance et d'amour que souvent, si nous étions vraiment religieux, nous devrions imiter. C'est surtout aujourd'hui, en ce jour de régénération, que nous devrions glorifier le Seigneur, qui nous envoie le flambeau du Spiritisme, et tous ses bons Esprits, pour nous remettre au cœur cette *Espérance* si complètement étouffée sous les oripeaux du matérialisme et cette foi que le doute a couverte de ses ruines et de ses décombres.

Glorifions donc notre Créateur, dont, infimes que nous sommes, nous ne pouvons point encore comprendre ni les desseins, ni les fins, et bénissons cette douce et pure lumière du Spiritisme qui, dans ses rayons, nous apporte, avec la vérité, l'amour et la charité. C'est le baume guérisseur de toute plaie qui descend du ciel. C'est le triomphe du juste et la punition du méchant. Le règne de l'orgueil a pris fin.

Bénissons notre Créateur et reconnaissons que, tous, nous ne sommes dans ses mains que des instruments. Quoi de plus évident pour le Spirite intelligent que ce fait : que tous les Médiums ne sont autre chose que des agents inconscients.

Béni soit notre Créateur bien-aimé !

Israël n'est qu'un mot symbolique qui désigne toute notre Humanité, l'Humanité nouvelle et régénérée dont les racines ont pris naissance dans la révélation mosaïque. Tous les hommes sont Un devant Dieu, et devant Lui il n'y a plus ni nationalités, ni peuples. Mais ce Dieu est juste et veut notre gloire et notre progrès, et c'est pour cela que, par la réincarnation, « *il punit l'iniquité des pères sur les enfants jusqu'à la troisième et quatrième génération.* »

LUC

CHAPITRE Ier. — V. 57-66

Naissance de Jean.

V. 57. Cependant le temps où Elisabeth devait accoucher arriva, et elle enfanta un fils. — 58. Ses voisins et ses parents ayant appris que le Seigneur avait manifesté sa miséricorde sur elle, ils la félicitaient ; — 59. et étant venu pour circoncire l'enfant, ils le nommaient Zacharie du nom de son père ; — 60, mais sa mère, prenant la parole, dit : « Non ; mais il sera nommé Jean. » — 61. Ils répondirent : « Il n'y a personne dans votre famille qui porte ce nom. — 62. Et en même temps ils demandaient, par signes, au père de l'enfant, comment il voulait qu'on le nommât. — 63. Ayant des tablettes, il écrivit dessus : « Jean est le nom qu'il doit avoir ; » ce qui remplit tout le monde d'étonnement. — 64. Au même instant sa bouche s'ouvrit, sa langue fut déliée et il parlait en bénissant Dieu. — 65. Tous ceux qui demeuraient dans les lieux voisins furent saisis de crainte ; le bruit de ces merveilles se répandit dans tout le pays des montagnes de Judée ; — 66, et tous ceux qui les entendirent les conservèrent dans leur cœur et disaient entre eux : « Que pensez-vous que sera un jour cet enfant ? Car la main du Seigneur est avec lui. »

6.

Nul commentaire n'est à faire ici. Si l'on veut bien croire à la Providence, on doit admettre aussi qu'elle peut s'immiscer dans les faits qui constituent l'évolution de notre Humanité terrienne. Alors rien de plus facile que d'admettre cet enchaînement dans les desseins de Dieu. C'est la Révélation chrétienne faisant suite à la Révélation mosaïque, et l'on voit tous les événements ordonnés et préparés pour concourir à l'accomplissement de l'œuvre qui doit se produire. Cela est d'autant plus facile à admettre, que ce sont *des Esprits* qui accomplissent cette œuvre. — La science spirite nous apprend qu'il était aussi facile à un Esprit de lier la langue de Zacharie que de la lui délier.

MATHIEU
CHAPITRE Ier. — V. 18-25

*Apparition, en songe, de l'ange à Joseph ;
génération de Jésus.*

v. 18. Or, voici quelle fut la génération de Jésus-Christ lorsque Marie sa mère eut été fiancée à Joseph ; il se trouva qu'elle avait *conçu* PAR *le Saint-Esprit*. avant qu'ils eussent été ensemble. — 19. Or, Joseph, son mari, étant juste et ne voulant pas la déshonorer, résolut de la renvoyer secrètement. — 20. Mais lorsqu'il était dans cette pensée, un ange du Seigneur lui apparut en songe et lui dit : « Joseph, fils de David, ne crains pas de prendre Marie pour ton épouse, car *ce qui est né en elle a été formé* PAR *le Saint-Esprit,* — 21, et elle enfantera un fils et tu lui donneras le nom de Jésus, parce que lui-même délivrera son peuple de ses péchés. — 22. Or, tout ceci fut fait pour accomplir ce que le Seigneur avait dit par le prophète en ces termes : — 23. « Une vierge concevra, et elle enfantera un fils à qui on donnera le nom d'Emmanuel, c'est-à-dire Dieu avec nous. » — 24. Joseph donc, s'étant éveillé, fit ce que l'ange du Seigneur lui avait ordonné et prit Marie pour son épouse, — 25, et il ne l'avait point connue quand elle enfanta son fils premier-né ; et il lui donna le nom de Jésus.

LUC. — CHAPITRE II. — V. 1-7

Conception, grossesse et ainsi, PAR LA MÊME, *accouchement et enfantement, par l'opération du Saint-Esprit ; apparition de Jésus sur la terre.*

V. 1. Or, il advint qu'en ces jours-là on publia un édit de César Auguste, pour le dénombrement des habitants de la terre. — 2. Ce premier dénombrement fut fait par Cyrinus, gouverneur de Cyrie ; — 3, et tous allaient se faire inscrire, chacun en sa ville. — 4. Joseph partit de la ville de Nazareth qui est en Galilée, et vint en Judée, à la ville de David, appelée Bethléem, parce qu'il était de la maison et de la famille de David, — 5, pour se faire enregistrer avec Marie son épouse qui était grosse. — 6. Pendant qu'ils étaient en ce lieu il arriva que le temps où elle devait accoucher, s'accomplit ; — 7, et elle enfanta son fils premier-né ; elle l'enveloppa de langes et le coucha dans une crèche parce qu'il n'y avait point de place pour eux dans l'hôtellerie.

7.

Joseph avait été choisi avant sa naissance pour la mission qu'il devait accomplir, mais, quoiqu'Esprit supérieur, il était cependant soumis, comme incarné, à toutes les lois qui régissent la matière et l'union de l'âme au corps. Joseph était homme, c'est ce qui fit qu'il résolut tout d'abord de renvoyer Marie, et ce fut la révélation de l'ange qui ouvrit son intelligence et lui fit comprendre sa mission. Cette révélation ne devait être connue qu'aux temps marqués par la volonté du Seigneur, c'est-à-dire quand l'Humanité serait assez intelligente pour comprendre.

Aucun Spirite ne regardera comme une difficulté de croire à l'apparition de l'ange, puisque, dans leurs réunions, ils voient chaque jour des Esprits leur apparaître. Il y a beaucoup de manières de voir des Esprits, soit directement pendant le réveil, soit pendant le sommeil. On sait que souvent, pendant le sommeil, notre Esprit se dégage du corps matériel qui lui sert de prison et va se joindre aux groupes d'Esprits désincarnés qui l'entourent, et même, si le dégagement peut se faire à un certain degré, notre esprit peut s'élever très haut et aller se mêler aux phalanges des Bien-heureux. Mais, quand nous ne pouvons pas nous élever nous-mêmes, ce sont les Esprits des sphères supérieures qui descendent et se rapprochent de nous, soit pour nous instruire, soit pour nous rappeler les engagements que nous avons pris en nous réincarnant.

Toute communication obtenue pendant le sommeil doit être classée parmi les songes, mais il ne faut pas les confondre avec les songes ordinaires qui sont généralement le résultat de souvenirs, ou de la lutte qui se fait pendant le sommeil entre la matière et l'Esprit.

C'est un véritable songe qu'eut Joseph.

Jésus, Esprit tout-à-fait supérieur et d'une essence infiniment pure, ne pouvait entrer en combinaison avec notre matière terrienne, et, par conséquent, il lui était impossible de prendre un corps comme le nôtre.

La grossesse de Marie devait être apparente, ainsi que la naissance de Jésus, car il fallait que le Christ manifesta d'une manière quelconque sa présence parmi les hommes, afin que, paraissant vivre au milieu d'eux, les préceptes divins qu'il venait apporter fussent plus facilement acceptés par eux. En définitive le fait seul de la présence de l'enfant dans les bras de Marie suffit alors pour faire croire à l'accouchement, pour faire croire à l'enfantement et à la naissance. Quant à la conduite de tous ces phénomènes de grossesse, d'enfantement et de naissance, tous les Spirites savent combien il était facile aux Esprits de la mener à bonne fin, car ils savent tous combien est grande la puissance des Esprits. S'il fallait nous appuyer sur des exemples entre mille, pour donner une idée de ce pouvoir énorme que possèdent les Esprits, nous prendrions ceux qui ressortent des phénomènes merveilleux bien connus qui se sont passés au sein du Jansénisme où l'on vit les convulsionnaires de Saint-Médard produire des miracles aussi extraordinaires que ceux dont nous parlons ici. L'apparition de Katie-King dans le salon de M. Crookes n'est-elle pas une chose tout aussi extraordinaire? On ne peut donc pas nier que ce que nous raconte la *Révélation Roustainienne* ne soit possible. Quant à affirmer qu'elle soit l'expression même de la vérité, c'est une autre question qui reste à l'appréciation de nos lecteurs.

Il était nécessaire que les apôtres et les évangélistes ne connussent pas l'*Origine Spirite* de Jésus, car en mettant ses préceptes et sa vie si pure, qui devait nous servir d'exemple, à la portée de tout le monde, ils eussent été des imposteurs; ils auraient menti en présentant comme un homme charnel comme nous, un être qui ne l'était en aucune manière. Simples de cœur, les apôtres et les disciples s'inclinèrent devant la Révélation Spirite faite à Marie et à Joseph comme émanée de Dieu par l'un de ses envoyés. Quant aux évangélistes, ils ne furent que des Médiums historiens écrivant sous l'influence et l'inspiration médianimiques. Depuis cette époque, la matière qui compose nos corps s'est affinée, purifiée, *idéalisée*, et notre âme unie à elle a moins d'efforts à faire pour comprendre les choses spirituelles, et c'est pour cela que l'*Ère Spirite* apparaît pour ouvrir nos yeux à l'intelligence de choses qui, autrefois, eussent été pour nous complètement incompréhensibles. La *lettre* a porté ses fruits, mais maintenant elle tue et il faut qu'elle cède la place à l'*esprit qui vivifie.* Aujourd'hui le Magnétisme et le Spiritisme nous permettent de tout comprendre.

« Le Magnétisme est l'agent universel qui meut toutes choses ; tout est soumis à l'influence magnétique. L'attraction a lieu dans tous les règnes de la nature ; n'est-ce pas une attraction magnétique qui attire le mâle près de la femelle dans les parties de la Terre les plus désertes, et lorsqu'ils sont quelquefois à une distance très grande l'un de l'autre ? N'est-ce pas l'attraction magnétique qui attire le principe fécondant d'une fleur sur une autre, qui attire dans les entrailles de la Terre les substances appelées à former les minéraux qu'elle renferme, qui attire les eaux pour les diriger vers les terres arides qui ont besoin d'être fécondées ?

« Tout est attraction magnétique dans l'univers ; c'est la grande loi qui régit toutes choses. Quand l'homme aura les yeux assez ouverts pour en comprendre toute l'étendue, le monde lui sera soumis, car il pourra en diriger l'action matérielle ; mais pour en arriver là, il faut l'étude longue et approfondie des causes, et *surtout :* le Respect et l'Amour pour Celui qui lui a confié ce grand moyen d'action.

« Quand l'homme aura, sous les auspices de ce respect et de cet amour, conquis par l'étude et le travail, et avec humilité de cœur et désintéressement, la connaissance de tous les fluides, celle de leurs diverses natures, de leurs propriétés et de leurs effets, de leurs diverses combinaisons et transformations, alors il aura le secret de la vie universelle et de la formation de tous les êtres dans tous les règnes, sous la double action Spirite et Magnétique, par la volonté de Dieu et sous l'effet des lois naturelles et immuables établies par lui.

« Les fluides magnétiques relient entre eux tous les mondes dans l'Univers ; ils unissent tous les Esprits, incarnés ou non ; c'est un lien universel que Dieu nous a donné pour nous envelopper comme un seul être et nous aider à monter vers lui en réunissant nos forces. C'est par l'action magnétique, que les fluides de l'espace sont réunis. Tout est magnétisme dans la nature ; tout est attraction dépendant de cet agent universel.

« Sur votre Planète, indépendamment du magnétisme minéral, végétal et animal, existent encore le magnétisme *humain* et le magnétisme *spirituel*.

« Le magnétisme humain est la concentration par l'effet de la volonté de l'homme des fluides renfermés en lui et dans l'atmosphère qui l'entoure, et c'est par le moyen de ces fluides qu'il agit à distance soit sur son semblable, soit sur les autres êtres et sur les choses.

« Le Magnétisme Spirituel est l'effet de la volonté des Esprits qui concentrent et réunissent autour d'eux tous les fluides, *quels qu'ils soient*, aussi bien ceux qui sont renfermés dans l'homme que ceux qui sont répandus dans l'espace. Ils disposent de ces fluides pour agir sur l'homme ou sur les choses et obtenir les effets qu'ils se proposent. »

MATHIEU, MARC, LUC, JEAN,
assistés des apôtres.

Quand on dit que la grossesse de Marie fut l'*Œuvre du Saint-Esprit*, cela veut dire que ce furent les Esprits du Seigneur qui, par la manipulation des fluides nécessaires, préparèrent cette grossesse de manière à faire illusion. C'était uniquement du magnétisme spirituel (1).

Un fait qui peut nous faire comprendre la possibilité de cette illusion de Marie, c'est que nous voyons chaque jour dans nos maisons de fous où l'on enferme de pauvres femmes (victimes de l'ignorance de nos médecins) qui se croient à chaque instant prêtes à donner naissance à un petit être humain et qui ne sont que le jouet d'illusions provoquées par des Esprits obsesseurs. Elles croient à leur grossesse quand, cependant, il n'y en a pas la moindre trace apparente pour ceux qui les entourent. Il leur semble aussi éprouver tous les symptômes de l'enfantement. Tous les médecins savent cela.

Ainsi donc rien de plus facile que d'admettre que, par suite de l'emploi du magnétisme spirituel par les Esprits préposés à l'apparition du Messie, Marie ait eu toutes les illusions de la grossesse, de l'accouchement, de l'enfantement et de la maternité.

D'un autre côté, tous ceux qui ont bien voulu se donner la peine d'étudier le magnétisme humain savent bien que, par l'effet de sa simple volonté, un magnétiseur peut faire éprouver à son sujet, mis en état de somnambulisme, toutes sortes d'illusions. Il lui fait voir et croire tout ce qu'il veut qu'il croie. Le rire et la tristesse, la souffrance et la joie, la colère ou la bienveillance, il lui fait tout

---

(1) Nos lecteurs pourront lire dans le premier volume de Roustaing, page 71 et suivantes, les détails explicatifs de cette opération spirite.

éprouver en apparence. Et ce que les pauvres humains savent n'est rien à côté de ce qu'ils sauront un jour! La science humaine est encore au sein de sa nourrice. Un jour le magnétisme et les sujets endormis, dont les facultés vont aller toujours en se développant, serviront énormément au progrès de la science et des arts sur la Planète qui vient d'entrer dans une phase tout-à-fait nouvelle. Les somnambules sont des instruments précieux, plus parfaits que les autres, mais, aussi, *plus faciles à fausser ou à briser.*

Une chose aussi qu'il faut noter, pour la compréhension complète de ces phénomènes de l'apparition du Christ et des illusions de Marie, c'est que si l'oubli au réveil est, en principe, l'effet du somnambulisme, le magnétiseur peut cependant aussi très souvent, par la seule action de sa volonté, laisser au somnambule le souvenir de ce qu'il veut qu'il retienne à son réveil. Et tout ce qu'un homme peut faire par le *magnétisme humain*, les Esprits le peuvent bien mieux, et plus facilement encore, par le *magnétisme spirituel*, car leur pouvoir et leur science sont très grands.

Marie crut donc à un accouchement réel et *se souvint* des faits qu'elle devait *attester* comme s'ils avaient eu lieu réellement.

Au moment où Jésus apparut sous l'aspect d'un petit enfant, l'influence magnético-spirite cessa et nous rentrons dans le cas de Katie-King apparaissant à Crookes et ses amis. Marie reçut l'enfant dans ses bras comme si l'accouchement avait eu lieu réellement, avec la croyance qu'il était le fruit de ses entrailles *par l'opération du Saint-Esprit..* Marie alors était presqu'enfant d'âge et peu expérimentée des choses humaines, ayant toujours vécu dans l'adoration et la contemplation; elle prit l'enfant et bénit Dieu. Marie était seule à ce moment, n'ayant pour tout compagnon que le bétail renfermé dans l'étable.

Une remarque utile à faire, c'est qu'aucun évangéliste ou historien ne parle de maladie ni d'aucune des suites du travail de l'enfantement; au contraire, Marie reçut *dès le lendemain matin* les bergers et leur présenta elle-même le petit enfant.

Marie était un Esprit très pur, en mission pour se prêter à l'œuvre qui devait s'accomplir. A cette époque, la foi chez les Juifs était autrement vive qu'elle ne l'est de nos jours. Marie obéit à l'ange et remplit avec amour et soumission la tâche qui lui était donnée.

Il ne faut pas non plus légèrement dire qu'il y eut là tromperie ou fantasmagorie, il y a tant de choses que nous ne savons pas et qui sont encore des mystères pour nous! Jésus, chargé par Dieu de veiller au progrès de notre Planète et de l'homme qui l'habite, était le seul qui put, aidé des Esprits placés sous ses ordres, accomplir cette œuvre; le seul qui, par sa puissance, put attirer et approprier les fluides qui dans les régions supérieures servent à la formation des corps fluidiques; qui seul pouvait produire et se donner un corps mixte, presque matériel, figurant *aux yeux des hommes* le corps que l'homme a sur la terre. Il était le seul qui put maintenir aussi longtemps cette existence *apparente*. Jésus, Esprit pur et parfait, non sujet à aucune incarnation sur aucune Planète de l'espace, *ne pouvait pas* s'incarner mais seulement simuler l'incarnation. Il avait la connaissance de tous les fluides qui servent à Dieu pour produire tous les phénomènes de la Création, des lois au moyen desquelles ces fluides sont régis. Il avait été admis à partager la science de Dieu. Il pouvait donc facilement se donner une enveloppe périspritique ayant l'apparence de la forme humaine, la quitter et la reprendre à son gré en maintenant en un point de l'atmosphère tous les principes qui lui servaient à construire cette enveloppe, toujours prêts à être réunis sous l'acte de sa volonté puissante. Un spirite, accoutumé aux manifestations des Esprits, ne verra dans tout ceci absolument rien qui soit impossible.

Toute la question est là : Jésus était d'une élévation trop grande, d'une essence trop pure, pour pouvoir s'unir à la matière terrestre, car la Terre est un des mondes où la matière est le plus grossière. Plus la matière est lourde, plus elle étreint l'Esprit, et l'Esprit supérieur même qui revêt l'enveloppe matérielle humaine pour venir accomplir une mission sur la Terre, subit l'influence de cette incarnation et devient plus ou moins faillible ; et toujours quelque tache vient ternir la pureté de son Ame.

D'ailleurs, nous dit la Révélation nouvelle par la voix des apôtres à l'état d'Esprits désincarnés : « Ce fait d'apparition du Christ par incorporation parmi vous, fait unique jusqu'à ce jour dans les annales de votre Terre, doit se représenter quand le temps en sera venu. Alors qu'il se reproduira, vous saurez que l'heure de la régénération annoncée par le Christ, et depuis longtemps préparée et poursuivie par nous, aura sonné. »

Que ceux qui ont des oreilles pour entendre entendent, et que, dans leur orgueil et leur ignorance des lois de l'Univers, il ne nient pas ce qu'ils ne peuvent ni comprendre ni expliquer. Il était réservé à la Révélation nouvelle de venir éclairer l'Humanité et lui dire ce qu'elle *ne pouvait porter encore* alors que le Christ était descendu pour la première fois de sa demeure céleste. A la Révélation nouvelle de remplacer *la lettre* qui tue par *l'esprit* qui vivifie et de montrer à tous, que la volonté immuable de Dieu ne déroge jamais aux lois de la nature qu'il a établies de toute éternité.

Remarque : Tout ce que nous venons de dire sur la naissance du Christ n'a, en aucune manière, pour but de prouver la virginité de Marie. L'une des plus tristes aberrations du catholicisme a été de croire, et de faire croire, que l'acte par lequel se reproduit l'espèce humaine était un acte honteux, comme si quoi que ce soit qu'a créé Dieu pouvait être mal, et encore moins honteux ! L'amour matériel et l'attraction des sexes est une loi sainte à laquelle *notre devoir à tous* est d'obéir. Que la virginité d'une jeune fille flatte et charme l'imagination des poëtes, nous l'accordons ; mais la maternité mettra toujours la femme mariée au-dessus de la vierge, et à celle-là l'Humanité lui doit respect et reconnaissance. L'Humanité ne doit rien à la vierge. La Révélation Roustainienne n'a pas voulu dire, ou même laisser préjuger, que l'acte conjugal était un péché, une impureté qui devait être épargnée au Christ et à sa mère ; non. Elle dit seulement et tout simplement que l'état de pureté du corps diaphane de Jésus le mettait dans l'*impossibilité* de s'unir à notre manière terrestre trop grossière pour lui.

Quant à la non-virginité de la mère de Jésus, rien n'est plus facile à prouver, car Jésus avait des frères, oui des frères, et non pas des cousins comme a cherché à l'insinuer le Catholicisme. Voici des preuves certaines de ce que nous avançons là.

1° On lit dans Saint-Mathieu (ch. I, verset 25) : *Et Joseph ne la connut point, jusqu'à ce qu'elle eut enfanté son fils* PREMIER-NÉ ! si la mère de Jésus n'a pas eu d'enfants après lui, et si la pensée de l'évangéliste eut été qu'elle ne devait point en avoir, aurait-il appelé Jésus son *premier-né*.

2° On lit encore dans Saint-Mathieu (ch. XII, verset 46) : *Comme Jésus parlait encore à la foule, voici, sa mère et* SES FRÈRES *étaient dehors, voulant lui parler*. Ceci nous montre bien que Marie avait eu d'autres enfants; dans le cas contraire, les évangélistes auraient bien sûr appuyé tout particulièrement sur ce fait. D'ailleurs, une preuve que ses frères n'étaient pas ses *cousins*, c'est que ce mot de *frère* on le voit toujours à côté de celui de *mère* qui, incontestablement, est pris dans son sens propre. Il faudrait donc que l'un fut toujours pris dans son sens propre et direct quand l'autre, au contraire, serait toujours pris dans un sens détourné, ce qui est inadmissible. Il est inadmissible aussi que ce nom de frère leur soit *constamment* donné à la place de celui de cousin.

3° Au chapitre XIII de Saint-Mathieu on lit encore (versets 55 et 56): *N'est-ce pas là le fils du charpentier? Sa mère ne s'appelle-t-elle pas Marie, et ses frères: Jacques, Joses, Simon et Jude? Et ses sœurs ne sont-elles pas toutes parmi nous?* Si Jésus eût été seul et unique enfant, à quoi donc eût-il servi, après avoir indiqué le père et la mère, d'indiquer d'autres personnages qui ne seraient que des cousins ? Ces quatre noms soigneusement énoncés indiquent bien l'intention qu'a l'évangéliste de donner plus de force au contraste. Ne semble-t-il pas vouloir dire : « Ses frères et sœurs sont restés dans la condition de leurs parents, pourquoi donc Jésus, lui, en sort-il ? »

On lit la même chose au verset 3 du ch. VI, de Saint-Marc : *N'est-ce pas là le charpentier, le fils de Marie, frère de Jacques, de Joses, de Jude et de Simon ? Et ses sœurs ne sont-elles pas ici parmi nous ?* Ici c'est Jésus lui-même qui est appelé leur *frère*, mot qui fait pendant à celui de *fils de Marie*. N'est-il pas complètement impossible ici de traduire le mot frère par celui de cousin ?

4° On lit dans Saint-Luc (ch. I, verset 27) : ....*une vierge fiancée à un homme nommé Joseph*. C'est le seul endroit dans tout le Nouveau Testament où Marie soit appelée vierge ; partout ailleurs les évangélistes l'appellent *Marie* tout court, ou bien *Mère de Jésus*. Rien n'implique là l'idée d'une virginité sans terme.

5° On lit dans Saint-Jean (ch. VII, verset 5) : *Car même ses frères ne croyaient pas en lui.* Ce mot *même* ne vient-il pas victorieusement à l'appui de ce que nous voulons prouver que ces frères étaient bien des *frères* et non des *cousins* ? Chose singulière ! Ce mot si important, *même*, est omis dans la traduction de Sacy !

6° Enfin, au livre des actes (I, 14) on voit qu'après la mort de Jésus ses frères sont encore nommés avec sa mère : *Tous ceux-là persévéraient d'un commun accord dans la prière et dans l'oraison, avec les femmes, et Marie, mère de Jésus, et avec ses frères.*

Conclusion. Si cette Révélation Roustainienne a pour but de démontrer l'apparition de Jésus comme *agénère*, elle n'a point du tout celui de démontrer la virginité de sa mère qui, au contraire, eut, en vertu de l'acte conjugal et d'après les lois naturelles établies par Dieu, des fils et des filles. Ainsi donc, ô jeunes filles, obéissez à la loi divine, aimez et ne restez pas vierges. Ainsi donc, femmes ! accouchez sans honte et sans crainte. Et vous, mères ! soyez respectées et soyez bénies.

LUC
CHAPITRE II. V. 8-20

Les Pasteurs.

V. 8. Or, il y avait, en la même contrée, des bergers qui passaient la nuit dans les champs, veillant, tour à tour, à la garde de leurs troupeaux. — 9. Et tout d'un coup, un ange du Seigneur se présenta à eux, et la clarté de Dieu les environna, et ils furent saisis d'une grande crainte ; — 10, alors l'ange leur dit : Ne craignez point ; car je viens vous apporter une nouvelle qui sera, pour tout le peuple, le sujet d'une grande joie ; — 11, c'est qu'aujourd'hui, dans la ville de David, il vous est né un Sauveur qui est le Christ, le Seigneur ; — 12, et voici la marque à laquelle vous le reconnaîtrez · vous trouverez un enfant emmailloté et couché dans une crèche. — 13. Au même instant, il se joignit à l'Ange une grande troupe de l'armée céleste, louant Dieu et disant : — 14. Gloire à Dieu au plus haut des cieux et paix sur la terre aux hommes de bonne volonté. — 15. Après que les anges se furent retirés dans le ciel, les bergers se dirent entre eux : Passons jusqu'à Bethléem et voyons ce qui est arrivé et ce que le Seigneur nous a fait connaître ; — 16. Et ils vinrent en hâte ; et ils trouvèrent Marie et Joseph, et l'enfant couché dans la crèche. — 17. Et l'ayant vu, ils reconnurent la vérité de ce qui leur avait été dit touchant cet enfant : — 18. Et tous ceux qui l'entendirent, admirèrent ce qui leur avait été rapporté par les bergers ; — 19. Or, Marie conservait ces choses en elle même, les repassant dans son cœur. — 20. Et les bergers s'en retournèrent, glorifiant et louant Dieu de toutes les choses qu'ils avaient entendues et vues selon qu'il leur avait été dit.

8.

Rien n'est plus facile à admettre que cette apparition de l'ange aux bergers ; c'est une simple manifestation spirite. Ces bergers étaient subitement devenus Médiums auditifs et voyants, si non tous, au moins quelques uns d'entre eux. Cette lumière, cette clarté qui les environna était ce qu'ils voyaient à l'état d'extase. Qui de nous n'a pas admiré l'angélique figure que prend une extatique en voyant avec les yeux de son Esprit les merveilles des cieux ? Qui de nous n'a entendu des Médiums voyants parler de la lumière céleste qui éblouissait les yeux *de leur âme ?* Les bergers dont il est parlé ici se trouvaient dans la même condition. Ce n'était donc pas un miracle, mais la simple manifestation d'une loi naturelle bien connue des Spirites. Ils *virent* les fluides ambiants qui, pour nous, (qui avons été condamnés *aux ténèbres* pour l'expiation de nos fautes) sont incolores et qui, pour l'âme à l'état d'Esprit, répandent une grande clarté. Plus un esprit est élevé dans la hiérarchie des âmes, et mieux il perçoit ces clartés célestes.

Les bergers prirent cette lumière divine pour une manifestation de Dieu lui-même. Et *cet ange* n'était autre qu'une troupe de bons Esprits qui avaient été préposés à cette manifestation spirite et qui firent entendre ces paroles : « *Gloire à Dieu au plus haut des Cieux et paix, sur la terre, aux hommes de bonne volonté.* »

Les premiers qui reçoivent la nouvelle de la naissance du Christ sont d'humbles bergers, gens sans instruction comme aussi sans orgueil. D'autres, plus instruits, n'eussent point eu leur foi. C'est ainsi qu'il en a toujours été depuis que le monde existe : plus on sait, plus on est orgueilleux, moins l'on croit en Dieu et moins l'on a de foi. Voyez de nos jours ces phénomènes spirites, si évidents, nos savants sont les derniers à y croire parce qu'ils n'ont de foi qu'en eux ; et ce sont les simples d'esprit, ceux qui espèrent et qui aiment, qui ont accepté les premiers la Révélation nouvelle. Ce n'est qu'après ces bergers, humbles de cœur et d'esprit, que les mages, les savants et les puissants, recevront la bonne nouvelle. L'homme ne doit jamais s'enorgueillir du rang qu'il occupe dans ce monde car, aux yeux du Seigneur, le plus petit peut être le plus grand, et c'est surtout pour les grands de la Terre que Jésus a dit : « *Beaucoup d'appelés et peu d'élus.* »

LUC
CHAPITRE II. V. 21-24

Circoncision — Purification

V. 21. Le huitième jour où l'enfant devait être circoncis était arrivé, il fut nommé Jesus, qui était le nom que l'ange lui avait donné avant qu'il eût été conçu dans le sein de sa mère ; — 22. Et le temps de la purification de Marie étant accompli, selon la loi de Moïse, ils le portèrent à Jérusalem, — 23, selon qu'il est écrit dans la loi du Seigneur : Tout enfant mâle premier-né sera consacré au Seigneur, — 24, et pour donner ce qui devait être offert en sacrifices, selon la loi du Seigneur, deux tourterelles ou deux petits de colombes.

9.

Ces faits sont un enseignement pour ceux qui se révoltent contre le joug que la religion impose. Cela veut dire qu'il ne faut jamais provoquer de scandale en s'affranchissant tout-à-coup du joug que l'on porte, car rien ne doit se faire par révolutions, et le progrès ne marche que par évolutions régulières. On n'a pas le droit de renverser d'un coup de pied tout l'édifice de croyances lentement et péniblement acquises avec le temps, mais, comme dans un monument que l'on veut réparer, l'on doit conserver tous les matériaux qui sont bons et ne rejeter que ce qui est mauvais. Nous ne devons donc rejeter que petit à petit, sans ébranlement ni secousse, tout ce qui ternit la sainte et pure religion du Christ renfermée tout entière dans ces deux préceptes : l'amour de Dieu pardessus toute chose, et l'amour du prochain comme de soi-même.

Les cléricaux de toutes les sectes (car tout culte a son clergé et ses adhérents tenaces qui ne croient point au progrès) crieront anathème à cette Religion nouvelle qui vient se greffer sur la leur ; répondons-leur par ces deux mots qui doivent un jour apaiser toutes les discussions et toutes les haines : *Amour et Charité*. Que peuvent leurs anathêmes, et que peuvent leurs dogmes usés et leurs cérémonies de temps qui ne sont plus, contre la volonté de Dieu et l'œuvre progressive de son Christ ? Leur culte ne peut plus rien pour le progrès de notre Humanité car les hommes, pour la plupart, sortent de leurs Eglises aussi mauvais qu'ils y sont entrés ; ce ne sont plus que des automates s'agenouillant, priant et psalmodiant à un signal donné, mais n'ayant plus ni foi, ni croyances. La seule manière de prier Dieu c'est de travailler et de pratiquer l'amour et la charité.

LUC

CHAPITRE II. V. 25-35

Cantique de Siméon.

V. 25. Or, il y avait dans Jérusalem, un homme juste et craignant Dieu, nommé Siméon, qui vivait dans l'attente de la consolation d'Israël; et le Saint-Esprit était en lui; — 26, il lui avait été révélé par le Saint-Esprit qu'il ne mourrait point qu'auparavant il n'eût vu le Christ du Seigneur. — 27. Poussé par l'esprit, il vint au temple; et comme le père et la mère de l'enfant Jésus l'y portaient afin d'accomplir pour lui ce que la loi avait ordonné, — 28, il le prit entre ses bras et loua Dieu en disant : — 29 « C'est maintenant, Seigneur, que vous laisserez mourir en paix votre serviteur, selon votre parole, — 30, puisque mes yeux ont vu le Sauveur que vous nous donnez. — 31, et que vous destinez pour être exposé à la vue de tous les peuples, — 32, comme la lumière qui éclairera les nations, et la gloire d'Israël votre peuple. » — 33. Le père et la mère de Jésus étaient dans l'admiration des choses qui étaient dites de lui; — 34, Siméon les bénit et dit à Marie sa mère : « Cet enfant est pour la ruine et la résurrection de plusieurs dans Israël et pour être en butte à la contradiction des hommes. — 35. Et votre âme même sera percée comme par une épée afin que les pensées cachées dans le cœur de plusieurs soient découvertes. »

10.

Siméon était un homme profondément religieux. Il reçut de son ange gardien l'inspiration, ce que nous appelons le *pressentiment*, qu'il ne mourrait pas sans avoir vu le Christ dans l'attente duquel il vivait. Ce fut son ange qui le poussa au temple et l'entraîna à faire tout ce qu'il y fit et tout ce qu'il y dit. Quant aux paroles prophétiques qu'il y prononça, l'on peut vérifier qu'elles se sont en partie toutes réalisées. Jésus n'a-t-il point été exposé sur le Golgotha *à la vue de tous les peuples comme la lumière qui devait et doit encore éclairer les nations ?* N'a-t-il point été exposé à la vue de tous les peuples par ses disciples et ses apôtres ? Ne l'est-il point encore, de plus en plus, aux temps de l'ère nouvelle qui commence par le Spiritisme se répandant partout comme une traînée de poudre ?

Et quand Siméon dit : « Cet enfant est pour la *ruine* et la *résurrection* de plusieurs dans Israël et pour être EN BUTTE à la contradiction des hommes. » Ne faisait-il pas allusion, comme prophète, aux querelles religieuses auxquelles Jésus, son origine, sa nature, sa naissance et sa mission sur la Terre, devaient donné lieu ? Jésus est bien en effet une cause de ruine et de malheur pour ceux qui ne croient point en lui, et au contraire une cause de joie, de bonheur, de *résurrection*, pour tous ceux qui adoptent et qui suivent ses préceptes divins.

Tout ce cantique de Siméon n'est autre chose qu'une prophétie dont tous les détails ont trouvé leur accomplissement.

LUC
CHAPITRE II. V. 36-40.

Anne Prophétesse.

V. 36. Il y avait aussi une prophétesse, nommée Anne, fille de Phanuel de la tribu d'Aser ; elle était fort avancée en âge et n'avait vécu que sept ans avec son mari depuis qu'elle l'avait épousé étant vierge ; — 37, elle était alors veuve, âgée de quatre-vingt-quatre ans ; et elle ne s'éloignait pas du temple, servant Dieu, jour et nuit, dans les jeûnes et les prières ; — 38, étant donc survenue au même instant, elle se mit à louer le Seigneur et à parler de l'enfant à tous ceux qui attendaient la rédemption d'Israël ; — 39, après qu'ils eurent accompli tout ce qui était ordonné par la loi du Seigneur, ils s'en retournèrent en Galilée à Nazareth leur ville ; — 40, cependant l'enfant croissait et se fortifiait, étant rempli de sagesse, et la grâce de Dieu étant en lui.

11.

Nous sommes tous des Médiums de Dieu, des instruments d'épreuve et d'éducation les uns vis-à-vis des autres. En un mot, nous sommes tous solidaires, et celui qui écrit un livre comme le professeur qui fait un cours, sont des Médiums chacun en son genre. Celui qui a sérieusement étudié le Spiritisme n'a pas tardé à comprendre l'ordre divin qui régit toute chose ici-bas. La Terre est le domaine des faits qui s'accomplissent pour la bonne marche de l'Humanité vers ses destinées, et le monde des Esprits est le monde des causes veillant sur la bonne exécution des décrets divins.

Cette prophétesse Anne était encore un Médium auditif et parlant. Sous l'influence et l'action des

Esprits préposés, elle avait la faculté de prédire les événements à venir et ne faisait que continuer la chaîne merveilleuse des Prophètes d'Israël annonçant l'avenir pour prouver aux hommes qu'il y avait quelqu'un au dessus d'eux : *Dieu* qui les guide à travers toutes les phases de leur régénération, car, il n'en faut pas douter, l'homme est un Dieu tombé *qui se souvient des Cieux.*

A cette époque si remarquable de confiance et de foi dans les prophètes, il fallait bien que quelqu'un annonçât que ce Jésus qui venait de naître était le Messie promis aux Juifs ; mais, quand il est dit que l'enfant *croissait et se fortifiait plein de sagesse,* ce n'est plus qu'une appréciation humaine sortant de la bouche des évangélistes. Quoique agénère et n'ayant que *l'apparence humaine,* la croissance de Jésus suivait aux yeux de tous ceux qui l'entouraient la progression réglée par les lois de la vie humaine. Aux yeux des hommes il devait grandir de corps et se développer en intelligence, mais plus vite que les autres enfants, car son passage sur la Terre fut en tout marqué d'un sceau particulier.

MATHIEU

CHAPITRE II. — V. 1-12

Adoration des mages.

V. 1. Jésus donc étant né dans Bethléem de Juda, au temps du roi Hérode, voilà que des mages vinrent de l'Orient à Jérusalem, — 2, disant : « Où est celui qui est né roi des Juifs ? Car nous avons vu son étoile en Orient et nous sommes venus l'adorer. » — 3. Ce que le roi Hérode ayant appris, il en fut troublé et toute la ville de Jérusalem avec lui; — 4, et ayant assemblé tous les princes des prêtres et les scribes ou docteurs du peuple, il s'enquit d'eux où devait naître le Christ. — 5. Ils lui dirent : « Dans Bethléem de Juda, selon ce qui a été écrit par le prophète : — 6. Et toi, Bethléem, terre de Juda, tu n'es pas la dernière parmi les principales villes de Juda; car c'est de toi que sortira le chef qui doit conduire le peuple d'Israël. » — 7. Alors Hérode, ayant appelé, en secret, les mages, s'enquit d'eux, avec grand soin, du temps que l'étoile leur était apparue; — 8, et les envoyant à Bethléem, il leur dit : « Allez, informez-vous exactement de cet enfant; et, lorsque vous l'aurez trouvé, faites-le moi savoir afin que j'aille aussi l'adorer moi-même. » — 9. Ayant ouï ces paroles du roi, ils partirent; et en même temps l'étoile qu'ils avaient vue en Orient alla devant eux. Jusqu'à ce qu'étant arrivée au lieu où était l'enfant, elle s'y arrêta. — 10. Lorsqu'ils virent l'étoile, ils furent transportés d'une extrême joie; — 11, et en entrant dans la maison, ils trouvèrent l'enfant avec Marie sa mère, et se prosternant en terre, ils l'adorèrent; puis, ouvrant leurs trésors, ils lui offrirent pour présents, de l'or, de l'encens et de la myrrhe; — 12, et ayant reçu, en songe, pendant leur sommeil, l'avertissement de n'aller point retrouver Hérode, ils s'en retournèrent en leur pays par un autre chemin.

12.

Nous dirons tout d'abord que, pour si peu que l'on croie aux prophètes, et que l'on admette les prophéties comme pouvant exprimer la vérité dans l'avenir, il n'y a rien d'étonnant à ce que la ville où devait naître le Messie promis fut nettement désignée d'avance par ces prophéties. Donc, c'est bien à Bethléem que devait naître Jésus, cela avait été prédit.

D'un autre côté, pour prouver que nous ne mettons aucun parti-pris dans cette analyse très consciencieuse que nous faisons des livres de Roustaing, nous citerons, au sujet de l'adoration des mages, l'opinion d'un homme d'une haute valeur scientifique et morale ; voici ce qu'en dit (page 97) Mʳ François Vallès dans ses « *entretiens sur le Spiritisme* » à l'endroit où il compare le Kristna des Indes au Christ de Judée et fait valoir la supériorité incontestable de celui-ci sur celui-là :

« Il suffit de ce que je viens de dire, écrit-il, sur la plus remarquable des coïncidences qu'on puisse signaler, pour vous donner l'intelligence de ce principe d'imitation que quelques-uns des premiers historiens chrétiens ont été entraînés à adopter et à suivre pour nous montrer un Christ qui ne le cédât en rien au Kristna de l'Inde. Je ne serais pas même éloigné de penser que le récit de l'adoration des mages ne soit qu'une petite satisfaction de vanité qu'ils se soient donnée, et même un essai de démonstration de supériorité qu'ils ont voulu faire luire aux yeux des peuples. Car ce ne sont plus des rois qui viennent adorer l'enfant ; ce sont des hommes de la Caste sacerdotale, des mages, des prêtres, et, de plus, ils arrivent de cet Orient qui a déjà reçu sa révélation laquelle, par un hommage éclatant, vient s'humilier devant la parole nouvelle avant même qu'elle ait été annoncée. »

Nous ne savons si M. Vallès a raison, mais nous devons remarquer que sur quatre évangélistes, un seul, Mathieu, parle de cette adoration des mages. Ceci dit, nous continuons notre analyse. Voici ce que proclament les Évangélistes dans la révélation Roustainienne :

Cette visite des mages a eu réellement lieu. Les mages furent avertis en songe par leurs Esprits protecteurs. Un adepte du Spiritisme sait bien que rien de ce qui se passe ici-bas ne peut être l'effet du hasard et que tous les faits qui se produisent ne sont que des conséquences d'actions spirites. Un songe leur apprit donc qu'une étoile les conduirait vers celui qui avait pour mission de régénérer l'espèce humaine. Or, on sait que les mages croyaient à l'influence des Planètes sur les destinées humaines; ils crurent que cette étoile était une planète créée tout exprès pour présider aux destinées de Jésus et qu'elle accomplissait vis-à-vis d'eux un acte intelligent pour les conduire au lieu déterminé. C'est qu'ils avaient en la puissance de Dieu une confiance sans limites qui dominait toute espèce de raisonnement. C'est qu'il avaient une foi qu'on ne connaît plus de nos jours.

Mais cette lumière qui scintillait aux yeux des mages comme une étoile n'avait rien de commun avec les astres qui peuplent l'immensité ; ce n'était autre chose que le périsprit d'un Esprit supérieur rendu lumineux par sa volonté sous la forme d'une étoile. Sans cette explication spirite, qui nous montre le phénomène sous une face toute naturelle, il aurait fallu admettre que Dieu eut dérangé l'ordre admirable des Cieux pour faire un miracle, supposition qui est évidemment une monstrueuse absurdité. Mais le Spiritisme est la clé merveilleuse qui nous permet de tout expliquer et de tout comprendre ; l'on connaît aujourd'hui la puissance des Esprits et la possibilité qu'ils ont de produire à nos yeux ces phénomènes lumineux. Cette concentration de fluides lumineux qui guida les mages pouvait se manifester la nuit aussi bien qu'en plein jour, car les mages étaient des Médiums voyants.

Hérode fut averti de la naissance du « Roi des Juifs » par ce que la naisance de Jésus, isolé au millieu d'une classe pauvre, devait absolument avoir un certain retentissement afin que se trouvât ainsi annoncée et préparée son apparition parmi les hommes.

Ces mages enfin, qui étaient des *initiés*, croyaient à l'existence et aux manifestations des Esprits; ils savaient qu'on pouvait communiquer avec eux par voies médianimiques ; ils connnaissaient le magnétisme et le somnambulisme ainsi que le dégagement de l'âme pendant le sommeil. Ils croyaient aux songes, mais au réveil, le souvenir de celui qu'ils avaient eu leur avait laissé le doute sur la réalité de la parole de l'ange, et c'est pour cela que l'apparition de l'étoile était nécessaire pour dissiper toute espèce d'hésitation.

Arrivés à Jérusalem, la réponse des princes des prêtres et des scribes les jetèrent dans de nouveaux doutes et de nouvelles hésitations qui furent encore levés par la réapparition de *l'étoile* recommençant à marcher devant eux. Alors, quand ils la virent s'arrêter sur la maison où se trouvaient Jésus et Marie, ils n'eurent point de peine à se prosterner et à adorer car la réalité de la manisfestation spirite faite par l'ange à leur endroit était devenue tout-à-fait évidente. Ouvrant alors leurs trésors ils offrirent à l'enfant divin l'or, l'encens et la myrrhe.

MATHIEU
CHAPITRE II. — V. 13-18

Fuite en Égypte. — Meurtre des enfants.

V. 13. Lorsqu'ils furent partis, un ange du Seigneur apparut, en songe, à Joseph et lui dit : « Lève-toi:

prends l'enfant et sa mère, et fuis en Egypte, et demeures-y jusqu'à ce que je te dise d'en partir ; car Hérode cherchera l'enfant pour le faire mourir. » — 14. Joseph, s'étant levé, prit l'enfant et sa mère durant la nuit et se retira en Egypte, — 15. où il demeura jusqu'à la mort d'Hérode afin que cette parole que le Seigneur avait dite, par le prophète, fût accomplie : « J'ai rappelé mon fils de l'Egypte. » — 16. Alors Hérode, voyant qu'il avait été trompé par les mages, entra dans une grande colère, et il envoya tuer dans Bethléem et dans tous les pays d'alentour tous les enfants âgés de deux ans et au dessous selon le temps dont il s'était enquis exactement des mages. — 17. On vit alors s'accomplir ce qui avait été dit par le prophète Jérémie. — 18. Un grand bruit a été répandu dans Rome ; on y a ouï des plaintes et des cris lamentables : Rachel pleurant ses enfants et ne voulant point recevoir de consolation parce qu'ils ne sont plus.

13.

C'est toujours la loi divine s'accomplissant par les faits spirites. Hérode obéissait logiquement à la crainte de voir s'accomplir le fait annoncé par les mages de la naissance du « Roi des Juifs », et quant à ces enfants sacrifiés à la cruauté d'Hérode, c'étaient des Esprits presque purifiés accomplissant leur dernière épreuve que venait terminer sur ce monde d'expiations cette fin prématurée. D'un autre côté les parents de ces victimes, qui n'étaient innocentes *qu'au yeux des hommes,* se purifiaient en même temps par la douleur. Le Spirisme ne nous a-t-il pas appris que tout est épreuve et expiation sur notre pauvre globe qui est un des plus mauvais qui existent ? Dieu a tout prévu dans sa sagesse infinie et tous ces Esprits qui se réincarnent sur notre Terre, et qui appartiennent à l'ordre des *déchus,* doivent un jour tous se relever.

MATHIEU
CHAPITRE II. — V. 19-23

Retour d'Égypte.

V. 19. Hérode étant mort, l'ange du Seigneur apparut, en songe, à Joseph, en Égypte, — 20 et lui dit : « Lève-toi, prends l'enfant et sa mère et retourne en la terre d'Israël, car ceux qui cherchaient l'enfant pour lui ôter la vie sont morts. » — 21. — Joseph, s'étant levé, prit l'enfant et sa mère et vint en la terre d'Israël. — 22. Mais apprenant qu'Archélaüs régnait en Judée à la place d'Hérode son père, il appréhenda d'y aller, et, après un avertissement qu'il reçut, en songe, il se retira en Galilée. — 23, et vint demeurer dans une ville appelée Nazareth afin que cette prédiction des prophètes fût accomplie : « Il sera appelé Nazaréen. »

14

C'est toujours la loi spirite continuant à diriger la mission du Christ. Joseph, en tout et pour tout, se laissera désormais guider par l'ange, aux apparitions duquel il est maintenant familiarisé. C'était d'ailleurs pour l'accomplissement *absolument indispensable* d'une prophétie que Dieu, ou ses messagers, ce qui est la même chose, après avoir envoyé Joseph dans un lieu éloigné de sa résidence, le détourna de sa route et le fit venir à Nazareth.

LUC
CHAPITRE II. — V. 41-52

Jésus dans le temple, parmi les docteurs. — Explication, par la révélation nouvelle, de sa vie humaine apparente: depuis son APPARITION, *sur la terre,* appelée « sa naissance », *jusqu'à l'époque de sa venue à Jérusalem, ayant, parmi les hommes, l'apparence d'un enfant de douze ans; — et depuis cette époque jusqu'à celle où il commença, sous l'apparence d'un homme de trente ans, sur les bords du Jourdain, publiquement sa mission.*

V. 41. Son père et sa mère allaient, tous les ans, à Jérusalem, à la fête de Pâques; — 42, et, lorsqu'il fut âgé de douze ans, ils y allèrent, selon qu'ils avaient accoutumé, au temps de la fête. — 43. Les jours de cette fête étant passés, lorsqu'ils s'en retournèrent, l'enfant Jésus demeura dans Jérusalem sans que son père ni sa mère ne s'en aperçussent; — 44, et, pensant qu'il serait dans la compagnie, ils marchèrent durant un jour et ils le cherchaient parmi leurs parents et ceux de leur connaissance. — 45. Et ne le trouvant point, ils retournèrent à Jérusalem pour l'y chercher. — 46. Trois jours après ils le trouvèrent dans le temple assis au milieu des docteurs, les écoutant et les interrogeant; — 47, et tous ceux qui l'écoutaient, étaient tout surpris de sa sagesse et de ses réponses. — 48. Lors donc qu'ils le virent ils furent remplis d'étonnement, et sa mère lui dit: « Mon fils, pourquoi avez-vous agi ainsi avec nous ? Voici votre père et moi qui vous cherchions étant fort tristes. » — 49. Et il leur dit : « Pourquoi est-ce que vous me cherchiez? Ne saviez-vous pas qu'il faut que je sois occupé à ce qui regarde le service de mon père ? » — 50. Mais ils ne comprirent point ce qu'il leur disait. — 51. Et il s'en alla ensuite avec eux ; et il vint à Nazareth; et il leur était soumis; or, sa mère conservait, dans son cœur, toutes ces choses. — 52. Et Jésus croissait en sagesse, en âge et en grâce devant Dieu et devant les hommes.

15

Il FALLAIT, pour l'accomplissement de sa mission, que Jésus restât à Jérusalem, qu'il apparût dans le temple et discutât avec les docteurs de la loi. Le jour de la solennité de Pâques, alors que les rues de Jérusalem étaient remplies d'une foule arrivée de tous les points, fut le moment qui devait être logiquement choisi pour le commencement de la seconde phase de la vie de Jésus, à l'âge de douze ans.

Mais comment se pouvait-il que Jésus, bien qu'exposé aux regards publics, put cependant s'y *soustraire* aussi facilement ? Ce sont justement tous ces actes si singuliers et si incompréhensibles de la vie de Jésus que les évangélistes ont mission d'expliquer par cette Révélation qui vient dégager l'esprit de la lettre en nous faisant voir que toute la vie humaine de Jésus ne fut qu'*apparente* depuis sa naissance, c'est-à-dire depuis l'instant de son apparition sur notre Planète, jusqu'à cette époque où il parut dans le temple avec les docteurs. A-t-on jamais pensé ou pu donner une explication à ce fait : que pendant trois jours il disparut sans qu'on put savoir ce qu'il était devenu ? A-t-on jamais su non plus quelle fut sa vie depuis l'époque où il apparut ainsi, sous l'apparence d'un enfant de 12 ans, jusqu'aux temps où, sur les bords du Jourdain, il entra *publiquement* en mission avec l'apparence d'un homme de 30 ans ?

Tout fut apparent dans la vie de Jésus, mais ces phénomènes, que l'on peut certainement appeler miraculeux, avaient leur nécessité, leur raison d'être, pour que la régénération de l'Humanité terrienne déchue put se faire, et c'était là le but divin, sans qu'il fut attenté en rien au libre-arbitre dont Dieu avait doté sa créature. A cette époque, il fallait absolument que tout le monde crut, Marie et Joseph eux-mêmes, à *l'humanité* réelle de

Jésus bien que, cependant, il n'était que simplement revêtu d'un périsprit tangible, d'un corps purement périspritique et par conséquent inaccessible aux besoins et aux nécessités de notre existence matérielle. Dieu, pour se faire comprendre aux hommes *déchus* a besoin *d'humaniser* ses moyens, sans cela les hommes n'y comprendraient rien.

Tous ces faits mystérieux sont difficiles à croire évidemment, mais cependant, avec la lumière du Spiritisme, on finit bien par en comprendre tout au moins la possibilité.

Tout enfant au sein de sa mère Jésus ne tétait pas ; le lait était détourné de ses lèvres par les Esprits supérieurs qui entouraient Jésus et cela par un moyen bien simple : le lait, au lieu d'être aspiré par l'enfant qui n'en avait pas besoin était rendu à la masse du sang par une action fluidique dont Marie était le siège inconscient (1). Tout le monde sait qu'un de nos chimistes est à même aujourd'hui soit de décomposer par l'analyse, soit de recomposer par la synthèse, un liquide quelconque en rendant à chaque partie hétérogène la nature qui lui est propre. Et vous ne voudriez pas que des Esprits, infiniment plus instruits et plus puissants que les hommes, en puissent faire autant ? Quand l'homme connaîtra bien les propriétés des fluides (et il est actuellement sur la voie pour cela), rien de tout cela ne l'étonnera plus. Le magnétisme nous donne encore un autre exemple à l'appui de la possibilité de ces faits. Est-ce

---

(1) On peut lire dans le journal « LE SPIRITISME », *organe de l'Union spirite française*, de Juin 1883 (2ᵉ quinzaine) un article fort intéressant du docteur Chazarain, qui raconte un fait à peu près semblable ; il a pour titre : *Preuve de la réalité des phénomènes spirites, phénomènes physiologiques*.

qu'un magnétiseur ne peut pas, dans l'intérêt d'une malade, arrêter l'émission du lait hors des seins, et cela rien que par la puissance des fluides de sa volonté ? A plus forte raison un Esprit, plus savant et plus fort, le peut-il aussi.

D'ailleurs le lait n'est autre chose que la décomposition du sang et la maternité n'est point une condition absolue pour la production du lait. De pareils exemples d'absence complète de ce liquide au moment d'une naissance se rencontrent fréquemment soit dans l'humanité, soit même parmi les animaux. La virginité n'est d'aucune considération en pareil cas. Ce sont là des faits parfaitement connus.

« Chez Marie, dit la Révélation page 124, la décomposition eut lieu parce que le sang, par l'effet du magnétisme spirituel et par une action fluidique, fut *lactifié*; puis, lors de l'allaitement apparent, le lait ainsi formé se trouvait décomposé et chaque partie était rendue à la masse du sang. »

Jésus fut élevé comme tous les enfants précoces, il parla et marcha beaucoup plus tôt que les autres enfants. Abandonné à lui-même dès le plus bas âge, comme c'était l'habitude en ces pays chauds de la Judée, il courait dans les champs avec les autres enfants de son âge vivant de fruits et de miel sauvage. Marie n'était pas comme les mères d'aujourd'hui prévoyant pour les prévenir tous les besoins de leurs enfants; elle était *détournée* de trop s'appesantir sur les soins maternels à donner à son enfant. Elle sentait *intuitivement* qu'il n'avait pas besoin de cette surveillance et elle ne remplissait auprès de lui que bien peu des devoirs que la maternité impose aux femmes. Elle était d'ailleurs en tout *guidée par des Esprits protecteurs*. Jésus disparaissait souvent. Aux sollicitudes de Joseph et de Marie à son égard il répondait : « Vous n'avez pas besoin de vous inquiéter ni de me chercher. » Et c'est ainsi que, dès le plus bas âge, il commençait à s'absenter en ne faisant que suivre en cela les usages du pays. Ses absences devinrent petit à petit de plus en plus longues et ses parents finirent par s'y habituer ; bientôt l'on ne s'inquiéta plus pour ainsi dire de lui. C'était d'ailleurs ce à quoi veillaient les Esprits préposés à la mission du Christ.

« *Aux yeux des hommes*, les actes extérieurs de Jésus ne portaient qu'un cachet de singularité ; il aimait la solitude, et ses habitudes étaient pour eux presque sauvages, car il ne frayait pas avec les enfants de son âge. »

Il faut encore penser que rien n'étonnait trop Joseph et Marie sur l'existence singulière de leur fils car ils ne pouvaient s'empêcher de songer souvent à son origine *miraculeuse*. D'un autre côté, comme leur élévation morale était grande, ils étaient facilement accessibles aux inspirations des Esprits supérieurs.

« Pendant les quelques années qui précédèrent sa venue à Jérusalem et son apparition dans le temple au milieu des docteurs, Jésus s'absentait parfois pendant plusieurs jours en disant à ses parents : « Je vais prier. » Il restait aussi plusieurs jours dans sa famille en apparence sans participer à ses repas. L'abstinence ou jeûne complet d'un ou de plusieurs jours n'avait rien de bien étonnant pour les Hébreux ; les plus zélés pratiquaient cette abstinence, ce jeûne complet, parfois jusqu'à trois jours. »

Jésus, nous disent les Évangélistes, fut présenté au temple par le frère de Joseph et par Joseph lui-même, comme un des descendants de David, suivant la filière de sa parenté et la descendance de sa tribu. Les jours de la fête de Pâques étant passés et Joseph et Marie s'en retournant, Jésus demeura dans Jérusalem sans qu'ils s'en aperçussent. Au bout d'un jour, ne le voyant pas, ils revinrent à Jérusalem. Il n'y a rien là d'invraisemblable étant donnée la vie extraordinaire que menait Jésus. D'ailleurs, quelle est la cause de la sollicitude excessive qu'ont les parents pour leurs enfants ? C'est la faiblesse, l'inconséquence et l'ignorance de ces jeunes êtres dont Dieu leur a donné pour mission de guider les premiers pas. Ce n'était pas le cas pour Jésus, qui était d'une précocité extraordinaire. Aussi l'on s'occupait peu de lui. C'est pour cela que ce ne fut qu'à la fin de la journée que Joseph et Marie surent que personne n'avait vu leur fils. C'est pour cela aussi qu'en retrouvant Jésus dans le temple Marie ne fait que lui exprimer l'inquiétude où l'avait jetée son absence sans lui demander ce qu'il était devenu pendant ces trois jours. Cet évènement sortait à peine des habitudes de Jésus.

Mais qu'était-il devenu pendant ces trois jours ? Qui donc avait recueilli cet enfant de douze ans ?

Ceux qui ont habité l'Orient savent bien qu'il n'est pas rare de voir, sous ce ciel clément, des hommes, des enfants et des femmes passer la nuit en plein air, roulés dans leur manteau. Mais ceux qui peuvent croire à l'état fluidique de l'enfant comprendront facilement qu'il ne fut point embarrassé pour trouver un gîte. Que ceux qui doutent s'imprègnent du sentiment de leur ignorance et mettent en eux le désir sincère de s'éclairer ; qu'ils laissent de côté cette présomptueuse incrédulité qui les pousse à nier les manifestations Spirites, la Révélation Évangélique, et la *Révélation Nouvelle* qui apporte aux hommes les secrets d'outre-tombe et la science des rapports du monde visible avec le monde invisible, Révélation divine qui vient leur indiquer quels sont pour eux les voies et moyens qui doivent les conduire sûrement au progrès intellectuel en même temps qu'au progrès moral ; alors ils comprendront.

Voici ce que fit Jésus pendant ces trois jours :

« A l'ouverture des parvis du temple il entrait avec la foule ; il en sortait avec elle alors qu'on en fermait les portes. Une fois sorti et loin des regards humains, il disparaissait en dépouillant son enveloppe fluidique tangible et les vêtements qui le couvraient, lesquels, confiés à des Esprits préposés à cet effet, étaient transportés hors de la vue et de la portée humaines (1). Il retournait alors dans les régions supérieures d'où il planait et plane encore, du haut des splendeurs célestes, comme Esprit protecteur et gouverneur de notre Terre. A l'ouverture du temple il reparaissait parmi les hommes et reprenait ce périsprit tangible et ces vêtements qui le faisaient homme *à leurs yeux.*

Ne savez-vous pas qu'il faut que je vaque aux affaires de mon père, répondit Jésus à Joseph et Marie qui l'interrogeaient sur le motif de cette absence de trois jours. C'était la première allusion qu'il faisait à sa mission. Joseph et Marie durent

---

(1) Dans le *Livre des Médiums* d'Allan Kardec on voit, pages 226 et suivantes, comment tout cela pouvait se faire.

le comprendre sachant déjà par l'ange qu'il était destiné à de grandes choses.

Dès l'âge le plus tendre, les enfants Hébreux fréquentaient le temple et commençaient à écouter les leçons des docteurs; il n'est donc pas étonnant de voir Jésus à douze ans paraître au milieu des prêtres. C'était aussi l'habitude de laisser les enfants précoces proposer leurs doutes et les discuter en public. Il faut se rappeler que Jésus avait été présenté comme un des descendants de David. Quant à la discussion entre Jésus et les docteurs, elle fut conduite et dirigée par les Esprits qui s'emparèrent des organes de ces prêtres devenus ainsi Médiums.

« Après cette discussion publique dans le temple, et lorsque Joseph et Marie l'eurent retrouvé, Jésus s'en revint avec eux ; il alla habiter Nazareth avec eux jusqu'à ce que, sous l'apparence d'un homme de 30 ans, il commença publiquement sur les bords du Jourdain, sa mission de rédempteur. Joseph mourut quelques temps après ce retour, sa mission était terminée. »

Mais que fit Jésus pendant cette longue période de 18 ans qui sépara son retour à Nazareth du commencement de sa mission publique ?

« Sa vie humaine apparente s'écoula dans le labeur manuel et la pratique de l'amour, de la bonté et de la charité envers tous ceux qui l'entouraient. Il passait pour vivre retiré et aimer la solitude. Il accomplissait tous les devoirs ostensibles de l'Humanité au point de vue de l'existence de famille et des rapports de parents et de voisins. Il se soumettait devant tous, *à la loi du travail*, loi sainte et divine, dont dépend tout entier le bonheur de l'espèce humaine, qu'il devait faire accepter comme la plus grande, la plus noble et la plus juste, aux hommes qui se révoltaient contre son joug, alors comme encore aujourd'hui. Il prêchait par l'exemple. Hors ce temps consacré à la vie humaine, *il s'absentait* et paraissait *aux yeux des hommes* partager ainsi son temps entre les devoirs humains et la prière, sans jamais avoir paru prendre aucun repas, aucune alimentation humaine dans la famille ou ailleurs parmi les hommes. D'ailleurs Marie, nous l'avons dit, favorisait ses goûts et son apparente sauvagerie. »

Mathieu, Marc, Luc, Jean
Assistés des Apôtres

Il fallait que Jésus s'éloignât ainsi des centres où devait s'opérer sa mission afin que celle-ci pût se faire dans les meilleures conditions de réussite. L'expérience que nous avons des hommes doit nous faire facilement comprendre que s'il avait été exposé sans cesse aux regards, l'attention se serait usée et, le temps arrivé de commencer sa mission, il n'aurait plus autant frappé les intelligences.

Mais comment Jésus pouvait-il ainsi paraître enfant à la mamelle, puis croître et grandir et suivre toutes les phases du développement humain?

C'était un phénomène entièrement spirite. Le périsprit qui enveloppait Jésus se développait aux yeux des hommes de manière à leur faire illusion. Rien d'étonnant à ce que les fluides du périsprit se soient développés en se dilatant progressivement sous la volonté de Jésus. Des faits semblables se passent aujourd'hui sous nos yeux dans nos séances d'expérimentations Spirites. Les Spirites savent qu'un Esprit, même inférieur, peut, avec le périsprit qui constitue sa vie et son individualité, affecter et revêtir à chaque instant toutes les apparences et même souvent toutes les formes tangibles ; il n'a besoin pour cela que d'emprunter les fluides animalisés d'un Médium mis à sa disposition. Un Esprit supérieur n'a pas besoin de ces emprunts car il a la puissance de s'assimiler lui-même les fluides ambiants animalisés répandus dans l'atmosphère. La volonté puissante de Jésus réunissait autour de lui les matériaux nécessaires à l'œuvre qu'il voulait accomplir. C'est ainsi qu'il put revêtir *aux yeux des hommes* les apparences de l'enfance, de l'adolescence et de l'âge viril de notre Humanité et en figurer la marche progressive de tous les développements.

Pendant ce temps Marie recevait de plus en plus dans son intelligence et sa pensée la confirmation de la mission de Jésus ; *elle conservait dans son cœur toutes ces choses.* (V. 51).

MATHIEU, III ; V. 1-6 — MARC, I ; V. 1-5 LUC, III ; V. 1-6

Prédication de Jean-Baptiste. — Baptême.

MATHIEU : V. 1. En ce temps-là, Jean-Baptiste vint prêcher au désert de Judée, — 2, en disant : Faites pénitence, car le royaume des cieux est proche. — 3. Car voici celui dont a parlé le prophète Isaïe, disant : Voix de celui qui crie dans le désert ; préparez la voie du Seigneur ; rendez droits ses sentiers. — 4. Or, Jean avait un vêtement de poils de chameau et une ceinture de cuir autour des reins ; et sa nourriture était des sauterelles et du miel sauvage. — 5. Les habitants de Jérusalem, de toute la Judée et de tous les pays des environs du Jourdain venaient à lui, — 6, et confessant leurs péchés, ils étaient baptisés par lui dans le Jourdain.

MARC: V. 1. Le commencement de l'évangile de Jésus-Christ fils de Dieu. — 2, comme il est écrit dans le prophète Isaïe : J'envoie mon ange devant votre face, qui préparera votre voie devant vous. — 3. On entendra dans le désert la voix de celui qui crie : Préparez la voie du Seigneur ; rendez droits ses sentiers. — 4. Jean était dans le désert, baptisant et prêchant un baptême de pénitence pour la rémission des péchés. — 5. Toute la Judée et tous les habitants de Jérusalem venaient à lui, et, confessant leurs péchés, ils étaient baptisés par lui dans le fleuve du Jourdain.

Luc : V. 1. Or, l'an quinzième de l'empire de Tibère-César, Ponce-Pilate étant gouverneur de la Judée, Hérode Tétrarque de la Galilée, Philippe son frère Tétrarque de l'Iturée et de la province de Trochonite, et Lysanias d'Abilène, — 2, Anne et Caïphe étant grands-prêtres, le Seigneur fit entendre sa parole à Jean, fils de Zacharie, dans le désert, — 3, et il vint dans tout le pays qui est aux environs du Jourdain, prêchant un baptême de pénitence pour la rémission des péchés, — 4, ainsi qu'il est écrit au livre des paroles du prophète Isaïe, on entendra la voix de celui qui crie dans le désert : Préparez la voie du Seigneur ; rendez droits ses sentiers : — 5. Toute vallée sera remplie, et toutes montagnes et toutes collines seront abaissées, les chemins tortueux deviendront droits, et les raboteux unis ; — et tout homme verra le salut du Seigneur.

16

« Dieu ne communique pas *directement* avec les hommes. Quelque pur que soit l'Esprit incarné, l'enveloppe qu'il a revêtue établit une barrière infranchissable entre lui et la Divinité ; mais le Seigneur envoie ses grands Esprits qui, *eux*, inspirés directement par Lui, deviennent les organes de sa volonté. »

Cette voix du désert qui se faisait entendre à Jean, c'était celle des Esprits préposés à la mission du Christ, car Jean était un *précurseur*. Jean était un Esprit supérieur en mission destiné à ouvrir les voies et préparer les hommes à recevoir plus facilement la lumière du ciel. Son caractère sauvage et ses habitudes en dehors de celles des autres attiraient sur lui l'attention, et sa parole rude et sévère portaient les hommes à faire sur eux-mêmes un sérieux retour.

Cette confession, dont il est parlé, n'était pas l'odieuse confession auriculaire inventée pour dominer et qui constitue aujourd'hui l'une des plaies les plus hideuses du Catholicisme ; elle se faisait *publiquement* et *à haute voix* et provoquait ainsi un sentiment d'humilité, car il faut une conversion sérieuse, il faut un renoncement complet, pour avoir le courage d'avouer, à la face de tous, les fautes, les turpitudes et les infamies qui peuvent germer au fond du cœur humain. Une confession semblable était vraiment une barrière élevée contre les rechutes.

Ces paroles : « *Toute vallée sera remplie, toutes montagnes et toutes collines seront abaissées, les chemins tortueux deviendront droits et les raboteux unis* », s'appliquent évidemment au renversement moral, au redressement moral et à la rénovation morale que la doctrine du Christ devait opérer, et qu'elle opère aujourd'hui d'une manière si manifeste et si brillante par *le Spiritisme* qui est la Révélation nouvelle s'opérant de toutes parts sous la direction de l'être collectif appelé l'Esprit de Vérité. C'est par lui que la Révélation messianique se continue, mais, comme l'Humanité est plus avancée, que les mœurs et les habitudes ne sont plus les mêmes, les moyens de propagande sont aussi différents, appropriés qu'ils devaient être aux conditions nouvelles de la vie des hommes. C'est par le *livre* et le *journal* que se continue de nos jours la Révélation divine.

MATHIEU, III ; V. 7-12 — MARC, I ; V. 6-8 LUC, III ; V. 7-18

Reproches contre les Pharisiens. — Avis au peuple, aux publicains et aux soldats. — Témoignage rendu à Jésus-Christ.

MATHIEU : V. 7. Mais voyant plusieurs des Pharisiens et des Saducéens qui venaient à son baptême, il leur dit : Race de vipères, qui vous a montré à fuir la colère qui doit un jour éclater ? — 8. Faites donc de dignes fruits de pénitence, 9, et n'essayez point de dire en vous-mêmes : Nous avons Abraham pour père ; car je vous déclare que Dieu peut faire naître, de ces pierres mêmes, des enfants à Abraham ; — 10, car la cognée est déjà mise à la racine des arbres : tout arbre donc qui ne produit point de bons fruits sera coupé et jeté au feu ; — 11, pour moi, je vous baptise dans l'eau pour vous porter à la pénitence ; mais celui qui doit venir après moi est plus puissant que moi, et je ne suis pas digne de délier les cordons de ses souliers ; c'est lui qui vous baptisera dans le Saint-Esprit et dans le feu ; — 12, il a le van à la main, et il nettoiera parfaitement son aire ; il amassera son froment dans le grenier, mais il brûlera la paille dans un feu qui ne s'éteint jamais.

MARC : V. 6. Jean était vêtu de poils de chameau ; il avait une ceinture de cuir autour de ses reins et vivait de sauterelles et de miel sauvage ; et il prêchait, en disant : 7. Un plus puissant que moi vient après moi, et je ne suis pas digne de délier les cordons de ses souliers en me prosternant devant lui ; 8, pour moi, je vous ai baptisés dans l'eau ; mais, lui, il vous baptisera dans le Saint-Esprit.

LUC : V. 7. Il disait donc au peuple qui venait en troupe pour être baptisé par lui : Race de vipères, qui vous a avertis de la colère qui doit venir ? 8. Faites donc de dignes fruits de pénitence ; et n'allez pas dire : Nous avons Abraham pour père ; car je vous déclare que Dieu peut faire naître, de ces pierres mêmes, des enfants à Abraham ; — 9, déjà la cognée est mise à la racine des arbres ; tout arbre donc qui ne porte point de bons fruits sera coupé et jeté au feu.

— 10. Et le peuple lui demandant : Que devons-nous faire ? — 11, il leur répondit : Que celui qui a deux tuniques en donne une à celui qui n'en a point, que celui qui a de quoi manger fasse de même. — 12. Il y eut aussi des publicains qui vinrent à lui pour être baptisés et qui lui dirent : Maître, que faut-il que nous fassions ? — 13. Et il leur dit : N'exigez rien au-delà de ce qui vous a été ordonné. — 14. Les soldats aussi l'interrogeaient, disant : Et nous, que devons-nous faire ? N'usez point de violence ni de fraude envers personne, et contentez-vous de votre paie. — 15. Et comme le peuple et tous s'imaginaient, en eux-mêmes, que Jean pourrait bien être le CHRIST, — 16. Jean dit devant tout le monde : Pour moi, je vous baptise dans l'eau, mais il en viendra un plus puissant que moi, et je ne suis pas digne de délier les cordons de ses souliers : c'est lui qui vous baptisera dans le Saint-Esprit et dans le feu ; — 17, il a le van à la main et il nettoiera parfaitement son aire ; il amassera le froment dans son grenier ; et il brûlera la paille dans un feu qui ne s'éteint jamais. — 18. C'est ainsi qu'il évangélisait le peuple, lui apprenant encore plusieurs autres choses.

17

Comme Joseph et Marie, Jean subissait l'influence de la matière humaine et de son incarnation terrestre ; il avait perdu le *souvenir*, il ne se rappelait plus son existence antérieure et qu'autrefois il avait été Élie. Il était d'ailleurs nécessaire qu'il ignorât alors ces mystères d'outre-tombe, car ses aspirations ne devaient point aller *au-delà* de la mission qu'il avait à remplir. Sa mission était de préparer les hommes à la repentance par un symbole qui leur fît comprendre qu'ils eussent à se purifier. Cela n'a aucun rapport avec l'acte inintelligent et ridicule du baptême catholique, qui se fait à un âge où l'enfant ne peut rien comprendre, mais qui, cependant, pourrait avoir une valeur réelle s'il se faisait, par exemple, à l'âge de 25 ans et s'il n'était pas imposé. Tout ce qui est imposé à l'homme en effet est sans mérite et sans valeur, car ce n'est pas pour rien évidemment que Dieu nous a tous dotés du libre-arbitre.

Les Hébreux ne voyaient d'enfants du Seigneur (comme encore aujourd'hui) que ceux qui marchaient courbés sous le joug de Moïse; il fallait leur ouvrir les yeux et leur montrer que tous les hommes sont frères et, tous au même titre, enfants de Dieu. C'est ce qui fait dire à Jean : « *N'allez pas dire vous-mêmes : Nous avons Abraham pour père, car je vous déclare que Dieu peut faire naître de ces pierres mêmes, des enfants à Abraham; la cognée est déjà mise à la racine des arbres; tout arbre donc qui ne produira aucun fruit sera coupé et jeté au feu.* » C'est toujours le langage symbolique et fleuri de l'Orient, mais cela est suffisamment compréhensible. Que représente Abraham ici ? le chef de la *seule* famille qui devait mériter le royaume des cieux.

Tous les spirites comprendront que l'arbre qui ne porte pas de bons fruits est l'Esprit incarné qui faillit à ses épreuves. Après sa mort il sera jeté au feu c'est-à-dire soumis à l'expiation, soumis à des souffrances ou tortures morales proportionnées aux crimes commis. La réincarnation, dans des mondes plus ou moins mauvais, est là qui l'attend pour la réparation d'où doivent sortir son progrès et sa purification.

Le baptême du *Saint-Esprit*, c'est l'assistance et l'inspiration des Esprits épurés, assistance accordée à tous les hommes de bonne volonté pour les diriger dans leurs épreuves et les soutenir dans la limite des Médiumnités qui leur ont été dévolues. C'est ainsi que Jésus, en appelant le *Saint-Esprit* sur ses disciples, appela vers eux et fit descendre les *Esprits élevés* qui devaient les aider et les soutenir dans leur rude et pénible mission et qui, sous l'apparence de *langues de feu*, se manifestèrent par leur périsprit lumineux. C'est aujourd'hui ce qui arrive encore aux apôtres de la Révélation nouvelle, et c'est avec un profond sentiment de reconnaissance et d'humilité qu'ils doivent recevoir cette lumière divine qui doit les éclairer et les mettre à même d'éclairer les autres. Et la foi va renaître et grandir à l'ombre de l'arbre divin du Spiritisme. Et l'heure viendra, où ces apôtres émergeant pleins de joie de l'épreuve et la paix dans l'âme, pourront dire : « J'ai bien rempli ma tâche. » Et chacun comprendra que, depuis que l'homme a paru sur cette Planète, jamais il ne fut abandonné par son Créateur.

De tout temps l'homme a eu son ange gardien chargé de le conduire et de le protéger dans la voie du progrès; de tout temps il y a eu des Esprits en mission parmi les hommes pour leur révéler la loi naturelle qui est la loi de Dieu, et cela, toujours selon l'état des intelligences et des besoins de chaque époque ; de tout temps, investi du libre arbitre et en même temps entouré d'influences occultes mauvaises et bonnes, l'homme a faibli par orgueil ou par faiblesse. Et de tout temps enfin il a été soumis après sa mort, à l'expiation et à la souffrance sur des mondes inférieurs. Et la réincarnation sur ces mondes est à la fois *l'enfer, le purgatoire, la réparation et le progrès*. C'est la sainte échelle que doivent gravir tous les hommes et, pour arriver aux limites de la perfection, l'on doit naître sans cesse.

MATHIEU, III ; V. 13-17 — MARC, I ; V. 9-11
LUC, III ; V. 21-22

—

Baptême de Jésus

Mathieu : V. 13. Alors Jésus vint de la Galilée au Jourdain trouver Jean pour être baptisé par lui ; — 14, mais Jean s'y refusait, en disant : C'est moi qui dois être baptisé par vous, et vous venez à moi ! — 15. Et Jésus lui répondit : Laissez-moi faire *pour cette heure;* car c'est ainsi que nous devons accomplir toute justice. Alors Jean ne lui résista plus. — 16. Jésus, ayant été baptisé, sortit aussitôt de l'eau, et en même temps les cieux lui furent ouverts, et il vit l'esprit de Dieu descendre comme une colombe et venir sur lui ; — 17, et au même instant une voix se fit entendre au ciel, qui disait : Celui-ci est mon fils bien-aimé, en qui j'ai mis toutes mes complaisances.

Marc : V. 9. Et voici ce qui arriva en ces jours-là : Jésus vint de Nazareth, qui est en Galilée, et fut baptisé par Jean dans le Jourdain. — 10. Et aussitôt qu'il fut sorti de l'eau, il vit les cieux ouverts et l'esprit de Dieu descendant en forme de colombe et demeurant sur lui ; — 11, et une voix se fit entendre du ciel, en disant : Tu es mon fils bien-aimé ; en toi j'ai mis toutes mes complaisances.

Luc : V. 21. Or, pendant que Jean baptisait tout le peuple, Jésus fut aussi baptisé par lui ; comme il faisait sa prière, le ciel s'ouvrit ; — 22, et le Saint-Esprit descendit sur lui, en forme corporelle comme une colombe ; et on entendit une voix du ciel, disant : Tu es mon fils bien-aimé ; j'ai mis en toi toutes mes complaisances.

18

Jésus, Esprit parfait, n'avait pas besoin d'être baptisé par Jean car il n'avait à se purifier d'aucun péché. Pourquoi donc fit-il comme tous les autres et vint-il aussi recevoir le baptême de l'eau du Jourdain ?

Il voulait prêcher d'exemple dès son entrée publique en mission, et c'était aussi pour recevoir aux yeux de tous la consécration de sa puissance et de sa mission. D'ailleurs il devait pendant sa mission terrestre être aux yeux des hommes un homme semblable à eux, subissant toutes les épreuves de notre Humanité pour en triompher. C'est seulement après l'accomplissement de sa mission terrestre que l'interprétation de tous les actes de sa vie devait faire naître la lumière, à ce point qu'on devait même aller jusqu'à le confondre avec Dieu lui-même. Dans sa vie terrestre, on le voit partout et toujours en tout donnant l'exemple. Jésus se fit donc baptiser comme les autres, mais il faut remarquer qu'avant qu'il arrivât sur les bords du Jourdain, Jean avait déjà dit à tous ceux qui étaient venus vers lui :

« *Pour moi je vous baptise dans l'eau, mais* « *il en viendra un plus puissant que moi; et je* « *ne suis pas digne de délier les cordons de ses* « *souliers ; c'est lui qui, etc.*

C'est pour cela que Jean se refuse tout d'abord de donner à Jésus le baptême qu'il lui demande en lui disant : « *C'est à moi à être baptisé par vous.* » Et Jésus lui répond qu'il faut toujours prêcher d'exemple car il faut « *accomplir toute justice.* »

Alors eut lieu la manifestation qui devait indiquer aux hommes la mission de Jésus. Cette voix du Ciel était une simple manifestation spirite afin de frapper les hommes, afin de leur faire comprendre que l'*Esprit* annoncé par les prophètes était enfin descendu parmi eux. Il faut se rappeler que la colombe était regardée par les Hébreux comme l'emblème de la pureté et *qu'elle était sacrifiée sur l'autel* pour le rachat des enfants d'Israël. L'Esprit supérieur préposé à cette manifestation prit donc la forme qui devait le plus impressionner l'intelligence et l'imagination. Les spirites savent bien qu'un Esprit peut, à l'aide de son périsprit, prendre telle forme ou telle apparence qui lui plaît.

Cette voix du Ciel ne fut pas celle de Dieu, car Dieu ne communique pas *directement* avec les hommes, mais Dieu transmet partout ses volontés par l'intermédiaire des purs Esprits qui reçoivent directement de lui ses ordres et ses inspirations. Cependant pour le peuple rassemblé aux bords du Jourdain, ce fut Dieu lui-même qui fit entendre sa voix et dit à Jésus : « *Tu es mon fils bien aimé, en toi j'ai mis toutes mes complaisances.* »

Ne laissons pas notre esprit se rapetisser ni s'enfermer dans d'étroites limites. Ne prenons plus *la lettre* et mettons tous nos efforts, à bien saisir tout le sens de l'*esprit*. Dans cette scène de baptême, l'eau que le catholicisme a prise pour drapeau de ses croyances, n'est absolument rien, car il y a là l'acte matériel qui fut une nécessité des temps pour frapper les yeux, en même temps que la partie symbolique. C'est la partie symboique *seule* de cette scène qui doit rester pour nous, c'est-à-dire l'ablution morale qui doit nous amener à la repentance et à l'humilité. L'Église romaine n'a pas compris les paroles du Christ à Nicodème, devant lequel il proclamait la *réincarnation* ; c'est par la réincarnation que nous nous lavons tous de notre péché *originel*, qui n'est point la faute de premiers parents coupables, à la place desquels nous serions tous condamnés injustement à souffrir, mais qui n'est autre chose que l'ensemble des vices et des mauvais penchants dont s'est imprégné notre périsprit par la chute.

Catholiques, protestants, grecs et chrétiens de toutes sectes, Juifs et Mahométans, ouvrez les yeux à la lumière et ne faites plus qu'une *Seule Religion* sous le règne de l'*esprit* terrassant *la lettre*. Le spiritisme vient tout expliquer et vous ouvre les bras à tous, comme un chêne aux rameaux gigantesques qui ne demande qu'à défendre et protéger. Nous sommes tous des *faillis* et des *déchus* exilés sur cette Planète de deuils et de larmes pour y reconnaître nos fautes et les expier. Pratiquez simplement *la repentance et l'humilité*, et préparez ainsi vos cœurs au baptême du *Saint-Esprit et du feu* qui seul peut purifier les âmes. Christ vous envoie de tous côtés des Esprits épurés qui viennent vous assister, vous inspirer, vous soutenir et vous dire qu'il n'y a qu'une seule manière de gagner le royaume des Cieux, c'est de pratiquer la sainte loi du travail qui rend la vie joyeuse et bénie, et de pratiquer en même temps *l'humilité du cœur, la justice, l'amour et la charité*.

MATHIEU, I; V. 1-17 — LUC, III; V. 23-38

Généalogie de Jésus (aux yeux des hommes).

MATHIEU : V. 1. Livre de la généalogie de Jésus-Christ, fils de David, fils d'Abraham ; — 2. Abraham engendra Isaac ; Isaac engendra Jacob ; Jacob engendra Juda et ses frères ; — 3. Juda engendra de Thamar, Pharès et Zara ; Pharès engendra Esron ; Esron engendra Aram ; — 4. Aram engendra Aminadab ; Aminadab engendra Naasson ; Naasson engendra Salmon. — 5. Salmon engendra Booz de Rahab ; Booz engendra Obed de Ruth ; Obed engendra Jessé, et Jessé engendra David, qui fut roi. — 6. Le roi David engendra Salomon de celle qui avait été la femme d'Urie. — 7. Salomon engendra Roboam ; Roboam engendra Abias; Abias engendra Asa. — 8. Asa engendra Josaphat; Josaphat engendra Joram; Joram engendra Osias.—9. Osias engendra Joatham; Joatham engendra Achas; Achas engendra Ézéchias. — 10. Ézéchias engendra Manassé; Manassé engendra Amon; Amon engendra Josias. — 11. Josias engendra Jéchonias et ses frères vers le temps que les Juifs furent transportés à Babylone. — 12. Et depuis ce transport à Babylone, Jéchonias engendra Salathiel; Salathiel engendra Zorobabel. — 13. Zorobabel engendra Abiud; Abiud engendra Éliacim; Éliacim engendra Azor. — 14. Azor engendra Sadoc; Sadoc engendra Achim; Achim engendra Eliud. — 15. Eliud engendra Éléazar; Éléazar engendra Mathan; Mathan engendra Jacob. — 16. Et Jacob engendra Joseph, l'époux de Marie, de laquelle est né Jésus appelé : Christ. — 17. Il y a donc eu, en tout, depuis Abraham jusqu'à David, quatorze générations; depuis David jusqu'à la transmigration de Babylone, quatorze générations; et depuis la transmigration de Babylone jusqu'à Jésus-Christ, quatorze générations.

Luc : V. 23. Et Jésus, alors, était dans sa trentième année, étant réputé parmi les hommes fils de Joseph, qui fut fils d'Héli, qui fut fils de Mathat, — 24, qui fut fils de Lévi, qui fut fils de Melchi, qui fut fils de Janna, qui fut fils de Joseph, — 25, qui fut fils de Mathathias, qui fut fils d'Amos, qui fut fils de Nahum, qui fut fils d'Hesli, qui fut fils de Naggé, — 26, qui fut fils de Mahath, qui fut fils de Mathathias, qui fut fils de Séméi, qui fut fils de Joseph, qui fut fils de Juda, — 27, qui fut fils de Joanna, qui fut fils de Réza, qui fut fils de Zorobabel, qui fut fils de Salathiel, qui fut fils de Néri, — 28, qui fut fils de Melchi, qui fut fils d'Abdi, qui fut fils de Cosan, qui fut fils d'Helmadan, qui fut fils d'Her, — 29, qui fut fils de Jésus, qui fut fils d'Eliézer, qui fut fils de Jorim, qui fut fils de Mathath, qui fut fils de Lévi, — 30, qui fut fils de Siméon, qui fut fils de Juda, qui fut fils de Joseph, qui fut fils de Jona, qui fut fils d'Eliakim, — 31, qui fut fils de Méléa, qui fut fils de Menna, qui fut fils de Mathatha, qui fut fils de Nathan, qui fut fils de David, — 32, qui fut fils de Jessé, qui fut fils d'Obed, qui fut fils de Booz, qui fut fils de Salomon, qui fut fils de Naasson, — 33, qui fut fils d'Aminadab, qui fut fils d'Aram, qui fut fils d'Esron, qui fut fils de Pharès, qui fut fils de Juda, — 34, qui fut fils de Jacob, qui fut fils d'Isaac, qui fut fils d'Abraham, qui fut fils de Tharé, qui fut fils de Nachor, — 35, qui fut fils de Sarug, qui fut fils de Ragaü, qui fut fils de Phaleg, qui fut fils d'Héber, qui fut fils de Salé, — 36, qui fut fils de Chaïnan, qui fut fils d'Arphaxad, qui fut fils de Sem, qui fut fils de Noé, qui fut fils de Lamech, — 37, qui fut fils de Mathusalé, qui fut fils d'Énoch, qui fut fils de Jared, qui fut fils de Malaléel, qui fut fils de Caïnan, — 38, qui fut fils d'Énos, qui fut fils de Seth, qui fut fils d'Adam, qui fut créé par Dieu.

19

Ici, nous allons essayer de faire le résumé de la belle Cosmogonie dictée par les évangélistes et les apôtres. C'est une superbe initiation aux œuvres de Dieu qui doit éclairer notre intelligence de jets lumineux et de compréhensions divines. C'est une admirable page de la *Genèse universelle*. Libre à chacun de croire ou de ne pas croire. La foi ne se commande pas, elle naît de la méditation, du travail, de l'intelligence, et du travail du temps. Dieu nous a dotés du libre-arbitre, et s'il avait voulu s'imposer à nous en quoi que ce soit, il nous aurait tous créés parfaits et infaillibles. Voici ce que la Révélation nous dit à propos de la généalogie de Jésus :

« Jésus, Esprit de pureté parfaite et immaculée, dont la perfection se perd dans la nuit des éternités, protecteur et gouverneur de votre Planète, à la formation de laquelle il a présidé, est étranger et antérieur aux générations humaines qui l'ont habitée. Il est apparu sur votre Terre avec un corps fluidique, de nature périspritique, visible et tangible sous apparence corporelle, humaine, et par incorporation selon les lois des mondes supérieurs appropriées aux fluides ambiants qui servent à la formation de vos êtres. Ce secret d'outre-tombe ne devait pas être révélé, connu avant les temps voulus par le Seigneur, et jusqu'à vos jours où s'ouvre l'ère nouvelle du spiritisme, alors que les progrès acquis vous ont rendus capables de porter cette révélation. »

MATHIEU, MARC, LUC, JEAN,
Assistés des Apôtres.

Jésus n'a pas eu de généalogie matérielle, celle qui lui fut donnée par les Hébreux était due à la nécessité des temps. Mais si l'on suit sa généalogie *spirituelle*, l'on remonte à Dieu, créateur immédiat et unique de tout ce qui est parfait.

La création du premier homme, lors de la formation primitive de notre globe dans un paradis terrestre, dans un jardin de délices au milieu duquel étaient l'arbre de Vie et l'arbre de la Science du bien et du mal, est *une figure* due à la nécessité d'approprier toujours les enseignements d'en Haut au degré de l'intelligence humaine. La généalogie de Jésus remonte à Adam *par figure* comme la création du corps formé du limon remonte à Dieu. Il fallait, on le voit, que l'Humanité fut assez avancée en intelligence pour n'être pas révoltée à un démenti pareil donné *à la lettre* de la Genèse.

Cette généalogie matérielle que l'on donne au Christ est le fruit de recherches faites dans le but de rattacher la naissance de Jésus à David, mais bien des noms ont été substitués à ceux que l'on ignorait. Peu importe que les deux généalogies de Luc et de Mathieu ne concordent point entre elles, ce sont là maintenant pour nous des puérilités auxquelles nous ne devons pas nous arrêter, car le Christ n'a point eu d'ancêtres charnels. Il faut se rappeler que pour toute révélation sur notre globe les Esprits doivent *humaniser* les moyens, et qu'en passant par les intermédiaires humains, les moyens deviennent nécessairement imparfaits.

Cette généalogie était alors nécessaire pour préparer l'accomplissement de la mission terrestre de Jésus. Jésus lui-même donne un démenti à cette généalogie, rappelez-vous, en effet, ce qu'il dit aux Pharisiens : « *Que vous semble du Christ? De qui est-il fils ? — De David, répondirent-ils. — Et comment donc, leur dit Jésus, David, inspiré par le Saint-Esprit, l'appelle-t-il dans les Psaumes son Seigneur* par ces paroles : « *Le Seigneur a dit à mon Seigneur : asseyez-vous à ma droite jusqu'à ce que je réduise vos ennemis à vous servir de marchepied.* » *Si donc David l'appelle* son seigneur, *comment est-il* son fils ? » (Mathieu 22, v. 41-43.)

Mais, pour bien comprendre la mission du Christ, il faut connaître d'une manière générale quelle est l'origine des Esprits et quelles sont toutes les phases de leurs destinées. Voici ce qu'il en est.

Dans la création tout, tout a une origine commune; tout procède de l'infiniment petit à l'infiniment grand, jusqu'à Dieu qui est le point de départ et de ralliement. Tout provient de Dieu un, créateur incréé, père de tout ce qui existe, de Dieu, le grand moteur de cette multitude infinie de mondes jetés dans l'espace comme les atomes le sont dans l'air. Tout provient de Dieu et tout y retourne.

Le fluide universel touchant à Dieu et partant de lui est, par ses quintessences et à l'aide de toutes ses combinaisons, modifications et transformations, l'instrument et le moyen dans la Pensée de la Toute-Puissance, de toutes les créations spirituelles, matérielles et fluidiques. C'est cette puissance créatrice infinie du Seigneur que sentait l'apôtre Paul quand il disait : « Tout est *de* lui, tout est *par lui,* tout est *en lui.* In ipso, *vivimus, movemur* et *sumus.* » Nous sommes en lui, nous vivons en lui et nous nous mouvons en lui.

L'esprit, à son origine de formation, est essence spirituelle et principe d'intelligence. Il sort de ce tout universel qui est l'ensemble des fluides répandus dans l'espace et qui sont la source de tout ce qui existe soit à l'état *fluidique,* soit à l'état *matériel.* L'esprit est, à son origine, formé de la quintessence de ces fluides. « Il est d'une essence tellement subtile, disent les Révélateurs, qu'aucune expression ne peut en donner une idée, surtout à vos intelligences bornées. La volonté du Dieu tout-puissant anime les fluides pour leur donner l'Etre par une combinaison subtile, dont l'essence ne se trouve que dans les rayonnements divins. »

A leur formation, les mondes primitifs sont composés de tous les principes constitutifs, dans l'ordre spirituel fluidique et matériel, des divers règnes que les siècles doivent élaborer.

Le principe intelligent se développe en même temps que la matière, progresse avec elle en passant de l'inertie à la vie. Dieu préside au commencement de toutes choses, suit d'un œil paternel les phases de chaque progrès et attire à lui tout ce qui a atteint la perfection.

Cette multitude de principes, qui sont *latents,* attendent que le Souverain Maître, selon les lois naturelles, immuables et éternelles établies par lui, leur donne une destination et les approprie au but qu'ils doivent remplir. Ils dorment à l'état cataleptique dans le milieu où ils doivent ressusciter un jour sous l'influence des ambiants destinés à les faire éclore et sous la direction et la surveillance des *Esprits* exécuteurs des volontés du Créateur. *Ils passent par tous les règnes et par toutes les formes et les espèces intermédiaires entre chacun de ces règnes.*

Ils arrivent ainsi, en suivant une progression *continue*, à la période préparatoire à l'esprit formé, c'est-à-dire à l'état intermédiaire entre l'incarnation animale et l'*état spirituel conscient*. C'est en sortant de ce dernier état que ces principes divins arrivent à l'état de *Créature en possession de son libre arbitre ;* elle est douée d'intelligence et de raison, elle est indépendante et responsable de ses actes.

A son origine, l'essence spirituelle passe par le règne minéral auquel elle donne une *certaine vie relative.*

Il n'y a encore là *qu'une action magnétique attractive dirigée et surveillée par les Esprits préposés.* Car rien, absolument rien ne se fait sans le concours des Esprits du Seigneur, qui, tous, ont leur tâche à remplir. Leur action n'est pas particulière pour *tel* minéral, *tel* végétal, *tel* animal, elle est générale et s'opère suivant certaines lois immuables que l'homme terrestre n'est point encore assez avancé pour pouvoir comprendre.

Le minéral *vit* et *meurt.* Il meurt quand il est arraché du milieu où il avait été placé par la nature. L'essence spirituelle, qui résidait dans les pores et les parois du minéral, s'en retire par une action magnétique dirigée et surveillée par les Esprits. Cette essence est transportée sur un autre point pendant que le corps du minéral et ses débris reçoivent l'emploi que les besoins de l'Humanité lui donnent. Ce corps matériel conserve longtemps la cohésion qu'avait créé l'essence spirituelle, comme notre corps conserve

encore sa forme après la mort, comme la plante
et la fleur que nous cueillons conservent aussi la
fraîcheur de leurs tons et la fermeté de leur tige.
C'est ainsi que tout, dans l'univers, concourt à
l'harmonie et que chaque être et chaque chose
remplit les fonctions qui lui sont assignées.

Mais l'essence spirituelle qui réside dans le
minéral n'est point encore une individualité. C'est
un ensemble qui se divise tout simplement et dont
chaque partie *se prépare* à passer dans le règne
végétal en épousant les formes de *matérialisations
minérales*, et en suivant tous les échelons et tous
les termes d'une *progression continue*. Et tout
cela, toujours sous l'influence de cette double
action magnétique qui opère alternativement la
vie et la mort dans toutes les phases de ces réincarnations nécessaires, s'il nous était permis de
nous exprimer ainsi.

En sortant de la série minérale, l'essence spirituelle passe dans la série végétale où elle doit
subir l'épreuve de la *sensation*. C'est ainsi que
l'arbre auquel on arrache une branche éprouve
une espèce d'écho de l'arrachement produit. Il
n'y a cependant pas souffrance, c'est une simple
répercussion allant d'un point à un autre. C'est
un *ébranlement magnétique ressenti* qui *prépare*
l'esprit en formation, autrement dit l'essence spirituelle, au développement de *son être*.

Après la mort d'un végétal, l'essence spirituelle
est transportée sur un autre point ; elle passe par
toutes les formes de la série et par toutes les
espèces intermédiaires qui participent du végétal
et de l'animal. Alors commence *la sensation de la
souffrance*; l'essence spirituelle commence à ressentir un acte extérieur, mais elle ne peut encore

avoir *conscience de la cause et de l'effet.* C'est en avançant toujours ainsi, par progrès infinitésimaux, qu'elle va parvenir un jour à la *conscience de l'*Etre.

Alors, nous voyons l'esprit passé dans le règne animal. Là, il devient *principe intelligent*; mais cette intelligence est relative et ne peut encore porter que le nom d'*instinct.* Elle est relative aux besoins physiques de l'animal et chargée de veiller à sa conservation et à tout ce qu'exige la vie matérielle ; l'animal a une volonté, mais elle est bornée à ses besoins, au but qu'il doit atteindre, à la mission qu'il doit accomplir. Là encore, il suit une marche progressive, continue, jusqu'à ce qu'il soit arrivé à la limite des formes et des espèces intermédiaires qui participent de l'animal et de l'homme. C'est ainsi que, petit à petit et par une pente insensible, l'esprit se rapproche du règne humain. Et toujours on voit l'esprit qui soutient la matière en même temps que la matière aidant au développement de l'esprit.

C'est ainsi que l'esprit arrive enfin à ce moment où finit l'instinct et où commence *la pensée.* C'est là la phase préparatoire à l'Humanité qu'on a appelée *l'état d'enfance, d'innocence et d'ignorance.* C'est alors que *l'Esprit* est formé dans son individualité et qu'il se prépare à aller dans des mondes *ad hoc* pour y commencer sa vie spirituelle consciente, indépendante et libre. Alors, il reçoit de son Créateur la conscience de ses facultés et, par conséquent, de ses actes, tout en restant complètement abandonné à son libre arbitre.

Mais l'Esprit ainsi formé ne sera *humanisé* que *s'il vient à faillir.* Il a, d'ailleurs, laissé dans ses dernières enveloppes animales tous les instincts qu'il devait aux besoins de l'animalité.

Alors, la statue a reçu sa forme. L'Esprit formé s'enveloppe, sous la direction et la surveillance des Esprits préposés, des fluides qui doivent le recouvrir et lui servir de vêtement ; en un mot, il forme son *périsprit*. C'est un corps fluidique qui devient pour lui l'instrument et le moyen ou de son progrès constant ou de sa chute. Dans le cas de chute il peut toujours se relever par des incarnations et réincarnations successives. Dans le cas contraire, il monte tout droit vers la perfection qui le met désormais à l'abri de toute chute.

Le magnétisme, ainsi qu'il a été dit déjà, est l'agent universel. Tout est magnétisme dans la création, c'est la grande loi qui régit toute chose. Les fluides magnétiques relient entre eux tous les mondes et unissent entre eux tous les Esprits incarnés ou désincarnés. C'est un lien universel que Dieu nous a donné pour nous envelopper comme un seul être et nous aider à monter à lui en réunissant nos forces.

Le périsprit est le tempérament de l'Esprit, c'est-à-dire la conséquence de toutes ses tendances. Comme les fluides sont attractifs les uns envers les autres, c'est précisément par ces tendances, bonnes ou mauvaises, des périsprits que les rapports s'établissent entre les Esprits. De là vient que deux Esprits animés des mêmes penchants et des mêmes sentiments sont *sympathiques*, tandis que deux Esprits animés, l'un de bons sentiments et l'autre de mauvais, sont *antipathiques*. Ce sont là des attractions ou des répulsions fluidiques, et c'est par attraction que les Esprits se groupent par familles dans l'espace.

La perte de tous les Esprits est l'orgueil qui a pour dérivés la présomption et l'envie. Beaucoup faiblissent ; quelques-uns seulement ont le courage de résister et la force de vaincre. L'orgueilleux est envieux parce qu'il ne peut rien supporter au dessus de lui ; il est égoïste p 'ce qu'il rapporte tout à lui ; il est présomptueux parce qu'il a dans son intelligence et dans ses forces une confiance sans bornes. Tout cela nous pouvons le constater dans les jeunes enfants qui sont des Esprits réincarnés et chez lesquels il est facile de lire tous les symptômes d'orgueil, de présomption, d'égoïsme et d'envie qui sont les signes et la cause de leur chute et de leur réincarnation. Ne les voit-on pas toujours se révolter contre les conseils que leurs donnent leur père et leur mère ?

Mais il faut savoir que la chute a lieu par la propre faute de l'Esprit et non pas parce qu'il y est entraîné par d'autres. C'est seulement lorsqu'ils sont *faillis*, qu'ils sont attirés par les mauvais Esprits qui sont comme eux tombés dans le mal. Ceux qui, au contraire, restent dociles aux conseils de leurs guides, attirent à eux les bons Esprits sympathiques à leurs tendances. Mais, pour les uns et pour les autres, les fluides qui composent leurs périsprits varient d'une manière incessante, car l'Esprit, dans sa marche ascendante ou descendante, s'assimile ceux qui sont plus en rapport avec sa nature, avec son intelligence et ses besoins. Plus l'Esprit est inférieur, plus les fluides périspritaux sont opaques et lourds. Plus l'Esprit est élevé, plus ses fluides sont purs.

Mais ce n'est que lorsque l'Esprit est parvenu à la perfection qu'il peut modifier *volontairement* son périsprit. Alors il le modifie suivant les besoins du moment, suivant les régions qu'il a à parcourir et suivant les missions qui lui sont confiées par le Seigneur. Il y a toujours dans ce périsprit *une essence épurée* qui est toujours la même.

Parmi les Esprits qui faiblissent, les plus mauvais, ceux qui se complaisent avec obstination dans le mal, sont incarnés par force sur une Terre primitive pour être domptés et pour être obligés de progresser sous les étreintes de la chair. Ils sont incarnés, sur ces Terres vierges encore de toute apparition de l'homme, dans des *substances humaines* appelées à progresser et à se développer par la procréation, selon les conditions établies pour l'exercice de la loi naturelle de reproduction. Ces substances humaines sont répandues dans le milieu planétaire et l'Esprit revêtu de son périsprit, les attire comme l'aimant attire le fer, sous la surveillance et la direction des Esprits préposés. C'est là encore le résultat d'une action magnétique réglée pour le jeu des lois naturelles et immuables de la Création.

Pendant l'incarnation, les fluides du périsprit changent de nature en suivant toujours les progrès ou les fautes de l'Esprit. Chaque incarnation qui amène une amélioration dans l'état moral, amène également une amélioration dans les fluides qui constituent le périsprit.

Les incarnations se font évidemment sur des globes plus ou moins inférieurs, ou plus ou moins avancés, suivant le dégré de culpabilité de l'Esprit; car Dieu crée des mondes de toutes natures, pour servir à ces incarnations appropriées. Il y a donc des mondes matériels plus ou moins grossiers, des mondes fluidiques plus ou moins purs, enfin des mondes célestes et divins que les purs Esprits seuls peuvent aborder.

Les Esprits qui, dociles à leurs guides, suivent simplement et graduellement la marche qui leur est indiquée pour progresser, accomplissent leur ascension graduelle sur des sphères fluidiques qui sont de plus en plus élevées et toujours en rapport avec les intelligences qui viennent les habiter. Ils suivent ainsi sans jamais faillir toutes les phases d'existences et d'épreuves nécessaires pour parvenir à la perfection, et ils se sont ainsi dépouillés petit-à-petit de la matière qui formait leur périsprit pour n'avoir plus qu'une espèce de *périsprit virtuel* qui constitue leur individuabilité.

Le progrès se fait donc, pour les *Esprits infaillis*, en dehors des mondes matériels et leurs études se font dans l'espace, dans le grand livre de l'Univers. Ils parcourent toutes les sphères : les terres primitives et les mondes inférieurs de tous les degrés, mais ils ne s'y incarnent pas.

Les *Esprits faillis*, eux aussi, sont obligés de parcourir tous ces mondes, seulement ils s'incarnent dans la mesure et suivant les conditions de leur élévation.

Les études des Esprits se font partout, tantôt à l'état d'incarnés, tantôt à l'état errant entre chaque incarnation. A l'état errant, ils doivent parcourir toutes les couches d'air et de mondes qui flottent dans l'espace, apprenant d'un côté et instruisant de l'autre, tout en s'élevant vers les régions supérieures.

« Jésus est un de ces Esprits qui, toujours pur et toujours docile aux Esprits qui furent chargés de le conduire, a suivi simplement et graduellement la marche qui lui était indiquée, et est resté *Esprit infailli,* Esprit de pureté parfaite et immaculée. »

« Jésus est la plus grande essence spirituelle après Dieu, mais *il n'est pas la seule.* Il est un des Esprits que l'on pourrait nommer les gardes d'honneur du Maître des Cieux. C'est lui que Dieu établit comme protecteur et gouverneur de la planète Terre, à la formation de laquelle il a présidé et qu'il gouverne du haut des splendeurs célestes. Il dirige la phalange innombrable et sacrée des Esprits préposés au progrès de notre planète et de son humanité, qu'il doit conduire à la perfection.

« Remarquez comme tout s'enchaîne dans cette grande nature que le Seigneur dévoile à vos regards ; remarquez comme dans tous les règnes il y a des espèces intermédiaires, rattachant entre elles toutes les espèces ; c'est une chaîne ininterrompue composée de chaînons précieux qui tiennent tout et relient tout, et par chacun desquels doit passer l'Esprit à l'état de formation qui, *d'essence spirituelle originaire*, arrive ainsi par un développement successif et continu, à l'état d'*Esprit formé,* conscient; libre et responsable. L'homme pourra maintenant facilement comprendre *l'Unité* de cette création si grande, si grande, que l'intelligence humaine est incapable de la saisir et dont elle ne veut pas admettre les mystères parce que ses yeux de taupe sont impuissants à les découvrir. »

Il ne faut pas que la raillerie de l'ignorance vienne toucher ceux qui sentent en eux l'intuition des grandes choses et qui veulent croire et s'instruire. Il faut laisser entre eux les orgueilleux et les sots. Ceux là viendront nous dire, *qu'ainsi,* l'homme conduit à l'abattoir l'esprit de son fils ou de son père. Qu'ils veuillent donc réfléchir un peu à tout le temps *incalculable* qu'il faut à l'essence spirituelle pour passer d'une espèce dans une autre. Par combien d'espèces intermédiaires, participant de l'animal et de l'homme, ne faut-il pas qu'elle passe pour arriver à l'état d'*Esprit formé!* La période préparatoire à l'Humanité dure un laps de temps indicible dont l'homme, même en imagination, ne peut se faire aucune idée. Et ce qu'il y a de vraiment admirable dans cette grande unité de la création, c'est que tout vit et meurt, tout se transforme et progresse ; c'est que tout et tous ont leur utilité, leur fonction, leur emploi dans la vie et l'harmonie universelles.

Il faut donc aimer et respecter tout ce qui vit comme des choses sacrées que Dieu nous a confiées. Si l'homme comprenait bien les liens qui l'unissent à tout ce qui EST dans la création, son cœur s'adoucirait et il comprendrait que son devoir est d'user mais de ne jamais abuser.

De tout cela il faut conclure qu'il n'y a rien de spontané dans la nature, car tout a son origine *préparée*. Tout se déroule d'une manière progressive et continue, c'est une *intégration* partant de l'infiniment petit pour arriver à l'infiniment grand.

« Oh! nos bien-aimés! hommes, dont nous voulons le bonheur, dont nous voulons détruire l'ennemi acharné : l'orgueil, ce *démon* qui vous subjugue, ne vous laissez pas entraîner par votre orgueil ; ne rejetez pas, sans examen, cette révélation de votre origine infime; ne dites pas qu'elle vous rabaisse, mais voyez, au contraire, qu'elle vous grandit en vous mettant à même de comprendre la Puissance, la Sagesse et la Justice de votre Créateur.

« Incrédules et sophistes, ne raillez pas. Philosophes sans philosophie, ne niez pas. Étudiez, hommes, étudiez.

« Pleins de respect et d'amour pour votre Créateur, d'amour et de charité pour votre prochain, pour tous vos frères ; pleins d'affection pour toutes les créatures du Seigneur, armez-vous de l'amour de la science et du désir du progrès, cherchez avec humilité de cœur et désintéressement, et vous comprendrez. Cherchez à voir et vous verrez.

« Soutenus par les bons Esprits que Dieu charge d'aider ceux qui travaillent, vous comprendrez et vous verrez, car *il n'y a rien de caché qui ne doive être découvert, et rien d'ignoré qui ne doive être su*.

« Les études de l'un serviront à l'autre et vous serviront à vous-mêmes, car, par la belle et divine loi de la réincarnation, aucune de vos œuvres ne restera incomplète ou inachevée. Et vous progresserez tous en science et en amour.

« Et quand la lumière se sera faite en vous, alors votre âme s'élèvera vers son Créateur, et, pris d'un enthousiasme saint, vous lui direz du fond du cœur : *Sois béni !* »

MATHIEU, MARC, LUC, JEAN,
Assistés des Apôtres.

Mais comment l'Esprit, arrivé à la période préparatoire à l'Humanité est-il conduit à l'état d'*Esprit formé ?*

L'esprit, pour entrer dans la vie active et consciente, a besoin de se dégager entièrement du contact forcé qu'il a eu avec la chair ; il a besoin d'oublier ses rapports avec la matière et de s'en purifier. C'est à ce moment que se prépare la transformation de l'instinct en intelligence.

L'esprit, suffisamment développé à l'état animal, est conduit dans des mondes *ad hoc* par les Esprits préposés, car il lui faut trouver le milieu dans lequel il va former son périsprit. Il n'est encore que faible *rayon lumineux*.

Il est alors jeté dans une masse de vapeurs qui l'enveloppe de toutes parts. Là l'esprit perd conscience de son être, car il tombe immédiatement en *léthargie*. Pendant ce temps, le périsprit destiné à recevoir le principe spirituel se développe et se forme autour de cette étincelle de véritable vie. C'est de la même manière que le germe se perfectionne et grandit dans le sein de sa mère, et passe par toutes les phases de son développement.

L'esprit, devenu *Esprit*, sort de son engourdissement pour jeter son premier cri d'admiration. Son périsprit est complètement fluidique et l'essence qu'il renferme n'est qu'une flamme, si pâle, qu'elle est à peine lumineuse.

C'est l'état d'*enfance* de l'Esprit. C'est alors que les ministres de Dieu, qui président à l'éducation des Esprits, les dirigent vers les sphères fluidiques qu'ils doivent habiter pendant leur développement intellectuel et moral, jusqu'à ce que, ayant le complet usage de toutes leurs facultés, ils soient livrés à eux-mêmes et choisissent librement leur voie.

Les guides célestes lui apprennent d'abord la reconnaissance et l'amour qu'il doit à son Créateur ; ils lui disent ce qu'est le libre arbitre et l'usage, bon ou mauvais, qu'il peut en faire. Puis ils le conduisent graduellement à l'étude des fluides qui l'entourent et des sphères qu'il découvre en parcourant l'espace. Avec eux il étudie les mystères des mondes. Il descend vers les régions inférieures afin de commencer à apprendre à diriger les principes organiques de tout ce qui EST. De là il passe aux sphères plus élevées, apprend à diriger les phénomènes géologiques et atmosphériques et s'initie enfin, petit à petit, à tous les secrets de la science infinie.

Mais qu'il est terrible et plein d'embûches cet apprentissage du libre-arbitre ! Tout est si merveilleux, tout est si beau dans les régions supérieures, que l'Esprit se trouve ébloui ! Alors se développent en lui des instincts divers, et, à côté de la noble ambition d'apprendre et de parvenir, se glissent facilement l'orgueil et l'envie. Souvent, en suivant laborieusement la voie du progrès spirituel, en travaillant avec ardeur à son développement, tout en croissant enfin en sagesse, en pureté et en science, l'orgueil s'empare de lui au moment où la lumière centrale allait commencer à n'avoir plus de voile pour lui. Enivré à la vue des splendeurs qui entourent les grands Esprits, la jalousie le prend, il refuse de se soumettre à la hiérarchie spirituelle et va même jusqu'à renier son Créateur. L'athéisme atteint ces pauvres aveugles au centre même de la lumière.

C'est alors que le châtiment est le plus sévère. Il faut bien punir ces grands coupables, et cela, dans leur intérêt même. Il faut qu'ils sentent le poids de cette main dont ils ont repoussé la justice et la bonté, et dont ils ont nié l'existence. Ils sont précipités aux enfers, dans ces *lieux ténébreux de l'incarnation humaine* où l'on souffre et l'on expie.

Mais quelles peuvent être ces *substances humaines* dans lesquelles sont incarnés sur les Terres primitives les Esprits faillis ?

Ce sont des corps rudimentaires. L'homme arrive sur Terre à l'état d'ébauche, comme tout ce qui se forme sur les terres primitives. Le mâle et la femelle ne sont ni développés, ni intelligents, ni forts ; ils se traînent à peine dans leur enveloppe informe et grossière et vivent, comme les animaux, de ce qu'ils trouvent sur le sol à leur convenance. Les arbres et la terre produisent abondamment pour la nourriture de chaque espèce et les animaux carnivores ne les recherchent pas, car la prévoyance du Créateur a pensé à tout. La faim et la nécessité de se reproduire sont leurs seuls instincts. Avec les générations qui se succèdent les formes s'allongent et s'embellissent, mais, à l'origine, ce sont des larves informes ayant leurs membres presqu'à l'état latent et glissant en rampant sur le sol. Telle est l'origine de l'homme, alors que l'orgueil et la désobéissance l'ont conduit à la réincarnation sur une Terre primitive.

Il ne faut pas croire que ce soit là une vengeance de Dieu. Dieu ne se venge pas, mais il doit mettre l'Esprit orgueilleux à même de constater sa faiblesse. Ces incarnations, tout horribles qu'elles puissent paraître, sont un bienfait immense pour l'Esprit *failli*, obligé de passer ainsi sous le joug de cette matière dont il se croyait le maître. Ce qui punit l'Esprit est en même temps ce qui le régénère et le met dans l'impossibilité de nuire à l'harmonie universelle.

Les êtres se dévorent les uns les autres ; mais, comme leur existence est nécessaire, *la prévoyance du Seigneur veille à la conservation de tous.* Les espèces incapables de se défendre ne sont point attaquées d'une manière positive; elles ont leurs ennemis, mais dans la catégorie des faibles comme elles et non parmi les espèces qui pourraient les détruire *complètement*. L'homme, à l'état d'incarnation primitive et rudimentaire, n'a pas plus d'ennemis à redouter que l'éponge au fond de la mer qui n'est seulement victime d'insectes qui s'en repaissent que quand elle parvient au terme de sa durée matérielle, mais qui n'a rien à craindre, ni les poissons, ni les oiseaux qui pourraient la détruire et la rayer du livre de vie.

Voilà donc le type *unique* en germe qui, avec le temps, permettra à l'Esprit de passer de l'état d'incarnation primitive à la forme humaine; mais ce type se *modifiera* dans son développement suivant les milieux dans lesquels il va se trouver. Enfin l'homme, un jour, aura la suprématie complète sur sa Planète, bien qu'au moment où il s'incarne sur elle les animaux aient déjà atteint un degré de développement supérieur; c'est que, chez les animaux, l'intelligence *se développe*, tandis que chez l'homme elle *se réveille*. Pour l'homme, ce n'est plus un progrès lent et insensible créant l'être spirituel comme nous l'avons vu, c'est une punition qui l'a fait tomber sous l'étreinte de la matière et dont il peut se relever d'autant plus vite qu'il devient plus repentant et plus soumis. Ses progrès sont en rapport des soins qu'il donne *à sa santé morale*.

Il faut bien savoir que l'incarnation humaine n'est point une nécessité; elle est un châtiment. L'Esprit n'est humanisé que parce qu'il a *failli*. Il ne serait pas juste de penser que Dieu ait créé des êtres faibles à l'origine et qu'il n'ait eu d'autres

moyens de leur faire acquérir la science et la force
que l'épreuve et la douleur. La douleur et l'épreuve
sont les conséquences de la *chute*. Dieu est grand,
juste, bon, paternel. Ses enfants naissent dans la
simplicité de leur cœur, c'est Lui qui l'a voulu ;
ils ont la liberté de leurs actes, c'est Lui qui la
leur accorde ; ils en mésusent *presque toujours*,
ils en sont punis pour être ramenés dans le bon
chemin. Telle est la loi.

La prescience de Dieu l'a mis à même de savoir, de toute éternité (car le présent, le passé et
l'avenir sont également le présent à ses yeux), que
rien ne manque et ne manquera à la vie et à
l'harmonie universelles ; qu'il y a eu, qu'il y a, et
qu'il y aura toujours des Esprits coupables pour
alimenter les Terres primitives et tous les mondes
qu'il a créés, qu'il crée et qu'il créera. De même
aussi, sa prescience l'a mis à même de savoir de
toute éternité qu'il y aura toujours des Esprits
purs qui s'élèveront dans la voie du progrès sans
jamais faillir et pour lesquels il a créé et crée
les mondes fluidiques.

Mais tous les Esprits sont créés égaux, tous à
l'état d'innocence et d'ignorance, tous revêtus du
même périsprit et tous dotés de la même manière
du don si précieux, mais en même temps si dangereux, du libre arbitre. Ceux qui restent forts
vont habiter les mondes fluidiques sur lesquels,
au milieu de toutes les joies et de tous les
bonheurs, ils montent vers la perfection. Ceux
qui, indociles, orgueilleux et vains, faiblissent et
tombent, ceux-là seuls s'incarnent et se réincarnent sur les mondes matériels et regagnent
leur pureté perdue par la souffrance, l'épreuve
et l'expiation. A mesure qu'ils progressent leurs

incarnations deviennent de moins en moins matérielles, car la matière suit les progrès de l'esprit ; puis ils reparaissent dans les mondes fluidiques, et de plus en plus fluidiques à mesure qu'ils s'élèvent dans les régions supérieures.

Les Esprits qui restent purs déploient partout leur intelligence et leur activité et ce n'est qu'avec les plus grands efforts qu'ils progressent, car leur périsprit, qui pour eux est *matière*, en même temps qu'il est l'instrument de leur progrès, peut devenir aussi celui de leur perte et de leur chute. Ils se perfectionnent par l'étude et le travail. Après avoir étudié les principes qui constituent les mondes et leur organisation, ils forment eux-mêmes des Planètes, les développent et les conduisent de sphères en sphères vers les régions qui leur sont propres. C'est alors que souvent l'orgueil les prend et qu'ils se mettent à douter de la main directrice du Seigneur tout-puissant, et c'est alors que sonne pour eux l'heure de l'incarnation. Mais comme la Planète qu'un Esprit est chargé de conduire et de diriger ne doit point périr, mais doit continuer dans l'espace sa marche progressive, un autre Esprit supérieur le remplace et continue son œuvre.

Nous venons de parler là d'Esprits arrivés à un certain degré de science ; mais combien, avant d'arriver là, ont été précipités de l'éther dans la matière immonde ! Combien se sont détournés de la voie en y entrant ! Combien qui n'ont eu le courage ni de tenter les efforts nécessaires, ni de persévérer dans ces efforts après les avoir tentés !

Mais ce qu'il ne faut pas perdre de vue, c'est que tous les Esprits, tous, faillis ou infaillis, égaux *au point de départ*, se retrouvent égaux *au point d'arrivée*. Ils ont seulement suivi des voies différentes et *il a été donné à chacun selon ses œuvres*.

Dieu *seul* est parfait de toute éternité et n'a rien à apprendre. L'Esprit créé ne peut jamais l'égaler et a toujours à apprendre.

Ainsi, pour un Esprit, quel qu'il soit, le progrès intellectuel et moral est indéfini, et, par conséquent, toujours relatif. Un Esprit de valeur moyenne peut être parfait, moralement et intellectuellement, *relativement aux mondes inférieurs à celui qu'il habite*.

C'est ainsi que les Esprits supérieurs qui, dans la Révélation nouvelle, viennent s'entretenir avec nous, quoique beaucoup plus instruits et meilleurs que nous, quoique étant très élevés par rapport à nous dans la hiérarchie spirite, peuvent être tout-à-fait inférieurs relativement à d'autres globes beaucoup plus avancés que le nôtre. Nos amis de l'espace peuvent donc se tromper et c'est ce qui fait que nous n'avons jamais que la vérité relative. Quoi qu'il en soit, Dieu nous donne toujours *tout ce que nous pouvons porter*, car la Révélation divine est progressive et continue.

« Voici ce qu'est un Esprit parfait *par rapport à votre Planète :* C'est celui qui est devenu maître des passions humaines et a su s'en affranchir ; celui qui a dépouillé toute impureté de pensée et par conséquent d'action, qui est animé de l'amour le plus ardent et le plus dévoué pour toutes les créatures du Seigneur, qui est pénétré de respect et d'adoration pour son Créateur ; celui qui a atteint, non pas l'apogée de la science, mais l'apogée de l'amour et du dévouement.

« Le point *culminant* de la perfection pour un Esprit est la *perfection sidérale*, c'est-à-dire la perfection morale et intellectuelle relativement à tous les mondes, inférieurs ou supérieurs. C'est celle des Esprits, *faillis* ou *infaillis*, qui ont atteint les mondes fluidiques purs, où, l'essence du périsprit étant complètement épurée, l'Esprit n'est plus soumis à aucune incarnation sur quelque Planète que ce soit. L'influence de la matière est devenue pour eux tout-à-fait nulle.

« La perfection sidérale n'appartient qu'aux *purs Esprits*.

« Les purs Esprits qui ont atteint l'*infaillibilité morale* n'ont point nécessairement atteint l'*infaillibilité intellectuelle*. Aussi ont-ils besoin d'être assistés quand certains degrés de science leur manquent pour accomplir une mission quelconque. C'est pour cela qu'il existe entre eux une certaine hiérarchie pour la science et qu'ils sont, quand il le faut, assistés directement par les émanations de la source divine.

« Les *purs Esprits* sont les intermédiaires entre l'essence éternelle de vie, l'intelligence suprême (Créateur incréé, cause première, source de toute intelligence et de toute puissance), et les *Esprits supérieurs* ministres des volontés divines, et, hiérarchiquement, ceux-ci sont les intermédiaires entre Dieu et les hommes par l'entremise des *bons Esprits*.

Chaque monde, quel qu'il soit, a un Esprit protecteur et gouverneur, *un Christ de Dieu*, dont la perfection se perd dans la nuit des temps. *Infaillible* et *infailli*, c'est lui qui a présidé à la formation de ce monde et qui est chargé de son développement et de son progrès pour le conduire à la perfection.

« Les missions de ces Christs de Dieu sont *relatives* suivant le degré et le développement de la Planète. Pour vos Terres ingrates, ils prêchent l'amour. Pour les mondes plus élevés, ils apportent les grandes découvertes, les sciences et les arts. Dans tous ils réveillent les instincts endormis selon les capacités et les besoins de la Planète. Ils sont *infaillibles* comme étant en rapport direct et constant avec Dieu. »

Mais quelle pouvait être la hiérarchie spirite de Marie et de Joseph qui servirent le Christ dans sa mission ?

C'étaient tous les deux des Esprits *parfaits* quand ils s'incarnèrent en mission, mais parfaits relativement à la Terre par rapport aux habitants de laquelle ils étaient des Esprits supérieurs. Ils étaient bien inférieurs à Jésus.

« Marie était supérieure à Joseph, mais elle n'était point un Esprit *infailli* comme Jésus. Sa chute avait été peu grave, si peu que, par rapport à votre globe, elle était véritablement un Esprit parfait. Comme punition, elle avait été incarnée sur une de ces Terres bénies qu'un jour nous irons habiter. Là elle avait subi une incarnation *semi-matérielle*, grâce à la nature élevée de son périsprit. Cette incarnation était cependant une grande punition pour elle, car elle quittait plus beau. Purifiée par cette incarnation, elle avait repris pour toujours, sans plus faiblir, la voie simple et droite du progrès ; mais elle n'a point encore atteint la *perfection sidérale*. Elle se réincarne encore en mission, mais ses réincarnations présentes sont tellement au-dessus de vos intelligences que vous ne pouvez vous en faire aucune idée.

« Joseph, qui avait failli plus gravement, eut d'abord plusieurs incarnations sur votre Terre. Il s'était purifié déjà par des incarnations successives lorsqu'il s'incarna *en mission* pour assister Jésus. Son élévation est actuellement très grande;. il est Esprit supérieur, mais moins élevé en science que Marie.

« Jésus leur était *infiniment supérieur*, puisqu'il est la plus grande essence spirituelle après Dieu. Sa science est si grande, si grande, que vos intelligences bornées ne peuvent en avoir une idée, qu'une foule innombrable de purs Esprits l'admirent et cherchent à l'imiter, et cependant lui-même, quand il descendit vers vous, étudiait encore, bien qu'il fut type d'amour et de science. Il étudie même encore à présent, car le progrès est le but unique de l'Esprit dans le livre de l'infini. Mais, comme il est en rapport direct et constant avec Dieu, il est son VERBE auprès de vous.

« Tout ce qui est sur votre Planète doit suivre la marche ascendante et progressive au point de vue physique, intellectuel et moral. Mais dans cette grande œuvre d'épuration de votre Planète et de son Humanité, aux temps prédits de la régénération où votre Terre ne devra plus être que le séjour des bons Esprits, l'*ivraie* sera séparée du *bon grain*. Les Esprits, restés obstinément coupables ou rebelles, seront rejetés sur les Planètes inférieures où ils auront à expier, pendant de longs siècles, leur aveuglement volontaire et leur obstination dans le mal. »

MATHIEU, MARC, LUC, JEAN,
Assistés des Apôtres.

MATHIEU, IV; V. 7-11 — MARC, I ; V. 12-13
LUC, IV; V. 1-13

Jeûne et tentation de Jésus.

MATHIEU : V. 1. Alors Jésus fut conduit par l'esprit dans le désert pour être tenté par le diable ; — 2, et ayant jeûné quarante jours et quarante nuits, il eut faim ensuite ; — 3, et le tentateur s'approchant de lui, lui dit : Si tu es le fils de Dieu, dis que ces pierres deviennent des pains ; — 4, mais Jésus lui répondit : L'homme ne vit pas seulement de pain, mais de toute parole qui sort de la bouche de Dieu. — 5. Le diable alors le transporta dans la ville sainte et le plaça sur le haut du temple, — 6, et lui dit : Si tu es le fils de Dieu, jette-toi en bas, car il est écrit : qu'il a ordonné à ses anges d'avoir soin de toi, et qu'ils te soutiendront de leurs mains de peur que tu ne heurtes le pied contre quelque pierre ; — 7, Jésus lui répondit : Il est écrit aussi : Tu ne tenteras pas le Seigneur ton Dieu. — 8. Le diable le transporta encore sur une montagne fort haute ; il lui montra tous les royaumes du monde et la gloire qui les accompagne : — 9. Je te donnerai toutes ces choses si, en te prosternant devant moi, tu m'adores. — 10. Alors Jésus lui dit : Retire-toi, Satan, car il est écrit : Tu adoreras le Seigneur ton Dieu et tu ne serviras que lui. — 11. Alors le diable le laissa, et les anges s'approchèrent de Jésus, et ils le servaient.

MARC : V. 12. Et aussitôt l'esprit le poussa dans le désert ; — 13. Il y demeura quarante jours et quarante nuits, et il y était tenté par Satan ; et il était parmi les bêtes sauvages, et les anges le servaient.

LUC : V. 1. Jésus étant plein du Saint-Esprit s'éloigna du Jourdain, et fut poussé par l'esprit dans le désert. — 2. Il y demeura quarante jours, et fut tenté par le diable ; il ne mangea RIEN durant ces jours-là ; après qu'ils furent passés, il eut faim. — 3. Alors le diable lui dit : Si tu es le fils de Dieu, commande à cette pierre qu'elle devienne du pain. — 4. Jésus lui répondit : L'homme ne vit pas seulement de pain, mais de toute parole de Dieu. — 5. Et le diable le transporta sur une haute montagne et lui montra, en un instant, tous les royaumes de la terre, — 6, et il lui dit : Je te donnerai toute cette puissance et la gloire de ces royaumes, car ils me sont livrés et je les donne à qui je veux ; — 7, si donc tu veux m'adorer, toutes ces choses seront à toi. — 8. Jésus lui répondit :

Il est écrit : tu adoreras le Seigneur ton Dieu et tu ne serviras que lui seul. — 9. Le diable le transporta encore dans Jérulalem, et l'ayant mis sur le haut du temple, il lui dit : Si tu es le fils de Dieu, jette-toi d'ici en bas ; — 10, car il est écrit qu'il a ordonné à ses anges d'avoir soin de toi et de te garder, — 11, et qu'ils te soutiendront de leurs mains, de peur que tu ne heurtes le pied contre quelque pierre ; — 12, Jésus lui répondit : Il est écrit : tu ne tenteras pas le Seigneur ton Dieu ; — 13, et toute la tentation étant accomplie, le diable se retira de lui *pour un temps.*

20

Disons tout d'abord que tous ces mots : *Satan,* le *diable,* le *démon,* sont des noms figurés qui représentent *l'ensemble des mauvais Esprits* acharnés à la perte de l'homme. L'entraînement au mal est une conséquence du libre-arbitre dont jouit tout Esprit créé. Tous ces mauvais Esprits se purifient petit à petit et rentrent dans la bonne voie en gravissant tous les degrés de la sainte échelle de la réincarnation.

Le jeûne et la tentation sont aussi *une figure.* Ils ne sont d'ailleurs que la conséquence des commentaires que firent les apôtres et les disciples sur certaines paroles de Jésus qu'ils interprétèrent mal, car ils étaient sujets à erreur, comme tout le monde. Mais il est évident qu'il ne peut pas venir à l'esprit d'un homme raisonnable de mettre le Christ (que certains regardent comme étant Dieu lui-même) en contact avec le démon, le maudit, le *précipité du ciel,* qui le tentait et même lui donnait des ordres. Comment admettre aussi, s'il était homme comme nous, qu'il put vivre quarante jours et quarante nuits dans un désert sans prendre aucune nourriture ? Et s'il était Dieu, ou Esprit agénère sans corps matériel comme le nôtre, comment admettre qu'il eut faim après ce temps de jeûne? Il n'y a là partout qu'inconséquence et contradiction. Voilà l'homme qui se donne un Dieu comme libérateur et qui le soumet aux tiraillements de la faim d'un côté et à l'empire du démon de l'autre!

La Révélation nouvelle qui vient nous apprendre *l'origine spirite* du Christ, vient encore nous dire que ce *jeûne* et cette *tentation* ne sont qu'un *emblême* et, bien que ces faits, ainsi compris par une Humanité encore ignorante et prenant tout *à la lettre*, ne fussent point l'expression de la vérité, ils ont cependant porté leurs fruits en contribuant au progrès moral des peuples chrétiens.

Les prophètes d'Israël se préparaient à leur mission par la méditation, la prière et le jeûne dans le désert. Jésus *parut* aux yeux des hommes se soumettre à cet usage avant de commencer publiquement sa mission, et, pour frapper les masses, il *disparut* pendant ce nombre de jours traditionnel.

« Après ces quarante jours et quarante nuits, il reparut parmi les hommes et il adressa au peuple et aux disciples qui se groupaient autour de lui, et qui avaient remarqué son absence, CES PAROLES :

« *En vérité, je vous le dis :* « *Si le démon vous*
« *dit : écoute mes conseils, soumets-toi à ma*
« *volonté, et je te donnerai tous les royaumes de*
« *la Terre, repoussez-le. N'avez-vous pas un*
« *royaume bien plus grand, le royaume de Dieu,*
« *votre père ?*

« *Si la faim vous presse et que le démon vous*
« *dise :* obéis-moi, *et de ces pierres je ferai du*
« *pain pour te nourrir, refusez-le avec horreur;*
« *le pain de la Terre ne nourrit que le corps ; et*

« vous devez rechercher le pain de vie qui nour-
« rit l'âme et la rend apte à entrer dans la vie
« éternelle.

« *Si l'orgueil vous entraîne au faîte des*
« *grandeurs, et que le démon vous dise :* Préci-
« pite-toi dans l'espace qui t'attire, et ne crains
« aucune chute, tu seras soutenu, *imposez-lui si-*
« *lence et ne tentez pas Dieu ; mais rentrez en*
« *vous-même ; mesurez votre faiblesse et la gran-*
« *deur du Seigneur ; remettez-vous en lui et le*
« *démon s'éloignera* POUR UN TEMPS ; *mais n'ou-*
« *bliez pas qu'il rôde toujours, prêt à saisir sa*
« *proie et à profiter de toutes vos faiblesses.* »

« Voilà, nos bien-aimés, les paroles qui furent prononcées par Jésus lorsqu'il reparut, et que nous sommes chargés par le maître de vous révéler, de vous transmettre. »

MATHIEU, MARC, LUC, JEAN,
Assistés des Apôtres.

Comme ce ne fut qu'après l'accomplissement de la mission du Christ, que les évangélistes écrivirent les faits accomplis, ils ne firent qu'exprimer les bruits et les commentaires qui avaient cours, et les faits, d'ailleurs incompréhensibles à cette époque pour eux, furent mal interprétés. Ils crurent réellement au jeûne pratiqué par Jésus et à la tentation de Satan. La faim attribuée à Jésus, son transport sur une haute montagne, puis sur le haut du temple de Jérusalem, furent le bruit et la conséquence de ces commentaires.

Il ne faut pas perdre de vue l'ignorance et la naïveté des hommes de cette époque, des Esprits incarnés d'alors, qui se livraient à ces discussions et à ces commentaires. Quant à nous, il ne faut rien blâmer, car cette croyance au fait d'une véritable tentation matérielle a eu sa raison d'être, et ce qui *a été* devait *être*, dans la marche des événements. Ecoutons cette révélation de la vérité que viennent nous faire des amis d'outre-tombe. Il faut que nous triomphions des tentations des mauvais Esprits et de toutes les passions qui font le malheur de l'Humanité. Nous devons tout rapporter à Dieu, n'adorer et ne servir que lui. Alors les bons Esprits du Seigneur descendront vers nous pour nous aider à triompher. Les tentations et les influences les plus dangereuses pour l'homme sont l'orgueil, les appétits matériels, et l'ambition qui a pour mobiles ces passions mauvaises. Ce sont là les écueils contre lesquels viennent malheureusement se briser les intentions les meilleures dans le principe, surtout parmi ceux à qui Dieu accorde la grâce de venir s'incarner pour contribuer aux progrès de leurs frères. Mais l'ère nouvelle est ouverte et Dieu nous envoie ses bons Esprits qui viennent développer notre jugement, éclairer nos cœurs et nos intelligences; qui viennent nous enseigner le respect, la reconnaissance et l'amour que nous devons à Dieu notre créateur, et à son Christ, notre protecteur et notre maître; qui viennent nous enseigner la patience — la résignation — l'affabilité — la douceur — la bienveillance — la simplicité du cœur — l'humilité de l'esprit — la chasteté selon les lois de la nature — la frugalité — la tempérance — la sobriété — le désintéressement — la justice — la tolérance — le dévouement, la charité et l'amour pour nos frères — l'amour du travail et de la science — le désir du progrès dans l'ordre physique, intellectuel et moral — l'amour pour toutes les créatures du Seigneur qui nous les a livrées que pour n'être utilisées ou détruites que dans la mesure de notre utilité et de nos besoins, sans jamais abuser ; qui viennent enfin nous donner l'intelligence de tous nos devoirs.

Veillons donc, en exerçant une vigilance constante sur nos pensées, nos paroles et nos actions. Prions, non pas des lèvres, mais du cœur.

Mais quels pouvaient être les moyens de vie et de nutrition du corps périspritique tangible qu'avait revêtu Jésus ?

Le corps de Jésus formé par les combinaisons des fluides ambiants de notre planète, avait les mêmes moyens de vie que ceux des Esprits supérieurs. La nutrition matérielle qui nous est indispensable n'était pour lui d'aucune utilité, bien plus, elle était impossible. L'Esprit, soit à l'état errant, soit revêtu d'un corps de nature périspritique absorbe, pour l'entretien et le fonctionnement de sa vie, les fluides ambiants qui lui sont nécessaires pour soutenir son périsprit. La nature du corps que Jésus avait revêtu, n'a été en définitive qu'un spécimen hâtif de l'organisme humain, *tel qu'il sera un jour*, dans plusieurs siècles, pour certains habitants de notre planète, pour ceux de nous qui seront arrivés à un degré suffisant d'élévation. La science commence déjà à découvrir les précurseurs de ces organisations quasi-éthérées qui nous paraissent encore impossibles.

L'homme se modifiant au point de vue physiologique — la matière devenant plus souple et plus faible — le système nerveux devenant plus développé, l'intelligence plus précoce, et *usant le fourreau*, comme on dit — l'Esprit dominant la matière — la chair disparaissant à mesure que le système nerveux se développe — La force vitale animale remplacée par la force spirito-nerveuse — Voilà quels sont les symptômes qui doivent nous prévenir de tous les changements qui doivent s'opérer en nous à mesure que notre corps s'avancera vers la nature périspritale. Ce n'est pas tout.

Tout notre système s'épurant peu à peu, le sang épais qui circule dans nos veines se mélangera de plus en plus de fluide vital, et la partie charnue du corps, réduite d'abord à l'état de simple écorce finira par disparaître entièrement pour faire place à une enveloppe fluidique tangible et dissoluble sans souffrance et sans secousse. Les nerfs arrivés à ce point de développement parfait, seront eux-mêmes devenus ce que sont les fils légers que retiennent suspendus dans l'air les insectes microscopiques à l'automne, et qu'on appelle les fils de la vierge ; ils s'assoupliront en diminuant de volume et leur impressionnabilité augmentera d'autant. Enfin tout l'ensemble de l'être humain finira par constituer un ensemble qui sera ce que nous appelons un périsprit tangible tel qu'en ont actuellement les humains sur certaines planètes élevées.

Eh bien ! ce corps, merveilleusement affiné, qu'aura l'homme de la Terre dans quelques siècles, c'est celui-là que Jésus avait été *forcé* de prendre, sa nature trop pure ne lui permettant pas de s'habiller du corps matériel que nous avons actuellement, et, malgré cela, c'était encore un corps excessivement grossier pour *sa nature spirituelle*.

Peu à peu paraîtront sur notre globe des sujets se contentant d'une si faible partie de nourriture qu'il semblera impossible qu'ils puissent exister ;

d'autres que l'eau seulement ou quelque liquide insipide soutiendra; d'autres enfin qui, contre toute règle ordinaire, n'auront besoin d'aucune nourriture. Ces phénomènes revêtiront auprès de médecins l'aspect de maladies, puis bientôt l'exception deviendra la règle.

Déjà des cas semblables se sont présentés de loin en loin; ils vont se multiplier de jour en jour. Cependant le progrès ne s'accomplira que lentement, comme cela a lieu pour toute espèce de transformation. L'abus que l'homme fait de tout ce qu'il touche détruira les animaux et les plantes nécessaires à son alimentation et il sera obligé de chercher dans la science un remède à ses privations. Il se créera une alimentation factice, produit de combinaisons chimiques. Il extraira des fluides de l'atmosphère les parties matérielles assimilables à son organisme, comme il a extrait la chaleur du bois, la lumière du charbon, la force de l'air. Et les générations se succédant, apporteront successivement des organismes de plus en plus épurés

Il ne faut pas oublier que la tempérance, la chasteté, la pureté des parents influent sur l'organisme des enfants, non-seulement en attirant les Esprits plus élevés, mais encore en leur fournissant un instrument corporel plus maniable et plus épuré. On comprend alors qu'il peut s'incarner des Esprits élevés ayant pour mission de servir de points de repère à la science, d'éveiller l'attention sur certaines questions et de fournir les matériaux nécessaires aux constructions à venir.

Bientôt, et le temps n'en est pas aussi éloigné qu'on pourrait croire, l'homme sera contraint d'appeler l'art à son aide pour se nourrir, il aura recours à la chimie. Ces préparations chimiques amèneront d'abord *une déviation de l'économie animale*, des maladies, des amoindrissements de l'organisme ; puis, les générations se succédant, les organes lésés chez les parents, se reproduiront peu à peu chez les enfants avec des modifications qui les approprieront au nouveau régime de l'Humanité.

Mais voici comment les choses se passèrent à l'égard de Jésus :

Les Esprits supérieurs qui l'entouraient, faisaient disparaître les aliments qui lui étaient présentés. Ils les enlevaient, de manière à faire illusion complète, au fur et à mesure qu'ils *paraissaient* être pris et consommés par Jésus, en les enveloppant de fluides qui les dérobaient à la vue ; et ils les transportaient au loin. D'ailleurs il faut se dire que certains Esprits disposent d'une puissance que nous ne pouvons même pas nous imaginer. Nous voyons nos chimistes, par les synthèses et l'analyse, composer et décomposer des corps hétérogènes qui forment pourtant, pendant leur liaison, un tout uniforme, leur donner un aspect différent des parties divisées, lesquelles retournent ensuite à ces parties et s'y unissent de nouveau sous l'action des efforts du chimiste. Songeons en même temps aux effets extraordinaires que nous produisons par le magnétisme. Tout cela réuni, nous aidera à comprendre cette alimentation factice de Jésus, ainsi que la décomposition de son périsprit quand il l'abandonnait pour quitter la Terre et monter dans les cieux.

MATHIEU, IV; V. 12-17 — MARC, I; V. 14-15
LUC, IV; V. 14-15

Avis de la mise en prison de Jésus. — Retraite de Jésus en Galilée. — Prédications. — Séjour à Capharnaüm.

MATHIEU : V. 12. Or, Jésus ayant ouï dire que Jean avait été mis en prison, se retira en Galilée ; — 13, et quittant la ville de Nazareth, il vint demeurer à Capharnaüm, ville maritime sur les confins de Zabulon et de Nephtali, — 14, afin que cette parole du prophète Isaïe fut accomplie : — 15. La terre de Zabulon et la terre de Nephtali, la voie de la mer au delà du Jourdan, la Galilée des nations, — 16, le peuple qui était assis dans les ténèbres a vu une grande lumière et la lumière s'est levée sur ceux qui étaient assis dans la région de l'ombre de la mort ; — 17, depuis lors Jésus commença à prêcher et dire : Faites pénitence, car le royaume des cieux approche.

MARC : V. 14. Mais après que Jean eut été mis en prison, Jésus vint dans la Galilée, prêchant l'évangile de royaume de Dieu ; — 15, et disant : le temps est accompli, et le royaume de Dieu est proche ; faites pénitence et croyez à l'évangile.

LUC : V. 14. Alors Jésus, par la vertu de l'esprit, retourna en Galilée, et sa renommée se répandit dans tout le pays d'alentour ; — 16, il enseignait dans leurs synagogues ; et il était glorifié par tous.

21

Il n'y a ici aucune explication qui soit nécessaire.

LUC

CHAPITRE IV. — V. 16-21

Venue de Jésus à Nazareth. — Lecture de la prophétie d'Isaïe.

V. 16. Étant venu un jour à Nazareth, où il avait été élevé, il entra selon sa coutume, le jour du sabbat dans la synagogue, il se leva pour lire ; — 17, on lui présenta le livre du prophète Isaïe, et l'ayant ouvert, il trouva le lieu où ces paroles étaient écrites : — 18. L'esprit du Seigneur est sur moi; c'est pourquoi il m'a consacré par son onction; il m'a envoyé — pour prêcher l'évangile aux pauvres, — pour guérir ceux qui ont le cœur brisé, — 19, pour annoncer aux captifs leur délivrance et aux aveugles, qu'ils vont recouvrer la vue, — pour soulager les opprimés, pour publier l'année de grâce du Seigneur et le jour auquel il rendra à chacun selon ses œuvres; — 20. ayant fermé le livre, il le rendit au ministre et s'assit. Tout le monde dans la synagogue, avait les yeux arrêtés sur lui. — 26, Et il commença à leur dire : C'est aujourd'hui que cette parole de l'Écriture que vous venez d'entendre est accomplie.

22

Jésus affirma de cette sorte qu'il était le Messie, l'envoyé de Dieu venu sur Terre pour accomplir sa mission d'amour et de charité, son œuvre de rédemption.

LUC

CHAPITRE IV. — V. 22-30

Jésus appelé : fils de Joseph. — Réponse de Jésus. — Colère de ceux qui étaient dans la synagogue. — Jésus, mené par eux, au sommet de la montagne pour le jeter du haut en bas, disparaît d'entre leurs mains.

V. 22. Et tous lui rendaient témoignage : et dans l'étonnement où ils étaient des paroles pleines de grâce qui sortaient de sa bouche, ils disaient : N'est-ce pas là le fils de Joseph? — 23. Alors il leur dit : Sans doute que vous m'appliquerez ce proverbe : médecin, guéris-toi toi-même ; fais dans ton pays d'aussi grandes choses que nous avons ouï dire que tu en as faites à Capharnaüm ; 24; mais je vous dis en vérité que nul prophète n'est bien reçu dans son pays. — 25. En vérité je vous dis qu'il y avait plusieurs veuves en Israël, au temps d'Élie, lorsque le ciel fut fermé pendant trois ans et six mois et qu'il y eut une grande famine par toute la terre ; — 26, et néanmoins Élie ne fut envoyé chez aucune d'elles, mais chez une veuve en Sarepta de Sidon. — 27. Et il y avait plusieurs lépreux en Israël au temps du prophète Élisée, et néanmoins aucun d'eux ne fut guéri, mais seulement Naaman, qui était de Syrie. — 28. Tous ceux de la synagogue, l'entendant parler de la sorte, furent remplis de colère ; — 29, et se levant, ils le chassèrent hors de la ville et LE MENÈRENT jusqu'au sommet de la montagne sur laquelle la ville était bâtie pour le jeter du haut en bas ; — 30, mais LUI, PASSANT AU MILIEU D'EUX, s'en alla.

23

Pour tout le monde alors, Jésus était le fruit de la conception humaine, ayant pour mère Marie et pour père Joseph. Ce ne fut qu'après l'accomplissement de sa mission, et lorsque fut connue la révélation de l'ange à Marie et à Joseph, que commença à germer dans l'esprit des disciples la croyance à la divinité de Jésus.

Et quand Jésus s'écria au milieu des infaillibles et des docteurs qui l'entouraient : *Nul n'est prophète en son pays*, c'était un enseignement qu'il donnait à tous ceux qui plus tard devaient travailler au progrès de l'Humanité ; c'était du courage qu'il versait dans leur âme pour l'accomplissement de leur mission. Qui ne sait tous les découragements, tous les déboires, toutes les insultes souvent, auxquels sont soumis, soit dans leur propre famille, soit dans leur village ou soit dans leur patrie, les missionnaires que le sort fit naître au sein d'un milieu réfractaire ! Jésus voulait faire comprendre que Dieu regarde tous ses enfants avec le même amour, que les cultes et les nationalités ne sont rien pour lui et que pour lui les *seuls* privilégiés sont les plus purs et les plus méritants.

Et maintenant comment est-il possible d'admettre qu'un homme puisse *disparaître* d'entre les mains *d'ennemis acharnés à sa perte et groupés autour de lui ?* Jésus, est-il dit, *passa au milieu d'eux*. Comment cela put-il se faire ?

Tout simplement Jésus se dégagea de leurs mains en faisant cesser la tangibilité de son corps périspritique pendant qu'en même temps ceux qui étaient groupés autour de lui et ceux qui le tenaient furent frappés de vertige par une action spirite, au moyen du magnétisme spirituel. Tous le lâchèrent sans se rendre compte du motif qui les y porta ; ils crurent qu'il s'était évadé par la protection de quelques complices.

Cette explication des faits est parfaitement admissible. Tout le monde sait aujourd'hui l'influence inouïe qu'a sur les actions des hommes le monde invisible. Nous savons avec quelle facilité les Esprits peuvent frapper notre cerveau d'atonie par le moyen du magnétisme. La multitude était grande et l'action spirite n'eut lieu que parmi les plus proches.

Il fallait d'ailleurs que tout cela fut ainsi, car à cette époque les hommes *devaient* croire à l'humanité de Jésus, quoiqu'il fut en réalité en dehors d'elle.

MATHIEU, V ; V. 18-22 — MARC, I ; V. 16-20 LUC, V ; V. 1-11

Vocation de Pierre, André, Jacques et Jean. — Pêche appelée miraculeuse.

MATHIEU : V. 18. Or, Jésus, marchant le long de la mer de Galilée, vit deux frères, Simon appelé Pierre et André son frère qui jetaient leurs filets dans la mer, car ils étaient pêcheurs. — 19. Et il leur dit : Suivez-moi, je vous ferai devenir pêcheurs d'hommes. — 20. Et aussitôt ils quittèrent leurs filets et ils le suivirent. — 21. De là s'avançant, il vit deux autres frères, Jacques, fils de Zébédée, et Jean, son frère, dans une barque, avec Zébédée, leur père, raccommodant leurs filets, et il les appela ; — 22. en même temps, quittant leurs filets et leur père, ils le suivirent.

MARC. : V. 16. Et marchant le long de la mer de Galilée, il vit Simon et André son frère qui jetaient leurs filets dans la mer, car ils étaient pêcheurs. — 17. — Et Jésus leur dit : Suivez-moi, et je vous ferai devenir pêcheurs d'hommes. — 18. Et aussitôt ils quittèrent leurs filets et le suivirent ; — 19. de là, s'étant un peu avancé, il vit Jacques, fils de Zébédée et Jean, son frère, qui étaient dans une barque où ils raccommodaient leurs filets ; — 20, et aussitôt il les appela, et ayant laissé dans la barque, Zébédée leur père avec les ouvriers, ils le suivirent.

LUC : V. 1. Un jour que Jésus était sur le bord du lac de Génésareth, se trouvant accablé par la foule du peuple qui se pressait pour entendre la parole de Dieu, — 5, il vit deux barques arrêtées au bord du lac, et les pêcheurs étaient descendus et lavaient leurs filets. — 3. Il entra dans l'une de ces barques, qui était à Simon, et le pria de s'éloigner un peu de la terre ; et s'étant assis, il enseignait le peuple de dessus la barque ; — lorsqu'il eut cessé de parler, il dit à Simon : Avance en pleine mer, et jette tes filets pour pêcher ; — 5. Et Simon répondant, lui dit : Maître, nous avons travaillé toute la nuit, et nous n'avons rien pris ; mais, sur votre parole, je jetterai le filet. — 6. L'ayant jeté, ils prirent une si grande quantité de poissons que leur filet se rompait. — 7. Et ils firent signe à leurs compagnons qui étaient dans une autre barque de venir les aider ; ils y vinrent, et ils remplirent tellement les deux barques, qu'il s'en fallait peu qu'elles coulassent à fond. — 8. Ce que Simon Pierre ayant vu, il se jeta aux pieds de Jésus, en disant : Seigneur, retirez-vous de moi, parce que je suis un pêcheur. — 9. Car il était tout épouvanté, aussi bien que tous ceux qui étaient avec lui, de la pêche des poissons qu'ils avaient faite ; — Jacques et Jean fils de Zébédée, qui étaient compagnons de Simon, étaient dans le même étonnement. Alors Jésus dit à Simon : Ne crains point ; désormais tu seras pêcheur d'hommes. — 11. Et ayant ramené leurs barques à bord, ils quittèrent tout et le suivirent.

24

Si les premiers disciples du Christ obéirent avec une si parfaite soumission à la voix qui les appelait ainsi, c'est qu'ils furent alors inspirés dans ce sens par leurs anges gardiens. Ils avaient d'ailleurs leur mission tracée d'avance.

Quant à la pêche miraculeuse elle n'avait absolument rien de surnaturel. C'était un simple effet de magnétisme. Le magnétisme est l'agent universel qui meut toute chose ; tout est soumis à l'influence magnétique dans l'univers ; tout est attraction dépendant de cet agent universel.

Les fluides magnétiques relient entre eux tous les mondes qui peuplent l'univers, unissent tous les Esprits incarnés ou non ; c'est un lien universel que Dieu nous a donné pour nous envelopper comme un seul être et nous aider à monter à lui en réunissant nos forces.

Les fluides universels sont réunis sous l'action de la volonté de l'Esprit dans l'ordre matériel, par l'attraction magnétique, et sont, dans l'ordre spirituel, par l'effet de cette volonté, le véhicule de la pensée à travers l'immensité.

« Quand l'homme aura les yeux assez ouverts pour comprendre toute l'étendue de l'attraction magnétique, de cette grande loi qui régit toutes choses, le monde lui sera soumis, car il en pourra diriger l'action matérielle, mais, pour en arriver là, il faut une étude longue et approfondie des causes, et *surtout* il faut le respect et l'amour pour celui qui lui a confié ce grand moyen d'action. L'étude et la pratique avec humilité de cœur et désintéressement feront comprendre à l'homme la force et les ressources de ce levier puissant ; *l'attraction magnétique.*

« A l'aide du magnétisme humain, qui est la concentration par l'effet de la volonté de l'homme des fluides renfermés en lui et dans l'atmosphère qui l'entoure, l'homme agit, à l'aide de ces fluides, jusqu'à une certaine distance, sur l'homme ou sur les choses.

» Par le magnétisme spirituel, qui est l'effet de la concentration de leur volonté, les Esprits réunissent autour d'eux les fluides, quels qu'ils soient, qui sont renfermés dans l'homme ou répandus dans l'espace ; ils disposent de ces fluides pour agir, à leur volonté, sur les hommes ou sur les choses et obtenir les divers effets qu'ils se proposent.

» La puissance de la volonté de l'homme et des effets magnétiques qu'il peut obtenir est en rapport avec le degré de pureté qu'il a atteint et qui lui procure, souvent même *inconsciemment*, l'assistance et le concours des Esprits élevés.

» La pêche, appelée *miraculeuse*, fut le résultat d'une action toute naturelle. La volonté de Jésus agit *seule*, car Jésus avait la connaissance complète de cet agent universel qui meut et régit toute choses. »

L'homme ne peut pas tout comprendre. La nature a encore bien des secrets pour lui qui ne se développeront à ses yeux qu'au fur et à mesure que ses croyances plus épurées et son intelligence plus souple, le mettront plus à même de remonter à la source des choses.

MATHIEU, IV ; V. 23-24-25 — MARC, I ; V. 21-28 ET III ; V. 7-12 — LUC, IV ; V. 31-37

Prédication de Jésus ; — Sa renommée. — Guérisons physiques et morales appelées « miracles ».

MATHIEU : V. 23. Et Jésus parcourait toute la Galilée, enseignant dans les synagogues, prêchant l'évangile du royaume, guérissant toutes les maladies et les infirmités parmi le peuple ; — 24, et sa réputation se répandit dans toute la Syrie et on lui présenta tous ceux qui étaient malades et diversement affligés de maux et de douleurs, — les possédés, les lunatiques, les paralytiques, et il les guérit, — 25. Et une grande multitude de peuple le suivit de Galilée, de Décapolis, de Jérusalem, de Judée et de delà le Jourdain.

MARC, I : V. 21. Ils vinrent ensuite à Capharnaüm, et Jésus entrant d'abord le jour du Sabbat dans la synagogue, il les instruisait. — 22. Et ils étaient tout étonnés de sa doctrine, parce qu'il les instruisait comme ayant autorité et non point comme les scribes. — 23. Or, il se trouva dans la synagogue un homme

possédé d'un esprit impur, qui s'écria, — 24, disant :
Qu'y a-t-il entre vous et nous, Jésus de Nazareth ?
Êtes-vous venu pour nous perdre ? Je sais qui vous
êtes : vous êtes le saint de Dieu ; — 25, mais Jésus,
lui parlant avec menace, lui dit : Tais-toi et sors de
cet homme ; — 26, alors l'esprit impur, s'agitant avec
de violentes convulsions et jetant un grand cri, sortit de lui ; — 27, tous furent dans un si grand étonnement, qu'ils se demandaient les uns aux autres :
Qu'est-ce que ceci, et quelle est cette nouvelle doctrine ? Il commande, même avec empire, aux esprits
impurs, et ils lui obéissent ; — 28, et sa renommée
s'étendit soudain dans toute la Galilée.

III : V. 7. Mais Jésus se retira avec ses disciples vers
la mer, et une grande multitude le suivit de la Galilée et de la Judée, — 8, de Jérusalem, de l'Idumée et
d'au delà le Jourdain ; et une grande multitude des
environs de Tyr et de Sidon, vint à lui ayant ouï parler des choses qu'il faisait ; — 9, et il dit à ses disciples qu'ils lui tinssent là une barque afin qu'elle lui
servît pour n'être pas accablé par la foule du peuple.
— 10. Car, comme il en guérissait beaucoup, tous
ceux qui étaient affligés de quelque mal se précipitaient sur lui pour pouvoir le toucher. — 11. Et quand
les esprits impurs le voyaient, ils se prosternaient
devant lui en criant : — 12. Vous êtes le fils de Dieu.
Mais il leur défendait, avec de grandes menaces, de le
découvrir.

Luc : V. 31. Il descendit à Capharnaüm, ville de la
Galilée, et là il les enseignait les jours de sabbat. —
32. Et ils étaient tout étonnés de sa doctrine parce
qu'il parlait avec autorité ; — 33, or, il y avait dans la
synagogue un homme ayant un démon impur, qui
cria à haute voix, — disant : Laissez-nous ; qu'y a-t-il
entre vous et nous, Jésus de Nazareth ? Êtes-vous
venu pour nous perdre ? Je sais qui vous êtes : vous
êtes le saint de Dieu. — 35. Et Jésus, lui parlant avec
menaces, lui dit : Tais-toi et sors de cet homme ; et le
démon, après avoir jeté l'homme au milieu de la place,
sortit hors de lui sans lui avoir fait aucun mal ; — 36.
et la terreur se répandit sur tous ; et ils se parlaient
entre eux, disant : Qu'est-ce que ceci ? Il commande
avec autorité et puissance aux esprits impurs, et ils
sortent aussitôt ; — 37, et sa renommée se répandit
dans toutes les contrées d'alentour.

25

Nous voyons ici Jésus, nous donnant l'exemple,
pratiquer la charité sous toutes les formes et

laisser de côté les grands et les puissants pour ne s'occuper que des humbles et des malheureux. On le voit prêchant le repentir et répandant partout autour de lui la guérison de l'âme et du corps. Ce qu'il faisait alors, nous pouvons tous, tant que nous sommes, le faire aussi dans un champ plus borné. Pour cela nous n'avons qu'à aimer tous nos semblables comme nos frères, et qu'à prier Dieu de nous rendre purs et de nous aider. Nous connaissons aujourd'hui toute la puissance divine du magnétisme et de la volonté. Par les cures merveilleuses que font aujourd'hui les Médiums guérisseurs aidés des Esprits supérieurs et des bons Esprits, on peut facilement concevoir ce que pouvait être la puissance magnétique d'un Esprit aussi pur que l'était Jésus et qui connaissait à fond la nature, les combinaisons et les effets des fluides fortifiants et régénérateurs répandus dans l'atmosphère. Rien, d'ailleurs, des conditions de la vie du corps humain, de nos maladies et de nos infirmités, de leur siège et de leurs causes, n'était caché pour lui et ne pouvait échapper à la puissance de sa vue spirituelle. Ne voyons-nous pas déjà toutes ces facultés paraître, quoique à un degré bien moindre, chez nos somnambules ? La puissance guérissante du Christ n'a donc pas lieu d'étonner un spirite.

« Jésus répandait autour de lui le principe magnétique vivifiant qu'il possédait et qu'il augmentait encore par la puissance de sa volonté. Il avait la prescience et voyait venir à lui ceux qui avaient besoin de son pouvoir, et sa volonté agissait alors afin de frapper plus fortement l'esprit des hommes que des guérisons morales *seules* auraient trouvés froids et incrédules et qui, devant le moindre soulagement physique, s'écriaient : *hosanna !*

» Pour la guérison *morale*, Jésus n'avait qu'à se montrer et sa vue seule suffisait pour chasser les mauvais Esprits. D'ailleurs, sa volonté puissante suffisait pour les éloigner, car alors, comme encore aujourd'hui, tous les Esprits les plus élevés comme aussi les plus immondes et les plus impurs, obéissaient à sa volonté.

» Par *possédés*, on doit entendre les incarnés subjugués, soit corporellement, soit moralement, par de mauvais Esprits ; et par *lunatiques*, les incarnés soumis à des obsessions ou des subjugations momentanées et revenant par période à peu près régulières.

» La *subjugation* est l'action dominatrice de l'Esprit mauvais qui dompte et soumet à sa volonté l'Esprit plus faible qui lui a laissé prendre empire sur lui-même. Dans ce cas, il ne faut pas croire que l'Esprit obsesseur habite dans l'homme ; il l'influence en se tenant sans cesse à ses côtés. Il agit fluidiquement sur l'incarné en combinant les fluides de son périsprit avec ceux du périsprit de cet incarné, en se servant de tous les éléments de médiumnité que lui présente l'organisation de sa victime. C'est ainsi qu'il impose sa volonté dominatrice et peut produire plusieurs effets physiques. Il lui fait entendre sa voix, le fait parler, lui donne des visions, le fait écrire et le tourmente enfin corporellement et moralement. Il l'induit à des déterminations souvent absurdes ou même à des actes ridicules, ou bien encore il produit l'aberration complète de ses facultés et tous les différents cas de folie.

» Indépendamment de l'obsession et de la subjugation, il existe encore les cas de *possession* dans lesquels il y a substitution de l'Esprit obsesseur à celui de l'incarné du corps duquel il se sert comme si c'était le sien propre. Mais ces cas sont très rares. Dans ce cas, l'Esprit incarné est expulsé hors de son corps, mais il lui reste lié par un cordon fluidique, et le mauvais Esprit s'introduit dans le corps par la combinaison des fluides de son périsprit avec ceux du périsprit de l'incarné. L'Esprit, ainsi chassé de chez lui, voit son dominateur accomplir des actes qu'il ne peut empêcher. Cette substitution peut se faire à l'état de veille comme à l'état somnambulique. Dans le premier cas, on a ce que l'on appelle un *fou*.

» Enfin, il y a possession en vertu d'un consentement volontaire; c'est le cas où l'incarné, étant en *sommeil magnétique*, s'éloigne de son corps *à la prière d'un Esprit* auquel il prête son corps pour lui permettre de se manifester.

» Toutes ces obsessions sont, soit des épreuves pour former le caractère et la volonté de certains incarnés, soit des expiations dues aux faits d'une existence antérieure. Dans tous les cas, elles sont pour l'incarné un mal nécessaire, car elles ont toujours pour but son amélioration morale et son progrès. D'ailleurs, tous ces phénomènes spirites se font sous la surveillance des Esprits supérieurs et des bons Esprits.

» *Quand les Esprits impurs voyaient Jésus, ils se prosternaient devant lui*, est-il dit. C'étaient les personnes, que subjuguaient ces Esprits impurs, répandues dans la foule qui, violentées par ces Esprits subjugués eux-mêmes à la vue du Christ, se prosternaient et, rendues médiums parlants, s'écriaient : *Vous êtes le fils de Dieu*. Ils étaient d'ailleurs poussés à faire ces actes par les Esprits supérieurs qui entouraient Jésus. »

Jésus frappait ainsi les masses en frappant les sens grossiers des hommes par des faits matériels qui révélaient sa puissance. Cela était nécessaire dans ces temps d'ignorance, pour que sa mission fût reconnue et acceptée et afin qu'elle portât ses fruits dans l'avenir. Mais tous ces faits, qui alors étaient des *miracles*, sont facilement explicables aujourd'hui que la Révélation spirite est venue levé le voile de tous ces mystères.

Et ce que Jésus avait fait pendant sa mission terrestre, ses apôtres le firent également après lui, car il fallait que cette mission fût sanctionnée. Soutenus par les bons Esprits, ils firent comme le maître des guérisons matérielles et des guérisons morales. Et c'est enfin ce qui se passe encore de nos jours où les apôtres de la révélation nouvelle font, eux aussi, des guérisons semblables. Bientôt, quand la foi sera tout-à-fait revenue dans les cœurs, on verra bien des choses extraordinaires qui combleront de joie tous ceux qui souffrent, et ces nouveaux apôtres, devenus profondément religieux, guériront les maladies et les infirmités, chasseront les mauvais Esprits qui font tant de mal et rappelleront la vie dans le corps des mourants.

Mais les Pharisiens de nos jours nieront pendant longtemps encore cette Révélation nouvelle que les Esprits du Seigneur nous apportent d'une manière si évidente et si visible, comme les Pharisiens d'autrefois nièrent et repoussèrent celle que le Christ venait leur apporter lui-même.

MATHIEU, V; V. 1-12 — LUC, VI; V. 20-26

Sermon sur la montagne.

MATHIEU : V. 1. Jésus, voyant la multitude, monta sur une montagne; et lorsqu'il fut assis, ses disciples s'approchèrent de lui; — 2, et ouvrant sa bouche, il les enseignait, disant : — 3. « Bienheureux les pauvres d'esprit, parce que le royaume des cieux est à eux. » — 4. Bienheureux ceux qui sont doux, parce qu'ils posséderont la terre. — 5. Bienheureux ceux qui pleurent, parce qu'ils seront consolés. — 6. Bienheureux ceux qui sont affamés et altérés de la justice, parce qu'ils seront rassasiés. — 7. Bienheureux ceux qui sont miséricordieux, parce qu'ils obtiendront eux-mêmes miséricorde. — 8. Bienheureux ceux qui ont le cœur pur, parce qu'ils verront Dieu. — 9. Bienheureux les pacifiques, parce qu'ils seront appelés enfants de Dieu. — 10. Bienheureux ceux qui souffrent persécution pour la justice, parce que le royaume des cieux est à eux. — 11. Vous serez heureux lorsque les hommes vous chargeront de malédictions et qu'ils vous persécuteront, et qu'ils diront faussement toute sorte de mal contre vous à cause de moi. — 12. Réjouissez-vous alors, et tressaillez de joie, parce qu'une grande récompense vous est réservée dans les cieux; car c'est ainsi qu'ils ont persécuté les prophètes qui ont été avant vous. »

LUC : V. 20. Alors Jésus levant les yeux vers ses disciples, il leur dit : « Bienheureux vous qui êtes pauvres, parce que le royaume des cieux est à vous. — 21. Bienheureux vous qui maintenant avez faim, parce que vous serez rassasiés; bienheureux vous qui pleurez maintenant, parce que vous rirez. — 22. Vous serez bienheureux lorsque les hommes vous haïront, lorsqu'ils vous sépareront, lorsqu'ils vous traiteront injurieusement, — lorsqu'ils rejetteront votre nom comme mauvais à cause du fils de l'homme. — 23. Réjouissez-vous, en ce jour-là, parce qu'une grande récompense vous est réservée dans le ciel ; car c'est ainsi que leurs pères traitaient les prophètes. — 24. Mais malheur à vous, riches, parce que vous avez votre consolation dans le monde. — 25. Malheur à vous qui êtes rassasiés, parce que vous aurez faim! Malheur à vous qui riez maintenant, parce que vous gémirez et vous pleurerez ! — 26. Malheur à vous lorsque les hommes diront du bien de vous; car c'est ce que leurs pères faisaient à l'égard des faux prophètes. »

26

Rien de plus beau que ce sermon sur la montagne. Quelles consolations et quel courage ne donne-t-il pas à tous ceux qui souffrent et qui combattent. Que trouve-t-on dans ces belles et simples paroles ? Une règle de vie complète. Elles nous disent :

Qu'il faut avoir : l'humilité, — la douceur qui a pour compagnes la bienveillance et l'affabilité, — la résignation dans les souffrances physiques et morales qui sont toujours une expiation juste de nos fautes, — l'amour ardent et soutenu du devoir, et cela, toujours, en quelque lieu qu'on se trouve, — la tolérance qui unit les cœurs, — l'indulgence pour les faiblesses et les fautes d'autrui, — la sympathie active et dévouée pour toutes les souffrances de nos frères, qu'elles soient physiques ou morales, — le pardon franc et généreux pour toutes les injures et toutes les offenses, avec l'oubli sincère de tout ce qui a pu blesser, — la charité attentive et délicate, — l'amour à plein cœur, — la pureté du cœur qui chasse au loin non-seulement les mauvaises actions et les mauvaises paroles, mais encore les mauvaises pensées qui sont la source de tout mal, — la modération, — la mansuétude, — la patience, — l'obéissance, — la résignation, — la foi, — la persévérance et la fermeté dans le bien et dans la pratique de la justice, quelles que soient les injures et les persécutions qui peuvent venir des hommes, — le désintéressement, — le renoncement aux plaisirs sensuels, aux passions et aux vices qui dégradent l'Humanité, — enfin, la reconnaissance envers le

Créateur bien-aimé qui réserve à ceux qui accomplissent leurs devoirs et pratiquent la vertu, des récompenses si belles que notre pauvre nature ne peut même pas le concevoir.

Que celui qui a des richesses, fasse comme s'il était pauvre et qu'il partage avec ses frères.

Que celui qui est rassasié, pense à celui qui a faim et qu'il partage avec lui.

Que celui qui est dans la joie, console celui qui souffre et qui pleure.

Que celui qui a de l'intelligence et du savoir, en fasse humblement profiter ses frères.

Heureux seront les pauvres d'esprit ! Et les *pauvres d'esprit*, ce sont ceux qui mettent en Dieu leur foi tout entière et reconnaissent ne tenir que de Lui seul et de sa bonté paternelle tout ce qu'ils possèdent.

Malheur au riche orgueilleux ! au riche égoïste qui peut faire tant de bien et qui laisse ses frères mourir de faim, car il expiera chèrement les fautes de son cœur endurci !

Malheur à ceux qui calomnient ! Malheur à ceux qui rient et qui se moquent de tout, car un jour ceux-là *gémiront* et *pleureront* sous le poids du remords.

MATHIEU, V; V. 13-16
MARC, IX; V. 49 et IV — LUC, XIV; V. 34-35; VIII; V. 16-17 et XI; V. 33-36.

Sel et lumière de la terre. — Lampe. — Rien de caché qui ne doive être découvert, et rien de secret qui ne doive être connu et paraître publiquement.

MATHIEU : V. 13. Vous êtes le sel de la terre, et, si le sel perd sa force, avec quoi le salera-t-on ? Il n'est plus bon à rien qu'à être jeté dehors et à être foulé aux pieds par les hommes ; — 14, vous êtes la lumière du monde ; une ville située sur une montagne ne peut être cachée ; — 15, et on n'allume point la lampe pour la mettre sous le boisseau, mais on la met sur un chandelier afin qu'elle éclaire tous ceux qui sont dans la maison ; — 16, ainsi que votre lumière luise devant les hommes afin qu'ils voient vos bonnes œuvres et qu'ils glorifient votre père qui est dans les cieux.

Marc : IX, V. 49. Le sel est bon, mais s'il devient fade, avec quoi l'assaisonnerez-vous ? Ayez du sel en vous et conservez la paix entre vous.

IV, V. 21. Il leur disait : « Allume-t-on la lampe pour la mettre sous le boisseau ou sous le lit? N'est-ce pas pour la mettre sur le chandelier ? — Car il n'y a rien de caché qui ne doive être découvert, ni rien de secret qui ne doive paraître en public ; — 23, si quelqu'un a des oreilles pour entendre, qu'il entende.

Luc : XIV, 34. Le sel est bon ; mais si le sel devient fade, avec quoi le salera-t-on ? — 35. Il n'est plus propre ni pour la terre, ni pour le fumier ; mais on le jettera dehors ; que celui qui a des oreilles pour entendre, entende.

VIII, V. 16. Personne, après avoir allumé une lampe, ne la couvre d'un vase ni la met sous un lit ; mais on la met sur le chandelier afin que ceux qui entrent voient la lumière ; — 17, car il n'y a rien de caché qui ne doive être découvert, ni rien de secret qui ne doive être connu et paraître publiquement.

XI, V. 33. Personne, après avoir allumé une lampe, ne la met en lieu caché ou sous un boisseau, mais on la met sur un chandelier afin que tous ceux qui entrent voient la lumière ; — 34, votre œil est la lampe de votre corps ; si votre œil est pur, tout votre corps sera éclairé ; mais s'il est impur, tout votre corps sera aussi dans les ténèbres. — 35. Prenez donc garde que la lumière, qui est en vous, ne soit elle-même de vraies ténèbres. — 36. Si donc tout votre corps est éclairé sans qu'il y ait aucune partie ténébreuse, tout sera lumineux et il sera éclairé comme par la lumière qu'une lampe répand autour d'elle.

27

Tout cela doit être facilement compréhensible pour des spirites.

Le sel représente les enseignements que l'homme porte en soi et qu'il doit répandre autour de lui, et quand Christ dit : il sera *jeté dehors*, il fait allusion à cette époque où, la régénération devant s'accomplir, notre Planète ne devra être habitée que par de bons Esprits. Alors, l'Esprit resté coupable et rebelle sera éloigné de notre Terre et rejeté sur les Terres inférieures où il aura à expier, pendant de longs siècles, son obstination dans le mal et son aveuglement volontaire.

Les spirites sont aujourd'hui le sel de la Terre et la lumière du monde, car ils sont les apôtres de la Révélation nouvelle et ils seraient coupables s'ils mettaient la lumière sous le boisseau. Au contraire, ils doivent tenir bien haut le flambeau divin, afin que ses rayons s'étendent au loin et puissent ouvrir les yeux aux aveugles en les illuminant.

Et il n'y a rien de caché qui ne sera découvert, car l'homme saura tout un jour, et d'autant plus vite qu'il sera plus docile à la voix de ses guides. L'on sent que de grands événements se préparent, et c'est de toutes parts, à chaque instant, que surgissent de nouvelles découvertes qui chassent les ténèbres. Mais à mesure que la science humaine fait des progrès, à mesure aussi s'augmente l'orgueil humain.

Que notre conscience soit donc la lumière de notre cœur, que notre esprit s'éclaire humblement au flambeau de la science et ne nous laissons pas devenir la proie des Esprits d'erreur et de mensonge.

MATHIEU, V ; V. 17-18-19 — LUC, XVI ; V. 17

Jésus n'est pas venu détruire la loi, mais l'accomplir.

MATHIEU : V. 17. Ne pensez pas que je sois venu détruire *la loi ou les prophètes;* je ne suis pas venu la détruire, mais l'accomplir ; — 18, car je vous dis en vérité que le ciel et la terre ne passeront point que tout ce qui est dans la loi ne soit accompli parfaitement jusqu'à un seul iota et à un seul point. — 19. Celui donc qui violera un de ces moindres commandements et qui apprendra aux hommes à les violer sera le dernier dans le royaume des cieux ; mais celui *qui fera et enseignera,* sera appelé grand dans le royaume des cieux.

LUC : V. 17. Il est plus aisé que le ciel et la terre passent, qu'il ne l'est qu'une seule lettre de la loi manque d'avoir son effet.

28

Jésus parle ici de la loi, mais non pas des *additions* faites à la loi, car, à toutes les époques, il y a toujours des gens qui veulent être plus royalistes que le roi, qui ne sont pas *simples d'esprit* et que l'orgueil et l'insuffisance entraînent hors des chemins droits. Les fausses interprétations, les dogmes absurdes et dominateurs viennent se substituer aux enseignements divins, et il faut de véritables révolutions pour détruire le mal fait par les Pharisiens de tous les temps et déchirer les voiles sous lesquels ils ont caché la vérité !

Jésus venait donc dire aux hommes que la morale qu'il leur prêchait n'était pas autre que celle qui leur avait été enseignée jusque-là par les prophètes et tous les envoyés du Seigneur. Il *accomplissait les prophéties* qui, autrefois, avaient engagé l'avenir. C'est de même que la Révélation nouvelle, LE SPIRITISME, vient aussi éclairer et développer les intelligences, en purifiant les cœurs, sans rien détruire des préceptes divins du christianisme qui a régénéré le monde; qu'elle vient faire comprendre, en *esprit et en vérité*, la simple et sublime morale du MAITRE; qu'elle vient dégager la loi de Christ des dogmes des hommes et des additions qui lui ont été faites. Le Spiritisme, en effet, est la confirmation du christianisme, non pas du christianisme tel que l'ont établi les hommes, mais du christianisme tel que Jésus l'a institué. Il est la *Religion universelle* qui doit embrasser tous les hommes dans un même cercle d'amour et de charité. Et nous, qui sommes les apôtres de la doctrine nouvelle, gardons-nous de jamais faire comme les chefs des anciennes synagogues, comme les Scribes et les Pharisiens d'autrefois, comme les Scribes et les Pharisiens de nos jours; soyons doux envers ceux qui rejettent nos croyances, et attendons que leurs yeux s'ouvrent d'eux-mêmes à la lumière, car chacun de nous a son heure qu'il ne peut devancer. A toute semence que l'on jette, il faut le temps de germer. Mais soyons calmes et dignes dans notre foi et ne nous froissons ni de l'injure, ni de la raillerie. Les premiers apôtres du Christ ont souffert bien plus que nous ne souffrirons jamais, car les expiations sont moins dures et les temps sont plus doux et plus cléments.

MATHIEU, V; V. 20-26 — LUC XII; V. 54-59

Justice abondante. — *Parole injurieuse. Réconciliation.*

MATHIEU : V. 20. Car je vous dis que, si votre justice n'est pas plus abondante que celle des scribes et des pharisiens, vous n'entrerez point dans le royaume des cieux. — 21. Vous avez appris qu'il a été dit aux anciens : Vous ne tuerez point, et quiconque tuera méritera d'être condamné par le jugement. — 22. Et moi je vous dis que quiconque se mettra en colère contre son frère, méritera d'être condamné par le jugement ; — que celui qui dira à son frère : *Raca*, méritera d'être condamné par le conseil, et que celui qui dira : Vous êtes un fou, méritera d'être condamné au feu de Géhenne. — 23. Si donc, lorsque vous présentez votre don à l'autel, vous vous souvenez que votre frère a quelque chose contre vous, — 24. laissez-là votre don devant l'autel et allez vous réconcilier auparavant avec votre frère; puis vous reviendrez offrir votre don ; — 25. accordez-vous au plus tôt avec votre adversaire pendant que vous êtes en chemin avec lui, — de peur que peut-être votre adversaire ne vous livre au juge et le juge au ministre de la justice et que vous ne soyez mis en prison. — 26. Je vous dis en vérité que vous ne sortirez point de là que vous n'ayez payé jusqu'à la dernière obole.

Luc : V. 54. Et il disait au peuple : Lorsque vous voyez un nuage se former du côté du couchant, aussitôt vous dites : la pluie vient, il pleut en effet. — 55. Et quand le vent du midi souffle, vous dites qu'il fera chaud, et le chaud ne manque pas d'arriver. — Hypocrites que vous êtes, vous savez si bien reconnaître ce que présagent les diverses apparences du ciel et de la terre ? Comment donc ne reconnaissez-vous pas ce temps-ci ? — 57. Et pourquoi n'avez-vous point de discernement pour reconnaître vous-mêmes ce qui est juste ? — 58. Lorsque vous allez avec votre adversaire devant le magistrat, tâchez de vous dégager de lui pendant que vous êtes encore en chemin, de peur qu'il ne vous entraîne devant le juge et que le juge vous livre au sergent et que le sergent ne vous mène en prison. — 59. Je vous dis que vous ne sortirez point de là que vous n'ayez payé jusqu'à la dernière obole.

29

Que viennent nous dire ces belles et simples paroles ? Que nous devons nous appliquer à discerner ce qui est juste et bien, à pratiquer la justice autrement qu'à la façon des scribes et des pharisiens, sans orgueil et sans hypocrisie. Nous devons faire le bien, non pas dans la vue d'une récompense, non pas non plus dans la crainte d'un châtiment, mais par amour, par reconnaissance et par soumission pour *Celui* qui nous a tracé notre ligne de conduite à tous.

Le *jugement*, le *conseil*, le *feu de la Géhenne*, sont des expressions symboliques qui ont pour but de faire comprendre aux hommes qu'ils seront jugés suivant leurs actes et qu'ils devront subir le châtiment qu'ils auront mérité.

Il faut tendre la main à celui qui nous a offensés.

Celui qui rejette ou méprise ses frères, sera rejeté aussi par Dieu et nous ne sortirons pas des réincarnations expiatoires que nous ne soyons soumis, en obéissant aux commandements du divin Maitre.

LUC

CHAPITRE XIII. — V. 1-15

Faire pénitence

V. I. En ce même temps, quelques-uns vinrent dire à Jésus ce qui s'était passé touchant les Galiléens dont Pilate avait mêlé le sang avec celui de leurs sacrifices ; — 2, et répondant il leur dit : Pensez-vous que ces Galiléens fussent les plus grands pécheurs de tous ceux de Galilée, parce qu'ils ont été ainsi traités? — Non, je vous le dis; mais si vous ne faites pénitence, vous périrez tous de la même sorte. — 4. Croyez-vous aussi que les dix-huit hommes sur lesquels la tour de Siloë est tombée et qu'elle a tués, fussent plus coupables que tous les habitants de Jérusalem? — 5. Non, je vous le dis : mais si vous ne faites pénitence vous périrez tous de la même sorte.

30

Les Juifs regardaient toutes les calamités, les douleurs morales aussi bien que les maux physiques, comme autant des preuves de la *colère* de Dieu. Jésus veut détruire cette erreur. Il vient dire ici à tout le monde que nous sommes tous sur cette Terre pour expier nos fautes, non seulement celles commises en notre existence actuelle, mais encore celles dont nous nous sommes rendus coupables dans d'autres existences antérieures.

Faisons donc sagement un retour sur nous-mêmes, essayons de trouver les causes de nos épreuves et soumettons-nous avec résignation en bénissant la main juste qui nous frappe.

LUC

CHAPITRE XIII. — V. 6-9

Parabole du figuier stérile

V. 6. Il leur dit aussi cette parole : « Un homme avait un figuier planté dans sa vigne, et venant pour y chercher du fruit, il n'en trouva point; 7, alors il dit à son vigneron : Il y a déjà trois ans que je viens chercher du fruit à ce figuier et je n'en trouve point;

coupez-le donc; pourquoi occupe-t-il la terre? — 8. Le vigneron lui répondit : Maître, laissez-le encore cette année afin que je le laboure au pied et que j'y mette du fumier; — 9, après cela s'il porte du fruit, à la bonne heure; sinon, vous le couperez. »

31

Cette parabole est l'emblème de la longanimité du Seigneur et de l'intervention bienveillante et dévouée des Esprits préposés à notre régénération et à nos progrès.

Heureux celui qui ne sera point rebelle aux inspirations intimes que lui prodigue son ange gardien! Heureux celui qui comprendra l'utilité de sa vie sur cette Terre et son devoir et sa mission! Celui-là ne sera pas rejeté sur des Terres plus tristes, au milieu des coupables endurcis que rien ne peut toucher ni convaincre; amendé par des regrets et le bien qu'il aura fait, il jouira plus tard du fruit de ses efforts et l'arbre de sa vie ne portera plus que de bons fruits.

LUC
CHAPITRE XIII. — V. 10-13

Femme malade, courbée.

V. 10. Jésus enseignait, un jour de sabbat, dans une de leurs synagogues; — 11, et il y vint une femme possédée d'un esprit qui la rendait malade depuis dix-huit ans; et elle était si courbée qu'elle ne pouvait du tout regarder en haut; — 12, et Jésus, la voyant, l'appela et lui dit : « Femme, vous êtes délivrée de votre maladie. » — 13. Et il lui imposa les mains; et elle se redressa au même instant et elle en rendait grâce à Dieu.

32

Tout ce que les juifs ne pouvaient comprendre, ils l'attribuaient à l'influence du diable. Mais ici, ce n'est plus une *possession ;* c'est une simple *maladie* dont était atteinte cette pauvre femme. Jésus lui-même le dit. C'était un ramollissement de la moëlle épinière que le Christ guérit facilement par une simple action spirito-magnétique, par l'effet des fluides purs qu'il possédait en lui.

Quand nous saurons pratiquer avec ardeur, avec persévérance et désintéressement cette science céleste du *Magnétisme*, que Dieu a mise si généreusement à la disposition de tous, nous aussi, nous pourrons guérir nos pauvres frères souffrants. Un jour il n'y aura plus de douleurs sur la Terre, et la mort n'existera plus, et l'aurore de ces temps heureux luira quand, tous, nous nous aimerons les uns les autres.

LUC

CHAPITRE XIII. — V. 14-17

Le jour du sabbat. — Culte du sabbat.

V. 14. Mais le chef de la synagogue, indigné de ce que Jésus avait guéri quelqu'un le jour du sabbat, prenant la parole, dit au peuple : « Il y a six jours destinés pour travailler, venez donc, en ces jours là pour être guéris, et non pas aux jours du sabbat. » — Le Seigneur, répondant, lui dit : « Hypocrites, y a-t-il quelqu'un de vous qui ne délie son bœuf ou son âne le jour du sabbat et ne le tire de l'étable pour le mener boire ? — 16. Pourquoi donc ne fallait-il pas délivrer de ces liens en un jour de sabbat cette fille d'Abraham que Satan avait tenu ainsi liée durant dix-huit ans. »

— 17. A ces paroles tous les adversaires furent confondus, et tout le peuple était ravi de lui voir faire tant de choses glorieuses.

33

Le sabbat n'était qu'une institution provisoire, une mesure protectrice établie par Moïse contre l'arbitraire et l'abus du pouvoir. Mais tout doit changer, puisque tout progresse, et une institution bonne et ayant sa raison d'être à certaine époque, devient mauvaise pour une époque plus avancée. Le sabbat avait été fait pour l'homme, mais l'homme *n'est pas fait pour le sabbat,* dit Marc (Ch. II. V. 27). Jésus travaillait pour l'avenir et il commençait déjà à détruire ce que le Spiritisme vient achever d'abattre et d'enterrer : la lettre qui tue et fait des hypocrites, pour la remplacer par l'esprit qui vivifie.

Le sabbat avait été institué par Moïse pour adoucir les mœurs et faciliter le repos de l'homme en lui procurant quelques loisirs. Il avait pour but, à une époque où l'homme n'était encore que matière et brutalité, d'éviter les abus de pouvoirs, non seulement sur les hommes faibles et deshérités, mais encore sur les animaux sans défense.

MATHIEU

CHAPITRE V. — V. 27-30

Adultère dans le cœur. — En extirper toutes mauvaises pensées.

V. 27. Vous avez appris qu'il a été dit aux anciens : Vous ne commettrez point d'adultère ; — 28. mais.

moi, je vous dis que quiconque aura regardé une femme avec un mauvais désir pour elle, a déjà commis l'adultère dans son cœur. — 29. Que si votre œil droit vous est un sujet de scandale et de chute, — arrachez-le et jetez-le loin de vous; car il vaut mieux pour vous qu'un des membres de votre corps périsse que si tout votre corps était jeté dans la géhenne; — 30. et si votre main droite vous est un sujet de scandale ou de chute, — coupez-la et jetez-la loin de vous; car il vaut mieux pour vous qu'un des membres de votre corps périsse que si tout votre corps était jeté dans la géhenne.

34

Ces paroles de Jésus sont symboliques. On ne peut évidemment pas prendre à la lettre ce qui est dit ici de *l'œil droit* et de la *main droite*, etc.

Ce que nous devons tirer de cet enseignement, c'est qu'il faut que nous soyons purs, même jusque dans nos pensées, en nous rappelant le vieil adage :

Surveille la pensée, si tu veux commander tes actes.

La faute que l'on commet par la pensée est évidemment aussi grave, pour celui qui la commet, que si cette faute était perpétrée par un acte. Et il faut bien se dire d'ailleurs que, lorsqu'on n'a pas soin de tenir son âme haute, les pensées se transforment bien vite en instincts, les instincts en appétits, les appétits en convoitises ; alors, arrivé là, l'on n'est plus bien loin de l'attraction aveugle et brutale.

MATHIEU, V; V. 31-37 — LUC, X; V. 18

Mariage. — Jurement.

MATHIEU : V. 31. Il a été dit encore : Quiconque veut quitter sa femme, qu'il lui donne un écrit par lequel il déclare qu'il la répudie ; — 32, et moi je vous dis que quiconque renvoie sa femme si ce n'est pour cause d'adultère, la rend adultère ; et quiconque épouse la femme renvoyée commet un adultère. — 33. Vous avez encore appris qu'il a été dit aux anciens : Vous ne vous parjurerez point ; mais vous vous acquitterez envers le Seigneur ; — 34, et moi je vous dis de ne jurer, en aucune sorte : ni par le ciel, parce que c'est le trône de Dieu ; — 35, ni par la terre, parce qu'elle est l'escabeau de ses pieds ; ni par Jérusalem, parce que c'est la ville du grand roi ; — 36, ne jurez pas non plus par votre tête, parce que vous ne pouvez en rendre un seul cheveu blanc ou noir ; — 37, mais contentez-vous de dire : oui, oui ; non, non ; car ce qui est de plus est mal.

Luc : V. 18. Quiconque quitte sa femme et en prend une autre, commet un adultère ; et quiconque épouse celle que son mari a quittée, commet un adultère.

35

Quelle belle leçon le Christ nous donne-là ! C'est qu'aussi le rôle de la femme sur la Terre est difficile, le plus difficile de tous, bien certainement, car il est tout entier de tentations, de luttes et de combats ; tout entier d'épreuves et de dévouement. Le Christ vient appuyer la loi mosaïque et adoucir encore le sort si dur de la pauvre femme.

L'homme ne doit point s'assimiler à la brute en regardant la femme comme un objet de plaisir, car, s'il est un être à qui l'on doit amour et respect, c'est elle ; elle qui, jusqu'à ce jour, a été la grande faiblesse et la grande victime, et qui, dans l'avenir, sera la grande force.

L'union de l'homme et de la femme n'est guère encore qu'un marché conclu. Les temps sont venus où cette union, devenue libre, ne doit plus être que celle de deux Esprits sympathiques heureux de s'aider mutuellement à passer le temps de l'épreuve en se corrigeant l'un l'autre de ses défauts et de ses faiblesses. Alors il ne sera plus parlé de répudiation ni de divorce, car le mariage sera devenu œuvre sacrée. Voilà ce que nous enseigne ici le Maître.

Et quant au serment dont il parle, à quoi sert-il en effet de jurer? Ceux dont le cœur est pur ne mentent pas et n'ont jamais qu'à répondre ou oui, ou non.

MATHIEU, V ; V. 38-42 — LUC, VI ; V. 29-30

Patience. — Abnégation, charité, morale matérielle.

MATHIEU : V. 38. Vous avez appris qu'il a été dit : *œil pour œil et dent pour dent ;* — 39, et moi je vous dis de ne point résister au mal que l'on veut vous faire; mais si quelqu'un vous a frappé sur la joue droite, présentez-lui encore l'autre ; — 40, et à celui qui veut disputer en jugement avec vous et vous enlever votre tunique, abandonnez-lui encore votre manteau ; — 41, et quiconque vous forcera de faire avec lui mille pas, faites-en encore deux mille avec lui ; — 42, donnez à celui qui vous demande et ne repoussez pas celui qui veut emprunter de vous.

Luc : V. 29. Si quelqu'un vous frappe sur une joue, présentez-lui l'autre ; et si quelqu'un vous prend votre manteau, ne l'empêchez point aussi de prendre votre tunique ; — 30, donnez à tous ceux qui demandent, et à celui qui vous enlève votre bien, ne le redemandez pas.

36

Le Christ veut faire ressortir l'amour et l'abnégation que tout homme doit professer, non seulement envers les siens et envers ceux qui lui sont proches ou chers, mais encore envers ceux-là même qui lui veulent du mal et cherchent à lui nuire. Nous devons prêcher d'exemple en montrant en toute occasion la douceur et la résignation, en cherchant à ramener à nous celui qui nous offense, et nous humilier en mettant de côté tout orgueil. Et Jésus nous donne lui-même l'exemple, car il supportait tous les outrages et tâchait d'éclairer ceux qui l'insultaient. Imitons donc le Maître et montrons-lui notre respect et notre amour en suivant les exemples qu'il nous a donnés. Ne refusons jamais de satisfaire au désir exprimé par notre frère et obligeons-le toujours dans la limite de nos moyens, soit avec notre bourse, soit avec notre cœur, soit avec notre intelligence. Il y a tant de manières de venir en aide à son semblable !

Ne cherchez pas à dépouiller de ce qu'ils ont obtenu de vous, ceux qui l'ont fait, quelquefois par des moyens honteux, même par la violence. Cherchez au contraire à faire tourner leur mauvaise action à leur profit, au profit de leur avancement moral, en leur montrant votre douceur, votre bon vouloir, votre désir de leur être utiles malgré leurs mauvais procédés.

Dans l'état actuel de notre société, si peu avancée au point de vue moral, il y a devoir et nécessité de résister à l'injustice, à l'outrage et à la spoliation, par les voies légales, en appliquant les lois de la justice humaine. D'ailleurs, ces lois sont nécessaires pour aider la justice divine et ont pour but *l'amélioration morale du coupable et son progrès*. Mais cela n'empêche pas les natures d'élite, celles qui ont mission de donner l'exemple en suivant celui du divin Maître, de pratiquer, aux yeux de tous, les vertus évangéliques : l'humilité, l'abnégation, le renoncement, qui croissent à l'ombre de l'amour et de la charité. C'est aujourd'hui la mission des Spirites qui doivent avoir pour objectif d'améliorer les bons par leur exemple et de faire rougir et réfléchir les méchants.

Un jour viendra où l'homme n'aura plus besoin que de sa conscience pour juger sa conduite. Alors il verra clair en lui-même et Dieu seul lui parlera et le jugera, car il marchera, heureux et tranquille, sous l'œil du Père. Cette époque sera celle où les évangiles seront partout compris et pratiqués en esprit et en vérité. Ce sera le temps où l'homme aura tout-à-fait quitté son *vêtement d'impureté* pour revêtir la robe d'innocence qu'en ce moment les Esprits, messagers divins descendus des hautes sphères célestes pour l'instruire et le guider, lui tissent avec amour.

Ces jours heureux sont encore loin, mais ils viendront, car tout marche vers le progrès. Le progrès physique du globe et le progrès moral de son Humanité marchent du même pas. La constitution physique de l'homme et celle de son globe se modifient et se transforment en même temps. Règnes minéral et végétal, règne animal et règne humain, tout monte et progresse en même temps que notre Planète elle-même s'élève vers l'harmonie.

MATHIEU, V; V. 43-48 — LUC, VI; V. 27-28; 32-36

Amour des ennemis. — Amour et charité pour tous. Voie vers la perfection.

MATHIEU : V. 43. Vous avez appris qu'il a été dit : Tu aimeras ton prochain et tu haïras ton ennemi ; — — 44, et, moi, je vous dis : Aimez vos ennemis; faites du bien à ceux qui vous haïssent ; priez pour ceux qui vous persécutent et vous calomnient. — 45, afin que vous soyez les enfants de votre père — qui est dans les cieux. — qui fait lever son soleil sur les bons et sur les méchants — et fait pleuvoir sur les justes et sur les injustes. — 46. Car si vous n'aimez que ceux qui vous aiment, quelle récompense en aurez-vous? Les publicains ne le font-ils pas aussi ? — 47. Et si vous ne saluez que vos frères, que faites-vous en cela de plus que les autres? Les païens ne le font-ils pas aussi ? — 48. Soyez donc parfait comme votre père céleste est parfait.

Luc : V. 27. — Mais je vous dis à vous qui m'écoutez : Aimez vos ennemis; faites du bien à ceux qui vous haïssent ; 28, bénissez ceux qui vous maudissent ; priez pour ceux qui vous persécutent et vous calomnient ; — 32, et si vous n'aimez que ceux qui vous aiment, quel gré vous en saura-t-on, puisque les pécheurs aiment aussi ceux qui les aiment. — 33. Et si vous faites du bien à ceux qui vous font du bien, quel gré vous en saura-t-on, puisque les pécheurs le font aussi ? — 34. Et si vous prêtez à ceux de qui vous espérez recevoir, — quel gré vous en saura-t-on ? car les pécheurs prêtent aussi aux pécheurs afin d'en recevoir autant. — 35. C'est pourquoi aimez vos ennemis; faites du bien à tous et prêtez sans en rien espérer ; et alors votre récompense sera très grande, et vous serez fils du Très-Haut ; car il est, lui, bienfaisant envers les ingrats et les méchants. — 36. Soyez donc miséricordieux comme votre père est miséricordieux.

37

C'est la pratique de la loi d'amour dans son expression la plus complète. Puisque Dieu accorde à l'Humanité tout entière les bienfaits de la nature, l'homme doit faire de même et doit partager avec tous ses frères, qu'ils soient bons ou qu'ils soient méchants, ce qui lui vient de Dieu, notre père commun à tous. Soyons donc bons avec tous nos frères et laissons à Dieu le soin de juger et de sonder les cœurs.

Aimons jusqu'à nos ennemis eux-mêmes, et non pas seulement en n'ayant contre eux ni haine, ni rancune, ni aucun désir de vengeance, mais encore en *oubliant* le mal qu'ils nous ont fait, en *leur rendant le bien pour le mal*. Et c'est ainsi que nous sentirons grandir en nous ce sentiment *d'amour universel* qui doit ne faire plus qu'un de tous les hommes, en les unissant tous en Dieu.

Soyons parfaits comme notre Père céleste est parfait.

MATHIEU
CHAPITRE VI. — V. 1-4

Humilité et désintéressement, et secret dans la pratique des bonnes œuvres.

V. 1. Prenez bien garde de faire vos bonnes œuvres devant les hommes afin d'être vus d'eux; autrement vous n'aurez pas de récompense devant votre père qui est dans les cieux; — 2, lors donc que vous faites l'aumône, ne sonnez pas la trompette devant vous comme font les hypocrites dans les synagogues et dans les places publiques pour être honorés des hommes; en vérité, je vous le dis : ils ont reçu leur récompense; — 3, mais lorsque vous faites l'aumône, que votre main gauche ne sache point ce que fait votre main droite; — 4, afin que votre aumône soit dans le secret; et votre père, qui voit ce qui se passe dans le secret, vous le rendra.

38

Chacun doit bien comprendre, en effet, que nous devons tous faire le bien, non pas en vue de recueillir des éloges ou des honneurs, mais bien parce qu'il est doux et beau de faire le bien rien que par amour du bien, par amour de notre Créateur bien-aimé, et aussi par amour de son Messie, qui s'est dévoué pour nous conduire dans la voie de la gloire céleste et des bonheurs divins.

Ce qu'il faut le plus craindre et détester c'est l'éloge et la flatterie, ce sont là des poisons subtils qui, tôt ou tard, portent leurs ravages dans le cœur de celui qui les reçoit.

Il faut que la main gauche oublie la bonne action que la main droite a faite.

MATHIEU, VI; V. 5-15 — LUC, XI; V. 1-4

Prière

Mathieu : V. 5. De même, lorsque vous prierez, ne faites pas, comme les hypocrites qui aiment à prier, debout, dans les synagogues et aux coins des places publiques pour être vus des hommes; en vérité, je vous le dis : ils ont reçu leur récompense ; — 6, mais vous, quand vous voudrez prier, *entrez dans votre chambre, la porte étant fermée,* priez votre père *dans le secret* ; et votre père, qui voit ce qui se passe *dans le secret,* vous le rendra ; — 7, ne multipliez pas les paroles en priant comme le font les païens; car ils s'imaginent qu'ils seront exaucés à force de paroles. — 8, Ne vous rendez donc pas semblables à eux; car votre père sait de quoi vous avez besoin avant que vous le lui demandiez ; — 9, vous prierez donc ainsi : Notre père qui est dans les cieux, que votre nom soit sanctifié ; — 10, — que votre règne arrive ; — que votre volonté soit faite sur la terre comme au ciel ; — 11, donnez-nous aujourd'hui notre pain qui est au-dessus de toute substance; — 12, et remettez nous nos dettes comme nous les remettons à ceux qui nous doivent ; — 13, et ne nous abandonnez pas à la tentation; mais délivrez-nous de l'esprit du mal, ainsi soit-il. — 14. Car si vous pardonnez aux hommes les fautes qu'ils font contre vous, votre père céleste vous pardonnera aussi les vôtres; — 15, mais si vous ne pardonnez point aux hommes, votre père ne vous pardonnera point non plus vos péchés.

Luc : V. 1. Un jour, comme il était en prière en un certain lieu, après qu'il eut cessé de prier, un de ses disciples lui dit : Seigneur, apprenez-nous à prier ainsi que Jean l'a appris à ses disciples. — 2. Et il leur dit : Lorsque vous priez, dites : Père, que votre nom soit sanctifié; que votre règne arrive ; — 3, donnez-nous aujourd'hui notre pain de chaque jour ; — 4, et pardonnez-nous nos offenses, comme nous pardonnons à ceux qui nous sont redevables.

39

Répétons ensemble, frères bien-aimés, la prière que le Maître a formulée pour vous. Essayons d'en bien comprendre l'esprit, le sens et la portée.

Notre Père : Notre Créateur, celui de qui nous sortons tous, *qui êtes aux cieux*, qui êtes tellement au-dessus de toute créature humaine, tellement élevé, que l'infini seul pouvait être votre demeure, tellement grand que notre pauvre nature ne peut même pas vous concevoir !

Que votre nom soit sanctifié : Que toute créature bénisse votre saint nom ; que toute créature vous adore autant par ses pensées que par ses actes ; que toute créature vous honore en purifiant son cœur et en aimant et respectant tout ce que vous avez créé.

Que votre règne arrive : Que tous les hommes reconnaissent les lois divines par lesquelles vous gouvernez votre Univers et s'y soumettent avec confiance et foi ; que tous reconnaissent la source divine de leur existence, s'inclinent devant elle et la bénissent.

Que votre volonté soit faite sur la terre comme au ciel : Que tous se soumettent à ces lois justes et parfaites que vous nous avez imposées, par lesquelles vous avez mis partout la récompense à côté du bien, et la justice expiatoire à côté du vice et du mal ; en vertu desquelles vous nous guidez toujours par les Esprits et les Anges qui nous montrent la voie fleurie du bonheur et des joies célestes. Rendez-nous obéissants et souples aux conseils qui nous viennent d'en Haut, afin que nos cœurs purifiés vous obéissent, vous honorent et vous sanctifient sur la Terre comme vous sanctifient, vous honorent et vous obéissent dans les Cieux, tous les Esprits messagers de vos désirs et de vos ordres. Faites-nous bien comprendre que nous ne sommes tous, dans votre création sublime, que les instruments de votre volonté toujours sage, bienveillante et juste.

Donnez-nous aujourd'hui notre pain de chaque jour, le pain qui est au-dessus de toute substance : Donnez-nous, ô Seigneur, les aliments qui doivent sustenter notre corps matériel et ne nous laissez pas séduire à la tentation des appétits grossiers. Mais donnez-nous surtout le pain de l'âme, ce pain de vie qui doit nous élever vers les sphères des bonheurs infinis et qui ne doivent plus périr.

Pardonnez-nous nos offenses, comme nous pardonnons à ceux qui nous ont offensés : Que votre bonté, ô Père, s'étende sur toutes vos pauvres créatures exilées sur cette Terre d'épreuves et d'expiation, toujours en rébellion contre vos volontés divines. Si nous n'avions pas fait le mal nous ne serions point sur cette Terre si triste; si nous y sommes c'est que nous avons failli en désobéissant à vos lois; pardonnez-nous et donnez nous la force de devenir meilleurs. Et puisque nous pardonnons à tous ceux qui nous ont offensés, pardonnez-nous aussi et comblez-nous de votre miséricorde.

Et ne nous abandonnez point à la tentation : Donnez-nous la force, ô Seigneur, de résister aux penchants de notre mauvaise nature et soutenez notre courage si faible et si tremblant. Aidez-nous à subir avec résignation nos épreuves et à accomplir sans défaillance l'expiation régénératrice et méritée.

Mais délivrez-nous de l'esprit du malin : Donnez-nous la force, ô Père, d'écouter et de suivre les bons conseils des guides que vous nous avez donnés pour nous soutenir, de ces Esprits bienveillants qui nous entourent et sont toujours prêts à nous aider et nous secourir. Rendez purs notre cœur et nos intentions afin que les mauvais Esprits s'éloignent de nous et cessent de nous entraîner dans le mal. Aidez-nous, Seigneur, à les ramener eux-mêmes dans la voie du bien.

A nous de méditer ces enseignements divins que le Christ est venu nous apporter de la part de notre Créateur.

MATHIEU
CHAPITRE VI. — V. 16-18

Jeûne.

V. 16. Lorsque vous jeûnez, ne soyez pas tristes comme les hypocrites, car ils montrent un visage extènué afin que les hommes connaissent qu'ils jeûnent. En vérité, je vous le dis : ils ont reçu leur récompense ; — 17, mais, vous, quand vous jeûnez, parfumez votre tête et lavez votre visage, — 18, afin que votre jeûne ne paraisse pas aux yeux des hommes, mais aux yeux de votre père qui est présent à ce qu'il y a de plus secret ; et votre père, qui voit ce qui se passe dans le secret, vous en rendra la récompense.

40

Le jeûne était une coutume trop bien ancrée dans les mœurs juives pour que Jésus eut pu penser à le détruire, mais dans toutes ses paroles, c'était surtout l'avenir qu'il préparait. Ce n'est pas à l'époque même où vivent les missionnaires que les réformes se font, c'est quand ils ne sont plus, et c'est alors l'œuvre de leurs apôtres d'appliquer leurs préceptes en donnant l'exemple.

Jésus avait pour but d'empêcher, dans le présent aussi bien que dans l'avenir, qu'aucune pratique matérielle ne devînt une occasion d'orgueil et d'hypocrisie de la part de ceux qui s'y livrent. Il faut prendre ici le mot *jeûne* dans son sens symbolique, c'est-à-dire *selon l'esprit* et non selon la lettre. Quand on se soumet à quelque mortification dans un but louable, il faut le faire sans que personne le voie. D'ailleurs, on sent bien que le Christ condamne ces macérations qui s'en prennent à la vie physique sans rien détruire de ce qui est mauvais dans *l'Esprit*. L'homme doit être frugal, tempérant et sobre, mais c'est un devoir à lui de soutenir intelligemment ses forces et sa santé, sans lesquelles sa vie ne peut être utile ni à lui-même, ni à ses semblables. Il ne doit pas s'infliger de privations inutiles, et il n'y a de privations utiles devant Dieu que celles qui peuvent profiter à nos frères. Privons-nous du superflu, retranchons même de notre nécessaire pour donner à ceux qui sont dans le besoin ; mortifions-nous en étouffant les instincts animaux qui sont en nous ; voilà seulement ce qui peut plaire à Dieu, parce que ce sont les seules choses qui peuvent élever notre âme et la rendre meilleure.

MATHIEU, VI ; V. 19-23 — LUC, XII ; V. 32-34

Détachement des choses de la terre. — Ne cherchez que ce qui, par la charité, rapproche de Dieu. — Cœur pur, — SEUL et VRAI trésor.

MATHIEU : V. 19. Ne vous faites point de trésors dans la terre où la rouille et les vers les mangent et où les voleurs les déterrent et les dérobent ; — 20, mais faites-vous des trésors dans le ciel où il n'y a ni rouille ni vers qui puissent les manger et où il n'y a point de voleurs qui les déterrent et les dérobent ; — 21, car où est votre trésor, là est aussi votre cœur. — 22. Votre œil est la lampe de votre corps ; si votre œil est simple, tout votre corps sera lumineux ; 23, mais si votre œil est mauvais, tout votre corps sera ténébreux ; si donc la lumière qui est en vous n'est que ténèbres, combien seront grandes les ténèbres mêmes ?

LUC : V. 32. Ne craigniez rien, petit troupeau ; car il a plu à votre père de vous donner son royaume. — 33. Vendez ce que vous avez et donnez l'aumône ; faites-vous des bourses qui ne s'usent point par le temps ; amassez, dans le ciel, un trésor qui ne s'épuise jamais, dont le voleur n'approche point et que les vers ne peuvent corrompre ; — 34, car là où est votre trésor, là est aussi votre cœur.

41

Ce sont toujours des images matérielles dans lesquelles il faut chercher *l'esprit*. Cette manière de parler qu'avait Jésus avait pour but de frapper l'attention et de forcer à réfléchir.

Quel doit être le mobile de toutes nos actions dans ce monde ? Uniquement de nous corriger de nos défauts et de développer notre intelligence, afin de donner plus de valeur à notre âme. Tous nos actes humains doivent être provoqués par cette pensée : que nous ne sommes dans ce monde que des voyageurs égarés devant supporter le plus dignement possible les épreuves qui nous sont offertes ou la mission dont, en nous incarnant, nous avons été chargés. Les biens périssables de la Terre ne doivent point nous éblouir, et les joies du ciel doivent seules faire l'objet de nos désirs et de nos aspirations. Les vanités d'ici-bas sont si peu de chose à côté des bonheurs et des joies des Cieux !

C'est maintenant aux Spirites que Jésus adresse ses consolantes paroles et c'est à eux qu'il dit : *Ne craignez point, petit troupeau, car il a plu à votre Père de vous donner son royaume.*

LUC

CHAPITRE XII. — V. 13-21

Se garder de l'avarice. — Riche préoccupé exclusivement des choses de la terre. — Riche en Dieu.

V. 13. Alors un homme lui dit du milieu de la foule : Maître, dites à mon frère qu'il partage avec moi la succession qui nous est échue ; — 14. mais Jésus dit : Homme, qui m'a établi pour vous juger ou pour faire vos partages ? — 14. Puis il leur dit : Ayez soin de vous garder de toute avarice, car, en quelque abondance qu'un homme soit, sa vie ne dépend point des biens qu'il possède. — 15. Il leur dit ensuite cette parabole : Il y avait un homme riche dont les terres avaient extraordinairement rapporté — 16, et il s'entretenait, en lui-même, de ces pensées : que ferai-je, car je n'ai point de lieu où je puisse serrer tout ce que j'ai recueilli ? — 18. Voici, dit-il, ce que je ferai : j'abattrai mes greniers et j'en bâtirai de plus grands, et j'y amasserai toute ma récolte et tous mes biens ; — 19, et je dirai à mon âme : mon âme, tu as beaucoup de biens en réserve pour plusieurs années, repose-toi, mange, bois, fais bonne chère. — 20. Mais Dieu dit à cet homme : Insensé, en cette même nuit on te redemandera ton âme, et les choses que tu as amassées, à qui seront-elles ? — 21. Ainsi est celui qui amasse des trésors pour lui-même et n'est point riche en Dieu.

42

Jésus montrait ainsi qu'il n'était pas venu donner au monde des lois matérielles, car sa mission était au contraire de détacher les hommes de la matière et de briser leurs idoles de chair. Songez à votre âme, disait-il, car la mort peut venir à tout instant ; soyez donc prêts à rendre vos comptes au tribunal de Dieu.

MATHIEU, VI ; V. 24-34 — LUC, XVI ; V. 13-15
ET XII ; V. 22-31

Servir Dieu et non Mammon. — Point de préoccupation exclusive pour les choses matérielles. — Confiance en Dieu en cherchant les voies qui conduisent à lui.

MATHIEU : V. 24. Nul ne peut servir deux maîtres, car ou il haïra l'un et aimera l'autre, *ou* il se soumettra à l'un et méprisera l'autre : vous ne pouvez servir Dieu et Mammon. — 25. C'est pourquoi je vous dis : ne vous inquiétez pas où vous trouverez de quoi manger pour le soutien de votre vie, ni d'où vous aurez des vêtements pour couvrir votre corps. La vie n'est-elle pas plus que la nourriture et le corps plus que le vêtement? — 26. Regardez les oiseaux du ciel : ils ne sèment point, ils ne moissonnent point, ils n'amassent rien dans les greniers, et le père céleste les nourrit : n'êtes-vous pas beaucoup plus qu'eux? — 27. Et qui d'entre vous, par son intelligence, peut ajouter à sa taille la hauteur d'une coudée? — 28. Et pour le vêtement, de quoi vous inquiétez vous? Considérez comment croissent les lis des champs; ils ne travaillent point et ne filent point. — 29. Et Cependant je vous dis que Salomon, dans toute sa gloire, n'a jamais été vêtu comme l'un d'eux. — 30. Si donc Dieu a soin de vêtir ainsi une herbe des champs qui est aujourd'hui et qui sera demain jetée dans le four, combien aura-t-il plus de soin de vous vêtir, hommes de peu de foi! — 31. Ne vous inquiétez donc point, disant : que mangerons-nous? ou que boirons-nous? ou de quoi nous vêtirons-nous? — 32. Comme font les Gentils qui recherchent toutes ces choses; mais votre père sait que vous en avez besoin; — 33, cherchez donc premièrement le royaume de Dieu et sa justice, et toutes ces choses vous seront données par surcroît; — 34, ne vous inquiétez donc pas pour le lendemain, car le jour de demain s'inquiétera pour lui même; à chaque jour suffit sa peine.

Luc : XVI; V. 13. Nul serviteur ne peut servir deux maîtres, car ou il haïra l'un et méprisera l'autre, ou il s'attachera à l'un et méprisera l'autre : vous ne pouvez servir Dieu et Mammon. — 14. Les Pharisiens, qui étaient avares, lui entendaient dire toutes ces choses, et ils se moquaient de lui; — 15, et Jésus leur dit : Pour vous, vous avez grand soin de paraître justes devant les hommes; mais Dieu connaît vos cœurs, car ce qui est grand aux yeux des hommes est en abomination devant Dieu.

XII; V. 22. C'est pourquoi, dit-il à ses disciples, ne vous mettez point en inquiétude pour votre vie, — où vous trouverez de quoi manger, — ni de votre corps où vous trouverez de quoi vous vêtir. — 23. La vie est plus que la nourriture et le corps plus que le vêtement. — 24. Considérez les corbeaux, ils ne sèment ni ne moissonnent; ils n'ont ni cellier ni grenier, et Dieu les nourrit. Combien valez-vous mieux qu'eux? — 25. Mais quel est celui d'entre vous qui, avec toute son intelligence, puisse ajouter à sa taille la hauteur d'une coudée? — 26. Si donc les moindres choses sont au-dessus de votre pouvoir, pourquoi vous inquiétez-vous des autres? — 27. Considérez les lis et de quelle manière ils croissent; ils ne travaillent ni ne filent, et cependant je vous dis que Salomon même, dans toute sa gloire, n'a jamais été vêtu comme l'un d'eux. — 28. Si donc Dieu a soin de vêtir de la sorte une herbe qui est aujourd'hui dans les champs et qu'on jettera demain dans le four, combien aura-t-il plus de soin de votre vêtement, hommes de peu de foi! — 29. Ne vous mettez donc point en peine de ce que vous aurez à manger ou à boire, et que votre esprit ne soit point suspendu et inquiet; — 30. car ce sont les gens du monde qui recherchent toutes ces choses; mais votre père sait que vous en avez besoin. — 31. Cherchez donc premièrement le royaume de Dieu et sa justice, et toutes ces choses vous seront données par surcroît.

43

L'objet de ces paroles de Jésus est de détourner l'homme de la matière et de lui faire envisager le but qu'il doit se proposer d'atteindre, c'est-à-dire la vie de pur Esprit ayant terminé toutes ses épreuves. Il faut songer que Christ parlait à des hommes entachés d'instincts grossiers et qu'il avait à combattre des natures rebelles; il devait donc frapper fort sur ces cœurs endurcis. Mais il ne faudrait pas conclure de ce qui est dit dans cet Evangile que l'homme doive abandonner son existence et son avenir aux seuls soins de son Créateur. Non. Le travail est une loi sainte et divine et l'homme doit accomplir la tâche pour laquelle il est sur cette Terre. Travaillons donc suivant nos forces et nos moyens et n'oublions pas ceux que le manque de forces et de capacité laisse dans la misère. Ce sont nos cœurs purs et nos bonnes intentions que Dieu bénira toujours.

Mammon était une divinité adorée par les peuples anciens; comme le Jupiter des Grecs, elle représentait tous les vices de l'Humanité et le cortège des crimes et de misères qui les accompagnent. Quand Jésus disait : « *Vous ne pouvez servir deux maîtres à la fois,* » il entendait par là que l'homme ne peut pas faire le bien en adorant le dieu du mal. C'est ainsi que, de nos jours, l'on ne peut pas non plus aimer les richesses et les grandeurs et servir convenablement le Seigneur. La vie du monde, telle qu'elle est aujourd'hui, ne peut que nous entraîner dans tous les égarements. L'amour et l'égoïsme ne vont point ensemble, non plus que l'avarice et la charité, non plus que la colère et la mansuétude.

Hélas! les pharisiens de nos jours sont ce qu'étaient les pharisiens d'autrefois; c'est encore le luxe, l'orgueil et l'avarice qui les dominent bien qu'ils aient *grand soin de paraître justes devant les hommes*. La richesse et la gloire sont encore leurs divinités et ils oublient trop que ce sont les humbles d'esprit qui aiment le Seigneur, ceux qui sont doux et qui sont simples de cœur.

Mais Jésus parle ici de la confiance qu'il faut avoir en Dieu qui veille avec une égale sollicitude sur tout ce qu'il a créé, et fournit à chacun, suivant ses besoins, tout ce qu'il lui faut. A la matière il donne l'aliment matériel; à l'esprit il donne l'aliment spirituel. Mais si l'homme doit mettre en toute chose sa confiance en Dieu, il ne faut pas cependant qu'il s'adonne à la paresse qui est la source de tous les maux. Il faut au contraire qu'il emploie son activité, son énergie et toutes ses facultés à acquérir ses biens par un travail assidu et honnête. C'est seulement ainsi qu'il méritera la protection du Seigneur. Le travail est véritablement la loi sainte et divine par excellence. C'est dans le travail que l'homme doit attendre que la volonté du Créateur développe en lui les vertus qui le feront briller aux yeux de ses frères comme le lys au milieu d'un parterre.

L'homme ne doit pas croire à la fatalité ni s'endormir dans l'incurie, mais si son devoir est de travailler toujours pour s'instruire et soutenir son existence, il ne doit pas concentrer ses pensées et ses désirs sur l'amas des biens de ce monde. Il doit être prévoyant sans être ambitieux, et si sa prévoyance est mise en défaut et que l'avenir lui manque, c'est alors qu'il doit s'en remettre à son Créateur qui *permet* l'épreuve afin que la créature s'épure et devienne digne de son créateur.

L'homme ne doit pas vouloir quand même changer les événements qui se déroulent et s'accomplissent, il doit seulement faire son possible pour les faire tourner à son salut et à la gloire de Dieu. Tout fait accompli dans ce monde est la suite d'une faiblesse ou d'une faute, qui portent toujours avec elles leur conséquence et, partant, l'expiation forcée.

Cherchons donc, avant toutes choses, de vivre selon les volontés du Seigneur, et c'est alors que nous attirerons sûrement sur nous les bénédictions de notre Père céleste qui aideront notre esprit à s'épurer de plus en plus en lui faisant comprendre que les peines et les souffrances qui frappent le corps sont des bienfaits et des bénédictions véritables. C'est ainsi que se feront dans nos lois et dans nos mœurs des réformes qui ne peuvent être que le fruit des changements produits par l'expiation dans nos cœurs. Et bientôt on verra fleurir la pratique de la solidarité et de la douce fraternité, filles du développement du cœur et de l'intelligence. Alors le bien-être moral régnant de concert avec le bien-être matériel, la Terre sera devenue un paradis.

A chaque jour suffit sa peine! Et a dit aussi Jésus, *à brebis tondue Dieu ménage le vent.* Marchons donc d'un pas ferme et résolu et cherchons premièrement le royaume de Dieu et sa justice, et il n'y aura plus ni indigence, ni malheureux, car la misère est fille de l'injustice et de la cupidité égoïste et sans cœur. Tous nos maux viennent du criminel mépris des saints devoirs de l'Humanité, et si la faim et la nudité sont le partage des trois quarts de la race humaine, c'est qu'au lieu de frères empressés à se secourir mutuellement l'on ne voit que des ennemis acharnés à se nuire.

LUC

CHAPITRE XVI. — V. 19-31

Parabole du mauvais riche et du pauvre patient et résigné.

V. 19. Il y avait un homme riche qui était vêtu de pourpre et de lin, et qui se traitait magnifiquement tous les jours. — 20. Il y avait aussi un pauvre appelé Lazare, étendu à sa porte, tout couvert d'ulcères, — 21 et qui eût bien voulu se rassasier des miettes qui tombaient de la table du riche, mais personne ne lui en donnait; et les chiens venaient lui lécher ses plaies. — 22. Or, il arriva que ce pauvre mourut, et fut emporté par les anges dans le sein d'Abraham. — Le riche mourut aussi et eut l'enfer pour sépulcre; 23, et lorsqu'il était dans les tourments il leva les yeux en haut et vit de loin Abraham et Lazare dans son sein; — 24, et s'écriaat, il dit ces paroles : Père Abraham, ayez pitié de moi, et envoyez-moi Lazare afin qu'il trempe le bout de son doigt dans l'eau pour me rafraîchir la langue, parce que je souffre d'extrêmes tourments dans cette flamme. — 25. Mais Abraham lui répondit : Mon fils, souvenez-vous que vous avez reçu vos biens dans votre vie et que Lazare n'y a eu que des maux; c'est pourquoi il est maintenant dans la consolation et vous dans les tourments ; — 21. de plus il y a un grand abîme entre nous et vous ; de sorte que ceux qui voudraient passer d'ici vers vous ne le peuvent comme on ne peut ici du lieu où vous vous êtes. — 27. Le riche lui dit : je vous supplie donc, père Abraham, de l'envoyer dans la maison de mon père, — 28. où j'ai cinq frères, afin qu'il leur atteste ces choses, de peur qu'ils ne viennent aussi eux-mêmes dans ce lieu de tourments. — 29. Abraham lui répartit : ils ont Moïse et les prophètes, qu'ils les écoutent. — 30. Non, dit-il, père Abraham ; si quelqu'un des morts va les trouver, ils feront pénitence. — 31. Abraham lui répondit : S'ils n'écoutent ni Moïse ni les prophètes, ils ne croiront pas quand même quelqu'un des morts ressusciterait.

44

A Lazare la joie et le ravissement ; au mauvais riche les tourments, la fièvre du remords, la soif de l'expiation, car à sa mort, tout bonheur lui sera refusé comme il a refusé les miettes de sa table à la faim du pauvre. Est-ce qu'il n'est pas juste que le dur et l'égoïste subisse le châtiment de ses fautes fratricides ? Est-ce qu'il n'est pas digne aussi de la justice de Dieu que celui qui a saintement accompli sa vie en obéissant aux lois de travail et de la fraternité soit récompensé ?

Cette parabole pleine d'une naïveté enfantine, était appropriée aux temps et aux intelligences de cette époque qu'elle avait pour but d'impressionner et de frapper. Mais elle s'adresse tout aussi bien à nous qui pourrions croire à tort que notre intelligence est au-dessus d'un pareil langage. Est-ce qu'à notre époque encore nous n'avons pas creusé un abîme entre le pauvre et nous ? Mais qu'il supporte nos mépris avec résignation, avec courage et foi ; c'est à lui qu'est réservé le royaume des cieux car il est bien vrai que là-haut c'est-à-dire au moment de la mort, ce seront les derniers d'ici-bas qui deviendront les premiers. La richesse est un fardeau difficile à porter car il faudra payer un jour la sécheresse et la dureté de son cœur.

Les deux réponses d'Abraham au riche ont pour but de montrer que toute communication d'outre-tombe est inutile et vaine avec les incrédules, avec ceux qui nient par système. Pour les frères de ce riche qui professaient les mêmes opinions et le même égoïsme, à quoi ont pu servir l'apparition du pauvre? Ils l'auraient accusé de continuer ses opportunités après sa mort. C'est l'incrédulité par endurcissement qui porte l'homme à nier les communications d'outre-tombe, mais c'est surtout la crainte d'être obligé de renoncer à ses vices qui font son bonheur par l'assouvissement qu'ils donnent à ses passions. Ces révélations d'une vie future où il doit trouver la punition de ses fautes menacent le repos de sa pensée et la sécurité de son esprit.

Cet abîme entre le pauvre et le riche, il faut qu'il soit comblé, et ce que l'égoïsme et l'orgueil ont édifié, le repentir le démolira, car notre Planète marche vers l'harmonie, et, un jour, tous les hommes s'aimeront et vivront comme des frères. A cette époque, chacun de nous aura payé sa dette.

MATHIEU, VII; V. 1-6 — MARC, IV; V. 24
LUC, VI; V. 37-38; 41-42

*Ne point juger les autres. — La paille et la poutre.
Ne point donner les choses saintes aux chiens.*

MATHIEU : V. 1. Ne jugez point, afin que vous ne soyez point jugés; — 2, car vous serez jugés selon que vous aurez jugé les autres, et on se servira envers vous de la même mesure dont vous vous serez servis envers eux. — 3. Pourquoi voyez-vous une paille dans l'œil de votre frère, vous qui ne voyez point une poutre dans votre œil? — 4. Ou comment dites-vous à votre frère : Laissez-moi ôter une paille de votre œil, — vous qui avez une poutre dans le vôtre. — 6. Hypocrites, ôtez premièrement la poutre de votre œil et alors vous verrez comment vous pourrez tirer la paille de l'œil de votre frère. — 7. Ne donnez point les choses saintes aux chiens et ne jetez point vos perles devant les pourceaux, de peur qu'ils ne les foulent aux pieds et que, se tournant contre vous, ils ne vous déchirent.

MARC : V. 24. Il leur disait : Prenez garde à ce que vous entendez, car vous serez mesurés avec la même mesure avec laquelle vous aurez mesuré les autres, et il vous sera donné encore davantage.

LUC : V. 37. Ne jugez point et vous ne serez point jugés; ne condamnez point et vous ne serez point condamnés; remettez et il vous sera remis; — 38, donnez et il vous sera donné, et on vous versera dans le sein une bonne mesure pressée, entassée et qui se répandra par dessus, car on se servira envers vous de la même mesure dont vous vous serez servis envers les autres; — 41, pourquoi voyez-vous la paille qui est dans l'œil de votre frère et n'apercevez-vous pas la poutre qui est dans votre œil? — 42. Ou comment pouvez-vous dire à votre frère : Mon frère, permettez que j'ôte la paille qui est dans votre œil, — vous qui ne voyez pas la poutre qui est dans le vôtre? Hypocrites, ôtez premièrement la poutre qui est dans votre œil, et, après cela, vous verrez comment vous pourrez tirer la paille qui est dans l'œil de votre frère.

45

Oui, rentrons en nous-mêmes avant de porter un jugement sur nos frères et nous verrons facilement que nous avons nous-mêmes tous les défauts que nous leur reprochons, et nous trouverons dans notre propre indignité l'indulgence dont nous ne devons jamais nous départir envers ceux qui nous entourent. Pardonnons tout aux autres comme nous voudrions qu'on nous pardonne.

Plus on est ignorant, plus on juge avec sévérité, parce que l'ignorant comprend difficilement la cause qui détermine les actes et ne peut les peser. L'Esprit incarné plus avancé juge mieux, mais, hélas ! c'est pour nuire la plupart du temps ou profiter de la faiblesse de son frère. C'est celui-là qui sera sérieusement jugé quand viendra le moment de paraître au tribunal divin. C'est celui-là qui aura durement à expier de n'avoir point aimé et respecté son frère.

Commencez par purger votre âme de tous les vices et de tous les mauvais instincts qui la dévorent, alors vous pourrez vous permettre de blâmer ; mais que ce soit toujours dans l'intention d'être utile à votre frère en lui ouvrant les yeux sur ses défauts et que ce soit toujours avec amour et bienveillance. Mais sondez intelligemment le terrain et préparez-le petit à petit ; jetez-y la graine avec prudence et précaution, afin de la cultiver plus tard avec soin dans l'âme dont les yeux se seront ouverts à la lumière de la vérité.

Mais si le sol, ingrat et aride, ne promet aucune heureuse moisson, le plus sage est de se renfermer dans le silence. A quoi bon user ses forces inutilement ! c'est faire comme le fou se battant avec son épée contre une vague.

Celui qui a su triompher de ses défauts, celui qui est plus instruit et plus éclairé que les autres, celui qui sent en soi quelque chose d'un souffle divin qui l'entraîne et le soutient, celui-là doit tendre les bras aux brebis égarées et les ramener à Dieu. Il est le véritable ouvrier vigilant qui trouvera plus tard sa douce récompense, mais qui la possède déjà par le bonheur qu'il a d'avoir sauvé des frères de l'incrédulité si pénible, du découragement si dur et de la désespérance. Faire aux autres ce que nous voudrions qu'ils nous fissent, voilà la loi de tous les lieux et de tous les temps. Mais combien n'ont cette loi que sur les lèvres, au lieu de l'avoir au fond du cœur! Combien ne connaissent que les pratiques mortes et les hypocrites discours! Combien de faux amis et combien de faux prophètes! Gardons-nous bien de tous ceux-là qui mêlent le mensonge à la vérité et corrompent odieusement la loi du Maître. On connaît l'arbre à ses fruits; regardons les fruits avant d'avoir confiance et de nous rendre.

MATHIEU, VII; V. 7-11 — LUC, XI; V. 5-13

La prière. — Demandez et on vous donnera. — Cherchez et vous trouverez. — Frappez et on vous ouvrira.

MATHIEU : V. 7. Demandez et on vous donnera; cherchez et vous trouverez; frappez et on vous ouvrira;. — 8. car quiconque demande reçoit; et qui cherche trouve; et on ouvrira à celui qui frappe. — 9. Qui est l'homme parmi vous qui donne une pierre à son fils lorsqu'il lui demande du pain? — 10. Ou, s'il lui demande un poisson, lui donnera-t-il un serpent? 11. Si donc, étant méchants comme vous êtes, vous savez donner de bonnes choses à vos enfants. — à combien plus forte raison votre père, qui est dans les cieux, donnera-t-il les vrais biens à ceux qui les lui demandent.

Luc : V. 5. Il leur dit encore : Si quelqu'un d'entre vous avait un ami et qu'il l'allât trouver au milieu de la nuit pour lui dire : Mon ami, prêtez-moi trois pains, — 6, parce qu'un de mes amis qui est en voyage vient d'arriver chez moi et je n'ai rien à lui donner ; — 7, et que cet homme lui répondit de dedans sa maison : Ne m'importunez point, je vous prie ; ma porte est déjà fermée et mes enfants sont couchés aussi bien que moi ; je ne puis me lever pour vous en donner. — 8. Et néanmoins, si l'autre persévérait à frapper, — je vous dis que quand celui-ci ne se lèverait pas pour lui en donner parce qu'il est son ami, il se lèverait au moins à cause de son importunité et lui donnerait tout ce qui lui serait nécessaire ; — 9, et, moi, je vous dis : Demandez et il vous sera donné ; cherchez et vous trouverez ; frappez et on vous ouvrira ; — 10, car, quiconque demande, reçoit, et qui cherche, trouve ; et on ouvrira à celui qui frappe. — 11. Si quelqu'un d'entre vous demande du pain à son père, lui donnera-t-il une pierre ? Ou, s'il lui demande un poisson, — lui donnera-t-il un serpent ? — 12. Ou, s'il lui demande un œuf, lui donnera-t-il un scorpion ? — 13. Si donc, tout méchants que vous êtes, vous savez donner de bonnes choses à vos enfants, combien, à plus forte raison, votre père, qui est dans les cieux, donnera-t-il le bon esprit à ceux qui le lui demandent.

46

C'est pour nous tenir en garde contre le découragement que Jésus vient nous dire tout cela. Ces paroles sont de tous les temps et de toutes les générations, car, avec la persévérance, on arrive à tout. C'est elle qui nous fortifie dans nos résolutions et qui nous conduit forcément à perfectionner nos œuvres. C'est elle aussi qui nous rend digne de l'attention des Messagers divins qui prennent plaisir et regardent comme un devoir de nous donner des preuves constantes de leur bienveillance.

L'homme vraiment religieux ne doit ni rien faire ni rien entreprendre sans avoir imploré la faveur et l'appui de son Créateur. Il y a toujours des Anges qui entendent nos prières et les exaucent eux-mêmes, ou les portent aux pieds du Père céleste, de celui qui sait ce qui convient à ses enfants et ne donne point une pierre à celui qui lui demande du pain. L'homme ne peut rien changer aux desseins de Dieu, mais, en demandant la force et la lumière, il obtient de savoir pourquoi il souffre et il se résigne, et il souffre avec patience et résignation quelle que soit la rigueur de ses dures épreuves. D'ailleurs, plus il deviendra religieux, plus les Esprits supérieurs pourront se communiquer à lui et plus il se *verra* et se *sentira* soutenu. C'est de cette manière qu'il faut comprendre ces paroles : *Demandez et il vous sera accordé.*

Mais, aux devoirs réels de la vie il ne faut pas substituer de vaines cérémonies, ni s'abriter sous des superstitions aveugles et inintelligentes. Il faut se garder de faire comme les Scribes et les Pharisiens hypocrites qui, autrefois chez les Juifs et encore tout autant de nos jours, retiennent la clé de la science et qui, non contents de ne point entrer dans la maison du Seigneur, s'efforcent encore à empêcher les autres d'y pénétrer en usant de la ruse et de la violence. Mais il n'est pas facile de retenir longtemps la vérité captive et la voilà qui s'élève au-dessus de nos têtes en illuminant le monde de ses rayons divins. Et les Esprits de la nuit vont s'enfuir devant elle comme ces nuées qui, dans nos jours de tempête, dérobent à nos yeux la lumière et la chaleur et sont chassées par les vents du ciel. Et la terre se réjouit aux rayons de l'astre vivifiant du jour, comme nos cœurs à ceux de la lumière spirite.

MATHIEU, VII; V. 12 — LUC, VI; V. 31

Justice. — Amour et charité.

MATHIEU : V. 12. Faites aux hommes tout ce que vous voulez qu'ils vous fassent ; car c'est là la loi et les prophètes.

LUC : V. 31. Traitez les hommes de la même manière que vous voudriez qu'ils vous traitassent.

47

Aime ton prochain comme toi-même, quel qu'il soit ; qu'il te soit connu ou inconnu ; qu'il te soit ami ou qu'il te soit ennemi. Car nous sommes tous frères, tous enfants du même Père céleste. Pour les pauvres, les faibles et les opprimés que ton cœur soit plein de tendresse, et que devant toi la faim soit rassasiée, que les pleurs se changent en joie, que les persécutions deviennent des triomphes. Car il ne tient qu'à toi seul, ô homme, que le mal n'ait plus qu'un temps sur la Terre et qu'il disparaisse avec l'iniquité qui l'engendre. Voici venir, dans l'aube nouvelle qui luit à l'horizon, les jours d'allégresse devant lesquels vont s'enfuir les nuits d'angoisses et tous les sinistres fantômes du mal, où vont se ranimer les cœurs brisés, où tous les fers vont tomber des bras des captifs. Car c'est l'amour universel qui va régner sur la Terre, l'amour et le dévouement sans bornes, et c'est la fusion de toutes les âmes en UNE qui va s'opérer, comme ces gaz qui se combinent pour répandre autour d'eux la lumière, la chaleur et la vie.

MATHIEU

CHAPITRE VII. — V. 13-14

Porte qui conduit à la vie, étroite.

V. 13. Entrez par la porte étroite ; car large est la porte, spacieuse est la voie, qui conduit à la perdition ; et en grand nombre sont ceux qui entrent par elle ; — 14, qu'elle est petite la porte, et qu'elle est étroite la voie, qui conduit à la vie, et qu'il en est peu qui la trouvent !

48

Etroite et difficile est la porte qui conduit aux sphères heureuses et ce n'est que par des efforts soutenus que l'incarné la passe. Car il faut pour cela qu'il soit dépouillé de ses vices et de tous les appétits bestiaux qu'il a pris en naissant sur ce monde inférieur ou qu'il y a apportés d'une autre existence. La porte est étroite pour ceux qui accomplissent leurs devoirs de travail, d'amour et de charité; elle est large et spacieuse pour l'égoïste et l'orgueilleux, pour le paresseux et l'intempérant, car les chemins qui conduisent à la perdition sont vastes et nombreux. Heureux ceux-là qui choisissent la porte étroite ! car le royaume des cieux est à eux, ce qui veut dire qu'ils iront bientôt habiter ces mondes heureux où le mal n'existe plus et dans lesquels le bonheur est la loi.

LUC
CHAPITRE XIII. — V. 23-30

—

Efforts à faire pour entrer par la porte étroite.

V. 23. Et quelqu'un lui dit : Seigneur, y en aura-t-il peu de sauvés ? Il leur répondit : — 24. Efforcez vous d'entrer par la porte étroite ; car je vous dis que plusieurs chercheront à entrer et ne le pourront pas.

49

La route qui conduit aux demeures célestes, beaucoup essaient de la prendre et de la parcourir, mais combien, ennuyés des obstacles qu'ils ont à surmonter, des efforts qu'ils ont à faire, et des sacrifices qu'il faut s'imposer, s'arrêtent et ne vont pas plus loin ! *Plusieurs cherchent à entrer par la porte étroite et ne peuvent pas.* C'est à ceux qui ont connu les bienfaits de la révélation spirite et qui n'en ont point tenu compte, c'est à ceux-là qu'il faut appliquer ces paroles, car ils sont les privilégiés et il ne tient qu'à eux de devenir les élus. Mais il faut qu'ils veuillent et qu'ils persévèrent afin d'acquérir une conscience pure. Il est un terme à la longanimité du Seigneur et quand l'Esprit appelé à progresser sur cette terre, s'obstine à rester stationnaire et se complaît dans ses vices et dans ses fautes, qu'il ne suit pas la marche ascensionnelle imprimée à tout dans la nature, il ne faut pas qu'il entrave la marche de ses frères ; c'est alors qu'il est puni, qu'il est rejeté sur une planète inférieure où il recommence et continue de nouvelles vies jusqu'à ce qu'il comprenne enfin la nécessité de s'amender et de se mettre dans la voie du progrès.

Que d'hypocrites qui, sous le couvert du culte qu'ils professent, n'en mènent pas moins une vie que condamne la loi divine ! Ceux-là surtout seront véritablement soumis *aux pleurs et aux grincements de dents*; et ce n'est point ici ni une figure, ni un symbole, c'est la vérité dans son acception complète. Car rien n'est odieux comme l'hypocrisie et rien n'est contagieux comme le mauvais exemple. Il y a dans les bas-fonds du Ciel des Planètes où tout n'est que souffrance et douleur. Avec le temps ils finiront par comprendre que leur *endurcissement* est la seule cause de leurs souffrances ; ils penseront qu'il faut un Dieu pour gouverner cet immense Univers, que le hasard ne pourrait conduire qu'au cataclysme et au néant, et qu'il faut se soumettre aux lois qu'il a créées. Mais que de pleurs et de grincements de dents !

Mais les temps sont venus où les peuples doivent devenir frères, où la guerre doit être maudite avec les rois qui la font, où les douanes doivent être abolies, car c'est d'Orient et d'Occident, c'est depuis le Septentrion jusqu'au Midi, que vont paraître et s'assembler les élus pour se donner la main et s'asseoir à la table de Dieu. Les temps sont venus où doivent s'établir parmi les hommes la communauté de religion et la communauté de croyance et de pensées.

Les temps sont venus où justice doit se faire et ce ne seront plus les riches, les orgueilleux et les égoïstes qui tiendront le haut du pavé, ce seront les bons et les dévoués, car le temps est venu où *les premiers seront les derniers*. Et ce sera justice.

MATHIEU VII ; V. 15-20 — LUC, VI ; V. 43-45

Faux Prophètes. — Fruits semblables à l'arbre

MATHIEU : V. 15. Gardez-vous des faux prophètes qui viennent à vous, couverts de peaux de brebis et qui, au-dedans, sont des loups ravissants. — 16. Vous les connaîtrez par leurs fruits. Recueille-t-on des raisins sur les épines ou des figues sur des ronces ? — 17. Ainsi tout arbre qui est bon produit de bons fruits et tout arbre qui est mauvais produit de mauvais fruits. — 18. Un bon arbre ne peut produire de mauvais fruits et un mauvais arbre en peut produire de bons. — 19. Tout arbre qui ne produit point de bons fruits sera coupé et jeté au feu. — 20. C'est donc à leurs fruits que vous les reconnaîtrez.

LUC : V. 43. L'arbre qui produit de mauvais fruits n'est pas bon ; et l'arbre qui produit de bons fruits n'est pas mauvais ; — 44. car chaque arbre se connaît par son fruit ; on ne cueille point de figues sur des épines et on ne coupe point de raisins sur des ronces. — 45. L'homme de bien tire de bonnes choses du bon trésor de son cœur ; et l'homme mauvais tire des choses mauvaises du mauvais trésor de son cœur ; car la bouche parle de la plénitude du cœur.

50

Que celui qui prêche des lèvres commence par prêcher d'exemple. Tout est là. Et c'est à l'œuvre qu'on connaît l'ouvrier, et c'est aux fruits qu'on juge l'arbre. Quels sont donc les faux prophètes ? Ceux qui prêchent une morale qu'ils ne pratiquent pas. A vous, Spirites, de ne point être de faux prophètes ; à vous de prêcher d'exemple en montrant à tous l'exemple des vertus de famille, car la famille est l'arbre de la science du bien et du mal ; c'est l'œuf d'où sortent tous les bonheurs ou tous les malheurs de l'Humanité.

MATHIEU, VII ; V. 21-29 — LUC, VI ; V. 46-49

Dieu juge sur les œuvres

MATHIEU : V. 21. Tous ceux qui me disent : Seigneur, Seigneur ! n'entreront pas dans le royaume des cieux ; mais celui qui fait la volonté de mon père qui est aux cieux, celui-là entrera dans le royaume des cieux. — Plusieurs me diront, en ce jour-là : Seigneur, Seigneur, *n'avons-nous pas prophétisé votre nom,* ET *n'avons-nous pas chassé les démons en votre nom*, et n'avons-nous pas fait *beaucoup de prodiges en votre nom ?* — 23. Et alors je leur dirai : Je ne vous ai jamais connus; retirez-vous de moi, vous qui faites *des œuvres d'iniquité.* — 24. Quiconque donc qui entend les paroles que je dis *et les pratique*, sera comparé à un homme sage qui a bâti sa maison sur la pierre ; — 25, et la pluie est tombée, et les fleuves se sont débordés et les vents ont soufflé et se sont précipités sur cette maison, et elle n'est point tombée, — parce qu'elle était fondée sur la pierre ; — 26, mais quiconque entend ces paroles que je dis *et ne les pratique point*, sera semblable à l'insensé qui a bâti sa maison sur le sable ; — 27, et la pluie est tombée, et les fleuves se sont débordés et les vents ont soufflé et se sont précipités sur cette maison et elle est tombée et sa ruine a été grande. — 28. Or, Jésus ayant achevé ses discours, la multitude était dans l'admiration de sa doctrine ; car il les instruisait comme ayant autorité et non comme les scribes et les pharisiens.

LUC : V. 46. Mais pourquoi m'appelez-vous : Seigneur, Seigneur ! et ne faites-vous pas ce que je dis? — 47. Je veux vous montrer à qui ressemble celui qui vient à moi, — qui écoute mes paroles *et qui les pratique :* — 48. Il est semblable à un homme qui bâtit une maison et qui, ayant creusé bien avant, en a posé le fondement sur la pierre ; les eaux s'étant débordées, un fleuve est venu fondre sur cette maison et il n'a pu l'ébranler, parce qu'elle était fondée sur la pierre. — 49. Mais celui qui écoute mes paroles *sans les pratiquer*, est semblable à un homme qui bâtit une maison sur la terre sans y faire du fondement ; un fleuve est venu fondre sur cette maison, elle est tombée aussitôt, et sa ruine a été grande.

51

Il ne suffit pas de dire : Seigneur, Seigneur ! pour être entendu de notre Père céleste. Il faut mettre en pratique les enseignements reçus, et il sera beaucoup demandé à celui à qui il aura été beaucoup donné. « Au Spirite il sera beaucoup demandé ; qu'il se prépare donc, *sur l'heure*, à rendre ses comptes exacts de ce qui lui a été confié. »

Au moment où ces paroles venaient d'être écrites, le médium, placé spontanément sous une influence médianimique nouvelle, écrivit d'une manière différente et MAGISTRALE, ceci :

» IL NE SUFFIT PAS DE DIRE QU'UNE MORALE EST
» SUBLIME, IL FAUT LA METTRE EN PRATIQUE. IL NE
» SUFFIT PAS D'ÊTRE *chrétien* ET MÊME *christo-spi-*
» *rite*, SI L'ON NE PRATIQUE PAS LA MORALE ENSEIGNÉE
» PAR MOI.

» QUE DONC CEUX QUI VEULENT ENTRER DANS LE
» ROYAUME DE MON PÈRE, SOIENT DES ENFANTS DU
» CŒUR ET NON DES LÈVRES ; QU'ILS OBÉISSENT AVEC
» SOUMISSION, AVEC ZÈLE, AVEC CONFIANCE, AUX INS-
» TRUCTIONS QU'ILS ONT REÇUES, ET QU'ILS REÇOIVENT
» AUJOURD'HUI DES ESPRITS ENVOYÉS SELON MES PRO-
» MESSES, POUR ENSEIGNER PROGRESSIVEMENT AUX
» HOMMES TOUTES CHOSES, LES CONDUIRE DANS LA
» VÉRITÉ ET LES FAIRE RESSOUVENIR DE CE QUE JE LEUR
» A' DIT.

» QU'ILS DISENT : SEIGNEUR, SEIGNEUR, MAIS DU
» FOND DE LEUR CŒUR, ET QUE LEURS ACTES RÉPONDENT
» A LEUR VOIX ; ET LE ROYAUME DES CIEUX LEUR APPAR-
» TIENDRA. »

Pour celui dont la main protectrice soutient les humbles et les faibles et abaisse les orgueilleux et les puissants.

ELISABETH.

Puis, spontanément, le médium écrivit médianimiquement de la même écriture que celle qui avait précédé l'enseignement qui venait d'être donné.

« Bénissez le Seigneur de la grâce qu'il vous a faite, et demandez-lui dans vos cœurs, de vous conserver l'appui *de celui qui s'est manifesté à vous aujourd'hui* par son envoyé. Persévérez dans la voie que vous parcourez. Ayez confiance et foi, mais foi sérieuse, et le Seigneur étendra sa main sur vous pour écarter les obstacles qui peuvent vous arrêter. »

JEAN, MATHIEU, LUC.

MATHIEU, VIII ; V. 1-4 — MARC, I ; V. 40-45 LUC, V ; V. 12-16

Le lépreux.

MATHIEU : V. 1. Jésus étant descendu de la montagne, une grande multitude le suivit : — 2. et un lépreux, venant à lui, l'adorait, en lui disant : Seigneur, si vous voulez, vous pouvez me guérir. — 3. Jésus, étendant la main, le toucha et lui dit : Je le veux ; soyez guéri. Et sa lèpre fut guérie au même instant. — 4. Et Jésus lui dit : Gardez-vous bien de parler de ceci à personne ; mais allez vous montrer aux prêtres et offrez le don prescrit par Moïse, afin que cela leur serve de témoignage.

MARC : V. 40. Et un lépreux vint à lui, le priant et se jetant à genoux. — Il lui dit : Si vous voulez, vous pouvez me guérir. — 41. Jésus en eut pitié, et, étendant la main, il le toucha et lui dit : Je le veux, soyez guéri. — 42. Dès qu'il eut dit cette parole, la lèpre quitta cet homme et il fut guéri. — 43. Jésus le renvoya aussitôt après lui avoir défendu fortement d'en parler. — 44. et il lui dit : Gardez-vous bien de rien dire de ceci à personne ; mais allez vous montrer au prince des prêtres et offrez, pour votre guérison, ce que Moïse a ordonné, afin que cela leur serve de témoignage. — 45. Mais cet homme, l'ayant quitté, commença à parler de sa guérison et à la publier partout, en sorte que Jésus ne pouvait plus paraître dans la ville : mais il se tenait dehors dans les lieux déserts et de toutes parts on venait à lui.

Luc : V. 12. Il arriva, comme Jésus était dans une certaine ville, qu'un homme couvert de lèpre, l'ayant vu, vint à lui et se prosternant contre terre, le pria, disant : Seigneur, si vous voulez, vous pouvez me guérir. — 13. Et étendant la main, Jésus le toucha, disant : Je le veux, soyez guéri ; et sa lèpre disparut au même instant. — 14. Et il lui ordonna de n'en parler à personne. Mais allez, dit-il, vous montrer aux prêtres et offrez pour votre guérison ce que Moïse a commandé, afin que cela leur serve de témoignage ; — 15. et sa renommée s'étendait de plus en plus et une grande multitude d'hommes s'assemblait, venant en foule pour l'entendre et être guéris de leurs maladies. — 16. Mais il se retirait dans le désert et il priait.

52

Jésus reconnaissait et récompensait ainsi dans le lépreux la foi de l'homme, mais il savait que le temps n'était pas encore arrivé de publier ouvertement les grâces qu'il répandait. C'est ainsi qu'il en est aujourd'hui. Le Seigneur vient guérir la lèpre de nos cœurs, mais nous ne sommes pas tous en état de comprendre sa grâce. C'est pour cela que les Spirites doivent agir avec modération, mesure et prudence.

« Cette guérison fut un effet de magnétisme. Le magnétisme peut produire des cures que nous ne comprenons pas encore ; mais plus l'homme se rapprochera de la vie spirituelle, plus il s'épurera, et plus il se mettra par conséquent en rapport avec les fluides magnétiques qui l'entourent, plus il les dominera et pourra les employer comme moyens curatifs. Vous ne vous doutez pas de ce que peut l'homme avec le magnétisme, et *surtout*, de ce qu'il pourra dans l'avenir. »

Les Apôtres.

La guérison du lépreux ne fut donc pas un miracle, mais un fait tout naturel. Les fluides magnétiques pénétrèrent dans la peau du lépreux, dévorèrent et anéantirent les matières impures qu'elle renfermait ; le principe interne fut détruit par la purification des fluides sanguins, le tissu de la peau fut instantanément nettoyé et le malade fut guéri. Quand l'homme aura opéré sa guérison morale, il pourra guérir des effets semblables sur ses pareils. Cette épuration physique et morale s'opérera petit à petit en lui par une évolution lente et progressive.

Le lépreux guéri, Jésus lui enjoignit de se soumettre à la loi et d'aller se présenter à l'absolution des prêtres de la synagogue.

Mais Jésus ne se retirait pas dans le désert pour prier, il se débarrassait de son périsprit terrestre et remontait dans les sphères célestes.

MATHIEU, VIII; V. 5-13 — LUC, VII; V. 1-10

Le centenier ou centurion.

MATHIEU : V. 5. Jésus étant entré dans Capharnaüm, un centenier vint le trouver et lui fit cette prière : — 6, Seigneur, mon serviteur est couché et malade de paralysie dans ma maison, et il souffre extrêmement. — 7. Jésus lui dit : J'irai et je le guérirai. — 8. Mais le centenier lui répondit : Seigneur, je ne suis pas digne que vous entriez dans ma maison, mais dites seulement une parole et mon serviteur sera guéri ; — 9, car je suis un homme soumis à l'autorité d'un autre ; j'ai, sous moi, des soldats ; — je dis à l'un : allez là, et il y va ; et à l'autre : venez ici, et il y vient ; et à mon serviteur : faites cela, et il le fait. — 10. Jésus, entendant ces paroles, en fut dans l'admiration, et dit à ceux qui le suivaient : En vérité, je vous dis que je n'ai point trouvé une si grande foi dans Israël. — 11. Aussi je vous dis que plusieurs viendront d'Orient et d'Occident et auront place dans le royaume des cieux avec Abraham, Isaac et Jacob; — 12. mais les enfants du royaume seront jetés dans les ténèbres extérieures; là seront les pleurs et les grincements de dents. — 13. Alors Jésus dit au centenier : Allez et qu'il vous soit fait comme vous avez cru; et son serviteur fut guéri à cette heure même.

Luc : V. 1. Quand il eut achevé toutes ces paroles devant le peuple, il entra dans Capharnaüm; — or, un centenier avait un serviteur malade et près de mourir et qui lui était fort cher. — 3. Et ayant ouï parler de Jésus, — il envoya vers lui quelques-uns des anciens d'entre les juifs pour le supplier de venir guérir son serviteur. — 4. Or, ceux-ci, quand ils furent venus vers Jésus, le prièrent instamment, lui disant : C'est un homme qui mérite que vous lui fassiez cette grâce; — 5, car il aime notre nation et il nous a bâti une synagogue. — 6. Jésus donc allait avec eux, et, comme il n'était guère plus loin de sa maison, le centenier lui envoya ses amis, disant : Seigneur, ne vous donnez pas cette peine, car je ne suis pas digne que vous entriez dans ma maison, — 7. c'est pourquoi je ne me suis pas cru digne d'aller à vous; mais dites une parole et mon serviteur sera guéri; — 8. car je suis un homme soumis à l'autorité d'un autre, ayant, sous moi, des soldats, je dis à l'un : allez là, et il y va; — à l'autre, venez ici, et il y vient; et à mon serviteur : faites cela, et il le fait. — 9. Jésus, entendant ces paroles, en fut dans l'admiration, et se tournant vers le peuple qui le suivait, il dit : En vérité, je vous dis que je n'ai point trouvé une si grande foi dans Israël. — 10. Et quand ceux qui avaient été envoyés furent retournés dans la maison, ils trouvèrent guéri le serviteur qui avait été malade.

53

Dieu ne fait pas de différence entre ses créatures qui sont tous des enfants. Quelle que soit la religion sous laquelle s'abritent nos prières, il les entend toujours.

La guérison du serviteur du centenier n'a rien non plus de miraculeux, elle fut opérée par la vertu du fluide magnétique.

« La paralysie est un refroidissement des fluides animalisés qui circulent dans l'organisme humain ; la volonté puissante de Jésus changea ces fluides en les modifiant et les vivifiant de nouveau. De même que la pile galvanique peut donner momentanément le mouvement aux muscles et aux nerfs d'un cadavre ; de même la concentration par l'action magnétique de *certains* fluides répandus dans l'atmosphère peut opérer sur l'organisme vital une secousse violente qui le régénère. De même que le Seigneur a chargé le sol que vous foulez aux pieds de plantes bienfaisantes dont vous ne connaissez pas encore toutes les propriétés fortifiantes purifiantes et génératrices, que vous ne soupçonnez pas et qui sont encore *lettre morte* pour vous. L'épuration morale de l'homme, *seule*, lui rendra possibles les études nécessaires pour la connaissance de ces fluides. Cette science sera progressive comme l'état moral, donc elle ne sera complète que le jour où l'homme aura atteint la perfection qu'il peut espérer sur votre Terre. »

Déjà, par la science magnétique, l'homme est en possession de moyens puissants pour le ramener à la santé. En même temps, le *somnambulisme lucide* était révélé par ce même magnétisme humain. Les facultés de vue spirituelle et les instincts que le somnambule lucide possède, les découvertes, *au point de vue curatif*, qu'il commence déjà à procurer à l'Humanité dans les règnes minéral, végétal et animal, sont un faible indice de ce que pourra plus tard cette nouvelle ressource.

Mais tant que l'épuration physique et morale de l'homme ne sera pas complète, l'action magnétique humaine ne suffira pas seule, dans la plupart des cas, pour la cure des maladies. Il faudra encore soit le concours de la science médicale humaine, soit celui du somnambulisme magnétique. Il ne faut repousser aucun des moyens que Dieu a mis dans nos mains pour adoucir nos maux.

Les secours étrangers aux fluides magnétiques peuvent servir *en se combinant avec eux*. Il y a sympathie entre les plantes curatives et les fluides qui s'assimilent à elles ; les plantes se saturent de ces fluides et les reportent dans l'organisme ; si vous les appelez par le secours du magnétisme humain, on obtient un double résultat. C'est pour cela que les somnambules lucides, libres de toute influence par le dégagement magnétique, sont très aptes à choisir les plantes curatives.

La médecine ne doit pas être *un* système, mais bien *un moyen* de rétablir l'équilibre dans l'organisme quand il est interrompu, de rétablir l'harmonie des forces vitales quand elle est troublée. Les hommes qui se dévouent au soulagement physique de l'Humanité doivent se livrer à de profondes études théoriques et expérimentales à l'aide du magnétisme humain et du somnambulisme magnétique. Le règne végétal est une mine d'or qui renferme des trésors pour la santé, et l'atmosphère qui nous entoure est chargée de fluides puissants, régénérateurs et bienfaisants.

Tous les systèmes médicaux qu'on voit de nos jours diviser les hommes doivent s'unir pour n'en former qu'un seul, en s'alliant avec le magnétisme humain et le somnambulisme magnétique. C'est à l'homme à apprendre à savoir et à bien discerner, mais qu'il sache bien que c'est la source morale qu'il doit chercher à trouver dans toutes les douleurs qui accablent la pauvre Humanité, du moins dans les longues et graves maladies, car c'est presque toujours le cœur et l'âme qui sont attaqués, et c'est de la *perturbation du système nerveux* que proviennent pour ainsi dire toutes les infirmités. Il faut donc que nos médecins deviennent religieux et clairvoyants, et alors ils n'appliqueront plus le remède sur la plaie à leurs malades, comme l'enfant fait d'un bandage sur la poupée qui lui sert de jouet.

Plusieurs viendront d'Occident et d'Orient qui auront place dans le royaume des cieux. Cet enseignement peut s'appliquer à l'Eglise romaine qui rejette de son sein tout ce qui ne veut pas courber la tête sous sa loi. « Fille orgueilleuse des biens qu'elle a reçus, elle n'admet pas qu'elle puisse et doive partager ; elle repousse *le petit chien qui cherche à se nourrir des miettes tombées de sa table.* L'Eglise avait une tâche à remplir, tâche qu'elle commença avec zèle, courage et dévouement, mais elle s'est laissée corrompre par la grandeur et les honneurs, elle a sacrifié au veau d'or et au dieu Mammon, et de chute en chute elle en est arrivée à fouler aux pieds l'humilité de son chef et son évangile. Avec quelle rage et quelle ardeur ne la voit-on pas aujourd'hui repousser ce spiritisme qui vient ramener au milieu de nous la simple et pure morale du Christ! Il faudra bien qu'elle tombe puisque Dieu lui-même l'abandonne et la renie. Il faut que tout ce qui a été vicié soit purifié et que notre planète devienne elle-même le TEMPLE, ayant pour fidèles tous les hommes pratiquant la sublime morale de Jésus et pour prêtres tous les cœurs purs.

Que ceux qui ont reçu la Révélation nouvelle travaillent donc à la répandre partout autour d'eux, afin que leurs frères ne soient plus entourés de ténèbres extérieures, afin qu'il n'y ait plus sur notre chère planète, heureuse et régénérée, ni pleurs ni grincements de dents.

LUC
CHAPITRE VII. — V. 11-17

Fils de la veuve de Naïm.

V. 11. Le jour suivant, Jésus allait en une ville appelée Naïm et ses disciples l'accompagnaient et une grande multitude. — 12. Et lorsqu'il était près de la porte de la ville, il arriva qu'on portait en terre un mort qui était fils unique de sa mère, et cette femme était veuve, et il y avait une grande quantité de personnes de la ville, avec elle. — 13. Le Seigneur l'ayant vue, fut touché de compassion envers elle et lui dit : Ne pleurez point. — 14. Il s'approcha et toucha la bière ; ceux qui la portaient s'arrêtèrent, et il dit : Jeune homme, levez-vous, je vous le commande ; — 15, en même temps, celui qui était mort se leva en son séant et commença à parler, et Jésus le rendit à sa mère. — 16. Tous ceux qui étaient présents furent saisis de frayeur et ils glorifiaient Dieu, disant : Un grand prophète a paru parmi nous et Dieu a visité son peuple. — 17. Le bruit de ce miracle qu'il avait fait, se répandit dans toute la Judée et dans toute la région d'alentour.

54.

Il y a entre l'Esprit et le corps certains rapports tels que, lorsque celui-ci est plongé dans le sommeil, celui-là reprend une liberté restreinte et momentanée. Mais l'Esprit reste lié au corps dont il s'est éloigné par une chaîne électrique qui est le lien fluidique du périsprit et qui l'y rappelle aussitôt que les nécessités de la vie humaine l'exigent et le commandent. Quand le lien qui unit l'Esprit au corps est rompu il y a mort réelle, suivie de la décomposition et de la pourriture du corps qu'aucun miracle ne peut empêcher, car c'est là une loi immuable de la nature. Même la pourriture a commencé pour la matière alors que la vie organique n'est point encore éteinte *aux yeux humains*.

Le fils de la veuve de Naïm, comme la fille de Jaïre et Lazare, n'avaient pas brisé le lien qui unissait leur esprit à leur corps et la mort chez eux n'était qu'*apparente*. Jésus n'eut donc absolument qu'à rappeler le prisonnier qui s'était éloigné de son cachot de chair; les fluides nécessaires pour le rétablissement du lien furent fournis par les Esprits qui l'aidaient. L'esprit du fils de la veuve de Naïm se prêtait lui-même à cette résurrection, car c'était une mission qu'il avait acceptée en s'incarnant. Il n'était en définitive que dans un état de catalepsie complète, et l'on sait que cette espèce d'état d'évanouissement peut se prolonger même pendant des mois entiers. Quand Jésus lui dit : « *Levez-vous jeune homme, je vous le commande,* » il ne fit que se réveiller de son sommeil.

Ceux qui avaient accompagné le convoi, et toute la foule qui suivait, et ceux enfin qui entendirent raconter le fait, crurent à la mort réelle et regardèrent cette résurrection comme un miracle. La Révélation spirite et l'Esprit de vérité devaient rétablir les faits dans toute leur véracité, mais le fait de la mort ou de la non-mort devait être laissé aux interprétations humaines pendant des siècles pour permettre à la foi de se former à l'ombre du christianisme naissant. Tout ainsi se trouvait disposé en vue du présent et, en même temps, en vue de l'avenir, car les hommes ne pouvaient pas comprendre ce qu'ils peuvent comprendre aujourd'hui. Chaque ère ne doit recevoir que ce qu'elle peut porter.

MATHIEU, VIII; V. 14-17 — MARC, I; V. 29-34 LUC, IV; V. 38-41

Guérison de la belle-mère de Pierre. Malades guéris

MATHIEU : V. 14. Jésus, étant venu dans la maison de Pierre, vit sa belle-mère qui était au lit et qui avait la fièvre ; — 15, et il toucha sa main, et la fièvre la quitta; elle se leva aussitôt et elle les servait. — 16. Sur le soir on lui présenta plusieurs possédés et il chassait d'eux les mauvais esprits par sa parole ; et il guérit tous ceux qui étaient malades. — 17. Afin que cette parole du prophète Isaïe fut accomplie, il a pris lui-même nos infirmités, et il s'est chargé de nos maladies.

MARC : V. 29. Sitôt qu'ils furent sortis de la synagogue, ils vinrent avec Jacques et Jean en la maison de Simon et d'André : — 30. Or, la belle-mère de Simon était au lit, ayant la fièvre; ils lui parlèrent aussitôt d'elle ; — 31, et Jésus, s'approchant, la prit par la main et la fit lever ; au même instant la fièvre la quitta et elle les servait. — 32. Le soir venu, comme le soleil se couchait, on lui amena tous les malades et les possédés ; — et toute la ville était assemblée à la porte ; — 34, il en guérit plusieurs qui étaient affligés de différentes maladies et il chassait plusieurs démons, mais il ne leur permettait pas de parler, parce qu'ils le connaissaient.

LUC : V. 38. Jésus étant sorti de la synagogue, entra en la maison de Simon; la belle-mère de Simon avait une grosse fièvre et on le pria de la guérir : — 39, et, s'étant penché vers elle, il commanda à la fièvre et la fièvre la quitta; et s'étant levée aussitôt, elle les servait ; — 40, et comme le soleil se couchait, tous ceux qui avaient des malades, affligés de diverses maladies, les lui amenaient, et imposant les mains sur chacun d'eux il les guérissait : — 41, les démons sortaient de plusieurs, criant et disant : Vous êtes le fils de Dieu. Mais il les menaçait et ne leur permettait pas de parler, parce qu'ils savaient qu'il était le Christ.

55.

C'est toujours la même chose : guérisons de maladies et d'infirmités et délivrance de subjugations pour l'édification des incrédules. Et l'on voit toujours Jésus se servant de l'action magnétique ou de la puissance de sa volonté sur les mauvais Esprits.

Dans sa mission terrestre il fallait que Jésus accomplit aussi la parole du prophète Isaïe : « *Il a pris lui-même nos infirmités et il s'est chargé de nos maladies.* » Il s'émeut de compassion à la vue des malheureux que la fièvre tourmente, que les démons possèdent et qui étaient plongés dans les ténèbres et la corruption. A cette époque où vint Jésus le mal avait envahi la société tout entière : les mœurs, les lois et les institutions. La religion réduite à de vaines formes, comme elle l'est encore de nos jours, avait besoin d'être régénérée et la foi ramenée triomphante par la démonstration de la réalité des prophéties. Tout l'édifice religieux était à reconstruire.

MARC, I ; V. 35-39 — LUC, IV ; V. 42-44

Retraite au désert. — *Prière.* — *Prédication.*

MARC: V. 35. Et le lendemain, s'étant levé de fort grand matin, il sortit et s'en alla dans un lieu désert, et là il priait. — 36. Simon et ceux qui étaient avec lui l'y suivirent ; — 37, et quand ils l'eurent trouvé ils lui dirent : Tout le monde vous cherche. — 38. Alors il leur dit : Allons dans les villages et les villes d'alentour afin que j'y prêche aussi ; car c'est pour cela que je suis venu. — 39. Il prêchait donc dans leurs synagogues et par toute la Galilée ; et il chassait les démons.

Luc : V. 42. Et lorsqu'il fut jour, il sortit dehors et s'en alla en un lieu désert ; et la multitude le cherchait et vint jusqu'à lui ; et elle le retenait, de peur qu'il ne la quittât ; — 43. mais il leur dit : il faut que je prêche aussi aux autres villes l'évangile du royaume de Dieu ; car c'est pour cela que j'ai été envoyé. — 44. Et il prêchait dans les synagogues de la Galilée.

56

Toutes les fois que Jésus s'éloignait des regards humains il disparaissait en retournant dans les régions supérieures, mais, *aux yeux des hommes* il s'était retiré dans un lieu désert où il veillait et priait. Il revêtait à volonté son périsprit pour revenir sur la Terre.

Toutes les paroles qu'il dit à ses disciples ont pour but de leur faire bien comprendre la mission qu'il était venu accomplir, et en même temps de leur donner l'exemple pour leur apostolat qu'ils devaient commencer lorsqu'il aurait lui-même disparu d'au milieu d'eux.

MATHIEU, VIII ; V. 18-22 — LUC, IX, V. 57-62

Suivre Jésus. — Laisser les morts ensevelir leurs morts. — Ne pas regarder en arrière.

Mathieu. V. 18. Jésus, voyant une grande multitude autour de lui, ordonna de traverser le lac. — 19. Alors un scribe s'approchant, lui dit : Maître je vous suivrai en quelque lieu que vous alliez. — 20. Et Jésus lui dit : Les renards ont des tanières ; les oiseaux du ciel ont des nids ; mais le fils de l'homme n'a pas où reposer sa tête. — 21. Un autre de ses disciples lui dit : Seigneur, permettez-moi d'aller ensevelir mon père avant que je vous suive. — 22. Et Jésus lui dit : Laissez les morts ensevelir leurs morts.

Luc : V. 57. Lorsqu'ils étaient en chemin, un homme lui dit : Seigneur, je vous suivrai en quelque lieu que vous soyez. — 58. Et Jésus lui dit : Les renards ont des tanières ; les oiseaux du ciel ont des nids ; mais le fils de l'homme n'a pas où reposer sa tête. — 59. Et il dit à un autre ; Suivez-moi ; et il lui répondit : Seigneur, permettez-moi d'aller d'abord ensevelir mon père. — Jésus lui dit : Laissez les morts ensevelir leurs morts ; mais, vous, allez et annoncez le royaume de Dieu. — 61. Un autre lui dit : Je vous suivrai, Seigneur ; mais permettez-moi d'aller, auparavant, dire adieu à ceux qui sont dans ma maison. — Jésus lui dit : Quiconque, ayant mis la main à la charrue, regarde derrière soi, n'est pas propre au royaume de Dieu.

57

Jésus ne veut pas dire ici qu'il faille renoncer aux besoins et aux nécessités de la vie humaine, pas plus au point de vue de l'abri que du pain ou du vêtement ; ni qu'on doive négliger l'accomplissement des devoirs dus à la dépouille mortelle de celui qui fut votre père ou votre ami. Il voulait seulement apprendre aux hommes combien ils devaient faire peu de cas des mollesses de la vie humaine, et qu'ils ne devaient même pas se préoccuper *outre mesure* de leurs intérêts particuliers. Ensevelissons nos morts mais ne faisons pas de cet ensevelissement un culte et, ce qui est pire encore, un objet de luxe et d'ostentation. Mais ce qu'il voulait faire comprendre c'était que ceux-là, qui ne croyaient point à la vie future, croyaient enterrer et perdre pour toujours ceux dont ils livraient le corps au secret du tombeau. Ce n'est point le corps d'une personne aimée qu'il faut chérir, c'est son âme, c'est son esprit qui souvent, après avoir abandonné sa dépouille mortelle, reste autour de vous sans pouvoir vous quitter, vous voit et vous suit dans toutes vos actions. Laissez le corps à la terre, mais prodiguez pour son âme qui souffre, sous le poids de la crainte ou du remords, tout le luxe des prières qui viennent du cœur. Le corps se dissout bien vite dans le creuset terrestre et, de même que ces fleurs si fraîches dont vous entourez vos tombes, roses et chrysanthèmes, se fanent peu à peu pour bientôt ne plus laisser de trace, de même ce corps se pourrit et se transforme en vers ou parasites de toutes sortes. N'est-ce point puéril en vérité d'attacher de la valeur à ces restes que la terre réclame ?

Ces morts dont Jésus parle sont ceux qui ne vivent que pour le corps et pour lesquels l'Esprit n'est rien. Ceux-là ont bien des oreilles pour entendre, mais cependant ils n'entendent ni ne comprennent rien ; ils ont des yeux pour voir et cependant ils ne voient rien. Laissons-les donc s'attacher à ces amas de pourriture, puisque rien ne peut frapper leur âme et qu'il leur est impossible de concevoir l'existence de cette vie meilleure où tout est lumière et parfum.

Allez, apôtres ! et ne *regardez pas en arrière*. Ce n'est pas qu'il faille dessécher votre cœur, ni briser les liens si doux de la famille. Ce n'est pas là ce que Jésus, tout amour et dévouement, voulut enseigner. Une fois que vous êtes entrés dans la voie du bien ne l'abandonnez plus, quels que soient les attraits qui tendraient à vous ramener sur vos pas ; voilà *l'esprit* qu'il faut voir caché sous *la lettre*.

Au moment où ces pensées venaient d'être médianimiquement écrites, le médium spontanément placé sous une influence nouvelle écrivit ce qui suit d'une écriture lente et magistrale :

« Laissez les morts ensevelir leurs morts ; mais
« toi, va et annonce le royaume de Dieu : laisse a
« eux-mêmes ceux qui sont incapables de voir la lu-
« mière, occupe-toi, d'abord, de la porter a ceux
« qui la désirent.

« *Quiconque, ayant mis la main à la charrue,*
« *regarde derrière soi, n'est pas propre au*
« *royaume* de Dieu : il ne faut pas que des condi-
« tions *personnelles, égoïstes*, te fassent retour-
« ner en arrière et remettre l'œuvre que tu as a
« accomplir ; tu as commencé a marcher en avant,
« continue donc ta route, car, s'arrêter, c'est
« reculer. »

Jésus vous bénit.

Le médium continua en reprenant la même écriture qu'auparavant :

« C'est un Esprit intermédiaire entre Jésus et vous qui vient de se manifester et qui vous a transmis la parole du Maître, comme son mandataire chargé de signer pour lui ; pour vous faire apprécier votre position en pareil cas, nous vous dirons : « c'est la parole du monarque transcrite par le secrétaire, mais scellée de ses armes. »

« Patience, courage, persévérance, foi et amour. »

Mathieu, Marc, Luc, Jean,
Assistés des Apôtres.

MATHIEU, VIII; V. 23-27 — MARC, IV; V. 25-40 LUC, VIII; V. 23-40

Tempête apaisée

MATHIEU : V. 23. Il entra ensuite dans la barque, suivi de ses disciples ; — 24, et, voilà qu'il s'éleva, sur la mer, une si grande tempête que la barque était couverte de flots ; et, lui, cependant dormait ; — 25, alors ses disciples s'approchèrent de lui et l'éveillèrent, disant : Seigneur, sauvez-nous nous périssons. — 26. Jésus leur répondit : Pourquoi craignez-vous, hommes de peu de foi ? Alors se levant, il commanda aux vents et à la mer ; et il se fit un grand calme. — 27. Alors ceux qui étaient présents, furent dans l'admiration, et ils disaient : Quel est celui-ci à qui les vents et la mer obéissent ?

MARC : V. 35. Et il leur dit, en ce jour, lorsque le soir fut venu : Passons à l'autre bord. — 36. Et renvoyant la foule, ils amenèrent Jésus avec eux dans la barque où il était ; et il y avait d'autres barques qui le suivaient ; — 37, et un grand tourbillon de vent s'éleva, et les vagues entraient avec tant de violence dans la barque qu'elle s'emplissait déjà d'eau ; — 38, et Jésus était sur la poupe où il dormait sur un oreiller, et ils le réveillèrent et lui dirent : Maître, ne vous mettez-vous point en peine de ce que nous périssons ? — 39. Alors se levant, il commanda au vent et dit à la mer : Tais-toi, calme-toi ; et le vent cessa et il se fit un grand calme. — 40. Et il leur dit : Pourquoi avez-vous peur ? Comment ! n'avez-vous point encore de foi ? Et ils furent saisis d'une grande crainte ; et ils se disaient l'un à l'autre : Quel est donc celui-ci à qui les vents et la mer obéissent ?

LUC : V. 22. Un jour étant monté sur une barque avec ses disciples, il leur dit : Passons à l'autre bord du lac ; ils partirent donc ; — 23, et comme ils naviguaient, il s'endormit ; et un si grand tourbillon de vent vint tout à coup fondre sur le lac, que leur barque s'emplissant d'eau, ils étaient en péril. — 24. Ils s'approchèrent donc de lui et l'éveillèrent, disant : Maître, nous périssons. Jésus, s'étant levé, parla, avec menaces, aux vents et aux flots agités ; et ils s'apaisèrent et il se fit un grand calme. — 25. Alors il leur dit : Où est votre foi ? — Mais, eux, remplis de crainte et d'admiration, se disaient l'un à l'autre : Quel est donc celui-ci qui commande aux vents et aux flots et à qui ils obéissent ?

58.

Jésus voulut frapper l'imagination de ses disciples et développer leur foi. Mais Jésus n'était pas plus soumis au sommeil qu'à toute autre nécessité de l'existence humaine. Les Esprits commis aux soins des vents et des eaux lui obéissaient, comme tous lui obéissent, puisqu'il est le gouverneur de notre Planète.

« L'explication des moyens à l'aide desquels les Esprits préposés produisirent ce grand tourbillon de vent, et firent ensuite cesser la tempête, est encore actuellement au-dessus de vos intelligences.

« Chaque règne est soumis à la direction d'Esprits spéciaux et chacun emploie, pour agir, les moyens que le Seigneur a mis à sa disposition. C'est toujours l'action de l'Esprit sur les fluides qui est la base de tous les effets produits. Le choc des fluides contribue à produire le vent et les tempêtes, et l'attraction magnétique exercée sur les eaux les soulève et les agite. Les Esprits n'ont besoin que de concentrer les fluides aux différents points voulus et, pour cela, les Esprits supérieurs emploient les Esprits inférieurs, mais bons, qui ont été mis sous leurs ordres. Dieu ne prête sa puissance qu'à ceux qui en sont dignes et qui sont incapables de nuire ou d'en abuser.

« Le jour viendra où, ayant atteint le degré suffisant d'élévation intellectuelle et morale, tous les phénomènes de la nature vous seront devenu familiers, mais les Esprits n'en resteront pas moins les agents directeurs car leur action dans tout l'Univers constitue la science même de Dieu.

« Les tempêtes, comme les inondations et tous les évènements atmosphériques sont conduits par des Esprits préposés, mais ils suivent la marche qui leur est tracée par le Seigneur, marche nécessaire et indispensable pour le progrès de la Planète, car rien de ce qui existe et se fait dans la nature n'est sans but. Mais, quand les hommes seront devenus frères, ils trouveront la force dans leur union et ils apprendront à préserver leurs récoltes de la grêle, des vents et des rayons trop ardents du Soleil.

« Tout doit avoir une marche régulière. Votre science est bien loin encore d'être ce qu'elle doit devenir, car le Seigneur a donné à l'homme un grand pouvoir. Mais il faut qu'il soit devenu digne de l'exercer. Voyez les crimes que vous commettez déjà avec le peu de science que vous avez ! Toutes vos découvertes ne servent qu'à vous détruire et vous entretuer les uns les autres. Que serait-ce donc si vous aviez dans vos mains les moyens puissants que vous aurez plus tard, aujourd'hui que vous êtes si peu avancés moralement et que vous pratiquez si peu la loi d'amour ?

« Tout est réglé par des lois immuables et tout est fait en vue de vous obliger à progresser quand même. Ne croyez pas que les hommes qui succombent dans un naufrage ou dans un incendie, ou dans un tremblement de terre, le soient par un effet du hasard. Il n'y a rien de livré au hasard dans l'Univers. Ils y sont portés par le choix qu'ils ont fait de leurs épreuves et, quoi qu'il arrive, le résultat fatal aura lieu. Ainsi celui qui aura fait choix de mourir de mort violente précédée des angoisses et des alternatives qui accompagnent les derniers moments du naufragé, sera conduit *par son pro-*

pre Esprit, à choisir un navire plutôt qu'un autre, à s'embarrasser d'une affaire qui le force à partir dans un temps donné, à compter même sur un heureux hasard et sa *bonne étoile*. Et il partira, parce qu'à l'état d'Esprit pendant le dégagement que procure le sommeil, il reprend conscience de la promesse qu'il s'est faite et reprend la résolution de conduire son corps là où tous doivent subir et terminer leurs épreuves. Le corps retourne à la masse commune et l'Esprit, affranchi de son esclavage expiatoire, reprend sa liberté. L'ouvrier qui travaille dans les fouilles souterraines, dans les mines ou les carrières, ne prévoit pas l'heure où il sera enseveli par l'éboulement, et cependant ce sera bien là sa mort certaine. Pourquoi encore? parce que, comme le naufragé, il aura fait le choix de mourir de cette mort violente et de combattre, à cette dernière heure, entre la soumission au Créateur ou le blasphème ; entre la résignation et le remords de ses fautes, où cette rage insensée que quelques-uns déploient dans ces moments de terreurs.

« Que de fois ne voyez-vous pas de deux hommes faisant la même chute, courant le même danger, l'un périr et l'autre en échapper. Pour celui-ci, vous dites que c'est par *miracle*. Vous vous trompez, le miracle n'existe pas, tout dans l'Univers est réglé par des lois, et la *loi spirite* est une de ces lois.

« Il faut bien vous le dire, dans l'état d'infériorité où se trouve encore votre Planète, la peste, la famine aussi bien que la guerre, tous les fléaux enfin servent *au progrès des peuples*. Ne vous lamentez donc pas quand vous voyez une calamité publique s'appesantir sur une contrée, mais dites, au contraire : Béni soit le Seigneur qui pèse la valeur de son peuple, qui envoie le progrès aux masses et la paix aux hommes de bonne volonté. »

MATHIEU, XIII. V. 28-34 — MARC, V; V. 1-20 LUC, VIII; V. 26-40

Légions de mauvais esprits chassés. — Délivrance des subjugués. — Pourceaux précipités dans la mer.

MATHIEU : V. 28. Lorsque Jésus fut arrivé de l'autre côté du lac, dans la terre des Jéraséniens, deux possédés, qui étaient si furieux que personne n'osait passer par ce chemin-là, sortant des tombeaux, vint au-devant de lui ; — 29, et voilà qu'ils crièrent, disant : Jésus, fils de Dieu, qu'y a-t-il entre vous et moi ? êtes-vous venu ici, pour nous tourmenter *avant le temps ?* — 30. Non loin d'eux il y avait un grand troupeau de pourceaux qui paissaient ; — 31, et les démons priaient Jésus, disant : Si vous nous chassez d'ici, envoyez-nous dans ce troupeau de pourceaux ; — 32, et il leur dit : Allez ! et, étant sortis, il entrèrent dans ces pourceaux ; en même temps, tout ce troupeau courut, avec impétuosité, se précipiter dans la mer, et il moururent dans les eaux ; 33, alors ceux qui les gardaient s'enfuirent et étant venus à la ville, ils racontèrent toutes ces choses et ce qui était arrivé aux possédés ; — 34, alors toute la ville sortit au-devant de Jésus, et l'ayant vu, ils le priaient de se retirer de leur pays.

MARC : V. 1. Ayant passé la mer, il vint au pays des Géraséniens ; — 2, et Jésus ne fut pas plus tôt descendu de la barque qu'un homme possédé d'un esprit impur vint à lui, sortant des sépulcres ; — 3, où il avait sa demeure ordinaire, et personne ne pouvait plus le lier, même avec des chaînes ; — 4, car, ayant souvent eu les fers aux pieds et ayant été lié de chaînes, il avait rompu ses chaînes, et brisé ses fers, et nul homme ne pouvait le dompter ; — 5, il demeurait, jour et nuit, sur les montagnes et dans les sépulcres, criant et se meurtrissant lui-même avec des pierres ; — 6, ayant vu Jésus de loin, il courut et l'adora ; — 7, et criant à haute voix, il dit : Qu'y a-t-il entre vous et moi, Jésus, fils de Dieu Très-Haut ? Je vous conjure, par le nom de Dieu, de ne point me tourmenter ; — 8. car Jésus lui disait : Esprit impur, sors de cet homme ; — 9, et il lui demanda : Comment t'appelles-tu ? à quoi il répondit : Je m'appelle Légion, parce que nous sommes plusieurs ; — 10, et il le priait avec instance qu'il ne le chassât point hors de ce pays-là ; — 11, or, il y avait là un grand troupeau de pourceaux qui paissaient là le long de la montagne; — 12, et les démons priaient Jésus, disant : Envoyez-nous dans ces pourceaux afin que nous y entrions; — 13, et aussitôt Jésus leur permit ; et ces esprits impurs sortant du possédé entrèrent dans les pourceaux et tout le troupeau, qui était de près de deux mille, courut avec impétuosité, se précipiter dans la mer où ils furent tous noyés ; — 14, or, ceux qui les faisaient paître, s'enfuirent et en vinrent porter les nouvelles dans la ville et dans les champs, et la multitude sortit pour voir ce qui était arrivé ; — 15, et elle vint vers Jésus, et elle vit celui qui avait été tourmenté par le démon, assis, habillé et en son bon sens, et tous furent saisis de crainte ; — 16, et ceux qui avaient été présents leur ayant raconté ce qui était arrivé au possédé et aux pourceaux, — 17, ils commencèrent à prier Jésus de sortir de leur terre ; — 18, comme il rentrait dans la barque, — celui qui avait été tourmenté par le démon, le supplia qu'il lui permît d'aller avec lui. — 19. Mais Jésus lui refusa et lui dit : Allez-vous-en en votre maison, vers vos proches et leur annoncez tout ce que le Seigneur a fait pour vous et qu'il a eu pitié de vous. — 20, Et cet homme, s'en étant allé, commença à publier en Décapolis, tout ce que Jésus avait fait pour lui, et tous étaient dans l'admiration.

Luc : V. 26. Ils vinrent en naviguant à la contrée des Géraséniens qui est sur le bord opposé à la Galilée ; — 27, et quand Jésus fut descendu à terre, il vint au devant de lui un homme qui depuis longtemps était possédé du démon et qui ne portait point d'habit et ne demeurait point dans les maisons mais dans les sépulcres ; — 28, aussitôt qu'il eut aperçu Jésus, il se jeta au devant de lui et criant à haute voix, il dit : Jésus, fils de Dieu Très-Haut, qu'y a-t-il entre vous et moi ? Je vous conjure de ne point me tourmenter ; — 29, car Jésus commandait à l'esprit impur de sortir de cet homme qu'il agitait avec violence depuis longtemps. Et quoiqu'on le gardât lié de chaînes et les fers aux pieds, il rompait tous ses liens, et était poussé par le démon dans le désert ; — 30, Jésus lui demanda : Quel est ton nom ? Il lui dit : Je m'appelle Légion, parce que plusieurs démons étaient entrés dans cet homme. — 31. Et ces démons priaient Jésus qu'il ne leur commandât point d'aller dans l'abîme ; —32, or, là était un grand troupeau de pourceaux qui paissaient sur une montagne, les démons prièrent Jésus qu'il leur permit d'entrer dans ces pourceaux ; ce qu'il leur permit. — 33. Les démons sortirent de l'homme et entrèrent dans les pourceaux et aussitôt tout le troupeau courut avec impétuosité, se précipiter dans le lac, et il fut noyé. — 34. Ceux qui le gardaient ayant vu ce qui était arrivé, s'enfuirent et allèrent dire dans la ville et dans les villages. — 35. D'où plusieurs sortirent pour voir ce qui était arrivé, et étant venus à Jésus, ils trouvèrent cet homme, dont les démons étaient sortis, assis aux pieds de Jésus, habillé et en son bon sens ; ce qui les remplit de crainte ; — 36. et ceux qui avaient vu ce qui s'était passé leur racontèrent comment ce possédé avait été délivré de la légion des démons. — 37. Alors tous les habitants de la contrée des Géraséniens le prièrent de se retirer de leur pays, parce qu'ils étaient saisis d'une grande frayeur ; il monta donc dans la barque et s'en retourna. — 38. Et cet homme, de qui les démons étaient sortis, le suppliait qu'il lui permit d'aller avec lui ; mais Jésus le renvoya, disant : — 39. Retournez en votre maison ; et racontez quelles grandes choses Dieu a faites pour vous ; et il s'en alla par toute la ville, publiant tout ce que Jésus avait fait pour lui. — 40. Jésus étant revenu, — le peuple le reçut avec joie, parce qu'il était attendu de tous.

59.

Aux hommes matériels il faut des enseignements qui frappent les sens matériels. Ces actes étaient donc faits pour rendre évidents aux yeux de tous le pouvoir et la puissance de Jésus. En envoyant ces mauvais Esprits, ces démons qui tourmentaient les deux possédés en question, dans des corps de pourceaux, Jésus voulait faire comprendre *aux hommes* à quel point ces Esprits obsesseurs étaient dangereux et repoussants.

Les spectateurs de ces faits, qui semblaient pour eux des *miracles* et qui cependant n'étaient que choses *naturelles*, crurent que ces Esprits chassés étaient vraiment entrés dans le corps des pourceaux, mais ces Esprits impurs ne firent qu'effrayer ces animaux. C'est ainsi qu'un Esprit obsesseur n'habite pas l'homme qu'il subjugue, mais reste auprès de lui en l'influençant par une action fluidique dont il a le pouvoir de disposer. Jésus avait des Esprits inférieurs groupés autour de lui *pour obéir à sa volonté et servir d'instruments à la leçon qu'il voulait donner*; ce sont ceux là qui allèrent près des pourceaux pour les effrayer et les précipiter dans le lac. Mais il ne faudrait pas croire que ce fut là un acte de possession, ces animaux ne furent que frappés de stupeur et d'épouvante.

Le périsprit d'un Esprit humain ne peut agir fluidiquement sur les animaux, la combinaison des fluides étant impossible parce que les principes ne sont pas les mêmes.

Cet homme, si furieux que personne n'osait passer par ce chemin là, accourut au devant de Jésus et l'adora, et, devenu Medium parlant, il s'écria : « *Vous êtes fils du Dieu très haut.* » C'étaient les Esprits supérieurs accompagnant Jésus qui le firent parler. Quand il demandait pourquoi on le tourmentait ainsi avant le temps, c'est qu'il savait bien que le jour devait venir où il serait jugé et que ce jour n'était pas encore arrivé. Mais cette conscience qu'il eût de l'avenir ne fut qu'instantanée et s'effaça aussi vite qu'un rayon de lumière qui n'apparaît dans les ténèbres que pour disparaître presqu'aussitôt. Il priait qu'on ne l'envoyât pas dans *l'abîme*, c'est-à-dire dans ces lieux ténébreux dont tous les Esprits connaissent l'existence, où les méchants et les pervers sont condamnés aux angoisses des remords, angoisses et souffrances qui valent bien celles qu'on nous représente comme une fournaise ardente brûlant et dévorant les chairs des coupables sans jamais les consumer.

Voilà l'enfer réel, tel que le Spiritisme nous le montre. Pour l'Esprit coupable qui s'y trouve condamné, c'est l'isolement dans l'espace, espèce de prison cellulaire dont l'incarné ne peut se faire aucune idée. C'est l'abîme insondable pour lui dans lequel *il se croit* précipité pour l'éternité. Là, il est condamné à habiter le théâtre même de ses crimes qu'il voit constamment stéréotypés devant ses yeux. Ou bien il est contraint de rester dans l'espace, dans l'isolement le plus complet, sans pouvoir faire acte ni de volonté, ni de mouvement, enveloppé d'épaisses ténèbres, ayant pour expiation la seule possibilité de penser, de réfléchir à toute la portée de ses actes dont le souvenir lui revient petit à petit.

Mais Dieu est bon et juste, et l'expiation est toujours proportionnée aux fautes commises, aux crimes accomplis ; tout est approprié pour porter au remords l'Esprit coupable, réveiller sa conscience et l'amener enfin au repentir et au désir de tout expier pour purifier son âme et s'élever.

Mais il ne faut pas croire qu'aucun Esprit soit condamné à servir de bourreau à son frère, quelque coupable qu'il soit. Ces visions du criminel se font en vertu d'une loi créée par Dieu. Les Esprits supérieurs sont les instruments de la volonté du Créateur et sont tous, et par hiérarchie, à degrés infinis, préposés au fonctionnement des lois au moyen desquelles il gouverne son univers. Tout ce que nous connaissons déjà du magnétisme humain, quoi que ce soit encore fort peu de chose, nous permet cependant de comprendre ce que peut l'Esprit supérieur relativement aux visions qu'il peut réaliser aux yeux d'un criminel par l'effet de sa volonté puissante et par le moyen des combinaisons fluidiques.

Comment les Esprits inférieurs entourant Jésus effrayaient-ils les pourceaux ? En prenant des formes épouvantables capables de les faire fuir. Nous savons, en effet, par tout ce qui se passe dans les réunions d'expérimentations spirites, que l'Esprit inférieur revêt souvent, pour causer la terreur, la forme et l'apparence d'un animal dangereux. Nous avons d'ailleurs, dans nos annales démonologiques, beaucoup de cas connus d'animaux devenus voyants, de chevaux, par exemple, se cabrant devant un être invisible pour ceux qui l'entourent. C'est une faculté que possèdent certains animaux, dans certains cas, qui peut leur être momentanément donnée par un Esprit pour un but déterminé.

Un homme qui aurait commis beaucoup de crimes dans une existence antérieure (un pape ambitieux, despote et corrompu, par exemple, ou bien un roi qui aura fait tuer des quantités d'hommes par égoïsme et par orgueil), peut-être, une fois réincarné, subjugué par une légion de mauvais Esprits. Alors il peut paraître dans un état d'aliénation mentale, de folie furieuse, incapable de se rendre compte de ses actes, perdant même complètement la conscience de son être ; mais, dans des moments de calme, la surexcitation tombée, il a la conscience de la contrainte qu'il subit et en souffre horriblement. C'est sa punition, connue d'avance avant sa réincarnation, acceptée et subie. Les Spirites savent qu'ils peuvent faire cesser ces subjugations et obsessions en causant avec les Esprits obsesseurs eux-mêmes, en leur donnant des conseils, en les morigénant, en priant pour eux et les ramenant dans la voie de l'amour et du pardon.

Ainsi, le possédé dont il est parlé dans cet évangile fut trouvé, par la foule accourue au bruit du miracle, assis aux pieds du Christ, habillé par ses disciples qui avaient partagé avec lui leurs vêtements, délivré de ses obsessions et plein de joie.

Il ne faut pas que l'incrédulité de nos jours, fille orgueilleuse de l'ignorance, nie ces faits authentiques transmis par les missionnaires qui accompagnaient Jésus et l'aidaient dans son œuvre de régénération ; il ne faut pas que les railleurs, incapables de croire et de comprendre, se moquent; il faut que chacun médite, sans orgueil et sans parti pris, et alors il comprendra, car, s'il connaît un peu l'histoire des temps passés, il lui sera facile de voir que ces faits se sont continuellement renouvelés depuis que l'Humanité existe, par la raison qu'il y a toujours des incarnés et des désincarnés.

MATHIEU, IX ; V. 1-8 — MARC, II ; V. 1-12 LUC, V ; V. 17-26

Paralytique.

MATHIEU. — V. 1. Jésus étant monté dans une barque, repassa le lac et vint à la ville. — 2. Et voilà qu'on lui présenta un paralytique, couché dans son lit ; et Jésus, voyant leur foi, — dit au paralytique : Mon fils, ayez confiance ; vos péchés vous sont remis. — 3. Aussitôt quelques-uns des Scribes dirent entre-eux mêmes : Cet homme blasphème. — 4. Jésus, voyant leur pensée, leur dit : Pourquoi pensez-vous le mal dans vos cœurs? — 5. Quel est le plus facile, ou de dire : Vos péchés vous sont remis, ou de dire : Levez-vous et marchez? — 6. Or, afin que vous sachiez que le fils de l'homme a le pouvoir sur la terre de remettre les péchés, levez-vous, dit-il au paralytique, — prenez votre lit et allez dans votre maison ; — 7. et le paralytique se leva aussitôt et s'en alla dans sa maison. — 8. La multitude, voyant cela, fut saisie de crainte et rendit gloire à Dieu de ce qu'il avait donné une telle puissance aux hommes.

Marc : V. 1. Quelques jours après, il revint à Capharnaüm ; — 2. aussitôt qu'on eut ouï dire qu'il était en la maison, il s'y assembla un si grand nombre de personnes, que ni le dedans du logis, ni tout l'espace d'auprès la porte ne les pouvait contenir ; et il leur prêchait la parole de Dieu. — 3. Alors quelques-uns vinrent lui amener un paralytique porté par quatre hommes ; — 4. et comme ils ne pouvaient le lui présenter à cause de la foule, ils découvrirent le toit de la maison où il était, et y ayant fait une ouverture, ils descendirent le lit où le paralytique était couché ; — 5. Jésus, voyant leur foi, dit au paralytique : Mon fils, vos péchés vous sont remis ; — 6. Or, il y avait quelques Scribes assis au même lieu, qui s'entretenaient de ces pensées dans leur cœur ; — 7. Que veut dire cet homme? Il blasphème ; qui peut remettre les péchés, si ce n'est Dieu seul? — 8. Jésus connut aussitôt par son esprit ce qu'ils pensaient en eux-mêmes, et il leur dit : Pourquoi vous entretenez-vous de ces pensées dans vos cœurs? — 9. Quel est le plus facile, ou de dire à ce paralytique : Vos péchés vous sont remis, ou de lui dire : Levez-vous, prenez votre lit et marchez? — 10. Or, afin que vous sachiez que le fils de l'homme a, sur la terre, le pouvoir de remettre les péchés, il dit au paralytique : — 11. Je vous le dis : Levez-vous, emportez votre lit et allez en votre maison. — 12. Il se leva au même instant, emporta son lit et s'en alla devant tout le monde ; de sorte qu'ils furent tous saisis d'étonnement, et rendant gloire à Dieu, ils disaient : Nous n'avons jamais rien vu de semblable.

Luc : V. 17. Un jour, comme il enseignait étant assis, et que des Pharisiens et des docteurs de la loi qui étaient venus de la Galilée, de Judée et de Jérusalem, étaient assis près de lui, la vertu du Seigneur agissait pour la guérison des malades ; — 18. et voilà que des hommes portant sur un lit un homme qui était paralytique, cherchait le moyen de le faire entrer dans la maison et de le mettre devant lui ; — 19. et ne trouvant point par où le faire entrer à cause de la multitude, ils montèrent sur le toit de la maison et le descendirent par là avec le lit où il était et le mirent au milieu de la place devant Jésus — 20, qui, voyant leur foi, dit au malade : Homme, vos péchés vous sont remis. — 21. Alors les Scribes et les Pharisiens se mirent à penser, se disant en eux-mêmes : qui est celui qui blasphème de la sorte ? Qui peut remettre les péchés, sinon Dieu seul ? 22. Et Jésus connut leur pensée, et répondant, leur dit : A quoi pensez-vous dans vos cœurs ? — 23. Quel est le plus facile, ou de dire : Vos péchés vous sont remis, ou de dire : Levez-vous et marchez ? — 24. Or, afin que vous sachiez que le fils de l'homme a sur la terre, le pouvoir de remettre les péchés, il dit au paralytique : Je vous le dis : levez vous, emportez votre lit et allez en votre maison. — 25. Il se leva au même instant, en leur présence, et emportant le lit où il était, sur lequel il était couché, il s'en retourna à sa maison, rendant gloire à Dieu. — 26. Ils furent tous remplis d'un extrême étonnement, et ils rendaient gloire à Dieu ; et dans la frayeur dont ils étaient saisis, ils disaient : Nous avons vu aujourd'hui des choses merveilleuses.

60

Nous savons maintenant comment Jésus a pu guérir le paralytique, mais ce qu'il faut voir ici, c'est qu'il avait pour but de montrer aux hommes et de leur faire comprendre que celui qui avait une pareille puissance était *au-dessus* de toute intelligence. Il voulait amener les Scribes et les Pharisiens à courber le front devant l'autorité divine ; et cette grande puissance *donnée aux hommes*, dont parle Mathieu sous l'influence médianimique, était une révélation pour l'avenir, car, lorsque les hommes auront atteint toute la perfection sidérale permise à la Terre, ils jouiront tous d'une puissance merveilleuse.

MATHIEU, IX; V. 9-13 — MARC, II; V. 13-17
LUC, V; V. 27-32

Vocation de Mathieu.

MATHIEU : V. 9. Et comme Jésus sortait de là, il vit un homme, nommé Mathieu, assis au bureau des impôts, et il lui dit : Suivez-moi ; et lui, aussitôt se levant, le suivit, — 10, et il arriva que, comme Jésus était à table dans la maison de cet homme, il y vint beaucoup de publicains et de gens de mauvaise vie qui s'assirent à la même table avec Jésus et ses disciples ; — 11, et les Pharisiens, le voyant, disaient à ses disciples : Pourquoi votre maître mange-t-il avec des publicains et des gens de mauvaise vie ? — 12. Et Jésus, entendant, dit : Ce ne sont pas ceux qui se portent bien qui ont besoin de médecin, mais les malades. — 13. Allez donc et apprenez ce que signifie cette parole : Je veux la miséricorde et non le sacrifice : car je ne suis pas venu appeler les justes, mais les pécheurs.

MARC : V. 13. Et Jésus sortit de nouveau du côté de la mer ; et tout le peuple venait à lui, et il les enseignait. — 14. Et, lorsqu'il passait, il vit Lévi, fils d'Alphée, assis au bureau des impôts et il lui dit : Suivez-moi ; et celui-ci, se levant aussitôt, le suivit. — 15. Et il arriva que Jésus, étant assis à table dans la maison de cet homme, beaucoup de publicains et de gens de mauvaise vie, y étaient assis avec lui et ses disciples, car il y en avait beaucoup qui le suivaient. — 16. Les Scribes et les Pharisiens, voyant qu'il mangeait avec les publicains et les hommes de mauvaise vie, dirent à ses disciples : Pourquoi votre maître mange-t-il et boit-il avec les publicains et les gens de mauvaise vie ? — 17. Et Jésus, ayant entendu cela, leur dit : Ce ne sont pas ceux qui se portent bien qui ont besoin de médecin, mais les malades ; car je ne suis pas venu appeler les justes, mais les pécheurs.

LUC : V. 27. Et après cela, Jésus s'en alla et vit un publicain nommé Lévi assis au bureau des impôts, et il lui dit : Suivez-moi. — 28. Et lui, se levant et abandonnant tout, le suivit. — 29. Lévi lui fit ensuite un grand festin dans sa maison où il y avait beaucoup de publicains et d'autres personnes qui s'assirent à table avec eux. — 30. Mais les Pharisiens et les Scribes murmuraient et disaient aux disciples de Jésus : Pourquoi buvez-vous et mangez-vous avec les publicains et les gens de mauvaise vie ? — 31. Et Jésus, répondant, leur dit : Ceux qui se portent bien n'ont pas besoin de médecin, mais les malades. — 32. Ce ne sont pas les justes mais les pécheurs que je suis venu appeler à la pénitence.

61

C'est une grande leçon que Jésus donne ici à notre orgueil. Il ne faut jamais repousser ceux qui *nous paraissent* indignes, car, parmi ceux-là, bien souvent il y en a qui valent mieux que nous. Là où nous ne voyons que vice et mauvais penchants, il peut y avoir un puissant germe de grandeur et de vertu qu'un souffle bienfaisant d'en Haut développera. Soyons donc remplis d'indulgence pour nos frères et tendons une main secourable à tous ceux qui sont faibles et malheureux. La plus belle action que nous puissions faire c'est de relever celui qui s'est avili.

Mathieu était un Esprit incarné dans le but d'aider Jésus dans sa mission. Ce fut sous l'impulsion de son ange gardien qu'il obéit instantanément et suivit le Christ. Tout avait été préparé à l'avance suivant les desseins de Dieu et tout s'accomplissait sous l'influence et l'action occultes des Esprits préposés à la réalisation de cette mission.

C'était les pécheurs et non les justes que Jésus venait appeler à la pénitence, car *Dieu veut la miséricorde et non le sacrifice*, disait-il. C'est aussi cette même pensée qu'exprime le prophète Osée au verset 6 du Chap. VI. C'est aussi ce que nous apprend la *Révélation nouvelle* et les apôtres à l'état d'Esprits viennent encore nous dire aujourd'hui : « Quelles que soient les fautes commises, quels que soient les crimes, partout où il y a repentir il y a pardon pour l'Esprit coupable, à la condition cependant : d'*expier* d'abord, après la mort, à l'état d'Esprit dans l'erraticité, par des souffrances morales proportionnées aux fautes ; de *réparer* ensuite à l'aide de nouvelles épreuves par la réincarnation, *afin de progresser.* »

MATHIEU, IX ; V. 14-17 — MARC, II ; V. 18-22 LUC, V ; V. 33-39.

Jeûne. — Drap neuf. — Vaisseaux vieux. Vin nouveau. — Vin vieux

MATHIEU : V. 14. Alors les disciples de Jean vinrent le trouver et lui dirent : Pourquoi les Pharisiens et nous jeûnons-nous souvent, et vos disciples ne jeûnent-ils point ? — 15. Et Jésus leur dit : Les enfants de l'époux peuvent-ils gémir pendant que l'époux est avec eux ? Des jours viendront où l'époux leur sera ôté, alors ils jeûneront. — 16. Personne ne met une pièce de drap neuf à un vieux vêtement : car le neuf emporterait une partie du vieux, et le déchirerait encore davantage ; — 17. et on ne met point de vin nouveau dans de vieilles outres, car si on le fait, les outres se rompent, le vin se répand, et les outres sont perdues ; mais on met le vin nouveau dans des outres neuves ; et tous deux se conservent

MARC : V. 18. Or, les disciples de Jean et les Pharisiens jeûnaient souvent : ils vinrent et dirent à Jésus : Pourquoi les disciples de Jean et les Pharisiens jeûnent-ils, et vos disciples ne jeûnent-ils pas ? — 19. Et Jésus leur dit : Les enfants de l'époux peuvent-ils jeûner pendant que l'époux est avec eux ; ils ne peuvent pas jeûner pendant que l'époux est avec eux. — 20. Mais les jours viendront où l'époux leur sera ôté ; et alors ils jeûneront. — 21. Personne ne coud une pièce de drap neuf à un vieux vêtement, car la pièce neuve emporterait une partie du vieux, et le vêtement se déchirerait davantage. — 22. Et personne ne met le vin nouveau dans de vieilles outres : car le vin nouveau romprait les outres, et le vin se répandrait, et les outres seraient perdues.

Luc : V. 33. Alors ils lui dirent : Pourquoi les disciples de Jean, aussi bien que les Pharisiens, jeûnent-ils et font-ils des prières, et que les autres mangent et boivent ? — 34. Et il leur dit : Pouvez-vous faire jeûner les enfants de l'époux pendant que l'époux est avec eux ? — 35. Mais il viendra un temps où l'époux leur sera ôté, et alors ils jeûneront. — 36. Il leur proposa aussi cette comparaison : Personne ne met une pièce de drap neuf à un vieux vêtement; car, si on le fait, le neuf déchire le vieux; et cette pièce de drap neuf ne convient point au vieux vêtement. — 37. De même personne ne met le vin nouveau dans de vieilles outres; car, si on le fait, le vin nouveau rompra les outres, le vin sera répandu, et les outres seront perdues, — 38. Mais le vin nouveau doit être mis dans des outres neuves, et ainsi tout se conserve : — 39. et il n'y a personne qui, buvant du vin vieux, veuille aussitôt du nouveau; car il dit : le vieux est meilleur.

62

Toutes ces instructions, il faut les prendre *au point de vue de l'avenir spirite*. Ce vieil habit qu'une réparation irréfléchie aurait détruit ; ces vieux vaisseaux inaptes à contenir la liqueur active qui, en fermentant en eux, les aurait brisés ; *ce sont les hommes*. Le vaisseau neuf, c'est la grande famille spirite à qui le vin nouveau est versé à grands flots. Qu'il soit donc recueilli précieusement ce vin nouveau, il vieillira bientôt et rendra la force et la santé à tous ceux qui viendront y boire. Ce vin nouveau, c'est la vie.

Jésus est appelé *l'époux*, parce que c'est lui le chef de cette doctrine bénie qui vient sauver l'Humanité en développant en elle tous les bons germes que Dieu y a déposés à l'état latent. Cette expression est empruntée aux coutumes hébraïques en raison des honneurs accordés à celui qui prenait femme chez les Hébreux. Jésus est comparé au jeune homme pur qui dépose sa couronne nuptiale pour se dévouer à la famille qu'il s'est faite. Ceux qui se soumettent à son gouvernement sont appelés les enfants et les amis de l'époux. La présence de Jésus parmi eux les maintenait dans la bonne voie ; au fait, n'avaient-ils pas besoin de s'imposer des privations expiatoires ?

Ce jeûne dont parle ici Jésus, ce sont les expiations que plus tard auront à supporter les hommes pour réparer leurs fautes. Mais il n'y a qu'un jeûne qui soit exigé par le Seigneur, c'est celui qui consiste à ne jamais s'abandonner à ses mauvais instincts, quelque doux qu'ils puissent être pour nous ; à tuer en soi l'orgueil, l'égoïsme, la paresse, l'envie, et tous les vices qui sont cachés au dedans de nous et dont nous ne soupçonnons même pas l'existence tant est grand notre aveuglement. Ce sont tous ces vices qui abâtardissent nos corps par l'essor éhonté de toutes les mauvaises pensées en amoindrissant en même temps nos intelligences.

Nous devons aimer vivre en société, mais il faut que nous soyons bons, aimants et dévoués les uns vis-à-vis des autres. Nous ne devons rechercher ni le luxe matériel qui énerve, ni la science orgueilleuse et inconsidérée qui égare quand elle n'a confiance qu'en elle.

Mais le jeûne *matériel*, tel que l'ont compris et le comprennent encore certains hommes, ce jeûne qui consiste en privations d'aliments, ou à ne prendre seulement que certaines natures d'aliments à certains jours et à certaines époques, a toujours été et sera toujours non seulement inutile mais nuisible même, car le devoir de l'homme est autant de soigner son corps que de soigner son âme, puisque, unis l'un à l'autre, ils sont complètement solidaires. *Mens sana in corpore sano.*

C'est ce que comprendra sans peine tout homme intelligent. Mais tout est utile cependant à un certain point pour le progrès des peuples, et ces observances toutes ridicules qu'elles soient en elle-mêmes, ont eu pour résultat de mettre un frein aux excès de luxure et de gourmandise si communs à une époque où *seule* dominait la matière. Bien que l'Eglise romaine soit restée dans les erreurs et le matérialisme des Scribes et des Pharisiens d'autrefois, elle a cependant travaillé malgré elle au progrès de l'espèce humaine.

Aujourd'hui, le vin nouveau a été mis dans des vaisseaux neufs et c'est une *ère nouvelle* qui commence. Laissons fermenter dans nos cœurs cette sainte doctrine du Christ, et sous ce règne de l'esprit tuant la lettre, va fleurir une Humanité nouvelle où l'amour, le sacrifice et le dévouement deviendront les seuls mobiles de toutes les actions. C'est notre chère Planète qui commence à entrer dans le règne de l'harmonie céleste où vivants et morts travaillent ensemble pour réaliser le Royaume de Dieu.

MATHIEU, IX ; V. 18-26 — MARC, V ; V. 21-43
LUC, VIII ; V. 41-56

La fille de Jaïre. — L'hémorroïsse.

MATHIEU : V. 18. Comme il leur disait ces choses, un chef de synagogue s'approcha de lui et l'adorait, disant : Seigneur, ma fille vient de mourir ; mais venez ; imposez vos mains sur elle et elle vivra. — 19. Alors Jésus, se levant, le suivait avec ses disciples. — 20. En même temps, une femme, qui était affligée d'une perte de sang depuis douze années, s'approcha de lui par derrière et toucha la frange de son vêtement ; — 21. car elle disait en elle-même : Si je touche seulement son vêtement, je serai guérie ; — 22. et Jésus, se retournant et la voyant, dit : Ma fille, ayez confiance, votre foi vous a guérie. Et cette femme fut guérie dès cette heure. — 23. Or, Jésus étant arrivé en la maison du chef de synagogue et voyant les joueurs de flûte et une troupe de personnes qui faisaient grand bruit, dit : — 24. Retirez-vous, car la jeune fille n'est pas morte, mais elle dort ; et ils se moquaient de lui. — 25. Et la foule ayant été éloignée, il entra, il prit la main de la jeune fille, et elle se leva ; — 26. et le bruit s'en répandit dans tout le pays.

MARC : V. 21. Et lorsque Jésus eut encore passé dans la barque à l'autre bord, une grande multitude se rassembla autour de lui, et il était près de la mer. — 22. Et un chef de synagogue, nommé Jaïre, vint le trouver et, le voyant, il se jeta à ses pieds, — 23. et il le suppliait instamment, lui disant : Ma fille est à l'extrémité ; venez et imposez les mains sur elle pour qu'elle soit guérie et qu'elle vive. — 24. Et Jésus alla avec lui, et une grande multitude le suivait et se pressait autour de lui ; — 25. ainsi qu'une femme malade d'une perte de sang depuis douze années ; — 26. et elle avait beaucoup souffert entre les mains de plusieurs médecins ; et elle avait dépensé tout son bien, et elle n'en avait reçu aucun soulagement et son mal était devenu pire. — 27. Lorsqu'elle eut entendu parler de Jésus, elle vint, dans la foule, par derrière et toucha son vêtement ; — 28. car elle disait : Si je touche seulement son vêtement, je serai guérie ; — 29. au même instant, son sang qui coulait fut arrêté, et elle sentit, dans son corps, qu'elle était guérie de ce mal. — 30. Aussitôt Jésus, connaissant en lui-même la vertu qui était sortie de lui, se tourna vers la foule et dit : Qui a touché mes vêtements ? — 31. Et ses disciples lui disaient : Vous voyez que la foule vous presse de tous côtés et vous demandez qui vous a touché ? — 32. Et il regardait autour de lui pour voir celle qui l'avait touché. — 33. Or, cette femme craignant, tremblant parce qu'elle savait ce qui s'était passé en elle, vint et se jeta à ses pieds et lui dit toute la vérité. — 34. Et Jésus lui dit : Ma fille, votre foi vous a sauvée; allez en paix et soyez guérie de votre maladie. — 35. Comme il parlait encore, les serviteurs du chef de la synagogue vinrent, disant : Votre fille est morte; pourquoi voulez-vous donner au maître la peine d'aller plus loin ? — 36. Mais Jésus, ayant entendu cette parole, dit au chef de la synagogue : Ne craignez point, croyez seulement. — 37. Et il ne permit à personne de le suivre, sinon à Pierre, à Jacques et à Jean, frère de Jacques. — 38. Étant arrivé dans la maison du chef de la synagogue, il vit une troupe confuse de personnes qui pleuraient et jetaient de grands cris; — 39. et entrant, il leur dit : Pourquoi êtes-vous troublés et pourquoi pleurez-vous? La jeune fille n'est point morte, mais elle dort. — 40. Et ils se moquaient de lui; alors, ayant fait sortir tout le monde, il prit le père et la mère de l'enfant et ceux qui étaient avec lui; il entra au lieu où la jeune fille était couchée. — 41. Et la prenant par la main, il lui dit : Talitha cumi, c'est-à-dire ma fille, levez-vous, je vous l'ordonne. — 42. Au même instant, la jeune fille se leva et elle marchait ; car elle avait déjà douze ans, et tous furent merveilleusement étonnés. — 43. Et il leur commanda très expressément de prendre garde que personne ne le sût; et il leur dit de lui donner à manger.

Luc : V. 41. Alors il vint à lui un homme, nommé Jaïre, qui était un chef de synagogue; et il se jeta aux pieds de Jésus, le priant d'entrer dans sa maison. — 42. parce qu'il avait une fille unique, âgée d'environ douze ans, qui se mourait; et comme Jésus s'en allait avec lui et qu'il était pressé par la foule du peuple. — 43. une femme, qui était malade d'une perte de sang depuis douze années et avait dépensé tout son bien à se faire traiter par des médecins et n'avait pu être guérie par aucun. — s'approcha de lui et toucha le bord de son vêtement, et aussitôt le flux du sang s'arrêta; — 45. et Jésus dit : Qui est-ce qui m'a touché? Mais tous, assurant que ce n'était pas eux, Pierre et ceux qui étaient avec lui, lui dirent : Maître, la multitude vous presse, et vous dites : Qui est-ce qui m'a touché? — 46. Mais Jésus dit : Quelqu'un m'a touché, car j'ai connu qu'une vertu est sortie de moi. — 47. Cette femme, voyant ainsi qu'elle n'avait pu se cacher, vint, toute tremblante, et, se jetant à ses pieds, elle déclara, en présence de tout le peuple, pourquoi elle l'avait touché et comment elle avait été aussitôt guérie. — 48. Et Jésus lui dit : Ma fille, votre foi vous a guérie ; allez en paix. — 49. Comme il parlait encore, quelqu'un vint dire au chef de synagogue : Votre fille est morte ; ne donnez pas au maître la peine de venir. — 50. Mais Jésus, ayant entendu cette parole, dit au père : Ne craignez point, croyez seulement, et elle sera guérie. — 51. Étant arrivé au logis, il ne laissa entrer personne que Pierre, Jacques et Jean, avec le père et la mère de la fille. — 52. Tous la pleuraient et se lamentaient ; mais il dit : Ne pleurez point, elle n'est point morte, elle dort. — 53. Mais ils se moquaient de lui, sachant qu'elle était morte ; Jésus, la prenant donc par la main, lui cria : Ma fille, levez-vous. — 55. Et son esprit revint dans son corps, et elle se leva aussitôt, et Jésus commanda qu'on lui donnât à manger. — 56. Alors, le père et la mère furent remplis d'étonnement ; et il leur commanda de ne dire à personne ce qui avait été fait.

63.

Jésus continuait la vie d'enseignements qu'il avait à accomplir dans sa mission terrestre. Ces guérisons s'expliquent très facilement ; c'est toujours par l'effet de sa puissance magnétique que Jésus les opérait. Quant à la question : « *Qui m'a touché ?* » elle était faite à dessein, afin de provoquer, devant la multitude, l'aveu de la femme et d'établir *le miracle* aux yeux de tous.

Pour ce qui est de la fille de Jaïre, l'Esprit n'avait point encore abandonné le corps et Jésus n'eut absolument qu'à le rappeler. *Aux yeux des hommes*, la fille de Jaïre était morte ; il n'en était rien cependant, elle n'était que dans un état de catalepsie qui faisait que cette mort n'était qu'apparente. Rappelé par Jésus, son Esprit revint prendre son corps. Il faut se bien mettre en l'esprit que tout ce qui a signalé le passage de Jésus sur la Terre était *prévu* et *préparé* par l'incarnation des Esprits qui devaient concourir à l'accomplissement de sa mission divine.

L'Esprit fut donc rappelé, la vie ramenée dans le corps et la jeune fille *guérie*. Ce fut pour frapper davantage les hommes que Jésus commanda qu'on lui apportât à manger. Notons que Jaïre était lui-même chef de la synagogue; c'était pour que l'esprit entêté des prêtres et des lévites fut lui-même frappé par le rapport de l'un des leurs, car ils avaient un profond mépris pour l'ignorance et la crédulité du peuple, et n'auraient point ajouté foi aux faits miraculeux que leur eut apporté la rumeur publique.

MATHIEU

CHAPITRE IX. — V. 27-31

Aveugles guéris.

V. 27. Comme Jésus sortait de ce lieu, deux aveugles le suivirent, criant et disant : Fils de David, ayez pitié de nous! — 28. Et lorsqu'il fut venu dans la maison, ces aveugles s'approchèrent de lui, et Jésus leur dit : Croyez-vous que je puisse faire ce que vous me demandez? Ils lui répondirent : Oui, Seigneur. — 29. Alors il toucha leurs yeux, disant : Qu'il vous soit fait selon votre foi. — 30. Et leurs yeux furent ouverts; et Jésus leur défendit fortement d'en parler, en leur disant : Prenez garde que personne ne le sache. — 31. Mais eux, s'en étant allés, répandirent sa réputation dans tout le pays.

64.

Cette guérison des deux aveugles fut opérée, comme toutes les autres qu'avait faites Jésus, par l'action magnétique et par la puissance de sa volonté. Il dirigea sur les yeux et dans l'organisme de ces deux aveugles les fluides appropriés à la nature et à la cause de la cécité dont ils étaient atteints.

L'emploi des fluides magnétiques peut enlever la cécité, mais seulement dans les cas où l'Esprit n'a qu'une épreuve passagère à subir et qu'il l'a supportée de manière à avoir obtenu du Seigneur qu'elle soit périmée. Celui qui murmure, qui ne supporte pas avec patience et résignation le châtiment qu'il ne subit que parce qu'il l'a mérité, celui-là ne guérit pas et porte jusqu'à la fin son expiation. Mais s'il est doux, humble et résigné, il peut trouver grâce et voir son épreuve abrégée. Il peut trouver un de ses frères en Humanité qui lui rend la santé, car l'homme peut, dans certains cas, par l'acte de sa volonté et l'action magnétique, obtenir des résultats semblables à ceux qu'obtenait le Christ, mais il faut, pour cela, *qu'il ait une grande pureté*, car la pureté seule donne une grande puissance, aidé qu'il est alors par les Esprits supérieurs, lesquels choisissent et disposent sous sa main les fluides appropriés aux résultats qu'il doit obtenir ; c'est là un grand *trésor*, une immense faveur que chacun de nous peut obtenir en s'élevant et s'épurant.

Celui d'entre nous qui n'est condamné à la douleur que pour un temps, trouvera toujours sur sa route quelque Esprit incarné ayant pour mission de faire cesser son épreuve passagère. Tout est préparé et prévu par le Seigneur pour que toutes choses s'accomplissent *ainsi* qu'elles doivent l'être.

La cécité est imposée à titre d'épreuve ou d'expiation à celui qui a refusé son concours à ses frères, à celui qui a abusé de ses facultés et qui doit subir la peine du talion. Il est puni par l'absence de ces facultés qui avaient fait sa force et son orgueil.

Si Jésus avait l'air souvent de s'envelopper de mystère, c'était afin que la réputation des grandes choses qu'il faisait fut encore rehaussée par le prisme de ce mystère. C'est pour cela qu'il dit aux aveugles : *Prenez garde que personne ne le sache.* Il agissait suivant les circonstances et les centres où il se trouvait.

MATHIEU, IX ; V. 32-34 — LUC, XI ; V. 14-20

Possédé muet. — *Blasphème des Pharisiens.*

MATHIEU : V. 32. Après qu'ils furent sortis, on lui présenta un homme muet, possédé du démon. — 33. le démon ayant été chassé, le muet parla ; et la multitude en fut dans l'admiration, disant : On n'a jamais rien vu de semblable en Israël ; — 34. mais les Pharisiens disaient : Il chasse les démons par le prince des démons.
LUC : V. 14. Un jour Jésus chassa un démon qui était muet et, lorsqu'il eut chassé le démon, le muet parla, et tout le peuple en fut dans l'admiration. — 15. Mais quelques-uns d'entre eux dirent : C'est par Belzébuth, prince des démons, qu'il chasse les démons. — 16. Et d'autres, pour le tenter, lui demandaient quelque prodige dans l'air. — 17. Mais Jésus, connaissant leurs pensées, leur dit : Tout royaume divisé contre lui-même sera détruit, et toute maison divisée contre elle-même tombera en ruines ; — 18. Si donc Satan est divisé contre lui-même, comment son règne subsistera-t-il ? Car vous dites que c'est par Belzébuth que je chasse les démons. — 19. Or, si je chasse les démons par Belzébuth, — par qui donc vos enfants les chassent-ils ? — C'est pourquoi ils seront eux-mêmes vos juges. — 20. Mais si je chasse les démons par le doigt de Dieu, c'est que le royaume de Dieu est venu jusqu'à vous.

65.

C'était par une action fluidique sur les organes de la voix, de la parole, que le mauvais Esprit rendait muet cet homme qu'il subjuguait et qu'on appelait un *possédé*. De même, un Esprit possesseur peut paralyser la vue ou bien l'ouïe de celui dont il veut se venger. Pour cela, il étend sur chacun de ses organes une partie du fluide qui l'enveloppe.

Jésus n'eut qu'à donner à l'Esprit obsesseur l'ordre d'abandonner sa victime, dont l'épreuve ou l'expiation ainsi prenait fin.

L'accusation des Pharisiens et des Prêtres contre Jésus qu'ils accusaient de se servir de Satan pour opérer ses miracles, a un rapport frappant avec celle dont les Spirites sont aujourd'hui l'objet de la part des prêtres catholiques. N'est-il pas vraiment dérisoire d'entendre ces derniers dire que c'est « *le démon* » qui prêche l'amour de Dieu et le renoncement aux choses de la Terre en tant qu'instruments d'orgueil, d'égoïsme, d'avarice et d'intempérance, de luxure et de sensualité?

On le voit, les Pharisiens de nos jours sont absolument les mêmes que les Pharisiens d'autrefois.

MATHIEU
CHAPITRE IX. — V. 35-38

Brebis sans pasteur. — Moisson. — Ouvriers.

V. 35. Jésus parcourait les villes et les villages, enseignait dans les synagogues et prêchait l'évangile du royaume, guérissant toutes les maladies et toutes les infirmités. — 36. Et voyant tous ces peuples, il eut pitié d'eux, car ils étaient accablés de maux et couchés çà et là comme des brebis qui n'ont pas de pasteur. — 37. Il dit à ses disciples : La moisson est grande, mais il y a peu d'ouvriers. — 38. Priez donc le maître de la moisson qu'il envoie des ouvriers dans sa moisson.

66.

Jésus engageait ainsi ses disciples à réunir autour d'eux tous ceux qui étaient de bonne volonté et capables de prêcher la pure morale qu'il venait enseigner. Pasteur vigilant, il avait besoin de bergers pour les envoyer sur tous les points ramener ses brebis. Moïse avait eu ses disciples aussi, ceux qui l'aidèrent à défendre et à continuer son œuvre. Jésus eut aussi les siens dans le même but. Les grandes propagandes procèdent toutes de la même manière, elles ne font que changer un peu, suivant l'époque et la phase d'intelligence et de progrès où se trouve l'Humanité.

Jésus avait pitié de tous ces peuples qui étaient accablés de maux et dispersés comme des brebis qui n'ont pas de pasteur. Ce qu'il disait alors à ceux qui le soutenaient dans sa mission d'amour, on peut encore le dire et le répéter à ceux qui sont aujourd'hui les apôtres de la Révélation spirite : « *La moisson est grande, mais il y a peu d'ouvriers; priez donc le Maître de la moisson qu'il envoie des ouvriers en sa moisson.* »

Nouveaux disciples, enseignons les nations et, guidés par les Esprits qui, cette fois, nous aident d'une manière visible, faisons leur comprendre que tous les hommes sont frères et qu'il n'y a qu'une seule nation : la famille terrienne. Enseignons à tous la pratique de la fraternité humaine, afin que la guerre devienne impossible, afin qu'il n'y ait plus d'intolérance et de fanatisme, ni de superstitions, ni d'incrédulité et qu'enfin tous les habitants de la Terre ne soient plus qu'*Un* dans *Tous* et *Tous* dans *Un*.

MATHIEU, X; V. 2-4 — MARC, III; V. 13-14 16-19 — LUC, VI; V. 12-16

Noms des apôtres. — Leur vocation.

MATHIEU : V. 2. Or, voici le nom des douze apôtres : le premier, Simon qui est appelé Pierre, et André, son frère; — 3. Jacques, fils de Zébédée, et Jean, son frère; Philippe et Barthélémi; Thomas et Mathieu le Publicain; Jacques, fils d'Alphée, et Thaddée; — Simon Cananéen, et Judas Iscariote, qui est celui qui le trahit.

MARC : V. 13. Et montant sur une montagne, il appela à lui ceux qu'il voulut, et ils vinrent à lui; — 14. et il en établit douze pour être avec lui et pour les envoyer prêcher. — 16. Savoir : Simon, à qui il donna le nom de Pierre.   17. Jacques, fils de Zébédée, et Jean, frère de Jacques, qu'il nomma Boanergès, c'est-à-dire enfants du tonnerre. — 18. André, Philippe, Barthélémi, Mathieu, Thomas, Jacques, fils d'Alphée, Thaddée, Simon Cananéen, — 19, et Judas Iscariote, qui est celui qui le trahit.

LUC : V. 12. En ce temps-là, Jésus s'en étant allé sur une montagne pour prier, y passa toute la nuit à prier Dieu. — 13. Et quand il fut jour, il appela ses disciples et en choisit douze d'entre eux qu'il nomma apôtres : — 14, Simon, auquel il donna le nom de Pierre, et André, son frère: Jacques et Jean, Philippe et Barthélémi; — 15, Mathieu et Thomas, Jacques, fils d'Alphée, et Simon, appelé le Zélé; Judas, frère de Jacques, et Judas Iscariote, qui est celui qui le trahit.

67.

Jésus était remonté dans les sphères célestes, comme nous avons dit, qu'il faisait chaque fois qu'il paraissait s'absenter aux yeux des hommes. Il paraissait également revenir en prenant petit à petit un corps visible et tangible.

C'est à cette époque qu'il choisit parmi tous ses disciples les douze qui devaient être les apôtres de la Révélation qu'il apportait aux hommes. Chacun d'eux eut la mission qui convenait à son caractère.

LUC
CHAPITRE VI. — V. 17-19

Descente de la montagne. — Guérisons.

V. 17. Il descendit ensuite avec eux et s'arrêta dans une plaine, étant accompagné de la troupe de ses disciples et d'une grande multitude de peuple de toute la Judée, de Jérusalem et du pays maritime de Tyr et de Sidon, — 18, qui étaient venus pour l'entendre et pour être guéris de leurs maladies, — parmi lesquels il y en avait aussi qui étaient possédés d'esprits impurs; et ils étaient guéris; — 19, et tout le peuple tâchait de le toucher, parce qu'il sortait de lui une vertu qui les guérissait tous.

68.

Jésus continuait partout ses miracles, afin de rendre sa mission évidente aux yeux de tous.

MATHIEU, X; V, 1 — 5-15 — MARC, III : V. 15 ET VI; V. 7-13 — LUC, IX; V. 1-6

Instructions données aux apôtres. — Leur mission. — Leur puissance. — Leur pauvreté. — Leur prédication.

Mathieu : V. 1. Jésus, ayant convoqué ses douze disciples, leur donna puissance sur les esprits impurs pour les chasser et pour guérir toutes les maladies et infirmités. — 5. Jésus envoya ses douze apôtres après leur avoir donné les instructions suivantes : N'allez point vers les Gentils et n'entrez point dans les villes des Samaritains ; — 6. mais allez plutôt vers les brebis perdues de la maison d'Israël ; — 7. et allez donc et prêchez, disant : Le royaume des cieux est proche ; — 8. rendez la santé aux malades; ressuscitez les morts, purifiez les lépreux, chassez les démons; donnez gratuitement ce que vous avez reçu gratuitement. — 9. Ne possédez ni or, ni argent, ni autre monnaie dans vos ceintures. — Ne préparez ni un sac pour le chemin, ni deux tuniques, ni souliers, ni bâton; car l'ouvrier mérite qu'on le nourrisse. — 11. En quelque ville ou quelque village que vous entriez, demandez où est un juste, et demeurez chez lui jusqu'à ce que vous partiez. — 12. Entrant dans la maison, saluez-la, disant : Que la paix soit dans cette maison. — 13. Si cette maison en est digne, votre paix viendra sur elle; et, si elle n'en est pas digne, votre paix reviendra sur vous. — 14. Lorsque quelqu'un ne vous recevra point et n'écoutera point vos paroles, en sortant de cette maison ou de cette ville, secouez la poussière de vos pieds. — 15. En vérité, je vous le dis : Au jour du jugement, il y aura moins de rigueur pour la terre de Sodome et de Gomorrhe que pour cette ville-là.

Marc : V. 15. Et il leur donna la puissance de guérir les maladies et de chasser les démons.

VI : V. 7. Or, Jésus ayant appelé les douze, il commença à les envoyer deux à deux, et il leur donna la puissance sur les esprits impurs. — 8. Il leur commanda de s'en aller avec leur bâton seulement, de n'avoir, pour le chemin, ni sac, ni pain, ni argent dans leur bourse. — 9. mais de ne prendre que leurs souliers et de ne point se vêtir de deux tuniques. — 10. et il leur disait : En quelque maison que vous entriez, demeurez-y jusqu'à ce que vous sortiez de la ville. — 11. Et lorsqu'il se trouvera des personnes qui ne voudront ni vous recevoir ni vous écouter, secouez, en vous retirant, la poussière de vos pieds, afin que ce soit un témoignage contre eux. — 12. Etant donc partis, ils prêchaient aux peuples qu'ils fissent pénitence : — 13. et ils chassaient beaucoup de démons, oignaient d'huile plusieurs malades et les guérissaient.

Luc : V. 1. Jésus, ayant assemblé ses douze apôtres, leur donna puissance et autorité sur tous les démons et le pouvoir de guérir les maladies. — 2. Et il envoya prêcher le royaume de Dieu et rendre la santé aux malades. — 3. Et il leur dit : Ne portez rien dans le chemin, ni bâton, ni sac, ni pain, ni argent, et n'ayez point deux tuniques. — 4. Et en quelque maison que vous soyez entrés, demeurez-y et n'en sortez point ; — 5. et lorsqu'il se trouvera des personnes qui ne voudront pas vous recevoir, — sortant de leur ville, secouez même la poussière de vos pieds, afin que ce soit un témoignage contre eux ; — 6. Eux donc, étant partis, allaient de village en village, annonçant l'Evangile et guérissant partout les malades.

69.

Jésus envoya d'abord prêcher au milieu d'Israël, car c'était le peuple choisi par Dieu pour être initié le premier à la loi divine. Il défendit à ses disciples de rien prendre avec eux, afin de leur bien faire comprendre que, missionnaires du Seigneur, ils devaient s'en remettre à lui des choses de la vie et n'attacher aucune importance au bien-être matériel.

Quand Jésus leur disait que ce qu'ils *liaient et déliaient sur la terre* serait également *lié et délié dans le ciel*, il faut comprendre que l'esprit incarné, arrivé à un certain degré d'élévation, est initié à la justice de Dieu, et qu'il est en état de sentir lui-même le jugement qui doit être rendu. Mais il n'y avait dans ces paroles rien de ce qu'y a trouvé l'orgueil humain, qui fit découler de la l'arbitraire et y trouva même l'occasion d'un trafic honteux en allant jusqu'à vendre l'indulgence et le pardon. Mais la trompette du jugement dernier a sonné pour cet orgueil insensé qui a substitué l'homme à Dieu et l'Église nouvelle, qui n'a besoin ni de prêtres ni d'autels, vient continuer l'œuvre des premiers disciples du Christ.

Les Juifs appelaient Gentils tous ceux qui ne professaient pas la même foi qu'eux, et les Samaritains étaient une secte dissidente de l'hébraïsme. Jésus voulut que la bonne nouvelle fût annoncée d'abord au peuple juif, car il voulait éviter d'ameuter les préjugés contre ses disciples. Les Juifs auraient crié au sacrilège en voyant les disciples de Jésus parler repentance et prêcher l'amour de leur Dieu à ceux qu'ils regardaient comme *exclus* de l'héritage que Moïse leur avait promis. La prédication chez les Gentils devait avoir lieu plus tard, à son jour et à son heure.

Le royaume de Dieu devenait proche, en effet, pour tous ceux qui écoutaient ces enseignements divins, comme il l'est aujourd'hui bien plus encore pour ceux qui se rendent à la Révélation nouvelle. Il n'est plus possible de se fourvoyer en suivant une fausse direction, puisque ce sont les Esprits du Seigneur eux-mêmes qui enseignent et font devant nous la route droite et unie. « *Voilà les obstacles*, nous disent-ils, *évitez-les; nous vous tendons la main pour vous aider à les franchir.* » Le voile est enlevé de nos yeux, la foi éclaire notre route de son flambeau divin, et du haut des cieux l'espérance nous appelle et nous ouvre les bras.

Jésus donna à ses apôtres puissance et autorité sur tous les mauvais Esprits et aussi le pouvoir de guérir toutes les maladies. Autrement dit, il les rendit médiums-guérisseurs, servant d'intermédiaires entre les Esprits supérieurs qui les assistaient et les hommes à qui il fallait essayer de dessiller les yeux. C'est encore ce que font aujourd'hui des quantités de médiums spirites. Il semblerait même, à ce que nous voyons, qu'il suffit, pour guérir son semblable, d'être *religieux* dans le fond de l'âme, *d'avoir la foi* et *de vouloir*. Il est bien évident que tous les prétendus miracles que faisaient autrefois les apôtres de Judée, les apôtres du Spiritisme les font également de nos jours. Ils ne ressuscitent pas les morts *quand ils sont bien morts*, ce qui serait contre nature, mais ils les sortent de leur torpeur et de leur sommeil magnétique quand ils sont *en catalepsie*.

La catalepsie était ignorée des anciens et, quand elle se présentait, c'était pour eux un cas de mort. Mais Dieu lui-même ne pourrait ressusciter un mort, car la mort est une loi, et les lois de Dieu sont immuables comme lui-même.

Jésus donnait ordre à ses disciples de *guérir gratuitement*. C'est, en effet, ce que doit faire tout médium, car ce don de soulager les misères de ses semblables est un don de Dieu fait pour établir la fraternité entre tous les hommes et montrer que nous sommes tous solidaires les uns des autres.

Un *médium-guérisseur ne doit jamais se faire payer*.

Guérir un de ses semblables des maux qui l'accablent est la plus douce satisfaction qu'un homme puisse avoir en ce monde, et le fait de la guérison est par lui-même une récompense que Dieu lui donne. Celui-là qui saurait accomplir ainsi la loi de fraternité divine, celui-là n'a besoin d'emporter avec lui ni argent, ni pain, ni quoi que ce soit dans sa ceinture, car partout il sera reçu à bras ouverts et partout béni. Un simple bâton de voyage lui suffira. Le véritable apôtre doit avoir le mépris des biens terrestres et la confiance la plus grande et la plus complète en la bonté de Dieu.

Vous aussi, apôtres spirites, quand vous irez dans une ville, *demandez où est un juste et demeurez chez lui.* Le juste est celui qui s'efforce de marcher dans les voies du Seigneur et qui fait tous ses efforts pour s'y maintenir. Le juste est celui qui pratique dans toute leur étendue les vertus imposées aux hommes ; le juste est celui qui a la vraie charité, cette charité qui, douce et humble, se cache, voile ses actes et ses paroles, qui se fait humble devant les hommes et tâche même de se faire humble *dans le secret* de son cœur ; car si vous êtes charitables avec la confiance en vous-mêmes que vous avez fait un acte méritoire, que bien d'autres n'eussent pas fait, votre mérite est bien peu de chose. Le juste, c'est celui qui a l'amour, l'amour actif ; qui rend au Seigneur ce qu'il en a reçu ; qui soutient ses frères, les mauvais aussi bien que les bons ; qui fait le bien sans arrière-pensée, non-seulement sans en attendre aucune reconnaissance, mais même sans penser à en recevoir jamais aucune reconnaissance d'en Haut. Le juste, c'est celui qui a la foi, cette foi forte et tenace que rien ne peut ébranler et qui résiste à tous les chocs ; foi douce pour tous ceux qui l'entourent, ne s'imposant pas de force, mais s'insinuant petit à petit par la force de l'exemple et la pratique des bonnes œuvres.

Voilà le *Juste* devant Dieu, toujours bon, toujours bienveillant, et toujours simple et tolérant.

Apôtres de la nouvelle Révélation, allez droit votre chemin et songez que votre temps est précieux. Combien sont coupables et malheureux ceux à qui le Seigneur, par vous, envoie la lumière et qui refusent de la recevoir ! Ceux-là resteront plongés dans les ténèbres et n'auront plus aucun secours pour en sortir, car il n'y a pas de sourds tels que ceux qui se bouchent les oreilles pour ne point entendre, ni d'aveugles pareils à ceux qui se mettent un bandeau sur les yeux pour ne pas voir. Ne perdez pas votre temps à convaincre ceux-là, abandonnez-les et sortez de leurs demeures en secouant la poussière de vos pieds, car il n'y a rien à faire absolument avec ces Esprits coupables et rebelles qui refusent de recevoir la lumière que le Maître leur envoie de nouveau par ses nouveaux disciples. Pour ces Esprits endurcis dans le mal le temps des épreuves et des expiations n'est point terminé, de longues souffrances les attendent encore dans les nuits sombres de l'avenir.

MATHIEU, X ; V. 16-22 — LUC, XII ; V. 11-12

Prudence. — Simplicité. — Assurance devant les hommes. — Assistance et concours du Saint-Esprit.

MATHIEU : V. 16. Voilà que je vous envoie comme des brebis au milieu des loups ; soyez donc prudents comme les serpents et simples comme les colombes ; — 17, mais soyez en garde contre les hommes ; car ils vous feront comparaître dans leurs assemblées, et ils vous flagelleront dans leurs synagogues ; — 18, et vous serez conduits, à cause de moi, devant les gouverneurs et devant les rois pour me rendre témoignage devant eux et devant les nations. — 19. Et lorsqu'ils vous feront comparaître, ne vous inquiétez pas comment vous parlerez ni ce que vous direz ; ce que vous devrez dire vous sera donné à l'heure même. — 20. Car ce n'est pas vous qui parlez, mais l'esprit de votre père qui parle en vous. — 21. Le frère livrera le frère à la mort, et le père le fils ; les enfants se soulèveront contre leurs parents et les feront mourir ; — 22, et vous serez haïs de tous les hommes à cause de mon nom ; mais celui qui persévérera jusqu'à la fin sera sauvé.

Luc : V. 11. Lorsqu'on vous conduira dans les synagogues et devant les magistrats et les puissances, ne vous inquiétez pas comment vous répondrez ni de ce que vous direz ; — 12, car le Saint-Esprit vous enseignera, au même instant, ce qu'il faudra que vous disiez.

70

Ces paroles de Jésus s'appliquent à toutes les époques, car depuis que le monde est tombé dans le matérialisme et le fanatisme, les apôtres de la vérité ont toujours été persécutés, et de nos jours encore l'intolérance, l'ignorance et la superstition, l'ambition orgueilleuse et cupide et le despotisme religieux sont autant de barrières qui s'opposent à la marche du bien et éloignent l'époque de son triomphe. Et les apôtres de la vérité sont toujours *comme des brebis au milieu des loups.*

Il faut que les apôtres du Spiritisme se pénètrent bien de ces conseils du Maître, car leur tâche est rude, n'ayant affaire qu'à des Esprits orgueilleux et susceptibles qui les recevront avec la raillerie et le sarcasme aux lèvres, comme les Scribes et les Pharisiens d'autrefois. Il faut qu'ils soient *prudents comme les serpents et doux comme des colombes,* afin de ne pas compromettre leur œuvre de Rénovation par un zèle intempestif. Leurs armes sont la douceur et la simplicité et, ce qui fera leur force, c'est le soutien qu'ils sont bien sûrs d'avoir de leurs amis célestes, des Esprits qui les accompagnent et qui les aident. Qu'ils aient la foi qu'avaient autrefois les apôtres de Judée qui, bien qu'ignorants en tout, se mirent à parler toutes les langues et, Médiums inspirés, n'avaient plus qu'à prêter leurs organes aux Esprits célestes qui parlaient pour eux. C'est que tous ces apôtres étaient des Esprits élevés, incarnés en mission, et avaient une très grande aptitude pour entrer en communication avec les désincarnés qui les aidaient dans leur œuvre. Il en est aujourd'hui absolument de même pour la Révélation Spirite, pour laquelle beaucoup d'Esprits supérieurs se sont incarnés par dévouement. A eux aussi le SAINT-ESPRIT *leur enseignera ce qu'il faudra dire*. Qu'ils sachent supporter avec patience et calme la haine et les injures, le sarcasme et la raillerie. C'est leur *devoir*; c'est la *Mission* qu'ils ont à remplir et et qu'ils se sont donnée eux-mêmes. Donc, ni faiblesse ! ni défaillance !

MATHIEU, X ; V. 23-27 — LUC, XII ; V. 1-3
ET VI ; V. 39-40.
—

Fuir les persécutions. — Imiter Jésus. — Révélation nouvelle prédite. — Levain des Pharisiens. — L'hypocrisie ; rien de caché à Dieu. — Aveugle conduisant un autre aveugle.

MATHIEU : V. 23. Lors donc qu'on vous poursuivra dans une ville, fuyez dans une autre ; en vérité, je vous le dis : Vous n'aurez pas parcouru toutes les villes d'Israël, que le fils de l'homme viendra. — 24. Le disciple n'est point au-dessus du maître, ni le serviteur au-dessus de son seigneur; — 25. Il suffit au disciple d'être comme le maître et au serviteur comme son seigneur. S'ils ont appelé Belzébuth le père de famille, combien à plus forte raison, ses serviteurs; — 26. ne les craignez donc point; car il n'y a rien de caché qui ne doive être révélé et rien de secret qui ne doive être connu. — 27. Ce que je vous dis dans les ténèbres, dites-le dans la lumière; et ce que vous entendez à l'oreille, prêchez-le sur les toits.

Luc: V. 1. Mais une grande multitude de peuple s'étant assemblée autour de Jésus, en sorte qu'ils se pressaient les uns contre les autres, il commença à dire à ses disciples: Gardez-vous du levain des Pharisiens, qui est l'hypocrisie; — 2. car il n'y a rien de caché qui ne doive être découvert ni rien de secret qui ne doive être connu; — car ce que vous aurez dit dans les ténèbres, se publiera dans la lumière; et ce que vous aurez dit à l'oreille dans les chambres sera prêché sur les toits.

VI; V. 39. Il leur proposait aussi cette comparaison: Un aveugle peut-il conduire un autre aveugle? Ne tomberont-ils pas tous deux dans la fosse? — 40. Le disciple n'est pas au-dessus de son maître mais tout disciple sera parfait s'il est comme son maître.

71.

Ces paroles de Jésus s'appliquent à tous les apôtres de la vérité qui seront pourchassés, jusqu'à ce que soient enfin arrivés ces temps où régneront, en toute vigueur, la liberté de conscience et la liberté d'examen, en même temps que le respect de la vie des hommes. Mais il faut tout particulièrement noter la parole prophétique de la venue du fils de l'homme aux temps marqués par le Seigneur. Ces temps marqués sont ceux qui suivront la Révélation de l'Esprit de vérité, et cette Révélation c'est justement celle que nous apporte aujourd'hui l'ère Spirite.

Le maître n'est pas plus que le serviteur quand le serviteur se met à la hauteur du maître. C'est bien là ce que nous apprend le Spiritisme qui vient nous dire que tous les Esprits arrivent au même but en progressant continuellement. Et quand Jésus nous dit : *Lorsqu'on vous poursuivra dans une ville, fuyez dans une autre,* cela signifie que ceux qui se sont donné pour tâche de répandre la bonne nouvelle ne doivent jamais se rebuter. Qu'ils laissent donc de côté les Esprits entêtés et réfractaires en attendant le jour où la glace de leur cœur ayant fondu, ils seront devenus moins rebelles et moins endurcis.

Nous l'avons déjà dit : *les villes d'Israël* représentent, sous le voile de l'allégorie, toutes les nations de la Terre, et la génération à laquelle s'adressait Jésus est cette génération d'Esprits qui, purifiée avec le temps par les expiations et les réincarnations successives, doit accomplir toutes les prédictions jusqu'au moment où le Christ reviendra de nouveau pour ouvrir définitivement nos yeux à la lumière et séparer les bons des méchants. Jésus tient de son Père céleste trois missions qu'il doit mener à bonne fin : la PREMIÈRE, c'est celle qu'il accomplit autrefois ; la DEUXIÈME, c'est celle qu'il accomplit actuellement à l'état d'esprit invisible par l'intermédiaire et le concours des Esprits supérieurs qui, sous la direction de l'Esprit de vérité, fondent l'*ère spirite* et viennent établir le règne de la *justice;* la TROISIÈME, ce sera le règne de l'*amour*, et il viendra l'accomplir quand notre Humanité sera suffisamment épurée ; alors, il se manifestera aux hommes dans toute sa puissance et sa majesté, et se montrera entouré des purs Esprits, des Esprits supérieurs et des bons Esprits qui auront travaillé à l'œuvre de régénération de la Planète et nous auront rendus dignes de recevoir le Maître et de supporter la vérité *sans voile*. C'est ainsi que, pareille à chacun de nous, l'Humanité tout entière doit passer par l'enfance; l'âge de puberté, l'âge mûr et l'âge de transfiguration.

On le voit, la *réincarnation* est la loi divine qui permet de tout expliquer et de tout comprendre. Il faut que les hommes sachent bien tous, aujourd'hui, que la vie humaine et les conditions sociales, si différentes et si diverses, qu'elle présente, sont toujours soit une *épreuve*, soit une *expiation*. Qu'ils comprennent donc et n'oublient jamais que, par la pluralité des existences et suivant le degré de culpabilité, les épreuves et les expiations sont appropriées aux fautes commises dans les incarnations précédentes. C'est ainsi que le maître *de la veille*, dur et hautain, est l'esclave ou le serviteur *du lendemain;* le seigneur devient le domestique. Le savant de la veille, qui a abusé de son intelligence et de sa science pour égarer les hommes et pervertir les masses, devient l'idiot ou le fou du lendemain. L'orateur qui a fait des abus graves de son talent et de sa parole renaîtra sourd-muet. L'homme plein de beauté, de force et de santé qui aura fait abus des biens que Dieu lui avait donnés, reviendra sur la Terre rachitique et souffrant ou complètement disgracié de la nature. Les incarnations ont lieu dans le milieu convenable et selon les conditions voulues pour l'accomplissement inévitable des épreuves à supporter et des expiations à subir; c'est ce qui nous explique comment et pourquoi, dans la même famille, deux enfants issus des mêmes père et mère, sont souvent dans des conditions physiques ou dans des états intellectuels ou moraux si disparates et si complètement opposés. Le parent et l'ami *de la veille* ne sont pas ceux *du lendemain* qui souvent, au contraire, sont l'ennemi ou l'inconnu. Oui, c'est de cette loi de justice parfaite dont il faut bien nous pénétrer, qui veut que la vie humaine n'est autre chose qu'une épreuve en même temps qu'un instrument pour forcer tous les Esprits rebelles à réparer leurs fautes et à s'engager, malgré eux-mêmes, dans la voie du progrès.

Ouvrons donc notre intelligence et notre cœur à la révélation nouvelle et soutenons-nous les uns les autres ; que le fort vienne relever le faible, que le riche vienne au devant du pauvre, et que celui qui sait enseigne celui qui ignore. Mais, que celui qui veut conduire ses frères commence par scruter sa conduite et sache bien que, le meilleur moyen d'être utile aux hommes, c'est de leur donner *le bon exemple*. Il ne faut pas qu'on puisse dire de lui : c'est un aveugle qui conduit un autre aveugle pour tomber ensemble dans le même fossé. Qu'il soit humble comme Jésus lui-même qui, divin modèle de perfection, vient si doucement et si modestement nous dire *que le maître n'est pas au-dessus du disciple*, mais que le disciple peut devenir *l'égal* du maître. Douces paroles d'humilité ! Qu'elles soient donc pour nous des paroles de force et d'encouragement, afin que nous soyons pleins de patience et de persévérance dans nos luttes contre la calomnie.

MATHIEU, X ; V. 28-31 — LUC, XII ; V. 4-6

Ne craindre que Dieu, sans la volonté de qui rien ne s'accomplit.

V. 28 : Ne craignez point ceux qui tuent le corps, mais qui ne peuvent tuer l'âme ; mais plutôt craignez celui qui peut précipiter et le corps et l'âme dans la géhenne. — 29. N'est-il pas vrai que deux passereaux ne se vendent qu'une obole ? Et aucun ne tombera sur la terre, sans la volonté de votre père.—30. Tous les cheveux de votre tête sont comptés. — 31. Ne craignez donc point ; vous valez plus que beaucoup de passereaux.

Luc : V. 4. Et je vous dis à vous, mes amis : Ne craignez point ceux qui tuent le corps et qui, après cela, n'ont rien à vous faire davantage ; — 5, mais je m'en vais vous apprendre qui vous devez craindre : Craignez celui qui, après avoir ôté la vie, a le pouvoir de jeter dans la géhenne ; oui, je vous le dis : craignez celui-là. — 6. Ne donne-t-on pas cinq passereaux pour deux doubles ? Cependant il n'y en a pas un seul qui soit en oubli devant Dieu. — 6. Tous les cheveux de votre tête sont comptés ; ne craignez donc point ; vous valez mieux que beaucoup de passereaux.

72.

Jésus appropriait toujours son langage au temps où il accomplissait sa mission et à l'état des intelligences, de manière à impressionner fortement ceux auxquels il s'adressait. Il cherchait à donner confiance à ceux qui allaient l'aider dans son œuvre de régénération, et il apprenait à ses apôtres à ne pas craindre les hommes, à ne reculer devant aucun danger, devant aucune persécution, en leur disant que tous les cheveux de notre tête sont comptés là-haut. Pour la première fois, Jésus montrait la toute-puissante bonté de Dieu descendant jusqu'à regarder à l'existence des plus faibles créatures. C'était préparer les hommes à comprendre que, quoique l'Esprit *humanisé* soit le roi de la création, tout ce qui existe et se meut dans l'Univers est sous l'œil de Dieu, le ciron aussi bien que le roi de la Terre.

Le mot *géhenne* est une expression allégorique. La géhenne, chez les Hébreux, était un cloaque

que le roi Josias avait établi près de Jérusalem, où les Juifs jetaient les immondices de la ville et les cadavres auxquels on n'accordait pas la sépulture et où l'on entretenait un feu continuel pour consumer ces matières viles et méprisables. Mais il ne faut pas ici prendre le mot à la lettre. La géhenne, c'est l'immensité où, à l'état d'erraticité, l'esprit coupable subit les souffrances ou tortures morales appropriées aux fautes ou aux crimes commis. La géhenne, ce sont les Terres primitives et tous les mondes inférieurs d'épreuves et d'expiations où, par l'incarnation et la réincarnation, sont jetés les Esprits coupables. Là l'Esprit prend une enveloppe grossière qui devient également pour lui une véritable géhenne qu'il doit sacrifier sans regret, mais qu'il doit cependant préserver de toute souillure. Il doit savoir perdre ce corps pour garder la pureté de son âme, savoir abandonner l'enveloppe et briser le vase pour conserver le parfum qu'il renferme.

MATHIEU, X ; V. 32-36 — LUC, XII ; V. 8-9 ET XII ; V. 49-53

Jésus est venu — mettre le feu sur la terre. — Apporter NON *la paix* MAIS *le glaive, la division. — Afin qu'il parvienne à être connu et jusqu'à ce qu'il le soit.*

MATHIEU : V. 32. Quiconque donc me confessera, me reconnaîtra devant les hommes, je le reconnaîtrai aussi moi-même devant mon père qui est dans les cieux. — 33. Et quiconque me renoncera devant les hommes, je le renoncerai aussi moi-même devant mon père qui est dans les cieux. — 34. Ne pensez pas que je sois venu apporter la paix sur la terre, je ne suis pas venu apporter la paix mais le glaive. — 35. Car je suis venu séparer l'homme d'avec son père, la fille d'avec sa mère et la belle-fille d'avec sa belle-mère; — 36. et l'homme aura pour ennemis ceux de sa propre maison.

Luc : V. 8. Or, je vous dis que quiconque me confessera et me reconnaitra devant les hommes, le fils de l'homme le reconnaitra devant les anges de Dieu. — 9. Mais celui qui me renoncera devant les hommes, je le renoncerai aussi devant les anges de Dieu; — 49. je suis venu mettre le feu sur la terre; et que veux-je, sinon qu'il soit allumé? — 50. J'ai à être baptisé d'un baptême et combien suis-je pressé qu'il soit accompli? — 51. Pensez-vous que je sois venu apporter la paix sur la terre? Non, je vous le dis, mais la division. — 52. Car, désormais, s'il se trouve cinq personnes dans une maison, elles seront divisées les unes contre les autres; trois contre deux et deux contre trois; — 53. le père sera en division avec le fils, et le fils avec le père; la mère avec la fille, la belle-mère avec la belle-fille et la belle-fille avec la belle-mère.

73.

Ces paroles de Jésus sont bien claires pour celui qui veut un peu réfléchir.

Celui qui marche avec simplicité de cœur et humilité d'esprit dans la vérité, dans les bonnes œuvres, dans l'amour et la fraternité, est dans la bonne voie indiquée par Jésus. Celui qui, au contraire, s'engage dans les mauvais chemins, dans la voie de l'orgueil, de l'égoïsme, de l'hypocrisie et de tous les vices qui dégradent l'Humanité, Jésus ne peut le recevoir au rang des siens et le reniera tant qu'il ne sera pas rentré dans le bon chemin en confessant le Christ et sa morale sublime.

Jésus venait évidemment apporter la guerre en séparant les bons des méchants et en venant saper les abus et détruire les préjugés que caressaient et défendaient, dans leur intérêt, les scribes, les pharisiens et les prêtres orgueilleux et cupides, qui déjà se déclaraient infaillibles. Il groupait autour de lui tous ceux qui écoutaient avec docilité les divins enseignements qu'il venait apporter au monde et qui, devenus ses disciples, donnaient comme lui l'exemple de la foi, du désintéressement, de l'abnégation et du dévouement. De là nécessairement devait naître la lutte entre ceux qui entraient ainsi dans la voie nouvelle et ceux qui restaient endurcis; et la division devait se mettre même au sein des familles, car les bons ne peuvent vivre avec les méchants, au milieu desquels ils ne peuvent accomplir la mission qu'ils ont reçue ou qu'ils se donnent eux-mêmes. Il en a été ainsi autrefois, il en est encore de même aujourd'hui, et il en sera toujours ainsi tant que notre Planète ne sera pas en harmonie et que tous les hommes qui l'habitent ne feront point une seule et même famille en Dieu. Jésus lisait dans l'avenir et voyait les haines et les inimitiés qui devaient naître sous le même toit et séparer les membres d'une même famille. Il voyait le sang qui serait répandu *en son nom* par la substitution d'une foi aveugle et fausse à une loi d'amour et de fraternité. Il voyait dans l'avenir l'intolérance, le fanatisme, la superstition, l'ambition dominatrice allumant les bûchers et pratiquant la torture.

Et c'est encore la guerre et la division que vient apporter dans la société moderne la Révélation nouvelle, le Spiritisme; car grand est le nombre des fanatiques, et ce n'est point en un jour qu'ils ouvriront les yeux à la lumière. Là encore il faut que le triage se fasse entre l'ivraie et le bon grain, et c'est bien avec vérité que l'on peut dire que, dans notre monde déchu et corrompu, le progrès est un monstre qui se nourrit de sang et de larmes. C'est une conséquence de notre chute et de nos fautes. Il ne faut donc nous en prendre qu'à nous-mêmes et nous soumettre à la *réparation* avec courage et persévérance. *Sursum corda !*

MATHIEU, X ; V. 37-39—LUC, XIV ; V. 25-27

Amour de famille. — Accomplissement du devoir par dessus toutes choses. — Patience et résignation dans les épreuves terrestres.

MATHIEU : V. 37. Celui qui aime son père ou sa mère plus que moi n'est pas digne de moi, et celui qui aime son fils ou sa fille plus que moi, n'est pas digne de moi ; — 39, celui qui garde sa vie, la perdra, et celui qui perdra sa vie, à cause de moi, la trouvera.

Luc : V. 25. Une grande multitude de peuple marchant avec Jésus, il se retourna vers eux et leur dit : —26 Si quelqu'un vient à moi et ne hait pas son père et sa mère, sa femme, ses enfants, ses frères, ses sœurs et même sa propre vie, il ne peut être mon disciple ;— 27, et celui qui ne porte pas sa croix et ne me suit pas, ne peut être mon disciple.

74.

Ces versets n'ont point toujours été sainement compris. On s'est arrêté à *la lettre* sans chercher à pénétrer *l'esprit*.

Le seul intérêt que doit avoir l'homme sur la Terre c'est la régénération de son âme, et il ne doit jamais s'écarter de la voie que lui a tracée Jésus pour cela. Mais il était bien loin de la pensée de Jésus de vouloir prêcher l'égoïsme et la sécheresse du cœur. L'homme peut aimer Dieu par dessus toutes choses et remplir en même temps tous les devoirs que lui impose la famille. Mais il faut bien se dire que la vie n'est composée que de devoirs : un mariage ne devrait être que l'union de deux Esprits ayant pour but de se corriger mutuellement de leurs défauts et de conduire dans la voie du bien les enfants que Dieu leur envoie et leur confie. Jésus veut dire simplement qu'on ne doit jamais renier cette loi d'amour qu'il est venu prêcher, et que celui qui n'accepte pas avec amour, et même avec reconnaissance, les épreuves dont la vie humaine est semée, n'est pas digne d'être son disciple.

En disant à ses disciples : *Celui qui garde sa vie la perdra*, Jésus voulait leur faire comprendre que celui qui faillissait à sa mission pour conserver sa vie matérielle, perdrait sa vie spirituelle. Il les engageait ainsi à tout affronter, même la mort, pour répandre la bonne nouvelle. Il voulait bien faire comprendre, en un mot, que la vie de l'esprit est la *seule* existence réelle.

Cette expression de saint Luc : *Si quelqu'un ne hait pas* .... est une mauvaise traduction de l'hébreu en français.

Il faut se rappeler que les Evangiles ont été traduits de l'hébreu en grec, puis du grec en latin, puis enfin du latin en français ; c'est une raison de plus de prendre toujours l'esprit et de ne jamais s'arrêter à la lettre.

LUC

CHAPITRE XIV. — V. 28-33

Examiner avant d'agir. — Ne pas s'arrêter dans la route du progrès. — Ne tenir aux biens matériels QUE *comme moyen de charité.*

V. 28. Qui est celui d'entre vous qui, voulant bâtir une tour, ne suppute auparavant, en repos et à loisir, la dépense qui y sera nécessaire pour savoir s'il aura de quoi l'achever ; — 29. de peur qu'en ayant jeté les fondements et ne pouvant l'achever, tous ceux qui verront ce bâtiment imparfait ne commencent à le railler, — 30, disant : Cet homme avait commencé à bâtir, mais il n'a pas pu achever ; — 31, ou quel est le roi qui, se mettant en campagne pour combattre un autre roi, n'examine pas auparavant, en repos et à loisir, s'il peut marcher avec dix mille hommes contre un ennemi qui vient à lui avec vingt mille ? — 32. et, s'il ne le peut, il lui envoie des ambassadeurs lorsqu'il est encore éloigné et lui fait des propositions de paix. — 33. Ainsi donc, quiconque d'entre vous ne renonce pas à tout ce qu'il a, ne peut être mon disciple.

75.

Ce sont de sages conseils donnés aux hommes.

Que celui qui ne se sent pas la force nécessaire pour entreprendre de grandes choses ne s'y essaie pas ; qu'il attende et se fortifie, qu'il étudie, qu'il travaille. Faire le contraire serait évidemment manquer à toutes les règles de la sagesse et de la prudence.

Pour marcher dans la voie du progrès, il faut savoir se détacher des biens matériels, et celui qui est riche et qui possède doit savoir se défaire de ses biens pour venir au secours de ses frères qui souffrent et qui n'ont rien.

MATHIEU

CHAPITRE X. — V. 40-42 — ET XI ; V. 1

Celui qui accomplit la loi d'amour et de charité aura sa récompense.

V. 40. Celui qui vous reçoit, me reçoit ; et celui qui me reçoit, reçoit celui qui m'a envoyé. — 41. Celui qui reçoit le prophète, comme prophète recevra la récompense du prophète ; et celui qui reçoit le juste en qualité de juste, recevra la récompense du juste. — 42. Et quiconque donnera seulement à boire à l'un de ses plus petits un verre d'eau froide, comme étant de mes disciples, en vérité, je vous le dis, il ne perdra point sa récompense.
II : V. 1. Jésus ayant achevé de donner ces instructions à ses douze disciples, partit de là pour s'en aller enseigner et prêcher dans les villes d'alentour.

76.

Tout le bien que nous faisons en ce monde nous est compté quand notre âme, débarrassée de ses besoins matériels, comparaît devant le tribunal des anges que Dieu a institué pour juger les désincarnés de la Terre.

LUC

CHAPITRE X. — V. 1-13 ET 16

Mission et instructions données aux soixante-douze disciples.

V. 1. Quelque temps après, le Seigneur choisit encore soixante-douze autres disciples et les envoya, devant lui, deux à deux, dans toutes les villes et dans tous les lieux où lui-même devait aller ; — 2, et il leur disait : La moisson est grande, mais il y a peu d'ouvriers ; priez donc le maître de la moisson qu'il envoie des ouvriers en sa moisson; allez; je vous envoie comme des agneaux au milieu des loups. — 4. Ne portez ni bourse, ni sac, ni souliers, et ne saluez personne dans le chemin. — 5. En quelque maison que vous entriez, dites premièrement : Paix à cette maison ; — 6, et s'il s'y trouve quelque enfant de paix, votre paix reposera sur lui, sinon elle retournera sur vous. — 7. Demeurez en la même maison, mangeant et buvant de ce qu'il y aura chez eux; car l'ouvrier est digne de son salaire ; ne passez point de maison en maison ; — 8, et en quelque ville que vous entriez et où l'on vous aura reçus, mangez ce qu'on vous présentera ; — 9, et guérissez les malades qui y sont, et dites-leur: Le royaume de Dieu est proche de vous; — 10, mais si, étant entrés dans quelque ville, on ne vous reçoit point, allez dans les rues et dites : — 11. Nous secouons contre vous la poussière même de votre ville qui s'est attachée à nos pieds; sachez néanmoins que le royaume de Dieu est proche. — 12. Je vous dis qu'en ce jour-là ceux de Sodome et de Gomorrhe seront traités moins rigoureusement que ceux de cette ville-là. — 16. Et celui qui vous écoute, m'écoute; celui qui vous méprise, me méprise; et celui qui me méprise, méprise celui qui m'a envoyé.

77.

Quand Jésus disait à ses disciples : « *Ne saluez personne dans le chemin,* » cela voulait dire : Ne vous laissez point détourner de votre voie, ne vous arrêtez pas, poursuivez votre mission; car il faut prendre toujours *l'esprit* caché sous *la lettre. Ne passez pas d'une maison à l'autre,* leur disait-il encore pour leur recommander la persévérance.

Les disciples de Jésus donnaient la nourriture de l'esprit, on leur donnait celle du corps ; mais les disciples demandaient peu et s'arrêtaient au besoin rempli, et ils donnaient *gratuitement* ce

qu'ils avaient reçu *gratuitement*. Il y a loin de là
à ce que font les hommes qui se disent disciples de
Jésus et qui, sous prétexte que l'ouvrier est digne
de son salaire, pratiquent les choses de Dieu en
recevant un salaire pour les prières qu'ils font, et
qui vivent souvent dans la mollesse et le luxe.
Ceux-là vivent aux dépens de leurs frères et
mangent le pain quotidien de nombreuses familles.
Quand l'homme de Dieu prend *au delà du nécessaire*, il n'est plus disciple du maître.

Celui qui prêche la belle et sainte morale du
Christ doit être écouté, et malheur à ceux qui fer-
meront les oreilles, car les ténèbres s'épaissiront
de plus en plus autour d'eux. Et si les apôtres
de la vérité sont méprisés, ils n'ont qu'une chose
à faire, secouer la poussière de leurs pieds et
s'en aller ailleurs sans rien accepter de personne,
sans rien emporter.

LUC
CHAPITRE X. — V. 17-20

*Retour des soixante-douze disciples. — Leurs noms
écrits dans les cieux.*

V. 17. Or, les soixante-douze disciples revinrent,
avec joie, disant : Seigneur, les démons aussi nous
sont soumis en votre nom. — 18. Et il leur dit : Je
voyais Satan tombant du ciel comme l'éclair. — 19.
Vous voyez que je vous ai donné le pouvoir de fouler
aux pieds les serpents et les scorpions et toute la puissance de l'ennemi ; et rien ne pourra vous nuire ; —
20. néanmoins, ne mettez point votre joie en ce que les
esprits vous sont soumis, mais réjouissez-vous plutôt
de ce que vos noms sont écrits dans les cieux.

78.

C'était en parlant *au figuré* que Jésus disait à ses disciples qu'il voyait Satan tomber du ciel. Il faut simplement comprendre qu'il voulait dire que toutes les fois que nous tenterons de combattre le mal dans le but de progresser ou de travailler à établir le règne de l'amour et de la fraternité, le mal sera précipité dans les abîmes sans fond, et *sa chute* servira à nous éclairer. Il faut marcher hardiment dans la voie du bien et du progrès, car Dieu soutient ceux qui se dévouent pour le bien de l'Humanité, et devant l'apôtre humble et soumis, les serpents venimeux se cachent et rentrent leur dard. Mais il ne faut point avoir d'orgueil pour quelque bien que Dieu nous accorde, car il se retire de celui qui se laisse entraîner par la vanité Les humbles voient leurs noms écrits dans le Ciel.

MATHIEU, XI; V. 2-6 — LUC, VII; V. 18-23

Disciples de Jean envoyés par lui à Jésus.

MATHIEU V. 2. Or, Jean, ayant appris dans la prison les œuvres du Christ, envoya deux de ses disciples lui dire : — 3. Êtes-vous celui qui doit venir ou en attendons-nous un autre ? — 4. Et Jésus leur répondit : Allez, racontez à Jean ce que vous avez entendu et ce que vous avez vu. — 5. Les aveugles voient, les boiteux marchent, les lépreux sont guéris, les sourds entendent, les morts ressuscitent ; l'évangile est prêché aux pauvres. — 6. Heureux celui qui ne prendra point de moi un sujet de scandale et de chute.

Luc : V. 18. Toutes les choses que faisait Jésus furent rapportées à Jean par ses disciples. — 19. Et

Jean appela deux de ses disciples et les envoya à Jésus pour lui dire : Êtes-vous celui qui doit venir ou devons-nous en attendre un autre? — 20. Ces hommes étant venus trouver Jésus, lui dirent : Jean-Baptiste nous a envoyés à vous pour vous demander si vous êtes celui qui doit venir ou si nous devons en attendre un autre? — 21. Jésus, à cette heure même, délivra plusieurs personnes des maladies et des plaies dont elles étaient affligées et des mauvais esprits qui les possédaient, et il rendit la vue à plusieurs aveugles. — 22. Et leur répondant ensuite, il leur dit : Allez rapporter à Jean ce que vous avez vu et entendu : que les boiteux marchent, que les lépreux sont guéris, que les sourds entendent, — que les morts ressuscitent, que l'évangile est prêché aux pauvres. — 23. Et heureux celui qui ne prendra pas de moi un sujet de scandale et de chute.

79.

La renommée avait apporté à Jean le bruit des actes de Jésus, mais il n'était pas certain que ce fut lui ; c'est pour s'en assurer qu'il envoya vers lui ses disciples. Quant aux faits appelés *miracles* que Jésus accomplit devant les disciples de Jean, il est inutile d'entrer ici dans des explications déjà données.

MATHIEU, XI; V. 7-15 — LUC, VII; V. 24-30
ET XVI; V. 16

Jean précurseur et Jésus. — Pierre fondamentale de l'édifice de la génération. — Mission nouvelle et future de Jean.

MATHIEU : V. 7. Et lorsqu'ils s'en furent allés, Jésus commença à parler de Jean à la multitude en ces termes : Qu'êtes-vous allés voir dans le désert? Un roseau agité du vent? — 8. Qu'êtes-vous, dis-je, allés voir? Un homme vêtu avec luxe et avec mollesse? Vous savez que ceux qui s'habillent de cette sorte sont dans les maisons des rois. — 9. Qu'êtes-vous donc allés voir? Un prophète? oui, je vous le dis, et plus qu'un prophète; — 10, car c'est de lui qu'il a été écrit : « Voilà que j'envoie, devant vous, mon ange qui vous préparera la voie où vous devez marcher. » — 11. En vérité, je vous le dis : Nul d'entre tous ceux qui sont nés de femmes n'a été plus grand que Jean-Baptiste; mais celui qui est le plus petit dans le royaume des cieux est plus grand que lui. — 12. Depuis les jours de Jean-Baptiste jusqu'à présent, le royaume de Dieu souffre violence et les violents le ravissent; — 13, car jusqu'à Jean, tous les prophètes et la loi ont prophétisé; — 14, et si vous voulez comprendre ce que je vous dis : C'est lui-même qui est cet Élie qui doit venir. — 15. *Que celui qui a des oreilles pour entendre, entende.*

Luc : V. 24. Ceux qui étaient venus de la part de Jésus s'en étant retournés, Jésus s'adressa à la multitude et leur parla de Jean en cette sorte : Qu'êtes-vous allés voir dans le désert? Un roseau agité du vent? — 25. Qu'êtes-vous, dis-je, allés voir? Un homme vêtu avec luxe et mollesse? Vous savez que c'est dans les maisons des rois que se trouvent ceux qui sont vêtus magnifiquement et qui vivent dans les délices; — 26. Qu'êtes-vous donc allés voir? Un prophète? Oui, certes, je vous le dis, et plus qu'un prophète. — 27. Car c'est de lui qu'il a été écrit : « J'envoie devant vous mon ange qui vous préparera la voie où vous devez marcher. » — 28. Car je vous dis qu'entre tous ceux qui sont nés de femmes, il n'y a point de prophète plus grand que Jean-Baptiste; mais celui qui est le plus petit dans le royaume des cieux est plus grand que lui. — 29. Et tout le peuple et les publicains, l'ayant entendu, sont entrés dans le dessein de Dieu en recevant le baptême de Jean. — 30. Mais les Pharisiens et les docteurs de la loi méprisèrent le dessein de Dieu sur eux, ne s'étant point fait baptiser par Jean.

XVI : V. 16. La loi et les prophètes ont duré jusqu'à Jean; depuis ce temps-là, le royaume de Dieu est prêché aux hommes, et chacun lui fait violence.

80.

Jésus rendait ainsi témoignage de la mission qu'il était venu accomplir et annonçait en même temps sa mission future ; il posait la pierre fondamentale sur laquelle devait s'élever l'édifice de la régénération. C'est la continuation de cette grande œuvre que les apôtres poursuivent aujourd'hui à l'état d'Esprits, sous les yeux et la direction du Maître.

Jésus fit comprendre que Jean, qui était un Esprit avancé, était à un dégré d'élévation plus grand que les prophètes. C'était *Elie réincarné comme précurseur du Christ.* Quand Elie reviendra de nouveau, il sera *plus encore* que l'Elie des Hébreux, non pas comme austérité de mœurs et d'esprit, mais comme pouvoir et comme science. Car le progrès marche toujours en tant que *science universelle*, et les Esprits les plus purs ont toujours quelque chose de nouveau à apprendre. Ce Jean, si grand parmi les hommes, était cependant petit à côté des grands Esprits qui peuplent le Ciel. D'ailleurs, quelqu'élevé que soit un Esprit dès qu'il s'incarne, il subit inévitablement l'influence du corps qui l'entrave. C'est pour cela qu'il ne faut pas se hâter de crier anathème pour des fautes humaines, qui souvent tiennent à l'organisation de la machine. Les fautes graves sont celles qui proviennent des écarts de l'esprit.

Au moment où vint Jésus, *les violents ravissaient le royaume des Cieux*, et ces violents c'étaient les Scribes et les Pharisiens qui avaient les mêmes prétentions, alors, qu'ils ont encore de nos jours et qui pratiquaient *ostensiblement* une loi qu'ils violaient *en leur cœur*. Tout ce que Jésus disait, il faut, pour le comprendre, l'expliquer au figuré. La plupart des hommes de cette époque étaient ce que sont nos philosophes d'aujourd'hui, nos esprits forts, nos *croyants mêmes* qui ne croient à rien; ils aveuglaient la multitude, s'attribuaient les honneurs et les profits de la Terre et usurpaient également, aux yeux des pauvres aveugles, le bonheur et la paix du ciel. Ce furent les Pharisiens et les docteurs de la loi, réfugiés dans leur orgueil, qui repoussèrent la parole de Jean. Ils repoussèrent les desseins de Dieu à leur égard en repoussant l'occasion qui leur était offerte de rentrer dans la véritable voie qui conduit à Dieu.

Aujourd'hui comme autrefois, chacun fait violence au royaume de Dieu, car chacun se sert des choses de la religion comme moyen de parvenir, c'est encore la même hypocrisie contre laquelle fulminait Jésus.

« Ne croyez pas que, depuis sa mission terrestre comme précurseur du Christ, Jean ait cessé de travailler au progrès de votre Planète et de son Humanité. Il a continué et continue, à l'état d'Esprit, sa tâche et sa mission de précurseur.

« Alors que s'ouvre devant vous l'ère nouvelle qui doit préparer et accomplir l'avènement de Jésus, *Esprit de Vérité*, Jean vient encore aujourd'hui, à l'état d'Esprit, prophétiser parmi vous. Ouvrez donc vos oreilles et vos cœurs et écoutez Elie. Il crie de nouveau au peuple, aux Scribes, aux Pharisiens et aux docteurs de la loi de vos jours et à tous les hommes : « Repentez-vous, re-
» pentez-vous; l'heure du jugement approche,
» car la mort peut, à tout âge, vous frapper et
» livrer l'Esprit coupable à l'expiation de l'errati-
» cité, puis aux peines et aux angoisses de la réincarnation. L'heure du jugement approche, car
» le moment n'est pas éloigné où votre Planète
» sera soumise à l'épuration par la séparation des
» méchants d'avec les bons, et où les Esprits,

» restés jusqu'alors coupables et rebelles, seront,
» coupables volontaires, rejetés sur des Terres in-
» férieures où ils auront à expier pendant de
» longs siècles. Veillez, veillez, afin de ne pas être
» surpris. Purifiez-vous, car les larrons tentent de
» pénétrer dans la céleste demeure, mais les élus,
» seuls, y seront reçus. Tous, vous êtes appelés à
» être *élus*, car il n'y a pas, dans le sens des
» fausses interprétations humaines, *d'élus* et de
» *réprouvés* devant le Seigneur, mais rien *d'im-
» pur* ne devant approcher de lui, les élus ne
» peuvent être que des *Esprits purs*, et pour at-
» teindre la pureté, la perfection, ils doivent subir
» tous les degrés de progrès qui conduisent au
» sommet. Purifiez-vous donc. Tous vous le pou-
» vez. Devenez purs, devenez parfaits et tous
» alors, mais *alors seulement*, vous serez ÉLUS ;
» vous pénétrerez dans la céleste demeure en
» approchant du foyer de la Toute-Puissance. »

MATHIEU, MARC, LUC, JEAN,
Assistés des Apôtres.

Elie-Jean, le précurseur, doit reparaître au milieu de nous et sa présence sera le signal d'un
progrès immense. Sa mission nouvelle sera d'a-
grandir le cercle de nos idées et de nos connaissances et de nous fortifier en même temps dans l'a-
mour universel. Il sera facilement reconnaissable
à la grandeur de ses vertus. Et le moment approche où le précurseur viendra nous annoncer la
bonne nouvelle et nous préparer à entrer à pleines
voiles dans la voie de la *vie spirituelle*. Alors se
reproduiront sur notre Planète les faits *d'apparitions tangibles* telles que celle qui eut lieu pour
Jésus lors de sa mission terrestre.

MATHIEU, XI; V. 16-19 — LUC, VII; V. 31-35

Jean et Jésus, non compris par les Hébreux. — Compris aujourd'hui par ceux qui sont les enfants du Seigneur.

MATHIEU : V. 16. A qui comparerai-je cette génération ? Elle est semblable à des enfants, assis dans la place publique et qui criant à leurs compagnons, — leur disent : Nous avons joué de la flûte pour vous, et vous n'avez point dansé ; nous nous sommes lamentés, et vous n'avez point gémi ; — 18, car Jean est venu ne mangeant ni ne buvant, et ils disent : Il est possédé du démon. — 19. Le fils de l'homme est venu, mangeant et buvant, et ils disent : Voilà un homme qui aime à faire bonne chère et à boire du vin ; il est ami des publicains et des gens de mauvaise vie ; mais la sagesse a été justifiée par ses enfants.

LUC : V. 31. Or, le Seigneur dit : A qui donc comparerai-je les hommes de cette génération ? Et à qui sont-ils semblables ? — 32. Ils sont semblables à des enfants assis dans la place publique et qui, criant les uns aux autres, disent : Nous avons joué de la flûte pour vous, et vous n'avez point dansé ; nous nous sommes lamentés, et vous n'avez point pleuré ; — 33, car Jean-Baptiste est venu, ne mangeant point de pain et ne buvant point de vin, et vous dites : Il est possédé du démon. 34. Le fils de l'homme est venu mangeant et buvant, et vous dites : C'est un homme qui aime à faire bonne chère et à boire du vin, — ami des publicains et des gens de mauvaise vie. — 35. Mais la sagesse a été justifiée par tous ses enfants.

81.

Jésus voulait faire comprendre aux hommes que leurs intelligences rebelles repoussaient inintelligemment tous les témoignages. « *Mais la sagesse a été justifiée par tous ses enfants* », cela voulait dire que l'avenir montrerait la vérité quand les siècles, dans leur cours, auraient développé l'intelligence et ouvert les yeux des aveugles.

Jean vivait loin des hommes, et sa vie sobre étonnait les Hébreux qui passaient la leur à sacrifier à leurs appétits matériels. Ne le comprenant pas, ils croyaient que c'était une obsession qui le poussait ainsi à vivre seul au désert. Mais Jean accomplissait sa mission en enseignant autour de lui et en prêchant par l'exemple.

Jésus, au contraire, vivait au milieu des hommes et vulgarisait pour ainsi dire les vertus qu'il prêchait afin de les faire mieux comprendre; il les incorporait dans les classes méprisées et abandonnées, pour montrer aux orgueilleux que le premier devoir est d'assister d'abord les pauvres et les déshérités. Il s'asseyait à la table du malheureux, et les orgueilleux l'accusaient de se plaire dans les centres abjects de la société d'alors.

Il montrait à ses apôtres et à ses disciples d'alors et des siècles futurs, qu'ils devaient toujours être prêts à tendre la main aux hommes de mauvaise vie. « Frères, doivent-ils leur dire, vous « êtes entrés dans une mauvaise voie, venez avec « moi, appuyez-vous sur moi, je ne redoute point « les éclaboussures de la fange qui vous couvre ; « ma main au contraire essuiera votre visage, découvrira vos yeux obscurcis et vous montrera « la lumière qui conduit hors de cette voie périlleuse où vous êtes engagés. Frères, venez « avec moi, je vous ferai faire place ; soulevez« vous et, peu à peu, vous grandirez et surmonte« rez cet océan fangeux qui est prêt à vous en« gloutir. »

Voilà l'œuvre aujourd'hui réservée aux Spirites. Qu'ils imitent Jésus et, sans plus s'occuper des Scribes et des Pharisiens orgueilleux, qu'ils apprennent à vivre au milieu de leurs frères pauvres et malheureux afin de leur apporter le pain de vie qui nourrit l'âme, éclaire l'intelligence et purifie le cœur. C'est là le devoir.

LUC

CHAPITRE VII. — V. 36-50

Pécheresse qui arrose de ses larmes les pieds de Jésus, les essuie avec ses cheveux, et y répand l'huile de parfum.

V. 36. Un pharisien ayant prié Jésus de manger chez lui, il entra dans son logis et se mit à table. — 37. Et en même temps une femme de la ville, qui était de mauvaise vie, ayant su qu'il était à table chez ce Pharisien, y vint avec un vase d'albâtre plein d'huile et de parfum. — 38. Et se tenant derrière lui à ses pieds, elle commença à les arroser de ses larmes, et elle les essuyait avec ses cheveux, les baisait et y répandait le parfum. — 39. Ce que voyant le Pharisien qui l'avait invité, il dit en lui-même: Si cet homme était prophète, il saurait qui est celle qui le touche, et que c'est une femme de mauvaise vie. — 40. Alors Jésus, prenant la parole, lui dit: Simon, j'ai quelque chose à vous dire; il répondit: Maître, dites. — 41. Un créancier avait deux débiteurs; l'un lui devait cinq cents deniers, et l'autre cinquante, — 42, mais comme ils n'avaient pas de quoi les lui rendre, il leur remit à tous les deux leur dette: lequel des deux l'aimera donc davantage? — 43. Simon répondit: je crois que ce sera celui auquel il a le plus remis. Jésus lui dit: Vous avez fort bien jugé. — 44. Et se tournant vers la femme, il dit à Simon: Voyez-vous cette femme? je suis entré dans votre maison: vous ne m'avez point donné d'eau pour me laver les pieds: et elle, au contraire, a arrosé mes pieds de ses larmes et les a essuyés avec ses cheveux: — 45. Vous ne m'avez point donné de baiser ; mais elle, depuis qu'elle est entrée, n'a cessé de baiser mes pieds ; — 47, c'est pourquoi je vous déclare que beaucoup de péchés lui seront remis, parce qu'elle a beaucoup aimé ; mais celui à qui on remet moins aime moins. — 48. Alors il dit à cette femme : Vos péchés vous sont remis ; — 49. Et ceux qui étaient à table avec lui commencèrent à dire en eux-mêmes : Qui est celui qui remet même les péchés ? — 50. Et Jésus dit encore à cette femme : Votre foi vous a sauvée ; allez en paix.

82.

Cette femme, libre de mœurs et vendant son corps, n'obtient son pardon qu'à cause de son profond repentir. Elle s'humiliait dans sa beauté en essuyant avec ses cheveux les pieds que son repentir baignait de larmes ; elle sacrifiait à son remords les parfums qui servaient à la rendre plus séduisante. Elle nettoyait ainsi de ses fautes la pécheresse repentante et convertie, en se séparant des seuls objets de luxe qu'elle eut en son pouvoir. C'était un repentir profond et bien sincère, aussi ses péchés lui furent remis. Sa foi l'avait sauvée.

Le Pharisien Simon voulait sonder Jésus et trouver son point vulnérable, et l'introduction de Marie dans sa maison n'était qu'un piège qu'il lui tendait. Quant à la comparaison toute matérielle que lui fit Jésus elle était à la portée de cet homme matériel. Les Pharisiens n'étaient pas seulement orgueilleux, ils étaient cupides et avares.

« En disant de Marie qu'il lui serait beaucoup pardonné *parce qu'elle avait beaucoup aimé*, Jésus voulait parler *au point de vue charitable*. Marie, quoique fille de joie, n'en avait pas moins un cœur compatissant aux misères de ses semblables. Nature faible et impressionnable, elle avait été portée à cette vie de débauche par l'excès même de son amour pour sa famille à laquelle elle attribuait, en grande partie, le fruit de ses honteux trafics. Sa charité était grande et jamais une infortune n'avait en vain imploré sa pitié. Sa chute même avait été un acte de dévouement. Le dévouement est encore la source de bien des vices dont vous méprisez les auteurs et que vous chassez honteusement, tandis qu'un conseil, un secours, une aide, une bonne parole, pourraient faire ce que firent les paroles saintes de Jésus. » Les hommes ne pardonnent rien, eux qui ont tant besoin de pardon ; mais Dieu, toujours bon et miséricordieux, ne demande qu'à ouvrir son cœur et ses bras au pécheur qui se repent.

MATHIEU, XI ; V. 20-24 — LUC, X ; V. 13-15

Villes impénitentes.

MATHIEU : V. 20. Alors il commença à faire des reproches aux villes dans lesquelles il avait fait beaucoup de miracles, de ce qu'elles n'avaient point fait pénitence. — 21. Malheur à toi, Corozaïn ! Malheur à toi, Bethsaïde ! Parce que, si les miracles qui ont été faits au milieu de vous avaient été faits autrefois dans Tyr et dans Sidon, elles auraient fait pénitence sous le cilice et dans la cendre ; — 22. c'est pourquoi je vous dis qu'au jour du jugement, Tyr et Sidon seront traitées moins rigoureusement que vous. — 23. Et toi, Capharnaüm, t'élèveras-tu toujours jusqu'au ciel ? Tu seras abaissée jusqu'à l'enfer, — parce que, si les miracles qui ont été faits au milieu de toi avaient été faits dans Sodome, elle subsisterait peut-être encore aujourd'hui. — 24. C'est pourquoi je vous dis qu'au jour du jugement, la terre de Sodome sera traitée moins rigoureusement que toi.

Luc : V. 13. Malheur à toi, Corozaïn ! Malheur à toi, Bethsaïde ! Parce que, si les miracles qui ont été faits au milieu de vous avaient été faits autrefois dans Tyr et dans Sidon, elles auraient fait pénitence dans le cilice et dans la cendre. — 14. C'est pourquoi au jour du jugement, Tyr et Sidon seront traitées moins rigoureusement que vous. — 15. Et toi, Capharnaüm, qui t'es élevée jusqu'au ciel, tu seras abaissée jusqu'à l'enfer.

83.

Ces paroles de Jésus sont relatives à l'état des Esprits incarnés à cette époque. Il employait toujours des images matérielles afin de pouvoir se faire comprendre des gens de ces temps-là, si peu avancés dans l'ordre des choses spirituelles. Il n'eut point été possible de faire comprendre, à des êtres aussi matériels, que la pénitence *morale* suffit devant Dieu pour racheter les fautes commises. Ils ne pouvaient admettre, avec leur intelligence rudimentaire, qu'une réparation matérielle. Cependant c'est l'Esprit qui pèche et non pas le corps, qui n'est pour l'homme qu'un instrument pour servir à l'épreuve et à la réparation. Les crimes de Sodome tenaient plus à l'abaissement de la matière, tandis que ceux de Capharnaüm tenaient à la Révolte de l'Esprit lui-même, et les fautes *les plus graves* sont celles que commet *l'intelligence*. La matière à laquelle nous sommes liés a des entraînements auxquels il nous faut résister, puisque c'est justement par le combat que notre âme se forme et s'élève; mais nos faiblesses et nos fautes ne sont punies qu'autant que l'Esprit y participe d'une manière *raisonnée*. Si Sodome avait reçu la lumière comme Capharnaüm et eût été comme elle témoin des mêmes miracles, elle serait peut-être sortie du cloaque des passions brutales et eût cessé d'être une ville perdue dans les fanges de la matière. Mais à cette époque les temps n'étaient pas encore venus.

Ces paroles : « *au jugement dernier,* » prononcées par Jésus, ne signifiaient pas le jugement dernier dont parle si gratuitement l'Église romaine qui fait comparaître à une époque déterminée tous les trépassés depuis l'origine des temps ; non, les habitants de Tyr et de Sidon, de Corozaïn et de Bethsaïde, de Capharnaüm et de Sodome, comme tous les Esprits coupables qui ont vécu sur notre Planète depuis que l'homme y est apparu, ont, après leur mort et successivement *à la fin de chaque existence,* subi *le jugement.* Ils ont subi d'abord l'expiation à l'état d'erraticité, puis la nouvelle épreuve à l'état réincarné.

« Parmi les Esprits coupables des diverses villes dont parlait Jésus, nous dit la Révélation, quelques-uns ont terminé leurs épreuves expiatoires, d'autres ont progressé beaucoup ; peu attendront l'époque de la rénovation de votre Planète sans avoir atteint le but. »

« Il n'y aura pas de jugement dernier, *ainsi que le dit l'Église,* mais effectivement, aux derniers jours de votre ère *matérielle,* les Esprits rebelles seront rejetés dans les mondes inférieurs. Ceux parvenus au degré de perfectionnement qu'ils doivent atteindre seront *seuls* admis à rester sur votre terre pour y marcher en avant dans la voie du progrès. Les Esprits coupables seront écartés graduellement, et la Terre se purifiera d'une manière presque insensible pour vous, car la rénovation ne doit pas être le résultat d'une secousse violente mais bien celui d'un progrès continu.

« Vous êtes actuellement encore *dans une ère matérielle*, mais les temps viendront où la Terre qui vous supporte suivra le même progrès que vos corps, s'élèvera comme essence, se purifiera, *s'éthérera*.

« Plus l'Esprit dominera en vous, plus les besoins matériels s'affaibliront, et de même qu'il y a entre vous et les premiers hommes qui ont été jetés sur votre globe une différence matérielle énorme, de même il y en aura une beaucoup plus sensible encore. A la matière : la vie et les organes matériels; à l'Esprit : la spiritualité. Votre globe est destiné, comme tous les globes qui gravitent dans l'immensité, à suivre sa voie progressive jusqu'au jour où la transformation aura été complète et où, hommes dépouillés de matière, vous vivrez spirituellement et fluidiquement sur un monde fluidique.

« L'époque de rénovation de votre Planète sera celle où les Esprits, alors encore rebelles et rentrés dans le monde des Esprits, commenceront à être écartés de votre Terre et à être rejetés dans les mondes inférieurs. Alors de grandes calamités, ce que du moins vous appelez *calamités publiques*, éclairciront les rangs afin de les renouveler plus promptement. Chaque secousse, chaque déplacement de votre Planète sert à l'amener à la transformation, car elle doit prendre place un jour dans les régions des fluides subtils où vous êtes tous appelés à vivre. Alors un autre globe viendra prendre la place de votre globe et remplir ses fonctions pour que l'Univers ne soit pas dérangé dans son ordre et dans ses lois.

« Et c'est alors, au moment où votre planète

sera près de passer à l'état fluidique pur que
JÉSUS APPARAITRA
ainsi qu'il vous l'a annoncé lui même, pour vous montrer la vérité *sans voile* et vous faire connaître :

LE PÈRE

Les Apôtres

MATHIEU, XI ; V. 35-27 — LUC, X: V. 21-22

Sages et prudents aux yeux des hommes : *aveuglés.*—
Petits, aux yeux des hommes : *éclairés.*

MATHIEU : V. 25. Alors Jésus dit ces paroles : Je vous rends gloire, mon père, Seigneur du ciel et de la terre, de ce que vous avez caché ces choses aux sages et aux prudents et que vous les avez révélées aux petits. — 26. Oui, mon père, je vous rends gloire, parce qu'il vous a plu ainsi. — 27. Toutes choses m'ont été données par mon père et nul ne connait le fils si ce n'est le père ; et nul ne connait le père si ce n'est le fils, et celui à qui le fils aura voulu le révéler.

LUC : V. 21. En cette même heure, Jésus tressaillit de joie par le Saint-Esprit, et dit ces paroles : Je vous rends gloire, mon père, Seigneur du ciel et de la terre, de ce que vous avez caché ces choses aux sages et aux prudents et que vous les avez révélées aux petits ; cela est ainsi, mon père, parce que vous l'avez ainsi voulu. — 22. Mon père m'a mis toutes choses entre les mains ; et nul ne connait qui est le fils que le père, ni qui est le père que le fils et celui à qui le fils aura voulu les révéler.

84.

Jésus, par ces paroles, félicitait et encourageait ses disciples afin qu'ils ne s'effrayassent pas de la tâche qui leur était dévolue. L'œuvre du Seigneur est confiée aux *simples* et aux *innocents*, aux *faibles* et aux *petits*, c'est à dire à ceux qui se remettent en Dieu, qui ont la confiance et la foi; mais non pas à ceux qui s'appellent les grands et les puissants de la Terre, qui ne veulent croire qu'à ce qu'ils ont eux-mêmes trouvé et découvert, et qui attribuent tout aux seules forces de leur intelligence et de leur volonté. A ceux-ci les vérités resteront encore longtemps cachées. Ce sont des terres trop grasses qui donnent naissance à d'abondantes récoltes d'herbes folles qui étouffent le bon grain, et qu'y amènent les vents. Il faut que leurs forces s'épuisent dans d'inutiles efforts, il faut que la surabondance de sève qu'ils ont en eux s'épuise, afin que le bon grain puisse se faire jour et pousser ses tiges et ses fleurs.

Les *sages* et les *prudents* dont parle Jésus, ce sont ceux qui sont tels aux yeux des hommes mais qui ne sont rien moins que cela dans le jugement de Dieu.

Celui qui limite la puissance de Dieu à sa propre intelligence humaine, ne peut pas le connaître; mais celui-là *seul* le connaît et le comprend, qui reçoit et accepte la Révélation que lui apportent ses frères désincarnés plus avancés et plus instruits. Ces Messagers célestes viennent provoquer chez l'incarné les aspirations vers la perfection et lever un coin du voile qui lui cachait l'avenir. Ils lui montrent Dieu sur son trône immuable, attendant avec patience et avec amour que ses enfants repentants viennent achever près de lui l'œuvre qu'il leur avait confiée.

L'homme, une fois entré dans la vie spirite, comprend tout. Il peut connaître son passé; il sait pourquoi il est sur cette terre de douleur, et il peut connaître son avenir.

MATHIEU
CHAPITRE XI. — V. 28-30

Joug doux et fardeau léger.

V, 28. Venez à moi, vous tous, qui êtes fatigués et qui êtes chargés, je vous soulagerai. — 29. Prenez mon joug sur vous, et apprenez de moi que je suis doux et humble de cœur, et vous trouverez le repos de vos âmes ; — 30, car mon joug est doux et mon fardeau est léger.

85.

Suivons la route qui nous est tracée, Jésus est venu nous montrer la voie, la vérité et la vie. Lui seul peut nous conduire au bonheur, et nous n'avons pour cela qu'à écouter et suivre ses enseignements. Que toute âme chargée de douleur s'adresse à lui et lui demande son appui et, quelles que soient ses souffrances, elle est sûre de trouver en lui le grand médecin qui guérit toutes les plaies.

Et ce qu'il nous demande, c'est de travailler simplement sous sa direction à notre propre bonheur. Il nous tend la main, et celui qui la refuse est encore soutenu par lui.

Son joug est léger, et cependant il ne l'impose pas, car, en vertu de notre libre arbitre qu'il doit respecter, comme Dieu le respecte lui-même, nous sommes libres de l'accepter ou de le repousser.

Mais celui qui l'écoute est heureux, car *il est la vie.* Il conduit ses brebis dans de gras pâturages où le loup ravisseur ne paraît jamais.

Vous tous qui êtes fatigués et chargés du poids des souffrances, venez à lui ! Venez à lui, il vous soulagera ! Car il est venu nous apprendre que c'est en nous dépouillant petit à petit de toutes nos impuretés, que nous aurons la paix dans nos âmes et le bonheur dans nos cœurs.

MATHIEU, XII ; V. 1-8 — MARC, II ; V. 23-20
LUC, VI ; V. 1-5

Le Sabbat a été fait pour l'homme et non pas l'homme pour le Sabbat.—Dieu, toujours prêt à l'indulgence envers ses créatures faibles et faillibles, leur laisse toujours la faculté de se repentir *et de* réparer.

MATHIEU : V. 1. En ce temps-là, Jésus passait le long des blés un jour de sabbat ; et ses disciples, ayant faim, se mirent à rompre des épis et à manger.—2. Or, les Pharisiens, voyant cela, lui dirent : Voilà vos disciples qui font ce qu'il n'est point permis de faire au jour du sabbat. — 3. Mais il leur dit : N'avez-vous point lu ce que fit David, lorsque lui et ceux qui étaient avec lui eurent faim ? — 4. Comment il entra dans la maison de Dieu et mangea les pains de proposition dont il n'était permis de manger ni à lui ni à ceux qui étaient avec lui, mais aux prêtres seuls ? — 5. Ou n'avez-vous point lu dans la loi qu'au jour du sabbat les prêtres violent le sabbat dans le temple et ne sont pas coupables. — 6. Or, je vous dis qu'il y a, ici, quelqu'un plus grand que le temple.—7. Que, si vous aviez su, si vous saviez bien ce que veut dire cette parole : Je veux la miséricorde et non le sacrifice, vous n'auriez jamais condamné des innocents ; — car le fils de l'homme est maître du sabbat même.

MARC : V. 23. Il arriva encore que Jésus passant le long des blés un jour de sabbat, ses disciples, en marchant, se mirent à rompre des épis. — 24. Or, les

Pharisiens lui dirent : Pourquoi vos disciples font-ils le jour du sabbat ce qu'il n'est point permis de faire ? — 25. Et il leur dit : N'avez-vous point lu ce que David, dans le besoin où il se trouva, lorsque lui, et ceux qui étaient avec lui, eurent faim ?—26. Comment il entra dans la maison de Dieu, au temps du grand-prêtre Abinthar et mangea les pains de proposition et en donna à ceux qui étaient avec lui, quoiqu'il ne fût permis qu'aux prêtres d'en manger ? — 27. Et il leur disait : Le sabbat a été fait pour l'homme et NON PAS l'homme pour le sabbat. — 28. C'est pourquoi le fils de l'homme est maître du sabbat même.

Luc : V. 1. Or, il arriva, en un jour de sabbat appelé le second-premier, que Jésus passait le long des blés et que ses disciples se mirent à rompre des épis et, les broyant dans leurs mains, les mangeaient. — 2. Alors quelques-uns des Pharisiens leur dirent : Pourquoi faites-vous ce qu'il n'est pas permis de faire au jour du sabbat ? — 3. Et Jésus, prenant la parole, leur dit : N'avez-vous pas lu ce que fit David lorsque lui et ceux qui étaient avec lui eurent faim ?—4. Comment il entra dans la maison de Dieu et prit les pains de proposition et en mangea et en donna à ceux qui étaient avec lui, quoiqu'il n'y ait que les prêtres seuls à qui il soit permis d'en manger ? — 5. Et il leur dit : Le fils de l'homme est maître du sabbat même.

86.

Jésus voulait enseigner ainsi que rien de ce que Dieu a mis à la disposition de l'homme et qui peut être un aliment pour lui, ne doit être interdit aux nécessités de l'existence humaine. Il donnait en même temps une bonne leçon aux orgueilleux Pharisiens en leur faisant voir que ceux même qui devaient montrer l'exemple étaient en contravention ; « n'avez-vous pas vu, *dans la loi*, qu'au jour du sabbat les prêtres violent le sabbat dans le temple et qu'ils ne sont pas coupables ? » Il leur montrait que les prêtres eux-mêmes violaient le sabbat en accomplissant les rites de leur culte. Eux aussi devaient donc être regardés comme coupables. Jésus voulait arrêter ces jugements que l'on rendait si facilement contre ceux qui étaient accusés de sacrilège sous le moindre prétexte et lapidés sans pitié comme le fut plus tard Etienne, le premier martyr. Et quand il disait aux prêtres fanatiques : « *Il y a quelqu'un de plus grand que le temple* », il montrait ainsi à tous qu'il était le représentant de la loi divine.

Le temps approche où l'on n'adorera plus sur la montagne ni dans Jérusalem, où les hommes seront devenus les vrais adorateurs que le Père demande, des adorateurs en *esprit et en vérité*. Alors, tous seront unis dans une seule et même croyance, *dans la foi spirite*. Alors, Dieu sera reconnu un, créateur universel, et Jésus, Esprit pur et parfait, comme le *gouverneur* et le *protecteur* de la planète Terre et de son Humanité. C'est à cet immense progrès que travaillent actuellement les Esprits du Seigneur sous la direction de Jésus. Et le jour viendra où les hommes comprendront que le cœur, quand il est pur, est le *seul* et le *vrai* temple de Dieu ; le jour viendra où ils comprendront que la loi divine est *tout entière* dans ces deux commandements :

Aimez-vous les uns les autres.

Aimez Dieu par-dessus toutes choses et votre prochain comme vous-même.

« Commencez votre journée en l'offrant au créateur. Sanctifiez-la par des prières plus ferventes pour vos frères et pour vous, et laissez de côté tout culte extérieur qui ne sert à rien. Que surtout vos bonnes actions deviennent plus nombreuses, et pensez toujours qu'il y a de pauvres créatures qui attendent que leurs frères viennent à leur secours. Sanctifiez *le jour du repos* en rendant votre repos utile. Reposez votre corps des rudes travaux de la semaine, votre esprit des fatigantes études de la science et de la philosophie, votre cœur des préoccupations des intérêts matériels, afin que vous puissiez recommencer heureux, calme et dispos, la semaine qui doit suivre. Que ce jour-là soit consacré tout entier à faire du bien. Allez vers ceux que vous avez offensés et demandez-leur pardon de vos fautes ; allez vers ceux qui vous ont blessés cruellement et portez-leur des paroles de paix et de pardon.

« Allez près des malheureux qui manquent du nécessaire, soulagez-les suivant vos moyens. Pour cela, enfants de notre amour, nos bien-aimés, imposez-vous chaque jour une privation et portez votre offrande à ceux qui sont déshérités. Si les ressources vous manquent, allez au moins porter vos consolations. Allez, nos enfants ; sanctifiez le jour du Seigneur par de bonnes œuvres, par de saintes et fermes résolutions. Cherchez toujours dans votre âme si vous avez fait autant de bien que vous l'auriez pu. Ne l'oubliez jamais : *Le sabbat a été fait pour l'homme et non l'homme pour le sabbat.* »

Les Apôtres.

MATHIEU, XII ; V. 9-14 — MARC, III ; V. 1-6 LUC, VI ; V. 6-11

Main paralysée, guérie au jour du sabbat.

MATHIEU : V. 9. Étant parti de là, Jésus vint dans leur synagogue. — 10. Là était un homme avec une main sèche, et ils interrogèrent Jésus, afin de l'accuser, disant : Est-il permis de guérir le jour du Sabbat ? — 11. Et il leur dit : Quel sera celui d'entre vous qui, ayant une brebis qui vienne à tomber dans une fosse le jour du Sabbat ne la prendra pas pour l'en retirer ? — 12. Combien l'homme ne vaut-il pas mieux qu'une brebis ? Il est donc permis de faire du bien le jour du sabbat. — 13. Alors il dit à l'homme : Etendez votre main, et il l'étendit et elle devint saine comme l'autre. — 14. Mais les Pharisiens étant sortis, tinrent conseil ensemble, contre lui, des moyens qu'ils pourraient prendre pour le perdre.

Marc : V. 1. Jésus entra de nouveau dans la synagogue, et là était un homme ayant une main sèche, — 2, et ils l'observaient pour voir s'il guérirait un jour de sabbat, afin de l'accuser ; — 3, et il dit à l'homme qui avait une main sèche : Levez-vous et tenez-vous là au milieu. — 4. Puis il leur dit : Est-il permis au jour du Sabbat de faire du bien ou du mal, de sauver une âme ou de la perdre ? Mais eux se taisaient. — 5. Et les regardant avec colère, étant affligé de l'aveuglement de leur cœur, il dit à cet homme : Etendez votre main, et il l'étendit et elle devint saine. — 6. Aussitôt, les Pharisiens étant sortis, tinrent conseil, contre lui, avec les Hérodiens, comment ils le perdraient.

Luc : V. 6. Une autre fois, étant encore entré dans la synagogue un jour de sabbat, il enseignait, et là était un homme dont la main droite était sèche. — 7. Les Scribes et les Pharisiens observaient pour voir s'il guérirait un jour de sabbat, afin d'avoir sujet de l'accuser. — 8. Mais il connaissait leurs pensées ; et il dit à cet homme qui avait la main sèche : Levez-vous et tenez-vous debout au milieu de l'assemblée ; et se levant, il se tint debout. — 9. Puis Jésus lui dit : J'ai une question à vous faire : Est-il permis au jour du sabbat de faire du bien ou du mal, de sauver une âme ou de la perdre ? — 10. Et quand il les eut tous regardés, il dit à cet homme : Etendez votre main ; il l'étendit, et elle devint saine comme l'autre. — 11. Et ils furent remplis de fureur, et ils se demandaient l'un à l'autre ce qu'ils feraient contre Jésus.

87.

Cet homme guéri par Jésus avait une main *paralysée* comme on en voit tant de nos jours, et sa guérison fut un effet de magnétisme, de l'action des fluides fortifiants, agissant sous la puissante volonté de Jésus.

Ce n'est point avec colère que Jésus regarde les Scribes et les Pharisiens, mais avec indignation, car leur aveuglement les affligeait. La colère n'entra jamais dans le cœur de Jésus, mais les hommes interprètent nécessairement les textes d'après les passions qui les influencent, et savent rarement traduire le véritable esprit que contient la lettre. Encore aujourd'hui les hommes, et leurs prêtres en tête, ne cessent de parler de la *colère* du Tout-Puissant, comme si Dieu pouvait avoir de la colère ! Dieu est juste, voilà tout, et laisse les Humanités soumises à la rigueur des lois qu'il a créées, lois toujours sages et qui étaient nécessaires pour amener l'homme, créé libre, à suivre la voie du bien.

Jésus n'était même pas *indigné*, il souffrait seulement de voir les Esprits coupables auxquels il venait apporter la lumière fermer les yeux et ne pas vouloir l'entendre. Nos anges gardiens qui voient toutes nos actions, s'affligent de notre endurcissement, mais ils ne sont point indignés et connaissent encore moins la colère.

MATHIEU
CHAPITRE XII. — V. 15-21

Mission du Messie. — Ses pouvoirs. — Voies toujours ouvertes aux esprits coupables pour se purifier, tous les esprits devant parvenir au but.

V. 15. Jésus le sachant, se retira de ce lieu-là, et plusieurs le suivirent, et il les guérit tous, et il leur commanda de ne point le découvrir; — 17, afin que cette parole du prophète Isaïe fût accomplie; — 18. Voici mon serviteur que j'ai élu, mon bien-aimé, en qui j'ai mis toutes mes complaisances; je ferai reposer mon esprit sur lui, et il annoncera la justice aux nations. — 19. Il ne disputera point, il ne criera point et personne n'entendra sa voix dans les places publiques. — 20. Il n'achèvera point de rompre le roseau déjà brisé et n'éteindra point la mèche encore fumante jusqu'à ce qu'il assure la victoire à la justice. — 21. Et les nations espèreront en son nom.

88.

Il fallait que les prophéties s'accomplissent, car c'est justement de leur accomplissement que doivent sortir, et l'évidence de l'intervention de Dieu dans les choses humaines et la foi sans réserve. Il fallait que les hommes devinssent convaincus que Jésus était bien ce *serviteur* de Dieu annoncé par Isaïe, cet Esprit pur et parfait que Dieu avait institué le protecteur et le gouverneur de notre Planète. *Il a mis en lui toutes ses complaisances* en lui communiquant sa puissance, sa justice et sa miséricorde. Dieu fait reposer constamment *son esprit* sur lui par l'inspiration divine qu'il lui communique directement et qui fait de lui un véritable

MÉDIUM DE DIEU,

comme certains Esprits s'appellent dans leurs dictées spirites.

Jésus a bien, par sa mission terrestre si saintement accomplie, annoncé LA JUSTICE aux rois et aux nations, en leur montrant la ligne de conduite, droite et sûre, qui seule conduit au but. Il annonce encore aujourd'hui, par la Révélation spirite et les Esprits de toutes sortes qui sont chargés de la faire, *le règne de la justice* à tous et la ligne droite et sûre qui conduit à la régénération. Guidés sur la route du progrès par la lumière spirite que projette le flambeau de la vérité, tous les hommes peuvent avancer d'un pas sûr, par la science, la charité et l'amour, qui viennent sceller l'alliance de la foi avec la raison.

Jésus n'achève pas de rompre le roseau déjà brisé, il n'éteint pas la mèche encore fumante, parce que tout esprit doit parvenir au but, et Jésus ne fait qu'aider tous ceux qui sont de « *bonne volonté* ». Il ne repousse aucun coupable et les soutient tous, au contraire, et les encourage, *jusqu'à ce que la justice vienne*, c'est-à-dire jusqu'à ce que l'Esprit se soit dépouillé, par l'expiation, des vices qui le rendaient impur.

La Révélation actuelle ouvre et commence cette phase nouvelle *où toutes les nations espèreront en son nom*, dans le nom de Jésus, car toutes comprendront bientôt que sa morale *seule* peut faire progresser les hommes.

MATHIEU, XII; V. 22-23—MARC. III; V. 20-26

Subjugué. Aveugle et muet par l'effet de la subjugation. — Blasphème des Pharisiens. — Royaume divisé.

MATHIEU : V. 22. Alors on lui présenta un homme aveugle et muet possédé du démon, et il le guérit, en sorte qu'il parlait et voyait. — 23. Et la multitude était dans la stupéfaction admirative et disait : Celui-ci est-il le fils de David ? — 24. Mais les Pharisiens, entendant cela, disaient en eux-mêmes : Celui-ci ne chasse les démons que par Belzébuth, prince des démons. — 25. Mais Jésus connaissant leurs pensées, leur dit : Tout royaume divisé contre lui-même sera détruit, et toute ville ou maison divisée contre elle-même ne subsistera pas. — 26. Or, si Satan chasse Satan, il est divisé contre lui-même ; comment donc son royaume subsistera-t-il ? — 27. Et si c'est par Belzébuth que je chasse les démons, par qui vos enfants les chassent-ils ; c'est pourquoi ils seront eux-mêmes vos juges ; — 28, mais si je chasse les démons par l'esprit de Dieu, le royaume de Dieu est donc venu vers vous.

MARC : V. 20. Ils vinrent en une maison, le peuple s'y assembla en si grande foule qu'ils ne pouvaient pas même prendre leur repas ; — 21, quand ses parents eurent appris cela, ils vinrent pour se saisir de lui, car ils disaient qu'il avait perdu l'esprit ; — 22, et les Scribes, qui étaient venus de Jérusalem, disaient : Il est possédé de Belzébuth, et il chasse les démons par le prince des démons. — 23. Mais Jésus, les ayant appelés près de lui, leur disait en paraboles : Comment Satan chasse-t-il Satan ? — 24. Si un royaume est divisé contre-lui-même, ce royaume-là ne peut subsister. — 25. Et si une maison est divisée contre elle-même, cette maison-là ne peut subsister. — 26. Si donc Satan s'élève contre lui-même, il ne peut subsister et il a une fin.

89.

Cet homme, subjugué par un mauvais Esprit, était aveugle et muet par l'effet de la subjugation. Cet Esprit obsesseur, en étendant sur les organes de la vue et de l'ouïe les fluides de son périsprit, avait paralysé ces organes. Jésus le guérit par l'acte de sa volonté puissante en éloignant le mauvais Esprit et en pénétrant l'obsédé de fluides bienfaisants. Cet homme subissait une expiation pour abus graves qu'il avait faits de la parole dans une existence antérieure. Le temps de la clémence et du pardon était arrivé pour lui. *Celui-ci est le fils de David,* criait la multitude devant ce miracle, parce qu'il avait été prédit que le plus grand des prophètes descendrait de la lignée de David.

Afin d'être écouté et compris de tous, Jésus appropriait son langage à l'état des intelligences d'alors et aux idées reçues. C'est ainsi qu'il employait, comme ceux qui l'écoutaient, les expressons de *Belzébuth, Satan, prince des démons,* qui n'avaient pour lui, comme elles ne doivent avoir pour nous, qu'un sens *figuré* pour désigner les Esprits mauvais qui, après avoir *failli* à l'origine, ainsi qu'il a été expliqué, étaient dans la voie de la révolte et du mal.

Aujourd'hui les Spirites sont accusés de même, par les Scribes et les Pharisiens de nos jours, comme l'a été Jésus par les Scribes et les Pharisiens d'autrefois, d'agir sous l'influence de Satan ; mais que font-ils si ce n'est que jeter la division au milieu de ceux qui croient et qui sont résolument entrés dans la voie de la vérité? Ne devraient-ils pas voir que c'est là leur mort et qu'ils précipitent la fin de leur règne, car: *Tout royaume divisé contre lui-même sera détruit.* Ne devraient-ils point au contraire s'unir aux Spirites et marcher hardiment sous le drapeau qu'ils arborent au nom du Christ. Quel bel élan vers le bien ne recevrait point alors l'Humanité tout entière!

Oui! le royaume de Dieu est venu vers nous, car aujourd'hui la vérité n'est plus voilée pour personne. Écoutons les voix d'en Haut et méditons-les, et notre avenir et la création tout entière n'auront plus de secrets pour nous. Ces voix célestes viennent nous dire que chaque monde, chaque Planète a un Esprit d'une pureté parfaite, chargé par Dieu de sa direction et de son progrès après avoir présidé à sa naissance et à sa formation. Cet Esprit est en rapport *direct* avec Dieu et approche du Foyer Universel de vie, et c'est par lui que les volontés du Seigneur tout-puissant sont transmises, aux grands Esprits d'abord, puis de l'un à l'autre par tous les degrés intermédiaires de l'échelle Spirite jusqu'aux bons Esprits et Anges gardiens qui sont à nos ordres pour nous guider.

Jésus est un de ces Esprits qui approchent du trône de Dieu et reçoivent de lui ses volontés sans intermédiaires. C'est pourquoi il a dit que le Père *seul* connaît le fils et que le fils *seul* connaît le Père.

« Inclinez vous avec respect, reconnaissance et amour devant ce sauveur plein de dévouement qui, depuis que votre globe est sorti des fluides répandus dans l'espace; qui, depuis que, sous sa surveillance et sa volonté, ses substances se sont assemblées et réunies pour former votre Terre, a toujours veillé sur vous avec sollicitude dans toutes les phases diverses que votre Esprit a traversé jusqu'à ce jour.

« Aimez de toutes les forces de votre âme Jésus qui a accepté l'incarnation parmi vous en revêtant un corps fluidique qui put le mettre directement en rapport avec votre Planète et qui, continuant son œuvre de régénération, vient encore aujourd'hui, à l'aide de la Révélation nouvelle, vous diriger dans la voie qui conduit sans douleurs jusqu'au Dieu éternel et unique, roi du ciel et de tous les mondes, à qui nous devons tous l'hommage et le tribut de nos adorations. »

Le royaume de Dieu est donc venu vers vous, disait Jésus aux Juifs. En effet, le royaume de Dieu était venu pour les Juifs endurcis et prévaricateurs de la loi de Moïse qu'ils avaient déformée, plus encore que le Catholicisme lui-même n'a déformé la loi du Christ. Il était venu pour que ceux-là qui alors s'étaient préparé une longue et douloureuse expiation, trouvassent ouverte devant eux la porte de l'espérance et le moyen de parvenir au bien par la ligne la plus courte.

Le royaume de Dieu est venu encore aujourd'hui et c'est la Révélation nouvelle qui vient relever ceux qui se sont laissés entraîner par l'égoïsme et par l'orgueil, ceux qui ont *façonné* la loi si pure du Christ pour la prêter à toutes les impuretés. Le royaume de Dieu approche de plus en plus et bientôt les bons et les convertis en verront les splendeurs ; mais il faut attendre que notre vue soit assez forte pour ne pas être éblouie par les rayons de sa lumière.

Les parents de Jésus vinrent pour le saisir en le traitant de fou, c'est ce qui lui faisait dire que nul n'était prophète en son pays. Ne voit-on pas de nos jours des familles divisées et jetant la pierre à celui de ses membres qui ne suit pas la route vulgaire? Tout ce que l'homme ne comprend pas, il le nie; tout ce qui le gêne ou l'effraie, il le condamne.

« Vous, Spirites, qui sortez de la route vulgaire en acceptant la Révélation nouvelle, vous êtes accusés, comme l'a été Jésus par ses proches et par les autres hommes, d'avoir perdu l'esprit et d'être atteints de folie; et les Scribes et les Pharisiens de vos jours vous accusent aussi d'être sous l'influence du démon. Nouveaux disciples du Christ qui êtes chargés de développer la doctrine du Maître et de l'expliquer *en Esprit et en Vérité*, joignez l'exemple à la parole; opposez à ces accusations la patience, la douceur, l'indulgence, la fermeté, le courage. Marchez hardiment, Christ veille sur vous, vous protège et vous fait accompagner par des Esprits qui vous guident et vous inspirent.

MATHIEU, XII; V. 20-27 — MARC, III; V. 27-30
LUC, XI; 21-23, ET XII; V. 10

Le fort armé. — Péché remis. — Blasphème contre le Saint-Esprit. — Trésor du cœur. — Parole impie. — Qui n'est pas avec Jésus est contre lui. — C'est par le fruit qu'on connait l'arbre.

MATHIEU : V. 29. Comment quelqu'un peut-il entrer dans la maison du fort et enlever ce qui lui appartient, s'il n'a auparavant lié le fort? Et alors il pillera sa maison. — 30. Qui n'est pas avec moi est contre moi ; et qui n'amasse pas avec moi, disperse. — 31. C'est pourquoi je vous dis: Tout péché et tout blasphème seront remis aux hommes ; mais le blasphème contre le Saint-Esprit ne sera point remis. — 32. Et quiconque aura parlé contre le fils de l'homme il lui sera remis ; mais si quelqu'un parle contre le Saint-Esprit, il ne lui sera remis ni dans ce siècle ni dans le siècle à venir. — 33. Qu'un arbre soit bon, son fruit sera bon ; qu'un arbre soit mauvais, son fruit sera mauvais ; car c'est par le fruit qu'on connaît l'arbre. — 34. Race de vipères, comment pouvez-vous dire de bonnes choses, vous qui êtes mauvais ? car la bouche parle de l'abondance du cœur. — 35. L'homme qui est bon tire de bonnes choses d'un bon trésor, et l'homme mauvais tire de mauvaises choses d'un mauvais trésor. — 36. Or, je vous dis que les hommes rendront compte, au jour du jugement, de toute parole inutile qu'ils auront proférée ; — 37, car vous serez justifiés par vos paroles et vous serez condamnés par vos paroles.

Marc : V. 27. Personne ne peut entrer dans la maison du fort et enlever ce qui lui appartient qu'auparavant il ne le lie ; et alors il pillera sa maison. — 28. Je vous dis en vérité que tous les péchés que les hommes auront commis et tous les blasphèmes qu'ils auront proférés, leur seront remis. — 29. Mais quiconque aura blasphémé contre le Saint-Esprit n'aura point de pardon dans l'éternité et il sera coupable d'un péché éternel. — 30. Il leur parlait ainsi parce qu'ils disaient : Il est possédé d'un Esprit impur.

Luc : V. 21. Quand un fort armé garde l'entrée de sa maison, tout ce qu'il possède est en sûreté ; — 22, mais si un plus fort survient et en triomphe, il emportera toutes les armes dans lesquelles il mettait sa confiance, et il prendra ses dépouilles ; — 23, celui qui n'est point avec moi, est contre moi ; et celui qui n'amasse pas avec moi, dissipe.

XII ; V. 10. Si quelqu'un parle contre le fils de l'homme il lui sera remis ; mais à celui qui blasphémera contre le Saint-Esprit, il ne sera pas remis.

90.

Il faut toujours dépouiller *l'Esprit* de la *lettre* pour avoir la pensée du Maître. Ce que dit ici Jésus fait allusion au péché qui circonscrit l'homme fort, l'entoure de séductions pour s'en emparer. Tant que l'homme est fort contre lui-même, veillant sur sa conscience, toujours en éveil pour combattre ses mauvais instincts, ses mauvais penchants, ses mauvaises passions, il est sûr d'être vainqueur ; mais s'il s'oublie, s'il se laisse aller à la mollesse, au sommeil de la conscience, les vices pénètrent en lui, le lient de leurs liens pernicieux et s'en rendent maître. Il oublie Dieu, et celui qui a oublié son Dieu devient impie. Toutes les vertus que l'on ne pratique pas sont remplacées par les vices qu'elles devaient détruire et qui les *dépouillent* de l'asile qui leur était ouvert.

Les paroles de Jésus recueillies par les trois évangélistes ont été prononcées en des lieux et des temps différents. Jésus répétait souvent les mêmes choses aux Hébreux rassemblés autour de lui et ses paroles ne sont pas répétées lettre pour lettre dans les Évangiles. Chaque évangéliste écrit les choses à sa manière mais, s'il y a quelques différences entre les narrations, en prenant L'ESPRIT on voit que le fonds est le même.

On peut médire contre moi, disait Jésus, *mais le blasphème contre le Saint-Esprit ne sera pas remis.* Jésus établit par ces paroles la différence qu'il y a entre le Seigneur Tout-Puissant et lui. Nous savons que les Juifs entendaient par Saint-Esprit le souffle de Dieu lui-même, et la plus grande offense que l'on puisse commettre, c'est de blasphémer son Créateur. Mais quand Jésus parle d'une punition éternelle, il faut penser qu'il voulait effrayer les méchants et que le mot *éternel* ne peut avoir ici qu'un sens *relatif* et non pas un sens *absolu*. Il fallait bien faire comprendre que la durée du châtiment serait très grande et à la hauteur du sentiment de révolte et d'orgueil qui avait entraîné l'Esprit dans sa chute. Dans nos séances spirites n'entendons-nous pas, à chaque instant, des Esprits coupables gémir et se croire sous le coup de « peines éternelles »; que, cependant, il n'en est rien, et que cette croyance en eux n'est qu'un *moyen* de les ramener à la repentance ? La force et la durée du châtiment usent l'énergie mauvaise du coupable; las de souffrir, effrayé de cette perspective de douleurs *sans fin*, il fait un retour sur lui-même, il regarde son passé avec désespoir, compte toutes ses fautes et tous ses crimes, et s'écrie enfin : *Ah! si ma vie était à recommencer!* C'est alors que les Esprits, qui l'entourent et veillent sur lui, se font sentir, font pénétrer en lui le repentir et l'espoir du pardon. Il voit alors que Dieu n'a point fait de punitions éternelles et ne demande au coupable que le repentir et l'expiation; car, sans cela, il ne serait ni juste, ni bon, ni miséricordieux. Avec le temps et la réincarnation, tout Esprit coupable se purifie et devient un jour ou l'autre un Esprit pur, mais c'est un Esprit *failli* et non pas, comme Jésus, un Esprit *infailli*.

Voulez-vous juger les hommes ? Vous les jugerez à coup sûr en appliquant cet adage que Jésus aimait à répéter à ses disciples : *Si l'arbre est bon, le fruit sera bon ; si l'arbre est mauvais, le fruit sera mauvais.* En effet, l'homme qui a de mauvais instincts commettra bien sûr de mauvaises actions; et la réciproque est vraie. Si, au contraire, vous voyez un homme s'efforcer de bien faire, soyez bien sûr que *l'arbre est bon*, et qu'il deviendra toujours meilleur. Mais il y a de ces *races de vipères*, Esprits inférieurs, égoïstes, orgueilleux, entêtés, qui croient n'avoir besoin des secours de personne et qui se refusent à toute lumière qui s'offre à eux ; ceux-là sont destinés à de longues épreuves encore. Le mensonge, l'hypocrisie, la méchanceté sont leur apanage, et leur parole est enveloppée de miel afin de mieux tromper ; mais au fruit, on reconnaît l'arbre, et c'est à ceux là que Jésus disait : *Comment pouvez-vous dire de bonnes choses, vous qui êtes mauvais ?* Tout ce qui est grand vient du cœur et n'a pas besoin de ces paroles mielleuses que seule prononce la bouche et sous lesquelles se cachent le mensonge et l'hypocrisie.

MATHIEU, XII ; V. 38-42 — LUC, XI ; V. 29-32

Prodige demandé par les Pharisiens. — *Réponse de Jésus. Prodige de Jonas.* — *Ninivites.* — *Reine du Midi.*

MATHIEU : V. 38. Alors quelques-uns des Scribes et des Pharisiens lui répondirent, disant : Maître, nous voudrions voir un prodige de vous. — 39. Et il leur répondit : Cette génération mauvaise et adultère demande un prodige ; et il ne lui sera pas donné d'autre prodige que le prodige du prophète Jonas, — 40. car, comme Jonas fut trois jours et trois nuits dans le ventre de la baleine, ainsi le fils de l'homme sera trois jours et trois nuits dans le cœur de la terre ; — 41. les Ninivites s'élèveront, dans le jugement, contre cette génération et la condamneront, car ils firent pénitence à la prédication de Jonas ; et, ICI, il y a plus que Jonas. — 42. La reine du Midi s'élèvera dans le jugement contre cette génération et la condamnera, car elle vint des extrémités de la terre pour écouter la sagesse de Salomon ; et il y a, ICI, plus que Salomon.

LUC : V. 29. Et comme la multitude s'assemblait autour de lui, il dit : Cette génération est une génération perverse ; elle demande un prodige : et il ne lui en sera point donné d'autre que celui du prophète

Jonas ; — 30, car comme Jonas fut un prodige pour ceux de Ninive, ainsi le fils de l'homme en sera un pour cette génération ; — 31, et la reine du Midi s'élèvera, dans le jugement, contre les hommes de cette génération et les condamnera, parce qu'elle est venue des extrémités de la terre pour écouter la sagesse de Salomon ; et il y a, ici, plus que Salomon. — 32. Les Ninivites s'élèveront, dans le jugement, contre cette génération et la condamneront ; car ils ont fait pénitence à la prédication de Jonas ; et il y a, ici, plus que Jonas.

91

Jésus accusait cette génération d'être *adultère*, en ce sens qu'elle abandonnait la foi en son Dieu pour ne s'adonner qu'au culte de la matière et du veau d'or.

Quant au miracle de Jonas, il fut amplifié et dénaturé. « Jonas, dit la Révélation, ne fut point jeté à la mer, mais enchaîné, pendant trois jours et trois nuits, au fond du navire qui le portait, et fut déposé, par une barque conduite par un matelot dévoué, sur le rivage. Il fut donc sauvé par le dévouement d'un homme, *instrument de la Providence,* qui avait accompli la volonté de Dieu, sous l'influence et l'inspiration spirites, en délivrant Jonas de ses fers et en le déposant sur le rivage. La crédulité et la tendance au merveilleux accréditèrent bientôt le bruit d'un miracle. La baleine de Jonas n'est autre chose que la barque qui le déposa sur le rivage. Mais Jésus se plaçait *au point de vue des croyances humaines* relatives à Jonas. D'ailleurs n'était-il pas pour tous ceux qui l'entouraient un continuel miracle, lui qui, dans son corps fluidique et immatériel, leur apparaissait sous la forme d'un corps humain matériel et tangible. »

Jésus établissait toujours un parallèle entre les Ecritures et l'époque où il parlait. Les Ninivites, qui avaient profité de la prédication de Jonas en rentrant et restant dans les voies du Seigneur, et la reine de Saba, qui avait aussi suivi l'impulsion qui lui avait été donnée et avait reconnu la grandeur de Dieu et la sagesse de celui que Dieu avait établi roi pour régner avec équité et rendre la justice, étaient la condamnation des Juifs qui se raidissaient contre tous les efforts que faisai Jésus pour les ramener dans la voie.

Jésus appelait l'attention sur la supériorité de sa mission que la Révélation spirite seule devait complètement dévoiler, et c'est à ce sujet qu'il disait : *Il y a ici plus que Jonas, il y a, ici, plus que Salomon.*

MATHIEU, XII; V. 43-45 — LUC, XI; V. 24-28

Devoir, pour l'homme, de résister aux mauvais instincts, aux mauvaises passions. — Réponse de Jésus aux paroles que lui adressa une femme du milieu du peuple.

MATHIEU : V. 43. Lorsqu'un esprit impur est sorti d'un homme, il erre dans des lieux arides, cherchant le repos, et il ne le trouve point ; — 44, alors il dit : Je reviendrai dans ma maison dont je suis sorti ; et revenant il la trouve vide, nettoyée et ornée ; — 45, alors il s'en va et prend avec lui sept autres esprits plus méchants que lui et, entrant, ils habitent là, et le dernier état de cet homme devient pire que le premier ; il en sera ainsi de cette génération criminelle.

LUC : V. 24. Lorsqu'un Esprit impur est sorti d'un homme, il s'en va en des lieux arides, cherchant le repos ; et, n'en trouvant point, il dit : Je retournerai dans la maison d'où je suis sorti : — 25, et, y venant, il la trouve nettoyée et ornée. — 26 Alors il s'en va et prend, avec lui, sept autres esprits plus méchants que lui ; et, entrant dans cette maison, ils y demeurent ; et le dernier état de cet homme devient pire que le premier. — 27. Or, il arriva que, lorsqu'il disait ces choses, une femme, élevant la voix du milieu du peuple, lui dit : Heureux le ventre qui vous a porté et les mamelles qui vous ont allaité ! — 28. Mais Jésus dit : Plutôt heureux ceux qui entendent la parole de Dieu *et la pratiquent*.

92

Jésus prévenait ainsi les hommes qu'ils eussent à se tenir sans cesse en garde contre leurs mauvaises passions qui, chassées d'abord assez facilement, reviennent un jour avec plus de force et de ténacité.

Mais cela peut être pris également au point de vue de la réalité. Un homme, faible d'esprit, succombe facilement aux tentations des mauvais Esprits qui le tentent. Mais souvent il fait un sérieux effort et chasse l'Esprit malfaisant. L'Esprit qui le poussait au mal s'écarte et va chercher quelqu'autre intelligence dont il puisse s'emparer ; mais il a toujours l'œil ouvert sur celui qu'il a été forcé d'abandonner, et, pour peu qu'il reconnaisse en lui un peu de relâchement, il revient promptement et prend de nouveau possession de sa victime. Trouve-t-il de la résistance, comme il sait que ce n'est pas une nature réellement pure, il s'acharne et se fait soutenir au besoin par d'autres mauvais Esprits qui le secondent.

Mais il ne faut cependant pas augurer de là que toutes nos mauvaises actions, toutes nos mauvaises pensées soient le résultat d'une influence occulte ; seulement nos tendances, bonnes ou mauvaises, attirent autour de nous les Esprits sympathiques à ces tendances.

Les lieux arides dans lesquels erre l'Esprit impur, sans trouver de refuge, ce sont les hommes dont l'âme est épurée et qui ne donnent point accès aux mauvaises suggestions. C'est une maison bien nettoyée de toute espèce de mauvais penchant, ornée de vertus et dans laquelle un mauvais Esprit ne saurait que faire.

Les Juifs croyaient que les Esprits habitaient dans l'intérieur même du corps des hommes. C'est une erreur semblable qui a fait supposer à l'Eglise romaine que l'essence même de Jésus pouvait établir sa demeure dans le corps de l'homme, et lui fit imaginer le sacrifice de l'Eucharistie.

Cette femme, qui éleva la voix du milieu du peuple, était un médium parlant; elle provoqua ainsi la réponse de Jésus. Heureux en effet ceux qui reçoivent la lumière et qui s'en éclairent, qui écoutent la parole de Dieu et la pratiquent *en esprit et en vérité*, car le progrès sera grand. Initiés dès notre Humanité aux mystères de la vie, les Spirites abrègent leur temps d'épreuve; ils évitent surtout les expiations en se mettant en garde contre eux-mêmes, et ils progressent ainsi dans leur vie humaine. Ils progresseront bien plus rapidement encore, une fois qu'ils seront entrés dans la vie spirite qui est leur vie véritable.

MATHIEU, XII ; V. 46-50 — MARC, III ; V. 31-35 LUC, VIII ; V. 19-21

Le frère, la sœur et la mère de Jésus — sont ceux qui font la volonté de son père, en écoutant la parole de Dieu, et la mettant en pratique.

MATHIEU : V. 46. Comme il parlait encore à la multitude, sa mère et ses frères étaient au dehors, cherchant à lui parler. — 47. Et quelqu'un lui dit : Voilà votre mère et vos frères qui sont dehors et qui vous demandent. — 48. Mais répondant à celui qui lui parlait, il dit : Qui est ma mère et qui sont mes frères ? — 49. Et étendant la main vers ses disciples, il dit : Voici ma mère et mes frères ; — 50, car quiconque aura fait la volonté de mon père, qui est dans les cieux, celui-là est mon frère, ma sœur et ma mère.

MARC. — V. 31. Et sa mère et ses frères, étant venus et se tenant au dehors, envoyèrent le demander. — 32. Or, la multitude était autour de lui, et on lui dit : Voilà votre mère et vos frères qui vous demandent ; — 33, et répondant, il leur dit : Qui est ma mère et qui sont mes frères ? — Et regardant ceux qui étaient assis autour de lui, il dit : Voici ma mère et mes frères ; — 35, car qui aura fait la volonté de Dieu, celui-là est mon frère, ma sœur, ma mère.

LUC : V. 19. Or, sa mère et ses frères vinrent à lui, et ils ne pouvaient l'aborder à cause de la foule ; — 20, et on lui dit : Votre mère et vos frères sont dehors, désirant vous voir. — 21. Jésus, répondant, leur dit : Ma mère et mes frères sont ceux qui écoutent la parole de Dieu et la pratiquent.

93

Jésus montrait ainsi par ces paroles, au sujet de ses frères et sœurs, qu'il n'était lié à Marie par aucuns liens humains. Il montrait en même temps que tous les hommes étaient ses frères, comme enfants du même Père que lui. Il faut d'ailleurs se rappeler que Joseph et Marie considérèrent Jésus, pendant toute son existence terrestre, comme un homme tel qu'eux.

Ma mère et mes frères sont ceux qui écoutent la parole de Dieu et la mettent en pratique. En faisant cette réponse, il embrassait, dans sa pensée, le présent et l'avenir. Son but était de prouver aux hommes que la mission qu'il remplissait auprès d'eux, passait avant les liens de la famille humaine. Il cherchait, en toute occasion, à frapper les intelligences et les imaginations. Il fallait montrer sinon complètement alors, du moins plus tard, qu'il n'existait entre lui et Marie et ceux qu'on appelait ses frères, comme aussi entre lui et ses disciples et tous les hommes enfin, que des liens spirituels, qu'une parenté *selon l'esprit* et non *selon la chair*. « Son but, nous dit toujours la Révélation, était de préparer les hommes à recevoir, aux temps prédits par lui, la révélation nouvelle que nous vous apportons aujourd'hui et qui devait leur faire connaître, *en esprit et en vérité*, son origine spirite, les conditions et le mode de son apparition sur votre Terre, sa mission, sa puissance et ses pouvoirs comme délégué et représentant du Père, pour votre Planète, à la formation de laquelle il a présidé et dont il doit accomplir le progrès et les destinées, ainsi que pour l'Humanité qui l'habite. Son but était aussi, en même temps, de faire abandonner un jour aux hommes la croyance qu'ils devaient avoir en sa Divinité en appelant tous les hommes ses frères. »

Remarqué. — Ici nous rencontrons sous notre main des assertions qui détruisent complètement ce que nous avons écrit à la page 111 et suivantes de notre « *Résumé*. » Nous les transcrivons exactement :

« *Voici*, fut-il dit à Jésus, *votre mère et vos frères qui vous demandent*.

« En présence de ces paroles et de celles-ci : (Mathieu, 13, V. 55) : *N'est-ce pas là le fils du charpentier ; sa mère ne s'appelle-t-elle pas Marie, et ses frères Joseph, Jacques, Simon et Jude ?* Puis au verset 56 : *et ses sœurs ne sont-elles pas toutes parmi nous ?* Puis au verset 3 du chap. VI de Marc : *N'est-ce pas là ce charpentier, fils de Marie, frère de Jacques, de Joseph, de Jude et de Simon ?* Puis au verset 25 du chap. Ier de Mathieu : *et il (Joseph) ne l'avait pas connue quand elle enfanta son fils premier-né, et il lui donna le nom de Jésus.* »

« En face de toutes ces paroles, disons-nous, des hommes ont prétendu et prétendent encore de nos jours, que Jésus eut des *frères* et des *sœurs* par l'action humaine de Joseph et de Marie.

« C'est là UNE ERREUR MANIFESTE après les débats que cette prétention a suscités autrefois et de nos jours ; ERREUR qui ne devrait pas, surtout encore, se reproduire ; ERREUR qui, en présence et par suite de la Révélation nouvelle sur l'origine spirite de Jésus, sur tout ce qui se rattache à son apparition sur notre Terre, à la nature et au caractère de sa mission dans le passé, le présent et l'avenir, sur l'élévation et la pureté de Marie et de Joseph, la nature et le caractère de la mission qu'ils remplirent pour aider à l'œuvre, doit disparaître des discussions et controverses humaines.

« Ceux qui étaient *appelés* : frères, sœurs de Jésus n'avaient, et non pas en réalité, mais seulement *aux yeux des hommes*, qu'une parenté rapprochée.

« En hébreu, le mot *frère* avait plusieurs acceptions, signifiant à la fois : *frère* proprement dit, *cousin germain*, puis *parent*. Chez les Hébreux, les enfants descendants directement de la même ligne étaient regardés comme *frères*, sinon de fait, du moins de nom, et se confondaient souvent entre eux, étant *appelés* frères, sœurs. Les Hébreux désignaient généralement sous le nom de *frères*, de *sœurs*, ceux qui provenaient de frères et que vous nommez maintenant cousins germains.

« Ceux qui étaient *appelés* les frères, les sœurs de Jésus étaient, selon la parenté humaine *aux yeux des hommes*, cousins germains.

« Marie n'était pas seule de son sang ; elle avait une sœur aussi du nom de Marie, femme de Cléophas et mère de Jacques, de Joseph, de Simon et de Jude, qui étaient *appelés* par les hommes : frères de Jésus.

« Celles qui étaient appelées : sœurs de Jésus étaient, selon la parenté humaine *aux yeux des hommes*, cousines germaines.

« Esprits très élevés, Joseph et Marie subissaient l'enveloppe qu'ils avaient acceptée, mais sans être soumis à des instincts sans nécessité pour eux ; exilés momentanément de leur vraie patrie, ils en avaient conservé intuitivement le souvenir, et tous leurs vœux tendaient à y retourner.

« Il ne faut jamais suivre un fleuve impur ; laissez les impies dénaturer les faits les plus sérieux : Joseph et Marie, Esprits très élevés, nous le répétons, en mission tous deux, n'avaient pas les nécessités charnelles de l'Humanité ; intuitivement préparée à la mission qu'elle devait remplir dans cette grande œuvre de régénération dont le dénouement fut un exemple pour toutes les races humaines qui depuis se sont succédées, Marie fut et resta toujours vierge; Joseph, moins élevé que Marie, mais accomplissant une mission sacrée, comprit, à la révélation de l'ange, le but de son existence matérielle et s'y consacra tout entier.

« Quant à cette locution « *fils premier né* » sur laquelle des hommes ont voulu s'appuyer pour attribuer une multiplicité d'enfants à Marie, il en a été pour cette expression comme pour celle de *frères, sœurs;* les interprétations humaines se sont égarées. Fils premier-né ou fils unique, était *un,* dans le sens vrai de la phrase hébraïque; le seul enfant né ne pouvait l'être qu'en premier. Retournez au texte hébreu, à la langue hébraïque, à l'usage qu'en faisaient les Hébreux, et vous trouverez les mots et leur signification exacte.

« Cette locution, *fils premier-né,* était employée dans le langage, indifféremment, *à la fois et au cas où il en était survenu d'autres,* et pour exprimer la naissance de l'enfant, *qu'elle eut été ou non* suivie d'autres naissances. Les mots servaient souvent à deux idées, suivant le sens qui devait être donné à la phrase.

« Vous comprenez maintenant — par ce que nous vous avons révélé quant à la grossesse, l'accouchement et l'enfantement de Marie — comment Marie était et resta vierge, en présence et à la suite de cette grossesse, de cet accouchement, de cet enfantement qui, comme œuvre du *Saint-Esprit* par le magnétisme spirituel, *œuvre spirite,* furent simplement apparents, *mais pris pour réels par elle et par les hommes.*

« Jésus était « fils premier-né et seul, » par conséquent fils unique *pour vous.* Après l'accomplissement de la mission terrestre de Jésus, ne voulant pas admettre sa vie *spéciale*, telle que l'avait établie la Révélation jusqu'après cet accomplissement restée secrète, puis répandue dans la foule, les Hébreux prirent le sens de *premier-né* en admettant qu'il fut suivi d'autres naissances; vous, chrétiens, vous vous renfermâtes dans le sens *vrai* de : fils unique. Voilà l'explication de ces paroles dont nous nous sommes servis ; fils unique *pour vous*. »

MATHIEU, MARC, LUC, JEAN,
Assistés des Apôtres.

Discussion. Il s'agit ici de s'entendre et de prendre l'esprit et non pas la lettre. Toutes les lois établies par Dieu sont saintes, et l'homme, créé pour le bonheur, fait son sort suivant sa soumission à ces lois éternelles écrites dans sa conscience et dans tout l'univers. Il faut donc rejeter complètement cette supposition qu'en restant vierge pendant toute sa vie terrestre, Marie voulut prêcher d'exemple et condamner l'acte par lequel l'Humanité se manifeste à la vie matérielle en prenant un corps de chair en chacun de ses membres. Il faut bien que la réincarnation puisse se faire pour tout Esprit à qui cette incarnation a été imposée soit comme punition, soit comme épreuve, soit comme expiation, et Dieu a établi cette loi : que c'est par l'union des sexes et par l'amour que cette incarnation peut se faire sur notre globe. De là, il faut conclure que non-seulement l'amour n'est pas condamnable, mais *qu'il est un devoir* auquel, sauf de rares exceptions de vocations particulières ou de dévouements à part, auquel, disons-nous, il faut que chacun se soumette sous peine de faire banqueroute à la Société.

N'est-il pas indéniable d'ailleurs que la famille est justement le milieu le plus favorable et le plus saint où l'homme puisse trouver à développer toutes les plus nobles facultés de son âme? Ne faut-il pas être deux pour s'avertir mutuellement de ses défauts et s'aider à s'en corriger, et peut-il y avoir rien de supérieur à la confession conjugale, entre deux cœurs confiants l'un dans l'autre et sympathiques, où chacun s'excite à devenir meilleur? Enfin, ces joyeux enfants qui viennent égayer le foyer domestique, ce sont des Esprits plus ou moins coupables, plus ou moins faillis (quand ce ne sont pas des Esprits dévoués en mission) que Dieu vous confie pour que vous attachiez toute votre attention à découvrir leurs défauts, afin de les aider à les vaincre, afin de prêter la main à leur purification, afin d'adoucir leur épreuve. Rien n'est beau vraiment ici-bas que la famille, dont le Créateur fit l'ardent creuset où doivent s'épurer les âmes. Condamner l'amour, c'est donc condamner Dieu. C'est une folie. Cette vérité est indiscutable et doit être mise hors de page par excès d'évidence.

Maintenant l'on dira : Pourquoi Marie et Joseph restèrent-ils toute leur vie dans la continence et la chasteté ainsi que l'affirme la Révélation nouvelle? C'est que, Esprits supérieurs en mission, ils n'appartenaient point à notre monde et obéissaient aux goûts et aux habitudes d'une vie supérieure. Dans les mondes plus élevés, l'on n'est plus l'esclave des besoins matériels qui caractérisent au contraire le nôtre. Ainsi, par exemple, lisez dans les « *Vies mystérieuses,* » à la page 151 : vous y voyez que les Etres qui habitent les mondes fluidiques sont eux-mêmes fluidiques ; que là, l'amour qui unit deux époux est *entièrement spirituel* et que, lorsqu'ils veulent, pour accomplir leurs devoirs envers Dieu et leurs semblables, se charger de l'éducation d'un Esprit, ils appellent cet *Esprit-enfant*, sortant ignorant et simple des mains du Créateur, *rien que par le désir et la prière*. Ce désir est suffisant pour la formation *d'un corps périsprital* que vient habiter le jeune Esprit, lequel doit se soumettre à l'épreuve pour développer les facultés déposées par son Créateur en lui, et qui y dorment à l'état latent comme la vapeur et la force dans la goutte d'eau, comme les sept couleurs, la chaleur et la vie dans le rayon blanc tombé du soleil, comme la fleur et le fruit dans la graine. « *Ce corps a l'apparence enfantine. Ces enfants vivent dans le bonheur sous le patronage des Esprits avancés qui les ont adoptés et qui s'en font les guides et les protecteurs.* » Le corps fluidique de *l'enfant-Esprit* grandit et progresse à mesure qu'il s'instruit, car ce corps est formé de tous les attributs divers qu'il acquiert par le travail, l'expérience et la volonté, et *jamais* un pareil Esprit ne s'incarnerait dans la matière s'il ne faiblissait pas, s'il ne *faillissait* pas, s'il suivait toujours sagement la voie tracée devant lui par ses guides et s'il obéissait aux conseils qui lui sont donnés. Mais LA SCIENCE DE L'INFINI est *terrible* et l'orgueil est facile à mordre au cœur des néophytes. Adam et Eve (qui ne sont qu'un Mythe, c'est-à-dire la personnification d'un fait, d'une époque) en sont un exemple frappant.

Rien de plus facile que d'admettre que Marie et Joseph aient été deux de ces Esprits des mondes élevés, incarnés par dévouement pour aider le Christ dans sa mission et *tout-à-fait indifférents* aux besoins, aux habitudes, aux lois qui règnent sur notre Terre, globe d'une nature infiniment grossière pour eux.

Et c'est ainsi qu'un fait qui paraissait si extraordinaire et même *impossible* à comprendre à l'intelligence humaine, ignorante encore des grandes lois de la vie universelle, devient immédiatement d'une simplicité extrême et *naturel*.

Toutes les Révélations si nombreuses qui nous viennent des Esprits, s'accordent toutes à nous dire que les globes sont hiérarchisés comme les Esprits et les Anges, qu'il y a les mondes inférieurs et les mondes supérieurs, et que les Esprits, en mourant et ressuscitant alternativement pour progresser, passent successivement des mondes matériels aux mondes spirituels, et des mondes spirituels aux mondes célestes. Plus on s'élève dans ces différentes *demeures* des Cieux et plus l'amour s'élève aussi, à tel point, qu'à un certain moment, l'on ne connaît plus que l'amour pur des âmes. Sans aller si loin, sur notre Terre on a vu des amours semblables, car un sentiment religieux vif et vrai, joint aux saints travaux de l'intelligence, élèvent autant l'âme au-dessus des besoins matériels que les satisfactions et jouissances matérielles l'abaissent et la font descendre.

Nous terminerons donc en disant ceci : Si Marie et Joseph étaient des Esprits supérieurs, rien de plus simple que d'admettre qu'ils aient pu vivre ensemble en restant chastes, la chasteté étant pour eux une chose aussi naturelle que la vie même. Mais que, au contraire, ils aient eu plusieurs enfants (en dehors de Jésus dont la nature tout-à-fait supérieure le mettait *dans l'impossibilité* de s'unir à la matière terrestre trop grossière pour sa fine essence), rien dans ce fait absolument qui puisse déconsidérer Marie en quoi que ce soit aux yeux des hommes. Enfin, dans l'un ou l'autre cas, rien qui puisse dénigrer la *Révélation chrétienne* et puisse l'empêcher d'être le plus beau code moral et religieux qui soit.

NOTE A CONSULTER

Nous croyons utile, pour éclairer la religion de ceux qui veulent bien nous suivre dans cette étude, d'inscrire ici la note que notre ami M. Benjamin Mossé, officier d'Académie, grand rabbin du ressort d'Avignon, a eu la complaisance de nous donner au sujet de toutes les acceptions que peut prendre en hébreu le mot *Bechor* signifiant *premier-né*. Voici ce qu'il nous écrit :

Bechor, premier-né, se dit du premier-né de la femme, soit qu'elle ait d'autres enfants, soit qu'elle n'en ait plus, après le premier.

Ce mot s'applique avec le même sens absolu aux premiers-nés de tous les animaux qui devaient être, comme le premier-né de la femme, consacrés au culte de l'Éternel.

Le premier-né de la femme devait, en principe, servir l'autel sacré, tandis que le premier-né de l'animal, quand il était pur et sans défaut, devait y être immolé.

Après le crime du veau d'or, les premiers-nés qui s'en étaient rendus coupables, comme tout le peuple, furent destitués du service du sanctuaire et remplacés par la tribu de Lévi, laquelle seule s'était gardée de ce crime idolâtrique.

Néanmoins tout premier-né appartenant de droit au sanctuaire, dut être racheté au prix d'être destiné à l'entretien du culte public.

La même expression de *Bechor* sert à désigner les premiers fruits des arbres et de toute plantation.

La Pentecôte est appelée : la *Fête des Prémices*, parce qu'on offrait en cette fête, au temple de Jérusalem, le pain des Prémices fait avec le nouveau blé de l'année.

B. MOSSÉ,
Grand Rabbin du ressort d'Avignon.

Ces quelques lignes nous donnent, en peu de mots, un charmant tableau de ce qu'était le sentiment religieux à l'époque où le Judaïsme était pratiqué dans toute sa pureté.

MATHIEU, XIII ; V. 1-23
MARC, IV ; V. 1-20 et 25 — LUC, VIII ; V. 1-15 et 18 ; et X ; V. 23-24

Parabole du semeur. — Explication de cette parabole.

MATHIEU : V. 1. En ces jours-là, Jésus, étant sorti de la maison, s'assit auprès de la mer. — 2. Et une grande multitude s'assembla autour de lui; de sorte que, montant dans une barque, il s'assit et la multitude resta sur le rivage. — 3. Et il leur disait beaucoup de choses en paraboles, leur parlant ainsi : Voilà que celui qui sème est sorti pour semer. — Et pendant qu'il semait, une partie du grain tomba le long du chemin et les oiseaux du ciel vinrent et le mangèrent. — 5. Une autre partie tomba sur le roc où il n'y avait que peu de terre, et elle leva aussitôt, parce que la terre où elle était n'avait pas de profondeur. — 6. Et le soleil s'étant levé ensuite, elle fut brûlée ; et, comme elle n'avait point de racine, elle sécha. — 7. Une autre tomba parmi les épines et les épines s'élevèrent et l'étouffèrent. — 8. Une autre enfin tomba dans une bonne terre, et les grains donnèrent leur fruit : l'un cent, l'autre soixante, l'autre trente pour un. — 9. *Que celui qui a des oreilles pour entendre, entende.* — 10. Et ses disciples, s'approchant, lui dirent : Pourquoi leur parlez-vous en paraboles. — 11. Il leur répondit, disant : C'est parce que, pour vous, il vous a été donné de connaître les mystères du royaume des cieux; mais, pour eux, il ne leur a pas été donné. — 12. Car quiconque a déjà, on lui donnera encore, et il sera dans l'abondance; mais celui qui n'a point, on lui ôtera même ce qu'il a; — 13, c'est pourquoi je leur parle en paraboles, parce que voyant ils ne voient pas, et qu'écoutant, ils n'entendent ni ne comprennent pas; — 14, et la parole du prophète Isaïe s'accomplit en eux : « Vous écouterez de vos oreilles et vous n'entendrez point ; vous regarderez de vos yeux et vous ne verrez point ; » — 15, car le cœur de ce peuple s'est appesanti et leurs oreilles sont devenues sourdes, et leurs yeux se sont fermés, — de peur qu'ils ne voient de leurs yeux, qu'ils n'entendent de leurs oreilles, — que leur cœur ne comprenne, et que s'étant convertis, je ne les guérisse. — 16. Mais heureux vos yeux, parce qu'ils voient et vos oreilles parce qu'elles entendent; — 17, car, en vérité, je vous dis que beaucoup de prophètes et de justes ont désiré voir ce que vous voyez et ne l'ont pas vu, et entendre ce que vous entendez et ne l'ont pas entendu. — 18. Vous donc écoutez la parole de celui qui sème. — 19. Quiconque écoute la parole du royaume et ne la comprend pas, l'esprit malin vient et enlève ce qui a été semé dans son cœur; c'est le grain qui a été semé le long du chemin. — 20. Et le grain qui a été semé parmi les pierres, c'est celui qui entend la parole et la reçoit d'abord avec joie; — 21, mais elle n'a pas de racine en lui et ne subsiste que pendant un temps, et la tribulation et les persécutions venant à cause de la pensée, il est aussitôt scandalisé. — 22. Le grain semé parmi les épines, c'est celui qui entend la parole; mais les soins du siècle et l'illusion des richesses étouffent la parole et il ne porte pas son fruit. — 23. Mais le grain semé dans une bonne terre, c'est celui qui écoute la parole et la comprend, et il porte son fruit; et chaque grain rend, l'un cent, l'autre soixante et l'autre trente pour un.

MARC : V. 1. Et il se mit de nouveau à enseigner auprès de la mer, et une si grande multitude s'assembla autour de lui, qu'il monta, sur mer, dans une barque et s'y assit; et tout le monde était sur le rivage. — 2. Et il leur enseignait beaucoup de choses en paraboles et leur disait en sa manière d'instruire : — 3. Écoutez : Voilà que celui qui sème est sorti pour semer ; — 4, et pendant qu'il semait, une partie du grain tomba le long du chemin ; et les oiseaux du ciel vinrent et la mangèrent. — 5. Une autre partie tomba sur le roc où il n'y avait que peu de terre, et leva presque aussitôt, parce que la terre avait peu de profondeur ; — 6, et le soleil s'étant levé, le grain fut brûlé, et comme il n'avait point de racine, il sécha. — 7. Une autre partie tomba parmi les épines, et les épines s'élevèrent et l'étouffèrent, et elle ne porta point de fruit. — 8. Une autre tomba dans une bonne terre ; et les grains donnèrent leur fruit, et s'élevant et se multipliant, ils donnèrent : l'un cent, l'autre soixante, l'autre trente pour un. — 9. Et il leur disait : *Que celui qui a des oreilles pour entendre, entende.* — 10. Lorsqu'il fut loin de la foule, les douze qui le suivaient l'interrogèrent sur cette parabole ; — 11, et il leur disait : Pour vous, il vous est donné de connaître le mystère du royaume de Dieu, mais pour ceux qui sont dehors, tout se fait en paraboles, — 12, afin que, voyant, ils voient et ne voient pas, et qu'écoutant, ils entendent et ne comprennent pas, — de peur qu'ils ne se convertissent et que leurs péchés leur soient remis ; — 14, et il leur dit encore : N'entendez-vous pas cette parabole ? Comment donc pourrez-vous entendre toutes les paraboles ? — 14. Celui qui sème, sème la parole ; — 15, ceux qui sont désignés par ce qui est le long du chemin où la parole est semée, sont ceux qui ne l'ont pas plus tôt entendue que Satan vient et enlève la parole qui avait été semée dans leurs cœurs ; — 16, et ceux qui sont désignés par ce qui est semé parmi des pierres, sont ceux qui, écoutant la parole, la reçoivent aussitôt avec joie. — 17. Mais n'ayant point en eux-mêmes de racine, ils ne sont que pour un temps ; et la tribulation et les persécutions venant à cause de la parole, ils se scandalisent aussitôt. — 18. Les autres qui sont désignés par ce qui est semé parmi les épines, sont ceux qui entendent la parole ; — 19. Mais les soins du siècle, l'illusion des richesses et les autres passions entrent en eux et étouffent la parole et elle ne porte pas son fruit. — 20. Et ceux qui sont désignés par ce qui est semé dans la bonne terre sont ceux qui écoutent la parole, qui la reçoivent et qui sortent du fruit : l'un trente, l'autre soixante, l'autre cent. — 25. Il sera donné celui qui a déjà, et celui qui n'a point, on lui ôtera même ce qu'il a.

Luc : V. 1. Quelque temps après, Jésus allait de ville en ville, de village en village, prêchant l'évangile et annonçant le royaume de Dieu ; les douze étaient avec lui ; — 2, et quelques femmes qui avaient été délivrées des esprits malins et guéries de maladies : Marie surnommée Madeleine et de laquelle sept démons étaient sortis ; — 3. Jeanne, femme de Chuza, intendant d'Hérode ; et Suzanne et plusieurs autres qui l'assistaient de leurs biens. — 4. Une grande multitude s'assemblant et se rendant vers lui de toutes les villes, il dit en parabole ; — 5. Celui qui sème est allé semer son grain, et, en semant, une partie du grain tomba le long du chemin et fut foulée aux pieds, et les oiseaux du ciel la mangèrent ; — 6, et une autre partie tomba sur la pierre ; et quand le grain fut levé, il sécha parce qu'elle n'avait point d'humidité. — 7. Et une autre partie tomba parmi les épines, et les épines qui tombèrent avec le grain l'étouffèrent. — 8. Et une autre partie tomba dans de bonne terre, et quand le grain fut levé, il porta du fruit et rendit cent pour un ; — 9, et en disant ceci, il criait : *Qui a des oreilles pour entendre, entende.* — 9. Mais ses disciples l'interrogèrent, lui demandant ce que voulait dire cette parabole ; — 10, et il leur dit : Pour vous, il vous a été donné de connaître le mystère du royaume de Dieu ; mais, pour les autres, il ne leur est proposé qu'en paraboles, afin que voyant ils ne voient pas, et qu'écoutant, ils ne comprennent point. — 11. Or, voici ce que veut dire cette parabole : La semence, c'est la parole de Dieu. — 12. Ceux qui sont désignés par ce qui est tombé le long du chemin, ce sont ceux qui écoutent la parole, mais le diable vient et enlève la parole de leur cœur, de peur que, croyant, ils ne soient sauvés. — 13. Ceux qui sont désignés par ce qui tombe sur des pierres, ce sont ceux qui, ayant écouté, reçoivent la parole avec joie ; mais ils n'ont point de racines, parce qu'ils croient seulement pour un temps, et qu'au temps de la tentation, ils se retirent. — 14. Ceux qui sont désignés par ce qui tombe parmi les épines, ce sont ceux qui ont écouté la parole, mais en qui elle est ensuite étouffée par les sollicitudes et les richesses, et les plaisirs de la vie ; et ils ne portent point de fruit. — 15. Mais ceux qui sont désignés par ce qui est tombé dans une bonne terre, ce sont ceux qui, ayant écouté la parole avec un cœur bon et excellent, la retiennent et la conservent, et portent du fruit par la patience ; — 18, prenez donc bien garde de quelle manière vous écoutez, car on donnera à celui qui a déjà ; et pour celui qui n'a pas, on lui ôtera même ce qu'il croit avoir.

X : V. 23. Et se retournant vers ses disciples, il leur dit : Heureux sont les yeux qui voient ce que vous voyez ; — 24, car je vous dis que beaucoup de prophètes et de rois ont désiré voir les choses que vous voyez et ils ne les ont point vues, et entendre les choses que vous entendez et ils ne les ont point entendues.

94.

Rien de beau, de simple et de vrai, comme cette parabole du semeur. Quel sens facile à comprendre et quelle portée n'avaient point ces paroles !

La génération d'Esprits incarnés, qui vivait à l'époque où Jésus accomplit sa mission, était composée d'Esprits orgueilleux et vains, sourds et aveugles volontaires, révoltés contre toute autorité et qui, même avant l'incarnation, rejetaient tout secours pour s'améliorer. Ils n'étaient capables de recevoir la vérité que voilée, afin qu'ils fussent *forcés* à réfléchir. Il fallait qu'ils fussent obligés de faire des efforts pour découvrir le sens caché des paroles de Jésus. Il ne leur sera parlé qu'en paraboles, disait Jésus, *de peur qu'ils ne se convertissent*; il faisait allusion à ceux qui, entraînés par un premier mouvement, auraient tenté trop légèrement de marcher en avant et qui, brusquement arrêtés par leurs mauvais instincts, auraient fait un mouvement de recul plus prompt encore et qui les eut fait descendre plus bas encore, les eut rendus plus coupables en augmentant leur révolte.

C'étaient d'ailleurs les disciples de Jésus qui avaient la mission d'expliquer ces paraboles. Jésus les leur expliquait à eux-mêmes *en secret*. Après *l'ascension* de Jésus, la multitude se trouve bien préparée, par tous les actes accomplis par Jésus, à écouter avec fruit les explications de ses disciples et de ses apôtres.

Pour vous, il vous a été donné de connaître les mystères du royaume des Cieux, disait le Christ à ses apôtres ; c'est que, Esprits plus élevés que les hommes qui l'entouraient, les apôtres étaient *mûrs* pour comprendre ces grandes vérités et pour les répandre. Il en est de même à notre époque. Tous les Esprits ne sont pas aptes à comprendre les grandes vérités du Spiritisme, beaucoup ne sont pas *mûrs* encore ; et cependant, combien cette Révélation nouvelle n'est-elle pas devenue évidente et certaine pour tous ceux qui ont simplement consenti à ouvrir les yeux et prêter l'oreille ! En ces temps-là Jésus est venu seulement soulever le voile et éclairer les intelligences ; mais le voile n'était pas levé, la lumière restait encore voilée. Aujourd'hui les Esprits obéissant aux ordres d'en Haut, continuent à lever ce voile qui nous cache l'autre vie. Bien que ce voile ne soit point encore *entièrement* levé, il laisse cependant pénétrer de nombreux rayons, jusqu'à ce que nos yeux devenus plus forts, puissent accepter tout entière la vérité étincelante et *complètement* régénératrice. Élevons nos cœurs, développons nos intelligences et, le moment venu, nous connaîtrons *tous les mystères du royaume des Cieux, tous les secrets du royaume de Dieu*. Nous les connaîtrons, ces secrets, lorsque nous aurons acquis une épuration morale complète et que, sous l'influence et le développement progressifs de cette épuration morale, nous aurons acquis la science de la toute-puissance de Dieu, de sa justice, de sa bonté et de sa miséricorde infinie, la science de ses volontés et de ses œuvres dans l'immensité, la science des éléments fluidiques et de leur action dans la vie et dans l'harmonie universelles, la science enfin des moyens à employer pour obtenir la grâce du Seigneur, par la vertu desquelles nos yeux s'ouvriront à la lumière et nous feront distinguer le bien du mal.

Nous, Spirites, qui savons que l'Esprit, qui revêt en ce monde une enveloppe de chair, apporte avec lui le trésor qu'il a pu amasser dans des existences antérieures, nous comprendrons facilement que ce trésor s'accroît d'autant plus vite qu'il était constitué sur de plus solides bases. Celui qui naît avec le désir ardent de progresser rapidement, fera tous ses efforts pour y parvenir. Et c'est pour cela que Jésus disait: *A celui qui a déjà il sera beaucoup demandé.*

Tout Esprit incarné possède, si peu de progrès qu'il ait fait avant d'arriver sur notre globe, un certain progrès acquis: *à celui qui a peu, on ôtera même ce qu'il a*, parce que, indifférent à garder ce qu'on lui a donné, il laissera les mauvaises passions s'emparer de son cœur et, à la place des vertus ou de ses facultés acquises, viendront s'implanter les vices et viendront à leur suite tous les maux dont ils sont la source. Car c'est dans la négligence et l'oubli de la pratique du bien que toutes les déchéances et tous les maux prennent racine. Celui qui n'est pas charitable devient dur, celui qui n'est pas humble de cœur et d'esprit devient orgueilleux et vaniteux, celui qui n'est pas soumis à la volonté de Dieu devient rebelle. Le mal naît du bien négligé. Celui qui ne suit pas la loi du progrès qui est *loi divine*, qui n'amasse pas, qui arrive avec peu de chose au fond de son âme en s'incarnant, perd; car il reste stationnaire, quand tous les autres autour de lui s'élèvent; et c'est ainsi qu'à celui-là *qui a peu*, on *lui ôtera même ce qu'il a.* Mais nous sommes destinés à progresser sans cesse ; allons donc de l'avant et demandons toujours afin que les secours d'en Haut nous viennent, mais demandons avec humilité de cœur et d'esprit, sans autre mobile que l'amour de Dieu et du prochain, que le désir de notre progrès intellectuel et moral, car Jésus nous l'a dit : *on donne à celui qui a déjà*, et c'est en ce sens que, plus nous demanderons et plus il nous sera accordé.

L'orgueil est inné chez les hommes et, si peu qu'ils vaillent, ils s'accordent toujours une valeur bien au-dessus de leur valeur réelle. Mais l'Esprit, après la mort, voit clairement ce qu'il vaut et ce qu'il est, et alors son orgueil devient pour lui une source de douleurs et de remords ; il voit qu'il a été la cause de toutes ses fautes et le plus grand obstacle à son progrès. C'est en ce sens qu'il faut comprendre que : *à celui qui n'a pas et qui croit avoir, on retire*, car il perd au moment du jugement ce qu'il croyait avoir.

Il faut que nous comprenions que nous sommes tous en punition sur cette Terre. Il faut donc écouter avec respect et reconnaissance cette Révélation nouvelle qui vient nous faire comprendre la loi d'amour et de douce charité, et la loi immuable et naturelle de la réincarnation. Cette loi de réincarnation nous est révélée *sans voile* dans son principe et dans toutes ses conséquences de réparation, d'expiation et de progrès ; elle vient nous montrer, cette Révélation bénie, la route que nous devons suivre pour entrer, purifiés et saints, dans le Royaume des Cieux ; elle nous fait voir, au centre de l'Univers qu'il a créé, le Dieu d'amour, le Dieu paternel et bon, nous attirant à lui par sa toute puissance, sous l'action de sa justice et de sa miséricorde infinie.

Arrière les vaines terreurs des temps barbares qui étaient utiles à une époque où, au feu des passions humaines, il fallait opposer un feu plus ardent encore qui put faire trembler ces hommes de fer, mais qui aujourd'hui n'ont plus leur raison d'être! Arrière l'exploitation de l'homme par l'homme! L'ignorant ne doit plus être la proie de l'instruit, car la science doit s'universaliser. Le fort ne doit plus écraser le faible, car la force, au contraire, doit devenir un moyen de lui venir en aide. Le puissant ne marchera plus sur le front du petit, car le puissant au contraire se baissera avec sollicitude pour le relever et lui montrer le ciel, car les temps sont venus où doit commencer le Royaume de Dieu sur la Terre.

Et vous, Spirites, nouveaux disciples du Maître, élevez la voix partout où vous pourrez la faire entendre, sans craindre ni le ridicule, ni l'anathème; le ridicule tournera contre ceux qui l'auront fait naître, et l'anathème retombera sur la tête de ceux qui l'auront lancé. La honte et l'humiliation seront pour ceux qui se seront élevés contre vous. Elevez la voix bien haut, car le grain qui a produit dans la bonne terre doit être semé à son tour, afin que chacun des grains récoltés fasse naître à son tour une récolte abondante. Mais surtout, en même temps que vous prêchez par la parole et l'enseignement, surtout prêchez par l'exemple.

MATHIEU
CHAPITRE XIII. — V. 24-30

Parabole de l'ivraie sursemée.

V. 24. Et il leur proposa une autre parabole, disant : Le royaume des cieux est semblable à un homme qui a semé de bon grain dans son champ. — 25. Mais pendant que les hommes dormaient, son ennemi vint, sema l'ivraie au milieu du blé et s'en alla. — 26. L'herbe ayant donc poussé et étant montée en épi, l'ivraie parut aussi. — 27. Alors, les serviteurs du père de famille lui vinrent dire : Seigneur, n'avez-vous pas semé de bon grain dans votre champ? D'où vient donc qu'il y a de l'ivraie? — 28. Et il leur dit : C'est un homme ennemi qui l'y a semée; et ses serviteurs lui dirent : Voulez-vous que nous allions l'arracher? Et il leur dit : Non; de peur qu'en arrachant l'ivraie, vous ne déraciniez en même temps le froment; — 30. Laissez, l'un et l'autre, croître jusqu'à la moisson; et, au temps de la moisson, je dirai aux moissonneurs : Arrachez premièrement l'ivraie et liez-la en gerbes pour brûler, mais amassez le froment dans mon grenier.

95.

Les Esprits ne sont pas tous au même degré de développement. Parmi nous, il en est d'élevés, tandis qu'il en est d'autres au contraire qui ne sont qu'au début de leurs épreuves morales. Faudrait-il donc, pour amener le renouvellement de notre génération spirituelle, frapper toute la génération matérielle? Non, l'ivraie croît à côté du bon grain et, *à chaque moisson*, l'ivraie s'épurera au feu de l'expiation, pendant que le bon grain s'amasse toujours dans les greniers du Seigneur. Depuis que notre Planète est sortie des fluides incandescents jusqu'à nos jours, il n'y a jamais eu de cataclysmes complets comme le déluge dont il est parlé dans l'histoire ; les transformations successives se sont faites par le progrès des règnes minéral, végétal et animal, puis du règne humain. C'était l'épuration et la transformation nécessaires des fluides planétaires, car, à chaque phase, les éléments doivent changer de nature. Les matières s'épurent et progressent sous l'action spirite, afin que le sol puisse fournir aux besoins des générations humaines qui l'habitent. Enfin, l'épuration se fait de la même manière absolument parmi les hommes eux-mêmes, et les méchants sont relégués dans les mondes mauvais en rapport avec leurs mauvais instincts, pendant que les bons restent en continuant à progresser avec la Planète. Mais les parfaits s'élèvent dans les mondes meilleurs, car : *à chacun suivant ses œuvres.*

On le voit, toujours l'ivraie pousse à côté du bon grain. *Faut-il arracher l'ivraie ?* Non, de peur de déraciner en même temps le froment. C'est ainsi que Jésus retenait le zèle de ses apôtres qui, emportés par le désir de faire progresser l'Humanité, auraient pu effrayer les simples et les détourner au lieu de les amener à écouter et à comprendre. La grande science dans l'enseignement des vérités éternelles, c'est de les approprier aux intelligences qui doivent les recevoir.

La moisson est l'époque où les Esprits retournent à leur origine, à la vie spirite, en quittant leur enveloppe charnelle. Les méchants rentrent dans le monde spirituel *à l'état d'ivraie qui doit être brûlée.* Ils doivent subir à l'état d'erraticité l'expiation méritée et s'épurer au feu des souffrances et tortures morales, pour être ensuite réincarnés. Ou bien, à l'*état de bon grain,* ils sont envoyés dans les mondes supérieurs.

Quand notre Terre purifiée ne laissera plus croître que le bon grain, alors elle ira faire partie du royaume de Dieu et ne sera plus que le séjour de bons Esprits.

MATHIEU, XIII ; V. 31-35 — MARC, IV ; V. 26-34 LUC, XIII ; V. 18-22

Grain de sénevé. — Levain de la pâte. — Semence jetée en terre.

Mathieu : V. 31. Et il leur proposa une autre parabole, disant : Le royaume des cieux est semblable au grain de sénevé qu'un homme prit et sema dans son champ — 32. Ce grain est la plus petite de toutes les semences, mais lorsqu'il a crû, il devient plus grand que toutes les plantes, et il devient un arbre, en sorte que les oiseaux du ciel viennent et habitent dans ses branches. — 33. Il leur dit une autre parabole : Le royaume des cieux est semblable au levain qu'une femme prend et qu'elle mêle dans trois mesures de farine jusqu'à ce que la pâte soit toute levée. — 34. Jésus dit toutes ces choses en paraboles à la multitude ; et il ne leur parlait point sans paraboles ; — 35, afin que cette parole du prophète fût accomplie : J'ouvrirai ma bouche pour parler en paraboles ; je publierai les choses cachées depuis la formation du monde.

Marc : V. 26. Et il leur disait : le royaume de Dieu est comme lorsqu'un homme jette la semence en terre ; — 27. Qu'il dorme ou qu'il se lève nuit et jour, la semence germe et croît sans qu'il sache comment ; — 28, car la terre produit d'elle-même, d'abord l'herbe, ensuite l'épi, puis le grain qui remplit l'épi. — 29. Et lorsque le fruit est dans sa maturité, on y met aussitôt la faucille, parce que le temps de la moisson est venu ; — 30, et il disait : A quoi comparerons-nous le royaume de Dieu ? Et par quelle parabole le représenterons-nous ? — 31. Il est semblable à un grain de sénevé qui, lorsqu'il est semé, est la plus petite de toutes les semences qui sont en la terre ; — 32, et lorsqu'il a été semé, il monte jusqu'à devenir plus grand que toutes les herbes, et il pousse de si grandes branches, que les oiseaux du ciel peuvent se reposer sous son ombre. — 33. Et il leur parlait ainsi en plusieurs paraboles, selon qu'ils pouvaient entendre ; — 34, et il ne leur parlait point sans paraboles ; mais, loin de la multitude, il expliquait tout à ses disciples.

Luc : V. 18. Et il disait : A quoi est semblable le royaume de Dieu et à quoi le comparerai-je ? — 19. Il est semblable au grain de sénevé qu'un homme prend et met dans son jardin, et il croît, et il devient un grand arbre, et les oiseaux du ciel reposent sur ses branches. — 20. Et il dit encore : A quoi comparerai-je le royaume de Dieu ? — 22. Il est semblable au levain qu'une femme prend et mêle dans trois mesures de farine jusqu'à ce que la pâte soit toute levée. — 23. Il allait par les villes et les villages, enseignant et s'avançant vers Jérusalem.

96.

Par ce grain de sénevé, Jésus faisait comprendre à ceux qui l'écoutaient que, si petit que fut le point de départ, on pouvait toujours arriver aux Cieux. On peut aussi considérer ce grain de sénevé comme point de départ, à l'origine, de notre Planète et de son Humanité. Cette Humanité sort de terre et son apparition, son développement et sa transformation sont représentés par l'arbre où viennent nicher les oiseaux du Ciel et où ils trouvent la paix et le bonheur.

Ainsi notre Planète, quand elle aura atteint le terme de son développement, sera devenue un séjour de paix et de bonheur, où les Esprits épurés habiteront pour suivre avec elle une voie nouvelle de progrès et d'ascension.

Par le levain qui faisait lever la pâte dans les mesures de farine, Jésus avait pour but de faire comprendre aux hommes le travail secret, mais continu, de la semence régénératrice qu'il jetait dans les cœurs. Les siècles ont évidemment développé cette semence, mais que nous sommes loin encore de cette époque où cette semence étant, comme le grain de sénevé, devenue un arbre touffu, n'abritera plus que des cœurs purs et des Esprits dociles !

« Cependant il ne faut pas se hâter de croire au renouvellement de votre Planète, dit la Révélation. Travaillez avec zèle à l'amélioration intellectuelle et morale des hommes, ô vous qui êtes les nouveaux apôtres et les nouveaux disciples, et, quand le travail *moral* avancera (et vous êtes à peine au début, non pas de l'œuvre, mais même de la pensée), vous verrez *alors* le physique de votre Planète changer d'aspect. Mais, avant de reconstruire l'habitation sous de nouveaux plans, il faut que les habitants soient en état d'y entrer. Tout s'enchaîne dans l'œuvre divine. La matière convient à la matière ; mais, lorsque votre progrès *moral* vous aura mis en état de vivre plus de la vie spirituelle que de la vie animale, vous verrez alors l'aspect de votre Planète changer graduellement ; sa constitution matérielle s'épurera dans les mêmes proportions et, les besoins de l'Humanité changeant de nature, les produits du sol changeront réellement de destination. La matière n'a pas été créée pour l'Esprit, mais pour le corps. Moins la chair aura d'empire sur vous, plus les besoins matériels s'amoindriront et plus, par conséquent, votre Planète se modifiera pour s'assimiler aux changements de votre nature. Votre Planète et votre Humanité sont appelées, en s'épurant, à progresser sans cesse vers des conditions fluidiques ; c'est le but universel. »

Que l'homme *dorme ou qu'il se lève jour et nuit, la semence germe et croit* sans qu'il sache comment. Ainsi l'Esprit de l'homme doit passer forcément par les phases de la germination, de la croissance et de la transformation ; forcément il doit parvenir à la maturité intellectuelle et morale. Et jusqu'à nos jours, la semence divine a germé et a crû sans que l'homme sache comment, sans qu'il put comprendre, jusqu'à ce jour, les *voies secrètes* de ce progrès dues à l'influence occulte des Esprits du Seigneur secondés par les Esprits en mission sur notre Terre. C'est seulement aujourd'hui que la lumière du Spiritisme nous fait tout comprendre ; mais, *que l'homme naisse ou meure, qu'il dorme ou qu'il veille*, le progrès suivra toujours sa marche, et malheur à ceux qui resteront volontairement aveugles !

En dépouillant *l'esprit de la lettre*, cette parabole de la semence est *l'emblème* des périodes que votre Humanité a parcourues et franchies, dans la voie du progrès, depuis l'apparition de l'homme sur notre globe, et des périodes qu'elle doit parcourir et franchir pour sa régénération.

Jésus expliquait à ses disciples, quand ils étaient *loin de la multitude*, le sens propre qu'ils devaient attacher à ses paroles, mais il ne leur donnait cependant que *ce qu'ils pourraient porter* à l'état d'incarnés et par rapport au milieu dans lequel ils vivaient. Il laissait pour eux *sous voile* tout ce qui devait rester *secret et caché*, pour n'être connu et découvert que plus tard, à l'époque de la Révélation nouvelle, à l'époque de la Révélation Spirite.

MATHIEU
CHAPITRE XIII. — V. 36-43

Explication de la parole de l'ivraie.

V. 36. Alors Jésus, ayant renvoyé la multitude, vint dans une maison, et ses disciples, s'approchant de lui, lui dirent: Expliquez-nous la parabole de l'ivraie semée dans le champ. — 37. Et leur répondant, il dit: Celui qui sème le bon grain, c'est le fils de l'homme. — 38. Le champ c'est le monde; le bon grain, ce sont les enfants du royaume; et l'ivraie, ce sont les enfants d'iniquité; — 39. L'ennemi qui l'a semée, c'est le diable; le temps de la moisson, c'est la fin du monde; les moissonneurs sont les anges. — 40. Comme donc on arrache l'ivraie et on la brûle dans le feu, il en sera ainsi à la fin du monde. — 41. Le fils de l'homme enverra ses anges: ils ramasseront et enlèveront hors de son royaume tous ceux qui sont des occasions de chute et de scandale; — 42. Et ils les jetteront dans la fournaise du feu; là seront les pleurs et les grincements de dents; — 43. Alors les justes brilleront comme le soleil, dans le royaume de leur père: *que celui qui a des oreilles pour entendre, entende.*

97.

C'est encore un langage voilé. Chargé du progrès de notre Planète et de son Humanité, c'est-à-dire des Esprits qui viennent s'y incarner, Jésus est venu semer le bon grain, par sa mission terrestre en venant poser les bases et les fondements de la régénération humaine. Il s'appelle : « *le fils de l'homme* » pour rappeler cette mission terrestre. Il montre en même temps sa puissance et sa souveraineté, comme *envoyé* de Dieu et *fait* par Lui roi de la Terre, qui est « *son royaume* ». Il indique que c'est lui-même qui fera chasser par « *des anges* » les enfants d'iniquité qui sont figurés par l'ivraie pendant que les justes, que figure le bon grain, brilleront *comme le soleil*.

Le diable qui a semé l'ivraie, ce sont tous les Esprits mauvais, toujours prêts soit à tenter l'homme, soit à profiter de toutes ses faiblesses pour le perdre. Quant à « *la fin du monde* », si mal interprétée par le Catholicisme, loin de devoir être *soudaine*, elle s'accomplit depuis longtemps, et tous les jours, par le rejet des méchants sur les Terres primitives ; mais nous avançons vers l'époque où les Esprits inférieurs qui s'incarnent sur notre Terre seront repoussés par la *seule* influence de la présence des bons, car les Esprits mauvais redoutent la société et la présence des Esprits élevés. Alors, ce sera la fin du monde, car notre Terre ne contiendra plus que des Esprits heureux et *l'ivraie aura été jetée au feu de la purification*.

Les moissonneurs sont tous les Esprits du Seigneur qui travaillent à l'œuvre de progrès, d'épuration et de régénération de notre Humanité. Eux seuls ont le droit de juger et de séparer *l'ivraie* du *bon grain*, de jeter les Esprits rebelles et coupables *dans la fournaise où il y aura des pleurs et des grincements de dents*. Ce feu, c'est le feu des remords, ce sont les souffrances et les tortures des expiations.

MATHIEU
CHAPITRE XIII. V. 44

Trésor caché.

V. 44. Le royaume des cieux est semblable à un trésor caché dans un champ; et l'homme qui l'a trouvé l'enferme; et dans sa joie de l'avoir trouvé, il va vendre tout ce qu'il a et achète ce champ.

98.

Jésus voulait exprimer, par ces paroles, toute la joie qu'éprouve celui qui reçoit la parole de Dieu et la comprend. Il se débarrasse de ses erreurs, de ses mauvais instincts, de ses mauvais penchants, de ses vices, de tout ce qui l'enchaîne à la matière, comme les biens de la terre enchaînent l'homme au sol où ils sont attachés.

MATHIEU
CHAPITRE XIII. — V. 45-46

Perle de grand prix.

V. 45. Le royaume des cieux est encore semblable à un homme qui fait le trafic et qui cherche de belles perles; — 46, et ayant trouvé une perle de grand prix, et étant allé vendre tout ce qu'il avait, l'achète.

99.

C'est encore l'image de l'homme qui cherche sincèrement la vérité et qui, l'ayant trouvée, se débarrasse sans hésitation de tous ses défauts.

MATHIEU
CHAPITRE XIII. V. 47-52

V. 47. Le royaume des cieux est semblable à un filet jeté dans la mer et qui prend toutes sortes de poissons ; — 48. Et lorsqu'il est plein, les pêcheurs le retirent sur le bord où, s'étant assis, ils mettent ensemble tous les bons dans les vases, et ils jettent dehors les mauvais ; — 49. Il en sera ainsi à la fin du monde : les anges viendront et sépareront les mauvais du milieu des justes ; — 50. Et ils les jetteront dans la fournaise du feu : là seront les pleurs et les grincements de dents. — 51. Avez-vous compris ces choses ? Ils lui dirent : Oui. — 52. Et il leur dit : Tout Scribe donc instruit de ce qui touche le royaume des cieux est semblable à l'homme père de famille qui tire son trésor des choses neuves et des choses vieilles.

100.

Cette parabole se rapporte au *triage des bons* et *à l'éloignement des mauvais*. C'est la même que la parabole de l'ivraie. Toutes ces paraboles étaient dites à des hommes différents et souvent à des époques diverses, mais toujours dans le même but.

Le Scribe était celui qui, plus éclairé que les masses, était chargé de répandre sur elles les lumières de son intelligence et de son érudition. Mais le plus souvent les Scribes mettaient cette lumière sous le boisseau. Ils devaient cependant tirer de *leur trésor*, de leur science, *les choses vieilles et les choses neuves*, c'est-à-dire tout ce qu'ils avaient appris, pour fortifier les cœurs et se faire accréditer.

C'est ainsi que les Spirites doivent fouiller les chroniques anciennes, scruter les légendes, pour établir aux yeux des craintifs, des incrédules et des faux savants, l'authenticité de la science qu'ils professent et son antiquité.

MATHIEU, XIII; V. 53-58 — MARC, VI; V. I-6

Nul prophète n'est sans honneur que dans son pays, dans sa maison et parmi ses parents.

MATHIEU: V. 53. Jésus, ayant fini ses paraboles, partit de là; — 54, et étant venu en son pays, il les instruisait dans leurs synagogues; en sorte qu'étant saisis d'étonnement, ils disaient: D'où sont venus à celui-ci cette sagesse et ces miracles? — 55. N'est-ce pas là le fils du charpentier? Sa mère ne s'appelle-t-elle pas Marie, et ses frères: Jacques, Joseph, Simon et Jude? — 56, Et ses sœurs ne sont-elles pas toutes parmi nous? D'où viennent donc à celui-ci toutes ces choses? — 57. Ainsi Jésus leur était un sujet de scandale; mais il leur dit: Un prophète n'est sans honneur que dans son pays et dans sa maison. — 58. Et il ne fit pas là beaucoup de miracles à cause de leur incrédulité.

MARC: V. 1. Jésus, étant sorti de là, vint en son pays; et ses disciples le suivaient. — 2. Et, le jour du sabbat étant venu, il commença à enseigner dans la synagogue ; et plusieurs de ceux qui l'écoutaient, étant extraordinairement étonnés de l'entendre ainsi parler, disaient : D'où sont venues à celui-ci toutes ces choses ? Et quelle est cette sagesse qui lui a été donnée ? Et d'où vient que tant de merveilles se font par ses mains ? — 3. N'est-ce pas là ce charpentier, fils de Marie, frère de Jacques, de Joseph, de Jude et de Simon ? Et ses sœurs ne sont-elles pas ici parmi nous ? Et ils se scandalisaient à son sujet. — 4. Mais Jésus leur dit : Un prophète n'est sans honneur que dans son pays et dans sa maison et parmi ses parents. — 5. Et il ne put faire là aucun miracle ; il guérit seulement un petit nombre de malades en leur imposant les mains ; — 6, et il s'étonnait de leur incrédulité ; et il allait de tous côtés, dans les villages d'alentour pour enseigner.

101.

Tous ceux qui écoutaient Jésus étaient profondément surpris de la sagesse de sa doctrine, de ses paroles, de ses enseignements, et des faits qu'il accomplissait ; mais Jésus voulait leur rappeler le caractère et la mission de prophète qui lui étaient donnés par une partie de ceux qui le suivaient.

Mais Jésus ne fit pas là beaucoup de miracles, à cause de leur incrédulité.

Tous ceux qui ont assisté longtemps à des expériences Spirites savent bien que l'opposition que l'on rencontre parmi les Esprits, soit incarnés, soit désincarnés, tient toujours à l'influence que l'on peut avoir. Certainement Jésus, s'il l'eût voulu, aurait dominé cette influence contraire, mais à quoi cela lui eût-il servi ? On ne force pas les aveugles volontaires à ouvrir les yeux quand ils s'obstinent à les fermer. Dans sa douceur divine, Jésus aurait craint de provoquer chez ces Esprits une révolte qui, plus tard, eût été pour eux une cause cruelle de remords. Il ne veulut point user d'autorité sur les Esprits rebelles. Mais Jésus n'avait point à *s'étonner de leur incrédulité ;* c'est là une expression humaine. Il lisait dans la pensée de tous.

MATHIEU, XIV ; V. 1-12 — MARC, VI ; V. 14-29
LUC, III ; V. 19-20 ; et IX ; V. 7-9

Mort de Jean-Baptiste. — Paroles dites à l'égard de Jésus qui confirment la croyance des Hébreux à la réincarnation.

Mathieu : V. 1. En ce temps-là, Hérode le Tétrarque apprit la renommée de Jésus ; — 2, et il dit à ses serviteurs : Celui-ci est Jean-Baptiste ; c'est lui-même qui est ressuscité d'entre les morts ; et, c'est pour cela, qu'il se fait par lui tant de miracles. — 3. Car Hérode avait fait prendre Jean et l'avait fait enchaîner et mettre en prison, à cause d'Hérodiade, femme de son frère. — 4, parce que Jean lui disait : Il ne vous est point permis d'avoir cette femme. — 5. Et voulant le faire mourir, il craignait le peuple, parce que le peuple regardait Jean comme un prophète. — 6. Mais le jour de la naissance d'Hérode, la fille d'Hérodiade dansa devant Hérode et lui plut ; — 7, et c'est pour cela qu'il lui promit, avec serment, de lui donner tout ce qu'elle demanderait. — 8. Or, elle, instruite à l'avance par sa mère, lui dit : Donnez-moi, ici même, dans un bassin, la tête de Jean-Baptiste. — 9. Et le roi fut fort fâché de cette demande ; néanmoins, à cause du serment qu'il avait fait et de ceux qui étaient à table avec lui, il commanda qu'on la lui donnât. — 10. Et il envoya, en même temps, couper la tête de Jean dans sa prison : — 11, et sa tête fut apportée dans un bassin et donnée à la jeune fille ; et elle l'apporta à sa mère ; — 12, et ses disciples étant venus, prirent son corps et l'ensevelirent ; et ils allèrent dire cela à Jésus.

Marc : V. 14. Or, le roi Hérode entendit parler de Jésus, car son nom était très répandu ; et il disait : Jean-Baptiste est ressuscité d'entre les morts ; et c'est pour cela que tant de miracles s'opèrent par lui ; — 15, mais d'autres disaient : C'est Élie ; d'autres encore disaient : C'est un prophète égal à l'un des prophètes. — 16. Ce qu'Hérode ayant entendu, il dit : Cet homme est Jean à qui j'ai fait trancher la tête, il est ressuscité d'entre les morts. — 17, Car Hérode, ayant épousé Hérodiade, quoiqu'elle fût femme de Philippe son frère, avait envoyé saisir Jean, et, le faisant enchaîner, l'avait mis en prison à cause d'elle. — 18. Parce que Jean disait à Hérode : Il ne vous est pas permis d'avoir pour femme, la femme de votre frère. — 19. Depuis cela, Hérodiade lui tendait toujours des pièges, et elle voulait le faire périr, et elle ne le pouvait pas, — 20, parce qu'Hérode craignait Jean, sachant que c'était un homme juste et saint ; et il le gardait et il faisait beaucoup de choses selon ses avis, et il l'écoutait volontiers. — 21. Or, il arriva un jour favorable, le jour de la naissance d'Hérode durant lequel il donna un festin aux grands de sa cour, aux premiers de son armée et aux principaux de la Galilée ; 22, et la fille d'Hérodiade étant entrée et ayant dansé devant Hérode, elle lui plut tellement et à ceux qui étaient à table avec lui, qu'il lui dit : Demandez-moi ce que vous voudrez et je vous le donnerai. — 23. Et il ajouta, avec serment : Oui, tout ce que vous me demanderez, je vous le donnerai quand ce serait la moitié de mon royaume. — 24. Lorsqu'elle fut sortie, elle dit à sa mère : Que demanderai-je ? Sa mère répondit : La tête de Jean-Baptiste. — 25. Et s'étant hâtée d'entrer aussitôt dans la salle où était le roi, elle demanda, disant : Je désire que vous me donniez, à l'instant même, dans un bassin, la tête de Jean-Baptiste. — 26. Et le roi fut fâché de cette demande, néanmoins à cause du serment qu'il avait fait et de ceux qui étaient à table avec lui, il ne voulut pas la refuser. — 27. Et ayant envoyé un de ses gardes avec ordre d'apporter la tête de Jean dans un bassin, le garde coupa la tête de Jean dans la prison, — 28. et il l'apporta dans un bassin, et il la donna à la jeune fille et la jeune fille la donna à sa mère. — 29. Ses disciples l'ayant su, vinrent; et ils emportèrent son corps et le mirent dans un tombeau.

Luc, III; V. 19. Hérode le Tétrarque, ayant été repris par Jean à cause d'Hérodiade, femme de son frère, et à cause de tous les maux qu'il avait faits, — 20, ajouta à tous ses crimes, celui de faire mettre Jean en prison.

IX; V. 7. Or, Hérode le Tétrarque entendit parler de tout ce que faisait Jésus et il ne savait que penser parce que les uns disaient : — 8. Que Jean était ressuscité d'entre les morts, d'autres qu'Élie était revenu, et d'autres encore, que l'un des anciens prophètes était ressuscité. — 9. Et Hérode dit: J'ai fait couper la tête à Jean, qui est donc celui-ci, de qui j'entends dire de si grandes choses ? Et il avait envie de le voir.

102.

Ces paroles: *C'est Élie. — C'est Jean qui est ressuscité. — C'est Élie qui est revenu,* etc... dites, répétées partout et passées dans le domaine de la rumeur publique, sont une confirmation de l'existence de la croyance du peuple Hébreux à la réincarnation. D'ailleurs, toutes ces paroles rapportées par les Évangélistes ne furent pas prononcées toutes en même temps, mais bien dans diverses circonstances.

Quant à la mort de Jean-Baptiste, c'est un récit de faits et aucune explication n'est à donner.

« Hérodiade et sa fille, dit la Révélation, avaient chacune choisi, avant de s'incarner, une épreuve qui était au-dessus de leurs forces ; elles y succombèrent.

« Vous devez bien comprendre que le Seigneur sait à l'avance ceux qui succomberont. Oui, sa sagesse prévoit toujours la faiblesse de l'Esprit et les entraînements auxquels cette faiblesse, dans l'exercice de son libre-arbitre, peut le conduire. Si l'un de vos enfants vous demande de remplir une tâche au-dessus de ses forces et s'obstine à l'accomplir, ne prévoyez-vous pas, tout en lui accordant sa demande, qu'il manquera de force ou de persévérance ?

« Hérodiade et sa fille, à la suite de ces épreuves auxquelles elles faiblirent ainsi, devaient trouver, et trouvèrent aussi plus tard, un moyen de progrès et de purification dans de nouvelles épreuves. »

MATHIEU, XIV ; V. 13-22 — MARC, VI ; V. 30-44 LUC, IX ; V. 10-17

Multiplication des cinq pains et des deux poissons.

MATHIEU : V. 13. Jésus ayant entendu le récit des disciples de Jean, partit de là dans une barque et se retira secrètement en un lieu désert ; et le peuple, l'ayant su, sortit des villes et la foule le suivit à pied. — 14. Et lorsqu'il fut descendu de la barque, il vit une grande multitude, et il en eut compassion, et il guérit les malades. — 15. Or, le soir étant venu, ses disciples s'approchèrent de lui, disant : Ce lieu est désert, et déjà l'heure est avancée ; renvoyez le peuple, afin qu'il aille dans les villages acheter de quoi manger. — 16. Mais Jésus leur dit : Il n'est pas nécessaire qu'il s'éloigne ; donnez-lui vous-même à manger. — 17. Ils lui répondirent : Nous n'avons ici, que cinq pains et deux poissons ; 18. Et il leur dit: Apportez-les moi. — 19. Après qu'il eut commandé à la multitude de s'asseoir sur l'herbe, il prit les cinq pains et les deux poissons ; et, regardant le ciel, il les bénit, les rompit, et les donna à ses disciples, et les disciples au peuple ; — 20, et tous mangèrent et furent rassasiés, on en emporta douze corbeilles pleines de morceaux qui étaient restés. — 21, Or, ceux qui mangèrent étaient au nombre de cinq mille, sans compter les femmes et les petits enfants ; — 22, et aussitôt Jésus ordonna à ses disciples de monter dans la barque et de passer à l'autre bord avant lui, pendant qu'il renverrait le peuple.

Marc: V. 30. Or, les apôtres, s'étant rassemblés près de Jésus, lui rendirent compte de tout ce qu'ils avaient fait et de tout ce qu'ils avaient enseigné. — 31. Et il leur dit : Venez à l'écart en un lieu désert et vous vous reposerez un peu ; car une si grande multitude allait et venait qu'ils n'avaient pas le temps de manger. — 32. Et montant dans une barque, ils se retirèrent dans un lieu désert. — 33. Mais le peuple les ayant vus partir et plusieurs en ayant eu connaissance, une grande multitude y accourut, à pied, de toutes les villes et y arriva avant les apôtres. — 34. Et Jésus, sortant de la barque, vit une grande multitude de peuple, et il en eut compassion ; parce qu'elle était comme des brebis qui n'ont point de pasteur ; et il commença à leur enseigner beaucoup de choses ; — 35. Et, comme le jour était fort avancé, ses disciples s'approchèrent de lui, disant: Ce lieu est désert, et l'heure est avancée, — 36, renvoyez-les, afin qu'ils aillent, dans les villes et dans les bourgs d'ici autour, pour acheter de quoi manger. — 37. Et répondant, il leur dit: Donnez-leur vous-même à manger ; et ils lui dirent : Irons-nous acheter pour deux cents deniers de pains afin de leur donner à manger ? — 38. Et il leur dit : Combien avez-vous de pains ? Allez et voyez. Et lorsqu'ils eurent regardé, ils lui dirent : Cinq et deux poissons. — 39. Alors il leur ordonna de les faire tous asseoir en diverses troupes sur l'herbe ; — 40, et ils s'assirent en diverses troupes, les unes de cent personnes et les autres de cinquante. — 41. Et Jésus, recevant les cinq pains et les deux poissons et regardant le ciel il les bénit et rompit les pains et les donna à ses disciples afin qu'ils les missent devant le peuple et il partagea, à tous, les deux poissons; — 42. et tous mangèrent et furent rassasiés. — 43. Et on emporta douze corbeilles pleines de morceaux de pains et des poissons qui étaient restés, — 44. quoique ceux qui avaient mangé fussent au nombre de cinq mille hommes; 45. et aussitôt il ordonna à ses disciples de monter dans la barque et de passer avant lui à l'autre bord vers Bethsaïde, pendant qu'il renverrait le peuple.

Luc: V. 10. Les apôtres, étant revenus, racontèrent à Jésus tout ce qu'ils avaient fait; et Jésus, les ayant amenés avec lui, se retira, à l'écart, dans un lieu désert près de la ville de Bethsaïde; — 11. et quand le peuple eut appris cela, il le suivit, et Jésus les reçut, et il leur parlait du royaume de Dieu; et il guérissait ceux qui avaient besoin d'être guéris. — 12. Or, le jour avait commencé à décliner, et les douze vinrent et lui dirent: Renvoyez la multitude afin qu'ils s'en aillent dans les bourgs et les villages d'alentour pour y loger et y trouver à manger, parce que nous sommes ici dans un lieu désert. — 13. Mais il leur dit: Donnez-leur vous-mêmes à manger; ils lui dirent: Nous n'avons que cinq pains et deux poissons, à moins que nous n'allions nous-mêmes acheter à manger pour tout ce peuple. — 14. Car ils étaient environ cinq mille hommes; alors il dit à ses disciples: Faites-les asseoir par troupes, cinquante à cinquante; — 15. et ils agirent ainsi et les firent tous s'asseoir. — 16. Jésus, ayant pris les cinq pains et les deux poissons, et regardant vers le ciel, les bénit et les distribua à ses disciples afin qu'ils les apportassent devant la multitude. — 17. Et tous mangèrent et furent rassasiés, et on emporta douze corbeilles pleines de morceaux qui étaient restés.

103.

Ainsi que nous l'avons déjà dit, Jésus avait toute la puissance nécessaire pour attirer à lui tous les fluides dont il avait besoin. Tous les Esprits supérieurs répandus autour de lui dans l'air lui obéissaient avec empressement. C'est ainsi que, *par des apports* et par l'emploi des fluides, il put multiplier à l'infini le peu de nourriture dont disposaient ses disciples. Très peu de ces fluides ainsi *préparés* suffisait pour assouvir la faim la plus vive. Certes le Christ eut trouvé des moyens plus simples de rassasier cette multitude; pour cela il n'eût eu qu'à vouloir. Mais il fallait un effet physique aux yeux *matériels* de la foule pour frapper davantage.

Ce fait de la multiplication des cinq pains et des deux poissons resta pour tout le monde incompréhensible, inexplicable et inexpliqué, et fut appelé *miracle*, mais la Révélation nouvelle nous le fera facilement comprendre. Tout cela fut dû à l'action spirite et à l'emploi des fluides qu'à cette époque les apôtres eux-mêmes ne pouvaient pas connaître. Jésus remettait lui-même à ses disciples les morceaux qu'il paraissait briser entre ses doigts. D'ailleurs il y avait, dans la foule, des femmes munies de ces corbeilles qu'en Orient elles portent sur la tête, et ce sont ces corbeilles que les disciples apportèrent aux pieds du Maître, quand commença la multiplicité des pains. Mais comment se fit cette multiplication ?

« Jésus enveloppait de fluides protecteurs appropriés les quelques aliments qu'il tenait, et se servait des fluides qu'il attirait pour multiplier entre ses doigts ces aliments qu'il rendait visibles et tangibles avec l'aspect, la forme, les propriétés de saveur ou de goût qui étaient nécessaires. Il remplaçait au fur et à mesure, par la force et la puissance de sa science et de sa volonté, les parties qu'il en détachait. Les morceaux de ces pains et de ces poissons qu'il brisait et remettait à ses disciples, pour les déposer dans les corbeilles, étaient immédiatement entourés des apports faits par les Esprits invisibles qui servaient Jésus, et rendus tangibles. Et ainsi, de même que Jésus et les Esprits puisaient à l'infini, dans les fluides producteurs que Jésus avait attirés autour de lui, les éléments et moyens de multiplication, de même les disciples puisaient aussi à l'infini dans ces corbeilles dont les provisions se renouvelaient sans cesse et d'elles-mêmes. Il n'y avait donc dans ce *miracle* qu'une question *d'apport* et d'emploi de *fluides*. »

Tous les spirites savent ce que l'on entend par un apport. L'Esprit *ne laisse voir* l'apport que *quand il veut qu'on voie qu'il l'opère*, et cela, en rendant *visible* le fluide qui enveloppe cet apport et sert à l'effectuer. Ils savent qu'il rend à volonté invisible *à l'œil grossier de l'homme* l'objet de l'apport. Il n'y a donc rien, absolument rien, dans ce miracle, qui ne soit naturel et qu'un spirite ne puisse facilement comprendre.

Si Jésus l'avait voulu, il aurait pu, *seul*, produire le miracle ; mais les moyens qui furent employés étaient plus convenables pour le but à atteindre.

« Les produits de la multiplication, ayant reçu la forme de morceaux de pains et de bribes de poissons, furent mangés pour tels ; il n'y a rien là qui doivent vous étonner : ne voyez-vous pas les somnambules magnétiques prendre pour ce qu'on leur dit être, l'eau ou le vin, comme tout autre aliment qu'on leur présente ? Ne savez-vous pas quelle est sur l'homme la puissance de l'influence spirite ? Ne comprenez-vous pas combien devait être grande sur ces hommes celle de Jésus et de cette phalange innombrable d'Esprits supérieurs qui l'entouraient ? Ne voyez-vous pas des apports sous forme d'objets matériels et propres à l'alimentation humaine ayant *pour l'homme* l'aspect, la forme, la saveur ou le goût des produits humains qu'ils représentent ? »

Tous mangèrent et furent rassasiés et il resta encore douze corbeilles pleines des morceaux. Ces produits fluidiques, perdant peu à peu, sous l'action spirite, leur tangibilité, retournèrent à leur source et tout rentra dans l'ordre de l'Humanité.

MATHIEU, XIV ; V. 23-33 — MARC, VI ; V. 46-52.

Jésus et Pierre marchent sur la mer.

MATHIEU : V. 23. Et ayant renvoyé le peuple, il monta seul sur la montagne pour prier; et, le soir étant venu, il était là seul. — 24. Cependant la barque était poussée çà et là par les flots au milieu de la mer; car le vent était contraire; — 25. Mais à la quatrième veille de la nuit, Jésus vint à eux, marchant sur la mer. — 26. Et, le voyant marcher sur la mer, ils furent troublés, disant : C'est un fantôme, et dans leur frayeur ils crièrent ; — 27, et aussitôt Jésus leur cria, disant : Ayez confiance, c'est moi :

ne craignez point. — 28. Pierre lui répondant, dit : Seigneur, si c'est vous, commandez que j'aille à vous en marchant sur les eaux ; — 29. et Jésus lui dit : Venez ; et Pierre, descendant de la barque, marchait sur l'eau pour venir à Jésus. — 30. Or, voyant que le vent était fort, il eut peur ; et comme il commençait à enfoncer, il cria, disant : Seigneur, sauvez-moi ! — 31. Et aussitôt Jésus, étendant la main, le prit et lui dit : Homme de peu de foi, pourquoi avez-vous douté ? — 32. Et lorsqu'ils furent montés dans la barque, le vent cessa. — 33. Alors ceux qui étaient dans la barque s'approchèrent de lui et l'adorèrent, disant : Vous êtes vraiment le fils de Dieu.

MARC : V. 46. Et après qu'il eut renvoyé le peuple, il s'en alla sur la montagne pour prier. — 47. Le soir étant venu, la barque était au milieu de la mer ; et Jésus était seul à terre. — 48. Et voyant que ses disciples avaient grand peine à ramer parce que le vent leur était contraire, vers la quatrième veille de la nuit il vint à eux, marchant sur la mer ; et il voulait les devancer. — 49. Mais eux, dès qu'ils le virent marchant sur la mer, crurent que c'était un fantôme, et ils jetèrent un grand cri ; — 50. car tous le virent et en furent épouvantés ; et aussitôt il leur parla, et leur dit : Rassurez-vous, c'est moi, ne craignez point. — 51. Et il monta avec eux dans la barque, et le vent cessa ; et ils étaient encore plus étonnés ; — 52. car ils n'avaient pas compris la multiplication des pains, parce que leur cœur était aveuglé.

104

De même qu'un Esprit peut traverser les airs, de même Jésus pouvait facilement se mouvoir à la surface des eaux. Quand il se présenta ainsi à ses disciples, il était simplement à l'état d'apparition périspritique, et son corps, n'ayant que l'apparence corporelle humaine, était plus léger que l'eau. Les disciples crurent que c'était un *fantôme* marchant sur la mer.

« A ce moment, dit la Révélation, Jésus était rentré dans les conditions périspritiques des apparitions. De tout temps le monde invisible a été en rapport avec l'Humanité; ces rapports, incompris pour les hommes qui n'en connaissent plus les causes, passaient, même à cette époque, *soit* pour des jeux de l'imagination, *soit* pour l'œuvre des Esprits malfaisants, *soit* enfin, pour quelques-uns seulement, pour une grâce spéciale que le Seigneur daignait faire à une de ses créatures incarnées. Parmi les idolâtres, ces apparitions ont donné lieu à cette multiplicité de Dieux et de Déesses dont la crédulité a été victime, exploitée qu'elle était par l'ambition et la cupidité.

« Les Juifs avaient, eux aussi, dans leurs familles, des Médiums voyants qui, parfois, constataient l'apparition de *tel* ami ou de *tel* parent et même de quelques-uns de leurs patriarches ou prophètes, absolument comme aujourd'hui où l'on voit que les Esprits peuvent prendre toutes les formes. C'est ainsi que Pierre, Médium très développé, auditif, voyant et à effets physiques, ne sut pas discerner ni reconnaître Jésus et le prit pour un *fantôme* en lui voyant l'apparence des apparitions qu'il avait eues déjà. Ce ne fut que lorsque Jésus lui tendit la main qu'il comprit que c'était bien lui, n'ayant jamais éprouvé l'effet de la *tangibilité*. Et ce fut sur l'ordre mental du Maître qu'il fut soutenu par les Esprits invisibles qui suivaient Jésus et étaient constamment à ses ordres. Pierre étant Médium à effets physiques très puissant, c'est à l'aide des fluides qu'ils trouvèrent en lui que les Esprits préposés le soutinrent et obéirent à tout ce que Jésus leur commanda de faire. C'est aussi au moyen de ces mêmes fluides appartenant à sa personne que, plus tard, ils le débarrassèrent des chaînes dont on l'avait chargé dans sa prison. »

Tout le reste du miracle se passa de la même manière, par l'intermédiaire des Esprits obéissant à l'ordre mental que le Christ leur donnait : la tempête s'éleva, la mer et le vent s'apaisèrent.

C'est à partir de ce moment que les disciples de Jésus l'adorèrent comme étant le *fils de Dieu*, engendré par Dieu lui-même. C'est aussi ce qui donna lieu à cette erreur profondément enracinée, que Dieu, voulant sauver l'Humanité et la racheter de ses fautes, s'était offert LUI-MÊME à LUI-MÊME en holocauste de propitiation.

C'est ainsi que la Révélation nouvelle vient, sur tous les points, soulever le *voile* qui dérobait à nos regards *la lumière et la vérité*.

MATHIEU, XIV ; V. 24-36 — MARC, VI ; V. 53-56

Attouchement du vêtement de Jésus.

MATHIEU : V. 24. Ayant traversé le lac, ils vinrent dans la terre de Génésareth ; — 35, et les hommes de ce lieu l'ayant reconnu, ils envoyèrent dans tout le pays et lui présentèrent tous les malades, — 36, et ils le priaient de leur laisser toucher seulement la frange de son vêtement ; et tous ceux qui la touchèrent furent guéris.

MARC : V. 53. Et ayant traversé le lac, ils vinrent dans la terre de Génésareth et y abordèrent ; — 54, et dès qu'ils furent sortis de la barque, les habitants reconnurent Jésus. — 55. Ils coururent par toute la contrée et commencèrent à lui apporter, de tous côtés, les malades dans des lits, partout où ils entendaient dire qu'il était. — 56. Et en quelque lieu qu'il entrât, bourgs, villages, villes, on mettait les malades dans les places publiques, et on le priait de permettre qu'ils pussent seulement toucher le bord de son vêtement ; et tous ceux qui le touchaient étaient guéris.

105

Tout cela était effet du pouvoir magnétique dont Jésus disposait ; il n'y avait donc là absolument rien qui fût *miraculeux*, tout était naturel ; mais les hommes d'alors n'y pouvaient rien comprendre. Les malades furent tous guéris, non point par le fait de l'attouchement de la frange du vêtement du Maître, *mais par le fait de sa volonté puissante.*

MATHIEU, XV ; V. 1-20 — MARC, VII ; V. 1-23

Mains non lavées. — Traditions humaines. — Scandale à mépriser. — Guides aveugles. — Vraie impureté. — C'est ce qui vient du cœur qui souille l'homme, le rend impur.

MATHIEU : V. 1. Alors des Scribes et des Pharisiens, qui étaient venus de Jérusalem, s'approchèrent de Jésus et lui dirent : — 2. Pourquoi vos disciples transgressent-ils la tradition des anciens ; car ils ne lavent point leurs mains avant de manger ? — 3. Il leur répondit : Pourquoi vous-mêmes transgressez-vous les commandements de Dieu, à cause de votre tradition ? Car Dieu dit : — 4. Honore ton père et ta mère ; et : Celui qui aura outragé de paroles son père ou sa mère, qu'il soit puni de mort ; — 5. mais vous,

vous dites : Quiconque aura dit à son père ou à sa mère : Tout don que je fais à Dieu vous est utile, satisfait à la loi, — 6, encore qu'après cela il n'honore et n'assiste point son père ou sa mère ; et ainsi vous avez rendu vain le commandement de Dieu par votre tradition. — 7. Hypocrites, Isaïe a bien prophétisé de vous, disant : — 8. Ce peuple m'honore des lèvres, mais son cœur est loin de moi ; — 9, et c'est sans raison, en vain, qu'ils m'honorent, enseignant les doctrines et les commandements des hommes. — 10. Et, ayant appelé autour de lui, la multitude, il dit : Ecoutez et comprenez : — 11. Ce n'est pas ce qui entre dans la bouche de l'homme qui le souille, le rend impur. — 12. Alors ses disciples, s'approchant, lui dirent : Savez-vous bien que les Pharisiens, ayant entendu ce que vous venez de dire, s'en sont scandalisés ? — 13. Et il répondit : Toute plante que mon père céleste n'a point plantée sera arrachée. — 14. Laissez-les ; ils sont aveugles et conducteurs d'aveugles ; or, si un aveugle conduit un aveugle, ils tomberont tous deux dans la même fosse. — 15. Pierre, prenant la parole, lui dit : Expliquez-nous cette parabole. — 16. Et Jésus lui dit : Et vous aussi, êtes-vous sans intelligence ? — 17. Ne comprenez-vous pas que tout ce qui entre dans la bouche descend dans le ventre et est ensuite jeté au lieu secret ? — 18. Mais ce qui sort de la bouche vient du cœur, et c'est là ce qui souille l'homme, le rend impur ; — 19, car du cœur viennent les mauvaises pensées, les homicides, les adultères, les fornications, les vols, les larcins, les faux témoignages, les blasphèmes, les médisances. — 20. Ce sont là les choses qui souillent l'homme, le rendent impur ; mais manger sans s'être lavé les mains ne souille point l'homme, ne le rend point impur.

Marc : V. 1. Des Pharisiens et quelques-uns des Scribes, qui étaient venus de Jérusalem, s'assemblèrent autour de Jésus. — 2. Et ayant vu quelques-uns de ses disciples prendre leur repas avec des mains impures, c'est-à-dire qui n'avaient pas été lavées, ils les en blâmèrent ; — 3, car les Pharisiens et tous les Juifs ne mangent point sans avoir souvent lavé leurs mains, gardant la tradition des anciens. — 4. Et lorsqu'ils reviennent de la place publique, ils ne mangent pas sans s'être lavés, et ils ont encore beaucoup d'autres coutumes dont l'observance leur a été transmise par la tradition et qu'ils conservent comme de laver les coupes, les vases d'airain et les bois de lit. — 5. C'est pourquoi les Pharisiens et les Scribes lui disaient : Pourquoi vos disciples ne suivent-ils pas la tradition des anciens et prennent-ils leur repas sans avoir lavé leurs mains? — 6. Mais Jésus répondant, leur dit : Isaïe a bien prophétisé de vous, hypocrites, ainsi qu'il est écrit : Ce peuple m'honore des lèvres, mais leur cœur est loin de moi ; — 7, et c'est en vain qu'ils m'honorent enseignant les doctrines et les commandements des hommes ; — 8, car laissant là le commandement de Dieu, vous observez avec soin la tradition des hommes, lavant les vases et les coupes et faisant encore beaucoup d'autres choses semblables. — 9. Et il leur disait : Ainsi donc vous rendez vain le commandement de Dieu pour garder votre tradition ; — 10, car Moïse a dit : Honorez votre père et votre mère ; et : Celui qui aura outragé de paroles son père ou sa mère, qu'il soit puni de mort ; — 11, et vous, vous dites : Si un homme dit à son père ou à sa mère : Tout don que je fais à Dieu vous est utile, il satisfait à la loi ; — 12, et vous lui permettez de ne rien faire de plus pour son père ou pour sa mère ; — 13, rescindant ainsi le commandement de Dieu par votre tradition que vous avez vous-mêmes établie, et vous faites encore beaucoup d'autres choses semblables ; — 14, et alors ayant appelé, de nouveau, le peuple autour de lui, il dit : Ecoutez-moi tous et comprenez : Il n'y a rien hors de l'homme qui, entrant en lui, puisse le souiller, le rendre impur ; mais ce qui sort de l'homme et ce qui le souille, le rend impur. — 16. *Si quelqu'un a des oreilles pour entendre, qu'il entende.* — 17. Après qu'il eut quitté le peuple et qu'il fut entré dans la maison, ses disciples lui demandèrent ce que voulait dire cette parabole ; — 18, et il leur dit : Ainsi vous êtes si peu intelligents ! Ne comprenez-vous pas que tout ce qui est hors de l'homme, entrant en lui, ne peut le souiller, le rendre impur ; — 19, parce que cela n'entre pas dans son cœur, mais va dans son ventre d'où tout ce qui, dans les aliments, a été séparé de ce qui doit servir à la nourriture du corps et doit être expulsé, est jeté dans le lieu secret ? — 20. Et il disait : Mais ce qui souille l'homme, c'est ce qui sort de l'homme même ; — 21, car c'est du dedans du cœur des hommes que sortent les mauvaises pensées, les adultères, les fornications, les homicides, — 22, les vols, les larcins, l'avarice, les méchancetés, la fourberie, les impuretés, la dissolution, l'œil pervers et envieux, les blasphèmes, les médisances, l'orgueil, la fierté, la folie. — 23. Tous ces maux viennent et sortent du dedans du cœur de l'homme et le souillent, le rendent impur.

106

Les paroles du Christ aux Pharisiens trouvent encore leur application de nos jours, car la loi d'amour, de pardon, d'oubli des offenses et de concours mutuel prêchée par Jésus, est encore aujourd'hui *dénaturée*.

« REVENEZ, REVENEZ avec simplicité, ô nos frères ! au christianisme *de Christ ;* suivez ses conseils fraternels ; marchez dans la voie qu'il a tracée ; et laissez se scandaliser les Pharisiens orgueilleux de vos jours qui parlent et agissent *à votre égard*, spirites, ainsi que parlèrent et agirent les Pharisiens d'autrefois *à l'égard de Jésus*. Laissez-les se scandaliser, car, eux aussi, seront obligés d'abandonner leurs traditions et d'en revenir à la loi mère de toutes les vertus. Et vous, gardez-vous de tout ce qui peut vous souiller ; ne prononcez aucune parole, ne commettez aucun acte que votre conscience puisse, si légèrement que ce soit, condamner ; marchez avec simplicité, faisant sortir de bonnes choses du trésor de votre cœur, afin que ce trésor se répande sur vos frères et fasse naître partout l'abondance dans les vertus et la paix dans les cœurs. »

Jésus voulait porter à réfléchir les Scribes et les Pharisiens ; il voulait les porter à rejeter tout ce que *la tradition des anciens* avait de contraire à la loi divine, telle qu'elle avait été révélée par l'intermédiaire de Moïse et des Prophètes. Car, de même que de nos jours les hommes ont *altéré, dénaturé, faussé*, EN Y AJOUTANT, la loi divine révélée aux hommes par Jésus, à cette époque aussi la doctrine de Moïse se trouvait entièrement transformée chez les Hébreux par les interprétations des prêtres des synagogues.

« DE MÊME QUE Jésus est venu combattre et détruire *la tradition des anciens* pour les Hébreux et arracher ainsi toute plante que son Père céleste n'avait pas plantée ; DE MÊME, de vos jours, par la Révélation nouvelle, *l'Esprit de vérité* que représente Christ, comme complément et sanction de la vérité, vient par les Esprits du Seigneur, ses envoyés, et à l'aide de manifestations spirites, combattre et détruire tout ce qui est *tradition des anciens* pour vous, et arracher ainsi toute plante que son Père céleste n'a pas plantée.

« Les paroles de Jésus aux Scribes et aux Pharisiens de l'époque, s'appliquent aux Scribes et aux Pharisiens de vos jours qui, repoussant et rejetant la Révélation nouvelle qu'apportent les Esprits du Seigneur, organes de l'Esprit de vérité, maintiennent, eux aussi, la *tradition des anciens*, honorent Dieu des lèvres, l'honorent en vain en enseignant les doctrines et les commandements des hommes. Dieu peut-il admettre la pureté extérieure quand le cœur est souillé ? Dieu peut-il accepter le culte des lèvres, quand le cœur est froid ? Dieu peut-il bénir et pardonner l'homme, quand il maudit et se venge ? Hommes ! honorez Dieu du fond de votre cœur ; suivez avec simplicité la loi d'amour qu'il vous impose ; ne soyez pas des sépulcres blanchis au dehors, mais que la pureté réside en votre cœur, quelle que soit l'enveloppe qui le recouvre. »

Oui, les temps sont venus où nous ne devons plus adorer le Père sur la montagne ni dans Jérusalem. L'Esprit de vérité vient nous dire qu'il faut désormais faire abstraction des cultes extérieurs qui nous divisent et nous séparent, en aimant Dieu par-dessus toute chose et notre prochain comme nous-mêmes. *Là est toute la loi et les Prophètes.*

Oh ! comme ils seront malheureux, ceux qui s'obstinent à marcher dans les ténèbres en y entraînant leurs frères ! Quelles tribulations n'auront-ils pas à subir *jusqu'à ce que leurs yeux soient ouverts ?* Mais, pour ceux qui *auront persisté* à se faire conducteurs d'aveugles, l'expiation sera plus longue et plus dure encore. *Que ceux qui ont des oreilles pour entendre, entendent.*

Jésus a voulu faire comprendre à tous les hommes que toutes les pratiques matérielles sont contraires aux commandements de Dieu. Le jeûne matériel, les privations corporelles, qui sont *sans utilité et sans profit pour le prochain*, sont choses vaines et inutiles devant Dieu. Il n'y a qu'un seul jeûne qui soit agréable au Père, c'est le jeûne *moral*, le jeûne *spirituel*, c'est-à-dire l'abstention de tout ce qui est mal, de tout ce qui est contraire à la loi divine, évangéliquement révélée, à la loi de justice, d'amour, de charité et de fraternité.

Ceux qui se sont attribué la succession des apôtres, qui se sont dits *infaillibles*, se sont engagés dans la voie des Pharisiens au point de vue du jeûne et des pratiques matérielles. *Et vous êtes si peu intelligents!* leur dirait encore le Maître, s'il était là.

L'Église que les hommes ont faite est une Église *humaine*. Pour leurs besoins, un petit nombre a courbé les fronts qui pouvaient gêner, dominant la matière par des lois matérielles et se souciant peu de développer des intelligences qui auraient pu comprendre un jour que l'Eglise du Christ avait dévié. La faute de l'Église romaine n'est pas d'avoir usé de son pouvoir matériel à une époque où les hommes avaient besoin d'un frein et où *elle seule* était en mesure de le leur imposer ; sa faute est dans son inertie, dans son esprit stationnaire ou rétrograde. Les siècles marchent, apportant chacun sa part de civilisation, de progrès, de lumière ; l'Eglise romaine *seule* veut garder sur les hommes le voile dont elle couvre leur intelligence ; elle *seule* veut maintenir l'Humanité dans l'enfance, alors que tout travaille en elle pour la faire entrer dans sa virilité. Mais elle aura beau faire, l'intelligence de l'homme se développe malgré elle et elle se trouvera un beau jour répudiée par tout le monde. Elle sera devenue vieille et décrépie et ne pourra plus répondre aux aspirations des cœurs.

———

MATHIEU, XV; V. 21-28 — MARC, VII; V. 24-30

La femme chananéenne.

MATHIEU : V. 21. Jésus étant parti de ce lieu, se retira de Tyr et de Sidon. — 22. Et une femme chananéenne étant sortie de ce pays-là, cria vers lui, disant : Seigneur, fils de David, ayez pitié de moi, ma fille est cruellement tourmentée par le démon. — 23. Mais Jésus ne lui répondit pas une parole; et ses disciples, s'approchant de lui, le priaient, disant : Accordez-lui ce qu'elle demande, afin qu'elle s'en aille, parce qu'elle crie après nous. — 24. Mais il répondit : Je n'ai été envoyé qu'aux brebis perdues de la maison d'Israël. — 25. Elle vint et l'adora, disant : Seigneur, assistez-moi. — 26. Il lui répondit : Il n'est pas bon de prendre le pain des enfants et de le donner aux chiens. — 27. Elle leur dit : Il est vrai, Seigneur; mais les petits chiens mangent au moins les miettes qui tombent de la table de leurs maîtres. — 28. Alors Jésus répondant, lui dit : Femme, votre foi est grande : qu'il vous soit fait comme vous voulez; et sa fille fut guérie à l'heure même.

MARC : V. 24. Il partit ensuite de ce lieu et il vint sur les confins de Tyr et de Sidon; et étant entré dans une maison, il désirait que personne ne le sût, mais il ne put être caché; — 25. car une femme, dont la fille était possédée d'un esprit impur, ayant entendu dire qu'il était là, entra et se prosterna à ses pieds : — 26. Elle était païenne et siro-phénicienne de nation; et elle le suppliait de chasser le démon hors de sa fille; et Jésus lui dit : Laissez d'abord rassasier les enfants, car il n'est pas bon de prendre le pain des enfants et de le jeter aux chiens. — 28. Mais elle, répondant, lui dit : Il est vrai, Seigneur, mais les petits chiens mangent au moins sous la table les miettes du pain des enfants. — 29. Alors il lui dit : A cause de cette parole, le démon est sorti de votre fille; — 30. et lorsqu'elle revint dans sa maison, elle trouva que le démon était sorti de sa fille, et qu'elle était couchée sur son lit.

107.

Ceci nous indique la marche que faisait le christianisme et nous fait en même temps apprécier celle que va suivre aussi le Spiritisme.

Cette femme, étrangère à la nation juive, n'était point sérieusement repoussée par celui qui était tout amour et charité, mais elle devait servir d'exemple et d'enseignement aux hommes en leur montrant que, quelqu'éloigné que l'on soit des croyances chrétiennes, la foi en Dieu peut opérer des miracles. La confiance qu'elle avait en la mission divine de Jésus avait seule attiré cette femme, et sa réponse fut inspirée par une foi vive et sans bornes. Que n'avons-nous pas tous la foi de la chananéenne, ayant foi dans ce miracle qui se passait loin d'elle et hors de sa vue ! Elle revint patiemment à sa maison, *sûre* que le *miracle* était accompli ; et il l'était aussi réellement. Nous le voyons, tout ce que nous demanderons, avec persévérance et foi, nous sera toujours accordé, non pas au moment même où nous le demanderons, mais souvent au moment où nous y penserons le moins.

Regardons-nous donc tous comme les enfants du même Dieu. Autrefois, comme encore aujourd'hui, les Juifs se regardaient comme les *seuls* et les *vrais* enfants du Seigneur, et aujourd'hui encore, comme les Juifs autrefois, l'Eglise s'attribue le monopole de la famille divine. Ouvrons donc enfin les yeux à la lumière et laissons de côté toutes ces sottises, fruit de l'orgueil ; le Spiritisme est venu nous apprendre que tous, incarnés et désincarnés, nous sommes frères et tous enfants du même Père céleste.

Oui, réunissons-nous tous sous ce grand drapeau du spiritisme ; rendons-nous tous dignes de porter le nom de Spirites et, pour cela, ayons la foi forte et vivace, ayons le courage de nos opinions et de nos actes et ne transigeons jamais avec notre conscience. Si l'un de nous a du pain que les autres n'ont pas, qu'il le partage avec son frère et qu'il en garde même une *large part* pour les « *petits chiens* » qui ont faim et demandent à participer à la nourriture sacrée. Amour et foi ! Car pour devenir parfaits comme notre maître est parfait, il nous faut une foi vive, active et productive, ne se rebutant de rien, ne s'effrayant de rien ; il nous faut cet amour fécondant qui répand sa sainte semence sur toute la Terre et la force à produire de bons fruits ; il nous faut une abnégation complète, un oubli entier des offenses, une charité de cœur et de lèvres qui non-seulement pardonne, mais oublie même qu'on a été offensé ; il nous faut entre tous un soutien et un concours mutuels, en vertu desquels le plus fort, le plus adroit, le plus riche, le plus intelligent, soutient celui qui lui est inférieur, et cela avec simplicité, sans même qu'il s'en aperçoive.

« Soyez parfaits, nos bien-aimés, autant que vous le permet votre nature imparfaite ; sachez que vous pouvez beaucoup et beaucoup plus que vous n'osez l'espérer ; apportez donc toutes les ressources de votre intelligence, toutes les forces de votre cœur à acquérir cette perfection que Dieu exige de vous, car elle s'exhalera de vos cœurs comme un parfum, car elle égalisera sur toute la Terre la condition humaine en répandant la vertu dans les cœurs. Jetez, jetez à profusion les miettes du pain qui vous est donné, afin d'élever les « petits chiens affamés » au rang des enfants du Seigneur. »

MARC
CHAPITRE VII. — V. 31-37

Sourd-muet guéri.

V. 31. Jésus quitta encore les confins de Tyr et vint par Sidon, près de la mer de Galilée, en passant au milieu du pays de Décapolis. — 32. Et on lui amena un homme sourd et muet, et on le suppliait de lui imposer les mains ; — 33. et Jésus, le tirant de la foule et le prenant à part, lui mit ses doigts dans les oreilles et de la salive sur la langue. — 34. Et levant les yeux au ciel, il gémit et il dit : *Eph pheta*, c'est-à-dire ouvrez-vous. — 35. Aussitôt, ses oreilles furent ouvertes, sa langue fut déliée ; et il parlait distinctement. — 36. Et il leur ordonna de ne le dire à personne ; mais plus il leur défendait, plus ils le publiaient. — 37. Et l'admirant de plus en plus, ils disaient : Il a bien fait toutes choses ; il a fait entendre les sourds et parler les muets.

108.

Jésus, le grand médecin des intelligences, agissait alors sur la matière, il frappait les sens grossiers et matériels ; mais aujourd'hui, devant la foule immense de l'Humanité, il s'approche des sourds et des aveugles, il les touche de son doigt béni et il leur dit : Eph pheta.

« Ouvrez-vous, intelligences alourdies ; ouvrez-vous, gens voilés par la matière ; ouvrez-vous pour entendre la voix des Esprits du Seigneur vous apportant ses enseignements et vous enseignant sa loi ; ouvrez-vous pour voir luire l'aurore du nouveau jour, du jour qui vous apporte le bonheur et la liberté ; cette liberté qui implique le libre usage de la raison, l'appréciation des faits et des choses, l'application de la science et la marche progressive en tout ; cette liberté enfin qui vient briser les chaînes que vous imposait *l'esclavage humain.* »

Pour guérir ce sourd-muet, Jésus n'eut besoin que de faire acte de volonté. Et que nos esprits forts, dans leur orgueilleuse ignorance, ne viennent pas dire que ces faits authentiques sont impossibles. Le magnétisme prouve la possibilité de ces faits. La surdité native, et par suite le mutisme qui n'en est que la conséquence, provient parfois d'un relâchement dans l'organe de l'ouïe ou bien encore d'une obstruction ; l'action fluidique agissant sur l'organe, sur le tympan lorsqu'il est distendu ou épaissi, resserre ou dilate suivant le besoin ; elle dégage des fluides amassés ou emprisonnés dans les tissus et rend la flexibilité à l'organe malade. Le sourd entendant, cesse d'être muet.

MATHIEU, XV ; V. 29-39 — MARC, VIII ; V. 1-10

Foule de malades guéris. — Multiplication des sept pains.

MATHIEU : V. 29. Jésus, ayant quitté ce lieu, vint le long de la mer de Galilée, et, étant monté sur une montagne, il s'y assit ; — 30, et une grande multitude s'approcha de lui, ayant, avec elle, des muets, des aveugles, des boiteux, des infirmes et beaucoup d'autres malades ; et ils les mirent à ses pieds, et il les guérit ; — 31, de sorte que la multitude était dans l'admiration, voyant que les muets parlaient, que les infirmes étaient guéris, que les boiteux marchaient, que les aveugles voyaient, et ils rendaient gloire au Dieu d'Israël. — 32. Or, Jésus, ayant appelé ses disciples, leur dit : J'ai compassion de ce peuple, car il y a trois jours qu'ils sont avec moi, et ils n'ont pas de quoi manger, et je ne veux pas les renvoyer qu'ils n'aient mangé, de peur qu'ils ne tombent en défaillance sur le chemin ; — 33, et ses disciples lui dirent : Comment trouverions-nous, dans ce lieu désert, assez de pains pour rassasier une si grande multitude ; — 34, et Jésus leur dit : Combien avez-vous de pains ? Sept, lui répondirent-ils, et quelques petits poissons ; — 35, et il commanda au peuple de s'asseoir à terre ; — 36, et prenant les sept pains et les poissons, et rendant grâces, il les rompit et les donna à ses disciples, et ses disciples les donnèrent au peuple ; — 37, et ils mangèrent tous et furent rassasiés ; et on emporta sept corbeilles pleines de morceaux qui étaient restés ; — 38, or, ceux qui mangèrent étaient au nombre de quatre mille sans compter les petits enfants et les femmes. — 39. Jésus, ayant ensuite renvoyé le peuple, monta ensuite dans une barque et vint aux confins de Magédan.

Marc : V. 1. En ce temps-là, le peuple s'étant trouvé encore une fois en fort grand nombre et n'ayant pas de quoi manger, Jésus appela ses disciples et leur dit : 2. J'ai compassion de ce peuple, parce que voilà déjà trois jours qu'il est avec moi et il n'a rien à manger ; — 3, et, si je les renvoie en leurs maisons sans avoir mangé, ils tomberont de défaillance en chemin, car quelques-uns d'eux sont venus de loin. — 4. Ses disciples lui répondirent : Comment trouver, dans ce désert, assez de pains pour les rassasier ? — 5. Il leur demanda : Combien avez-vous de pains ? Ils dirent : Sept. — 6. Et il ordonna au peuple de s'asseoir sur la terre ; et prenant les sept pains et rendant grâces, il les rompit et les donna à ses disciples pour les distribuer; et il les distribuèrent au peuple; — 7, et ils avaient quelques petits poissons; et il les bénit et ordonna qu'on les leur distribuât de même; — 8, et ils mangèrent; et ils furent rassasiés; et on emporta sept corbeilles pleines de morceaux qui étaient restés. — 9. Or, ceux qui mangèrent étaient environ quatre mille, et Jésus les renvoya. — 10. Et aussitôt, montant dans une barque avec ses disciples, il vint en la terre de Dalmanutha.

109.

Jésus voulait, en reproduisant pour la seconde fois le miracle de la multiplication des pains, impressionner encore plus la multitude. Il voulait aussi provoquer plus tard des explications et parler *du levain des Pharisiens et des Saducéens.*

MATHIEU, XVI; V. 1-14 — MARC, VIII; V. 11-13

Prodige demandé par les Pharisiens et les Saducéens — et refusé.

MATHIEU: V. Les Pharisiens et les Saducéens vinrent à lui pour le tenter, et ils lui demandèrent de leur montrer un signe dans le ciel; — 2, et il leur répondit : Le soir, vous dites : Il fera beau demain, parce que le ciel est brillant; — 3, et le matin, vous dites : Ce jour sera orageux, car le ciel est sombre et rougeâtre; — 4, vous savez donc reconnaître ce que présagent les diverses apparences du ciel, et vous ne savez point reconnaître les signes des temps? Cette génération mauvaise et adultère demande un signe: et il ne lui en sera point donné d'autre que celui du prophète Jonas, et les laissant, il s'en alla.

MARC : V. 11. Et les Pharisiens vinrent et commencèrent à disputer avec lui, lui demandant un signe dans le ciel pour le tenter. — 12. Jésus, gémissant profondément, leur dit : Pourquoi cette génération demande-t-elle un signe? Je vous dis en vérité qu'il ne leur sera point donné de signe. — 13. Et les ayant quittés, il monta de nouveau dans la barque et passa à l'autre bord.

110.

Ces expressions de *Pharisiens et de Saducéens* sont une appellation générale donnée aux incrédules. Ces deux sectes se ressemblaient au point de vue de l'incrédulité qu'ils professaient relativement à la mission du Christ et à sa doctrine. Ils vinrent à Jésus pour essayer de le mettre en défaut. Ils auraient voulu que Jésus arrêtât la marche des astres dans le Ciel et satisfît leur curiosité *aux dépens des lois naturelles* et ne savaient pas que Dieu ne change pas les lois immuables par lesquelles il gouverne son Univers.

Et quand l'évangéliste dit : *Jésus gémit profondément*, ce n'est là qu'une appréciation humaine. Jésus voulut appeler l'attention de ses disciples sur ce qu'avaient de douloureux l'orgueil et l'aveuglement de ces esprits coupables qu'attendait une longue et cruelle expiation.

MATHIEU, XVI ; V. 5-12 — MARC, VIII ; V. 14-21

Levain des Pharisiens et des Saducéens.

MATHIEU : V. 5. Or, ses disciples, étant venus de l'autre côté du lac, avaient oublié de prendre des pains. — 6. Jésus leur dit : Gardez-vous soigneusement du levain des Pharisiens et des Saducéens. — 7. Mais ils pensaient en eux-mêmes et disaient entre eux : C'est parce que nous n'avons point pris de pains. — 8. Ce que Jésus connaissant, il leur dit : Hommes de peu de foi, pourquoi pensez-vous en vous-mêmes que vous n'avez pas pris de pains?. — 9. Ne comprenez-vous point encore, et ne vous souvient-il point que cinq pains ont suffi pour cinq mille hommes et combien vous en avez remporté de corbeilles? — 10. Et que sept pains ont suffi à quatre mille hommes et combien vous en avez remporté de corbeilles? — 11. Comment ne comprenez-vous point que ce n'est pas du pain que je vous ai parlé, lorsque je vous ai dit : Gardez-vous du levain des Pharisiens et des Saducéens? — 12. Alors ils comprirent qu'il n'avait pas dit de se garder du levain des pains, mais de la doctrine des Pharisiens et des Saducéens.

Marc : V. 14. Or, les disciples avaient oublié de prendre des pains et ils n'avaient qu'un seul pain dans leur barque : — 15. Et Jésus leur donnait ce précepte, disant : Ayez soin de vous préserver du levain des Pharisiens et du levain d'Hérode. — 16. Et ils pensaient en eux-mêmes et se disaient l'un à l'autre : En effet, nous n'avons pas pris de pains. — 17. Ce que Jésus connaissant, il leur dit : Pourquoi pensez-vous que vous n'avez pas assez de pain? Ne savez-vous pas encore, ne comprenez-vous pas encore? Et votre cœur est-il encore dans l'aveuglement? — 19. Aurez-vous toujours des yeux pour ne point voir et des oreilles pour ne point entendre? Et avez-vous perdu la mémoire? — 20. Lorsque je rompis les cinq pains pour cinq mille hommes, combien resta-t-il de corbeilles pleines de morceaux? Douze, lui dirent-ils. — 21. Et lorsque je rompis les sept pains pour quatre mille hommes, combien resta-il de corbeilles pleines de morceaux? Sept, lui dirent-ils. — 22. Et il ajouta : Comment donc ne comprenez-vous pas encore ce que je vous dis?

111.

On voit ici, comme partout ailleurs du reste, que Jésus cherchait toujours à instruire ses disciples et à former leur foi.

« Et vous aussi, nouveaux disciples de Jésus, gardez-vous du levain « des Pharisiens et des Saducéens » et du levain « d'Hérode » : gardez-vous de toutes les inspirations de l'orgueil ; gardez-vous d'une lâche soumission au pouvoir en tant que le pouvoir tente d'agir sur vos consciences. Soyez humbles de cœur, soumis à vos supérieurs, quels qu'ils soient ; rendez à César ce qui est à César, mais n'oubliez *jamais* que c'est Dieu qui fait les Césars et qu'il a droit sur tous.

« Nous le répétons : gardez-vous d'une lâche soumission au pouvoir en tant que le pouvoir tente d'agir sur vos consciences. Vous devez résister avec respect, mais avec fermeté, à toute opposition qui voudrait empêcher l'exercice de la volonté de Dieu par ses bons Esprits se communiquant aujourd'hui aux hommes, pour terminer l'œuvre du christianisme *de Christ*, régénérer l'Humanité par la lumière et la vérité et établir la fraternité universelle par la justice, l'amour et la charité réciproques et solidaires, en accomplissant ces paroles de Christ : *Vous n'avez qu'un seul maître et vous êtes tous frères.*

MARC

CHAPITRE VIII. — V. 22-26

Aveugle guéri.

V. 22. Etant arrivés à Bethsaïde, on lui amena un aveugle et on le priait de le toucher. — 23. Et prenant l'aveugle par la main, il le conduisit hors du bourg ; et lui mettant de la salive et lui ayant imposé les mains, il lui demanda s'il voyait quelque chose. — 24. Et cet homme, regardant, dit : Je vois marcher des hommes qui me paraissent comme des arbres. — 25. Jésus lui mit, encore une fois, les mains sur les yeux, et il commença à voir, et il fut guéri, en sorte qu'il voyait distinctement toutes choses ; — 26, et il le renvoya en sa maison, disant : Allez-vous-en dans votre maison, et, si vous entrez dans le bourg, ne dites à personne ce qui vous est arrivé.

112.

Voici ce qu'à ce sujet dit la Révélation :

« Jésus, par la première imposition de mains, dégagea la vue spirituelle et l'homme vit les Esprits groupés autour de Jésus lesquels, relativement à son entendement obscurci, lui paraissaient des hommes dans des proportions gigantesques. La seconde imposition des mains développa les organes animaux, et l'homme vit alors les autres hommes comme lui. Les disciples de Jésus seuls entendirent les paroles de l'aveugle, la foule étant tenue à quelque distance par la haie que les disciples formaient autour du Maître. Ce miracle n'est encore qu'affaire de magnétisme.

« Le magnétisme n'est encore qu'à ses débuts. L'homme a trop négligé la puissance que Dieu a mise en ses mains, et c'est à peine s'il a ouvert la première page d'introduction de ce grand livre de la science. Le magnétisme n'est point un jeu destiné aux récréations des curieux ; ce n'est point une science légère destinée *seulement* à soulager quelques souffrances ; c'est une étude grave, profonde, exigeant un désintéressement sans bornes, une foi vive et un intarissable amour du prochain.

« Magnétiseurs, vous avez en vous la source de toutes les découvertes, de toutes les sciences. Qu'un travail sérieux vous ouvre les pages de ce grand livre et vous y découvrirez chaque jour quelque beauté nouvelle, et vous verrez jusqu'où peut aller la puissance de l'homme quand elle est soutenue par l'amour du bien, du vrai et du beau.

« Le magnétiseur *sérieux*, celui qui pratique *en vue du progrès de l'Humanité*, doit s'attacher avec soin au choix des sujets somnambules destinés à le seconder dans ses recherches. Un seul ne suffit point, car *tel* Esprit, développé sur une science, peut être complètement ignorant sur une autre. Nous ne parlons pas ici de la science *humaine*, car le sujet le plus simple d'esprit à l'état incarné peut être très avancé *spirituellement* s'il est simple de cœur. Vous savez d'ailleurs que le dégagement apporte, par l'intermédiaire des Esprits supérieurs auxquels ce sujet sert d'instrument, *des révélations inattendues* pour l'homme.

« Il faut, dans le choix des sujets, s'attacher à trouver des cœurs dévoués et purs ; il faut les élever dans la science magnétique en les façonnant de bonne heure, et peu à peu, au genre de travail dont ils manifestent les aptitudes. *Tel*, en extase, peut aider un chimiste ; *tel autre* apportera la lumière dans les ténèbres de l'histoire ; *tel autre* résoudra les problèmes mécaniques sur lesquels votre Humanité blanchit sans pouvoir en atteindre la solution. Mais il faut, pour en arriver là, que le magnétiseur et le magnétisé soient *purs de cœur*, ne cherchant pas dans la science des moyens de s'enrichir ; mais uniquement des moyens de s'instruire, sans quoi les *Esprits trompeurs* viendraient bien vite étendre *leur voile miroitant* sur les questions les plus importantes et les plus sérieuses. Les *Esprits supérieurs* ne s'approchent que de ce qui est pur, car tout obéit à la loi d'attraction spirituelle et fluidique. Ils ne viennent en aide, dans leurs études et leurs recherches, qu'à ceux qui ont le cœur pur. Ils n'agissent que dans un but unique : LE PROGRÈS DE L'HUMANITÉ, et cela, *avec un désintéressement sans bornes, une foi complète, et un intarissable amour du prochain.* »

Il faut croire que tout ce que disait et accomplissait Jésus, c'était plutôt en vue de l'avenir que pour le présent, car *alors* il avait affaire à des gens peu intelligents et tenant beaucoup de la brute ; c'est ce qui lui faisait dire : « *Si je voulais, mon père m'enverrait des milliers d'anges pour me servir.* »

Tous ceux de nous qui ont eu le bonheur et la faveur (car c'en est une grande), d'assister à des séances de Spiritisme, savent bien que, dans les apparitions spirites ou dégagement de l'esprit du voyant, ce qui frappe d'abord : c'est le siège de l'esprit, la partie supérieure du corps. Ce n'est qu'après avoir éprouvé le contact visuel de cette partie, que ses regards descendent et saisissent le reste des formes et que le plus souvent elles se perdent dans une sorte de vapeur. C'est ce qui fera comprendre ce qui suit :

« Les dimensions spirites ne se calculent pas d'après des mesures. Les Esprits, s'élevant dans l'espace, dépassaient les arbres aux yeux spirituels de l'aveugle; d'ailleurs les formes de l'Esprit sont généralement plus développées que celles du corps matériel.

« Pour guérir cet homme aveugle, Jésus n'avait pas besoin évidemment de lui mettre de la salive sur les yeux et de lui faire l'imposition des mains; il n'avait pas besoin non plus de dégager sa vue spirituelle, ni pour opérer ce dégagement de lui mettre de la salive sur les yeux et de lui faire une première imposition des mains; il n'avait pas besoin, pour lui rendre la vue corporelle humaine, de lui faire une seconde imposition des mains, pas plus que de lui mettre de la salive sur les yeux. En agissant *ainsi qu'il le faisait*, Jésus avait, comme toujours dans ses actes et ses paroles, un but : celui de donner un *enseignement* et des *exemples* aux hommes, au point de vue du présent *d'alors* et au point de vue de l'avenir. Il enseignait en même temps à ses disciples les moyens qu'ils devaient employer pour opérer plus tard les mêmes guérisons que lui. »

MATHIEU, XVI ; V. 13-20 — MARC, VIII ; V. 27-30
LUC, IX ; V. 18-21

Paroles de Jésus confirmant la réincarnation. — Rappel des rapports médianimiques qui peuvent exister entre les hommes et les puissances spirituelles. — Mission de Pierre dans l'église DE CHRIST. *— Vraie confession.*

MATHIEU : V. 13. Jésus, étant venu aux environs de Césarée de Philippe, interrogea ses disciples et leur dit : Qu'est-ce que les hommes disent du fils de l'homme ? — 14, ils lui répondirent : Les uns disent : c'est Jean-Baptiste ; les autres, Élie ; les autres, Jérémie ou l'un des prophètes. — Jésus leur dit : Et vous, qui dites-vous que je suis ? — 16. Simon Pierre, répondant, lui dit : Vous êtes le Christ, fils du Dieu vivant ; — 17, et Jésus lui répondit : Tu es heureux, Simon, fils de Jona, car la chair ni le sang ne t'ont pas révélé ceci, mais mon père qui est dans les cieux ; — 18, et moi, je te dis que tu es Pierre, et sur cette pierre, je bâtirai mon église, et les portes de l'enfer ne prévaudront point contre elle ; — 19, et je te donnerai les clefs du royaume des cieux, et tout ce que tu lieras sur la terre sera aussi lié dans les cieux. — Alors il commanda à ses disciples de ne dire à personne qu'il était Jésus-Christ.

MARC : V. 27. Jésus partit de là, avec ses disciples, pour s'en aller dans les villages qui sont aux environs de Césarée de Philippe, et il interrogeait, dans le chemin, ses disciples, leur disant : Les hommes, qui disent-ils que je suis ? — Ils lui répondirent : Les uns disent : Jean-Baptiste ; les autres, Élie ; les autres, comme l'un des prophètes. — 29. Alors il leur dit : Mais vous, qui dites-vous que je suis ? Pierre, répondant, lui dit : Vous êtes le Christ. — 30. Et il leur défendit de le dire à personne.

LUC : V. 18. Et il arriva qu'un jour il priait à l'écart, et ses disciples étaient avec lui, il les interrogea, disant : Le peuple, qui dit-il que je suis ? — 19. Ils lui répondirent : Les uns, Jean-Baptiste ; les autres, Élie,

et les autres, quelque ancien prophète est ressuscité.
— 20. Et il leur dit : Et vous, qui dites-vous que je suis? Simon Pierre, répondant, dit : Le Christ de Dieu. — 21. Alors il leur défendit très expressément de ne le dire à personne.

113.

Jésus sanctionnait ainsi *à l'avance* ce qu'il était réservé à la Révélation nouvelle de mettre en évidence *aux yeux de tous*.

Et d'abord, il confirme en bien peu de mots la Vérité si contestée de la RÉINCARNATION. Nous voyons, en effet, que l'opinion publique attribuait à Jésus une origine spirituelle antérieure à son existence présente et une existence nouvelle dans un nouveau corps.

Et vous, qui dites-vous que je suis ? disait Jésus à ses disciples. La réponse de Pierre, et les paroles que Jésus lui adresse ensuite, nous montrent la Révélation tout entière, *actuelle alors* par la médiumnité de Pierre, et *future* aussi par les rapports médianimiques des Esprits du Seigneur avec Pierre. Pierre était médium, comme le sont de nos jours les hommes *humbles et sincères* qui ont été *choisis* pour servir d'instruments afin de transmettre aux hommes la vérité que vient leur dévoiler la Révélation nouvelle. Pierre était l'instrument parlant qui servait à mettre au jour la vérité.

« Ne savez-vous pas, dit la Révélation, que l'influence spirite a toujours existé et que, de tout temps, il y a eu des médiums, quelques-uns d'entre eux comprenant parfaitement la source et la cause de leur science, d'autres complètement inconscients ?

« C'est *ainsi* que les apôtres, les disciples et les évangélistes, ont opéré par la médiumnité les *miracles* de foi qu'ils ont répandus. Ils répandaient la foi parmi les hommes ignorants et matériels en multipliant les *miracles*. Médiums de toute nature, ils servaient d'instruments aux grandes volontés supérieures. Après eux, firent comme eux leurs disciples, les premiers pères de l'Eglise *de Christ*, non pas ceux qui font acte de foi dans le clergé, mais ces premiers chrétiens sincères et dévoués, mourant humbles et ignorés après une vie de propagande laborieuse et souvent dangereuse, et ne cherchant ni la publicité ni les honneurs.

« Puis, petit à petit, cette faculté de médiumnité est restée dans l'ombre, parce qu'il fallait que les événements eussent leur cours, qu'il y eut fusion entre tous les peuples avancés et arriérés, et enfin parce que cette connaissance *vulgarisée* aurait, chez les peuples barbares, causé de grands désordres. Le Seigneur a permis que la connaissance de nos rapports avec l'Humanité restât dans l'oubli parce que les hommes étaient mauvais, entourés d'Esprits mauvais et que, sur un qui marchait dans les voies du Seigneur, des milliers se complaisaient au contact d'Esprits inférieurs. Ceux qui voulurent, par orgueil et par cupidité, exploiter leurs facultés de médiums furent traités de sorciers, enfermés et brûlés. La puissance cléricale, l'absolutisme religieux, l'ignorance, le fanatisme, l'intolérance, l'Inquisition, les traitèrent d'hérétiques et de possédés du démon et les soumirent à la torture.

« Ignorez-vous que la médiumnité est dangereuse pour qui ne sait pas s'en servir? Ignorez-vous que l'Esprit incarné attire à lui des Esprits similaires à ses tendances, à ses idées préconçues ou systématiques? Que, étant Médium, il peut *ainsi* être soumis à une mauvaise influence, être l'instrument, souvent inconscient, des Esprits d'erreur et de mensonge?

« C'est pour cela que vous ne devez pas croire *aveuglément* aux paroles des « *pères de l'Eglise* » et des « *Saints* ». Les jeûnes, les macérations qu'ils s'imposaient; leur existence oisive passée loin du monde, dans la solitude, les mettaient souvent sous l'obsession d'influences mauvaises qui étaient pour eux une source d'erreurs.

« Mais l'apôtre Pierre, lui, était un médium puissant entre les mains des Esprits du Seigneur. Tous les disciples de Jésus avaient, d'ailleurs, leur utilité, mais chacun dans sa spécialité. Pierre était le plus pur et le plus élevé de tous, et c'est sur lui que l'Eglise *de Christ* s'est construite. C'est cette Eglise que vous, Spirites, vous êtes chargés de continuer et, comme Pierre, vous pourrez *lier et délier* sur la terre, ce qui veut dire que, vivant dans l'intégrité du cœur et de l'âme, vous obtiendrez toujours *de plus en plus* les lumières des Bons Esprits, et que vous deviendrez de plus en plus aptes à diriger vos frères dans la bonne voie. »

« *Et moi je te dis que tu es Pierre, et sur cette pierre je bâtirai mon Eglise.* »

« Ce sont là les paroles qui ont servi de point de départ à l'erreur si accréditée de *l'infaillibilité* du pape, appelé le successeur de Pierre par l'organisation cléricale. Mais ces paroles du Christ ne s'adressaient qu'à Pierre seulement. Seul, il pouvait *lier* et *délier* sur la terre, car, excellent médium toujours en rapport avec les émissaires divins, il ne faisait que prononcer à voix humaine les décrets qui lui étaient spirituellement révélés.

« L'église *de Christ* a été, à son origine, la réunion de fidèles, choisis par Pierre et les autres apôtres, qui avaient la conscience de la supériorité de Pierre sur eux; elle se formait des sincères et vrais croyants (Juifs ou Gentils) qui acceptaient la loi d'amour que le maître était venu prêcher aux hommes par sa mission terrestre. Ces premiers chrétiens étaient Juifs ou Gentils, parce que tout homme qui croit *sincèrement* en son Dieu et s'efforce de suivre la loi d'amour, fait partie de cette Eglise *de Christ*; quelque soit le sol qui fournit la pierre, elle vient s'unir au monument. L'Eglise *de Christ* est l'ensemble des enfants du Seigneur et non les temples bâtis par les hommes que, selon la parole de l'apôtre Paul, Dieu n'habite pas. »

Et les portes de l'enfer ne prévaudront pas contre elle, car la souffrance et l'expiation ne doivent pas atteindre celui qui, vivant dans l'intégrité du cœur et de l'âme, s'est efforcé de remplir toutes ses obligations, tous ses devoirs, selon la loi divine, envers son Seigneur et envers ses semblables. Et, comme Pierre, il recevra *les clefs du Royaume des Cieux*, c'est-à-dire qu'il aura la connaissance exacte des moyens de parvenir à la perfection morale.

« Nous vous le répétons : les paroles prononcées par Jésus s'adressaient *spécialement* à Pierre; aucun homme sur votre terre ne pouvait et ne devait s'en attribuer l'héritage.

« L'Église a complètement dénaturé et faussé le sens et la portée de ces paroles, par ses interprétations humaines faites selon *la lettre qui tue*, n'ayant pas su en comprendre *l'esprit qui vivifie*.

« Elle pourrait se les approprier, ces paroles, *selon leur sens vrai qui vient de vous être spirituellement révélé par nous au nom du maître*, si elle marchait SIMPLEMENT dans la voie tracée par Jésus, comme peuvent se les approprier tous les hommes (Juifs et Gentils) qui marchent dans cette voie, avec l'assistance, l'inspiration et le concours des bons Esprits, comme les avait Pierre; mais elle a DÉVIÉ et a, par suite, éloigné d'elle la protection apportée aux « *premiers* » pères de l'église. Et par ces mots : *premiers pères de l'Église*, nous n'entendons pas, nous vous l'avons déjà dit, ceux qui font acte de foi dans le clergé, mais ces *premiers* chrétiens sincères et dévoués, mourant *humbles et ignorés* après une propagande laborieuse et presque toujours dangereuse ; ces premiers chrétiens qui ne *cherchaient* ni la publicité ni les honneurs.

« Que l'Église rentre dans la voie qu'elle a quittée et reprenne la *trace* indiquée par les apôtres et que vient *éclairer* la Révélation de *l'Esprit de vérité*. Que le pasteur, le « successeur » de Pierre, rejette la pourpre qui l'enveloppe et que *comme la pierre de l'angle*, il reconstruise et soutienne son église qui repose, ou du moins devrait reposer sur lui; alors il lui sera donné de *lier et de délier*, selon le sens *vrai* de ces paroles, et de travailler à la construction de l'Église *de Christ* et *de contribuer* à la diriger. Mais la foi est humble et elle craint l'éclat et le faste; sa vue est troublée par les splendeurs de la pourpre et de l'or.

« Les pierres précieuses de la tiare ont fait oublier au pape le *simple bâton*, la *bure* et *les pieds nus* de Pierre et la foi s'est enfuie, craintive, pour chercher un abri parmi les simples et les faibles. Ouvrez-lui vos cœurs ; elle vous cherche, elle vous appelle, elle vous demande asile ; ne la repoussez pas, ô mes enfants, et, lorsque les temps seront consommés, les « successeurs » de Pierre descendront du trône pour s'asseoir sur la mousse du chemin,

« Quand le sceptre du « prince de l'Église » aura fait place au bâton du voyageur, quand la pourpre sera tombée et que la bure couvrira les épaules de celui que les hommes appellent : le « Saint-Père » et aussi celles des « princes de l'Église » (car tous doivent rentrer dans *l'humilité dont* ils n'auraient JAMAIS dû sortir), alors la foi s'échappera de vos cœurs et s'élèvera, grande et forte, pour dominer ENCORE sur l'Église *de Christ*, et le « successeur de Saint-Pierre » étendra sa main sainte pour bénir l'univers.

« Priez pour qu'il en soit AINSI, mes fils ; nous y travaillons avec zèle et les temps approchent.

« Que le Seigneur étende sa main puissante sur vous.

Pierre vous bénit. »

L'Eglise romaine prétend que la confession auriculaire fut instituée par Jésus lui-même. Il n'en est rien.

« Non, non ; Jésus n'a point institué la confession *telle* que l'Église l'entend ; mais le *point de départ* était rationnel, car *l'origine* de la confession est l'acte *d'humilité* que tout chrétien devait faire, en avouant PUBLIQUEMENT *à ses frères* les fautes qu'il avait commises ou même simplement méditées. Le principe avait pour point de départ cette parole que Jésus avait adressée à ses disciples : « *Confessez-vous les uns les autres* », parole qui avait pour sens celui-ci : « Témoignez ouvertement de votre foi les uns les autres ; ne vous cachant *rien* afin de vous soutenir mutuellement.

« Les *premières* assemblées chrétiennes réunissaient les frères qui avouaient *hautement, devant tous*, les fautes qu'ils avaient commises, les faiblesses, les défaillances auxquelles ils avaient succombé ; de là l'origine de la confession, qui devint peu à peu *restreinte*, et finit par ne plus être entendue *que* d'un seul ayant mission *d'absoudre* ou de *condamner* ; mais c'était là une *institution humaine*.

« Cette confession auriculaire doit bientôt cesser. Pour les âmes désireuses de marcher dans les voies du Seigneur, elle est illusoire. Pour les Esprits faibles, elle est un frein. Malheureusement, elle est souvent un abus car, dans l'Humanité, partout le bien est environné de mal. Pour une personne craintive et docile qu'un bon prêtre soutiendra de ses conseils pieux et éclairés, il y en a cent (et nous pourrions multiplier ce nombre), qui ne se rendent au confessionnal que pour remplir une formalité exigée par le rite ; d'autres qui en rient et tournent la confession en scandale ; beaucoup qui s'en éloignent, ayant trouvé dans leurs directeurs des hommes faux, abusant de leur caractère, s'immisçant dans les secrets des familles pour en tirer un avantage pour eux et non pour l'avantage de leur pénitent ; qui s'efforcent enfin de détourner l'esprit de l'homme des *grandeurs* et de la *justice* de Dieu, pour le renfermer dans un cercle de pratiques étroites et d'idées mesquines qui l'enlacent et l'empêchent de *s'élancer* vers le Seigneur.

« Un jour viendra où la confession deviendra un besoin de l'âme et où celui qui se sentira prêt à faillir viendra *publiquement* demander à ses frères l'appui de leurs prières. »

Quant à la défense que Jésus fit à ses disciples de ne dire à personne qu'il était le Christ, fils du Dieu vivant, le Christ de Dieu, c'était simplement pour que les évènements suivissent naturellement leur cours.

MATHIEU, XVI ; V. 21-23 — MARC, VIII ; V. 31-33 LUC, IX ; V. 22

Prédiction. — Paroles de Pierre. — Réponse de Jésus.

MATHIEU : V. 21. Ensuite Jésus commença à déclarer à ses disciples qu'il fallait qu'il allât à Jérusalem, qu'il y souffrît beaucoup de souffrances des Scribes et des princes des prêtres ; — qu'il y fût mis à mort et qu'il ressuscitât le troisième jour. — 22. Et Pierre, le prenant à part, commença à le reprendre, disant : Que cela soit loin de vous, Seigneur ; il ne vous arrivera rien de tel. — 23. Jésus, se tournant vers Pierre, lui dit : Retire-toi de moi, Satan, tu m'es un sujet de scandale parce que tu n'a pas le goût des choses de Dieu, mais des choses des hommes.

MARC : V. 31. Et il commença à leur déclarer qu'il fallait que le fils de l'homme souffrît beaucoup et qu'il fût rejeté par les sénateurs, les princes des prêtres et par les Scribes, et qu'il fût mis à mort et qu'il ressuscitât trois jours après. — 32. Et il en parlait ouvertement et Pierre, le prenant à part, commença à le reprendre ; — 33, mais, lui, se retournant et regardant ses disciples, réprimanda Pierre, disant : Retire-toi de moi, Satan, parce que tu n'as point le goût des choses de Dieu, mais des choses des hommes.

Luc : V. 22. Et il ajouta : Il faut que le fils de l'homme souffre beaucoup et qu'il soit rejeté par les sénateurs, par les princes des prêtres et par les Scribes, et qu'il soit mis à mort et qu'il ressuscite le troisième jour.

114

« Jésus, descendu sur terre pour donner aux hommes la plus grande preuve, le plus grand exemple d'amour et d'abnégation qu'il pût y avoir, devait préparer ses disciples à cet acte important de sa mission, afin qu'aux yeux de tous, pour le présent comme pour l'avenir, il fût bien constaté que « la mort » de Jésus et son crucifiement étaient prévus ET NON un évènement purement humain.

« Jésus donnait toutes ces explications afin que les hommes pussent bien comprendre que tout était préparé d'avance, dans la prescience divine pour les besoins de sa mission terrestre, car il n'y eut pour lui *ni mort, ni résurrection, dans le sens qui fut attaché à ces expressions. Il y eut simple apparence.*

« Oui, les souffrances endurées sur la croix furent *toutes morales*; le sang sorti des plaies était une combinaison toute fluidique ayant les apparences du sang. Nous savons que ces révélations vont jeter l'alarme dans beaucoup d'esprits qui tiennent beaucoup aux tortures *physiques* du grand modèle qui vous a été envoyé; mais il faut pourtant se résigner à ne voir, dans Jésus, qu'un ESPRIT au-dessus de *tous les autres Esprits* qui ont concouru, concourent et concourront aux phases de formation et de développement de votre Planète. Il faut absolument ne voir en lui qu'un *pur Esprit* AYANT REVÊTU une forme visible aux yeux des hommes, et dont les souffrances n'ont été que des souffrances *morales* causées par son amour pour ses protégés et le regret de les voir si endurcis.

« Les seules paroles qu'il prononça sur sa croix, comme nous vous l'expliquerons plus tard, furent celles-ci : « Tout est accompli, me voici, Seigneur.

« Et c'était pour montrer aux hommes, par un exemple pratique, la résignation, l'obéissance et la soumission qu'ils doivent aux volontés de leur Souverain Maître. Le cri exhalé par Jésus ne fut pas davantage un cri de souffrance, car, lorsqu'il « rendit l'âme, » *aux yeux des hommes,* bien entendu, ce cri avait pour but d'appeler leur attention sur ce moment suprême et de leur faire comprendre par un cri de joie, et non pas d'angoisse, le bonheur de l'Esprit qui se dégage de son enveloppe grossière pour s'élever vers son Créateur. »

Toute chose se comprendra facilement si l'on veut bien admettre que, *dans l'essence spirituelle,* la souffrance spirituelle est plus forte et plus vivace qu'aucune de nos souffrances *humaines* ne peut l'être pour notre corps. « Jésus souffrit, oh ! il souffrit cruellement, non pas en « sa chair, » mais en *son esprit,* dont chaque coup de marteau frappé sur les clous qui transperçaient ses mains et ses pieds fluidiques à l'état tangible, venait meurtrir la sensibilité et faire saigner son âme du sang le plus précieux, le sang d'*amour et de dévouement qu'il vous consacrait.* »

Combien n'y en a-t-il pas parmi nous qui ont enduré des souffrances *morales* auxquelles ils auraient préféré toutes les tortures de l'Inquisition !

Mais comment expliquer les paroles de Pierre? Ainsi que nous le voyons pour nos Médiums, Pierre n'était pas toujours sous l'influence spirite et son esprit agissait en lui comme le nôtre peut le faire. C'est donc l'humanité de Pierre qui s'était émue, car il était abandonné à ses propres inspirations. Sa mission n'était point commencée et il fallait que Jésus lui apprît à se méfier de la faiblesse de la chair. Ce ne fut qu'après la disparition de Jésus, que commença pour les apôtres la surveillance incessante des Esprits supérieurs chargés de les guider, AFIN QUE *ce qui* DEVAIT *être* FUT.

La réponse sévère de Jésus n'avait d'autre but que de tenir Pierre en garde contre les faiblesses humaines, et l'expression de *Satan* signifie simplement influence mauvaise.

« Jésus avait la prescience de l'avenir, des phases et conditions de tous les progrès futurs. Toutes ses paroles devaient, comme elles le doivent ENCORE, porter coup dans le présent et dans l'avenir.

« Hommes, qui que vous soyez, et vous surtout, Spirites, qui avez reçu la lumière bénie, ne pleurez jamais, si ce n'est de reconnaissance; ce sont les *seules* larmes que la foi puisse verser.

« Allez en paix, nos bien-aimés, sondez vos consciences, et que le fond en soit toujours net devant le Seigneur. »

MATHIEU, XVI; V. 24-28 — MARC, VIII; V. 34-39 LUC, IX; V. 23-27

Moyens et conditions sans lesquels on ne peut voir le règne de Dieu, dans sa puissance, sur la terre.

Mathieu : V. 24. Alors Jésus dit à ses disciples : Si quelqu'un veut venir après moi, qu'il renonce à soi-même, et qu'il porte sa croix et me suive; — 25, car celui qui voudra sauver sa vie la perdra, et celui qui perdra sa vie à cause de moi la trouvera. — 26. Que sert-il à un homme de gagner le monde entier et de perdre son âme? Et par quel échange l'homme pourra-t-il racheter son âme après qu'il l'aura perdue? — 27. Car le fils de l'homme doit venir dans la gloire de son père avec ses anges; et alors il rendra à chacun selon ses œuvres; 28, en vérité, je vous le dis : Il y en a quelques-uns, ici présents, qui ne mourront pas avant d'avoir vu le fils de l'homme venant en son royaume.

Marc : V. 34. Et appelant à lui le peuple avec ses disciples, il leur dit : Si quelqu'un veut venir après moi, qu'il renonce à soi-même, et qu'il porte sa croix et me suive; — 35, car celui qui voudra sauver sa vie la perdra, mais celui qui perdra sa vie à cause de moi et de l'Evangile, la sauvera; — 36, car, que servirait à un homme de gagner le monde entier et de perdre son âme? — 37. Et par quel échange l'homme pourra-t-il racheter son âme après qu'il l'aura perdue? — 38. Celui qui rougit de moi et de mes paroles parmi cette race adultère et pécheresse, le fils de l'homme rougira aussi de lui, lorsqu'il viendra, accompagné des saints anges, dans la gloire de son père; et il ajouta : Je vous dis, en vérité, qu'il y en a quelques-uns de ceux qui sont ici présents qui ne mourront point qu'ils n'aient vu arriver le règne de Dieu dans sa puissance.

Luc : V. 23. Et il disait à tous : Si quelqu'un veut venir après moi, qu'il renonce à soi-même, et qu'il porte sa croix tous les jours et me suive; — 24, car celui qui voudra sauver sa vie, la perdra ; et celui qui perdra sa vie à cause de moi, la sauvera ; 25, car que servirait à un homme de gagner le monde entier, de le faire à son détriment et de se perdre soi-même ? — 26. Car celui qui rougira de moi et de mes paroles, le fils de l'homme rougira de lui, quand il viendra dans sa gloire et dans celle de son père et des saints anges. — 27. Et je vous dis, en vérité, qu'il y en a quelques-uns de ceux qui sont ici présents qui ne mourront point qu'ils n'aient vu le règne de Dieu.

115.

Le dévouement absolu, la soumission sans réserve, sont les seules conditions qui puissent nous amener à cette perfection relative que notre Humanité peut atteindre. A quoi sert-il à un homme de faire tous les sacrifices sur terre, s'il ne vit pas d'une manière conforme aux volontés du Seigneur? L'égoïsme est mauvais conseiller, et si c'est l'égoïsme qui le pousse à « sauver » son âme, que deviennent alors et LA CHARITÉ qu'il doit avoir *envers ses frères* et la RECONNAISSANCE qu'il doit *à son Dieu*. Il ne faut donc pas qu'il prenne souci de son corps au-delà du *nécessaire*, ni qu'il se préoccupe de son âme au point de vue *personnel*; tout ce qu'il a à lui ne doit être soigné qu'en vue de la cause commune.

« Ne vous demandez jamais : quel progrès ai-je fait pour le bonheur éternel? Mais plutôt : quelle joie ai-je procuré au père tendre qui épie toutes mes actions, toutes mes pensées, et qui se réjouit de voir germer en moi la semence de vérité et d'amour qu'il y a déposée? O nos bien-aimés fils, que tous vos actes, toutes vos pensées, soient guidés par la reconnaissance envers votre Dieu et par l'amour envers vos frères ; que jamais un sentiment d'*égoïsme* ou d'intérêt *personnel* ne vienne faire tache dans la pureté de vos consciences. »

Celui qui rougira de moi.......

Ces paroles se rapportent surtout à l'ère nouvelle, à ceux qui, ayant connu la vérité, auront, par *respect humain*, louvoyé ou caché leur conviction. Mais on ne doit pas blâmer cependant les quelques hommes que leur position sociale contraint, *malgré eux*, à taire pour un temps leur pensée secrète; ceux-là doivent répandre aussi la vérité, mais on conçoit qu'ils doivent le faire avec prudence et mesure, car souvent, en compromettant leur existence matérielle, ils compromettraient également le succès de leur entreprise. Nous ne voulons parler que de ceux qui craignent le ridicule et la moquerie et se laissent intimider par eux. Si nous rougissons de Jésus, Jésus aussi rougira de nous, car il sera *rendu à chacun suivant ses œuvres.*

MATHIEU, XVII; V. 1-9; — MARC, IX; V. 1-9
LUC, IX; V. 28-36

Transfiguration de Jésus sur le Thabor. — Et apparition d'Élie et de Moïse. — Nuée qui couvrit les disciples. — Voix qui sortit de cette nuée et paroles qu'elle fit entendre.

MATHIEU : V. 1. Six jours après, Jésus prit avec lui Pierre et Jacques et Jean, et les conduisit à l'écart, sur une montagne élevée. — 2. Et il se transfigura devant eux; et son visage resplendit comme le soleil;

et ses vêtements devinrent blancs comme la neige; — 3, et en même temps Élie et Moïse apparurent, s'entretenant avec lui. — 4. Alors Pierre dit à Jésus : Seigneur, nous sommes bien ici; si vous voulez, faisons ici trois tentes : une pour vous, une pour Moïse, et une pour Élie; — 5, il parlait encore, lorsqu'une nuée lumineuse les couvrit, et tout à coup on entendit une voix qui, sortant de cette nuée, dit : Celui-ci est mon fils bien-aimé, en qui j'ai mis toutes mes complaisances; écoutez-le. — 6. Les disciples, ayant entendu ces paroles, tombèrent la face contre terre et furent saisis d'une grande crainte. — 7. Et Jésus s'approcha et les toucha et leur dit : Levez-vous et ne craignez point, — 8. Alors, levant les yeux, ils ne virent plus que Jésus seul. — 9. Et comme ils descendaient de la montagne, Jésus leur fit ce commandement, disant : Ne parlez à personne de ce que vous avez vu, jusqu'à ce que le fils de l'homme soit ressuscité d'entre les morts.

Marc : V. 1. Six jours après, Jésus emmena Pierre, Jacques et Jean et les conduisit seuls avec lui sur une haute montagne à l'écart; et il se transfigura devant eux. — 2. Et ses vêtements devinrent tout brillants de lumière et blancs comme la neige, et d'une blancheur telle que nul foulon sur la terre ne pourrait jamais l'égaler. — 3. Et Élie leur apparut avec Moïse; et ils s'entretenaient avec Jésus; — 4. et Pierre dit à Jésus : Maître, nous sommes bien ici; et faisons trois tentes : une pour vous, une pour Moïse et une pour Élie. — 5. Et il ne savait ce qu'il disait, car ils étaient saisis d'effroi. — 6. Et une nuée, s'épaississant, les couvrit; et une voix sortit de cette nuée, disant : Celui-ci est mon fils bien-aimé, écoutez-le. — 7. Et aussitôt, regardant de tous côtés, ils ne virent plus que Jésus seul avec eux; — 8, et lorsqu'ils descendaient de la montagne, il leur commanda de ne parler à personne de ce qu'ils avaient vu jusqu'à ce que le fils de l'homme fût ressuscité d'entre les morts. — 9. Et ils tinrent la chose secrète, s'entre-demandant ce qu'il voulait dire : Jusqu'à ce que le fils de l'homme fût ressuscité d'entre les morts.

Luc : V. 28. Environ huit jours après qu'il eût dit ces paroles, Jésus prit avec lui Pierre, Jacques et Jean et monta sur une montagne pour prier; — 29, et comme il priait, l'aspect de son visage devint tout autre, et son vêtement devint blanc et resplendissant; — 30, et voilà que deux hommes s'entretenaient avec lui, savoir : Moïse et Élie; — 30, qui apparurent dans la gloire; et ils lui parlaient de sa sortie du monde, qu'il devait accomplir en Jérusalem. — 31. Or, Pierre et ceux qui l'avaient suivi étaient appesantis dans le sommeil, et, se réveillant, ils virent sa gloire et les deux hommes qui étaient avec lui; — 33, et il arriva que, lorsque ceux-ci s'éloignaient de Jésus, Pierre lui dit : Maître, nous sommes bien ici; faisons-y trois tentes : une pour vous, une pour Moïse et une pour Élie; il ne savait ce qu'il disait; — 34, et comme il parlait encore, une nuée vint et les couvrit; et lorsqu'ils entrèrent dans la nuée, ils furent saisis de frayeur. — 35. Et une voix sortit de la nuée, disant : Celui-ci est mon fils bien-aimé; écoutez-le; 36, et pendant qu'on entendait la voix, Jésus se trouva seul; et les disciples tinrent ceci secret et ne dirent, pour lors, rien à personne de ce qu'ils avaient vu.

116.

Cette manifestation, qui eut lieu sur la montagne fut une puissante manifestation spirite qui eut pour but d'affirmer la mission de Jésus, comme Christ. Par cette transfiguration, Jésus reprenait, *aux yeux* de ses disciples, les ATTRIBUTS de sa nature, mais VOILÉS cependant, car ils n'en auraient pas pu soutenir l'éclat.

« La présence de Moïse et d'Elie, visible aux yeux de ses disciples, était un moyen de frapper leur imagination et de *sceller*, pour ainsi dire, à leurs yeux l'élévation spirituelle du Christ COMME *Messie promis*. Moïse et Elie avaient tous deux promis le *Messie*; leur présence sanctifiait et sanctionnait donc, aux yeux des Apôtres, les prophéties faites et la mission de Jésus.

« LA VOIX QUI SORTIT de la nuée ET FIT entendre ces paroles, EN PRÉSENCE de Moïse et d'Élie : « *Celui-ci est mon fils bien-aimé*....... » AFFIRMAIT *ainsi*, au nom du Père, du Tout-Puissant, cette mission. La présence de Moïse et d'Élie consacrait *pour tous*, dans le présent et dans l'avenir l'intervention des Esprits auprès des hommes : C'était la MANIFESTATION SPIRITE révélée aux apôtres.

« Pierre, Jacques et Jean gardèrent le secret, ainsi qu'il leur avait été commandé par Jésus ; ce ne fut donc qu'après l'accomplissement de la mission terrestre du maître qu'ils racontèrent les faits, puis chacun des trois Évangélistes rapporta ce qui lui avait été dit ; leur narration n'est donc que le reflet des impressions, des appréciations et des interprétations humaines.

« Jésus prit et emmena avec lui Pierre, Jacques et Jean parce que, entre tous les apôtres, ils étaient ceux qui avaient les dispositions physiques les plus favorables pour les rendre aptes médianimiquement à la manifestation Spirite qui devait et allait se produire. Lors de la manifestation qui eut lieu ils étaient dans l'engourdissement qu'éprouvent les Médiums et furent environnés, par les Esprits qui suivaient partout Jésus, des fluides qui les mirent à même de voir. Mais Jésus ne parut pas « dans toute sa gloire », ils en auraient été éblouis ; il ne fit que se draper dans ses fluides lumineux *aux yeux des hommes*, qui le firent resplendir comme un soleil pendant que ses vêtements prirent la blancheur de la neige, en vertu d'une certaine combinaison fluidique. D'ailleurs tous les Esprits vous racontent, dans les communications médianimiques qu'ils vous donnent, que plus un Esprit est élevé et plus il apparaît éclatant de lumière et de blancheur.

« Le phénomène de la transfiguration qu'accomplit Jésus, n'est pas, comme puissance physique, un prodige aussi grand que vous le pensez. Cette faculté et ce pouvoir appartiennent à tous les Esprits élevés, qui peuvent le produire dans les conditions qui sont en rapport avec leur degré d'élévation. Nous-mêmes, *quand cela est nécessaire et nous est permis*, nous pouvons nous rendre visibles et tangibles sous forme humaine, puis opérer notre transfiguration en assemblant autour de nous les fluides lumineux nécessaires. C'est ainsi que Moïse et Élie se rendirent lumineux sous apparence humaine à côté de Jésus, et si, seuls parmi la phalange innombrable d'Esprits qui environnaient Jésus, ils se rendirent visibles, c'est que leur présence à côté de Jésus était seule nécessaire pour expliquer la mission du Christ.

« La nuée qui couvrit les disciples n'était autre que les fluides qui les environnaient.

« Le phénomène de la transfiguration de l'être humain peut s'accomplir parmi vous. Pour le produire, il faut le concours du périsprit du sujet et du périsprit de l'Esprit ou des Esprits qui opèrent le phénomène ; il y a combinaison fluidique par l'emprunt que l'Esprit fait au périsprit de l'incarné de son fluide animalisé. L'Esprit qui opère mêle son périsprit à celui du sujet de sorte que, enveloppant le sujet des fluides périspritiques combinés, l'Esprit lui donne l'apparence qu'il veut lui faire prendre. Le sujet se trouve enveloppé, couvert de ces fluides qu'il ne sent ni ne voit et qui s'étendent sur lui comme une cloche et prennent, *aux yeux des assistants*, l'apparence que l'Esprit veut. Le sujet sent qu'il parle sans qu'il le veuille mais ne reconnait pas celui qui lui met les paroles sur les lèvres. Il est inconscient de tout ce qui se passe. C'est ainsi que le Médium psychographe qui sent une légère pression entraîner son bras, ne sent ni ne voit la forme qui se pose sur ce bras pour le mettre en mouvement, à moins cependant que le Médium soit en même temps *voyant*.

« L'Esprit qui opère la transfiguration peut non seulement rendre visibles et tangibles, *aux yeux des assistants*, toutes les apparences qu'il juge convenable de montrer, mais encore donner au sujet les traits du visage, le regard, le son de la voix et jusqu'aux formes et habitudes de langage de la personne dont l'Esprit reproduit l'apparence corporelle. Pour tout cela, l'Esprit emploie les organes de la vue et de la voix de l'incarné qui lui sert d'instrument, ainsi que de ses membres pour agir. Au besoin plusieurs Esprits se réunissent pour atteindre le but qu'ils se proposent, mais il faut pour cela que le sujet ait des dispositions à plusieurs médiumnités, ce qui est RARE surtout aujourd'hui, mais l'avenir développera ces facultés chez les hommes.

« L'illusion est telle que les assistants croient voir, entendre, ou voir agir la personne dont la transfiguration leur montre l'apparence. Les Esprits peuvent même ainsi faire apparaître une personne morte. Et ils peuvent donner au sujet transfiguré soit l'apparence d'une personne grande et robuste, soit celle d'un petit enfant (1).

---
(1) Il faut lire les admirables pages donnant l'explication de la transfiguration de l'être humain à la page 327 et suivantes du 2ᵉ volume des *Quatre Évangiles* de Roustaing.

« Tous les hommes ne sont pas des sujets aptes à produire les phénomènes Spirites, mais, pour l'incarné remplissant les conditions voulues au point de vue moral, nous sommes toujours prêts à faire les efforts nécessaires pour remédier à ce qui lui manque physiquement. Mais combien peu êtes vous qui possédiez la foi assez forte, l'élévation de l'âme assez grande, le renoncement assez puissant, la charité assez douce, pour nous attirer suffisamment ! »

MATHIEU, XVIII ; V. 10-13 — MARC, IX ; V. 10-12

L'esprit d'Élie réincarné dans la personne de Jean le Précurseur, fils de Zacharie et d'Élisabeth.

MATHIEU : V. 10. Ses disciples l'interrogèrent alors, disant : Pourquoi donc les Scribes disent-ils qu'il faut qu'Élie vienne auparavant ? — 11. Mais Jésus leur répondit : Il est vrai qu'Élie doit venir et qu'il rétablira toutes choses ; — 13, mais je vous dis qu'Élie est déjà venu ; et ils ne l'ont point connu ; ils ont fait contre lui tout ce qu'ils ont voulu ; et c'est ainsi qu'ils feront souffrir le fils de l'homme. — 13. Alors ses disciples comprirent qu'il leur avait parlé de Jean-Baptiste.

MARC : V. 10. Et ils l'interrogeaient, disant : Pourquoi les Pharisiens et les Scribes disent-ils qu'il faut qu'Élie vienne auparavant ? — 11. Jésus leur répondit : Il est vrai qu'auparavant Élie doit venir et rétablir toutes choses ; et qu'il souffrira beaucoup, comme il a été écrit du fils de l'homme. — 12. Mais je vous dis qu'Élie est déjà venu, et qu'ils l'ont traité comme il leur a plu, selon ce qui en avait été écrit.

117.

En attirant l'attention de ses disciples sur le retour d'Élie dans la personne de Jean-Baptiste, Jésus posait les bases de la Révélation Spirite, qu'il devait établir plus tard, *sous voile,* dans son entretien avec Nicodème, et qui plus tard encore (aux temps d'aujourd'hui) devait être faite aux hommes par les Esprits du Seigneur. Quant au présent *d'alors*, les paroles de Jésus ne faisaient que ratifier les prophéties des livres anciens. Jésus proclama donc AINSI, *en esprit et en vérité*, la loi de la réincarnation de l'âme en affirmant la réincarnation d'Élie dans le corps de Jean *le Précurseur*.

Dans toute cette étude que nous faisons ici de cette œuvre admirable dictée à Roustaing par les apôtres et les disciples de Jésus, il faut pour la comprendre, d'abord croire à l'existence D'UN DIEU PERSONNEL gouvernant l'Univers, et alors il sera tout naturel d'admettre comme conséquence que ce Dieu, dans sa prescience et sa sagesse infinies, approprie aux temps, aux intelligences, aux besoins de chaque époque et de chaque ère les événements, les actes, les Révélations, et tout cela dans les conditions voulues pour la marche lente mais régulière, et toujours progressive, de l'Humanité terrienne.

La Révélation Mosaïque, la Révélation Chrétienne et la Révélation Spirite, forment un ensemble de Révélations qui prouve cela par excès d'évidence. Elles se succèdent régulièrement en se greffant l'une sur l'autre et montrent bien le plan conçu d'avance et la suite dans la pensée.

« Ce que Jésus ne pouvait pas et ne devait pas dire alors et qui doit MAINTENANT être dit, le voici : Moïse, Élie, Jean-Baptiste, NE SONT QU'UN. Nous sommes chargés de vous le révéler, car les temps sont venus où « LA NOUVELLE ALLIANCE DOIT S'ACCOMPLIR, où tous les hommes (Juifs et Gentils) doivent s'abriter sous la même croyance : DIEU UN, UNIQUE, INDIVISIBLE, Créateur incréé, éternel et SEUL éternel,

LE PÈRE.

JÉSUS-CHRIST, VOTRE PROTECTEUR, VOTRE GOUVERNEUR, VOTRE MAITRE,

LE FILS.

Et LES ESPRITS DU SEIGNEUR, purs Esprits, Esprits supérieurs, bons Esprits, qui travaillent au progrès de votre Planète et de son Humanité sous la direction du Christ,

LE SAINT-ESPRIT.

Moïse a préparé la venue du Christ et l'a annoncée *sous voile*. ÉLIE a jeté un grand éclat sur la tradition hébraïque et a été annoncé par les prophéties comme devant être le précurseur du Christ. JEAN-BAPTISTE, fils d'Élisabeth et de Zacharie, fut le *Précurseur*. Ces trois personnalités ne sont qu'une seule et même *individualité*, qu'un *seul et même Esprit* INCARNÉ trois fois.

« La réincarnation a été longtemps *oubliée* ; IL FALLAIT qu'il en fut ainsi, parce qu'il fallait qu'un voile fut jeté entre les hommes pleins de vices, de forfanteries et de superstitions. Les mystères d'outre-tombe devaient être voilés jusqu'à ce que votre Humanité fut devenue, en vertu des progrès accomplis, apte et capable de les saisir et de les comprendre. »

MATHIEU, XVII ; V. 14-20 — MARC, IX ; V. 13-29
LUC, IX ; V. 37-43, et XVII ; V. 5-6

*Lunatique. — Foi toute-puissante. — Prière
et jeûne.*

MATHIEU : V. 14. Lorsqu'il fut venu vers le peuple, un homme s'approcha de lui ; et se prosternant à ses pieds, lui dit : Seigneur, ayez pitié de mon fils, car il est lunatique et il souffre cruellement ; souvent il tombe dans le feu, et souvent dans l'eau ; — 15, et je l'ai présenté à vos disciples et ils n'ont pu le guérir ; — 16, or, Jésus répondant, dit : O génération incrédule et perverse, jusqu'à quand serai-je avec vous ? jusqu'à quand vous souffrirai-je ? Amenez-moi, ici, cet enfant : — 17, et Jésus, ayant menacé le démon, il sortit de l'enfant, et l'enfant fut guéri au même instant. — 18. Alors les disciples vinrent trouver Jésus en particulier et lui dirent : Pourquoi n'avons-nous pas pu, nous autres, chasser ce démon ? — 19. Jésus leur dit : A cause de votre incrédulité ; car, en vérité, je vous dis que si vous aviez de la foi comme un grain de sénevé, vous diriez à cette montagne : transporte-toi d'ici-là ; et elle s'y transporterait, et rien ne vous serait impossible. — 20. Mais cette sorte de démons ne se chasse que par la prière et par le jeûne.

MARC : V. 13. Et venant vers ses disciples, il vit une grande multitude autour d'eux et des Scribes qui disputaient avec eux ; — 14, et aussitôt tout le peuple, voyant Jésus, fut saisi d'étonnement et de crainte, et étant accourus, ils le saluèrent. — 15. Alors il leur demanda : De quoi disputez-vous ensemble ? — 16. Et un homme d'entre le peuple, répondant, dit : Seigneur, je vous ai amené mon fils qui est possédé d'un esprit muet — 17, lequel, toutes les fois qu'il se saisit de lui, le jette contre terre et l'enfant écume et il grince des dents, et il devient tout sec ; j'ai prié vos disciples de le chasser, mais ils ne l'ont pu. — 18. Jésus, leur répondit : O génération incrédule, jusqu'à quand serai-je avec vous ? jusqu'à quand vous souffrirai-je ?

Amenez-le moi. — 19. Et ils le lui amenèrent ; et lorsqu'il eut vu Jésus, l'esprit aussitôt troubla l'enfant ; et tombant par terre, il se roulait en écumant ; — 20. et Jésus demanda au père de l'enfant : Depuis combien de temps celà lui arrive-t-il ? et le père lui dit : Dès son enfance. — 21. Et l'esprit l'a souvent jeté, tantôt dans l'eau, et tantôt dans le feu, pour le faire périr : mais si vous pouvez quelque chose, ayez pitié de nous et nous secourez. — 22. Jésus lui répondit : Si vous pouvez croire, toutes choses sont possibles à celui qui croit. — 23. Aussitôt le père de l'enfant, s'écriant, disait avec larmes : Seigneur, je crois ; aidez mon incrédulité ; — 24. et quand Jésus vit le peuple accourant en foule, autour de lui, il menaça l'esprit impur, lui disant : Esprit sourd et muet, je te dis, moi : Sors de cet enfant et n'y rentre plus ; — 25. et l'esprit, poussant un grand cri, et agitant violemment l'enfant, sortit ; et l'enfant demeura comme mort ; de sorte que plusieurs disaient qu'il était mort. — 26. Mais Jésus l'ayant pris par la main, et le soulevant, il se leva. — 27. Lorsque Jésus fut entré dans la maison, ses disciples lui dirent en particulier : D'où vient que nous n'avons pu chasser ce démon ? — 28. Il leur répondit : Ces sortes de démons ne peuvent être chassés que par la prière et le jeûne. — 29. Et partant de là ils traversèrent la Galilée ; et il ne voulait pas que personne le sût.

Luc : V. 37. Le lendemain, lorsqu'ils descendaient de la montagne, une grande multitude vint à leur rencontre ; — 38. et voici qu'un homme parmi la foule, s'écria, disant : Maître, je vous en supplie, regardez mon fils : car je n'ai que ce seul enfant. — 39. Un esprit se saisit de lui et lui fait tout d'un coup jeter de grands cris ; il le renverse par terre, il s'agite par de violentes convulsions, en le faisant écumer et à peine le quitte-t-il après l'avoir déchiré. — 40. Or, j'ai prié vos disciples de le chasser, mais ils ne l'ont pu. — Jésus, répondant, dit : O génération infidèle et perverse, jusqu'à quand serai-je avec vous, et vous souffrirai-je ? Amenez, ici, votre fils. — 42. Et comme l'enfant s'approchait, le démon le jeta par terre et l'agita par de grandes convulsions. — 43. Et Jésus, ayant parlé avec menaces à l'esprit impur, guérit l'enfant et le rendit à son père.

XVII; V. 5. Et les apôtres dirent au Seigneur : Augmentez notre foi. — 6. Le Seigneur leur dit : Si vous aviez de la foi comme un grain de sénevé, vous diriez à ce mûrier : Déracine-toi et transplante-toi au milieu de la mer, et il vous obéirait.

118.

Voilà une preuve bien frappante de la mission de Jésus et de son pouvoir.

« Vous pouvez, chers amis, établir au point de vue Spirite une comparaison entre le fait qui vous est décrit et ce qui se passe de vos jours. Comme l'enfant amené par son père, vous êtes de pauvres sourds-muets, même aveugles, et vos infirmités, provoquées par de mauvaises influences, vous poussent dans tous les dangers, provoquent toutes vos chutes. Priez et comprenez bien toute la force de la prière, non pas de cette prière qui n'est qu'une répétition de mots plus ou moins harmonieux, non point de cette prière qui n'est que sur les lèvres, mais de celle qui sort du cœur. C'est au fond de votre cœur qu'existe cette force répulsive qui fait sortir, dans un élan d'amour et d'adoration, la prière *spirituelle*, cette pensée pure qui s'élance d'un seul jet jusqu'au pied du trône de L'ÉTERNEL. Qu'importent les mots ! Qu'importe même la pensée ! C'EST l'amour qu'il faut ; C'EST l'humilité ; CE SONT tous les actes de votre vie.

« *Jeûnez* par l'abstention des pensées coupables, inutiles ou simplement frivoles ; *jeûnez* par la sobriété dans la satisfaction de vos besoins matériels ; *jeûnez* par votre modestie, votre régularité de mœurs, votre sagesse de conduite ; *jeûnez* en sachant vous imposer des privations qui n'attentent point à votre organisme mais qui peuvent être utiles à vos frères. »

Les disciples de Jésus furent impuissants à éloigner l'Esprit obsesseur parce qu'ils n'avaient point assez de foi. La foi transporte les montagnes. Jésus s'adressant à ses disciples disait : « *O génération incrédule et infidèle !* » c'est que n'ayant pas confiance, ils n'obéissaient pas. La foi *seule* peut faire « les miracles » et ceux qui *doutent* sont privés de leurs facultés et sont entraînés souvent dans des désordres qu'ils ne peuvent plus maîtriser.

« L'Esprit obsesseur fit sentir à l'enfant son influence et ce fut l'enfant qui, pressentant la crise qui allait se briser, jeta le cri de frayeur qu'on entendit. Jésus laissa cet Esprit aux mauvais caprices de son libre-arbitre jusqu'au moment où il lui dit : « *Sors de lui et n'y rentre plus.* » Les signes de mort apparente que donne l'enfant, étaient dus à la lassitude de la secousse qu'il avait éprouvée. Jésus rétablit ses forces en employant, comme toujours, sa puissance magnétique.

« *D'où vient que nous n'avons pu chasser ce démon ?* » dirent les disciples au Christ. Cela montre qu'ils avaient déjà guéri des malades et chassé des Esprits obsesseurs. Le Maître préparait donc ses élèves pendant qu'il était avec eux. On le voit, tout concourait, dans la série des faits et des événements, à développer leur foi et à les rendre aptes à la mission qu'ils devaient accomplir, alors que Jésus aurait terminé la sienne.

MATHIEU, XVII; V. 21-22 — MARC, VI; V. 30-31
LUC, IX; V. 44-45

Prédiction par Jésus de sa mort et de sa résurrection.

MATHIEU : V. 21. Lorsqu'ils étaient en Galilée, Jésus leur dit : Le fils de l'homme sera livré entre les mains des hommes ; — 22, et ils le feront mourir, et il ressuscitera le troisième jour ; alors ils s'affligèrent profondément.

MARC : V. 30. Et il enseignait ses disciples et il leur disait : Le fils de l'homme sera livré, et ils le feront mourir, et il ressuscitera le troisième jour après sa mort ; — 31, mais ils n'entendaient rien à ce discours, et ils craignaient de l'interroger.

LUC : V. 44. Tous furent étonnés de la grande puissance de Dieu, et, comme tous étaient dans l'admiration de ce que faisait Jésus, il dit à ses disciples : Mettez en vos cœurs ce que je m'en vais vous dire : Le fils de l'homme doit être livré entre les mains des hommes. — 45. Mais ils n'entendaient point ce langage ; et il leur était tellement caché qu'ils ne le comprenaient pas et craignaient de l'interroger sur ce sujet.

119.

Certes, voilà des versets qui s'expliquent d'eux-mêmes. Rien ne peut mieux montrer comment tous ces événements de la mission messianique ÉTAIENT ARRÊTÉS D'AVANCE. Jésus révélait, *à l'avance*, les événements futurs afin de frapper davantage l'esprit de ses disciples et d'augmenter leur foi. Car ces disciples étaient, non pas des *Esprits* ignorants, mais des *hommes* ignorants. Ils étaient des *Esprits élevés* en mission, mais ils subissaient la loi des incarnations qu'ils avaient choisies.

Il fallait donc qu'ils fussent instruits par le Maître, comme nous le sommes aujourd'hui par eux. Ce qui fait ici difficulté dans notre esprit c'est la peine que nous avons à nous faire idée de la *pression de la matière sur l'Esprit*. L'Esprit, quelque savant et développé qu'il soit, s'il subit une incarnation qui DOIVE être ignorante, simple, idiote même, n'a plus alors à ses ordres qu'un instrument lourd, indocile, difficile à conduire et qui souvent ne peut lui servir. C'est un piano dont les cordes d'acier ont été remplacées par des cordes de chanvre.

« Il était absolument nécessaire à l'œuvre de Jésus, que les instruments dont il se servait fussent ignorants et connus pour *tels*. »

Jésus avait promis à ses disciples de leur envoyer le « Saint-Esprit »; c'est ce qu'il fit car lorsqu'il fut parti, ils sentirent aussitôt l'influence et l'action des Esprits supérieurs. Leurs facultés intellectuelles se développèrent et l'alourdissement de la matière cérébrale fit place à la lucidité. Enfin ils devinrent Médiums.

« Indépendamment du fluide vital qui circule dans nos veines se mêlant au sang et agissant sur ses qualités, indépendamment du fluide nerveux servant à donner l'élasticité aux muscles, aux nerfs, aux articulations et aidant au mouvement de la machine organisée, ils existe encore *le fluide spirituel* qui sert au développement de l'intelligence et enveloppe la matière cérébrale qui reçoit les impressions. Il la rend plus ou moins flexible, plus ou moins apte à recevoir et conserver ces impressions. S'il vous était permis de voir, vous verriez une couche lumineuse étendue sur le cerveau comme une espèce de vernis sur un tableau.

C'est sur cette couche de fluides que nous opérons le travail qui vous transmet la pensée, et qui, agissant ensuite sur le fluide vital et le fluide nerveux, produit les médiumnités psycographiques et parlantes. »

Les disciples de Jésus étaient *profondément affligés* d'entendre leur Maître leur parler de *mort*, de *tombe*, de *résurrection*, parce qu'ils croyaient encore que Jésus appartenait à notre Humanité et ils craignaient de perdre le Maître bien-aimé.

MATHIEU
CHAPITRE XVII. — V. 23-27

Jésus paie le tribut.

V. 23. Étant venu à Capharnaüm, ceux qui recevaient le tribut des drachmes s'approchèrent de Pierre et lui dirent : Votre maître ne paie-t-il pas le tribut ? — 24. Il dit : Oui ; et étant entré dans la maison, Jésus le prévint et lui dit : Que vous en semble, Simon ? De qui les rois de la terre reçoivent-ils les tributs et les impôts ? Est-ce de leurs enfants ou des étrangers ? — 25. Et Pierre répondit : Des étrangers. Jésus lui dit : Les enfants sont donc libres : — 26. mais, afin que nous ne les scandalisions point, allez-vous-en à la mer, tendez votre ligne, et le premier poisson qui s'y prendra, tirez-le, et lui ouvrez la bouche, vous y trouverez une pièce d'argent de quatre drachmes que vous prendrez, et que vous leur donnerez pour moi et pour vous.

120.

C'est une leçon de soumission que Jésus donnait aux hommes, pour leur apprendre qu'ils doivent se soumettre aux lois qui régissent leur pays quelque injustes qu'elles puissent leur paraître.

Quant au miracle, un Esprit préposé dirigea par l'action magnétique de ses fluides, le poisson vers le fond de la mer où se trouva le *statère*, il le lui fit aspirer, le ramena à la surface et le conduisit vers l'hameçon où il se prit. Le fond de la mer contient des trésors en quantité et la puissance des Esprits est plus grande que nous ne nous l'imaginons.

MATHIEU, XVII ; V. 1-5 — MARC, IX ; V. 32-40 LUC, IX ; V. 46-50

Enseignement — de charité et d'amour, — de soutien pour le faible, — de foi, — de confiance, — d'humilité, — de simplicité.

MATHIEU : V. 1. En ce moment, les disciples s'approchèrent de Jésus et lui dirent : Qui est le plus grand dans le royaume des cieux ? — 2. Et Jésus, ayant appelé un petit enfant, le plaça debout au milieu d'eux. — 3, et leur dit : En vérité, je vous le dis : si vous ne vous convertissez et si vous ne devenez comme de petits enfants, vous n'entrerez point dans le royaume des cieux ; — 4, quiconque donc s'humiliera et se rendra petit comme cet enfant, sera le plus grand dans le royaume des cieux ; — 5, et quiconque reçoit en mon nom un enfant tel que je viens de dire, c'est moi-même qu'il reçoit.

MARC : V. 32. Et ils vinrent à Capharnaüm, et lorsqu'ils furent entrés dans une maison, il leur demanda : De quoi disputiez-vous dans le chemin ? 33. Mais ils se taisaient parce qu'ils avaient disputé entre eux qui était le plus grand ; — 34, et s'étant assis, il appela ses douze apôtres et leur dit : Si quelqu'un veut être le premier, il sera le dernier de tous et le serviteur de tous ; — 35, puis il prit un enfant qu'il mit au milieu d'eux, et, l'ayant embrassé, il leur dit : Quiconque reçoit, en mon nom, un enfant comme celui-ci, me reçoit, et quiconque me reçoit, ne me reçoit pas, mais reçoit celui qui m'a envoyé ; 37, alors Jean, prenant la parole, lui dit : Maître : nous avons vu un homme qui chasse les démons en votre nom, quoiqu'il ne vous suive pas, et nous l'en avons empêché. — 38. Or, Jésus dit : Ne l'en empêchez pas ; car il n'y a personne qui, ayant fait un miracle en mon nom, puisse aussitôt parler mal après moi ; — 39, car qui n'est pas contre vous est pour vous ; — 40, et quiconque vous donnera à boire un verre d'eau en mon nom parce que vous êtes au Christ, je vous dis en vérité qu'il ne perdra point sa récompense.

Luc : V. 46. Il leur vint à l'esprit de savoir lequel d'entre eux était le plus grand. — 47. Mais Jésus, voyant les pensées de leur cœur, prit un petit enfant et le plaça près de lui : — 48, et il leur dit : Quiconque reçoit cet enfant en mon nom, me reçoit, et quiconque me reçoit, reçoit celui qui m'a envoyé ; car celui qui est le plus petit d'entre vous est le plus grand. — 49. Et Jean, prenant la parole, lui dit : Maître, nous avons vu un homme qui chasse les démons en votre nom, et nous l'en avons empêché parce qu'il ne vous suit pas avec nous. — 50. Et Jésus lui dit : Ne l'empêchez pas ; car qui n'est pas contre vous est pour vous.

121.

C'est un grand enseignement de charité, d'amour, de confiance et d'humilité que nous donne ici Jésus. Il nous dit que celui qui veut être le premier sera le dernier de tous, et que celui qui est le plus petit d'entre nous est justement le plus grand ; il nous dit encore que celui qui se met à la portée du faible et du simple, qui partage avec lui, le fait profiter de l'intelligence et du savoir qui lui sont départis, celui-là imite le Maître qui a tant fait pour nous.

LUC
CHAPITRE IX. — V. 51-56

Paroles de Jacques et Jean. — Réponse de Jésus.

V. 51. Lorsque le temps auquel il devait être enlevé du monde approchait, il se mit en route avec un visage assuré, pour aller à Jérusalem; — 52. et il envoya des messagers, devant lui, qui, étant partis, entrèrent dans un bourg des Samaritains pour préparer ce qui était nécessaire. — 53. Mais ceux de ce lieu ne le reçurent point parce qu'il paraissait qu'il allait à Jérusalem. — 54. Ce que ses disciples Jacques et Jean ayant vu, ils dirent : Seigneur, voulez-vous que nous disions que le feu descende du ciel et les consume ? — 55. Mais se retournant, Jésus les réprimanda, et dit : Vous ne savez pas à quel esprit vous appartenez, — 56. car le fils de l'homme n'est pas venu pour perdre les hommes mais pour les sauver. Et ils s'en allèrent en un autre bourg.

122.

Le refus des Samaritains n'a rien qui puisse étonner; ils ne partageaient pas les idées des Juifs proprement dits, et le temple de Jérusalem n'avait pas pour eux le prestige qui fascinait les Israélites. Jacques et Jean pensaient que la ruine de ce bourg frapperait d'étonnement et augmenterait le pouvoir du Maître. Jésus leur donna encore là une leçon de mansuétude et de douceur.

MATHIEU, XVIII ; V. 6-11 — LUC, XVII ; V. 1-2 MARC, IX ; V. 41-49

Fuir le scandale. — Il est nécessaire qu'il vienne des scandales, il est impossible qu'il n'en arrive pas. — Mais malheur à l'homme par qui vient le scandale.

Mathieu : V. 6. Que si quelqu'un scandalise un des plus petits qui croient en moi, il vaudrait mieux pour lui qu'on lui pendît au cou une de ces meules qu'un âne tourne et qu'on le jetât au fond de la mer. — 7. Malheur au monde à cause des scandales, car il est nécessaire qu'il vienne des scandales; cependant malheur à l'homme par qui le scandale vient ; — 8. et si votre main ou votre pied est un sujet, pour vous, de scandale, coupez-les et jetez-les loin de vous. — Il vaut mieux, pour vous, entrer dans la vie, boiteux ou estropié, qu'ayant deux mains ou deux pieds et être jetés dans le feu éternel ; — 9. et si votre œil vous est un sujet de scandale, arrachez-le et jetez-le loin de vous ; il vaut mieux entrer dans la vie avec un œil, qu'ayant deux yeux et être jeté dans la géhenne du feu. — 10. Prenez bien garde de mépriser un de ces petits, car je vous dis que leurs anges, dans le ciel, voient toujours la face de mon père qui est dans les cieux ; — 11. car le fils de l'homme est venu sauver ce qui était perdu.

Luc : XVII ; V. 1. Jésus dit, un jour, à ses disciples : Il est impossible qu'il n'arrive pas de scandale ; mais malheur à celui par qui les scandales arrivent ; — 2. il vaudrait mieux, pour lui, qu'on attachât à son cou une meule de moulin et qu'on le jetât dans la mer que d'être un sujet de scandale à l'un de ces petits.

Marc : V. 41. — Que, si quelqu'un est un sujet de scandale à l'un de ces plus petits qui croient en moi, il vaudrait mieux pour lui qu'on lui attachât au cou une de ces meules qu'un âne tourne et qu'on le jetât dans la mer ; — 42. et si votre main vous est un sujet de scandale, coupez-la ; il vaut mieux, pour vous, que vous entriez dans la vie n'ayant qu'une main que d'en avoir deux et d'aller dans la géhenne du feu qui ne s'éteint jamais, — 43, où le ver qui les ronge ne meurt point et où le feu ne s'éteint pas ; — 44, et, si votre pied vous est un sujet de scandale, coupez-le ; il vaut mieux que vous entriez dans la vie éternelle n'ayant qu'un pied que d'en avoir deux et être précipité dans la géhenne du feu qui ne s'éteint jamais, — où le ver qui les ronge ne meurt point, et où le feu ne s'éteint jamais, — 46, et si votre œil vous est un sujet de scandale, arrachez-le ; il vaut mieux, pour vous, que vous entriez dans le royaume de Dieu n'ayant qu'un œil que d'en avoir deux et être précipité dans la géhenne du feu, — 47, où le ver qui les ronge ne meurt point et où le feu ne s'éteint jamais, — 48, car tous doivent être salés par le feu, comme toute victime doit être salée par le sel. — 49. Le sel est bon, mais, si le sel devient fade, avec quoi l'assaisonnerez-vous ? Ayez du sel en vous, et conservez la paix entre vous.

123

Il faut chercher à bien comprendre le *langage imagé* de Jésus. Il veut nous dire qu'il faut détruire en nous toute racine de péché, éviter toute infraction à la loi divine. Malheur à celui qui provoque le scandale par ses actes mauvais, par ses mauvais conseils ou ses mauvais exemples. Il aurait mieux valu pour lui que, moins présomptueux et moins orgueilleux, il ne se fût point incarné dans un milieu trop élevé pour lui ou sur une Planète moralement trop avancée.

« Les Esprits ont le choix libre des mondes où ils s'incarnent, pourvu qu'ils restent dans des bornes *relatives à leur degré*. Un Esprit qui se déclasse ne le fait jamais sans être prévenu des suites que sa témérité peut entraîner. Si ce déclassement devait être préjudiciable aux hommes, si surtout c'était dans le seul but de leur nuire, il serait interdit à l'Esprit de sortir de la catégorie d'incarnation dans laquelle il doit se trouver. Mais ces incarnations d'un ordre inférieur sont dues, soit à un désir de progrès qui peut être sincère dans le moment, mais téméraire, soit à la nécessité de frapper les peuples ou les familles où ces incarnations se font. L'introduction de ces êtres inférieurs au milieu de vous sert toujours au châtiment et à l'expiation et, par conséquent, au progrès de ceux qui en sont victimes et qui sont obligés de lutter; elle sert en même temps au progrès de cet Esprit inférieur et déclassé.

« Il n'y a pas toujours libre arbitre absolu quant au choix des épreuves. L'Esprit qui est animé du désir de progresser est guidé dans son choix quand il est inférieur; mais l'Esprit pervers *quand même* subit en temps et lieu le châtiment et l'épreuve qui lui sont infligés. Souvent il ne désire pas la réincarnation, mais elle lui est imposée et il est envoyé dans le centre qu'on lui choisit, et de telle sorte que cette incarnation lui soit profitable en même temps qu'elle concoure également à l'avancement de ceux au milieu desquels elle se fait. Cependant, la libre faculté du choix est la règle et constitue la grande majorité des cas.

« Vous vivez dans un milieu composé d'Esprits généralement inférieurs, parmi lesquels il s'en trouve peu d'élevés; or, il y en a de très coupables qui commettent des scandales; malheur à eux ! Mais il est nécessaire qu'il y ait des scandales dans le monde, car il y a beaucoup d'Esprits mauvais et c'est au contact des vices que la vertu se fortifie en s'habituant à triompher, mais malheur à ceux qui apportent le scandale! et malheur aussi, mais à un degré moindre, à ceux qui s'y laissent entraîner. »

Le feu exprime *emblématiquement* l'expiation comme moyen de purification et le sel était, chez les Hébreux, l'*emblème* de la purification.

MATHIEU, XVIII; V. 12-14 — LUC, XV; V. 1-7 et V. 8-10

Brebis égarée. — Drachme perdue.

MATHIEU : V. 12. Que vous en semble? si un homme a cent brebis et qu'une d'elle se soit égarée, ne laisse-t-il pas les quatre-vingt-dix-neuf autres sur la montagne pour aller chercher celle qui est égarée? — 13. Et s'il arrive qu'il la trouve, en vérité, je vous le dis qu'elle lui cause plus de joie que les quatre-vingt-dix-neuf autres qui ne se sont point égarées. — 14. *Ainsi* ce n'est pas la volonté de mon père qui est dans les cieux *qu'un seul* de ces petits périsse.

LUC : V. 1. Les publicains et les gens de mauvaise vie s'approchaient de Jésus pour l'écouter. — 2. Et les Pharisiens et les docteurs de la loi murmuraient, disant : Cet homme reçoit les gens de mauvaise vie et mange avec eux. — 3. Alors Jésus leur dit cette parabole : — 4. Qui d'entre vous, s'il a cent brebis et qu'il en perde une, ne laisse les quatre-vingt-dix-neuf autres dans le désert et ne va chercher celle qu'il a perdue, jusqu'à ce qu'il la retrouve; — 5. et lorsqu'il l'a retrouvée, il la met sur ses épaules, plein de joie. — 6. Et étant retourné en sa maison, il assemble ses amis et ses voisins et leur dit : Réjouissez-vous avec moi, parce que j'ai trouvé ma brebis qui était perdue. — 7. Je vous dis de même qu'il y aura plus de joie dans le ciel, pour un seul pécheur qui aura fait pénitence que pour quatre-vingt-dix-neuf justes qui n'ont pas besoin de pénitence.

Luc : V. 8. Ou quelle est la femme qui, ayant dix drachmes, si elle en perd une, n'allume sa lampe, ne balaie sa maison et ne cherche avec soin, jusqu'à ce qu'elle la trouve ? — 9. Et après l'avoir retrouvée, elle assemble ses amies et ses voisines et leur dit : Réjouissez-vous, car j'ai trouvé la drachme que j'avais perdue. — 10. Je vous dis de même qu'il y aura une grande joie parmi les anges de Dieu pour un seul pécheur qui fera pénitence.

124.

C'est la même pensée qui préside à ces deux paraboles. Tous les soins du Maître se concentrent sur « ses brebis », mais celles qui souffrent, celles qu'un mauvais « pasteur » a laissé perdre, sont celles sur qui sa vigilance s'exerce le plus activement. Il les cherche, leur fait entendre sa voix, et sa joie devient grande quand cette voix est entendue de celui qui s'était perdu.

Par « justes, » il ne faut point entendre ceux qui n'ont jamais failli, car, parmi les incarnés de notre Planète, il n'en est point n'ayant jamais commis de fautes ; il faut comprendre ceux qui ont noblement expié et sont devenus assez forts pour ne plus faillir.

Jésus a dit : « *Votre père qui est dans les cieux ne veut pas qu'aucun de ces petits périsse.* » *Aucune créature* de Dieu NE DOIT rester éloignée de lui; TOUTES viendront un jour se réunir à ses pieds. Si les « princes *de l'Église* » avaient voulu comprendre les paroles de Jésus, ils n'auraient point prêché *l'éternité des peines*. C'est sur la CHUTE DES ANGES qu'ils ont basé leur dogme de la

DAMNATION ÉTERNELLE, et c'est une erreur sortie de *la lettre qui tue.* Ce sont là deux erreurs qu'ont condamnées l'intelligence et la conscience modernes.

LUC
CHAPITRE XV. — V. 11-32

Parabole de l'enfant prodigue.

V. 11. Il dit encore : Un homme avait deux enfants, — 12, et le plus jeune des deux dit à son père : Mon père, donnez-moi ce qui doit me revenir de votre bien; et le père partagea entre eux son bien. — 13. Peu de jours après, le plus jeune de ces deux enfants, ayant amassé tout ce qu'il avait, s'en alla dans un pays fort éloigné et dissipa son bien en excès et en débauche; — 14, et après qu'il eut tout dépensé, une grande famine survint en ce pays-là; et il commença à tomber en nécessité; — 15, et il s'en alla donc et il s'attacha au service d'un des habitants du pays, qui l'envoya à sa maison des champs pour y garder les pourceaux; — 16, et là il eût été bien aise de remplir son ventre des cosses que les pourceaux mangeaient, mais personne ne lui en donnait. — 17. Enfin, étant rentré en lui-même, il dit : Combien y a-t-il, dans la maison de mon père, de serviteurs à gage qui ont plus de pain qu'il ne leur en faut, et moi, ici, je meurs de faim! — 18. Je me lèverai et j'irai vers mon père, et je lui dirai : Mon père, j'ai péché contre le ciel et contre vous. — 19. Je ne suis plus digne d'être appelé votre fils; traitez-moi comme l'un des serviteurs qui sont à vos gages. — 20. Et se levant, il vint vers son père; et comme il était encore loin, son père le vit et fut ému de compassion, et accourant, il se jeta à son cou et le baisa. — 21. Et son fils lui dit : Mon père, j'ai péché contre le ciel et contre vous; et je ne suis plus digne d'être appelé votre fils. — 22. Mais le père dit à ses serviteurs : Apportez promptement la plus belle robe et l'en revêtez; mettez-lui un anneau au doigt et des souliers à ses pieds; — 23, et amenez le veau gras et tuez-le; mangeons et livrons-nous à la joie du festin; — 24, parce que ce fils, le mien, était mort et il est ressuscité; il était perdu et il est retrouvé. Et ils commencèrent à se réjouir en un festin. — 25. Or, le fils aîné, qui était dans les champs, revenait et s'approchait de la maison; et il entendit la musique et la danse; — 26, et il appela un des serviteurs et lui demanda ce que c'était. — 27. Le serviteur lui dit : C'est que votre frère est revenu, et votre père a fait tuer le veau gras, parce qu'il l'a recouvré, se portant bien; — 28, et il fut indigné, et ne voulait point entrer. Son père donc sortit pour l'en prier; mais il répondit : Voilà que depuis tant d'années que je vous sers, je n'ai jamais transgressé vos ordres, et vous ne m'avez jamais donné un chevreau pour me réjouir avec mes amis; mais aussitôt que votre autre fils, qui a mangé son bien avec des femmes perdues, est revenu, vous avez tué le veau gras pour lui. — 31. Mon fils, lui dit son père, vous êtes toujours avec moi, et tout ce qui est à moi est à vous; — 32, mais il fallait faire festin et nous réjouir, parce que votre frère était mort et qu'il est ressuscité; il était perdu et il est retrouvé.

125

Ce père de famille, c'est Dieu lui-même. Depuis longtemps, il a partagé entre nous les biens qui nous reviennent. A chacun il a donné sa part, et qu'en avons-nous fait? Au lieu de lui témoigner la reconnaissance et l'amour que nous lui devons, nous n'avons fait que gaspiller les trésors qu'il nous avait départis. Il faut que chacun de nous sache bien comprendre que, dans les enseignements de Jésus, le corps cache l'âme, que le corps n'est généralement que la *figure* de l'âme.

Après avoir dépensé follement tout ce qu'il y a en lui de trésors de force, de science, de sagesse; après avoir gaspillé son temps et son intelligence, l'enfant prodigue sent la famine qui le gagne, le vide se fait autour de lui, l'ennui s'en empare et il se met à la remorque des mauvaises passions qui l'épuisent et ne peuvent le nourrir de leurs rebuts dégoûtants. C'est alors qu'il se rappelle son père, ce Dieu si tendre et si bon qui, *seul*, peut lui rendre les trésors perdus.

Mais celui qui persévère dans le mal et ne veut entendre aucun conseil, celui-là est comme le grain stérile qui n'est pas bon à être jeté en terre ni même bon à être jeté dans le fumier, car il n'y pousserait pas, ou bien son herbe folle et passagère nuirait à ce qui l'entoure sans profiter à elle-même.

Mais, d'un autre côté, si le pêcheur converti fait naître une grande joie parmi ceux qui l'aiment et qui l'attendent, les suites de l'offense faite n'en sont pas détruites pour cela; il n'a fait ainsi que *les atténuer*. Il faut absolument l'expiation, il faut l'effort pour *réparer*, qui prouve la conscience du mal qu'on a fait. Plus le repentir est grand et plus le souvenir de la faute commise est amer, mais plus aussi la bonté du Seigneur est grande et se manifeste avec amour. A celui dont le repentir est *sincère*, Dieu ménage de grandes joies, et il lui envoie toujours les secours spirituels qui le mettent à même de marcher sans interruption et sans défaillance dans la voie dont, en vertu de son libre-arbitre, il était malheureusement sorti.

Voilà que depuis tant d'années que je vous sers, etc... Ces paroles ont pour but de montrer la tendance secrète de l'homme à l'égoïsme et à la jalousie qui lui font envier toutes les joies qui arrivent à son frère auquel, par orgueil, il se croit toujours supérieur.

LUC
CHAPITRE XVI. — V. 1-9

Parabole de l'économe infidèle.

V. 1. Jésus dit aussi en s'adressant à ses disciples : Un homme riche avait un économe qui fut accusé devant lui d'avoir dissipé son bien ; — 2. et l'ayant fait venir, il lui dit : Qu'est-ce que j'entends dire de vous ? rendez-moi compte de votre administration ; car vous ne pourrez plus désormais gouverner mon bien ; — 3. alors cet économe dit en lui-même : Que ferai-je, puisque mon maître m'ôte l'administration de son bien ? je ne saurais travailler à la terre, et j'aurais honte de mendier. — 4. Je sais bien ce que je ferai, afin que lorsqu'on m'aura ôté la charge que j'ai, je trouve des personnes qui me reçoivent dans leurs maisons, — 5. Ayant donc fait venir chacun de ceux qui devaient à son maître, il dit au premier : Combien devez-vous à mon maître ? — 6. Il lui répondit : Cent barils d'huile. L'économe lui dit : Reprenez votre obligation, asseyez-vous là, et faites-en vitement une autre de cinquante. — 7. Il dit ensuite à un autre : Et vous, combien devez-vous. Il répondit : Cent mesures de froment ; reprenez, dit-il, votre obligation, et faites-en une de quatre-vingt. — 8. Et le maître loua l'économe infidèle de ce qu'il avait agi prudemment ; car les enfants du siècle sont plus prudents dans la conduite de leurs affaires que ne le sont les enfants de lumière. — 9. Et moi, je vous dis : Employez les richesses d'iniquité à vous faire des amis, afin que lorsque vous viendrez à manquer, ils vous reçoivent dans les tabernacles éternels.

126.

Si le Maître loue l'intendant infidèle qui, pour assurer son avenir et se faire des amis en augmentant ses pertes, que ne fera pas le Seigneur de celui qui se sera préparé des amis pour la vie éternelle en employant les richesses humaines à faire le bien, à soulager ses frères et à s'attirer la reconnaissance et l'affection ? La reconnaissance et l'affection se réveillent vives et grandes dans le monde des Esprits. Tel est le sens de cette parabole.

« *Richesses d'iniquités* » est un terme de mépris employé pour faire sentir à l'homme le peu de cas, qu'il doit faire des biens terrestres, qui sont si généralement la source de toutes les mauvaises actions.

« *Car les enfants du siècle sont plus prudents dans*, etc... Ces paroles ont un sens facile à comprendre : l'homme pense beaucoup plus à son avenir matériel qu'à son avenir spirituel.

LUC
CHAPITRE XVI. — V. 10-12

Suite de la parabole de l'économe infidèle.

V. 10. Celui qui est fidèle dans les petites choses sera fidèle aussi dans les grandes ; et celui qui est injuste dans les petites choses sera injuste aussi dans les grandes. — 11. Si donc vous n'avez pas été fidèles dans les richesses d'iniquité, qui voudra vous confier les véritables? — 12. Et si vous n'avez pas été fidèles dans un bien étranger, qui vous donnera le vôtre propre?

127.

Que celui qui veut marcher dans les voies du Seigneur ne transige jamais avec sa conscience; qu'il ne regarde jamais une faute comme trop légère pour s'y arrêter; ni un défaut comme trop peu important pour s'en corriger; car, peu à peu, il glissera sur la pente et, prévaricateur des lois éternelles pour de petites choses, il le deviendra bientôt pour de grandes. Il faut donc veiller sans cesse sur soi afin que nos actes matériels soient aussi irréprochables que nos pensées.

La vie humaine est la clé qui nous ouvre les portes du sanctuaire, mais c'est *une clé fragile* qui se brise dans les mains de celui qui ne sait pas s'en servir.

MATHIEU, XVIII; V. 15-17 — LUC, XVII; V. 34

Paroles de Jésus pour servir de transition, *relativement au pardon et à l'oubli des injures et des offenses proclamés par lui devoir être absolu et sans condition.*

MATHIEU : V. 15. Que si votre frère a péché contre vous, allez et reprenez-le, entre vous et lui seul; et s'il vous écoute, vous aurez gagné votre frère; — 16, mais, s'il ne vous écoute point, prenez, avec vous, une ou deux personnes afin que tout soit confirmé par l'autorité de deux ou trois témoins. — 17. Que, s'il ne l'écoute pas non plus, dites-le à l'église; et, s'il n'écoute point l'Église, qu'il soit à votre égard, comme un païen et un publicain.

Luc ; V. 3. Prenez garde à vous ; si votre frère a péché contre vous, reprenez-le ; et, s'il se repent, pardonnez-lui. — 4. Et s'il pèche contre vous sept fois le jour et que sept fois le jour il revienne vous trouver et vous dire : Je me repens, — pardonnez-lui.

128.

Cela est bien évident que, si vous avez un reproche à adresser à l'un de vos frères, de quelque manière que ce soit, il faut le faire par des paroles douces et persuasives.

« Aujourd'hui, nos bien-aimés, voici ce que le Maître vous DIT par notre bouche. Effacez la faute de votre frère par tous les moyens possibles ; tâchez de les lui faire reconnaître de vous à lui ; MAIS, s'il persiste, s'il s'endurcit, ne prenez pour témoins de son entêtement que les bons Esprits qui veillent sur tous ; appelez-les à votre aide afin qu'ils ramènent la concorde et la paix. Surtout, gardez-vous bien de publier le tort de votre frère en le racontant *à qui que ce soit*. O nos bien-aimés, vous avez progressé, vos sentiments doivent progresser aussi ; pardonnez donc l'offense *avec sincérité*, en la cachant aux yeux des étrangers afin de ne pas faire rougir votre frère ; ET JE VOUS PARDONNERAI MOI-MÊME COMME VOUS AUREZ PARDONNÉ. »

Pour Jésus
MATHIEU, MARC, LUC, JEAN,
Assistés des Apôtres.

LUC
CHAPITRE XVII. — V. 7-10

Accomplissement du devoir, avec humilité et désintéressement, avec ce sentiment : d'amour et de reconnaissance envers le Créateur.

V. 7. Qui est celui qui, ayant un serviteur occupé à labourer ou à paître les troupeaux, lui dise aussitôt qu'il est revenu des champs : Viens ici et mets-toi à table ? — 8. Ne lui dira-t-il pas plutôt : Apporte-moi à souper ; ceins-toi, et sers-moi, jusqu'à ce que j'ai mangé et bu ; et après cela, tu mangeras et tu boiras ? — 9. et aura-t-il, pour ce serviteur, de l'obligation, parce qu'il aura fait ce qui lui avait été commandé ? — 10. Je ne le pense pas ; ainsi vous, quand vous aurez fait tout ce qui vous est commandé, dites aussi : Nous sommes des serviteurs inutiles ; nous avons fait ce que nous étions obligés de faire.

129.

Vous n'êtes rien auprès du Seigneur qui vous a tout donné et qui est en droit de tout exiger de vous. Ne vous énorgueillissez donc pas et faites toute chose en vue de lui plaire. Accomplissez votre devoir sans que ce soit l'espoir d'être récompensé qui vous fasse agir.

LUC
CHAPITRE XVII. — V. 11-19

Les dix lépreux.

V. 11. Or, il arriva que Jésus, allant à Jérusalem, passait par le milieu de la Samarie et de la Galilée; — 12. et étant près d'entrer dans un village, il rencontra dix lépreux qui s'arrêtèrent loin de lui; — 13. et ils élevèrent leurs voix et lui dirent: Jésus, notre maître ayez pitié de nous. — 14. Dès qu'il les eut vus, il dit: allez vous montrer aux prêtres; et il arriva que, pendant qu'ils y allaient, ils furent guéris; — 15. l'un d'eux, voyant qu'il avait été guéri, retourna sur ses pas, glorifiant Dieu à haute voix; — 16. et il tomba la face contre terre aux pieds de Jésus, en lui rendant grâce; *et celui-là était samaritain.* — 17. Et Jésus dit: Les dix n'ont-ils pas été guéris? où sont donc les neuf autres? — 18; il ne s'en est pas trouvé qui soit revenu et qui ait rendu gloire à Dieu, sinon cet étranger? — 19. Et il lui dit: Levez-vous, allez, votre foi vous a sauvé.

130.

Que voulait dire Jésus par cet enseignement? QU'IL NE SUFFIT PAS d'être né sous une loi religieuse quelconque, ni d'en reconnaître et d'en pratiquer les dogmes pour mériter du Seigneur. Ce schismatique, cet étranger, sa foi l'a sauvé. Nous sommes tous les enfants du Très-Haut et tous, sans distinction de nation et de culte, nous montons vers lui.

Sur les dix lépreux, un seul exprima sa reconnaissance; cela montre bien combien est grande l'ingratitude dans le cœur de l'homme.

LUC
CHAPITRE XVII. — V. 20-24

Le royaume de Dieu est au-devant de nous.

V. 20. Les Pharisiens lui demandaient, un jour, quand viendrait le royaume de Dieu; et il leur répondit: Le royaume de Dieu ne viendra point avec un éclat qui le fasse remarquer; — 21, et on ne dira point: Il est *ici* ou il est *là*, car dès à présent le royaume de Dieu est au-dedans de vous; 22, et il dit à ses disciples: Le temps viendra où vous voudrez voir un des jours du fils de l'homme et vous ne le verrez point; 23, et ils vous diront: Il est *ici*, il est *là*; n'y allez pas, et ne les suivez point; — 24, car comme un éclair, brille et se fait voir, depuis un côté du ciel jusqu'à l'autre, ainsi paraîtra le fils de l'homme en son jour.

131.

L'homme porte en lui le royaume de Dieu, car c'est dans l'exercice de ses facultés qu'il trouve le moyen d'y parvenir, c'est-à-dire d'atteindre la perfection morale; et ce n'est que lentement, de progrès en progrès, d'ascension en ascension, qu'il peut espérer d'en avancer l'avènement.

« Le temps est venu souvent où l'homme a cherché en vain à faire luire encore ces jours où Jésus prêchait sa morale et donnait ses exemples. Mais ces jours ne sont pas revenus. Vous les attendez encore et les appelez de toutes vos forces, mais ils seront encore bien longs à venir car vos entendements ne sont pas assez dégagés des influences et des appétits de la matière. Vous n'êtes pas mûrs enfin, pour cette ère nouvelle où le fils de l'homme viendra parmi vous. »

LUC
CHAPITRE XVII. — V. 25-37

Signes précurseurs du second avènement de Jésus.

V. 25. Mais il faut auparavant qu'il souffre beaucoup et qu'il soit rejeté par cette génération ; — 26, et comme il est arrivé au temps de Noé, ainsi il arrivera dans les jours du fils de l'homme ; — 27, ils mangeaient et ils buvaient ; les hommes épousaient des femmes, et les femmes des maris, jusqu'au jour où Noé entra dans l'arche ; et le déluge vint, et les fit tous périr. — 28. Et comme il arriva encore au temps de Loth, ils mangeaient et ils buvaient ; ils achetaient et ils vendaient ; ils plantaient et ils bâtissaient ; 29. mais le jour que Loth sortit de Sodome, il tomba du ciel une pluie de feu et de soufre qui les perdit tous ; — 30, il en sera de même le jour où le fils de l'homme paraîtra. — 31. En ce temps-là, que celui qui sera sur le toit et qui aura ses meubles dans sa maison ne descende point pour les emporter et que celui qui sera dans les champs ne revienne point sur ses pas. — 32. Souvenez-vous de la femme de Loth ; — 33, quiconque cherchera à se sauver soi-même, se perdra ; et quiconque se sera perdu lui-même, se sauvera. — 34. Je vous dis : En cette nuit-là, de deux personnes qui seront dans le même lit, l'une sera prise et l'autre laissée ; — 35, de deux femmes qui moudront ensemble l'une sera prise et l'autre laissée ; de deux hommes qui seront dans le même champ, l'un sera pris et l'autre laissé. — 36. Ils lui dirent : Où sera-ce, Seigneur ? — 37, et il répondit : En quelque lieu que soit le corps, les aigles se rassembleront.

132.

Jésus faisait allusion aux phases de l'épuration et du progrès de notre Planète et de son Humanité, et à ce qui doit arriver aux temps où la loi d'amour et de charité sera pratiquée.

La loi apportée par Jésus fut longtemps repoussée et l'est encore aujourd'hui, car beaucoup d'Esprits qui étaient rebelles aux temps de sa mission terrestre, revivent, rebelles encore comme autrefois, au milieu de nous. L'insouciance de l'homme l'engourdit dans ses habitudes journalières et l'empêche de voir le danger qui s'amoncelle sur sa tête. Les intérêts et les soins exagérés qu'il donne à sa vie matérielle l'absorbent tout entier. Et depuis l'avénement de Jésus, le monde a toujours marché s'occupant peu de son avenir.

Jésus l'avertit qu'il faut cependant qu'il songe à ce qui doit lui arriver *au jour où le fils de l'homme paraîtra*, parce qu'effectivement le moment viendra où tout Esprit *matériel* sera repoussé de notre Planète régénérée, sur laquelle ne règnera plus que *l'Esprit*. Éblouis par la lumière qui luira tout à coup à leurs yeux, dévorés par le feu du remords, les mauvais seront balayés et rejetés sur les mondes destinés à ceux qui sont mauvais comme eux. C'est lorsque Jésus, l'oint du Seigneur, reviendra sur la Terre ; alors il faudra que la séparation entre l'ivraie et le bon grain soit faite et soit achevée COMPLÈTEMENT. Et il sera réservé aux récalcitrants de voir le bonheur des élus et de comprendre ce qu'ils perdent, afin de leur donner un plus vif désir de le reconquérir.

« Les temps maintenant sont proches où l'épuration de votre Planète devra commencer ; l'aurore de l'avènement du fils de l'homme, c'est-à-dire de l'avènement de la loi d'amour et de charité qu'il personnifie, se lève et commence à paraître aux horizons de votre Planète ; pensez donc à vos âmes, et soyez pleins de zèle et de sollicitude pour votre progrès moral. »

Celui qui cherche à sauver sa vie *spirituelle* perdra sa vie *corporelle*, et il retrouvera, de l'autre côté de la tombe, celle qui n'a point de fin.

« Ces paroles : « *en quelque lieu que soit le corps, les aigles s'y assembleront* », signifient que le progrès doit s'étendre sur tous les points de votre Planète afin qu'elle puisse progresser, et que partout où il y a Humanité sur votre Planète, il y aura progrès et changement, c'est-à-dire transformation physique, morale et intellectuelle. »

MATHIEU
CHAPITRE XVIII. — V. 18-20

V. 18. En vérité, je vous le dis : tout ce que vous aurez lié sur la terre, sera lié dans le ciel ; et tout ce que vous aurez délié sur la terre, sera délié dans le ciel : — 19. Je vous dis encore que, si deux d'entre vous s'unissent sur la terre, — quelque chose qu'ils demandent, — elle leur sera accordée par mon père qui est dans les cieux. — 20. Car partout où seront deux ou trois personnes assemblées en mon nom, là je serai au milieu d'elles.

133.

Après avoir dit à ses apôtres : « *Je vous le dis en vérité, tout ce que vous délierez sur la Terre sera délié dans le ciel* », Jésus n'a point ajouté : « Je vous dis *aussi* en vérité que tout ce que vos descendants d'âge en âge délieront sur la Terre sera également délié dans le ciel ». Jésus ne s'est adressé qu'à ses apôtres et non pas à leurs *successeurs*, aujourd'hui si dégénérés ! Mais il promet à ceux qui s'assemblent *en son nom*, que ce qui sera demandé par eux leur sera accordé par Dieu. Nous pouvons tous en faire l'expérience, mais, pour cela, il faut avoir le cœur plein de confiance, d'amour et de foi. Enfin Dieu seul sait si la demande que nous faisons est opportune ou non.

Si l'on vient vous dire: « L'église *seule*, assemblée dans ses conciles, est *infaillible* et *seule* assistée du Saint-Esprit ; Répondez à l'Eglise :

« Dieu *seul* est infaillible et vos pasteurs quels qu'ils soient, isolés ou assemblés en conciles, sont faillibles comme tous les autres hommes, et sujets comme tous les autres hommes aux bonnes influences qui viennent du « *Saint-Esprit* » et aux mauvaises qui viennent de « *Satan* » ; car chaque homme attire à soi les influences *similaires* à la nature, bonne ou mauvaise, de ses sentiments, de ses pensées et de ses penchants, c'est une loi de la nature, immuable comme toutes les lois de Dieu.

« Quand des hommes sont rassemblés en concile, ce qui prouve qu'ils sont assistés et guidés par les Esprits du Seigneur, c'est l'*unité* qui règne entre-eux, c'est l'*unanimité* dans leurs décisions qui se montrent toutes marquées au coin de la charité, de la tolérance et de l'amour universel.

« Et qu'on ne vienne pas dire, pour condamner le Spiritisme, que *Satan* seul a le pouvoir de communiquer *médianimiquement* avec les hommes. C'est là de l'ignorance ou de la mauvaise foi. Tous les faits historiques accomplis dans tous les temps et chez tous les peuples, toutes les révélations successives envoyées par Dieu aux hommes, démentent cette assertion.

« La communication du monde spirituel avec le monde corporel, par action médianimique, occulte ou patente, consciente ou inconsciente, a eu lieu de tout temps. Ces communications ont été l'instrument et la voie de toutes les révélations parmi les hommes, dès l'antiquité la plus reculée jusqu'à nos jours, et c'est par elles qu'ont été révélées aux hommes l'idée de l'immortalité de l'âme et celle de l'existence de Dieu. Ne fut-ce pas pour établir, chez le peuple hébreu (qui devait en être le dépositaire et la transmettre aux générations futures) cette croyance au Monothéisme, et pour préserver en même temps ce peuple arriéré et superstitieux, entouré d'Esprits inférieurs et impurs qui l'auraient détourné de la bonne voie, que Moïse défendit d'interroger les morts en cherchant d'obtenir d'eux la vérité? Mais Moïse, et les prophètes eux-mêmes, tous préposés à l'accomplissement de l'ère nouvelle du Monothéisme, ne communiquaient-ils pas avec le « *Saint-Esprit* », c'est-à-dire avec les Esprits bons ou supérieurs qui les guidaient et les inspiraient au nom du Seigneur? Et cette Église romaine, qui s'établit si gratuitement *elle-même* infaillible, n'a-t-elle pas puisé dans cette communication du monde spirituel avec le monde corporel, les éléments de béatification pour ceux qui étaient dans son giron et que l'influence médianimique ne plaçait pas hors du cercle de ses enseignements dogmatiques? L'inquisition, cette inquisition d'odieuse mémoire, n'a-t-elle pas puisé, dans cette communication du monde spirituel avec le monde corporel, l'occasion de tortures, de bûchers et de morts toutes plus cruelles les unes que les autres?

« Le SPIRITISME, loi naturelle et immuable que Dieu a établie de toute éternité, n'est point, *comme communication du monde spirituel avec le monde corporel*, une révélation nouvelle, et ce mot nouveau ne doit point donner à entendre que vous avez été instruits d'un mystère nouveau ; non, c'est SEULEMENT une extension donnée de vos jours à ce qui a toujours été. C'est la liberté de conscience dont vous jouissez aujourd'hui qui a permis que des faits, étouffés autrefois, ont pu être groupés avec ensemble pour frapper votre attention. Nier l'action médianimique, occulte ou patente, des Esprits sur les hommes, c'est nier tous les faits de l'Ancien et du Nouveau Testament. Les tables de la loi, le Décalogue, que Dieu vous fit parvenir par l'intermédiaire de Moïse, ne furent autre chose qu'une manifestation spirite faite à Moïse sur le mont Sinaï. Ce fut encore par manifestation spirite que le Messie fut annoncé à Abraham, puis plus tard aux Hébreux par les prophètes d'Israël. Enfin nier l'action des bons Esprits sur les hommes pour n'admettre que celle de « *Satan* », c'est insulter à la justice, à la bonté et à la miséricorde infinie de Dieu.

« Le Spiritisme est la troisième révélation qui vous a été promise par Jésus, car les temps prédits sont venus, et les Esprits du Seigneur (ces vertus des cieux qui se sont ébranlées, ces étoiles qui tombent du Ciel sur tous les points de la Planète à la fois), viennent chasser l'erreur et le mensonge et glorifier Jésus. Mais cette révélation, qui doit vous enseigner toute la vérité et vous annoncer les choses à venir, ne peut vous être donnée que progressivement et dans la mesure de ce que vous pouvez porter.

« Aujourd'hui, ne croyez pas avoir toute la révélation. Les Esprits du Seigneur viennent seulement préparer l'avènement, parmi vous, de Jésus, qui, alors que vous serez devenus capables et dignes de le recevoir, viendra *lui-même* vous montrer, *sans voile*, la vérité dont, Esprit de Vérité, il est le complément et la sanction. »

MATHIEU
CHAPITRE XVIII. — V. 21-35.

Pardon des injures et des offenses. — Parabole de la dette des dix mille talents.

V. 21. Alors Pierre, s'approchant, lui dit : Seigneur, pardonnerai-je à mon frère toutes les fois qu'il péchera contre moi ? Le ferai-je jusqu'à sept fois ? — 22. Jésus lui répondit : Je ne vous dis pas jusqu'à sept fois, mais jusqu'à septante fois sept fois ; — 23. c'est pourquoi le royaume des cieux est comparé à un homme roi qui voulut faire rendre compte à ses serviteurs ; — 24. et ayant commencé à le faire, on lui en présenta un qui lui devait dix mille talents ; —

25, et comme il n'avait pas de quoi les lui rendre, son maître commanda qu'il fût vendu, lui, sa femme et ses enfants, et tout ce qu'il avait, pour satisfaire à cette dette. — 26. Ce serviteur, s'étant jeté à ses pieds, le priait, disant : Seigneur, patience pour moi, et je vous rendrai tout ; — 27, alors le maître de ce serviteur, ayant été touché de compassion, le renvoya et lui remit sa dette ; — 28, ce serviteur étant sorti et trouvant un de ses compagnons qui lui devait cent deniers ; et le saisissant, il l'étouffait, disant : Rends-moi ce que tu me dois ; — 29, et son compagnon se jetant à ses pieds, le priait, disant : Ayez patience pour moi, et je vous rendrai tout. — 30. Or, il ne voulut point, mais il s'en alla et le fit mettre en prison, jusqu'à ce qu'il payât sa dette ; — 31, les autres serviteurs, ses compagnons, voyant ce qui se passait, s'affligèrent profondément, et ils vinrent et racontèrent à son maître tout ce qui s'était passé ; — 32, alors son maître l'appela et lui dit : Méchant serviteur, je t'ai remis toute ta dette, parce que tu m'en as prié ; — 33, ne fallait-il pas que toi, aussi, tu eusses pitié de ton compagnon comme j'ai eu pitié de toi ? — 34, et son maître, irrité, le livra aux bourreaux, jusqu'à ce qu'il payât toute sa dette. — 35. C'est ainsi que mon père céleste fera envers vous si chacun de vous ne pardonne à son frère du *fond du cœur*.

134

Si vous voulez attirer sur vous la miséricorde de Dieu, soyez miséricordieux. Le refus de pardonner les offenses est un égoïsme, une sécheresse de cœur, souvent un fruit de l'orgueil ; et tous ces vices sont de puissantes racines qui font *croître la chair*. Nous devons donc faire tous nos efforts pour les arracher de notre âme, car ils constituent des cas *d'expiation* et de *réincarnation* et sont un obstacle à ce que l'Esprit sorte des mondes inférieurs. Pardonnons donc *du fond du cœur, sans cesse et toujours.*

MATHIEU, XIX ; V. 1-9. — MARC, X ; V. 1-9

Divorce. — Mariage.

MATHIEU : V. 1. Jésus, ayant achevé ces discours, partit de Galilée et vint aux confins de la Judée au-delà du Jourdain ; — 2, et une grande multitude le suivit ; et il guérit leurs malades au même lieu ; — 3, les Pharisiens vinrent à lui pour le tenter et ils lui dirent : Est-il permis à l'homme de quitter sa femme pour quelque cause que ce soit ? — 4. Jésus, répondant, leur dit : N'avez-vous point lu que celui qui créa l'homme dès le commencement, les créa mâle et femelle et qu'il dit : — 5. A cause de cela, l'homme laissera son père et sa mère, et il s'attachera à sa femme et ils seront tous deux dans une seule chair ; — 6, et ainsi ils ne seront plus deux, mais une seule chair ; que l'homme ne sépare donc point ce que Dieu a uni. — 7. Ils lui dirent : Pourquoi donc Moïse a-t-il commandé de donner à sa femme un acte de répudiation et de la renvoyer ? — 8, et il leur répondit : C'est à cause de la dureté de votre cœur que Moïse vous a permis de renvoyer vos femmes, mais au commencement il n'en était pas ainsi ; — 9, aussi je vous déclare que quiconque renvoie sa femme si ce n'est pas pour cause d'adultère, et celui qui épouse la femme renvoyée, commet aussi un adultère.

MARC : V. 1. Jésus, étant parti de là, vint aux confins de la Judée au-delà du Jourdain ; il leur enseignait comme il avait coutume ; — 2, les Pharisiens, y étant venus, lui demandèrent pour le tenter : Est-il permis à un homme de renvoyer sa femme ? Mais Jésus, répondant, leur dit : Que vous a ordonné Moïse ? — 4. Il lui dirent : Moïse a permis de renvoyer sa femme en lui donnant l'écrit de répudiation. — 5. Jésus, répondant, leur dit : C'est à cause de la dureté de votre cœur qu'il vous a donné ce précepte ; — 6, mais dès le commencement du monde Dieu forma un homme et une femme ; — 7, c'est pourquoi l'homme quittera son père et sa mère et s'attachera à sa femme ; — 8, et ils seront deux dans une seule chair, c'est pourquoi ils ne sont plus deux mais une seule chair. — 9. Que l'homme donc ne sépare pas ce que Dieu a uni.

135

Ce que nous raconte la *Genèse* de la formation de l'homme et de la femme, sortis des mains du Créateur comme la statue d'argile des mains du potier, n'est qu'un *emblème*. En rappelant les paroles *emblématiques* de la Genèse et en ajoutant : « *Et ainsi ils ne sont plus deux, mais une seule chair ; que l'homme donc ne sépare pas ce que Dieu a uni* », Jésus MONTRE aux hommes le caractère d'indivisibilité et de solidarité qui, selon la loi divine, DOIT présider à l'union de l'homme et de la femme pour accomplir en commun, unis de corps et d'âme, avec tous les devoirs que cette union comporte, le pèlerinage de la terre.

« La loi divine, nous disent les révélateurs, n'est pas seulement matérielle, elle est aussi morale : Le mariage, sous le point de vue de la *nature humaine*, n'est que l'union de deux corps qui doivent reproduire. Que donc ils ne s'adonnent point à la débauche, qu'ils ne se souillent pas, qu'ils se soumettent simplement aux lois animales de leur nature, et ils n'auront rien à craindre de la justice divine. Mais à côté de la loi divine qui, dans l'ordre matériel, a institué l'union libre des sexes pour l'accomplissement de la loi de reproduction, est la loi divine dans l'ordre moral : c'est la loi d'amour que vous voyez fonctionner et se développer selon la loi immuable du progrès dans tous les règnes de la nature. Vous voyez, dans le règne animal, la loi d'amour s'affirmant d'abord sous la forme de la promiscuité, puis, dans certaines espèces, manifestant les signes précurseurs de l'union intime des corps et des âmes ; et ainsi en est-il de l'*accomplissement* de ces paroles emblématiques de la Genèse relativement à l'homme et à la femme : *et ils seront deux dans une même chair*.

« L'union de l'homme et de la femme sera parmi vous, à la fois libre et indissoluble, selon le sens *en esprit et en vérité*, de ces paroles emblématiques de la Genèse rappelées par Jésus aux Pharisiens ; elle sera à la fois libre et indissoluble selon la loi naturelle devant Dieu, par l'union indivisible et solidaire des corps et des âmes, elle portera librement des fruits de justice et de chasteté, sous l'influence et la pratique de la loi d'amour, entre deux créatures indépendantes, libres et responsables de tous les devoirs au point de vue conjugal, ainsi qu'aux points de vue de la paternité et de la maternité à l'égard des Esprits qui viendront s'incarner pour accomplir de nouvelles épreuves.

» Christ, en disant de ne pas séparer ce que Dieu a uni, a coupé court à l'abus du siècle où il est descendu sur notre terre et a mis une entrave à la corruption des siècles à venir ; mais *il n'a pas condamné deux Esprits antipathiques à se fourvoyer l'un l'autre*. Selon la loi divine, vous ne devez pas contraindre, physiquement, deux Esprits antipathiques à se coudoyer journellement; mais il ne faut pas prendre cette faculté pour un prétexte d'inconduite, tout est là. Le corps de l'homme et de la femme n'est rien aux yeux du Seigneur, EN CE SENS QUE Dieu a fait l'homme et la femme au point de vue *de l'Esprit* et non du corps qui n'est que l'instrument, pour l'Esprit, de ses épreuves terrestres. C'est donc leur Esprit que l'homme et la femme doivent préserver de souillures. »

Etre adultère signifie : *violer la loi de Dieu* en manquant à la loi d'amour, de justice et de charité. Tous nos mariages sont autant d'adultères, car ils ont perdu tout caractère sacré puisqu'ils ne sont absolument que l'exécution d'un traité de commerce dont les deux parties sont plus ou moins scrupuleuses à remplir les obligations.

« La loi sur le mariage, dit la Révélation, a besoin d'être méditée profondément et reconstruite *sur la loi naturelle* DEVANT DIEU; mais il faut pour cela que les passions et la cupidité de l'homme aient fait place à des sentiments plus élevés; il faut qu'il comprenne l'union de l'homme et de la femme dans ce qu'elle a de SAINT et de GRAND devant le Seigneur; il faut qu'il comprenne les devoirs immenses qu'il doit remplir quand il accepte la responsabilité du mariage, devoirs sacrés auxquels il ne lui est pas permis de faillir et que Dieu protège de son amour. Mais la société est trop entachée de préjugés, d'abus et de vices, pour que cette réforme puisse avoir lieu de suite; ce sera l'œuvre du temps et du progrès.

« Le mariage doit être et sera un jour, comme conséquence et fruit de votre épuration morale, un choix libre, accepté librement devant Dieu et se maintenant librement, même après la mort du corps matériel, car alors qu'il aura été interrompu sur terre, il se continuera dans l'erraticité. L'union vraie qui a été contractée sur terre est un lien puissant qui réunit, dans l'éternité, ceux qui l'ont formé dans une sympathie que rien ne pourra plus jamais altérer.

« O hommes, si fiers de vos mœurs, de votre société, qu'elle est vieille et laide cette société ! et qu'elle a peu les mérites que vous lui supposez ! Momie, chargée de reliques dorées cachant sa pourriture et ses hontes sous des lambeaux de dentelle et de soie !

« Qu'avez-vous besoin des hommes pour appeler sur vous la bénédiction religieuse qui vous est refusée par eux ? Rendez hommage au Créateur, implorez-le, et sa bénédiction descendra sur vous. N'êtes-vous pas entourés de lévites ? Ces lévites sont les bons Esprits, messagers de Dieu, toujours prêts à vous donner la bénédiction en son nom. Sachez donc trouver le bonheur dans la pureté et la simplicité de vos cœurs. »

MARC, X ; V. 10-12 — MATHIEU, XIX ; V. 10-12

Réponse de Jésus à la question que ses disciples lui avaient adressée, relativement aux conditions du mariage. — Les eunuques, qui sont nés tels dès le ventre de leur mère. — Ceux que les hommes ont faits eunuques. — Ceux qui se sont faits eunuques à cause du royaume des cieux.

MARC : V. 10. Et dans la maison, ses disciples l'interrogèrent encore sur cela ; — 11, et il leur dit : Si un homme quitte sa femme et en épouse une autre, il

commet un adultère à cause de sa première femme ;
— 12, et si une femme quitte son mari et en épouse
un autre, elle commet un adultère.

MATHIEU : V. 10. Ses disciples lui dirent : Si la condition de l'homme est telle à l'égard de sa femme, il n'est pas bon de se marier ; — 11. Jésus leur dit : Tous ne comprennent pas cette parole, mais ceux à qui il a été donné ; — 12, car il y a des eunuques qui sont nés tels dès le ventre de leur mère ; il y en a que les hommes ont faits eunuques, et il y en a qui se sont faits eunuques à cause du royaume des cieux ; *que celui qui peut comprendre ceci, le comprenne.*

136.

L'homme choisit toujours ses épreuves avant de naître et de prendre un corps, il est donc facile de comprendre que l'Esprit qui s'incarne est destiné d'avance, soit à la vie de famille, soit à la stérilité. Cela explique ces paroles de Jésus : « *Il y a des eunuques qui sont nés* TELS *dès le ventre de leur mère* ». Il y a des Esprits qui se sont donné pour épreuve de résister aux tentations de la chair, et parmi eux s'en trouvent qui ont revêtu un corps incapable de répondre aux désirs et aux besoins de l'Esprit, car c'est souvent le dévergondage de l'esprit qui entraîne le corps dans des abus pernicieux. Dans l'incarnation, les mauvaises tendances peuvent subsister, mais l'Esprit a pris pour châtiment corporel de n'y pas céder. Que ceux-là donc qui sont eunuques, comprennent bien l'objet et le but de l'épreuve à subir qu'ils ont eux-mêmes choisie. C'est qu'ils ont, dans leurs existences antérieures, failli gravement, en cédant aux plus coupables écarts de la chair, aux devoirs de *l'union animale* selon la loi divine, ou aux devoirs de la vie de famille. Ils doivent s'efforcer de sortir vainqueurs de l'épreuve.

« L'eunuchisme était un usage très répandu à cette époque où Jésus parlait aux hommes et qui dure même encore dans certaines contrées ; nous vous rappellerons ceux que l'on fait eunuques pour obtenir de belles voix ou pour leur confier un harem. Il y a aussi ces hommes que des débauches hâtives ont faits impuissants et qui sont les eunuques de la civilisation. C'est de tous ceux-là dont Christ veut parler quand il dit : « *Il y en a que les hommes ont faits eunuques.* »

Tous ceux-là doivent s'abstenir du mariage et puiser, dans le motif de leur impuissance, l'intelligence et la force pour vaincre leurs mauvaises tendances et les convoitises de la chair. Ils doivent faire de cette impuissance un moyen d'épuration morale et de progrès.

« Ceux-là *seuls* se sont faits eunuques, *à cause du royaume de Dieu*, qui, ne se sentant pas de force à remplir les conditions du mariage et de la famille, y ont renoncé et combattent leurs désirs plutôt que d'entraîner d'autres créatures dans une voie de débauche. Car l'homme et la femme ne doivent accomplir un acte aussi sérieux que le mariage qu'autant qu'ils se sentent assez forts pour le mener à bien et jusqu'au bout.

« Il faut ranger parmi les égoïstes et les fanatiques ceux qui se séquestrent pour éviter les lois naturelles, et qui, ne voulant point accepter les charges de la famille, vont s'enfermer dans l'ombre des cloîtres et tombent dans des débordements pires mille fois que ceux qu'entraînent les malheureux plongés au milieu des vices de votre société ; *pires*, parce qu'ils n'ont point d'excuse admissible et parce que c'est, pour la plupart, la paresse, l'égoïsme ou tout autre sentiment *personnel*, qui les poussent dans ce genre d'existence infructueux pour eux comme pour tout le monde. Ceux-là sont les membres inutiles de la grande famille humaine, les branches mortes qui nuisent à la santé de l'arbre en desséchant la sève dans ses branches vives.

« L'état de *célibat volontaire* n'est bon devant le Seigneur que s'il vient d'un sentiment *pur* et *désintéressé*. L'homme, ou la femme, qui ne se sent pas la force de remplir dignement, avec désintéressement et abnégation, les devoirs de la famille, font bien de s'abstenir, mais ils doivent entrer dans la voie du mariage dès qu'ils se sentent assez forts pour en remplir les obligations. Ainsi que l'a dit Moïse : « *il n'est pas bon que l'homme soit seul* », car pour un qui saura maîtriser la chair, mille y succomberont *dans l'ombre* et deviendront *hypocrites*. Ceux qui se soustraient aux lois de la famille vivent éloignés de leurs foyers, ferment leur cœur aux affections si douces de l'intérieur et se font une vie factice qui ne développe en eux que l'égoïsme, l'orgueil et le rétrécissement des facultés de l'âme.

MATHIEU, XIX ; V. 13-15 — MARC, III ; V. 13-16 LUC, XVIII ; V. 15-17

L'humilité, source de toutes vertus, de tous progrès, et SEULE *voie qui donne accès à la perfection.*

MATHIEU : V. 13. Alors on lui présenta de petits enfants, afin qu'il leur imposât les mains et qu'il priât pour eux ; et comme ses disciples les repoussaient avec des paroles rudes, — 14, Jésus leur dit : Laissez ces petits enfants et ne les empêchez pas de venir à moi ; car le royaume des cieux est pour ceux qui leur ressemblent. — 15. Et leur ayant imposé les mains, il se retira.

MARC : V. 13. Alors on lui présenta de petits enfants, afin qu'il les touchât ; et comme ses disciples repoussaient avec des paroles rudes ceux qui les lui présentaient, — 14, Jésus, le voyant, s'en fâcha et leur dit : Laissez les petits enfants venir à moi et ne les empêchez point, car le royaume de Dieu est pour ceux qui leur ressemblent ; — 15. Je vous dis en vérité, quiconque ne recevra point le royaume de Dieu comme un enfant, n'y entrera point ; — 16, et les ayant embrassés, il les bénit en leur imposant les mains.

LUC : V. 15. Quelques-uns aussi lui présentaient de petits enfants, afin qu'il les touchât ; ce que ses disciples voyant, ils les repoussaient avec des paroles rudes, — 16, Mais Jésus, les appelant à lui, dit : Laissez venir à moi les petits enfants, car le royaume de Dieu est pour ceux qui leur resssemblent. — 17. Je vous le dis en vérité, quiconque ne recevra point le royaume de Dieu comme un enfant, n'y entrera point.

137.

C'est toujours la même pensée de Jésus exprimée en d'autres termes, en d'autres lieux et en des temps différents.

LUC
CHAPITRE XVIII. — V. 1-8

Parabole de la veuve et du méchant juge.

V. 1. Il leur dit aussi cette parabole pour faire voir qu'il faut toujours prier et ne se point lasser de le faire : — 2. Il y avait, dit il, dans une certaine ville, un juge qui ne craignait point Dieu et ne se souciait point des hommes; — 3. et il y avait aussi, dans la même ville, une veuve qui venait souvent le trouver, en lui disant : Faites-moi justice de ma partie; — 4. et il fut longtemps sans le vouloir faire; mais enfin il dit en lui-même : Quoique je ne craigne point Dieu et que je n'aie aucune considération pour les hommes. — 5. néanmoins, parce que cette veuve m'importune, je lui ferai justice, de peur qu'à la fin elle ne me vienne faire quelque affront. — 6. Vous entendez, ajouta le Seigneur, ce que dit ce méchant juge ? — 7. Et Dieu ne fera pas justice à ses élus qui crient vers lui, et il souffrira toujours qu'on les opprime ? — 8. Je vous dis en vérité qu'il leur fera justice dans peu de temps; mais lorsque le fils de l'homme viendra, pensez-vous qu'il trouve de la foi sur la terre ?

138.

Chacun obtiendra *selon ses œuvres* quand le temps sera venu : le *juste* aura sa récompense et le coupable son *châtiment*. Car la justice du Seigneur s'exerce sans cesse. Que ceux donc qui veulent en sentir les doux effets, s'appliquent à se ranger au nombre de ceux *qui suivent les traces du Maître*, car il faut que lorsque le fils de l'homme reviendra sur la terre pour y établir définitivement son règne, il trouve beaucoup de foi parmi nous.

LUC
CHAPITRE XVII. — V. 9-14

Pharisien et Publicain.

V. 9. Il dit aussi cette parabole pour quelques-uns qui mettaient leur confiance en eux-mêmes comme étant justes et qui méprisaient les autres : — 10. Deux hommes montèrent au temple pour y faire leur prière ; l'un était Pharisien et l'autre Publicain. — 11. Le Pharisien, se tenant debout, priait ainsi en lui-même : Mon Dieu, je vous rends grâces de ce que je ne suis point comme le reste des hommes qui sont voleurs, injustes et adultères, ni même comme ce Publicain ; — 12. je jeûne deux fois la semaine, je donne la dîme de tout ce que je possède. — 13. Et le Publicain, au contraire, se tenant à genoux, n'osait pas même lever les yeux au ciel, mais il frappait sa poitrine, en disant : Mon Dieu, ayez pitié de moi qui suis un pécheur. — 14. Et je vous dis : celui-ci s'en retourna, chez lui, justifié et non pas l'autre ; car quiconque s'élève sera abaissé, et quiconque s'abaisse sera élevé.

139.

L'orgueil est l'ennemi le plus acharné de l'homme et qui s'infiltre le plus avant dans son cœur. Quelque strict observateur que soit un homme de la loi de Dieu, il ne fait que son devoir, et l'on pèche toujours contre la charité en jugeant mal son frère et son prochain. D'ailleurs celui-ci, tout misérable qu'il puisse paraître, peut avoir le cœur le plus noble et le plus pur ; il peut en effet être l'expiation dernière d'une grande intelligence des temps passés.

Soyons donc sévères envers nous mêmes, mais indulgents et doux envers les autres. Rappelons-nous ce qu'a dit le Maître : « *Quiconque s'élève sera abaissé, et quiconque s'abaisse sera élevé.* »

MATHIEU, XIX ; V. 16-26 — MARC, X ; V. 17-27 LUC, XVIII ; V. 18-27

Parabole du jeune homme riche.

MATHIEU : V. 16. Alors un jeune homme s'approcha et lui dit : Bon maître, quel bien faut-il que je fasse pour acquérir la vie éternelle ? — 17. Jésus lui répondit : Pourquoi m'appelez-vous bon ? Il n'y a que Dieu *seul* qui soit bon ; que si vous voulez entrer dans la vie, gardez les commandements. — 18. Le jeune homme lui dit : Lesquels ? Jésus lui répondit : Vous ne tuerez point, vous ne commettrez point d'adultère, vous ne déroberez point, vous ne rendrez point de faux témoignage ; — 19. honorez votre père et votre mère et aimez votre prochain comme vous-même. — 20. Le jeune homme lui dit : J'ai gardé tous ces commandements depuis ma jeunesse, que me manque-t-il encore ? — 21. Jésus lui dit : Si vous voulez être parfait, allez, vendez tout ce que vous avez et donnez-le aux pauvres, et vous aurez un trésor dans le ciel ; puis venez et suivez-moi. — 22. Le jeune homme, ayant entendu ces paroles, s'en alla tout triste, parce qu'il avait de grands biens. — 23. Et Jésus dit à ses disciples : Je vous le dis en vérité, il est difficile à un riche d'entrer dans le royaume des cieux ; — 24. et je vous le dis encore : il est plus facile qu'un chameau passe par le trou d'une aiguille, qu'il ne l'est qu'un riche entre dans le royaume des cieux. — 25. Ses disciples, entendant ces paroles, en furent fort étonnés, et ils disaient : Qui donc peut être sauvé ? — 26. Mais Jésus, les regardant, leur dit : Cela est impossible aux hommes, mais tout est possible à Dieu.

Marc : V. 17. Et comme il s'avançait dans la voie publique, une personne accourut et se mettant à genoux devant lui, lui dit : Bon maître, que dois-je faire pour acquérir la vie éternelle ? — 18. Jésus lui dit : Pourquoi m'appelez-vous bon ? Il n'y a que Dieu *seul* qui soit bon. — 19. Vous savez les commandements : vous ne commettrez point d'adultère, vous ne tuerez point, vous ne déroberez point, vous ne porterez point de faux témoignage, vous ne ferez de tort à personne, honorez votre père et votre mère. — 20. Il lui répondit : Maître, j'ai observé toutes ces choses dès ma jeunesse. — 21. Et Jésus, le regardant, l'aima et lui dit : Il vous manque encore une chose, allez, vendez tout ce que vous avez, donnez-le aux pauvres et vous aurez un trésor dans le ciel; puis venez et suivez-moi. — 23. Mais cet homme, affligé par ces paroles, s'en alla tout triste, parce qu'il avait de grands biens. — 24. Et Jésus, regardant autour de lui, dit à ses disciples : Qu'il est difficile que ceux qui ont des richesses entrent dans le royaume de Dieu ! — 24. Et comme les disciples étaient tout étonnés de ce discours, Jésus ajouta : Mes enfants, qu'il est difficile que ceux qui mettent leur confiance dans les richesses entrent dans le royaume de Dieu ! — 25. Il est plus facile qu'un chameau passe par le trou d'une aiguille, qu'il ne l'est qu'un riche entre dans le royaume de Dieu. — 26. Ils furent remplis d'un étonnement beaucoup plus grand; et ils se disaient l'un à l'autre : Et qui peut être sauvé ? — 27. Mais Jésus, les regardant, leur dit : Cela est impossible aux hommes, mais non pas à Dieu; car tout est possible à Dieu.

Luc : V. 18. Un jeune homme de qualité lui vint faire cette demande : Bon maître, que faut-il que je fasse pour acquérir la vie éternelle ? — 19. Jésus lui répondit : Pourquoi m'appelez-vous bon ? Il n'y a que Dieu *seul* qui soit bon. — 20. Vous savez les commandements : vous ne tuerez point, vous ne commettrez point d'adultère, vous ne déroberez point, vous ne porterez point de faux témoignage, honorez votre père et votre mère. — 21. Il lui dit : J'ai gardé tous ces commandements dès ma jeunesse. — 22. Ce que Jésus ayant entendu, il lui dit : Il vous manque encore une chose : vendez tout ce que vous avez et donnez-le aux pauvres, et vous aurez un trésor dans le ciel ; puis venez et suivez-moi. — 23. Mais lui, ayant entendu ceci, devint tout triste, parce qu'il était très riche. — 24. Et Jésus, voyant qu'il était devenu triste, dit : Qu'il est difficile que ceux qui ont des richesses entrent dans le royaume de Dieu ! — 25. Il est plus facile qu'un chameau passe par le trou d'une aiguille, qu'il ne l'est qu'un riche entre dans le royaume de Dieu. — 26. Et ceux qui l'écoutaient lui dirent : Qui donc peut être sauvé ? — 27. Il leur répondit : Ce qui est impossible aux hommes est possible à Dieu.

140.

Ce jeune homme avait été amené médianimiquement devant Jésus, afin de servir d'exemple dans le présent et dans l'avenir.

Qu'il est difficile, en effet, *que ceux qui ont des richesses entrent dans le royaume des Cieux !* Quand donc les riches comprendront-ils que la richesse est pour l'homme *l'épreuve la plus redoutable !* Quand donc verront-ils enfin qu'elle est, pour ainsi dire, *un obstacle absolu* à tout progrès moral lorsqu'elle ne devient pas dans leurs mains un instrument d'amour et de charité envers leurs frères !

L'homme ne peut progresser qu'à l'aide de la charité, du dévouement, du renoncement à soi-même. Et la charité perd même complètement son titre quand elle a *pour but* les récompenses célestes, car alors elle devient de l'égoïsme. Il faut aimer son prochain POUR L'AMOUR DE DIEU ; aimer son prochain, c'est aimer Dieu. La charité doit être dévouée, désintéressée, active et vaillante ;

elle doit avoir tous les renoncements, toutes les vertus et tous les courages. Elle doit aller sur les champs de bataille, au milieu des balles qui pleuvent, ramasser les blessés et les mourants. Elle doit aller dans les bouges y faire naître l'étincelle de repentance et d'amour qui réchauffe le cœur et éclaire l'intelligence. Elle doit monter sur les marches des trônes pour y dire la vérité et déchirer sur le front des têtes couronnées le bandeau que l'orgueil ou la flatterie y ont noué. Elle doit rabaisser l'orgueil du puissant en même temps que raffermir le courage et l'énergie du pauvre et du faible. Et c'est là ce que chacun de nous pourrait faire si chaque matin en nous levant nous savions nous dire: « *Soyons parfaits comme notre père est parfait.* »

MATHIEU, XIX; V. 27-30 — MARC, X; V. 28-31 LUC, XVIII; V. 28-30

Réponse de Jésus à Pierre. — Les douze trônes. — Les douze tribus d'Israël. — Apostolat. — Amour épuré. — Humilité, persévérance dans la voie du progrès.

MATHIEU : V. 27. Alors Pierre, prenant la parole, lui dit : Pour nous, vous voyez que nous avons tout quitté et que nous vous avons suivi; quelle sera donc la récompense que nous en recevrons ? — 28. Et Jésus leur dit : Je vous dis en vérité que, pour vous qui m'avez suivi, lorsqu'au temps de la régénération le fils de l'homme sera assis sur le trône de sa gloire, vous aussi serez assis sur douze trônes et vous jugerez les douze tribus d'Israël ; — 29, et quiconque abandonnera, pour mon nom, sa maison, ou son frère, ou ses sœurs, ou son père, ou sa mère, ou sa femme, ou ses enfants, ou ses terres, en recevra le centuple et aura pour héritage la vie éternelle ; — 30, mais plusieurs qui avaient été les premiers seront les derniers ; et plusieurs qui avaient été les derniers seront les premiers.

Marc : V. 28. Alors Pierre, prenant la parole lui dit : Pour nous, vous voyez que nous avons tout quitté et que nous vous avons suivi. — 29. Jésus répondant, dit : Je vous dis en vérité que personne ne quittera, pour moi et pour l'évangile, sa maison, ou ses frères, ou ses sœurs, ou son père, ou sa mère, ou ses enfants, ou ses terres, — 30, que présentement, dans ce siècle même, il ne reçoive cent fois autant, de maisons, de frères, de sœurs, de mères, d'enfants et de terres, au milieu des persécutions, et dans le siècle à venir la vie éternelle ; — 31, mais plusieurs qui auront été les premiers seront les derniers, et plusieurs qui auront été les derniers seront les premiers.

Luc : V. 28. Alors Pierre lui dit : Pour nous, vous voyez que nous avons tout quitté et que nous vous avons suivi. — 29. Jésus leur dit : Je vous dis en vérité que personne ne quittera, pour le royaume de Dieu, ou sa maison, ou son père, ou sa mère, ou ses frères, ou sa femme, ou ses enfants, — 30, qu'il ne reçoive, dès ce monde, beaucoup d'avantages, — et dans le siècle à venir la vie éternelle.

141.

Les apôtres, déjà en mission alors, étaient avertis par le Christ qu'ils devaient continuer à le servir jusqu'au moment où les hommes auront compris LE BUT et LA MARCHE de l'existence et de la vie sur notre Planète. Aujourd'hui, ils continuent leur mission à l'état d'Esprits, en apprenant aux hommes actuellement incarnés toutes les lois qui constituent la doctrine spirite. Ils jugent dès à présent les *tribus d'Israël*, car ce sont eux qui président à l'avancement de la planète Terre, intermédiaires qu'ils sont entre Jésus et les GRANDS ESPRITS qui lui servent de ministres. Et les temps sont venus d'une sérieuse régénération des hommes. Toutes les vérités qu'on n'avait pas pu voir jusqu'à ce jour, cachées qu'elles étaient sous le couvert de la parabole et sous le voile *de la lettre*, sont aujourd'hui dévoilées par eux. Le temps doit venir où tous les fronts se courberont, sous l'éclat de la lumière spirite, devant Celui qui doit être l'unique pasteur du troupeau que le Seigneur lui a confié, et ce temps est celui où « *le fils de l'homme sera assis sur le trône de sa gloire* ». Mais ces paroles dites aux apôtres : « *Vous aussi serez assis sur douze trônes* », sont évidemment des expressions *allégoriques* destinées à faire comprendre à quel degré d'élévation seront arrivés les ministres de Jésus sur la Terre. Judas Iscariote lui-même, quoique ayant si gravement failli à sa mission, partagera la gloire des *douze*, car à l'aide des temps, de *l'expiation* et de la *réincarnation*, il doit un jour reprendre sa mission. Et c'est là la proclamation, faite *à l'avance*, de la fausseté du dogme humain, impie et monstrueux, de l'éternité des peines pour l'Esprit coupable.

« Mais il ne faut pas se méprendre : par ce chiffre « *des douze trônes* », nous n'avons pas entendu dire que les douze apôtres *seuls* seraient appelés à ce triomphe auprès du Maître ; les Esprits bien-heureux qui approchent Jésus sont en nombre incalculable pour vous, et tous ont leur mission et leur emploi ; tous veillent avec sollicitude à votre progrès, en facilitant l'avancement de tous les incarnés qui sont « de bonne volonté ».

MATHIEU
CHAPITRE XX. — V. 1-16

Parabole de la vigne et des ouvriers de la première et de la dernière heure.

V. 1. Le royaume des cieux est semblable à un homme, père de famille, qui sortit de grand matin afin de louer des ouvriers pour travailler à sa vigne ; — 2, et étant convenu avec les ouvriers de leur donner un denier pour leur journée, il les envoya à sa vigne. — Il sortit sur la troisième heure du jour, et en ayant vu d'autres qui se tenaient dans la place sans rien faire. — 4, Il leur dit : Allez-vous-en aussi, vous autres, à ma vigne ; et je vous donnerai ce qui sera juste ; — 5, et ils s'y en allèrent ; il sortit encore sur la sixième et la neuvième heure du jour, et il fit la même chose. — 6. Enfin, étant sorti sur la onzième heure, il en trouva d'autres qui étaient là sans rien faire, auxquels il dit : Pourquoi demeurez-vous là tout le long du jour sans travailler ? — 7. Parce que, lui dirent-ils, que personne ne nous a loués ; et il leur dit : Allez-vous-en, vous aussi, travailler à ma vigne. — 8. Et le soir étant venu, le maître de la vigne dit à celui qui avait le soin de ses affaires : appelez les ouvriers et payez-les, en commençant depuis les derniers jusqu'aux premiers ; — 9, ceux donc qui n'étaient venus à la vigne que vers la onzième heure, s'étant approchés, reçurent chacun un denier. — 10. Ceux qui avaient été loués les premiers, venant à leur tour, crurent qu'on leur donnerait davantage ; mais ils ne reçurent non plus qu'un denier chacun ; — 11, et, en le recevant, ils murmuraient contre le père de famille, — 12, en disant : Les derniers n'ont travaillé qu'une heure, et vous les rendez égaux à nous qui avons porté le poids du jour et de la chaleur ; — 13, mais lui, répondant à l'un d'eux, dit : Mon ami, je ne vous fais point de tort : n'êtes-vous pas convenu avec moi d'un denier pour votre journée ? — 14. Prenez ce qui vous appartient et vous en allez ; pour moi, je veux donner à ce dernier autant qu'à vous. — 15. Ne m'est-il pas permis de faire ce que je veux? Et votre œil est-il mauvais parce que je suis bon? — 16. Ainsi les premiers seront les derniers, et les derniers seront les premiers, parce qu'il y en a beaucoup d'appelés, mais peu d'élus.

142.

Au point de vue *de la lettre*, Jésus, par cette parabole, met en parallèle les Juifs, appelés à la connaissance de Dieu dès les premiers âges, et les Gentils qui devaient être ramenés à cette connaissance par la prédication; il fallait abaisser l'orgueil chez les premiers et laisser aux pêcheurs repentants un espoir plein d'encouragement. C'est dans ce sens et dans ce but que Jésus dit : Ainsi *les premiers seront les derniers et les derniers seront les premiers.*

Par la réincarnation, la *différence* entre les heures de travail des ouvriers et l'*égalité* dans le salaire, s'expliquent tout naturellement et ces paroles : « *Pour moi, je veux donner à ce dernier autant qu'à vous,* etc... » avaient pour but d'empêcher l'envie de se développer entre les hommes et d'encourager en même temps ceux qui, parvenus tard à la connaissance des vérités évangéliques, auraient craint de ne pas avoir droit à la récompense promise à ceux qui auraient reçu les premiers cette connaissance.

Au point de vue *de l'esprit*, Jésus se reporte à l'époque de la révélation nouvelle et sa parabole, dégagée *du voile de la lettre*, veut parler de l'œuvre des Esprits dès l'instant de leur création spirite, alors qu'étant investis du libre arbitre et qu'ayant failli, ils sont appelés à s'incarner sur la

Terre et à y progresser par réincarnations successives. *Tel* a travaillé depuis des siècles à son avancement et a subi maintes incarnations, mais avec mollesse, en se laissant aller au cours des évènements. *Tel autre*, d'une création postérieure, s'est élancé avec courage et avec joie dans la voie du progrès. Tous deux peuvent arriver au même terme en même temps. Ils *s'égaliseront* dans leurs valeurs et, *par conséquent* auront droit, un jour, au même bénéfice.

« Ouvriers laborieux qui avez commencé la tâche avec le soleil, réjouissez-vous de la bonté du Maître, car il étend sa générosité sur ceux qui n'avaient pu mieux faire, mais qui, *du moins*, avaient la bonne volonté, comme il étend cette même générosité sur vous-mêmes. N'enviez jamais, ô frères, le sort de ceux que Dieu comble de ses bienfaits, car :

VOUS NE SAVEZ PAS LES CAUSES QUI DÉTERMINENT LES EFFETS.

MATHIEU, XX. V. 17-19 — MARC, X; V. 32-34
LUC, XVIII; V. 31-34

Prédiction du sacrifice sur le Golgotha.

MATHIEU : V. 17. Et Jésus allant à Jérusalem prit à part les douze disciples et leur dit : — 18. Nous allons à Jérusalem, et le fils de l'homme sera livré aux princes des prêtres et aux Scribes qui le condamneront à la mort. — 19. Et ils le livreront aux Gentils afin qu'ils le traitent avec moquerie, et qu'ils le maltraitent et le crucifient; et il ressuscitera le troisième jour.

Marc : V. 32. Lorsqu'ils étaient en chemin, Jésus marchait devant eux et ils étaient tout étonnés et le suivaient, saisis de crainte; et Jésus, prenant à part, de nouveau, les douze disciples, commença à leur dire ce qui devait lui arriver. — 33. Nous allons, comme vous voyez, à Jérusalem, et le fils de l'homme sera livré aux princes des prêtres, aux Scribes et aux sénateurs; ils le condamneront à la mort et ils le livreront aux Gentils. — 34. Ils le traiteront avec moquerie et avec outrage; ils lui cracheront au visage; ils le fouetteront; ils le feront mourir, et il ressuscitera le troisième jour.

Luc : V. 31. Ensuite Jésus, prenant à part les douze apôtres, leur dit : Nous allons à Jérusalem, et tout ce qui a été écrit par les prophètes touchant le fils de l'homme sera accompli; — 32. car il sera livré aux Gentils, il sera fouetté et moqué et on lui crachera au visage; — 33. et après qu'ils l'auront fouetté, il le feront mourir; et il ressuscitera le troisième jour. — 34. Mais ils ne comprirent rien à tout ceci; ce discours leur était caché, ils n'entendaient pas ce qu'il leur disait.

143

Jésus répète ici la prédiction de sa mort déjà faite à ses disciples. Il n'y a point à commenter ces paroles si positives. Jésus appuyait *par la prédiction* les actes qui devaient se produire; il donnait ainsi un plus grand poids à ses paroles et montrait l'évidence de sa mission. Mais les disciples ne comprirent pas, pas plus cette fois que les précédentes, le sens exact des paroles du Maître.

MATHIEU, XX ; V. 20-2 — MARC, X ; V. 35-45

Enfants d'.... — L'humilité et le dévouement pour tous : so.... seul moyen d'élévation. — Ne JAMAIS *avoir dans le cœur l'envie. — Suivre l'exemple de Jésus et s'efforcer de marcher sur ses traces.*

MATHIEU : V. 20. Alors la mère des fils de Zébédée s'approcha de lui avec ses deux fils et l'adora, en témoignant qu'elle voulait lui demander quelque chose. — 21. Jésus lui dit : Que voulez-vous ? — Ordonnez, dit-elle, que mes deux fils que voici soient assis dans votre royaume, l'un à votre droite, l'autre à votre gauche. — Mais Jésus répondit : Vous ne savez ce que vous demandez; pouvez-vous boire le calice que je dois boire? Ils lui dirent : Nous le pouvons. — 23. Il leur répartit : Il est vrai que vous boirez le calice que je boirai; mais pour ce qui est d'être assis à ma droite ou à ma gauche, il ne dépend pas de moi de vous le donner; mais il sera donné à ceux à qui mon père l'a préparé. — 24. Les dix autres apôtres, ayant entendu ceci, en conçurent de l'indignation contre les deux frères. — 25. Mais Jésus les appelant à lui, leur dit : Vous savez que les princes des nations les dominent et que les grands exercent la puissance sur elles; — 26, il n'en sera pas ainsi parmi vous; mais que celui qui voudra être le plus grand parmi vous soit votre serviteur, — 27, et que celui qui voudra être le premier parmi vous soit votre esclave; — 28, c'est ainsi que le fils de l'homme n'est point venu pour être servi, mais pour servir et donner sa vie pour la rédemption de plusieurs.

MARC : V. 35. Alors Jacques et Jean, fils de Zébédée, vinrent à lui et lui dirent : Maître, nous voudrions que vous fissiez pour nous tout ce que nous vous demanderons. — 36. Il leur répondit : Que voulez-vous que je fasse pour vous? — 37. Accordez-nous, lui dirent-ils, que, dans votre gloire, nous soyons assis l'un à droite, l'autre à gauche. — 38. Mais Jésus leur répondit : Vous ne savez ce que vous demandez. Pouvez-vous boire le calice que je dois boire et être baptisés du baptême dont je dois être baptisé ? — 39. Ils lui dirent : Nous le pouvons ; et Jésus répartit : Vous boirez en effet le calice que je dois boire et vous serez baptisés du baptême dont je dois être baptisé ; — 40, mais pour ce qui est d'être assis à ma droite ou à ma gauche, ce n'est point à moi à vous le donner ; ce ce sera pour ceux à qui il a été préparé. — 41. Et les dix autres, ayant entendu ceci, en conçurent de l'indignation contre Jacques et Jean. — 42. C'est pourquoi Jésus les appelant à lui, leur dit : Vous savez que ceux qui ont l'autorité de commander aux peuples exercent une domination sur eux et que leurs princes les traitent avec empire ; — 43, il n'en doit pas être de même parmi vous, mais si quelqu'un veut y devenir le plus grand, il faut qu'il soit prêt à vous servir ; — 44, et quiconque voudra être le premier d'entre vous, doit être le serviteur de tous ; — 45, car le fils de l'homme n'est pas venu pour être servi, mais pour servir et donner sa vie pour la rédemption de plusieurs.

144.

Cet enseignement porta ses fruits parmi les disciples et les *premiers* chrétiens ; mais depuis, les hommes l'ont perdu de vue. Ils se sont écartés de sa pratique du jour ou ils ont fait de l'Eglise *de Christ* un royaume de ce monde pactisant avec les puissances de la Terre. Ils ont été entraînés dans toutes les erreurs et toutes les aberrations, du jour où ils ont été conduits par l'orgueil, l'ambition, l'intolérance et l'esprit de domination.

Mais les temps sont venus où les paroles du Maître doivent s'accomplir et devenir une vérité pratique, et où celui qui voudra être le plus grand parmi nous se fera le serviteur de tous.

« Si Jésus a dit : « Le fils de l'homme n'est pas venu pour être servi, mais pour servir et donner sa vie pour la rédemption de *plusieurs*, » et s'il n'a pas dit : *pour la rédemption de* tous, c'est qu'aux temps de l'épuration de votre Planète, des Esprits rebelles et obstinément coupables, auront été éloignés de votre Terre et rejetés sur les Planètes inférieures, où les appelait l'expiation de leurs crimes, et où ils auront à progresser sous un autre Christ *de Dieu* ».

LUC
CHAPITRE XIX — V. 1-10

Conversion de Zachée.

V. 1. Jésus, étant entré dans Jéricho, passait par la ville ; — 2, et il y avait un homme, nommé Zachée, chef des publicains et fort riche, — 3, qui avait envie de voir Jésus pour le connaître, et qui ne le pouvait à cause de la foule, parcequ'il était fort petit. — 4, c'est pourquoi il courut devant et monta sur un sycomore pour le voir, parce qu'il devait passer par là. — 5, Jésus, étant venu en cet endroit, leva les yeux en haut; et l'ayant vu, il lui dit : Zachée, hâtez-vous de descendre parce qu'il faut que je loge aujourd'hui dans votre maison. — 6, Zachée descendit aussitôt et le reçut avec joie. — 7, tous ceux qui le virent, disaient en murmurant : Il est allé loger chez un homme de mauvaise vie. — Cependant Zachée, se présentant devant le maître, lui dit : Maître, je m'en vais donner la moitié de mon bien aux pauvres ; et si j'ai fait tort à quelqu'un en quoi que ce soit, je lui en rendrai quatre fois autant; — 9, sur quoi, Jésus lui dit : Cette maison a reçu aujourd'hui le salut, parce que celui-ci est aussi enfant d'Abraham, — 10, car le fils de l'homme est venu pour chercher et pour sauver ce qui était perdu.

145.

« Oh ! faites comme Zachée, nos bien-aimés ; hâtez-vous de préparer la demeure pour y recevoir le Seigneur ; préparez l'épuration de votre Terre en vous épurant vous-mêmes ; écoutez et appliquez-vous les paroles de Jésus ; hâtez-vous de réparer le tort que vous avez pu faire à vos frères, soit en paroles ou soit en actions ; faites un sérieux retour sur vous-mêmes et vous pourrez, comme Zachée, entendre les paroles du Maître retentir doucement au fond de votre cœur. »

MATHIEU, XX ; V. 29-34 — MARC, X ; V. 46-52 LUC, XVIII ; V. 35-43

Aveugles de Jéricho guéris.

MATHIEU : V. 29. Lorsqu'ils sortaient de Jéricho, il fut suivit d'une grande multitude ; — 30, et deux aveugles qui étaient assis le long du chemin, ayant ouï dire que Jésus passait, commencèrent à crier, en disant : Seigneur, fils de David, ayez pitié de nous ! — 31. Et le peuple les reprenait pour les faire taire ; mais ils se mirent à crier encore plus haut, en disant : Seigneur, fils de David, ayez pitié de nous ! — 32. Alors Jésus s'arrêta, et, les ayant appelés, leur dit : Que voulez-vous que je fasse ? — 33. Ils lui dirent : Seigneur, que nos yeux soient ouverts. — 34. Jésus, étant donc ému de compassion, leur toucha les yeux, et, au même moment, ils recouvrèrent la vue et le suivirent.

MARC : V. 46. Et ils vinrent à Jéricho ; et comme il sortait de Jéricho avec ses disciples, suivi d'une grande multitude, un aveugle nommé Bartimée, fils de Timée, était assis près du chemin pour demander l'aumône. — 47. Ayant appris que c'était Jésus de Nazareth, il commença à crier : Jésus, fils de David, ayez pitié de moi ! — 48. Et plusieurs le reprenaient et lui disaient de se taire ; mais il criait encore beaucoup plus haut : Fils de David, ayez pitié de moi ! — 49. Alors Jésus, s'étant arrêté, commanda qu'on l'appelât ; et quelques-uns appelèrent l'aveugle en lui disant : Ayez bonne espérance, levez-vous ; il vous appelle. — 50. Aussitôt, il jeta son manteau, et se levant, il vint à Jésus. — 51. Et Jésus lui dit : Que voulez-vous que je fasse ? L'aveugle lui répondit : Maître, faites que je voie. — 52. Jésus lui dit : Allez, votre foi vous a sauvé ; et il vit au même instant, et il suivait Jésus dans le chemin.

Luc : V. 35. Lorsqu'il était près de Jéricho, un aveugle était assis le long du chemin et demandait l'aumône. — 36. Et entendant le bruit de la multitude qui passait, il s'enquit de ce que c'était ; — 37. on lui répondit que c'était Jésus de Nazareth qui passait par là. — En même temps, il se mit à crier, disant : Jésus, fils de David, ayez pitié de moi ! — 39. Et ceux qui précédaient Jésus le reprenaient et lui disaient de se taire ; mais il criait encore plus fort : Fils de David, ayez pitié de moi ! — 40. Alors Jésus s'arrêta et commanda qu'on le lui amenât ; et comme il se fut approché, il lui demanda : — 41. Que voulez-vous que je vous fasse ? L'aveugle répondit : Seigneur, faites que je voie ; — 42. Jésus lui dit : Voyez ; votre foi vous a sauvé. — 43. Il vit au même instant, et il le suivait en rendant gloire à Dieu ; ce que tout le peuple ayant vu, il en loua Dieu.

146

Nous avons déjà expliqué ces faits de guérison qui ne peuvent plus rien avoir d'extraordinaire pour nous.

Jésus n'avait nul besoin de toucher les yeux des aveugles pour les guérir de leur cécité. En agissant ainsi, il montrait à ses disciples ce qu'ils devaient faire eux-mêmes en pareil cas. D'un autre côté, il accomplissait tous les actes de sa vie, de manière à impressionner les masses.

MATHIEU, XXI; V. 1-17 — MARC, XI; V. 1-11 V. 15-19 — LUC, XIX; V. 28-48

Entrée de Jésus dans Jérusalem. — Vendeurs et acheteurs chassés du temple. — La maison du Seigneur est une maison de prières, ET NON, *par le trafic, une caverne de voleurs. — Prédiction de la ruine de Jérusalem.*

MATHIEU : V. 1. Lorsqu'ils approchèrent de Jérusalem, étant arrivé à Bethphagé, près de la montagne des Oliviers, Jésus envoya deux de ses disciples, — 2, et il leur dit : Allez à ce village qui est devant vous; et vous y trouverez, en arrivant, une ânesse liée et son ânon auprès d'elle; déliez-la et me l'amenez; — 3, si quelqu'un vous dit quelque chose, dites-lui que le Seigneur en a besoin et aussitôt il les laissera emmener. — 4. Or, tout ceci s'est fait afin que cette parole du prophète fût accomplie; — 5. Dites à la fille de Sion : Voici votre roi qui vient à vous, plein de douceur, monté sur une ânesse et sur l'ânon de celle qui est sous le joug. — 6. Les disciples s'en allèrent donc et firent ce que Jésus avait commandé; — 7, et ayant amené l'ânesse et l'ânon, ils les couvrirent de leurs vêtements et le firent monter dessus. — 8. Une grande multitude de peuple étendit aussi ses vêtements le long du chemin; les autres coupaient des branches d'arbres et les jetaient par où il passait. — 9. Et tous ensemble, tant ceux qui allaient devant lui que ceux qui le suivaient, criaient : Hosanna (salut et gloire), au fils de David; béni soit celui qui vient au nom du

Seigneur? Hosanna (salut et gloire à lui), — au plus haut des cieux ! — 10. Lorsqu'il fut entré dans Jérusalem, toute la ville en fut émue ; et chacun demandait : Qui est donc celui-ci ? — 11. Et ces peuples qui l'accompagnaient disaient : C'est Jésus le prophète qui est de Nazareth en Galilée. — 12. Jésus, étant entré dans le temple de Dieu, chassa tous ceux qui vendaient et qui achetaient dans le temple ; il renversa les tables des changeurs et les bancs de ceux qui vendaient des colombes ; — 13, et il leur dit : il est écrit : Ma maison sera appelée la maison de prières, et vous autres vous en avez fait une caverne de voleurs. — 14. Alors des aveugles et des boiteux vinrent à lui dans le temple, et il les guérit. — 15. Mais les princes des prêtres et les Scribes, voyant les merveilles qu'il avait faites, et [les enfants qui criaient dans le temple et qui disaient : Hosanna (salut et gloire), au fils de David ! en conçurent de l'indignation, — 16, et ils lui dirent : Entendez-vous bien ce qu'ils disent ? Oui, leur dit Jésus ; mais n'avez-vous pas lu cette parole : Vous avez tiré la louange la plus parfaite de la bouche des petits enfants et de ceux qui sont à la mamelle ? — 17. Et, les ayant laissés là, il sortit de la ville et s'en alla à Béthanie où il passa la nuit.

Marc : V. 1. Lorsqu'ils approchaient de Jérusalem, étant près de Béthanie, vers la montagne des Oliviers, il envoya deux de ses disciples, — 2, et il leur dit : Allez à ce village qui est devant vous, et, sitôt que vous y serez entrés, vous trouverez un ânon lié sur lequel nul homme n'a encore monté ; déliez-le et me l'amenez, — 3, Et si quelqu'un vous demande : Pourquoi faites-vous cela ? dites-lui : C'est que le Seigneur en a besoin, et il le laissera emmener ici aussitôt. — 4. Y étant allés, ils trouvèrent l'ânon qui était attaché dehors auprès d'une porte entre deux chemins, et ils le délièrent. — Quelques-uns de ceux qui étaient là leur dirent : Que faites vous ? Pourquoi déliez-vous cet ânon ? — 6. Ils leur répondirent comme Jésus le leur avait ordonné, et ils le leur laissèrent emmener. — 7. Ainsi ayant amené l'ânon à Jésus, ils le couvrirent de leurs vêtements, et il monta dessus. —

8. Plusieurs aussi étendirent leurs vêtements le long du chemin ; d'autres coupaient des branches d'arbres et les jetaient par où il passait ; — 9, et tant ceux qui marchaient devant que ceux qui suivaient, criaient : Hosanna ! (salut et gloire). — 10. Béni soit celui qui vient au nom du Seigneur ! Béni soit le règne de notre père David, que nous voyons arriver ! Hosanna ! (salut et gloire), au plus haut des cieux ! — 11. Jésus, étant ainsi entré dans Jérusalem, s'en alla au temple ; et, après avoir tout regardé, comme il était déjà tard, il s'en alla à Béthanie avec les douze apôtres. — 15. Étant revenu à Jérusalem, il entra dans le temple d'où il chassa ceux qui y vendaient et qui y achetaient ; et il renversa les tables des changeurs et les bancs de ceux qui vendaient des colombes ; — 16, et il ne permettait pas que personne portât aucun vase par le temple ; — 17, et il les instruisait aussi en leur disant ; N'est-il pas écrit : Ma maison sera appelée la maison de prières pour toutes les nations ? Et cependant vous en avez fait une taverne de voleurs. — 18. Ce que les princes des prêtres et les Scribes ayant entendu, ils cherchaient un moyen de le perdre ; car ils craignaient parce que le peuple était ravi d'admiration de sa doctrine. — 19. Et lorsqu'il était déjà tard, il sortit de la ville.

Luc : V. 28. Lorsqu'il eut parlé de la sorte, il marchait, avant tous les autres, pour arriver à Jérusalem. — 29. Et étant arrivé près de Bethphagé et de Béthanie, à la montagne qu'on appelle des Oliviers, il envoya deux de ses disciples, — 30, et il leur dit : Allez à ce village qui est devant vous ; vous y trouverez, en entrant, un ânon lié sur lequel nul homme n'a jamais monté ; déliez-le et me l'amenez. — 31. Que si quelqu'un vous demande pourquoi vous le déliez, vous lui répondrez *ainsi* : C'est parce que le Seigneur en a besoin. — 32. Ceux qu'il envoyait partirent donc et trouvèrent l'ânon comme il leur avait été dit. — 33. Et, comme ils le déliaient, ceux à qui il était leur dirent : Pourquoi déliez-vous cet ânon ? — 34. Ils leur répondirent : Parce que le Seigneur en a besoin. — 35. Ils l'amenèrent donc à Jésus ; et, mettant leurs vêtements sur l'ânon, ils le firent monter dessus ; —

36, et partout où il passait, ils étendaient leurs vêtements le long du chemin ; — 37, mais lorsqu'il approcha de la descente de la montagne des Oliviers, tous les disciples en foule étant transportés de joie, commencèrent à louer Dieu à haute voix pour toutes les merveilles qu'ils avaient vues, — 38, en disant : Béni soit le roi qui *vient au nom du Seigneur*. Paix soit dans le ciel et gloire au plus haut des cieux. — 39. — Alors quelques-uns des Pharisiens qui étaient parmi le peuple, lui dirent : Maître, faites taire vos disciples. — 40. Il leur répondit : Je vous déclare que si ceux-ci venaient à se taire, les pierres mêmes crieraient. — 41. Quand il fut arrivé proche de Jérusalem, regardant la ville, il pleura sur elle en disant : — 42. Ah ! si tu reconnaissais au moins, en ce jour qui t'est encore donné, ce qui te peut apporter la paix ! Mais maintenant tout cela est caché à tes yeux, — 43, car il viendra un temps malheureux pour toi, où tes ennemis t'environneront de tranchées, qu'ils t'enfermeront et te serreront de toutes parts ; — 44, qu'ils te renverseront par terre, toi et les enfants qui sont au milieu de toi, et qu'ils ne te laisseront pas pierre sur pierre, parce que tu n'as pas connu le temps où tu as été visitée. — 45. Et étant entré dans le temple, il commença à chasser ceux qui y vendaient et qui y achetaient, — 46, en leur disant : Il est écrit que ma maison est une maison de prières, et vous en avez fait une caverne de voleurs ; — 47, et il enseignait, tous les jours, dans le temple ; cependant les princes des prêtres, les Scribes et les principaux du peuple cherchaient occasion de le perdre ; — 48, mais ils ne trouvaient aucun moyen de rien faire contre lui, parce que tout le peuple était comme suspendu en admiration en l'écoutant.

147

L'enseignement général est toujours l'humilité la plus parfaite dont Jésus donne partout l'exemple. Son entrée, rendue triomphale par l'enthousiasme qu'avait causé ses vertus, n'a ni pompe, ni luxe. Il est toujours simple et modeste comme la morale qu'il prêche et dont il donne l'exemple. *Jésus chassa les marchands du temple...* O Jésus! que n'es-tu dans tous les lieux où tout est marchandises, où l'or éblouit et paie la prière et le pardon, où l'or rachète le crime et fait une vile marchandise des bénédictions du Seigneur !

« Jésus a dit : « *Ma maison est une maison de prières ; et vous en avez fait une caverne de voleurs.* » Ces paroles, dans la pensée du Maître embrassant le présent d'alors et l'avenir, veulent dire : Méfiez-vous de ceux qui vendent le pardon, qui font payer les grâces, qui exploitent l'ignorance et la crédulité ; car ceux-là volent en vendant ce qu'ils ne possèdent pas, ce dont ils n'ont pas même pour eux.

« Tous les disciples en foule criaient : « *Hosannah!* » Oh ! laissez leurs voix monter vers le Seigneur, elles étoufferont les plaintes de la Terre. Hosannah ! à celui qui apporte la paix aux humbles et aux petits et qui courbe le front des orgueilleux et des superbes ! »

Nous devons remarquer qu'en tout Jésus s'applique à montrer que les prophéties sont toujours satisfaites.

Quant à la vue à distance de Jésus et à sa prescience de ce qui allait se passer, elle était due aux mêmes causes qui lui faisaient lire dans la pensée des hommes. Il était toujours *esprit* sous cette apparence corporelle humaine qu'il avait revêtue par *un périsprit tangible.*

Les paroles de Jésus sur le sort qui attendait Jérusalem étaient prophétiques, car elles furent toutes réalisées dans l'avenir.

« *Lorsque Jésus entra dans Jérusalem, toute la ville fut émue* », et la surprise fut grande de le voir si humble au milieu de la foule qui l'entourait. La renommée avait marché devant lui, mais on s'attendait à voir un docteur traînant après lui tout le cortège de l'orgueil et de la science. On avait oublié depuis longtemps le jeune enfant instruisant les docteurs dans le temple, et les peuples qui l'accompagnaient, disaient : « *C'est Jésus,* le Prophète, *qui est de Nazareth en Galilée.*

MATHIEU, XXI ; V. 18-22 — MARC, XI ; V. 12-14
et V. 20-26

Parabole du figuier desséché.

Mathieu : V. 18. Le matin, lorsqu'il revenait à la ville, il eut faim, — 19, et voyant un figuier sur le chemin il s'en approcha, mais, n'y ayant trouvé que des feuilles, il lui dit : Qu'à jamais il ne naisse de toi aucun fruit ! Et, au même moment, le figuier sécha. — 20. Ce que les disciples ayant vu, ils furent saisis d'étonnement et se dirent l'un à l'autre : Comment ce figuier s'est-il séché en un instant ? — 21. Alors Jésus leur dit : Je vous dis en vérité que, si vous avez de la foi et que vous n'hésitiez point dans votre cœur, non seulement vous ferez ce que vous venez de voir en ce figuier, mais quand même vous diriez à cette montagne: Ote-toi de là et te jette dans la mer, cela se fera. — 22. Et quoi que ce soit que vous demandiez dans la prière avec foi, vous l'obtiendrez.

Marc : V. 12. Le lendemain, lorsqu'il sortait de Béthanie, il eut faim ; — 13, et voyant de loin un figuier qui avait des feuilles, il y alla pour voir s'il pourrait y trouver quelque chose ; et s'étant approché, il ne trouva que des feuilles, car ce n'était pas le temps des figues. — 14. Alors Jésus dit au figuier : Qu'à jamais nul ne mange plus de toi aucun fruit ; ce que ses disciples entendirent. — Le lendemain matin ils virent, en passant, le figuier qui était devenu sec jusqu'à la racine. — Et Pierre, se souvenant de la parole du Christ, lui dit : Maître, voyez comme ce figuier que vous avez maudit est devenu sec. — 22. Jésus, prenant la parole, lui dit : Ayez de la foi en Dieu. — 23. Je vous dis en vérité que quiconque dira à cette montagne : Ote-toi de là et te jette dans la mer, et cela sans hésiter dans son cœur, mais croyant fermement que tout ce qu'il aura dit arrivera, il le verra en effet arriver ; — 24. c'est pourquoi je vous le dis : Quoi que soit que vous demandiez dans la prière, croyez que vous l'obtiendrez, et il vous sera accordé ; — 25. mais lorsque vous vous présenterez pour prier, si vous avez quelque chose contre quelqu'un, pardonnez-lui afin que votre père qui est dans les cieux vous pardonne aussi vos péchés. — 26. Que, si vous ne pardonnez point, votre père qui est dans les cieux ne vous pardonnera point non plus vos péchés.

148

« Jésus voulut donner une leçon à ses disciples. Il vous est dit que ce n'était pas la saison des fruits ; or Jésus savait que l'arbre n'en portait pas, c'est pour cela qu'il voulut faire comprendre à ses apôtres et à tous ceux qui suivaient ses enseignements que : *l'arbre qui ne porte pas de fruits* est condamné, c'est-à-dire que l'homme ne doit, en aucun temps, *être stérile*, et ne doit jamais cesser de porter des fruits, en travaillant sans cesse à son progrès et à son avancement, ainsi qu'au progrès et à l'avancement de ses frères. »

Comment a-t-il été frappé soudain ? lui demandèrent ses disciples. « *La foi peut tout,* » répondit-il ; n'était-ce pas leur dire que la volonté forte était la cause du fait qui les surprenait ?

Quant au fait en lui-même il est facile à comprendre. Sur l'ordre mental de Jésus et par l'effet de sa volonté les Esprits préposés à la végétation retirèrent à l'instant même de la sève les fluides qui donnent la vie et sont nécessaires à la végétation matérielle. La destruction des fluides vitaux opéra l'effet du vent du désert qui dessèche la plante sur laquelle il souffle. Le principe spirituel contenu dans le figuier fut reporté sur un autre fruit, pour continuer *lui aussi* sa marche progressive dans la voie de transformation qui est la loi de la création.

La parabole *du figuier stérile* avait pour objet d'avertir l'homme qu'il doit utiliser l'existence terrestre pour progresser en expiant et réparant ses fautes. Celle du *figuier desséché* avertissait l'Esprit coupable, resté sourd aux inspirations de son ange gardien et des bons Esprits, qu'il ne portera plus de fruits sur cette Terre et sera rejeté sur un autre globe inférieur pour y subir la dure expiation qu'il n'a point voulu accepter sur celui-ci.

MATHIEU, XXI ; V. 23-32 — MARC, XI ; V. 27-33
LUC, XX ; V. 1-8

Réponse de Jésus aux princes des prêtres, aux Scribes et aux sénateurs du peuple. — Parabole des deux fils.

MATHIEU : V. 23. Étant arrivé dans le temple, les princes des prêtres et les sénateurs le vinrent trouver comme il enseignait, et lui dirent : Par quelle autorité faites-vous ces choses et qui vous a donné ce pouvoir? — 24. Jésus leur répondit : J'ai aussi une demande à vous faire, et, si vous m'y répondez, je vous dirai par quelle autorité je fais ces choses. — 25. D'où était le baptême de Jean, du ciel où des hommes? Mais eux raisonnaient ainsi en eux-mêmes : — 26. Si nous répondons qu'il était du ciel, il nous dira : Pourquoi donc n'y avez-vous pas cru? Et, si nous répondons qu'il était des hommes, nous avons à craindre le peuple, car Jean passait pour un prophète dans l'estime de tout le monde. — 27. Ils répondirent donc à Jésus : Nous ne savons; et il leur répondit aussi : Je ne vous dirai point non plus par quelle autorité je fais ces choses. — 28. Mais que vous semble de ce que je m'en vais vous dire : Un homme avait deux fils; et, s'adressant au premier, il lui dit : Mon fils, allez-vous-en travailler aujourd'hui à ma vigne; — 29. son fils lui répondit : Je ne veux pas y aller; mais, après, étant touché de repentir, il y alla. — 30. Il vint ensuite trouver l'autre et lui fit le même commandement; mais celui-ci répondit : J'y vais, Seigneur; et il n'y alla pas. — 31. Lequel des deux a fait la volonté de son père? Le premier, dirent-ils; et Jésus ajouta : Je vous dis *en vérité* que les publicains et les femmes prostituées vous devanceront dans le royaume de Dieu. — 32. Car Jean est venu à vous dans la voie de la justice, et vous ne l'avez point cru; les publicains, au contraire, et les femmes prostituées l'ont cru; et vous, après même avoir vu leur exemple, vous n'avez point été touchés de repentir ni portés à le croire.

Marc : V. 27. Et ils retournèrent encore à Jérusalem, et Jésus se promenant dans le temple, les princes des prêtres, les Scribes et les sénateurs le vinrent trouver, — 28. et lui dirent : par quelle autorité faites-vous ces choses? Et qui vous a donné autorité de faire ce que vous faites? — 29. Jésus leur répondit : J'ai aussi une demande à vous faire; et, après que vous m'y aurez répondu, je vous dirai par quelle autorité je fais ces choses. — 30. Le baptême de Jean était-il du ciel ou des hommes? Répondez-moi. —

31. Mais ils raisonnaient ainsi en eux-mêmes : Si nous répondons qu'il était du ciel, il nous dira : Pourquoi ne l'avez-vous pas cru ? — 32. Que, si nous disons qu'il était des hommes, nous avons à craindre le peuple, parce que tout le monde considérait Jean comme ayant été véritablement prophète. — 33. Ainsi ils répondirent à Jésus : Nous ne savons ; et Jésus leur dit : Je ne vous dirai point non plus par quelle autorité je fais ces choses.

Luc : V. 1. Un de ces jours-là, comme il était dans le temple, instruisant le peuple et lui annonçant l'Évangile, les princes des prêtres et les Scribes y vinrent avec les sénateurs, — 2, et lui parlèrent en ces termes : Dites-nous par quelle autorité vous faites ces choses ou qui est celui qui vous a donné ce pouvoir ? — 3. Jésus leur répondit : J'ai aussi une question à vous faire ; répondez-moi : — 4, le baptême de Jean était-il du ciel ou des hommes ? — 5. Mais ils raisonnaient ainsi en eux-mêmes : Si nous répondons qu'il était du ciel, il nous dira : Pourquoi donc n'y avez-vous pas cru ? — 6, et si nous répondons qu'il était des hommes, tout le peuple nous lapidera, parce qu'il est persuadé que Jean était un prophète. — 7. Ils répondirent donc qu'ils ne savaient d'où il était. — 8. Et Jésus leur répliqua : Je ne vous dirai pas non plus par quelle autorité je fais ces choses.

149.

Si Jésus avait dit alors que son pouvoir lui venait de Dieu, il aurait provoqué les prêtres, les Scribes et les Pharisiens à avancer le moment qui devait mettre fin à sa mission.

Les enfants rebelles que le repentir a touchés, ceux qui vont à la vigne du Seigneur, quoique tardivement, précéderont les orgueilleux qui ont fait les premiers pas dans la bonne voie, mais qui ont ensuite rétrogradé.

Que les princes des prêtres, les Scribes et les Pharisiens de nos jours *aient des oreilles pour entendre et qu'ils entendent.*

MATHIEU, XXI ; V. 33-41 — MARC, XII ; V. 1-9 LUC, XX ; V. 9-16.

Parabole de la vigne et des vignerons.

Mathieu : V. 33. Écoutez une autre parabole : Un homme, père de famille, planta une vigne et l'enferma d'une haie ; et, creusant dans la terre, il y fit un pressoir, et y bâtit une tour ; puis, l'ayant louée à des vignerons, il s'en alla dans un pays éloigné. — 34. Or, le temps des fruits étant proche, il envoya ses serviteurs aux vignerons pour cueillir les fruits de la vigne. — 35. Mais les vignerons, s'étant saisis de ses serviteurs, battirent l'un, tuèrent l'autre et en lapidèrent un autre. — 36. Il leur envoya encore d'autres serviteurs en plus grand nombre que les premiers, et ils les traitèrent de même. — 37. Enfin, il leur envoya son propre fils, disant en lui-même : Ils auront quelque respect pour mon fils. — 38. Mais les vignerons, voyant le fils, dirent entre eux : Voici l'héritier ; venez, tuons-le ; et nous serons maître de son héritage. — 39. Et s'étant saisis de lui, ils le jetèrent hors de la vigne et le tuèrent. — 40. Lors donc que le seigneur de la vigne sera venu, comment traitera-t-il ces vignerons ? — 41. Ils lui dirent : Il perdra ces méchants comme ils le méritent ; et louera sa vigne à d'autres vignerons qui lui en rendront les fruits en leur temps.

Marc : V. 1. Jésus commença ensuite à leur parler en paraboles : Un homme, dit-il, planta une vigne, l'entoura d'une haie, et, creusant dans la terre, il y fit un pressoir, y bâtit une tour, et, l'ayant louée à des vignerons, il s'en alla en un pays éloigné. — 2. La saison étant venue, il envoya un de ses serviteurs aux vignerons pour recevoir ce qu'ils lui devaient du fruit de la vigne. — 3. Mais l'ayant pris, ils le battirent et le renvoyèrent sans lui rien donner. — 4. Il leur envoya encore un autre serviteur et ils le blessèrent à la tête et lui firent toutes sortes d'outrages. — 5. Il leur en envoya encore un qu'ils tuèrent : et de plusieurs qu'il leur envoya ensuite, ils en battirent quelques-uns et tuèrent les autres. — 6. Enfin, ayant un fils bien-aimé, il le leur envoya encore après tous les autres, en disant : Ils auront quelque respect pour mon fils. — 7. Mais ces vignerons dirent entre eux : Voici l'héritier; allons, tuons-le, et l'héritage sera à nous. — 8. Ainsi s'étant saisis de lui, ils le tuèrent et le jetèrent hors de la vigne. — 9. Que fera donc le seigneur de la vigne? Il viendra lui-même, il exterminera ses vignerons; et il donnera sa vigne à d'autres.

Luc : V. 9. Il commença à dire au peuple cette parabole : Un homme planta une vigne, la loua à des vignerons; et, s'en étant allé en voyage, fut longtemps hors de son pays. — 10. La saison étant venue, il envoya un de ses serviteurs vers ces vignerons afin qu'il lui donnassent du fruit de sa vigne; mais, eux, l'ayant battu, le renvoyèrent sans lui rien donner. — 11. Il leur envoya ensuite un second serviteur; mais ils le battirent encore; et l'ayant traité outrageusement, le renvoyèrent sans rien lui donner. — 12. Il en envoya encore un troisième, qu'ils blessèrent et chassèrent comme les autres. — 13. Enfin, le seigneur de cette vigne dit en lui-même : Que ferai-je? Je leur enverrai mon fils bien-aimé; peut-être que le voyant, ils auront quelque respect pour lui. — 14. Mais ces vignerons, l'ayant vu, pensèrent en eux-mêmes et se dirent l'un à l'autre : Voici l'héritier; tuons-le, afin que l'héritage soit à nous; — 15, et, l'ayant chassé hors de la vigne, ils le tuèrent. Comment donc les traitera le seigneur de cette vigne? — 16. Il viendra lui-même et perdra ces vignerons; et il donnera sa vigne à d'autres. Ce que les princes des prêtres ayant entendu, ils lui dirent : A Dieu ne plaise.

150.

Cette parabole est un *emblême* du peuple d'Israël. Le peuple d'Israël est la vigne que le Seigneur a plantée, et rien n'avait été négligé pour que la vigne rapportât. La saison des fruits mûrs est l'époque où les Juifs auraient dû produire des fruits de justice bons à être cueillis pour l'éternité.

Les serviteurs du maître sont les prophètes qui vinrent leur rappeler qu'ils ne marchaient point dans la voie qui leur avait été tracée. Le fils bien-aimé du père de famille c'est Jésus. Les vignerons révoltés sont les Juifs auxquels Dieu retire sa protection, car ils ont fait mourir celui qu'ils devaient aimer et respecter.

Les *nouveaux vignerons* sont tous ceux à qui il a été donné de cultiver la vigne en travaillant, dans l'ordre matériel, intellectuel et moral, à leur progrès personnel et au progrès collectif de la Planète et en faisant produire à la vigne, par l'enseignement et la pratique de la fraternité, des fruits de justice et de charité, de science et d'amour.

Le *pressoir*, c'est la réincarnation qui est le seul moyen, pour l'Esprit qui a failli, de s'élever par la purification de son âme. La *tour*, c'est notre Planète qui, une fois épurée, doit être l'habitation définitive des vignerons qui auront eu soin de la vigne,

« Lorsque le temps sera venu où devra s'accomplir la régénération de votre Planète, les hommes seront jugés et triés, nous vous l'avons dit. Mais ne croyez pas que ce changement, qui doit faire de notre globe un séjour de paix et de bonheur, doive se faire d'un moment à l'autre ; pour le Seigneur, vous le savez, le temps n'a point de limites ; hier est pour lui comme demain ; chaque phase de votre renouvellement sera marquée par ce que vous appelez : calamités publiques, fléaux ; c'est alors que les *mauvais* vignerons seront rejetés *dehors*. Le maître de la vigne, c'est le Seigneur, c'est Dieu régnant dans le cœur des purs et qui, un jour, viendra s'établir au milieu de vous. »

MATHIEU, XXI ; V. 42-46 — MARC, XII ; V, 10-12 LUC, XX ; V. 17-19

Suite de la parabole de la vigne et des vignerons. — Jésus, principale pierre de l'angle.

MATHIEU : V. 42. Jésus leur dit : N'avez-vous jamais lu cette parole dans les Ecritures : La pierre rejetée par ceux qui bâtissaient est devenue la principale pierre de l'angle ; ceci est l'œuvre du Seigneur, merveilleuse à nos yeux ? — 43. C'est pourquoi je vous déclare que le royaume de Dieu vous sera ôté et qu'il sera donné à un peuple qui en portera les fruits. — 44. — Celui qui se laissera tomber sur cette pierre s'y brisera et elle écrasera celui sur qui elle tombera. — 45. Les princes des prêtres et les Pharisiens ayant entendu ces paroles de Jésus, connurent que c'était d'eux qu'il parlait, — 46, et voulant se saisir de lui, ils appréhendèrent le peuple, parce qu'on le regardait comme un prophète.

MARC : V. 10. N'avez-vous pas lu cette parole de l'Ecriture ? La pierre qui a été rejetée par ceux qui bâtissaient est devenue la principale pierre de l'angle ; — 11, c'est le Seigneur qui l'a fait ; et nos yeux le voient avec admiration. — 12. Et ils cherchaient le moyen de l'arrêter, car ils voyaient bien que c'était d'eux qu'il voulait parler; mais ils craignaient le peuple; c'est pourquoi, le laissant là, ils se retirèrent.

Luc : V. 17. Mais Jésus, les regardant, leur dit : Que veut donc dire cette parole de l'Ecriture : La pierre qui a été rejetée par ceux qui bâtissaient est devenue la principale pierre de l'angle? — 18. Quiconque se laissera tomber sur cette pierre, s'y brisera et elle écrasera celui sur qui elle tombera. — 19. Les princes des prêtres et les Scribes eurent envie de se saisir de lui à l'heure même, parce qu'ils avaient bien reconnu qu'il avait dit cette parabole contre eux; mais ils appréhendèrent le peuple.

151.

« Les paroles de Jésus, dites sous le couvert de la parabole, embrassaient le présent d'alors et l'avenir; elles s'appliquent aux princes des prêtres, aux Scribes et aux Pharisiens de nos jours, comme elles s'appliquaient aux princes des prêtres, aux Scribes et aux Pharisiens de l'époque. »

Les Juifs ont rejeté Jésus, l'envoyé du Seigneur, et les Juifs se sont brisés contre cette pierre qui devait résister aux siècles des siècles. Cette pierre, c'est aujourd'hui LE SPIRITISME, qui n'est pas la personnification du Christ, mais *sa pensée, la suite* et la fin de son œuvre; ne la rejetons donc pas à notre tour, afin que le même sort ne nous soit pas réservé. Jésus veille toujours sur nous et c'est lui qui nous envoie l'ESPRIT DE VÉRITÉ représenté par les Esprits du Seigneur, missionnaires errants ou incarnés, tous serviteurs du Très-Haut sous les ordres de son fils bien-aimé.

« *Le royaume de Dieu vous sera ôté, et il sera donné à un peuple qui en portera les fruits.* »

Oui, le royaume de Dieu est ôté à tous ceux de notre Humanité qui seront *orgueilleux, égoïstes, cupides, sensuels, intolérants, ambitieux, fanatiques* ou *matérialistes,* car tous ces vices sont autant d'obstacles au progrès, au développement de l'Esprit et à son perfectionnement.

LUC
CHAPITRE XIV. — V. 1-6

Hydropique guéri, un jour de sabbat, chez un des principaux Pharisiens.

V. 1. Un jour de sabbat, Jésus entra dans la maison d'un des principaux Pharisiens, pour y prendre un repas; et ceux qui étaient là l'observaient. — 2. Or, il y avait devant lui, un homme hydropique; — 3. et Jésus, s'adressant aux docteurs de la loi et aux Pharisiens, leur dit : Est-il permis de guérir les malades le jour du sabbat? — 4. Et ils demeurèrent dans le silence; mais lui, prenant cet homme par la main, le guérit et le renvoya. — 5. Il leur dit ensuite : Qui est celui d'entre vous qui, voyant son âne ou son bœuf tombé dans un puits, ne l'en retire pas aussitôt, le jour du sabbat?—6. Et ils ne pouvaient rien répondre à cela.

152.

L'hydropisie est une décomposition du sang; l'action magnétique humaine, bien dirigée, peut facilement arrêter les progrès de cette maladie ou même la faire cesser.

LUC
CHAPITRE XIV. — V. 12-15

Inviter les pauvres, les estropiés, les boiteux et les aveugles. — Désintéressement.

V. 12. Il dit aussi à celui qui l'avait invité : Lorsque vous donnerez à dîner et à souper, n'y conviez ni vos amis, ni vos frères, ni vos parents, ni vos voisins qui sont riches, de peur qu'ils ne vous invitent ensuite à leur tour, et qu'ainsi ils ne vous rendent ce qu'ils avaient reçu de vous ; — 18, mais, lorsque vous faites un festin, conviez-y les pauvres, les estropiés, les boiteux, les aveugles, — 14, et vous serez heureux de ce qu'ils n'auront pas le moyen de vous le rendre ; car Dieu vous le rendra le jour de la résurrection des justes. — 15. Un de ceux qui étaient à table, ayant entendu ces paroles, lui dit : Heureux celui qui mangera du pain dans le royaume de Dieu !

153

C'est toujours l'ennemie de l'orgueil, l'*Humilité*, que prône à chaque instant Jésus. Car l'orgueil est la cause de toutes les chutes et de toutes les déchéances.

LUC
CHAPITRE XIV. — V. 7-11

Prendre la dernière place. — Humilité.

V. 7. Alors considérant comme les conviés choisissaient les premières places, il leur proposa cette parabole et leur dit : Quand vous serez conviés à des noces, n'y prenez point la première place, de peur qu'il ne se trouve, parmi les conviés, une personne plus considérable que vous, — 9, et que celui qui aura invité l'un et l'autre, ne vienne vous dire : Donnez cette place à celui-ci, et qu'alors vous ne vous voyez réduit à vous tenir, avec honte, au dernier lieu. — 10. Mais quand vous aurez été convié, allez vous mettre à la dernière place, afin que, lorsque celui qui vous aura convié sera venu, il vous dise : Mon ami, montez plus haut ; et alors ce sera pour vous un sujet de gloire devant ceux qui seront à table avec vous ; — 11, car quiconque s'élève sera abaissé, et quiconque s'abaisse, sera élevé.

154.

C'est une leçon de désintéressement que Jésus nous donne, et qui est bien de notre époque comme elle était aussi de ces temps-là. Tous ces diners que nous nous offrons les uns aux autres, nous nous regardons tous obligés de nous les rendre, et nous sommes tellement orgueilleux que nous n'accepterions pas une invitation si nous n'étions pas certains de répondre par une invitation semblable ; et l'on cherche en ces diners à rivaliser de luxe et d'orgueil. Nos diners doivent être simples et sans faste et n'avoir pour but que de se réunir pour une œuvre utile et sérieuse, surtout, dans celui de venir en aide à ceux pour lesquels la vie est dure et difficile.

MATHIEU XXII ; V. 1-14 — LUC, XIV ; V. 16-24

Parabole du festin et des conviés qui s'excusent.

Mathieu : V. 1. Jésus, parlant encore en paraboles, leur dit : — 2. Le royaume des cieux est semblable à un roi qui, voulant faire les noces de son fils, — 3, envoya ses serviteurs pour appeler aux noces ceux qui y étaient conviés, mais ils refusèrent d'y venir ; — 4, il envoya encore d'autres serviteurs avec ordre de dire de sa part aux conviés : J'ai fait préparer mon dîner ; j'ai fait tuer mes bœufs et tout ce que j'avais fait engraisser ; tout est près ; venez aux noces. — 5. Mais, eux, ne s'en mettant pas en peine, s'en allèrent : l'un à sa maison des champs, l'autre à son négoce ; — 6, les autres se saisirent de ses serviteurs et les tuèrent après leur avoir fait plusieurs outrages. — 7. Le roi, l'ayant appris, en fut ému de colère ; et ayant envoyé ses armées, il extermina ces meurtriers et brûla leur ville. — 8. Alors il dit : Le festin des noces est tout prêt, mais ceux qui avaient été appelés n'en ont pas été dignes ; — 9, allez donc dans les carrefours et appelez aux noces tous ceux que vous trouverez. — 10. Ses serviteurs, s'en allant alors par les rues, assemblèrent tous ceux qu'ils trouvèrent, bons et mauvais, et la salle des noces fut remplie de personnes qui se mirent à table. — 11. Le roi entra ensuite pour voir ceux qui étaient à table ; et y ayant aperçu un homme qui n'était pas revêtu de la robe nuptiale, — 12, il lui dit : Mon ami, comment êtes-vous entré en ce lieu sans avoir la robe nuptiale ? Et cet homme demeura muet. — 13. Alors le roi dit à ses gens : Liez-lui les mains et les pieds et jetez-le dans les ténèbres extérieures. C'est là qu'il y aura des pleurs et des grincements de dents ; — 14, car il y en a beaucoup d'appelés et peu d'élus.

Luc : V. 16. Alors Jésus lui dit : Un homme fit, un jour, un grand souper auquel il invita plusieurs personnes ; — 17, et à l'heure du souper, il envoya son serviteur dire aux conviés de venir parce que tout était prêt : — 18, mais tous, comme de concert, commencèrent à s'excuser. Le premier lui dit : J'ai acheté une terre et il faut que je l'aille voir, je vous prie de m'excuser. — 19. Le second lui dit : J'ai acheté cinq couples de bœufs et je m'en vais les éprouver, je vous prie de m'excuser. — Et le troisième lui dit : J'ai épousé une femme et ainsi je ne puis aller. — 21. Le serviteur, étant revenu, rapporta tout ceci à son maître; alors le père de famille se mit en colère et dit à son serviteur : Allez-vous-en vitement dans les places et dans les rues de la ville, et amenez ici les pauvres, et les estropiés, les aveugles et les boiteux. — 22. Le serviteur lui dit ensuite : Seigneur, ce que vous avez demandé est fait, et il y a encore des places de reste. — 23. Et le maître dit au serviteur : Allez dans les chemins et le long des haies, et contraignez d'entrer afin que ma maison soit remplie; — 24, car je vous dis que nul de ces hommes que j'avais conviés ne goûtera à mon souper.

155.

Le roi qui convie ses voisins au mariage de son fils, le père de famille qui invite plusieurs personnes, à un grand souper, c'est le Seigneur qui appelle à lui ceux qui, élevés dans la connaissance de son nom, doivent se rendre auprès de lui pour participer aux joies de la vie éternelle. Mais, pour être admis dans la salle du festin, il faut être revêtu de la *robe nuptiale*, il faut en être digne; il faut que ceux qui entrent aient préalablement dépouillé leurs vêtements souillés, aussi y en a-t-il *beaucoup d'appelés et peu d'élus*.

Toute cette parabole est bien facile à comprendre.

MATHIEU, XXII ; V. 15-22 — MARC, XII ; V. 13-17 LUC, XX ; V. 20-26

Dieu et César.

MATHIEU : V. 15. Alors les Pharisiens s'étant retirés, firent dessein entre eux de le surprendre dans ses paroles. — 16. Ils lui envoyèrent donc leurs disciples avec des Hérodiens, lui dire : Maître, nous savons que vous êtes sincère et véritable et que vous enseignez la voie de Dieu dans la vérité, sans avoir égard à qui que ce soit, parce que vous ne considérez point la personne dans les hommes. — 17. Dites-nous donc votre avis sur ceci : Nous est-il libre de payer le tribu à César ou de ne le payer pas ? — 18. Mais Jésus, connaissant leur malice, leur dit : Hypocrites, pourquoi me tentez vous ? — 19. Montrez-moi la pièce d'argent qu'on donne pour le tribut; et eux, lui ayant présenté un denier, — 20, Jésus leur dit : De qui est cette image et cette inscription ? — 21. De César, lui dirent-ils. Alors Jésus leur répondit : Rendez donc à César ce qui est à César, et à Dieu ce qui est à Dieu. — 22. L'ayant entendu parler de la sorte, ils admirèrent sa réponse, et, le laissant, ils se retirèrent.

MARC : V. 13. Voulant ensuite le surprendre dans ses paroles, ils lui envoyèrent quelques-uns des Pharisiens et des Hérodiens, — 14, qui lui vinrent dire : Maître, nous savons que vous êtes sincère et véritable et que vous n'avez pas égard à qui que ce soit, car vous ne considérez point la qualité des personnes, mais vous enseignez la voie de Dieu dans la vérité : Est-il permis ou non de payer le tribut à César ? — 15. Mais Jésus, connaissant leur hypocrisie, leur dit : Pourquoi me tentez-vous ? Apportez-moi un denier, que je le voie. — 16. Ils lui en apportèrent un; et il leur demanda : De qui est cette image et cette inscription ? De César, lui dirent-ils. — Jésus leur répondit : Rendez donc à César ce qui est à César, et à Dieu ce qui est à Dieu ; et ils admirèrent sa réponse.

Luc : V. 20. Comme ils ne cherchaient que les occasions de le perdre, ils lui envoyèrent des personnes apostées qui contrefaisaient les gens de bien pour le surprendre dans ses paroles afin de le livrer au magistrat et au pouvoir du gouverneur. — 21. Ces gens-là vinrent lui proposer cette question : Maître, nous savons que vous ne dites et n'enseignez rien que de juste, et que vous n'avez point d'égard aux personnes, mais que vous enseignez la voie de Dieu dans la vérité : Nous est-il libre de payer le tribut à César ou de ne le payer pas? — 23. Jésus, qui voyait leur malice, leur dit : Pourquoi me tentez-vous? — 24. Montrez-moi un denier. — De qui est l'image et l'inscription qu'il porte? Ils lui répondirent : De César. — 25. Alors il leur dit : Rendez donc à César ce qui est à César, et à Dieu ce qui est à Dieu. — 26. Ils ne trouvèrent rien dans ses paroles qu'ils pussent reprendre devant le peuple, et ayant admiré sa réponse, ils se turent.

156.

Ces paroles de Jésus prouvent bien qu'il n'était pas venu prêcher le renversement de l'ordre social, mais seulement le progrès moral. Elles veulent dire que l'homme doit toujours allier ses devoirs de citoyen à ses devoirs envers son Créateur. Le respect des lois est un devoir pour l'homme et souvent une *épreuve*.

Si les lois sont mauvaises, que l'homme s'applique à les modifier et à les alléger par *sa propre conduite*. L'amour et la charité sont les mobiles de tous les progrès, de toutes les réformes. *Liberté, Fraternité, Egalité*, sont les trois mots magiques qui, acceptés et pratiqués par tous, doivent renverser tous les abus et amener la paix parmi les hommes.

Si les paroles de Jésus avaient été comprises, le pouvoir temporel des papes n'eut jamais existé ; les conflits entre les princes de l'Eglise et les princes de la terre n'auraient point eu lieu, et la discorde, la haine, et la guerre n'auraient point étendu leurs ravages sur les enfants du Seigneur.

MATHIEU, XXII; V. 23-33 — MARC, XII; V. 18-27

Saducéens. — Résurrection. — Immortalité de l'âme sa survivance au corps — et son individualité après la mort.

MATHIEU : V. 23. Ce jour-là, les Saducéens, qui nient la résurrection, le vinrent trouver et lui proposèrent une question, — 24, en lui disant : Maître, Moïse a ordonné que si quelqu'un mourait sans enfants, son frère épousât sa femme, et qu'il suscitât des enfants à son frère mort; — 25, or, il y avait sept frères parmi nous, dont le premier, ayant épousé une femme, est mort n'ayant point eu d'enfants, il a laissé sa femme à son frère. — 26. La même chose arriva au second, et au troisième et à tous les autres jusqu'au septième; — 27. Enfin, cette femme est morte aussi après eux tous; — 28, lors donc que la résurrection arrivera, duquel des sept sera-t-elle femme, puisqu'ils l'ont tous eue? — 29. Jésus leur répondit : Vous êtes tous dans l'erreur, ne comprenant pas les écritures ni la puissance de Dieu; — 30, car après la résurrection, les hommes n'auront point de femmes, ni les femmes de maris; mais ils seront comme les anges de Dieu dans le ciel; — 31, et pour ce qui est de la résurrection des morts, n'avez-vous point lu ces paroles que Dieu vous a dites : — 32. Je suis le Dieu d'Abraham, le Dieu d'Isaac, le Dieu de Jacob? Or,

Dieu n'est point le Dieu des morts, mais des vivants. — 33. Et le peuple, entendant ceci, était dans l'admiration de sa doctrine.

Marc : V. 18. Après cela, les Saducéens, qui nient la résurrection, le vinrent trouver en lui proposant cette question : — 19. Maître, Moïse nous a laissé par écrit : que, si un homme, en mourant, laisse sa femme sans enfants, son frère doit épouser sa femme pour susciter des enfants à son frère mort; — 20, or, il y avait sept frères, dont le premier ayant pris une femme, mourut sans laisser d'enfants. — 21. Le second, l'ayant épousée ensuite, mourut aussi sans enfants, et le troisième de même; — 22, et tous les sept l'ont ainsi eue pour femme sans qu'aucun ait laissé d'enfants; et enfin cette femme est morte elle-même la dernière; — 23, lors donc qu'ils ressusciteront dans la résurrection générale, duquel d'entre eux sera-t-elle la femme, puisqu'elle l'a été de tous les sept? — 24. Et Jésus leur répondit : Ne voyez-vous pas que vous êtes dans l'erreur, parce que vous ne comprenez ni les écritures, ni la puissance de Dieu ? — 25. Car, lorsque les morts seront ressuscités, les hommes n'auront point de femmes, ni les femmes de maris; mais ils seront comme les anges dans les cieux. — 26. Et quant à la résurrection des morts, n'avez-vous point lu dans le livre de Moïse ce que Dieu lui dit dans le buisson : Je suis le Dieu d'Abraham, le Dieu d'Isaac, le Dieu de Jacob ? — 27. Or, il n'est point le Dieu des morts, mais des vivants; et ainsi vous êtes dans une grande erreur.

157.

La parole de Jésus est nette et bien précise. C'est la foi dans la vie éternelle dépouillée de tout ce qui tient à la matière, et tout spirite comprendra facilement le sens de cet évangile qui n'a, pour ainsi dire, pas besoin d'explication. Jésus proclamait ainsi bien hautement devant les sceptiques Saducéens, devant ses disciples et tous les hommes, *la survivance de l'âme au corps, l'immortalité de l'Esprit et la persistance de son individualité après la mort.*

Les Saducéens étaient les matérialistes de l'époque ; ils regardaient Dieu comme l'architecte qui construit l'édifice, et l'homme comme la pierre qui tombe en poudre lorsque le temps a passé sur elle. Nous avons encore de nos jours bien des gens aussi inconséquents que l'étaient les Saducéens, et que les phénomènes spirites, placés sous leurs yeux, ne convainquent même pas, tant l'aveuglement est grand chez eux, tant est épais le voile qui dérobe la lumière à leurs yeux.

MATHIEU, XXII ; V. 34-40 — MARC, XII ; V. 28-34 — LUC, X ; V. 25-28

Amour de Dieu et du prochain.

MATHIEU : V. 34. Mais les Pharisiens, ayant appris qu'il avait imposé silence aux Saducéens, s'assemblèrent ; — 35, et l'un d'eux, qui était docteur de la loi, le tenta en lui faisant cette question : — 36. Maître, quel est le grand commandement de la loi ? — 37. Jésus lui répondit : Vous aimerez le Seigneur votre Dieu de tout votre cœur, — de toute votre âme, — et de tout votre esprit. — 38. C'est là le plus grand et le premier commandement. — 39. Et voici le second qui est semblable à celui-là : Vous aimerez votre prochain comme vous-même ; — 40, toute la loi et les prophètes sont renfermés dans ces deux commandements.

MARC : V. 28. Alors, l'un des docteurs de la loi qui avait ouï cette dispute, voyant que Jésus avait si bien répondu aux Saducéens, s'approcha de lui et lui demanda : Quel est le premier de tous les commandements ? — 29, et Jésus lui répondit : le premier de tous les commandements est celui-ci : Écoutez, Israël, le Seigneur votre Dieu est le seul Dieu ; — 30, vous aimerez le Seigneur votre Dieu de tout votre cœur, de toute votre âme, de tout votre esprit, de toutes vos forces ; c'est là le premier commandement. — 31. Et voici le second qui est semblable au premier : Vous aimerez votre prochain comme vous-même : Il n'y a aucun autre commandement plus grand que celui-ci. — 32. Le docteur de la loi lui répondit : Maître, ce que vous avez dit est très véritable, qu'il n'y a qu'un seul Dieu et qu'il n'y en a point d'autre que lui ; — 33, et que de l'aimer de tout son cœur, de tout son esprit, de toute son âme et de toutes ses forces, et son prochain comme soi-même est quelque chose de plus grand que tous les holocaustes et que tous les sacrifices. — 34. Jésus, voyant qu'il avait répondu sagement, lui dit : Vous n'êtes pas loin du royaume de Dieu ; et depuis ce temps-là, personne n'osait plus lui faire de questions.

Luc : V. 25. Alors un docteur de la loi, se levant, lui dit pour le tenter : Maître, que faut-il que je fasse pour posséder la vie éternelle ? — 26. Jésus lui répondit : Qu'y a-t-il d'écrit dans la loi ? qu'y lisez-vous ? — 27. Il lui dit : Vous aimerez le Seigneur votre Dieu de tout votre cœur, de toute votre âme, de toutes vos forces et de tout votre esprit, et votre prochain comme vous-même. — 28. Jésus lui dit : Vous avez fort bien répondu : faites cela et vous vivrez.

158.

« Aimez le Seigneur votre Dieu par dessus toutes choses ; il est la source et la vie de tout ce qui EST ; il est le père tendre et juste de tout ce qui vit ; il est le juge équitable de toutes vos actions.

« Aimez le Seigneur votre Dieu par dessus toutes choses, car, dans cet amour, vous puiserez la force d'accomplir tous vos devoirs, d'acquérir toutes les vertus. C'est l'amour de Dieu qui réchauffe les cœurs, enfante la foi et fait naître la charité.

« Aimez votre prochain comme vous-mêmes, car si vous n'avez pas cet amour immense de la fraternité, vous n'avez pas les actes qu'il enfante et vous serez des rameaux stériles ; car c'est l'amour du prochain comme de soi-même qui seul fait naître la charité.

« La charité, c'est le secours que vous devez à vos frères par l'intelligence et par le cœur, et par cette main droite qui laisse ignorer à la main gauche le bien qu'elle a fait.

« Quand vous assistez le pauvre qui manque de pain, dites-lui : « Mon frère, je suis heureux de pouvoir aujourd'hui te venir en aide ; ne m'oublie pas dans tes prières.

« Quand vous assistez le pauvre qui est dans les ténèbres de l'intelligence, ne l'humiliez pas et dites-lui : Mon frère, je sais bien peu de chose, mais je suis prêt à t'apprendre le peu que je sais et que tu ignores.

« Dites enfin à votre frère malheureux : « Je t'aime parce que tu souffres ; tes larmes me font pleurer, tes douleurs me meurtrissent. Aime-moi comme je t'aime ; fais que je trouve en toi cet écho qui vibre dans mon cœur, car c'est dans l'amour *seul* que nous trouverons le courage et la force d'aller à celui qui est tout amour ; la source est auprès de lui et en lui, mais elle coule en ruisseaux incalculables et nous inondent de sa fraîcheur ; je suis *heureux* de t'aimer, si tu m'aimes ».

Aimer Dieu par-dessus toutes choses et son prochain comme soi-même, *voilà toute la loi et les prophètes.*

LUC
CHAPITRE X. — V. 29-37

Parabole du Samaritain.

V. 29. Mais cet homme, voulant paraître qu'il était juste, dit à Jésus : Et qui est mon prochain ? — 30. Jésus, prenant la parole, lui dit : Un homme, qui descendait de Jérusalem à Jéricho, tomba entre les mains des voleurs qui le dépouillèrent, le couvrirent de plaies et s'en allèrent le laissant à demi-mort. — 31. Il arriva ensuite qu'un prêtre descendait par le même chemin, et quand il l'eût vu, il passa outre. — 32. Un lévite, qui vint aussi au même lieu, l'ayant considéré, passa outre encore. — 33. Mais un Samaritain, passant son chemin, vint à l'endroit où était cet homme, et, l'ayant vu, il en fut touché de compassion ; — 34, il s'approcha donc de lui, il versa de l'huile et du vin sur ses plaies et les banda ; et l'ayant mis sur son cheval, il l'emmena dans une hôtellerie et eut soin de lui. — 35. Le lendemain, il tira deux deniers qu'il donna à l'hôte et lui dit : Ayez bien soin de cet homme, et tout ce que vous dépenserez de plus, je vous le rendrai à mon retour. — 36. Lequel des trois vous semble-t-il avoir été le prochain de celui qui tomba entre les mains des voleurs ? — 37. Le docteur de la loi lui répondit : Celui qui a exercé la miséricorde envers lui. Allez donc, lui dit Jésus, et faites de même.

159.

Le Samaritain ici c'est *l'hérétique, l'infidèle, le rejeté, le réprouvé.* En faisant pratiquer la charité par lui et faillir par la sécheresse du cœur le *prêtre,* le *lévite* et *l'orthodoxe,* Jésus a eu un double but: D'ABORD, il voulut montrer aux hommes que, quels qu'ils soient ils sont tous frères; que l'orgueil est la source de nos chutes en nous aveuglant sur nos devoirs à remplir envers Dieu qui ne connaît *ni* hérétiques, *ni* orthodoxes; que la seule voie de salut est la charité; que la foi sans les œuvres n'est RIEN et qu'on ne doit pas la mettre dans des dogmes humains qui sont le fruit des orgueilleuses et fausses interprétations des hommes. ENSUITE, il voulut condamner à l'avance cette doctrine mensongère de l'Eglise romaine: *Hors de l'Eglise point de salut* et la remplacer par la véritable qui est celle-ci: HORS LA CHARITÉ POINT DE SALUT.

LUC
CHAPITRE X. — V. 38-43

Jésus chez Marthe. — Ne pas se préoccuper PLUS QU'IL *ne faut des besoins du corps. — Allier les soins que réclament l'esprit et le corps. — La nourriture spirituelle ne périt jamais.*

V. 38. Jésus, étant en chemin avec ses disciples, entra dans un bourg; et une femme nommée Marthe le reçut dans sa maison. — 39. Elle avait une sœur nommée Marie qui, se tenant assise aux pieds du Seigneur, écoutait sa parole; — 40, mais Marthe était fort occupée à préparer tout ce qu'il fallait; et s'arrêtant devant Jésus, elle lui dit : Seigneur, ne considérez-vous point que ma sœur me laisse servir toute seule? Dites-lui donc qu'elle m'aide. — 41. Mais le Seigneur lui répondit : Marthe, Marthe, vous vous empressez et vous vous troublez dans le soin de beaucoup de choses; — 42, cependant, une seule chose est nécessaire; — 43, Marie a choisi la meilleure part qui ne lui sera point ôtée.

160.

Il ne faudrait pas croire que ces paroles de Jésus à Marthe aient pour but, comme on l'a cru, d'autoriser la vie religieuse exclusive de tous soins matériels. Jésus voulait simplement dire que le *nécessaire* SEUL suffit. Marthe cherchait à faire du luxe dans sa modeste condition et c'est ce qu'on ne doit jamais faire.

« *Marie*, dit Jésus, *a choisi la meilleure part....* » C'est que la nourriture spirituelle est une graine qui ne périt jamais et dont les racines croissent et s'étendent toujours.

MATHIEU, XXII; V. 41-46 — MARC, XII; V. 35-37 — LUC, XX; V. 41-44
—

Le Christ. — *Seigneur de David.*

MATHIEU : V. 41. Or, les Pharisiens étant assemblés, Jésus leur fit cette demande, — 42, et leur dit : Que vous semble du Christ? De qui est-il fils? Ils lui répondirent : De David. — 43. Et comment donc, leur dit-il, David l'appelle-t-il, en esprit, son seigneur, par ces paroles : — 44. Le Seigneur a dit à mon Seigneur : Asseyez-vous à ma droite jusqu'à ce que je réduise vos ennemis à vous servir de marche-pied ? — 45. Si donc David l'appelle son Seigneur, comment est-il son fils ? — 46. Personne ne put rien lui répondre : et depuis ce jour-là, personne n'osa plus lui faire de question.

MARC : V. 35. Jésus, enseignant dans le temple, leur dit : Comment les Scribes disent-ils que le Christ est fils de David ? — 36. Puisque David lui-même a dit PAR le Saint-Esprit : Le Seigneur a dit à mon Seigneur : Asseyez-vous à ma droite jusqu'à ce que j'aie réduit vos ennemis à vous servir de marchepied ? — Puis donc que David lui-même l'appelle son Seigneur, comment est-il son fils ? Une grande partie du peuple prenait plaisir à l'écouter.

LUC : V. 41. Jésus leur dit : Comment dit-on que le Christ est fils de David, — 42. puisque David dit lui-même dans le livre des Psaumes : Le Seigneur a dit à mon Seigneur : Asseyez-vous à ma droite, — 43. jusqu'à ce que j'aie réduit vos ennemis à vous servir de marchepied ? — 44. David, l'appelant lui-même son Seigneur, comment peut-il être son fils ?

161.

Cette observation de Jésus avait pour but de faire comprendre aux hommes que les liens de chair ne l'unissaient point à David ni à sa descendance et qu'il était par conséquent EN DEHORS de notre Humanité. Elle montrait aussi toute la distance qui séparait l'esprit de David de celui du Christ de Dieu. Mais *la Révélation nouvelle* SEULE, pouvait faire comprendre le sens réel de ces paroles de Jésus.

EN PAROLES ALLÉGORIQUES Jésus fait aussi allusion à la mission qu'il a dans l'Univers : il se tient A LA

DROITE du Père quant à notre Planète dont le gouvernement et la direction lui ont été confiés.

MATHIEU, XXIII ; V. 1-7 — MARC, XII ; V. 38-40
LUC, XX ; V. 45-47

Orgueil et hypocrisie des Scribes et des Pharisiens. — Les écouter et ne pas les imiter.

MATHIEU : V. 1. Alors Jésus parla à la multitude et à ses disciples, — 2, en leur disant : Les Scribes et les Pharisiens sont assis sur la chaire de Moïse : — 3. Retenez donc ce qu'ils vous diront et faites-le ; mais ne faites pas ce qu'ils font, car ce qu'ils disent ils ne le font pas. — 4. Ils lient des fardeaux pesants et qu'on ne saurait porter, et les mettent sur les épaules des hommes, mais ils ne veulent pas les toucher du bout du doigt ; — 5, ils font toutes leurs actions pour être vus des hommes, portent de plus larges phylactères et des franges plus longues. — 6. Ils aiment les premières places dans les festins et les premiers siéges dans les synagogues. — 7. Ils aiment à être salués dans les places publiques et à être appelés Maîtres par les hommes.

MARC : V. 38. Et il leur disait, en sa manière d'instruire : Gardez-vous des Scribes qui aiment à se promener avec de longues robes et à être salués dans les places publiques ; — 39, à être assis aux premières chaires dans les synagogues et à avoir les premières places dans les festins ; — 40, qui dévorent les maisons des veuves, sous prétexte qu'ils font de longues prières ; ces personnes en recevront une condamnation plus rigoureuse.

LUC : V. 45. Il dit ensuite à ses disciples en présence de tout ce peuple qui l'écoutait : — 46. Gardez-vous des Scribes qui se plaisent à se promener avec de longues robes et à être salués dans les places publiques, — qui aiment les premières chaires dans les synagogues et les premières places dans les festins; — 47, qui, sous prétexte de leurs longues prières, dévorent les maisons des veuves; ces personnes en recevront une condamnation plus rigoureuse.

162.

De tous temps il y eut des docteurs prêchant et prônant la morale et ne la pratiquant pas. Celui-là seul entraînera les masses qui mettra toujours ses actions en rapport avec ses paroles, car rien n'est *éloquent* comme l'exemple. Mais celui qui parle et ne pratique pas, ne doit pas cependant se laisser décourager, car la vertu est difficile à acquérir et en cherchant à rendre les autres meilleurs on le devient soi-même.

« N'imitez pas les Scribes et les Pharisiens orgueilleux ; rendez le poids léger à vos frères en leur montrant par vous-mêmes comment on peut le porter légèrement. »

MATHIEU
CHAPITRE XXIII. — V. 8-12

Nul homme ne doit désirer ou accepter le titre ou l'appellation de MAITRE. *— Dieu* SEUL *père. — Le Christ* SEUL *docteur,* SEUL *maître. — Les hommes* TOUS *frères.*

V. 8. Mais vous, ne veuillez pas être appelés *maîtres,* car vous n'avez qu'un SEUL maître et vous êtes tous frères. — 9. N'appelez personne sur la terre *votre père,* parce que vous n'avez qu'un SEUL père qui est dans les cieux. — 10. Ne vous appelez point *docteurs,* parce que vous n'avez qu'un SEUL docteur et qu'un SEUL maître qui est le Christ. — 11. Celui qui est le plus grand parmi vous sera votre serviteur; — 12, car quiconque s'élèvera sera abaissé, et quiconque s'abaissera sera élevé.

163.

Humilité et fraternité, tel est encore ici l'enseignement.

Le titre de *Maître* n'appartient qu'au Christ, et quiconque l'accepte ici-bas l'usurpe à celui-là seul auquel il appartient. Il ne faut point oublier que : « *celui qui est le plus grand parmi vous sera votre serviteur.* »

MATHIEU
CHAPITRE XXIII. — V. 13-22

Scribes et Pharisiens hypocrites.

V. 13. Mais malheur à vous, Scribes et Pharisiens hypocrites, parce que vous fermez aux hommes le royaume des cieux; car vous n'y entrez point vous-mêmes et vous n'en permettez pas l'entrée à ceux qui désirent d'y entrer. — 14. Malheur à vous, Scribes et Pharisiens hypocrites, parce que, sous prétexte de vos longues prières, vous dévorez les maisons des veuves; c'est pour cela que vous subirez un jugement plus rigoureux. — 15. Malheur à vous, Scribes et Pharisiens hypocrites, parce que vous parcourez la mer et la terre pour faire un prosélyte, et après qu'il l'est devenu, vous le rendez digne de la géhenne deux fois plus que vous. — 16. Malheur à vous, conducteurs aveugles qui dites : Si un homme jure par le temple, cela n'est rien; mais s'il jure par l'or du temple, il est obligé à son serment. — 17. Insensés et aveugles que vous êtes, — lequel doit-on plus estimer *ou* l'or *ou* le temple qui sanctifie l'or? — 18. Et si un homme, dites-vous, jure par l'autel, cela n'est rien: mais quiconque jure par le don qui est sur l'autel est obligé à son serment. — 19. Aveugles que vous êtes, lequel doit-on plus estimer *ou* le don *ou* l'autel qui sanctifie le don? — 20. Celui donc qui jure par l'autel, jure par l'autel et par tout ce qui est dessus; — 21, et quiconque jure par le temple, jure par le temple et par celui qui y habite; — 22, et celui qui jure par le ciel, jure par le trône de Dieu et par celui qui y est assis.

164.

Malheur à tous ceux qui, s'écartant de la voie tracée par le *Maître*, en détournent ceux qui s'efforcent de la suivre pour les entraîner dans les erreurs qu'ils propagent eux-mêmes. Malheur aux fourbes et aux hypocrites qui font de la prière une marchandise et vendent les grâces du Seigneur. Malheur à tous ces aveugles, conducteurs d'aveugles, qui arrêtent la lumière et nous laissent entourés de ténèbres. Malheur à tous ceux-là car ils sont non seulement responsables de leurs fautes mais encore de celles des autres.

MATHIEU, XXIII ; V. 23-39 — LUC, XI ; V. 37-54 ET XIII ; V. 31-35

Docteurs hypocrites qui ont le cœur vicié et trompent les hommes par leurs actes extérieurs qui les détournent de la lumière et de la vérité.

MATHIEU : V. 23. Malheur à vous, Scribes et Pharisiens hypocrites, parce que vous payez la dîme de la menthe, de l'aneth et du cumin et que vous ne tenez aucun compte de ce qu'il y a de plus important dans la loi : la justice, la miséricorde et la foi ; cela il fallait le faire et ne pas omettre ceci ; — 24, conducteurs aveugles qui avez grand soin de passer tout ce que vous buvez, de peur d'avaler un moucheron et qui avalez un chameau ! — 25. Malheur à vous, Scribes et Pharisiens hypocrites, parce que vous nettoyez le dehors de la coupe et du plat et que vous êtes au dedans pleins de rapine et d'impureté ! — 26. Pharisiens aveugles, nettoyez premièrement le dedans de la coupe et du plat, afin que le dehors soit net aussi. — 27. Malheur à vous, Scribes et Pharisiens hypocrites, parce que vous êtes semblables à des sépulcres blanchis qui, au dehors, paraissent beaux aux yeux des hommes, mais au dedans sont pleins d'ossements de morts et de pourriture ! — 28. Ainsi, au dehors vous paraissez justes aux yeux des hommes, mais, au dedans, vous êtes pleins d'hypocrisie et d'iniquité ! — 29. Malheur à vous, Scribes et Pharisiens hypocrites, qui bâtissez des tombeaux aux prophètes et ornez les monuments des justes, — 30, et qui dites : Si nous eussions été du temps de nos pères, nous n'eussions pas été leurs compagnons à répandre le sang des prophètes ; — 31, ainsi vous vous rendez témoignage à vous-mêmes que vous êtes les enfants de ceux qui ont tué les prophètes ; — 32, achevez donc aussi de combler la mesure de vos pères. — 33. Serpents, race de vipères, comment pourrez-vous éviter d'être condamnés au jugement de la géhenne ? — 34. C'est pourquoi je m'en vais vous envoyer des prophètes, des sages et des Scribes; et vous tuerez les uns et vous crucifierez les autres ; vous en fouetterez d'autres dans les synagogues et vous les persécuterez de ville en ville, —35, afin que tout le sang innocent qui a été répandu sur la terre retombe sur vous depuis le sang d'Abel le juste jusqu'au sang de Zacharie, fils de Barachie, que vous avez tué entre le temple et l'autel. — 36. Je vous dis en vérité que tout cela viendra fondre sur cette race qui est aujourd'hui. — 37. Jérusalem, Jérusalem, qui tues les prophètes et qui lapides ceux qui sont envoyés vers toi, combien de fois ai-je voulu rassembler tes enfants comme une poule rassemble ses petits sous ses ailes et tu ne l'as pas voulu! — 38. — Voilà que votre maison sera laissée déserte ; — 39, car je vous dis que vous ne me verrez plus désormais jusqu'à ce que vous disiez : Béni soit celui qui vient au nom du Seigneur!

Luc : XI; V. 37. Pendant que Jésus parlait, un Pharisien le pria de dîner chez lui; et lui, étant entré et s'étant mis à table, — 38, le Pharisien commença à dire en lui même : Pourquoi ne s'est-il point lavé avant le dîner? — 39. Mais le Seigneur lui dit : Vous autres, Pharisiens, vous avez grand soin de nettoyer le dehors de la coupe et du plat, mais le dedans de vos cœurs est plein de rapine et d'iniquité. — 40. Insensés que vous êtes, celui qui a fait le dehors n'a-t-il pas fait le dedans? — 41. Néanmoins, donnez l'aumône de ce que vous avez, et toutes choses vous seront pures. —42. Mais malheur à vous Pharisiens qui payez la dîme de la menthe, de la rue et de toutes les herbes, et qui négligez la justice et l'amour de Dieu; c'est là néanmoins ce qu'il fallait pratiquer sans omettre ces choses. — 43. Malheur à vous, Pharisiens, qui aimez à avoir les premières places dans les synagogues et qu'on vous salue dans les places publiques. — 44. Malheur à vous qui ressemblez à des sépulcres qui ne paraissent pas et que les hommes qui marchent dessus ne connaissent pas! — 45. Alors un des docteurs de la loi, prenant la parole, lui dit : Maître, en parlant ainsi, vous nous déshonorez ainsi nous-mêmes. — 46. Mais Jésus lui dit : Malheur aussi à vous autres, docteurs de la loi, qui chargez les hommes de fardeaux qu'ils ne sauraient porter et qui n'y touchez pas même du bout du doigt. — 47. Malheur à vous qui bâtissez des tombeaux aux prophètes, et ce sont vos pères qui les ont tués. — 48. Certes, vous témoignez assez que vous consentez à ce qu'ont fait vos pères, car ils ont tué les prophètes et vous leur bâtissez des tombeaux. — 49. C'est pourquoi la sagesse de Dieu a dit : Je leur enverrai des prophètes et des apôtres et ils feront mourir les uns et persécuteront les autres. — 50, afin qu'on demande à cette nation le sang de tous les prophètes qui a été répandu depuis le commencement du monde, — 51, depuis le sang d'Abel jusqu'au sang de Zacharie qui a été tué entre l'autel et le temple ; oui, je vous dis qu'on en demandera compte à cette nation. — 52. Malheur à vous, docteurs de la loi, qui vous êtes saisis de la clef de la science, et qui n'y étant pas entrés vous-mêmes, l'avez encore fermée à ceux qui voulaient y entrer. — 53. Comme il leur parlait de la sorte, les Pharisiens et les docteurs de la loi commencèrent à le presser avec de grandes instances et à l'accabler par la multitude des choses sur lesquelles ils l'obligeaient de répondre ; — 54, lui tendant des pièges et tâchant de tirer quelque chose de sa bouche qui leur donnât lieu de l'accuser.

Luc : XIII ; V. 31. Le même jour, quelques-uns des Pharisiens lui vinrent dire : Allez-vous-en ; sortez de ce lieu ; car Hérode a résolu de vous faire mourir. — 32. Il leur répondit : Allez dire à ce renard que j'ai encore à chasser les démons et à rendre la santé aux malades, aujourd'hui et demain, et que le troisième jour je serai consommé. — 33. Cependant il faut que je continue à marcher aujourd'hui et demain et le jour d'après : car il ne faut pas qu'un prophète souffre la mort ailleurs que dans Jérusalem. — 34. Jérusalem, Jérusalem qui tues les prophètes et ceux qui sont envoyés vers toi, combien de fois ai-je voulu rassembler tes enfants comme une poule rassemble ses petits sous ses ailes, et tu ne l'as pas voulu ! — 35. Le temps s'approche que vos maisons demeureront désertes ; et je vous dis en vérité que vous ne me reverrez plus désormais, jusqu'à ce que vous disiez : Béni soit celui qui vient au nom du Seigneur !

165.

« Comprenez bien la valeur de ces paroles de Jésus, ô vous qui vendez les prières, vous qui les achetez, et vous qui faites aux églises et aux couvents des donations en pensant ainsi racheter vos fautes et *payer* à Dieu sa justice. Oh ! comprenez bien ces paroles, car vous êtes comme les Scribes et les Pharisiens hypocrites, vous renfermant dans des actes *extérieurs*, vous prosternant devant les autels et conservant dans vos cœurs toute leur amertume, tout leur orgueil et toute leur envie. Ne vous courbez point ainsi dans vos temples, mais baissez vous vers le malheureux qui souffre ; ne vous agenouillez point ainsi sur les parvis de vos temples mais élevez vos cœurs avec amour et foi vers votre Créateur. Car, malheur à ceux qui, se faisant une enveloppe de bonnes œuvres *mensongères* qui n'ont *d'autre but* que d'en imposer aux hommes, cachent ainsi les iniquités de leur conscience.

« Malheur, oh ! malheur aux hypocrites, aux faussaires et aux fourbes qui enseignent comme vérité ce qu'ils savent bien n'être qu'erreur et mensonge ; car Dieu leur demandera un compte sévère de leurs actes depuis le commencement des siècles et depuis le commencement de leurs iniquités. »

« *Afin que tout le sang innocent qui a été répandu sur la terre retombe sur vous*, etc... Ces paroles de Jésus ne peuvent se comprendre que par LA RÉINCARNATION qui est *la seule clé* de tous les mystères. Dieu est trop juste évidemment pour punir les descendants des fautes des descendants *s'ils n'y ont pas participé;* mais, ceux-là qui autrefois avaient tué les prophètes étaient encore devant Jésus prêts à verser son sang. C'est pourquoi ils devaient rendre compte de tout le sang versé par eux et de tout celui qu'ils devaient verser encore. C'étaient les mêmes mauvais Esprits réincarnés.

MARC, XII; V. 41-44 — LUC, XXI; V. 1-4

Le denier de la veuve.

MARC : V. 41. Un jour, Jésus étant assis vis-à-vis du tronc du temple, considérait comment le peuple y jetait de l'argent; et comme plusieurs gens riches y en mettaient beaucoup, — 49, il vint aussi une pauvre veuve qui mit seulement deux petites pièces de la valeur d'un liard. — 43. Alors Jésus, ayant appelé à lui ses disciples, leur dit : Je vous dis *en vérité* que cette pauvre veuve a donné plus que tous ceux qui ont mis dans le tronc; car tous les autres ont donné de leur superflu; mais celle-ci a donné de son indigence même tout ce qui lui restait pour vivre.

LUC : V. 1. Jésus regardait un jour les riches qui mettaient leurs aumônes dans le tronc du temple; — 2, il vit aussi une pauvre veuve qui y mit aussi deux petites pièces de monnaie; — 3, sur quoi, il dit : Je vous dis en vérité que cette pauvre veuve a donné plus que tous les autres; car tous ceux-là ont fait à Dieu des offrandes de leur superflu; mais celle-ci a donné de son indigence même tout ce qui lui restait pour vivre.

166.

Cela est bien évident que celui qui se prive de son nécessaire pour donner à celui qui en manque, donne plus que le riche donnant de son superflu *sans se priver de rien*. L'obole du pauvre pèse plus dans la balance de Dieu que l'or du riche.

MATHIEU, XXIV : V, 1-14 — MARC, XIII ; V. 1-31 LUC, XXI ; V. 5-19

Réponse de Jésus à la question de ses disciples sur l'époque de son avènement et de la fin du monde, et sur les signes qui en seraient les précurseurs. — Ruine du temple. — Guerres. — Séditions. — Pestes. — Famines. — Faux prophètes. — Charité refroidie. — Persécutions. — Assistance du Saint-Esprit. — Langue et sagesse données par Dieu. — Patience. — Persévérance.

MATHIEU : V. 1. Lorsque Jésus sortait du temple et qu'il s'en allait, ses disciples s'approchèrent de lui pour lui faire considérer les bâtiments du temple. — 2. Et Jésus leur dit : Voyez-vous tous ces bâtiments ? Je vous le dis en vérité, ils seront tellement détruits qu'il n'y demeurera pas pierre sur pierre ; — 3, et s'étant assis sur la montagne des Oliviers, ses disciples vinrent à lui en particulier et lui dirent : Dites-nous quand ces choses arriveront et quel signe il y aura de votre avènement et de la fin du monde ? 4. Et Jésus leur répondit : Prenez garde que personne ne vous séduise ; — 5, car plusieurs viendront en mon nom, disant : Je suis le Christ, et ils en séduiront plusieurs ; — 6, et vous entendrez parler de guerres et de bruits de guerre : mais gardez-vous bien de vous troubler, car il faut que ces choses-là arrivent ; mais ce ne sera pas encore la fin. — 7. Car on verra se soulever peuple contre peuple, royaume contre royaume ; il y aura des pestes, des famines, des tremblements de terre, en divers lieux. — 8. Et toutes ces choses ne seront que le commencement des douleurs ; — 9. alors ils vous livreront pour être tourmentés; et ils vous feront mourir; et vous serez haïs de toutes les nations à cause de mon nom. — 10. En même temps plusieurs trouveront des occasions de scandale et de chute, se trahiront et se haïront les uns les autres ; — 11, il s'élèvera un grand nombre de faux prophètes qui séduiront beaucoup de personnes ; — 12, et parce que l'iniquité sera accrue, la charité de plusieurs se refroidira. — 13. Mais celui-là sera sauvé, qui persévérera jusqu'à la fin. — 14. Et cet évangile du royaume sera prêché par toute la terre pour servir de témoignage à toutes les nations ; c'est alors que la fin arrivera.

Marc : V, 1. Lorsque Jésus sortait du temple, un de ses disciples lui dit : Maître, regardez quelles pierres et quels bâtiments ! — 2. Et Jésus lui répondit : Voyez-vous tous ces grands bâtiments ? Ils seront tellement détruits qu'il n'y restera pas pierre sur pierre. — 3. Et comme il était assis sur la montagne des Oliviers, vis-à-vis du temple, Pierre, Jacques, Jean et André lui demandèrent en particulier : — 4. Dites-nous quand ces choses arriveront et quel signe il y aura que les choses seront prêtes à être accomplies. — 5. Et Jésus leur répondit : Prenez garde que personne ne vous séduise; — 6, car plusieurs viendront, en mon nom, disant : C'est moi qui suis le Christ ; et ils en séduiront plusieurs. — 7. Lorsque vous entendrez parler de guerre et de bruits de guerre, ne vous troublez point, car il faut que ces choses arrivent ; mais ce ne sera pas encore la fin ; — 8, on verra se soulever peuple contre peuple, et royaume contre royaume, il y aura des tremblements de terre en divers lieux et des famines; et ce ne sera là que le commencement des douleurs. — Pour vous autres, prenez garde à vous, car on vous fera comparaître dans les assemblées des juges; on vous fera fouetter dans les synagogues ; et vous serez présentés à cause de moi, aux gouverneurs et aux rois pour me rendre témoignage devant eux. — 10. Il faut auparavant que l'évangile soit prêché à toutes les nations. — 11. Lors donc qu'on vous mènera pour vous livrer entre leurs mains, ne préméditez point ce que vous devez leur dire; mais dites ce qui vous sera inspiré à l'heure même; car ce ne sera pas vous qui parlerez, mais le Saint-Esprit. — 12. Or, le frère livrera le frère à la mort et le père le fils, et les enfants s'élèveront contre leurs pères et leurs mères et les feront mourir ; — 13, et vous serez haïs de tout le monde à cause de mon nom; mais celui qui persévérera jusqu'à la fin sera sauvé.

Luc : V. 5. Quelques-uns lui disant que le temple était bâti de belles pierres et orné de riches dons, il leur répondit : — 6. Il viendra un temps où tout ce que vous voyez ici sera tellement détruit qu'il n'y demeurera pas pierre sur pierre; — 7, alors ils lui demandèrent : Maître, quand est-ce donc que ces choses arriveront, et par quel signe connaîtra-t-on qu'elles sont sur le point d'arriver ? — 8. Jésus leur dit : Prenez garde à ne pas vous laisser séduire ; car plusieurs viendront en mon nom, disant : Je suis le Christ; et ce temps approche; gardez-vous donc de les suivre; — 9, et lorsque vous entendrez parler de guerres et de séditions, ne vous épouvantez pas; car il faut que ces choses arrivent auparavant; mais la fin ne viendra pas sitôt ; — 10, alors, ajouta-t-il, on verra se soulever peuple contre peuple, royaume contre royaume; — 11, il y aura en divers lieux, de grands tremblements de terre, des pestes et des famines; et il paraîtra des choses épouvantables et de grands signes dans le ciel. — 12. Mais avant toutes ces choses, ils se saisiront de vous et vous persécuteront, vous entraînant dans les synagogues et dans les prisons : et ils vous emmèneront par force devant les rois et les gouverneurs à cause de mon nom. — 13. Et cela vous servira pour rendre témoignage à la vérité. — 14. Gardez donc cette pensée dans vos cœurs, de ne point préméditer comment vous répondrez ; — 15, car je vous donnerai une bouche et une sagesse à laquelle tous vos ennemis ne pourront contredire ; — 16, vous serez trahis et livrés aux magistrats par vos pères et vos mères, par vos frères, par vos parents, par vos amis, et on fera mourir plusieurs d'entre vous; — 17, et vous serez haïs de tout le monde à cause de mon nom. — 18. Mais il ne se perdra pas un cheveu de votre tête; — 19, c'est par votre patience que vous posséderez vos âmes,

167.

Jésus avait pour but, par ses paroles, de tenir les peuples toujours en éveil, en leur faisant pressentir les évènements qui devaient s'accomplir suivant la marche régulière et normale des siècles, et de mettre sur leurs gardes les nations qui devaient se succéder. Elles étaient ALLÉGORIQUES en ce que, *selon la lettre*, elles montraient ces événements comme un acheminement vers la fin de la Planète, et selon *l'esprit et la vérité* en ce qu'elles faisaient allusion aux phases de progrès de son Humanité et à l'avènement de Jésus, dans tout son éclat Spirite, sur la Terre épurée.

Les Révélations sont toujours en rapport avec les besoins du moment et préparent les temps à venir.

« Il y aura des Christs, et il y en a déjà eu. Par Christs, selon le sens ici *allégoriquement* employé, vous devez entendre ses Esprits envoyés en mission et relativement supérieurs par rapport à votre Planète. *Il y en a déjà eu*, car tous ceux qui, dès l'antiquité la plus reculée où vos regards puissent pénétrer, ont fait faire un progrès à l'Humanité et se sont élevés par leurs vertus, leur science et leur génie, au-dessus des masses qu'ils dominaient, étaient des Esprits *relativement supérieurs* en mission. *Il y aura des Christs*, et ceux-là qui viendront auront un grand pouvoir, mais ils ne se donneront pas pour le MESSIE CHRIST DE DIEU. *Il y aura de faux Christs;* ceux-là, ce sont tous ceux qui, SE DISANT munis des pleins pouvoirs du Seigneur ont détourné, détournent encore aujourd'hui et détourneront encore plus tard les serviteurs de Dieu de leur véritable voie. Méfiez-vous de ces Christs hypocrites, de ces faux prophètes qui imposent des lois mensongères, détournent du culte *spirituel* et rejettent *l'esprit qui vérifie* pour maintenir à leur profit le règne de *la lettre qui tue*.

« *Il paraîtra de grands signes dans le Ciel* ». Rien n'est impossible à Dieu, et quant à la puissance des Esprits, messagers de Dieu, elle est énorme.

Jésus avait prédit la ruine de Jérusalem. Ainsi que l'histoire vous l'a transmis, une comète, qui parut avoir la figure d'une épée fut vue sur Jérusalem pendant une année entière, et avant le lever du soleil, on aperçut en l'air, dans toute la contrée, des chariots, pleins de gens armés traverser les nues. (Voir l'historien Hébreux Josèphe: *De Bello Judeorum*, lib. 6 v. 3).

Les comètes sont fréquentes; quant aux chariots pleins de gens armés, il dut y avoir manifestations spirites et effet de Médiumnité. Ces manifestations eurent pour but de frapper les Esprits incarnés en forçant leur attention.

Si nous croyons aux prophéties faites par les prophètes Hébreux, à plus forte raison devons-nous croire à celles faites par Jésus-Christ lui-même.

MATHIEU, XXIV; V. 13-22 — MARC, XIII; V. 14-20
LUC, XXI; V. 20-24

Abomination de la désolation dans le lieu saint ; maux extrêmes. — Siège de Jérusalem.

MATHIEU : V. 15. Quand donc vous verrez que l'abomination de la désolation qui a été prédite par le prophète Daniel, sera dans le lieu saint; *(que celui qui lit entende ce qu'il lit)* ; — 16, alors, que ceux qui seront dans la Judée s'enfuient sur les montagnes; — 17, que celui qui sera au haut du toit n'en descende point pour emporter quelque chose de sa maison ; — 18, Que celui qui sera dans les champs ne retourne point pour reprendre son vêtement; — 19, mais malheur aux femmes qui seront enceintes ou à celles qui allaiteront en ces jours-là ; 20. Priez que votre fuite n'arrive pas en hiver ni un jour de sabbat; — 21. car l'affliction de ce temps-là sera si grande qu'il n'y en a point eu de pareille depuis le commencement du monde jusqu'à présent et qu'il n'y en aura jamais; — 22, et si ces jours n'avaient été abrégés, nul homme n'aurait été sauvé ; mais ces jours seront abrégés à cause des élus.

MARC : V. 14. Mais lorsque vous verrez l'abomination établie au lieu où elle ne doit pas être *(que celui qui lit entende ce qu'il lit);* alors, que ceux qui seront dans la Judée, s'enfuient sur les montagnes ; — 15, que celui qui sera sur le toit ne descende point dans sa maison pour en emporter quelque chose ; — 16, et que celui qui sera dans le champ, ne retourne point pour prendre son vêtement; — 17, mais malheur aux femmes qui seront enceintes et à celles qui allaiteront en ces jours-là.— 18. Priez que votre fuite n'arrive point en hiver; — 19, car l'affliction de ce temps-là sera si grande que depuis le commencement de la création de l'univers jusqu'à présent, il n'y en eut jamais de pareille et il n'y en aura jamais; — 20, et si le Seigneur n'eût abrégé ces jours, nul homme n'aurait été sauvé; mais il les a abrégés à cause des élus qu'il a choisis.

Luc : V. 20. Lorsque vous verrez les armées environner Jérusalem, sachez que sa désolation est proche ; — 21, alors, que ceux qui sont dans la Judée, s'enfuient aux montagnes; que ceux qui se trouveront dans la ville sortent, et que ceux qui seront dans les pays d'alentour n'y entre point; — 22, car ce seront alors les jours de la vengeance, afin que tout ce qui est de l'Écriture soit accompli; — 23, malheur aux femmes qui seront enceintes et à celles qui allaiteront en ces jours-là; car cette terre sera accablée de maux et la colère pèsera sur ce peuple; — 24, ils tomberont sous le tranchant du glaive et ils seront emmenés captifs dans toutes les nations; et Jérusalem sera foulée aux pieds par les Gentils jusqu'à ce que les temps des nations soient accomplis.

168.

Il est bien évident qu'il ne faut pas prendre *à la lettre* ces paroles de Jésus qui font à la fois allusion aux vices cachés dont notre Humanité doit se dépouiller, et aux bouleversements physiques que notre globe doit subir pour son épuration et sa transformation.

Les temps sont venus en effet, car les vices se cachent à l'ombre des parvis et la luxure, l'avarice, le luxe, l'orgueil et l'envie ont pris possession des cœurs que l'amour de Dieu et du prochain devaient seuls animer.

Malheur aux femmes qui sont enceintes et à celles qui allaitent, car elles profanent les jeunes ntelligences qui leur sont confiées et, conducteurs infidèles, elles sèment dans leurs cœurs des fruits d'iniquité.

« Que les évènements ne vous prennent pas sans que vous soyez *spirituellement* sur vos gardes, sans que vous soyez *préparés* à supporter les calamités inévitables dans un renouvellement planétaire. Le froid succédera à la chaleur et l'hiver s'étendra sur la nature ; le feu consumera ce que la glace n'aura pas détruit ; mais la transformation de votre Planète, passant de l'état de moins en moins matériel à l'état fluidique, ne s'opérera pas plus d'un instant à l'autre que ne le fait votre transformation personnelle. Pour en arriver là, la nature des éléments qui vous composent doit changer partiellement et, pour que l'équilibre ne soit pas rompu, la masse entière doit se déplacer et changer graduellement de direction et, par conséquent, d'atmosphère, afin de trouver un milieu toujours propre à l'équilibrer. Votre sphère, s'éloignant alors graduellement du centre du système solaire, ira peu à peu occuper le milieu qu'elle doit occuper au moment de la transformation. C'est là ce qui est dit dans *l'Apocalypse* (ch. V., V. 11), où l'on peut lire : « *le ciel et la terre s'enfuiront et l'on en trouvera même pas la place.* »

« Le renouvellement planétaire, celui des règnes de la nature et de votre Humanité, s'opérera partiellement et successivement d'une manière progressive et continue ; vous apercevez-vous journellement, par l'étude des révolutions annales de votre globe et par les crises planétaires qui *préparent* son progrès et sa transformation, de la distance que vous parcourez et qui vous éloigne du centre où vous puisez la chaleur et la fécondité ?

« C'est ainsi que votre globe s'éloignant du centre, le refroidissement se fera sentir sur les points les moins exposés aux rayons du soleil, les glaces étendront leur empire, et la fermentation intérieure de la Terre provoquera des explosions qui répandront, *au dehors*, les matières primordiales qui se seront ouvert une issue pour se perdre dans l'immensité, et donner à la Terre la densité nécessaire au milieu qu'elle doit occuper; matières primordiales pour lesquelles il faudrait, pour ainsi dire, créer des mots nouveaux afin de pouvoir vous exprimer les faits à venir, et que nous pourrions désigner sous le nom de lave, bitume, asphalte ou *matières* volcaniques, pour que l'esprit *humain* puisse comprendre ce qui pourra avoir lieu dans un temps donné, en se représentant ce qui se passe actuellement sous ses yeux.

« C'est alors que, se réfugiant sur les seuls points habitables à l'Humanité, les incarnés les moins avancés iront y chercher un asile dont ils n'auraient point été en peine s'ils s'étaient mieux occupés de leur progrès intellectuel et moral.

« Les progrès sont lents, mais toujours en rapport avec la bonne volonté de celui qui veut arriver. Comparez les hommes de votre milieu à ceux de certaines parties de la Terre qui vous semblent déshéritées; comparez ces malheureux tenant plus du singe que de l'homme, aux descriptions qui vous ont été faites de l'incarné, alors qu'*Esprit failli*, il est jeté pour la première fois sur les Terres d'épreuve.

« Ne vous appesantissez pas sur les catastrophes qui vous sont prédites, mais *préparez-vous* à en sortir vainqueurs, c'est-à-dire purifiés, ayant laissé le vieil homme dans les débris du vieux monde et renaissant à nouveau sur votre Planète renouvelée. Laissez au Seigneur le soin d'envoyer parmi vous ceux qui doivent venir, *au moment voulu*, déchirer le voile qui obscurcit encore vos intelligences.

L'accomplissement du *temps des nations* est le règne universel de la loi d'amour et de charité qui doit *s'étendre*, COMME UN MANTEAU, pour abriter tous les enfants de la Terre « et les conduire, par la réciprocité et la solidarité, A L'UNITÉ FRATERNELLE. »

MATHIEU, XXIV ; V. 23-28 — MARC, XIII ; V. 21-23

Faux Christs. — Faux prophètes.

MATHIEU : V. 23. Alors, si quelqu'un vous dit : Le Christ est ici, ou il est là, ne le croyez point, — 24, parce qu'il s'élèvera de faux Christs et de faux prophètes, qui feront de grands prodiges et des choses étonnantes jusqu'à séduire même, s'il était possible, les élus. — 25. J'ai voulu vous en avertir auparavant ; — 26, si donc on vous dit : Le voici dans le désert ; n'y allez point ; si on vous dit : Le voici dans le lieu le plus retiré de la maison, ne le croyez point ; — 27, car, comme un éclair qui sort de l'Orient, paraît tout d'un coup jusqu'à l'Occident, ainsi sera l'avènement du fils de l'homme ; — 28, partout où le corps se trouvera là les aigles s'assembleront.

MARC : V. 21. Alors, si quelqu'un vous dit : Le Christ est ici, ou il est là, ne le croyez point, — 22, car il s'élèvera de faux Christ et de faux prophètes qui feront des prodiges et des choses étonnantes pour séduire, s'il était possible, les élus mêmes. — 23. Vous donc, prenez garde ; voici, je vous ai tout prédit.

169.

Jésus fait encore allusion ici à tout ce qui doit avoir lieu pour détourner les hommes de la lumière et les conduire dans les ténèbres. Tous ceux qui nous écartent de la pratique de l'amour et de la charité sont de *faux Christs*.

« Les influences occultes sont toujours unies aux influences humaines, mais Jésus, dans sa pensée, ne fait ici aucune application spéciale aux premières. En vous initiant aux secrets d'outre-tombe et aux mystères du monde invisible, la science et la révélation spirites vous ont appris que ces phénomènes de médiumnité, pris jusqu'à ce jour pour des « *prodiges* » et des « *miracles*, » ne sont que l'application d'une loi de la nature, et qu'ils PEUVENT être produits par des influences occultes mauvaises comme par des influences occultes bonnes. Vous devez savoir que ces phénomènes spirites n'offrent rien en eux-mêmes qui puisse servir de critérium pour reconnaître les *vrais* Christs et les *vrais* prophètes.

Ceux-là seuls sont de faux Christs et de faux prophètes, quels que soient les prodiges ou phénomènes spirites qu'ils pourront faire, qui tenteront de vous écarter de la pratique des enseignements et des exemples du Maître.

MATHIEU, XXIV ; V. 29-31 — MARC, XIII ; V. 24-27 LUC, XXI ; V. 25-28

Prédictions — des évènements dans l'ordre physique et dans l'ordre moral, qui précèderont l'avènement de Jésus dans tout son éclat spirite, — et de cet avènement.

Mathieu : V. 29. Aussitôt après la tribulation de ces jours-là, le soleil s'obscurcira, la lune ne donnera point sa lumière ; et les étoiles tomberont du ciel et les vertus des cieux seront ébranlées. — 30. Alors le signe du fils de l'homme paraîtra dans le ciel ; alors aussi tous les peuples de la terre seront dans les pleurs et les gémissements ; et ils verront le fils de l'homme venant sur les nuées du ciel, avec une grande puissance et une grande majesté ; — 31, et il enverra ses anges qui feront entendre la voix éclatante de leurs trompettes et qui rassembleront les élus des quatre vents, depuis une extrémité du ciel jusqu'à l'autre.

Marc : V. 24. Mais en ces jours-là, après cette tribulation, le soleil s'obscurcira, et la lune ne donnera point sa lumière ; — 25, les étoiles tomberont du ciel et les vertus qui sont dans les cieux seront ébranlées. — 26. Alors on verra le fils de l'homme qui viendra avec une grande puissance et une grande gloire ; — et il enverra ses anges pour rassembler ses élus des quatre vents, depuis l'extrémité de la terre jusqu'à l'extrémité du ciel.

Luc : V. 25. Et il y aura des signes dans le soleil, dans la lune et dans les étoiles et sur la terre ; les nations seront dans la consternation à cause du bruit tumultueux de la mer et des flots. — 26. Et les hommes sécheront de frayeur dans l'attente des choses qui arriveront par tout le monde ; car les vertus des cieux seront ébranlées ; — 27, et alors ils verront le fils de l'homme qui viendra sur une nuée avec une grande puissance et une grande majesté ; — 28, lors donc que ces choses commenceront d'arriver, regardez en haut et levez la tête, parce que votre rédemption est proche.

170

Ces paroles sont encore un avertissement *sous voile* des évènements qui doivent se succéder dans l'ordre physique et dans l'ordre moral. Notre globe, sorti des fluides incandescents et impurs et devant se dépouiller de tous ses principes matériels pour entrer au milieu des fluides purs, doit suivre pour la *décomposition* de la matière la même progression qu'il a suivie pour sa *composition*. Mais avant que ces temps ne viennent nous aurons dû subir une modification immense, car, pour atteindre *la pureté*, nous devons, nous et notre Planète, passer peu à peu par tous les progrès moraux et physiques, et aussi par une foule de crises préparatoires, qui renouvelleront les races d'hommes par la réincarnation d'Esprits mieux préparés. Ainsi que, jusqu'à nos jours, les habitants de la Terre se sont développés au fur et à mesure que le globe était préparé à fournir à leurs besoins, et avait subi les transformations nécessaires à cet effet ; de même notre Terre actuelle sera, petit à petit, mise en mesure de s'approprier aux Esprits purifiés qui y seront *replacés* alors qu'ils seront transformés par le progrès. C'est ainsi que les choses se passent sur toutes les Planètes, et il y en a toujours de plus avancées les unes que les autres. Dans le cours progressif et successif des évènements planétaires, les *essences spirituelles* non encore assez avancées, et *seule-*

ment aptes au développement *matériel*, seront éloignées de notre globe pour être placées dans des milieux appropriés.

L'allusion *voilée* à l'obscurcissement du soleil, à la disparition de la lumière de la lune, a trait à l'éloignement qui doit avoir lieu de notre Terre de ces deux astres qui nous éclairent. Notre Terre s'éloignera du centre où elle gravite alors que, épurée, elle resplendira de lumière (1).

Dans l'ordre moral, les étoiles qui doivent tomber du ciel, les vertus des cieux qui doivent s'ébranler, ce sont les grands Esprits envoyés pour aider les purifiés et les élus. Ces étoiles, ces vertus des cieux, lumières du Seigneur, Esprits protecteurs des hommes, nous apportent les clartés du ciel et les font parvenir jusqu'à nos yeux.

Le signe du fils de l'homme prédit par Jésus, c'est L'AVÈNEMENT du règne de l'amour et de la charité.

---

(1) Nous devons dire ici que cette théorie cosmogonique est *exactement* celle que donne la Révélation de Louis Michel (*de Figanières.*)

RENÉ CAILLIÉ.

MATHIEU, XXIV; V. 32-35 — MARC, XIII; V. 28-31 — LUC, XXI; V. 29-33

Parabole du figuier. — Prédiction de l'ère nouvelle du christianisme DE CHRIST. *— De l'ère spirite. — Parmi les esprits incarnés auxquels Jésus parlait, il y en aura qui, réincarnés sur la terre, verront les choses prédites par lui pour l'épuration et la transformation de notre planète et de son humanité. — La terre passera,* MAIS *les paroles de Jésus ne passeront pas.*

MATHIEU : V. 32. Apprenez une parabole prise du figuier : Quand ses branches sont déjà tendres, et qu'il pousse des feuilles, vous connaissez que l'été est proche, — 33, de même lorsque vous verrez toutes ces choses, sachez que le fils de l'homme est proche et qu'il est à la porte. — 34. Je vous le dis, *en vérité :* cette génération ne passera pas, que toutes ces choses ne soient accomplies. — 35. Le ciel et la terre passeront, mais mes paroles ne passeront point.

MARC : V. 28. Apprenez une parabole prise du figuier : Quand ses branches sont déjà tendres et qu'il pousse des feuilles, vous connaissez que l'été est proche ; — 29, de même lorsque vous verrez toutes ces choses, sachez que le fils de l'homme est proche et qu'il est à la porte ; — 30, je vous le dis, *en vérité :* cette génération ne passera point que toutes ces choses ne soient accomplies. — 31. Le ciel et la terre passeront, mais mes paroles ne passeront point.

LUC : V. 29. Et il leur dit cette similitude : Considérez le figuier et les autres arbres : — 30. Lorsqu'ils commencent à pousser leur fruit, vous connaissez que l'été est proche ; — 31, de même lorsque vous verrez arriver ces choses, sachez que le royaume de Dieu est proche ; — 32, je vous le dis *en vérité :* cette génération ne passera point que toutes ces choses ne soient accomplies. — 33. Le ciel et la terre passeront, mais mes paroles ne passeront point.

171

La loi de la réincarnation est la clé qui permet de comprendre facilement cette parabole.

« *Le ciel et la terre passeront, mais mes paroles ne passeront pas.* » Tout dans l'espace et dans l'immensité, pour la Terre comme pour tous les mondes, tout PASSE. Car dans l'ordre physique tout passe en effet au creuset de la Création puisque, selon les lois divines de la destruction, de la reproduction et du progrès, tout se renouvelle, s'épure et se transforme en procédant de l'infiniment petit à l'infiniment grand. MAIS *les paroles de Jésus, organe du Seigneur tout-puissant, ne passeront pas,* car elles sont immuables et éternelles, comme sont immuables et éternelles la loi du progrès pour l'Esprit, et la loi de transformation pour l'ordre matériel et fluidique. *Elles ne passeront pas,* car elles sont à la fois le principe, la condition et le moyen de progrès dans les mondes inférieurs d'épreuves et d'expiation, et *la seule voie* qui puisse conduire l'homme vers les mondes supérieurs.

MATHIEU, XXIV ; V. 36-39 — MARC, XIII ; V. 32-37 — LUC, XXI ; V. 34-38

L'heure où les évènements futurs prédits, pour l'épuration et transformation de la terre et de son humanité est inconnue ; l'homme ne peut ni ne doit chercher à pénétrer les secrets de l'avenir, mais il doit se tenir TOUJOURS *prêt à paraître devant le Seigneur et, en travaillant dès ce jour, activement et sans cesse, à son épuration et à son progrès,* « SE TROUVER *digne d'éviter* TOUTES CES CHOSES QUI DOIVENT ARRIVER. »

MATHIEU : V. 36. Pour ce qui est du jour et de l'heure, personne ne le sait, non pas même les anges du ciel, mais mon père *seul*. — 37. Mais comme il en était dans les jours de Noé, il en sera de même à l'avènement du fils de l'homme ; — 38, car, comme dans les jours avant le déluge les hommes mangeaient et buvaient, se mariaient et mariaient leurs enfants, jusqu'au jour où Noé entra dans l'arche, — 39, et qu'ils ne pensèrent au déluge que lorsqu'il vint et les emporta tous, il en sera de même à l'avènement du fils de l'homme.

MARC : V. 32. Pour ce qui est du jour et de l'heure, personne ne le sait, non pas même les anges qui sont dans le ciel, ni même le fils, mais le père *seul*. — 33. Prenez garde à vous ; veillez et priez : car vous ne savez pas quand ce temps viendra. — 34. Il en sera comme d'un homme qui, s'en allant faire un voyage, laisse sa maison sous la conduite de ses serviteurs, marquant à chacun ce qu'il doit faire et recommande au portier qu'il soit vigilant. — 35. Veillez donc de même puisque vous ne savez pas quand le maître de la maison doit venir ; si ce sera le soir ou à minuit, — ou au chant du coq, ou le matin ; — 36, de peur qu'arrivant tout à coup, il ne vous trouve endormis. — 37. Or, ce que je vous dis, — je le dis *à tous* ; veillez.

Luc : V. 34. Prenez donc garde à vous, de peur que vos cœurs ne soient appesantis par les festins et par l'ivresse, et par les inquiétudes de cette vie, et que ce jour-là ne vous vienne tout d'un coup surprendre ; — 35, car il enveloppera, comme un filet, tous ceux qui habitent sur la surface de la terre. — 36. Veillez donc et priez en tout temps, afin que vous soyez trouvés dignes d'éviter toutes ces choses qui doivent arriver, et de paraître devant le fils de l'homme. — 37. Or, le jour il enseignait dans le temple ; et, la nuit, il sortait, et se retirait sur la montagne des Oliviers ; — 38, et tout le peuple venait, de grand matin, dans le temple, pour l'écouter.

172

Par ces paroles, Jésus fait comprendre aux hommes combien il est orgueilleux et vain à eux de vouloir sonder l'avenir que Dieu SEUL connaît. Il détruit ainsi ce titre de « Dieu » que, dans sa prescience de l'avenir, *il savait* que les hommes lui donneraient un jour. Cette attribution fausse ne devait durer que le temps nécessaire à la transformation du culte *matériel* en un culte *spirituel*, et la RÉVÉLATION NOUVELLE vient rétablir la vérité dans toute sa lumière. D'ailleurs, les choses devaient se passer ainsi, car elles sont toujours dans les lois de la nature, et l'erreur de bonne foi dans les croyances est toujours excusée par Dieu. L'orgueil et l'hypocrisie, la fourberie et le mensonge, sont *seuls* punis, car la faute volontaire fait *seule* le coupable. Malheur aux hypocrites et aux fourbes !

L'erreur de bonne foi de la part de ceux qui croient à la divinité de Christ est excusée par Dieu, et la lumière viendra plus tard pour eux ;

mais ceux qui *s'appuient* sur cette croyance de la divinité attribuée à Jésus, qui *s'efforcent* de la maintenir alors *qu'ils n'y croient point eux-mêmes*, qui rejettent *sciemment* la Révélation nouvelle que Dieu envoie aux hommes par les Esprits du Seigneur, organe de l'Esprit de la vérité, ceux-là sont les exploiteurs du Christianisme, ceux-là sont les fourbes et les hypocrites, et c'est à eux qu'il faut crier trois fois malheur, car de longues et douloureuses expiations les attendent.

Jésus nous fait comprendre ici que, quelle que soit l'élévation d'un Esprit, quel que soit le rang qu'il occupe dans la hiérarchie spirite, il ne peut jamais égaler, ni en science, ni en pouvoir, Celui de la volonté de qui tout procède.

« Jésus fait allusion au déluge de Noé par des paroles *voilées* à dessein, selon les besoins de l'époque et l'état des intelligences. Ce déluge était *seul* admis à cette époque, où *certaines* vérités devaient rester *cachées* longtemps encore pour les hommes ; ce déluge ne fut qu'un renouvellement *partiel*, une des phases planétaires de votre Terre et de ses habitants, qui devait donner naissance à d'autres produits, car, tout étant en harmonie dans la nature, l'organisation humaine se modifie en même temps que les produits du sol et tout suit une progression dont tous les termes doivent se succéder sans solution de continuité et sans maillons inutiles ou hétérogènes. Et jusqu'au renouvellement complet de votre Planète, les évènements suivront leur cours dans les conditions d'incarnation de chacun, et ainsi que l'exigera le changement corrélatif de votre globe. »

« *Veillez donc et priez*, etc... » L'Esprit doit toujours se tenir en face du Seigneur par la prière ;

il doit prier pour son avancement et celui de ses frères incarnés comme lui. Mais ne croyez pas que, lorsque Jésus recommande de prier sans cesse, il exige de l'homme qu'il soit toujours en *oraison*; non, la prière est UN ACTE ; elle consiste dans les bonnes œuvres qui doivent, comme un *amen* agréable au seigneur, terminer et suivre la prière du cœur. Les bonnes œuvres vous enveloppent devant Dieu d'un manteau virginal.

« *Cette génération ne passera pas que toutes ces choses ne soient accomplies* »! est une allusion à la réincarnation nécessaire pour ceux qui, attardés, revivront et seront debout sur les points de notre Planète où se produiront les cataclysmes, fruits et conséquences des révolutions planétaires. C'est aussi une allusion à la position qu'occuperont ceux qui auront suffisamment avancé pour avoir mérité d'être dans les mondes supérieurs à l'époque de ces évènements.

MATHIEU, XXIV ; V. 40-44 — LUC, XII ; V. 39-40

L'homme doit se tenir toujours en éveil. — *Paroles de Jésus, souvent répétées par lui, relativement à la séparation de l'ivraie d'avec le bon grain.*

MATHIEU : V. 40. Alors de deux hommes qui seront dans un champ, l'un sera pris et l'autre sera laissé ; — 41, de deux femmes qui moudront dans un moulin, l'une sera prise et l'autre laissée. — 42. Veillez donc parce que vous ne savez pas à quelle heure votre Seigneur doit venir ; — 43, car sachez que, si le père de famille était averti de l'heure à laquelle le voleur doit venir, il veillerait assurément et il ne laisserait pas percer sa maison. — 40. Tenez-vous donc toujours prêts, parce que le fils de l'homme viendra à l'heure que vous ne pensez pas.

Luc : V. 39. Or, sachez que, si le père de famille était averti de l'heure où le voleur doit venir, il veillerait assurément et ne laisserait pas percer sa maison. — 40. Tenez-vous donc toujours prêts parce que le fils de l'homme viendra à l'heure que vous ne pensez pas.

173

Jésus INSISTE ici et APPUIE sur l'incertitude du jour et de l'heure des évènements qui doivent arriver et qui sont prédits par lui. Il veut ainsi forcer les hommes à se tenir en éveil et sur leurs gardes. Ne nous laissons pas surprendre, car le Seigneur *rejette* les serviteurs indolents qui n'ont pas su s'amender.

MATHIEU, XXIV ; V. 45-51 — LUC XII ; V. 41-46

Parabole du serviteur fidèle et prudent et du méchant serviteur.

Mathieu : V. 45. Qui est donc le serviteur fidèle et prudent que le maître a établi sur tous ses serviteurs pour leur distribuer la nourriture dans le temps qu'il faut ? — 46. Heureux ce serviteur si son maître, à son arrivée, le trouve agissant de la sorte. — 47. Je vous dis en vérité qu'il l'établira sur tous ses biens. — 48. Mais si c'est un méchant serviteur qui dise en lui-même : Mon maître n'est pas près de venir ; — 49. et qu'il se mette à battre ses compagnons de service, et à manger et à boire avec des ivrognes. —

50. le maître de ce serviteur-là viendra le jour où il ne l'attend pas et à l'heure qu'il ne sait pas ; — 51, ET IL LE SÉPARERA et lui donnera pour partage d'être puni avec les hypocrites; c'est là qu'il y aura des pleurs et des grincements de dents.

Luc : V. 41. Alors Pierre lui dit : Seigneur, est-ce seulement pour nous que vous dites cette parabole, ou est-ce aussi pour tout le monde ? — 42. Le Seigneur lui dit : Qui — pensez-vous — être l'économe fidèle et prudent que le maître a établi sur ses serviteurs pour distribuer à chacun, dans le temps, la mesure de blé qui lui est destinée? — 43. Heureux ce serviteur que son maître, à son arrivée, trouvera agissant de la sorte. — 44. Je vous dis en vérité qu'il l'établira sur tous ses biens. — 45. Mais, si ce serviteur dit en lui-même : Mon maître n'est pas près de venir, et qu'il commence à battre les serviteurs et les servantes, à manger, à boire et à s'enivrer, — 46, le maître de ce serviteur viendra au jour qu'il ne s'y attend pas et à l'heure qu'il ne sait pas ; IL LE SÉPARERA et lui donnera pour partage, d'être puni avec les infidèles.

174

Ces paroles s'appliquent à ceux qui *ont accepté* la direction de leurs frères, à ceux qui *se sont chargés* de les conduire dans la voie du progrès et d'ouvrir leurs yeux à la lumière. Celui qui est chargé de conduire ses frères a une responsabilité plus grande, car cela fait préjuger de lui une valeur supérieure ; il aura donc à rendre un compte sévère de l'usage qu'il aura fait de sa mission.

LUC
CHAPITRE XII. — V. 47-48.

La culpabilité de l'esprit et sa responsabilité sont en raison des moyens mis à sa portée pour s'instruire et de la lumière qu'il a reçue.

V. 47. Le serviteur, qui aura su la volonté du maître, et qui néanmoins ne se sera pas tenu prêt et n'aura pas fait ce qu'il désirait de lui, *sera battu rudement;* — 48, mais celui qui n'aura pas su sa volonté et qui aura fait des choses dignes de châtiment, sera moins battu. On redemandera beaucoup à celui à qui on aura beaucoup donné; et on fera rendre un plus grand compte à celui à qui on aura confié plus de choses.

175

Il est facile de comprendre que celui qui commet une faute après avoir été *averti* de se tenir en garde, est plus coupable que celui qui n'a que la conscience du mal qu'il fait sans en avoir la connaissance bien arrêtée. Plus vous avancerez dans l'étude de la Révélation nouvelle, plus la lumière brillera à vos yeux et plus vous recevrez de conseils et d'enseignements.

MATHIEU
CHAPITRE XXV. V. 1-13.

Parabole des vierges folles et des vierges sages.

V. 1. Alors le royaume des cieux sera semblable à dix vierges qui, ayant pris leurs lampes, s'en allèrent au devant de l'époux et de l'épouse. — 2. Il y en avait cinq d'entre elles qui étaient folles et cinq qui étaient sages ; — 3. les cinq qui étaient folles, ayant pris leurs lampes, ne prirent point d'huile avec elles. — 4. Les sages, au contraire, prirent de l'huile dans leurs vases avec leurs lampes ; — 5. et comme l'époux tardait à venir, elles s'assoupirent toutes et s'endormirent. — 6. Mais sur le minuit, on entendit un cri : Voici l'époux qui vient ; allez au devant de lui. — 7. Alors toutes ces vierges se levèrent et préparèrent leurs lampes. — 8. Et les folles dirent aux sages : Donnez-nous de votre huile, parce que nos lampes s'éteignent. — Les sages leur répondirent : De peur que ce que nous en avons ne suffise pas pour nous et pour vous, allez plutôt à ceux qui en vendent et achetez-en ce qu'il vous en faut. — 10. Mais pendant qu'elles allaient en acheter, l'époux vint ; et celles qui étaient prêtes entrèrent avec lui, aux noces et la porte fut fermée. — 11. Enfin les autres vierges vinrent aussi, disant : Seigneur, Seigneur, ouvrez-nous. — 12. Mais il leur répondit : Je vous dis *en vérité* que je ne vous connais point. — 13. Veillez donc, parce que vous ne savez ni le jour ni l'heure.

176

C'est une parabole dont le sens a été faussé.

Elle a simplement pour but de tenir les hommes en éveil et de leur faire comprendre qu'il ne faut pas attendre au dernier moment pour songer à sa réforme, à son avancement. Il ne faut pas la prendre autrement et accuser Jésus d'avoir enseigné la pratique de l'égoïsme. Veillons donc, car nous ne savons ni l'heure, ni le jour où aura lieu la transformation de notre Planète et la séparation des mauvais et des justes.

LUC
CHAPITRE XII. V. 35-38

Veiller. — Être prêts à recevoir Jésus lors de son second avénement.

V. 35. Que vos reins soient ceints, et ayez, dans vos mains, des lampes ardentes, — 36, et soyez semblables à ceux qui attendent que leur maître retourne des noces, afin que, lorsqu'il sera venu et qu'il aura frappé à la porte, ils lui ouvrent aussitôt. — 37. Heureux ces serviteurs que le maître trouvera veillant; je vous dis *en vérité* qu'il se ceindra, qu'il les fera mettre à table et qu'il viendra les servir; — 38, que, s'il arrive à la seconde ou à la troisième veille et qu'il les trouve en cet état, heureux sont ces serviteurs.

177

C'est toujours le même enseignement.

MATHIEU, XXV; V. 14-30 — LUC, XIX; V. 11-27

Parabole des talents. — Serviteur inutile. — Parabole des dix marcs.

MATHIEU : V. 14. Car il en sera comme d'un homme qui, devant faire un long voyage hors de son pays, appela ses serviteurs et leur mit son bien entre les mains. — 15. Et ayant donné cinq talents à l'un, deux à l'autre et un à un autre, selon la capacité différente de chacun d'eux, il partit aussitôt. — 16. Celui donc qui avait reçu cinq talents s'en alla. Il les fit valoir et il gagna cinq autres talents. — 17. Celui qui en avait reçu deux en gagna de même encore deux autres. — 18. Mais celui qui n'en avait reçu qu'un alla creuser dans la terre et y cacha l'argent de son maître. — 19. Longtemps après, le maître de ces serviteurs revint et il leur fit rendre compte; — 20, et celui qui avait reçu cinq talents, vint lui en présenter cinq autres en lui disant: Seigneur, vous m'aviez mis cinq talents entre les mains; en voici cinq autres que j'ai gagnés de plus. — 21. Son maître lui répondit : Cela va bien, bon et fidèle serviteur; tu as été fidèle en peu de choses; je t'établirai sur beaucoup; entre dans la joie de ton seigneur. — 22. Celui qui avait reçu deux talents vint aussi se présenter à lui, et lui dit: Seigneur, vous m'aviez mis deux talents entre les mains; en voici deux autres que j'ai gagné de plus. — 23. Son maître lui répondit : Cela va bien, bon et fidèle serviteur; tu as été fidèle en peu de choses; je t'établirai sur beaucoup; entre dans la joie de ton seigneur. — 24. Celui qui n'avait reçu qu'un talent vint ensuite, et lui dit : Seigneur, je sais que vous êtes un homme dur, qui moissonnez où vous n'avez point semé et que vous recueillez où vous n'avez rien répandu. — 25. C'est pourquoi, comme je vous appréhendais, j'ai été cacher votre talent dans la terre; le voici ; vous avez ce qui est à vous. — 26. Mais son maître lui répondit: Serviteur méchant et paresseux, tu savais que je moissonne où je n'ai point semé et que je recueille où je n'ai point répandu ; — 27, tu devais donc mettre mon argent entre les mains des changeurs, et, à mon retour, j'aurais retiré ce qui est à moi avec l'intérêt. — 28. Qu'on lui ôte le talent qu'il a et qu'on le donne à celui qui a dix talents. — 29. Car on donnera à tous ceux qui ont déjà; et ils seront comblés de biens; mais pour celui qui n'a point, on lui ôtera même ce qu'il semble avoir ; — 30, qu'on jette donc le serviteur inutile dans les ténèbres extérieures; c'est là qu'il y aura des pleurs et des grincements de dents.

Luc : V. 11. Comme il écoutait ce discours, il ajouta encore une parabole sur ce qu'il était proche de Jérusalem et qu'ils s'imaginaient que le règne de Dieu allait paraître bientôt. — 12. Il leur dit donc : Il y avait un homme de grande naissance qui s'en allait dans un pays fort éloigné pour y prendre possession d'un royaume et s'en revenir ensuite. — 13. Et ayant appelé dix de ses serviteurs, il leur donna dix marcs d'argent, et leur dit : Faites les valoir jusqu'à ce que je revienne. — 14. Mais comme ceux de son pays le haïssaient, ils envoyèrent après lui des députés pour lui dire : Nous ne voulons point que celui-ci règne sur nous. — 15. Étant donc revenu après avoir pris possession de son royaume, il commanda qu'on lui fît venir ses serviteurs auxquels il avait donné son argent pour savoir combien chacun l'avait fait valoir. — 16. Le premier, étant venu, lui dit : Seigneur, votre marc en a produit dix autres. — 17. Il lui répondit : Cela est bien, bon serviteur ; parce que tu as été fidèle en peu de choses, tu auras le gouvernement de dix villes. — 18. Le second, étant venu, lui dit : Seigneur, votre marc en a produit cinq autres. — 19. Il dit aussi à celui-ci : Commande à cinq villes. — 20. Il en vint un autre qui lui dit : Seigneur, voici votre marc que j'ai gardé dans un mouchoir ; — 21, car je vous ai craint, sachant que vous êtes un homme sévère qui prenez où vous n'avez rien mis et qui moissonnez où vous n'avez point semé. — 22. Et son maître lui répondit : Méchant serviteur, je te juge par tes propres paroles ; tu savais que je suis un homme sévère qui prends où je n'ai point mis, et qui moissonne où je n'ai point semé. — 23. Pourquoi donc n'as-tu pas mis mon argent à la banque ? Et alors je l'eusse retiré avec les intérêts. — 24. Alors il dit à ceux qui étaient présents : Otez-lui le marc qu'il a et donnez-le à celui qui a dix marcs. — 25. Mais, seigneur, lui dirent-ils, il en a déjà dix. — 26. Mais je vous dis qu'on donnera à celui qui a déjà et qu'il sera comblé de biens ; et que, pour celui qui n'a pas, on lui ôtera même ce qu'il a. — 27. Quant à mes ennemis qui n'ont pas voulu que je règne sur eux, qu'on les amène ici et qu'on les tue en ma présence

178

Nous remarquons que souvent les mêmes paraboles se répètent, c'est qu'elles étaient prononcées par Jésus à des époques différentes. Tout en ayant, *selon l'esprit,* un sens caché applicable aux époques à venir, elles devaient être compréhensibles, *selon la lettre,* pour les hommes qui les entendaient et par conséquent s'appliquer à des faits matériel relatifs à l'époque et à la portée des intelligences. Dans toutes ces paraboles de Jésus, il faut savoir trouver *le sens voilé et prophétique.*

Ce que l'on doit comprendre de cette parabole c'est que le Seigneur n'exige et ne réclame de nous que ce qui est juste, que ce qui est en rapport avec notre capacité en tenant toujours compte de la faiblesse humaine. Mais il veut que nous fassions tous nos efforts pour progresser et pour développer toutes les facultés dont il a mis le germe en nous.

En parlant du troisième serviteur, Jésus fait *allusion* à ces Esprits malveillants qui, pour abriter leurs propres torts, cherchent à en donner aux autres.

Les *changeurs* sont les Esprits, incarnés ou errants, qui peuvent aider au progrès sur la Terre ou dans l'espace et dont nous devons toujours chercher l'appui.

Tous ceux enfin qui auront travaillé à leur progrès dans la mesure de leurs capacités, recevront la récompense selon leurs œuvres et selon leur bonne volonté, à l'époque de la transfiguration de notre Planète épurée.

MATHIEU
CHAPITRE XXV. — V. 31-46

Épuration par la séparation de l'ivraie d'avec le bon grain, et présentée sous la figure emblématique d'un jugement dernier.

V. 31. Or, quand le fils de l'homme viendra, dans sa majesté, accompagné de tous les anges, il s'asseyera sur le trône de sa gloire ; — 32, et, toutes les nations étant assemblées devant lui, il séparera les uns d'avec les autres comme un berger sépare les brebis d'avec les boucs : — 33, il placera les brebis à sa droite et les boucs à sa gauche, — 34, alors le roi dira à ceux qui seront à sa droite : Venez, vous qui avez été bénis par mon père, possédez le royaume qui vous a été préparé dès le commencement du monde ; 35, car j'ai eu faim, et vous m'avez donné à manger ; j'ai eu soif, et vous m'avez donné à boire ; j'ai eu besoin de logement, et vous m'avez logé ; — 36, j'ai été nu, et vous m'avez revêtu ; j'ai été malade, et vous m'avez visité ; j'ai été en prison, et vous êtes venu me voir ; — alors les justes lui répondront : Seigneur, quand est-ce que nous vous avons vu avoir faim et que nous vous avons donné à manger, ou avoir soif et que nous vous avons donné à boire ? — 38. Quand est-ce que nous vous avons vu sans logement et que nous vous avons logé, ou sans habit et que nous vous avons revêtu ? — 39. Et quand est-ce que nous vous avons vu malade, ou en prison, et que nous sommes venus vous visiter ? — 40. Et *le roi* leur répondra : Je vous dis *en vérité*, autant de fois que vous l'avez fait à l'égard de l'un de ces plus petits *de mes frères*, c'est à moi-même que vous l'avez fait. — 41. Il dira ensuite à ceux qui seront à sa gauche : Retirez-vous de moi, maudits ; allez au feu éternel qui a été préparé pour le diable et pour ses anges : — 42. car j'ai eu faim, et vous ne m'avez pas donné à manger ; j'ai eu soif et vous ne m'avez pas donné à boire ; — 43, j'ai eu besoin de logement et vous ne m'avez pas logé ; j'ai été sans habit et vous ne m'avez pas revêtu ; j'ai été malade, et en prison, et vous ne m'avez pas visité ; — 44. alors ils lui répondront aussi : Seigneur, quand est-ce que nous vous avons vu avoir faim, ou avoir soif, ou sans logement, ou sans habits, ou malade, ou dans la prison ; et que nous avons manqué à vous assister ? — 45. Mais Il leur répondra : Je vous dis *en vérité*, autant de fois vous avez manqué à rendre ces assistances à l'un de ces plus petits, vous avez manqué à me rendre à moi-même ; — 46. et alors ceux-ci iront dans le supplice éternel ; et les justes dans la vie éternelle.

179.

En faisant à ses disciples un tableau imposant du « *jugement dernier* » Jésus a voulu frapper les intelligences d'un sceau qui ne put pas s'effacer. Il parlait aux hommes de son époque habitués à trembler devant les juges.

Le trône de la gloire de Jésus est l'époque où sa loi dominera les masses ; alors son trône se trouvera affermi *au fond du cœur des créatures* et les anges du Seigneur descendront sur la Terre. Alors les Esprits coupables iront dans ces lieux où l'on souffre *soit* à l'état d'erraticité dans l'espace, *soit* à l'état d'incarnation ; lieux terribles d'expiation, mais aussi de progrès, au moyen de dures épreuves se renouvelant sans cesse par voie d'épurations et de transformations lentes et progressives ; lieux où règnent en effet le « *Diable et ses anges* », c'est-à-dire les mauvais Esprits de la pire espèce, n'aimant et ne cherchant que le mal ; lieux qui sont bien en effet *l'enfer* et le *purgatoire*.

MATHIEU, XXVI; V, 1-13. — MARC, XIV; V. 1-9.

Parfum répandu sur la tête de Jésus.

MATHIEU : V. 1. Jésus, ayant achevé tous ces discours, dit à ses disciples : — 2. Vous savez que la Pâque se fera dans deux jours, et que le fils de l'homme sera livré pour être crucifié. — 3. Au même temps, les princes des prêtres et les anciens du peuple s'assemblèrent dans la cour du grand prêtre appelé Caïphe, — 4, et tinrent conseil ensemble pour trouver moyen de se saisir adroitement de Jésus et de le faire mourir ; — 5, et ils disaient : il ne faut point que ce soit pendant la fête de peur qu'il ne s'excite quelque tumulte parmi le peuple. — 6. Or Jésus étant à Béthanie, dans la maison de Simon le lépreux, — 7, une femme vint à lui avec un vase d'albâtre plein d'une huile de parfum de grand prix, qu'elle lui répandit sur la tête pendant qu'il était à table. — 8. Ce que ses disciples voyant, en conçurent de l'indignation, disant en eux-mêmes : A quoi bon cette perte ? — Car on aurait pu vendre ce parfum bien cher et en donner l'argent aux pauvres. — 10. Mais Jésus, connaissant leur pensée, leur dit : Pourquoi faites-vous de la peine à cette femme ? Ce qu'elle vient de faire envers moi est une bonne œuvre ; — 11, car vous aurez toujours des pauvres parmi vous, mais pour moi, vous ne m'aurez pas toujours ; — 12, et lorsqu'elle a répandu ce parfum sur mon corps, elle l'a fait pour m'ensevelir par avance. — 13. Je vous dis en vérité, partout où sera prêché cet évangile, c'est-à-dire, dans tout le monde, on racontera à la louange de cette femme ce qu'elle vient de faire.

MARC : V. 1. La Pâque où l'on commençait à manger des pains sans levain, devait être deux jours après : et les princes des prêtres, et les Scribes, cherchaient le moyen de se saisir adroitement de Jésus et de le faire mourir. — 2. Mais ils disaient : Il ne faut pas que ce soit le jour de la fête, de peur qu'il ne s'excite quelque tumulte parmi le peuple. — 3. Jésus, étant à Béthanie dans la maison de Simon le lépreux, une femme qui portait un vase d'albâtre plein d'un parfum de nard d'épi de grand prix, entra lorsqu'il était à table, et ayant rompu le vase, lui répandit le parfum sur la tête. — 4. Quelques-uns en conçurent de l'indignation, disant en eux-mêmes : A quoi bon perdre ainsi ce parfum ? — 5. Car on pouvait le vendre plus de trois cents deniers et les donner aux pauvres ; et ils murmuraient fort contre elle. — 6. Mais Jésus leur dit : Laissez là cette femme ; ce qu'elle vient de faire est une bonne œuvre ; — 7, car vous aurez toujours des pauvres parmi vous ; et, toutes les fois que vous le voudrez, vous pourrez leur faire *du bien*, mais pour moi, vous ne m'aurez pas toujours. — 8. Elle a fait ce qui était en son pouvoir ; elle a embaumé mon corps par avance pour prévenir ma sépulture. — 9. Je vous le dis *en vérité*, partout où sera prêché cet évangile, c'est-à-dire dans tout le monde, on racontera aux louanges de cette femme ce qu'elle vient de faire.

180.

Jésus annonce de nouveau à ses disciples sa mort et son crucifiement d'une manière bien précise. L'acte auquel cette femme avait été poussée, sous l'influence Spirite, était destiné à faire pressentir la prescience que Jésus avait de cette mort.

Les disciples, encore aveuglés par la matière, ne comprenaient que les faits matériels. Jésus, en les reprenant sur leurs murmures, leur fait comprendre que les sacrifices *en vue de la matière* ne sont pas toujours suffisants, et qu'il faut savoir s'en imposer aussi *en vue de l'Esprit*.

« *Il y aura toujours des pauvres parmi vous,* » leur dit-il ; c'est qu'en effet l'élévation d'une Planête n'entraîne pas *l'égalité* des facultés. Quelle que soit l'épuration de notre Terre il y aura toujours des Esprits qui, bien que bons et épurés, seront moins avancés que d'autres, soit sur un point, soit sur un autre, car l'intelligence et le savoir des Esprits croissent toujours et n'ont pas de limites.

MATHIEU, XXVI; V. 14-19 — MARC, XVI; V. 10-16 — LUC, XXII; V. 1-13

Pacte de trahison de Judas Iscariote avec les princes des prêtres. — Lieu choisi pour la Pâque.

MATHIEU : V. 14. Alors un des douze, appelé Judas Iscariote, alla trouver les princes des prêtres, — 15, et leur dit : Que voulez-vous me donner et je vous le livrerai ? Et ils convinrent de lui donner trente pièces d'argent. — 16. Depuis ce temps-là, il cherchait une occasion favorable pour le livrer entre leurs mains. — 17. Or, le premier jour des Azymes, les disciples vinrent trouver Jésus, et lui dirent : Où voulez-vous que nous vous préparions ce qu'il faut pour manger la Pâque ? — 18. Jésus leur répondit : Allez dans la ville chez un tel et lui dites : Le maître vous envoie dire : Mon temps est proche; je viens faire la Pâque chez vous avec mes disciples. — 19. Les disciples firent ce que Jésus leur avait commandé et préparèrent ce qu'il fallait pour la Pâque.

MARC : V. 10. Alors Judas Iscariote, l'un des douze, alla trouver les princes des prêtres pour leur livrer Jésus. — 11. Après qu'ils l'eurent écouté, ils en eurent beaucoup de joie et lui promirent de lui donner de l'argent : Et dès lors il chercha une occasion favorable pour le livrer entre leurs mains. — 12. Le premier jour des Azymes, auquel on immolait l'agneau pascal, les disciples lui dirent : Où voulez-vous que nous allions vous préparer ce qu'il faut pour manger la

Pâque? — Il envoya donc deux de ses disciples et leur dit : Allez-vous en à la ville; vous rencontrerez un homme qui portera une cruche d'eau, suivez-le; — 14. et en quelque lieu qu'il entre, dites au maître de la maison : Le maître vous envoie dire : Où est le lieu où je dois manger la Pâque avec mes disciples ? — 15. Il vous montrera une grande chambre haute toute meublée; préparez-nous là ce qu'il faut. — 16. Ses disciples s'en étant allés, vinrent en la ville, et trouvèrent tout ce qu'il leur avait dit; et ils préparèrent ce qu'il fallait pour la Pâque.

Luc : V. 1. La fête des pains sans levain appelée la Pâque, était proche. — 2. Les princes des prêtres avec les Scribes, cherchaient un moyen pour faire mourir Jésus; mais ils appréhendaient le peuple. — 3. Or Satan entra dans Judas surnommé Iscariote, l'un des douze apôtres, — 4. qui étant allé trouver les princes des prêtres et les capitaines des gardes du temple, leur proposa la manière en laquelle il le leur livrerait. — 5. Il en furent fort aise; et ils convinrent, avec lui, de lui donner une somme d'argent; — 6. Il promit donc de le leur livrer et il ne cherchait plus qu'une occasion favorable de le faire à l'insu du peuple. — 7. Cependant le jour des pains sans levain arriva auquel il fallait immoler la Pâque. Jésus envoya donc Pierre et Jean en leur disant : Allez nous apprêter ce qu'il faut pour manger la Pâque. — 9. Ils lui dirent : Où voulez-vous que nous l'apprêtions ? — 10. Il leur répondit : Lorsque vous entrerez dans la ville, vous rencontrerez un homme portant une cruche d'eau, suivez-le dans la maison où il entrera ; — 11. et vous direz au maître de cette maison : Le maître vous envoie dire : Où est le lieu où je dois manger la Pâque avec mes disciples ? — 12. Et il vous montrera une grande chambre haute toute meublée, préparez-nous y ce qu'il faut. — 13. S'en étant donc allés, ils trouvèrent tout comme il leur avait dit ; et ils préparèrent ce qu'il fallait pour la Pâque.

181.

Nous voyons encore ici des faits de prescience et de vue à distance de la part de Jésus.

Quant à Judas, c'était un Esprit désireux d'avancer, mais orgueilleux et comptant trop sur ses forces. Il avait, étant à l'état d'Esprit, demandé à participer à l'œuvre du Christ; en vain ses guides lui firent voir les écueils contre lesquels il aurait à se briser, en vain essayèrent-ils de lui faire comprendre qu'il était trop faible pour le vaincre et que ses instincts envieux et cupides se réveilleraient sous l'obscurcissement de la chair, il ne voulut rien entendre. Sa trahison fut le résultat de sa présomption. Incarné, il se montra orgueilleux, envieux et luxueux; sa position, humble et pauvre, lui pesait; l'auréole qui entourait Jésus l'aveuglait et il ne pouvait lui pardonner d'attirer *ainsi* l'attention.

« Mais Judas n'avait point été choisi *à l'avance* pour être livré « au démon », comme l'a enseigné la religion romaine. Il fallait bien que celui qui s'était obstiné dans son orgueilleuse tentative, croyant plus sa présomption que celui qui lui faisait dire par ses guides: « *Tu failliras* », fut puni; mais en même temps qu'il subissait la peine méritée par son orgueil, *la main fraternelle* restait toujours étendue vers l'enfant indocile, afin de le relever après la chute qui devait lui servir de leçon, et faire germer en lui l'humilité salutaire qui n'y avait pas encore trouvé accès. »

OH! QU'IL EST GRAND CE DIEU QUI PERMET QUE, DANS SON INDIGNITÉ MÊME, L'ENFANT COUPABLE TROUVE LE

POINT D'APPUI QUI DOIT L'AIDER A MONTER VERS LA PERFECTION !

OH ! QU'IL EST BON CELUI QUI EST TOUJOURS PRÊT A PARDONNER AU REPENTIR SINCÈRE, BANDE DE SES MAINS BIENFAISANTES LES PLAIES DE NOS CŒURS COUPABLES, Y VERSE LE BAUME DE L'ESPOIR ET LES CICATRISE A L'AIDE DE L'EXPIATION !

BÉNI SOIS-TU, MON DIEU !

JUDAS ESCARIOTE.

EN PRÉSENCE DE CETTE MANIFESTATION INATTENDUE, NOUS AVONS *adressé à l'esprit de Judas* CES PAROLES :
« Nous vous remercions de vous être *ainsi* manifesté
» à nous, vous qui avez failli en demandant une mis-
» sion au-dessus de vos forces ; Dieu, dans sa bonté,
» dans sa miséricorde infinies, vous a permis de vous
» relever, et vous vous êtes régénéré au creuset du
» repentir, du remords, de l'expiation, de la réincar-
» nation, du temps et du progrès ; et vous êtes de-
» venu un des auxiliaires humbles, actifs et dévoués
» de Christ, qui vous avait promis, comme aux onze
» apôtres fidèles, que « vous boiriez et mangeriez à sa
» table » dans son royaume et que vous vous assoye-
» riez sur un des douze trônes pour juger les douze
» tribus d'Israël — c'est là un enseignement,
« source d'espoir et de courage pour tous, et qui
» apprend *à tous* que, quelque grand que soit le crime
» ou la faute de la créature, il n'est jamais si grand
» que la bonté de Dieu. »

La main du médium fluidiquement entraînée a, à l'instant même, spontanément écrit CECI :

« L'amour du Seigneur s'étend sur toutes ses créatures ; venez donc avec confiance à lui ; ce ne sont pas les innocents qui ont besoin de pardon ; ce ne sont pas les forts qui ont besoin d'appui ; venez, enfants qui pleurez sur vos fautes, le Seigneur séchera vos larmes ; venez, enfants chétifs et malades, le Seigneur vous donnera une part d'amour plus grande et plus active ; venez avec confiance ; comme vous, nous avons failli ; comme vous, nous avons été coupables ; nous avons gémi sur nos fautes ; nous avons, par un labeur long et pénible, expié les crimes que nous avons commis, les fautes qui nous avaient fait succomber, dans cette longue série d'existences humaines qui ont préparé et accompli notre purification ; et le Seigneur nous a admis à entrer dans sa joie ; imitez-nous donc, nos frères bien-aimés ; tous, plus ou moins, tous vous avez à expier ; vous avez à demander grâce : venez donc avec confiance aux pieds de votre père ; confessez vos fautes à son tribunal ; le juge est équitable ; le juge est juste, mais il est père ; son indulgence doit toujours l'emporter sur sa justice, ses arrêts sont prononcés dans la limite de vos forces ; il est créancier patient et doux ; il attendra que vous ayez pu acquitter votre dette ; oh ! venez ; et que la main que nous vous tendons puisse vous soutenir en vous faisant comprendre tous les trésors d'amour que vous trouverez en nous.

« Comme vous l'avez dit, Judas est aujourd'hui un esprit régénéré au creuset du repentir, du remords, de l'expiation, de la réincarnation et du progrès ; et il est devenu un des auxiliaires humbles, actifs et dévoués de Christ ; cet exemple vous montre que vous ne devez jamais repousser AUCUN de vos frères et encore moins le rejeter de la paix du Seigneur. »

MATHIEU, MARC, LUC, JEAN,
Assistés des Apôtres.
JOSEPH D'ARIMATHIE ; — SIMON DE CYRÈNE.

MATHIEU, XXVI ; V. 20-30 — MARC, XIV ; V. 17-26
LUC, XXII ; V. 14-23

Cène pascale. — Trahison de Judas prédite par Jésus.

MATHIEU : V. 20. Le soir étant donc venu, il se mit à table avec ses douze disciples ; — 21, et alors qu'ils mangeaient, il leur dit : Je vous dis en vérité que l'un de vous me trahira ; — 22, ce qui leur ayant causé une grande tristesse, chacun d'eux commença à lui dire : Serait-ce moi, Seigneur ? — 23. Il leur répondit : Celui qui met avec moi la main dans le plat est celui qui me trahira. — 24. Pour ce qui est du fils de l'homme, il s'en va selon ce qui a été écrit de lui, mais malheur à l'homme par qui le fils de l'homme sera trahi ; il vaudrait mieux pour lui qu'il ne fût pas né. — 25. Judas, qui fut celui qui le trahit, prenant la parole, lui dit : Maître, est-ce moi ? Il lui répondit : Vous l'avez dit. — 26. Or, pendant qu'ils soupaient, Jésus prit du pain, et l'ayant béni, il le rompit et le donna à ses disciples, en disant : Prenez et mangez, ceci est mon corps ; — 27, et prenant le calice, il le leur donna en disant : Buvez-en tous, — 28, car ceci est mon sang, le sang de la nouvelle alliance qui sera répandu pour plusieurs, pour la rémission des péchés. — 29. Or, je vous dis que je ne boirai plus désormais de ce fruit de la vigne jusqu'à ce jour auquel je le boirai *de nouveau* avec vous dans le royaume de mon père. — 30. Et ayant chanté le cantique d'actions de grâces, ils allèrent à la montagne des Oliviers.

MARC : V. 17. Le soir étant venu, il se rendit là avec les douze ; — 18, et lorsqu'ils étaient à table et qu'ils mangeaient, Jésus leur dit : Je vous dis en vérité que l'un de vous qui mange avec moi me trahira. — 19. Ils commencèrent à s'affliger, et chacun d'eux lui demandait : Est-ce moi ? — 20. Il leur répondit : C'est l'un des douze qui met la main avec moi dans le plat. — 21. Pour ce qui est du fils de l'homme, il s'en va selon ce qui a été écrit de lui ; mais malheur à l'homme par qui le fils de l'homme sera trahi ; il vaudrait mieux pour cet homme-là que jamais il ne fût né. — 22. Pendant qu'ils mangeaient encore, Jésus prit du pain, et l'ayant béni, il le rompit et le leur donna en disant : Ceci est mon corps. — 23. Et ayant pris le calice, après avoir rendu grâces, il le leur donna, et ils en burent tous : — 24. Et il leur dit : Ceci est mon sang, le sang de la nouvelle alliance qui sera répandu pour plusieurs. — 25. Je vous dis en vérité que je ne boirai plus désormais de ce fruit de la vigne, jusqu'à ce jour où je le boirai nouveau dans le royaume de Dieu. — 26. Et ayant chanté le cantique d'actions de grâces, ils s'en allèrent sur la montagne des Oliviers.

Luc : V. 14. Quand l'heure fut venue, il se mit à table et les douze apôtres avec lui; — 15, et il leur dit : J'ai souhaité avec ardeur de manger cette Pâque avec vous avant de souffrir; — 16, car je vous déclare que je n'en mangerai plus désormais, jusqu'à ce qu'elle soit accomplie dans le royaume de Dieu. — 17. Et, après avoir pris la coupe, il rendit grâces et leur dit : Prenez-la et la distribuez entre vous; — 18, car je vous dis que je ne boirai plus du fruit de la vigne jusqu'à ce que le règne de Dieu soit arrivé; — 19, puis il prit le pain, et ayant rendu grâces, il le rompit et le leur donna en disant : Ceci est mon corps qui est donné pour vous : faites ceci en mémoire de moi; — 20. Il prit de même la coupe, après le souper, en disant : Cette coupe est la nouvelle alliance en mon sang qui sera répandu pour vous; — 21, au reste, la main de celui qui me trahit est avec moi à cette table; — 22. Pour ce qui est du fils de l'homme, il s'en va selon ce qui en a été déterminé: mais malheur à cet homme par qui il sera trahi. — 23. Et ils commencèrent à s'entre-demander qui était celui d'entre eux qui devait faire cette action.

182.

Le repas de Jésus avec ses disciples ne doit point éveiller en nous une idée matérielle. Par ces *emblèmes* du pain et du vin, qu'il compare à son corps et à son sang, Jésus fait un dernier et solennel appel à la *fraternité entre tous*. Il est bon que l'homme consacre un jour à ce grand souvenir; il est bon que, d'âge en âge, la mémoire du dévouement de ce grand modèle qui s'est abaissé jusqu'à nous, serve à nous élever jusqu'à lui.

La Pâque est le sceau déposé par Jésus sur les enseignements de sa parole; c'est la confirmation *de la loi d'amour et d'unité* qui doit régner entre les hommes; c'est l'enseignement SUPRÊME du Maître; c'est le suprême appel à la fraternité universelle.

Jésus est descendu vers nous pour nous donner des enseignements verbaux, capables de frapper notre attention et de réveiller notre intelligence, *en reliant toujours* ces enseignements aux faits et aux traditions de l'Ancien Testament. C'était nous montrer Dieu dirigeant de son œil paternel ses créatures, qui avaient abusé de leur libre-arbitre pour se révolter contre leur créateur et prendre la voie du mal.

Le Maître ne reviendra parmi nous que lorsque la graine qu'il a déposée, et qui germe depuis tant de siècles, aura donné des rameaux chargés de fruits.

Les paroles de Jésus : « *Ceci est mon corps, ceci est mon sang,* » sont emblématiques. Si les paroles du Maître furent prises *à la lettre* et produisirent le dogme humain de « *la présence réelle* » et de « *transubstantiation* » qui a donné lieu à tant d'interminables controverses, c'est que l'homme veut toujours voir l'écorce sans penser à la sève qui la fait vivre, et parce qu'il veut toujours dominer et faire prévaloir sa propre idée. Mais la Pâque ne doit être qu'un *grand jour com-*

mémoratif et célébrée seulement *selon l'esprit qui vivifie*, et non plus suivant la lettre qui tue et qui a fait son temps. Mais il faut laisser à l'amour et à la charité, au temps et à la raison, le soin d'ouvrir les intelligences et les cœurs à ce sujet. Il ne faut pas briser tout d'un coup un joug que tant de personnes trouvent encore facile et doux à porter. Il n'y a de honte aucune à s'approcher de « la table sainte, » car, quelles que soient les profanations auxquelles elle a été exposée, on peut toujours la sanctifier par *le sentiment qu'on y apporte avec son cœur*. C'est du courage par les temps d'irréligion qui courent, d'affirmer sa foi; mais arrière! arrière! l'hypocrite qui s'agenouille devant Dieu pour que les hommes le voient. Arrière! Arrière! aussi, le lâche qui tient plus à la considération des hommes qu'à la tranquillité de sa conscience, qui redoute plus le blâme des hommes que le sien propre.

LUC

CHAPITRE XXII. — V. 24-30

Orgueil, — Ambition, — Domination, — Interdits.

V. 24. Il s'excita aussi, parmi eux, une contestation, lequel d'entre eux devait être estimé le plus grand; — 25, mais Jésus leur dit : Les rois des nations les traitent avec empire : ceux qui ont autorité sur elles en sont appelés les bienfaiteurs; — 26, qu'il n'en soit pas de même parmi vous, mais que celui qui est le plus grand parmi vous devienne comme le plus petit, et celui qui gouverne comme celui qui sert; — 27, car lequel est le plus grand de celui qui est à table ou de celui qui sert? N'est-ce pas celui qui est à table? Et néanmoins je suis au milieu de vous comme celui qui sert; — 28, c'est vous qui êtes toujours demeurés fermes avec moi dans mes tentations; — 29, c'est pourquoi je vous prépare le royaume comme mon père me l'a préparé, — 30, afin que vous mangiez et buviez à ma table dans mon royaume et que vous soyez assis sur des trônes pour juger les douze tribus d'Israël.

183.

C'est toujours le même enseignement revenant à chaque instant à la bouche de Jésus. Le Christ porte encore ici l'homme à l'humilité, au désintéressement et au renoncement de soi-même. L'orgueil et l'ambition sont, comme tout ce qui constitue une infraction à la loi d'amour, à la charité et à la fraternité, une barrière entre l'homme et Dieu.

MATHIEU, XXVI: V. 31-35 — MARC, XIV; V. 27-31
LUC, XXII; V. 31-38

Prédictions de Jésus. — Renoncement de Pierre prédit.

MATHIEU : V. 31. Alors Jésus leur dit : Je vous serai à tous, cette nuit, une occasion de scandale; car il est écrit : *Je frapperai le pasteur, et les brebis du troupeau seront dispersées.* — 32. Mais après que je serai ressuscité, j'irai devant vous en Galilée. — 33. Pierre lui répondit : Quand vous seriez pour tous les autres un sujet de scandale, vous ne le serez jamais pour moi. — 34. Jésus lui répartit : Je vous dis en vérité que cette même nuit, avant que le coq ne chante, vous me renoncerez trois fois ; — 35, mais Pierre lui dit : Quand il me faudrait mourir avec vous, je ne vous renoncerai point. Et tous les autres disciples dirent la même chose.

Marc : V. 27. Alors Jésus leur dit : Je vous serai à tous, cette nuit, une occasion de scandale ; car il est écrit : *Je frapperai le pasteur, et toutes les brebis seront dispersées.* — 28. Mais après que je serai ressuscité, j'irai devant vous en Galilée. — 29. Pierre lui dit : Quand vous seriez pour tous les autres un sujet de scandale, vous ne le serez pas pour moi. — 30. Et Jésus lui répartit : Je vous dis en vérité que vous-même aujourd'hui, dès cette nuit, avant que le coq n'ait chanté deux fois, vous me renoncerez trois fois. — 31. Mais Pierre insistait encore davantage : Quand il me faudrait mourir avec vous, je ne vous renoncerai point : et tous les autres en dirent autant.

Luc : V. 31. Le Seigneur dit encore : Simon, Simon, Satan vous a demandés tous pour vous cribler comme on crible le froment ; — 32, mais j'ai prié pour vous en particulier afin que votre foi ne défaille point ; lors donc que vous serez converti, ayez soin d'affermir vos frères. — 33. Pierre lui répondit : Seigneur, je suis prêt à aller avec vous, et en prison et à la mort même. — 34. Mais Jésus lui dit : Pierre, je vous déclare que le coq ne chantera point aujourd'hui que vous n'ayez nié trois fois que vous me connaissez ; il leur dit ensuite : 35. Lorsque je vous ai envoyé sans sac, sans bourse et sans souliers, avez-vous manqué de quelque chose ? — 36. Non, lui dirent-ils. Jésus ajouta : Mais maintenant, que celui qui a un sac ou une bourse les prenne, et que celui qui n'en a point vende sa robe pour acheter une épée ; — 37, car je vous dis qu'il faut encore qu'on voie s'accomplir en moi ce qui est écrit : Il a été mis au rang des scélérats, parce que ce qui a été prophétisé de moi est près d'être accompli. — Ils lui répondirent : Seigneur, voici deux épées ; et Jésus leur dit : C'est assez.

184.

Jésus fait, *à l'avance*, comprendre à ses disciples combien est fragile la volonté humaine et combien peu, l'homme doit compter sur ses propres forces. « *J'ai prié pour toi,* » dit-il à Pierre, montrant ainsi à tous que le *seul* appui que l'homme puisse trouver est dans la prière.

Par ces autres paroles à Pierre : « *Simon, Simon, Satan t'a demandé pour te cribler comme on crible le froment,* » Jésus faisait allusion aux mauvaises pensées qui germaient dans son cœur et qui lui faisaient parfois regretter la voie où il s'était engagé ; pensées fugitives, plutôt à l'état de germes que formulées, mais visibles à l'œil du Maître. Pierre comprenait qu'un grand danger menaçait son maître et eux-mêmes ; et la faiblesse humaine faisait naître parfois au fond de son cœur un vague sentiment de regret d'être *ainsi* exposé.

Les paroles que prononce ici Jésus, avaient pour but de tenir ses disciples en garde contre les événements qui devaient survenir, et leur faire comprendre que le moment de la lutte était proche. Comme presque toujours, ses paroles sont *symboliques*.

MATHIEU, XXVI; V. 36-46 — MARC, XIV; V. 32-42 — LUC, XXII; V. 39-46

Jésus au lieu de Gethsémani. — Paroles et enseignements adressés à ses disciples. — IL APPREND *aux* hommes à mourir, APRÈS LEUR AVOIR APPRIS *à* vivre, EN VUE *du progrès de l'esprit.* — *Apparition de l'ange* DANS LE DOUBLE BUT : — *de convaincre toujours les hommes de son humanité* apparente, *mais prise pour* réelle *par eux et à laquelle* ILS DEVAIENT *croire pendant sa mission terrestre et après, sous l'empire et le voile de la lettre jusqu'à l'avènement de l'esprit.* — *Et de préparer les hommes à reconnaître, lors de cet avènement, que la divinité qui devait lui être attribuée par les interprétations humaines* DEVAIT *être écartée.*

MATHIEU : V. 36. Alors Jésus arriva, avec eux, en un lieu appelé Gethsémani, et il dit à ses disciples : Asseyez-vous ici pendant que je m'en irai là pour prier; — 37, et ayant pris avec lui Pierre et les deux fils de Zébédée, il commença à s'attrister et à être dans une grande affliction; — 38, alors il leur dit : Mon âme est triste jusqu'à la mort; demeurez ici et veillez avec moi. — 39. Et, s'en allant un peu plus loin, il se prosterna le visage contre terre, priant et disant : Mon père, s'il est possible, faites que ce calice s'éloigne de moi : néanmoins qu'il en soit, non comme je le veux, mais comme vous le voulez. — 40. Il vint ensuite vers ses disciples, et les ayant trouvés endormis, il dit à Pierre : Quoi ! vous n'avez pu veiller une heure avec moi ? — 41. Veillez et priez, afin que vous ne tombiez point dans la tentation; l'esprit est prompt, mais la chair est faible. — 42. Il s'en alla encore prier une seconde fois, en disant : Mon père, si ce calice ne peut pas passer sans que je le boive, que votre volonté soit faite. — 43. Il retourna ensuite vers eux, et les trouva encore endormis, parce que leurs yeux étaient appesantis de sommeil. — 44. Et les quittant, il s'en alla encore pour la troisième fois, disant les mêmes paroles. — 45. Après, il vint trouver ses disciples et leur dit : Dormez maintenant et vous reposez; voici l'heure qui est proche, et le fils de l'homme va être livré entre les mains des pécheurs. — 46. Levez-vous, allons : celui qui doit me trahir est près d'ici.

Marc : V. 32. Ils allèrent ensuite au lieu de Gethsémani, où il dit à ses disciples : Asseyez-vous ici jusqu'à ce que j'aie fait ma prière; — 33, et ayant pris avec lui Pierre, Jacques et Jean, il commença à être saisi de frayeur et pénétré d'une extrême affliction. — 34. Alors il leur dit : Mon âme est triste jusqu'à la mort; demeurez ici et veillez. — 35. Et s'en allant un peu plus loin, il se prosterna contre terre, priant que, s'il était possible, cette heure s'éloignât de lui; — 36, et il disait : Abba, mon père, tout vous est possible; transportez ce calice loin de moi, mais néanmoins que votre volonté s'accomplisse et non la mienne. — 37. Il vint ensuite vers ses disciples, et les ayant trouvés endormis, il dit à Pierre : Simon, vous dormez? Quoi! vous n'avez pu seulement veiller une heure? — 38. Veillez et priez, afin que vous n'entriez point en tentation : l'esprit est prompt, mais la chair est faible. — 39. Il s'en alla pour la seconde fois et fit sa prière dans les mêmes termes; — 40, et, étant retourné vers eux, il les trouva endormis, car leurs yeux étaient appesantis de sommeil et ils ne savaient que lui répondre. — 41. Il revint encore pour la troisième fois, et il leur dit : Dormez maintenant et vous reposez; c'est assez, l'heure est venue : le fils de l'homme va être livré entre les mains des pécheurs; — 42, levez-vous; allons, celui qui doit me trahir est près d'ici.

Luc : V. 39. Puis étant sorti, il s'en alla, selon sa coutume, à la montagne des Oliviers; et ses disciples le suivirent. — 40. Lorsqu'il fut arrivé en ce lieu-là, il leur dit : Priez, afin que vous ne succombiez point à la tentation. — 41. Et s'étant éloigné d'eux environ d'un jet de pierre, il se mit à genoux et fit sa prière, — 42, en disant : Mon père, si vous voulez, éloignez ce calice de moi; néanmoins, que ce ne soit pas ma volonté qui se fasse, mais la vôtre. — 43. Alors il lui apparut un ange du ciel qui vint le fortifier, et, étant tombé en agonie, il redoublait ses prières, — 44, et il lui vint une sueur, comme des gouttes de sang, qui coulait jusqu'à terre. — 45. S'étant levé après avoir fait sa prière, il vint à ses disciples qui étaient endormis à cause de la tristesse dont ils étaient accablés ; — 46, et il leur dit : Pourquoi dormez-vous ? Levez-vous, et priez afin que vous ne succombiez point à la tentation.

185.

Jésus est descendu parmi les hommes pour leur *enseigner* à vivre et à mourir EN VUE du progrès de l'esprit ; tous ses actes, toutes ses paroles ont eu ce but et cet objet. Après leur avoir enseigné à vivre, il allait leur enseigner à mourir. Mais tout se passa UNIQUEMENT comme *enseignement* et comme *exemple* et *par rapport* aux hommes matériels auxquels il s'adressait, et qui *alors* croyaient, à tort, que l'origine de Jésus était purement humaine. Tout devait donc être *approprié* à cette croyance, car tout est préparé par Dieu pour faire passer chaque Humanité du règne de la matière au règne de l'esprit.

Jésus prit avec lui les trois mêmes disciples qu'il avait déjà emmenés avec lui lors de la transfiguration sur le Thabor, Pierre, Jacques et Jean, pour la même raison, c'est qu'ils avaient les dispositions physiques les plus favorables pour les manifestations spirites.

« *Mon âme est triste jusqu'à la mort,* » leur dit-il ; ces paroles avaient pour but de faire comprendre qu'il avait la prescience de ce qui allait arriver et qu'il cherchait la force en Dieu.

« *Veillez avec moi,* » car c'est vous qui serez chargés de raconter CE QUE vous aurez vu et entendu et qui doit être connu des hommes, transmis aux générations futures, expliqué et compris suivant l'intelligence et les besoins de *chaque* époque ; d'abord : *selon la lettre*, et ensuite, aux temps prédits : *selon l'esprit*. Toujours Jésus donnait l'exemple de la foi et de la résignation que nous devons tous avoir dans les décrets divins.

Si Jésus vint trois fois vers ses disciples et prononça trois fois les mêmes paroles, ce fut pour mieux les graver dans leur cœur et dans leur mémoire, car ils devaient les raconter et elles devaient traverser les siècles et parvenir à toutes les générations humaines.

« L'apparition de l'ange eut *réellement* lieu, et cela à titre D'ENSEIGNEMENT, afin de prouver aux hommes que Dieu soutient toujours ceux qui s'adressent à lui avec foi et résignation et leur envoie la force dont ils ont besoin. Cette apparition fut visible pour les trois disciples par l'effet de leur médiumnité voyante, et c'est justement la raison pour laquelle Jésus avait pris ces trois disciples et non les autres.

« *Et il lui vint une sueur*, COMME *des gouttes de sang, qui coulait jusqu'à terre.* » Ce fut là un effet fluidique qui eut lieu aux yeux des trois disciples et fut médianimiquement *visible* pour eux. Cet effet fluidique était *l'emblème* du sang que Jésus voyait DEVOIR ÊTRE versé en son nom. Cette manifestation n'a rien de « *merveilleux* » pour ceux qui ont été initiés à la science spirite. Ce sont des effets qui peuvent se produire et se produiront bientôt, souvent, *aux yeux des Médiums voyants*.

« D'ailleurs, le phénomène pathologique appelé *sueur de sang*, est bien connu des médecins, et l'histoire des deux jeunes filles connues sous le nom de : « *Stigmatisées du Tyrol* » en est un exemple frappant.

« Mais la nature de Jésus le mettait à même de surmonter toutes les souffrances qui nous abattent, et tout ce qui se passa eut lieu UNIQUEMENT pour *l'enseignement* des hommes.

« Doux maître du monde, enseigne encore à ces ingrats à se prosterner devant le Seigneur ; fais encore tomber de ta bouche adorable les paroles de dévouement et de soumission qu'ils doivent répéter !

« Si les souffrances physiques ne pouvaient atteindre Jésus, les souffrances morales déchiraient son cœur quand, dans sa prescience, il voyait se dérouler un avenir si peu productif pour votre Humanité. Il voyait couler le sang *qu'en son nom* les hommes verseraient, et ce sang, *aux yeux de ses trois disciples*, tombait comme une sueur qui l'inondait, pendant que son cœur subissait toute la torture des douleurs morales. »

MATHIEU, XXVI; V, 46-56 — MARC, XIV; V. 43-52 — LUC, XXII; V. 47-53

—

Baiser de Judas. — Oreille d'un des serviteurs du grand prêtre coupée par un de ceux qui étaient avec Jésus, et guérie par Jésus. — Fuite des disciples.

MATHIEU : V. 47. Il n'avait pas encore achevé ces mots, que Judas, un des douze, arriva, et, avec lui, une grande troupe de gens armés d'épées et de bâtons, qui avaient été envoyés par les princes des prêtres et par les anciens du peuple; — 48, — or, celui qui le trahissait leur avait donné le signal pour le connaître, en leur disant : Celui que je baiserai, c'est celui là même que vous cherchez. Saisissez-vous de lui. — 49. Aussitôt donc il s'approcha de Jésus et lui dit : Maître, je vous salue; et il le baisa. — 50. Jésus lui répondit : Mon ami, qu'êtes-vous venu faire ici? Et en même temps, tous les autres s'avançant, se jetèrent sur Jésus et se saisirent de lui; — 51, alors un de ceux qui étaient avec Jésus, portant la main à son épée et la tirant, en frappa un des serviteurs du grand prêtre et lui coupa une oreille. — 52. Mais Jésus lui dit : Remettez votre épée en son lieu, car tous ceux qui prendront l'épée périront par l'épée. — 53. Croyez-vous que je ne puisse pas prier mon père et qu'il ne m'enverrait pas ici en même temps plus de douze légions d'anges? — 54. Comment donc s'accompliront les écritures qui déclarent que cela doit être ainsi? — 55. En même temps Jésus, s'adressant à cette troupe, leur dit : Vous êtes venus ici armés d'épées et de bâtons pour me prendre comme si j'étais un voleur. J'étais tous les jours assis au milieu de vous, enseignant dans le temple, et vous ne m'avez point arrêté. — 56. Mais tout cela s'est fait afin que ce que les prophètes ont écrit fût accompli; alors les disciples, l'abandonnant, s'enfuirent tous.

Marc : V. 43. Il parlait encore, lorsque Judas Iscariotte, l'un des douze, parut suivi d'une grande troupe de gens armés d'épées et de bâtons qui avaient été envoyés par les grands prêtres, par les Scribes et les sénateurs. — 44. Or, celui qui le trahissait avait donné le signal et leur avait dit : Celui que je baiserai, c'est celui-là même que vous cherchez. Saisissez-vous de lui et l'emmenez sûrement. — 45. Aussitôt donc qu'il fut arrivé, il s'approcha de Jésus et lui dit : Maître, je vous salue; et il le baisa. — 46. Ensuite ils mirent la main sur Jésus et se saisirent de lui. — 47. Un de ceux qui étaient présents, tirant son épée, en frappa un des gens du grand prêtre et lui coupa une oreille. — 48. Mais Jésus, prenant la parole, leur dit : Vous êtes venus pour me prendre, armés d'épées et de bâtons comme si j'étais un voleur. — 49. J'étais, tous les jours, au milieu de vous, enseignant dans le temple, et vous ne m'avez point arrêté ; mais il faut que les écritures soient accomplies ; — 50. alors ses disciples l'abandonnèrent et s'enfuirent tous. — 51. Or, il y avait un jeune homme qui le suivait, couvert seulement d'un linceul, et les soldats ayant voulu se saisir de lui, — 52. il laissa aller son linceul et s'enfuit tout nu des mains de ceux qui le tenaient.

Luc : V. 47. Il parlait encore, lorsqu'une troupe de gens parut, à la tête desquels marchait l'un des douze apôtres appelé Judas, qui s'approcha de Jésus pour le baiser ; — 48. Et Jésus lui dit : Quoi, Judas, vous trahissez le fils de l'homme par un baiser ? — 49. Ceux qui étaient autour de lui, voyant bien ce qui allait se passer, lui dirent : Seigneur, frapperons-nous de l'épée ? — 50. Et l'un d'eux frappa un des gens du grand prêtre et lui coupa l'oreille droite ; — 51. mais Jésus, prenant la parole, lui dit : Laissez, demeurez-en là, et ayant touché l'oreille de cet homme, il le guérit ; — 52. puis, s'adressant aux princes des prêtres, aux capitaines des gardes du temple et aux sénateurs qui étaient venus pour le prendre, il leur dit : Vous êtes venus armés d'épées et de bâtons comme pour prendre un voleur. — 53. Quoique je fusse avec vous tous les jours dans le temple, vous ne m'avez point arrêté ; mais c'est ici votre heure et la puissance des ténèbres.

186.

On peut lire dans le *Livre de Roustaing*, l'explication de ces faits ; notre résumé ne nous permet que de prendre les lignes principales de CETTE GRANDE RÉVÉLATION que viennent nous faire les apôtres à l'état d'Esprits désincarnés.

« Ceux qui étaient autour de Jésus, voyant ce qui allait se passer, dirent : « Seigneur, frapperons-nous de l'épée ? » Alors, Simon-Pierre, portant la main à son épée et la tirant, en frappa l'un des serviteurs du grand-prêtre nommé Malchos, et lui coupa l'oreille droite ; mais Jésus, prenant la parole, dit à Pierre : « Remettez votre épée dans le fourreau, car tous ceux qui prendront l'épée, périront par l'épée ; laissez, demeurez-en là. » Et ayant touché l'oreille de cet homme, il le guérit. « Croyez-vous que je ne puisse pas, continua Jésus, prier mon père, et qu'il ne m'enverrait pas, ici, en même temps plus de douze légions d'anges ? Ne faut-il pas que je boive le calice que mon père m'a donné ? Comment donc s'accompliront les écritures qui déclarent que cela doit être ainsi ? Puis, s'adressant à la troupe envoyée par les Juifs, aux prêtres, aux officiers du temple, aux sénateurs, il dit : « Vous êtes venus ici, armés d'épées et de bâtons pour me prendre, comme si j'étais un voleur ; j'étais tous les jours avec vous, enseignant dans le temple, assis au milieu de vous, et vous ne m'avez pas arrêté. C'est qu'il fallait que les écritures soient accomplies. C'est ici votre heure et la puissance des ténèbres. » Tout cela se fit afin que fût accompli ce que les prophètes avaient écrit, et afin de montrer la prescience de Dieu et sa bonté vis-à-vis des hommes. »

Pour ce qui est du jeune homme qui *laissa aller son linceul et s'enfuit tout nu*, sa présence là n'était pas sans but ; elle portait avec elle, *selon l'esprit*, son enseignement ; l'Esprit de ce jeune homme avait, avant son incarnation, accepté la mission de servir d'instrument. Ce jeune homme, enveloppé d'un linceul et suivant Jésus, était l'emblème de *l'ancienne loi* qui portait avec elle l'emblème de la mort ; *arrêté* dans sa course, elle se dépouille de ses insignes et se trouve *telle* que le Seigneur l'a faite.

« O vous tous, qui êtes enveloppés de fraude, de vices et de méchanceté, faites comme le jeune homme qui suivait Jésus, dépouillez-vous des insignes *de la mort* et laissez votre linceul aux mains des incrédules qui cherchent à vous arrêter dans votre course. Elancez-vous *nus* devant le Seigneur, c'est-à-dire ne portant plus avec vous qu'un *cœur pur*, tel que Dieu veut qu'il soit. »

MATHIEU, XXVI; V. 57-68 — MARC, XIV; V. 53-65 — LUC, XXII; V. 54-55; 63?1

Jésus emmené chez le grand prêtre. — Outragé, déclaré mériter la mort.

MATHIEU : V. 57. Ces gens s'étant donc saisis de Jésus, l'emmenèrent chez Caïphe qui était grand prêtre, où les Scribes et les anciens étaient assemblés. — 58. Or, Pierre le suivait de loin jusqu'à la cour de la maison du grand prêtre, et étant entré, il s'assit avec les gens pour voir la fin de tout ceci; — 59, cependant les princes des prêtres cherchaient un faux témoignage contre Jésus pour le faire mourir; — 60, et ils n'en trouvèrent point qui fût suffisant, quoique plusieurs faux témoins se fussent présentés; enfin, il vint deux faux témoins, — 61, qui dirent : Celui-ci a dit : Je puis détruire le temple de Dieu et le rebâtir en trois jours. — 62. Alors le grand prêtre se levant, lui dit : Vous ne répondez rien à ce que ceux-ci déposent contre vous? — 63. Mais Jésus demeurait dans le silence, et le grand prêtre lui dit : Je vous commande par le Dieu vivant de nous dire si vous êtes le Christ, le fils de Dieu. — 64. Jésus lui répondit : Vous l'avez dit : je le suis; mais je vous déclare que vous verrez dans la suite le fils de l'homme assis à la droite de la majesté de Dieu et venant sur les nuées du ciel. — 65. Alors le grand prêtre déchira ses vêtements, en disant : Il a blasphémé : Qu'avons-nous plus besoin de témoins ? Vous venez d'entendre le blasphème : — 66. Que vous en semble ? Ils répondirent : Il a mérité la mort. — 67. Alors ils lui crachèrent au visage et ils le frappèrent à coups de poing : et d'autres lui donnèrent des soufflets, — 68, en disant : Christ, prophétise-nous et dis qui est celui qui t'a frappé.

Marc : V. 53. Ils emmenèrent ensuite Jésus chez le grand prêtre où s'assemblèrent tous les princes des prêtres, les Scribes et les sénateurs ; — 54, Pierre le suivit de loin jusque dans la maison du grand prêtre, où, s'étant assis auprès du feu avec les gens, il se chauffait. — 55. Cependant les princes des prêtres et tout le conseil cherchaient des dépositions contre Jésus pour le faire mourir ; et ils n'en trouvaient point ; — 56, car plusieurs déposaient faussement contre lui ; mais leurs dépositions n'étaient pas suffisantes. — 57. Quelques-uns se levèrent et portèrent un faux témoignage contre lui en ces termes : — 58. Nous lui avons entendu dire : Je détruirai ce temple bâti par la main des hommes, et j'en rebâtirai un autre, en trois jours, qui ne sera point fait par la main des hommes. — 59. Mais ce témoignage-là même n'était pas assez suffisant. — 60. Alors le grand prêtre, se levant au milieu de l'assemblée, interrogea Jésus et lui dit : Êtes-vous le Christ, le fils du Dieu béni à jamais ? — 62. Jésus lui répondit : Je le suis ; et vous verrez, un jour, le fils de l'homme assis à la droite de la majesté de Dieu et venant sur les nuées du ciel. — 63. Aussitôt le grand prêtre, déchirant ses vêtements, leur dit : Qu'avons-nous plus besoin de témoins ? — 64. Vous venez d'entendre le blasphème qu'il a proféré : que vous en semble ? Tous le condamnèrent à mort. — 65. Alors quelques-uns commencèrent à lui cracher au visage ; et, lui ayant couvert la face, ils lui donnaient des coups de poing, en lui disant : Prophétise et dis qui t'a frappé ; et les valets lui donnaient des soufflets.

Luc : V. 54. Aussitôt ils se saisirent de lui et l'emmenèrent en la maison du grand prêtre : et Pierre le suivait de loin ; — 55, or, ces gens ayant allumé du feu au milieu de la cour, et s'étant assis autour, Pierre s'assit aussi parmi eux. — 63. Cependant, ceux qui tenaient Jésus se moquaient de lui, en le frappant ; — 64, et, lui ayant couvert la face, ils lui donnaient des coups sur le visage, l'interrogeaient en lui disant : Prophétise et dis qui est celui qui t'a frappé : — 65, et ils lui disaient beaucoup d'autres injures et de blasphèmes. — 66. Sur le point du jour, les sénateurs du peuple juif, les princes des prêtres et les Scribes s'assemblèrent, et l'ayant fait venir dans leur conseil, ils lui dirent : Si vous êtes le Christ, dites-le-nous. — 67. Il leur répondit : Si je vous le dis, vous ne me croirez point ; — 68, et si je vous interroge, vous ne me répondrez point et ne me laisserez point aller ; — 69, mais désormais le fils de l'homme sera assis à la droite de la puissance de Dieu : — 70. Alors ils lui dirent tous : Vous êtes donc le fils de Dieu ? Il leur répondit : Vous le dites, je le suis. — 71. Et ils dirent : Qu'avons-nous encore besoin de témoins, puisque nous l'avons entendu nous-mêmes de sa propre bouche ?

187.

Au point de vue historique aucune explication n'est nécessaire, les faits sont là.

Quant au point de vue Spirite tout ce qui a été dit précédemment met à même chacun de tout comprendre bien facilement.

MATHIEU, XXVI; V. 69-75 — MARC, XIV; V. 66-72 — LUC, XXII; V. 56-62

Renoncement de Pierre.

Mathieu : V. 69. Pierre cependant était au dehors assis dans la cour, et une servante, s'approchant de lui, lui dit : Vous étiez aussi avec Jésus de Galilée ; — 70, mais il nia devant tout le monde, en disant : Je ne sais ce que vous dites ; — 71, et lorsqu'il sortait hors la porte pour entrer dans le vestibule, une autre servante, l'ayant vu, dit à ceux qui se trouvèrent là : Celui-ci était aussi avec Jésus de Nazareth. — 72. Pierre le nia une seconde fois, en disant avec serment : Je ne connais pas cet homme. — 73. Peu après, ceux qui étaient là, s'avançant, dirent à Pierre : Certainement, vous êtes aussi de ces gens-là, car votre langage vous fait assez connaître ; — 74, il se mit alors à faire des serments exécrables et à dire en jurant : qu'il n'avait aucune connaissance de cet homme, et aussitôt le coq chanta. — 75. Et Pierre se ressouvint de la parole que Jésus lui avait dite : Avant que le coq chante, vous me renoncerez trois fois ; étant donc sorti, il pleura amèrement.

Marc : V. 66. Cependant Pierre était en bas dans la cour, une des servantes du grand prêtre y vint ; — 67, et, l'ayant vu qui se chauffait, après l'avoir considéré, elle lui dit : Vous étiez avec Jésus de Nazareth ; — 68, mais il le nia, en disant : Je ne le connais point, et je ne sais ce que vous dites ; et étant sorti dehors pour entrer dans le vestibule, le coq chanta ; — 69, et une servante l'ayant encore vu, commença à dire à ceux qui étaient présents : Celui-ci est de ces gens-là. — 70. Mais il le nia pour la seconde fois. Et peu de temps après, ceux qui étaient présents dirent encore à Pierre : Assurément vous êtes de ces gens-là ; car vous êtes aussi de Galilée. — 71. Il se mit alors à faire des serments exécrables et à dire en jurant : Je ne connais point cet homme dont vous me parlez. — 72. Aussitôt le coq chanta pour la seconde fois, et

Pierre se ressouvint de la parole que Jésus lui avait dite : Avant que le coq ait chanté deux fois, vous me renoncerez trois fois ; et il se mit à pleurer.

Luc : V. 56. Une servante qui le vit devant le feu, le considéra attentivement et dit : Celui-ci était aussi avec cet homme. — 57. Mais Pierre le renonça en disant : Femme, je ne le connais point. — 58. Un peu après, un autre, le voyant, lui dit : Vous êtes aussi de ces gens-là ? Pierre lui dit : O homme, je n'en suis point. — 59. Environ une heure après, un autre assurait la même chose, en disant : Certainement, cet homme était avec lui ; car il est aussi de Galilée. — 60. Pierre répondit : O homme, je ne sais ce que vous dites. Au même instant, comme il parlait encore, le coq chanta. — 61. Alors le Seigneur, se retournant, regarda Pierre, et Pierre se souvint de cette parole que le Seigneur lui avait dite : Avant que le coq ait chanté, vous me renoncerez trois fois. — 62. Et Pierre, étant sorti dehors, pleura amèrement.

188.

Pierre n'avait point demandé à la prière le courage et l'appui dont il avait besoin. Il avait négligé l'avertissement de Jésus d'avoir à se tenir en garde.

Grand fut son remords car il y avait chez lui faiblesse et non faute. C'était simplement manque de prévoyance et de méfiance en lui-même, mais non trahison préméditée.

Il ne faut pas s'arrêter aux différences de textes dans les Évangiles ; le secret des différences qui se présentent quelquefois ainsi, et qui sont toujours sans aucune importance, s'explique par l'état d'incarnation qui gêne, plus ou moins, les rapports médianimiques.

« Au moment où le coq chanta, Jésus n'était point auprès de Pierre mais, par un effet de Médiumnité *mentale*, Pierre ressentit une impression fluidique qui lui retraça, par la pensée, les paroles du Christ et lui fit voir sa douce et calme figure, enveloppant de son regard triste celui qui payait d'ingratitude l'affection dont il l'avait comblé. »

MATHIEU

CHAPITRE XXVII. — V. 1-10

Repentir et mort de Judas. — Lieu de son suicide et de sa sépulture.

V. 1. Le matin étant venu, tous les princes des prêtres et les sénateurs du peuple juif tinrent conseil contre Jésus pour le faire mourir? — Et l'ayant lié, ils l'emmenèrent et le mirent entre les mains de Ponce-Pilate, leur gouverneur. — 3. Cependant Judas, qui l'avait livré, voyant qu'il était condamné, se repentit de ce qu'il avait fait, et reportant les trente pièces d'argent aux princes des prêtres et aux sénateurs, — 4, il leur dit : J'ai péché en livrant le sang innocent; ils lui répondirent : Que nous importe? C'est votre affaire. — 5. Alors il jeta cet argent dans le temple, et, s'étant retiré, il alla se pendre. — 6. Mais les princes des prêtres, ayant pris l'argent, dirent : Il ne nous est pas permis de le mettre dans le trésor, parce que c'est le prix du sang. — 7. Et ayant délibéré là-dessus, ils en achetèrent le champ d'un potier pour la sépulture des étrangers; — 8. C'est pour cela que ce champ est appelé aujourd'hui *Hacel Dama*, c'est-à-dire le champ du sang; — 9. Ainsi fut accomplie cette parole du prophète Jérémie : Ils ont reçu les trente pièces d'argent qui étaient le prix de celui qui avait été mis à prix et dont ils avaient fait le marché avec les enfants d'Israël. — 10. Et ils les ont données pour en acheter le champ d'un potier, comme le Seigneur me l'a ordonné.

189.

Ce sont là des faits. Cependant il ne sont pas racontés par les Évangélistes d'une manière tout-à-fait exacte ; il faut en lire la rectification à la page 44 du 3ᵉ volume de l'œuvre de Roustaing.

MATHIEU, XXVII; V. 11-26 — MARC, XV; V. 1-15 — LUC, VXIII; V. 1-25

Jésus devant Pilate ; — et livré pour être crucifié.

MATHIEU : V. 11. Or, Jésus fut présenté devant le gouverneur, et le gouverneur l'interrogea en ces termes : Êtes-vous le roi des Juifs ? Jésus lui répondit : Vous le dites. — 12. Et étant accusé par les princes des prêtres et les sénateurs, il ne répondit rien. — 13. Alors Pilate lui dit : N'entendez-vous pas de combien de choses ces personnes vous accusent ? — 14. Mais il ne répondit rien à tout ce qu'il put lui dire ; de sorte que le gouverneur en était tout étonné. — 15. Or, le gouverneur avait coutume, au jour de la fête de Pâques, de délivrer celui des prisonniers que le peuple lui demandait. — 16. Et il y en avait alors un insigne, nommé Barrabas. — 17. Lorsqu'ils étaient donc tous assemblés, Pilate leur dit : Lequel voulez-vous que je vous délivre, de Barrabas ou de Jésus qui est appelé Christ ? — 18. Car il savait bien que c'était par envie qu'ils l'avaient livré entre ses mains. — 19. Cependant, lorsqu'il était assis dans son siège de justice, sa femme lui envoya dire : Ne vous embarrassez point dans l'affaire de ce juste, car j'ai été aujourd'hui étrangement tourmentée dans un songe à cause de lui. — 20. Mais les princes des prêtres et les sénateurs persuadèrent au peuple de demander Barrabas et de faire périr Jésus. — 21. Le gouverneur ayant donc dit : Lequel des deux voulez-vous que je vous délivre ? Ils lui répondirent : Barrabas. — 22. Pilate leur dit : Que ferai-je donc de Jésus qui est appelé Christ ? — 23. Ils répondirent : Qu'il soit crucifié. — 24. Pilate, voyant qu'il n'y gagnait rien, mais que le tumulte s'excitait toujours de plus en plus, se fit apporter de l'eau, et se lavant les mains devant le peuple, il leur dit : Je suis innocent du sang de ce juste, ce sera à vous à en répondre. — 25. Et tout le peuple lui répondit : Que son sang retombe sur nous et sur nos enfants. — 26. Alors il leur délivra Barrabas ; et, ayant fait fouetter Jésus, il le remit entre leurs mains pour être crucifié.

Marc : V. 1. Aussitôt que le matin fut venu, les princes des prêtres et les sénateurs et les Scribes, et tout le conseil ayant délibéré ensemble, lièrent Jésus, l'emmenèrent et le livrèrent à Pilate. — 2. Pilate l'interrogea en disant : Êtes-vous le roi des Juifs ? Jésus lui répondit : Vous le dites. — 3. Or, comme les princes des prêtres formaient diverses accusations contre lui, — 4. Pilate, l'interrogeant de nouveau, lui dit : Vous ne répondez rien ? Voyez de combien de choses ils vous accusent. — 5. Mais Jésus ne répondit rien davantage, de sorte que Pilate en était tout étonné. — 6. Or, il avait accoutumé de délivrer, à la fête de Pâques, celui des prisonniers que le peuple demandait. — 7. Et il y en avait un alors, nommé Barrabas, qui avait été mis en prison pour avoir commis un meurtre dans une sédition. — 8. Le peuple, étant donc venu devant le prétoire, commença à lui demander la grâce qu'il avait toujours accoutumé de leur faire. — 9. Pilate leur répondit : Voulez-vous que je vous délivre le roi des Juifs ? — 10. Car il savait que c'était par envie que les princes des prêtres le lui avaient mis entre les mains. — 11. Mais les princes des prêtres excitèrent le peuple à demander qu'il leur délivrât plutôt Barrabas. — 12. Pilate leur dit encore : Que voulez-vous donc que je fasse du roi des Juifs ? — 13. Mais ils crièrent de nouveau, et lui dirent : Crucifiez-le. — 14. Pilate leur dit : Mais quel mal a-t-il fait ? Et eux criaient encore plus fort : Crucifiez-le ! — 15. Enfin Pilate, voulant satisfaire le peuple, leur délivra Barrabas ; et, ayant fait fouetter Jésus, il le livra pour être crucifié.

Luc : 1. Toute l'assemblée s'étant levée, ils le menèrent à Pilate ; — 2, et ils commencèrent à l'accuser, en disant : Voici un homme que nous avons trouvé pervertissant notre nation, empêchant de payer le tribut à César et se disant roi et le Christ. — 3. Pilate l'interrogea donc, en lui disant : Êtes-vous le roi des Juifs ? Jésus lui répondit : Vous le dites. — 4. Alors Pilate dit aux princes des prêtres et au peuple : Je ne trouve rien de criminel en cet homme. — 5. Mais eux, insistant de plus en plus, ajoutèrent : Il soulève le peuple par la doctrine qu'il répand dans toute la Judée, depuis la Galilée où il a commencé jusqu'ici. — 6. Pilate, entendant parler de la Galilée, demanda s'il était Galiléen ; — 7, et ayant appris qu'il était de la juridiction d'Hérode, il le renvoya à Hérode, qui était aussi alors à Jérusalem. — 8. Hérode eut une grande joie de voir Jésus, car il y avait longtemps qu'il souhaitait de le voir, parce qu'il avait entendu dire beaucoup de choses de lui, et il espérait de lui voir faire quelque miracle. — 9. Il lui fit donc plusieurs demandes. Mais Jésus ne lui répondit rien. — 10. Cependant, les princes des prêtres et les Scribes étaient là, qui l'accusaient avec une grande opiniâtreté. — 11. Or, Hérode, avec sa cour, le méprisa ; et, le traitant avec moquerie, le revêtit d'une robe blanche et et le renvoya à Pilate. — 12. Et ce jour là même, Hérode et Pilate devinrent amis, d'ennemis qu'ils étaient auparavant. — 13. Pilate ayant donc fait venir les princes des prêtres, les sénateurs et le peuple, — 14, il leur dit : Vous m'avez présenté cet homme comme portant le peuple à la révolte, et néanmoins, l'ayant interrogé en votre présence, je ne l'ai trouvé coupable d'aucun des crimes dont vous l'accusez, — 15, ni Hérode non plus ; car je vous ai renvoyés à lui, et il paraît qu'il n'a rien fait qui marque qu'il soit digne de mort ; — 16, je vais donc le renvoyer après l'avoir

fait châtier. — 17. Et, comme il était obligé, à la fête
de Pâques, de leur livrer un criminel, — 18, tout le
peuple se mit à crier : Faites mourir celui-ci, et
donnez-nous Barrabas; — 19, c'était un homme qui
avait été mis en prison à cause d'une sédition qui s'é-
tait faite dans la ville et d'un meurtre qu'il y avait
commis. — 20. Pilate leur parla de nouveau, ayant
envie de délivrer Jésus; — 21, mais ils se mirent à
crier, en disant : Crucifiez-le! Crucifiez-le! — 22. Il
leur dit pour la troisième fois : Mais quel mal a-t-il
fait? Je ne trouve en lui rien qui mérite la mort. Je
vais donc le faire châtier et puis je le renverrai. —
23. Mais ils le pressaient de plus en plus, demandant
avec de grands cris qu'il fût crucifié; et enfin leurs
clameurs redoublaient; — 24. et Pilate ordonna que
ce qu'ils demandaient fût exécuté. — 25. Il leur délivra en même temps celui qu'ils demandaient, qui
avait été mis en prison pour crime de sédition et de
meurtre, et il abandonna Jésus à leur volonté.

190.

La femme de Pilate « avait vu en songe Jésus
s'élevant lumineux de la croix et les ténèbres
courant le monde » et, pleine de pressentiments
sinistres, elle avertit son mari en le suppliant de
ne point condamner ce juste. Pilate fit ce qu'il put
pour suivre les conseils de sa femme mais : *il fallait que les faits s'accomplissent*. D'ailleurs tout
avait été *préparé* et conduit, sous l'influence et
l'action Spirites, pour que l'innocence du Juste et
l'iniquité de la condamnation frappassent d'avantage les hommes de l'époque et les générations
futures.

Si Jésus dit qu'il était en effet le « *Roi des
Juifs* » c'était au point de vue *spirituel* qu'il parlait, et pour rappeler ses paroles déjà prononcées

ailleurs : « *Et je vous dis* EN VÉRITÉ *que vous ne me verrez plus désormais jusqu'à ce que vous disiez :* BÉNI SOIT LE ROI *qui vient au nom du Seigneur.* »

MATHIEU, XXVII; V. 27-30 — MARC, XV; V. 16-19.

*Flagellation. — Couronnement d'épines.
Outrages. — Insultes.*

MATHIEU : V. 27. Les soldats du gouverneur menèrent ensuite Jésus dans le prétoire, et là ayant assemblé autour de lui toute la cohorte, — 28, ils lui ôtèrent ses habits et le revêtirent d'un manteau d'écarlate ; — 29, puis ayant fait une couronne d'épines entrelacées, ils la lui mirent sur la tête avec un roseau dans la main droite ; et se mettant à genoux devant lui, ils se moquaient de lui, en disant : Salut au roi des Juifs ! — 30. Et lui crachant au visage, ils prenaient le roseau qu'il tenait, et lui en frappaient la tête.

MARC : V. 16. Alors les soldats, l'ayant emmené dans la cour du prétoire, assemblèrent toute la cohorte ; — 17, et l'ayant revêtu d'un manteau de pourpre, ils lui mirent sur la tête une couronne d'épines entrelacées ; puis ils commencèrent à le saluer, en lui disant : Salut au roi des Juifs. — 19. Ils lui frappaient la tête avec un roseau et lui crachaient au visage ; et se mettant à genoux devant lui, ils l'adoraient.

191.

C'est toujours un *enseignement* pour les hommes, et un *exemple* que Jésus leur donne. Nous trouvons dans les outrages qu'endura Jésus, dans la patience et la résignation qu'il montra, la ligne de conduite que nous-mêmes nous devons suivre.

« Si vous êtes en butte à la risée, au mépris de vos frères, quelque injustes que soient leurs opinions et leurs actes à votre égard, répondez toujours par la patience et la douceur. »

MATHIEU, XXVII; V. 31-32;—MARC, XV; V. 20-21 LUC, XXIII; V. 26-31

Jésus conduit au lieu du supplice. — Croix portée par Simon de Cyrène. — Paroles adressées par Jésus aux femmes qui se frappaient la poitrine et le pleuraient.

MATHIEU : V. 31. Après s'être ainsi joués de lui, ils lui ôtèrent ce manteau d'écarlate ; et lui ayant remis ses habits, ils l'emmenèrent pour le crucifier. — 32. Lorsqu'ils sortaient, ils rencontrèrent un homme de Cyrène, nommé Simon, qu'ils contraignirent de porter la croix de Jésus.

MARC : V. 20. Après s'être ainsi joués de lui, ils lui ôtèrent le manteau de pourpre, et lui ayant remis ses habits, ils l'emmenèrent pour le crucifier ; — 21, et comme un certain homme de Cyrène, nommé Simon, père d'Alexandre et de Rufus, revenant des champs, passait par là, ils le contraignirent de porter la croix de Jésus.

LUC : V. 26. Comme ils le menaient à la mort, ils prirent un homme de Cyrène, appelé Simon, qui revenait des champs, et le chargèrent de la croix, la lui faisant porter après Jésus. — 27. Or, il était suivi d'une grande multitude de peuple et de femmes qui se frappaient la poitrine et qui le pleuraient. — 28. Mais Jésus, se retournant vers elles, leur dit : Filles de Jérusalem, ne pleurez point sur moi, mais pleurez sur vous-mêmes et sur vos enfants ; — 29, car il viendra un temps auquel on dira : Heureuses les stériles et les entrailles qui n'ont point porté d'enfants et les mamelles qui n'en ont point nourri ! — 30. Ils commenceront alors à dire aux montagnes : Tombez sur nous, et aux collines : Couvrez-nous ; — 31, car s'ils traitent de la sorte le bois vert, comment le bois sec sera-t-il traité ?

192.

« La marche de Jésus fut *pénible ;* NE DEVAIT-IL pas montrer aux hommes jusqu'où peuvent aller la résignation et la soumission ? Pas une plainte, pas un reproche ne sortit de sa bouche. Et ne dites pas : « *il lui était aisé ; la chair ne sentait pas.* » Jésus souffrait alors, souffrait beaucoup en son cœur de voir tant d'endurcissement dans celui des hommes. Il souffrait, en pensant combien de siècles encore devaient passer sur vos têtes avant que le baptême de *l'Esprit* soit venu vous purifier, vous ses frères, pour lesquels il sentait un amour si ardent et si dévoué. Et il souffre encore en voyant votre endurcissement qui vous fait méconnaître encore LA SUBLIME MORALE dont il est la PERSONNIFICATION. »

MATHIEU, XXVII; V. 33-38 — MARC, XV ; V. 22-28
LUC, XXIII ; V. 32-33-34 ET 38

Crucifiement de Jésus et des deux voleurs. — *Paroles prononcées par Jésus,* A TITRE D'ENSEIGNEMENT *et* D'EXEMPLE.

MATHIEU : V. 33. Et étant arrivés au lieu appelé Golgotha, c'est-à-dire le lieu du Calvaire, — 34, ils lui donnèrent à boire du vin mêlé de fiel; mais en ayant goûté, il ne voulut point en boire. — 35. Après qu'ils l'eurent crucifié, ils partagèrent entre eux ses vêtements, les jetant au sort; afin que cette parole du prophète fût accomplie : Ils ont partagé entre eux mes vêtements et ont jeté ma robe au sort. — 36. Et s'étant assis, ils le gardaient. — 37. Ils mirent aussi, au-dessus de sa tête, le sujet de sa condamnation écrit en ces termes : *C'est Jésus, le roi des Juifs*. — 38. En même temps on crucifia, avec lui, deux voleurs, l'un à sa droite et l'autre à sa gauche.

Marc : V. 22. Et ensuite l'ayant conduit jusqu'au lieu appelé Golgotha, c'est-à-dire lieu du Calvaire, — 23, ils lui donnèrent à boire du vin mêlé avec de la myrrhe, mais il n'en prit point; — 24, et après l'avoir crucifié, ils partagèrent ses vêtements, les jettant au sort pour savoir ce que chacun en aurait. — 25. Il était la troisième heure du jour quand ils le crucifièrent; — 26, et la cause de sa condamnation était marquée par cette inscription : *Le roi des Juifs*. — 27. Ils crucifièrent aussi, avec lui, deux voleurs, l'un à sa droite et l'autre à sa gauche. — 28. Ainsi, cette parole de l'Ecriture fut accomplie : Et il a été mis au rang des méchants.

Luc : V. 32. On menait aussi, avec lui, deux autres hommes qui étaient des criminels qu'on devait faire mourir avec lui. — 33. Lorsqu'ils furent arrivés au lieu appelé Calvaire, ils y crucifièrent Jésus et les deux voleurs, l'un à droite, l'autre à gauche; — 34, et Jésus disait : Mon père, pardonnez-leur, car ils ne savent ce qu'ils font; ils partagèrent ensuite ses vêtements et les jetèrent au sort. — 38. Il y avait aussi au-dessus de lui une inscription en grec, en latin et en hébreu, où était écrit : *Celui-ci est le roi des Juifs*.

193.

Conduit au supplice, le calme et la dignité l'accompagnent et sa bouche ne profère aucun murmure. Une seule parole sort de ses lèvres : *Mon père pardonnez-leur, car ils ne savent ce qu'ils font.* »

Ce furent les Juifs qui, *moralement*, condamnèrent Jésus et le crucifièrent ; Ponce-Pilate et les soldats romains ne firent qu'exécuter la sentance comme le bourreau exécute l'arrêt de mort décrété par le jury.

MATHIEU, XXVII; V. 39-43 — MARC, XV; V. 29-32 — LUC, XXIII; V. 35-37

Blasphèmes. — Railleries. — Insultes.

MATHIEU : V. 39. Et ceux qui passaient par là le blasphémaient en branlant la tête, — 40, et lui disant : Toi qui détruis le temple de Dieu et qui le rebâtis en trois jours, que ne te sauves-tu toi-même ? Si tu es le fils de Dieu, descends de la croix. — 41. Les princes des prêtres se moquaient aussi de lui avec les Scribes et les sénateurs, en disant : — 42. Il a sauvé les autres et il ne peut se sauver lui-même ; s'il est le roi d'Israël, qu'il descende présentement de la croix et nous croirons en lui. — 43. Il met toute sa confiance en Dieu ; si donc Dieu l'aime, qu'il le délivre maintenant puisqu'il a dit : Je suis le fils de Dieu.

MARC : V. 29. Ceux qui passaient par là le blasphémaient en branlant la tête, et lui disant : Eh bien ! toi qui détruis le temple de Dieu et le rebâtis en trois jours, — 30, sauve-toi toi-même et descends de la croix. — 31. Les princes des prêtres avec les Scribes se moquant aussi de lui entre eux, disaient : Il en a sauvé d'autres, et il ne peut se sauver lui-même ; — 32, que le Christ, le roi d'Israël, descende maintenant de la croix afin que nous voyons et que nous croyons...

LUC : V. 35. Cependant le peuple se tenait là et le regardait ; et les sénateurs, aussi bien que le peuple, se moquaient de lui, en disant : Il a sauvé les autres, qu'il se sauve maintenant lui-même, s'il est le Christ, l'élu de Dieu. — 36. Les soldats même lui insultaient, s'approchant de lui, lui présentant du vinaigre, — 37, en lui disant : Si tu es le roi des Juifs, sauve-toi toi-même.

194.

C'est toujours l'ingratitude et la folie des hommes, toujours prêts à insulter ceux qu'ils devraient le plus aimer et respecter.

Ces versets sont *aussi* un avertissement et une leçon pour ceux qui, de nos jours, incrédules et insulteurs faciles, rejettent la Révélation Spirite qui est la continuation de la mission de Jésus sur la Terre et a pour but de remplacer le règne de la lettre et de la matière par le règne de l'esprit et de la vérité.

MATHIEU, XXVII ; V. 44 — MARC, XV ; V. 32
LUC, XXIII ; V. 39-43

Paroles de Jésus à l'un des deux voleurs APPELÉ
le bon larron.

MATHIEU : V. 44. Les voleurs qui étaient crucifiés avec lui lui faisaient aussi les mêmes reproches.

MARC : V. 32. Et ceux qui avaient été crucifiés avec lui l'outrageaient aussi de paroles.

LUC : V. 39. Or, l'un de ces deux voleurs qui étaient crucifiés avec lui, le blasphémait en disant : Si tu es le Christ, sauve-toi toi-même et nous avec toi ; — 40, mais l'autre le reprenant, lui disait : N'avez-vous donc point de crainte de Dieu non plus que les autres, vous qui vous trouvez condamné au même supplice ? — 41. Et encore pour nous c'est avec justice, puisque nous souffrons la peine que nos crimes ont méritée, mais celui-ci n'a fait aucun mal ; — 42, et il disait à Jésus : Seigneur, souvenez-vous de moi lorsque vous serez arrivé dans le royaume. —43. Et Jésus lui répondit : Je vous le dis en vérité, vous serez aujourd'hui avec moi dans le paradis.

195.

Au second voleur implorant sa puissance, qu'il reconnut en voyant sa douceur et sa bonté, Jésus répondit en l'encourageant : « *Je te le dis* EN VÉRITÉ: *aujourd'hui même tu entreras dans le paradis avec moi.* » Ces paroles ne signifient pas que celui dont la vie avait été pleine de fautes et de rapines serait, *par le seul fait de son repentir*, à l'abri de toute expiation, de toute réparation, mais *seulement* qu'à partir de ce moment il allait entrer dans la voie du progrès qui l'amènerait rapidement au bien. Le paradis n'est pas un lieu d'extase béate ainsi que l'a fait croire l'église romaine ; c'est l'entrée dans la voie lumineuse où l'on comprend l'avenir réservé à celui qui se repend et travaille à sa réhabilitation. Le bon larron venait d'entrer dans la vie spirituelle qui est le véritable paradis.

MATHIEU, XXVI; V. 45-50 — MARC, XV ; V. 23-37
LUC, XXIII ; V. 44-46

Mort, aux yeux des hommes, de Jésus.

MATHIEU : V. 45. Or, depuis la sixième heure du jour jusqu'à la neuvième toute la terre fut couverte de ténèbres; — 46, et sur la neuvième heure Jésus jeta un grand cri, en disant : *Éli, Éli, lamma sabachtani ?* c'est-à-dire : Mon Dieu, mon Dieu, pourquoi m'avez-vous abandonné ? — 47. Quelques-uns de ceux qui étaient présents l'ayant entendu crier de la sorte, disaient : Il appelle Élie. — 48. Et aussitôt l'un d'eux courut emplir une éponge de vinaigre, et, l'ayant mise au bout d'un roseau, il lui présenta à boire. — 49. Les autres disaient : Attendez, voyons si Élie viendra le délivrer. — 50. Mais Jésus, jetant alors un grand cri, rendit l'esprit.

Marc : V. 33. A la sixième heure du jour, les ténèbres couvrirent toute la terre jusqu'à la neuvième ; — 34, et à la neuvième heure Jésus jeta un grand cri, en disant : *Éloï, Éloï, lamma sabachtani !* c'est-à-dire : Mon Dieu, mon Dieu, pourquoi m'avez-vous abandonné ? — 35. Quelques-uns de ceux qui étaient présents, l'ayant entendu, disaient : Voilà qu'il appelle Élie ; — 36, et l'un d'eux courut emplir une éponge de vinaigre ; et l'ayant mise au bout d'un roseau, il la lui présenta pour boire, en disant : Laissez, voyons si Élie viendra le détacher de la croix ; — 37, alors Jésus, ayant jeté un grand cri, rendit l'esprit.

Luc : V. 44. Il était alors environ la sixième heure du jour; et toute la terre fut couverte de ténèbres jusqu'à la neuvième heure ; — 46, alors Jésus jeta un grand cri et dit : Mon père, je remets mon âme entre vos mains; et en prononçant ces mots, il expira.

196.

Jésus qui venait de terminer sa mission ne pouvait ÉVIDEMMENT pas être abandonné de Dieu. Voici, dit la Révélation Roustainienne, les paroles qui furent prononcées par le divin modèle au moment où, laissant sur la croix son enveloppe périspritique et tangible sous l'apparence corporelle humaine, il reprit sa liberté.

« Tout est accompli, Seigneur, me voici ! »

Nous vous les répètons TEXTUELLEMENT par ordre du Maître.

MATHIEU, MARC, LUC, JEAN,
Assistés des Apôtres.

« Alors qu'il venait d'adresser au bon larron ces paroles citées plus haut, Jésus jeta un grand cri pour attirer l'attention du peuple sur « ses derniers moments » et les larrons poussèrent des gémissements ; les disciples élevèrent en même temps leur voix dans une immense douleur et tous ces cris se réunirent. C'est ALORS, qu'au sein de cette agitation tumultueuse Jésus dit : *Tout est accompli, Seigneur, me voici !* pendant que le bon larron dans un élan vers son Créateur s'écriait de son côté : « *Mon Dieu, mon Dieu, pourquoi m'avez-vous abandonné ?* » Ces dernières paroles furent attribuées à Jésus, par quelques uns mais non pas par tous (1).

Jésus ne mourait pas car il ne pouvait pas mourir. Il quittait *la vie* pour la reprendre ; personne ne pouvait la lui ôter ; c'est *lui* qui la quittait de *lui-même :* il avait le pouvoir de la quitter et de la reprendre car il n'avait pas subi l'incarnation matérielle humaine *telle que la nôtre.*

---

(1) Il est indispensable de lire cette importante discussion dans Roustaing, page 65 et suivantes du 3ᵉ volume.

MATHIEU, XXVII; V. 51-56 — MARC, XV; V. 38-41 — LUC, XXIII; V, 45 et 47-49

Voile du temple déchiré. — Tremblement de la terre. — Apparition des morts. — Obscurcissement du soleil. — Paroles du centenier.

MATHIEU : V. 51. En même temps, le voile du temple se déchira en deux depuis le haut jusqu'en bas : la terre trembla : les pierres se fendirent ; — 52, les sépulcres s'ouvrirent et plusieurs corps de saints qui étaient dans le sommeil de la mort ressuscitèrent. — 53. Et sortant de leurs tombeaux après sa résurrection, ils vinrent dans la ville sainte et furent vus de *plusieurs personnes*. — 53. Le centenier et ceux qui étaient avec lui pour garder Jésus ayant vu le tremblement de terre et tout ce qui se passait, furent saisis d'une extrême crainte et dirent : Cet homme était vraiment fils de Dieu. — 55. Il y avait aussi plusieurs femmes qui se tenaient éloignées et qui avaient suivi Jésus depuis Galilée, ayant soin de l'assister, — 56, entre lesquelles étaient Marie-Madeleine, Marie, mère de Jacques et de Joseph, et la mère des fils de Zébédée.

MARC : V. 38. En même temps, le voile du temple se déchira en deux depuis le haut jusqu'en bas ; — 39, et le centenier, qui était là présent, vis-à-vis de lui, voyant qu'il avait expiré en jetant ce grand cri, dit : Cet homme était vraiment fils de Dieu. — 40. Il y en avait aussi des femmes qui regardaient de loin, — entre lesquelles étaient Marie-Madeleine, Marie, mère de Jacques, le mineur, et de Joseph et Salomé, — 41, qui le suivaient lorsqu'il était en Galilée et l'assistaient de leur bien ; il y en avait encore plusieurs autres qui étaient venues avec lui à Jérusalem.

LUC : V. 45. Le soleil fut obscurci et le voile du temple se déchira par le milieu. — 47. Or, le centenier ayant vu ce qui était arrivé, glorifia Dieu, en disant : Certainement, cet homme était juste ; — 48, et toute la multitude de ceux qui assistaient à ce spectacle, considérant toutes ces choses, s'en retournaient en se frappant la poitrine. — 49. Tous ceux qui étaient de la connaissance de Jésus et les femmes qui l'avaient suivi de Galilée, étaient là aussi et regardaient de loin ce qui se passait.

197.

Ce n'est point à ceux qui nient toute influence extramondaine que l'on pourra faire admettre les faits Spirites. Cependant c'est par cette science nouvelle que tout s'explique ici facilement. Les ténèbres qui couvrirent la terre depuis la sixième heure du jour jusqu'à la neuvième, ne furent autre chose qu'un effet physique puissant, produit par une puissante action Spirite, destiné à impressionner fortement les masses et avoir un grand retentissement au sein des générations futures. Un nombre d'Esprits incalculable pour nous, entourait Jésus à l'instant de sa mort apparente et produisirent tous ces effets. L'obscurcissement du Soleil, les ténèbres qui couvrirent la Terre, furent produits par des fluides opaques assemblés et combinés sous l'action des Esprits préposés à cet effet.

Le tremblement de terre fut partiel ; il eut lieu en ce point de la terre où se trouvaient les Juifs qui avaient poursuivi Jésus de leur haine, et s'étendit au temple où les prêtres et les principaux des Juifs s'étaient rendus après le supplice.

« Que les incrédules ne disent point que les Esprits du Seigneur, préposés à l'accomplissement de ces phénomènes, employaient des moyens indignes de leur caractère et de leur élévation, ni qu'ils faisaient de la *jonglerie*. Nous répondons, à *l'avance,* à ces critiques qui nient ou blâment ce qu'ils ne comprennent pas :

Le Seigneur a mis aux mains de ses agents les moyens nécessaires a la direction des mondes, a la conversion des hommes, et ces moyens sont employés suivant les circonstances et les besoins de l'époque.

En même temps que se manifestaient tous ces phénomènes physiques, des Esprits se rendirent visibles aux yeux des hommes et furent vus *de plusieurs personnes.* Ils empruntèrent des figures connues afin qu'elles pussent être reconnaissables et frapper d'avantage.

MATHIEU, XXVII ; V. 57-61 — LUC, XV ; V. 42-47
LUC, XXIII ; V. 50-56

Joseph d'Arimathie descend le corps de la croix et le dépose dans le sépulcre.

Mathieu : V. 57. Sur le soir, un homme riche de la ville d'Arimathie, nommé Joseph, qui était aussi disciple de Jésus, — 58, vint trouver Pilate, et lui ayant demandé le corps de Jésus, Pilate commanda qu'on le lui donnât. — 59. Joseph ayant donc pris le corps, l'enveloppa dans un linceul blanc, — 60, le mit dans son sépulcre, qui n'avait point encore servi, et qu'il avait fait tailler dans le roc ; et après avoir fait tailler une grande pierre à l'endroit du sépulcre, il se retira. — 61. Marie-Madeleine et l'autre Marie étaient là, se tenant assises auprès du sépulcre.

Marc : V. 42. Le soir étant venu parce que c'était le jour de la préparation, c'est-à-dire, la veille du sabbat, — 43, Joseph d'Arimathie qui était un homme de considération et sénateur, et qui attendait aussi le royaume de Dieu, s'en vint hardiment trouver Pilate, et lui demanda le corps de Jésus. — Pilate, s'étonnant de ce qu'il fût mort si tôt, fit venir le centenier. — 45. Le centenier l'en ayant assuré, il donna le corps à Joseph. — 46. Joseph, ayant acheté un linceul, descendit Jésus de la croix, l'enveloppa dans le linceul, le mit dans un sépulcre qui était taillé dans le roc et roula une pierre à l'entrée du sépulcre. — 47. Cependant Marie-Madeleine et Marie mère de Joseph regardaient où on le mettait.

Luc : V. 50. Dans le même temps, un sénateur appelé Joseph, homme vertueux et juste, — 51, qui n'avait point consenti au dessein des autres ni à ce qu'ils avaient fait, qui était d'Arimathie, ville de Judée, et qui attendait aussi le royaume de Dieu, — 52, cet homme, dis-je, vint trouver Pilate et lui demanda le corps de Jésus ; — 53, et l'ayant ôté de la croix, il l'enveloppa d'un linceul, et le mit dans un sépulcre, taillé dans le roc, où personne n'avait encore été mis. — 54. Or, ce jour était celui de la préparation, et le jour du sabbat allait commencer. — 55. Les femmes qui étaient venues de Galilée avec Jésus, ayant suivi Joseph, considérèrent le sépulcre, et comment le corps de Jésus y avait été mis, — 56, et s'en étant retournées, elles préparèrent des aromates et des parfums ; et le jour du sabbat elles se tinrent en repos selon l'ordonnance de la loi.

198.

Ici nous n'avons rien à dire, c'est de l'histoire.

MATHIEU
CHAPITRE XXVII. — V. 62-66

Scellement, par les princes des prêtres et les Pharisiens, de la pierre formant l'entrée du sépulcre. — Établissement des gardes.

V. 62. — Le lendemain, qui était le jour d'après celui qui est appelé la préparation du sabbat, les princes des prêtres et les Pharisiens, s'étant assemblés, vinrent trouver Pilate, — 63, et lui dirent : Seigneur, nous nous sommes souvenus que cet imposteur a dit, lorsqu'il était encore en vie : Je ressusciterai trois jours après ma mort. — 64. Commandez donc que le sépulcre soit gardé jusqu'au troisième jour, de peur que ses disciples ne viennent dérober son corps, et ne disent au peuple : Il est ressuscité d'entre les morts, et ainsi la dernière erreur serait pire que la première. — 65. Pilate leur dit : Vous avez des gardes ; allez ; faites-le garder comme vous l'entendrez. — 66. Ils s'en allèrent donc, et pour s'assurer du sépulcre ils en scellèrent la pierre et y mirent des gardes.

199.

Les Juifs avaient compris l'importance des paroles de Jésus, et la voix secrète de leur conscience leur faisait redouter qu'elles fussent vraies. S'étant rendus au sépulcre, escortés des soldats que Pilate les avaient autorisés à commander comme gardes, les princes des prêtres et les Pharisiens vérifièrent si le corps y était toujours et le virent. Après avoir *ainsi* vérifiés, ils scellèrent la pierre et y mirent des gardes. Il FALLAIT que tout cela se fît pour la suite des évènements.

MATHIEU, XXVIII; V. 1-15 — MARC, XVI; V. 1-11 — LUC, XXIV; V. 1-12

Visite de Marie Madeleine et des autres femmes au sépulcre. — Pierre qui fermait l'entrée du sépulcre descellée et renversée. — Apparition des anges aux femmes. — Rapport de ce qui s'était passé, par les gardes, aux princes des prêtres. — Subornation des gardes par les princes des prêtres. — Apparition de Jésus à Marie et aux femmes. — Rapport par elles aux disciples. — Visite ALORS *au sépulcre par Pierre et Jean.*

MATHIEU : V. 1. Mais cette semaine étant passée, le premier jour de la suivante commençait à peine à luire que Marie-Madeleine et l'autre Marie vinrent pour voir le sépulcre ; — 2, et, tout d'un coup, il se fit un grand tremblement de terre ; car un ange du Seigneur descendit du ciel, et vint renverser la pierre qui était à l'entrée du sépulcre et s'assit dessus ; — 3, son visage était brillant comme un éclair et ses vêtements blancs comme la neige. — 4. Les gardes en furent tellement saisis de frayeur qu'ils devinrent comme morts. — 5. Mais l'ange, s'adressant aux femmes, leur dit : Pour vous, ne craignez point ; car je sais que vous cherchez Jésus qui a été crucifié. — 6. Il n'est point ici : car il est ressuscité comme il l'avait dit ; venez et voyez le lieu où le Seigneur avait été mis ; — 7, et hâtez-vous d'aller dire à ses disciples : qu'il est ressuscité ; il ira devant vous en Galilée ; c'est là que vous le verrez ; je vous en averti auparavant. — 8. Ces femmes sortirent aussitôt du sépulcre avec crainte, et avec beaucoup de joie ; et elles coururent annoncer *ceci* à ses disciples. — 9. En même temps Jésus se présenta devant elles, et leur dit : le salut vous est donné. Et elles, s'approchant, embrassèrent ses pieds et l'adorèrent. — 10. Alors Jésus leur dit : Ne craignez point, allez dire *à mes frères* qu'ils aillent en Galilée; c'est là qu'ils me verront. — 11. Pendant qu'elles y allaient, quelques-uns des gardes vinrent à la ville et rapportèrent aux princes des prêtres ce qui s'était passé. — 12. Ceux-ci, s'étant assemblés avec les sénateurs, et ayant délibéré ensemble, donnèrent une grande somme d'argent aux soldats, — 13, en leur disant : Dites que ses disciples sont venus la nuit et l'ont enlevé pendant que vous dormiez; — 14, et, si le gouverneur vient à le savoir, nous l'apaiserons et nous vous mettrons en sûreté. — 15. Les soldats, ayant reçu cet argent, firent ce qu'on leur avait dit : et ce bruit qu'ils répandirent dure encore chez les Juifs.

Marc : V. 1. Lorsque le jour du sabbat fut passé, Marie-Madeleine et Marie mère de Jacques et Salomé achetèrent des parfums pour embaumer Jésus. — 2. Et le premier jour de la semaine, étant parties de grand matin, elles arrivèrent au sépulcre au lever du soleil. — 3. Elles disaient entre elles : Qui nous ôtera la pierre de devant l'entrée du sépulcre ? — 4. Mais en regardant, elles virent que cette pierre, qui était fort grande, avait été ôtée; — 5, et entrant dans le sépulcre, elles virent un jeune homme assis du côté droit, vêtu d'une robe blanche; elles en furent fort effrayées; — 6, mais il leur dit : Ne craignez point, vous cherchez Jésus de Nazareth qui a été crucifié, il est ressuscité, il n'est point ici; voici le lieu où on l'avait mis; — 7, mais allez dire à ses disciples et à Pierre qu'il s'en va devant vous en Galilée; c'est là que vous le verrez selon ce qu'il vous a dit : — 8. Elles sortirent aussitôt du sépulcre et s'enfuirent; car elles étaient saisies de crainte et de tremblement; et elles ne dirent rien à personne tant leur frayeur était grande. — 9. Jésus, étant ressuscité le matin, le premier jour de la semaine, apparut premièrement à Marie-Madeleine dont il avait chassé sept démons : — 10, et elle s'en alla le dire à ceux qui avaient été avec lui, et qui étaient alors dans l'affliction et dans les larmes; — 11, mais, eux, lui ayant entendu dire qu'il était vivant, et qu'elle l'avait vu, ils ne la crurent point.

Luc ; V. 1. Mais le premier jour de la semaine, ces femmes vinrent au sépulcre de grand matin, apportant des parfums qu'elles avaient préparés, — 2, et elles trouvèrent que la pierre qui était au devant du sépulcre avait été ôtée ; — 3, elles entrèrent ensuite dedans et n'y trouvèrent point le corps du Seigneur Jésus ; — 4, ce qui leur ayant causé une grande consternation, deux hommes parurent tout d'un coup devant elles avec des robes brillantes, — 5, et comme elles étaient saisies de frayeur et qu'elles tenaient leurs yeux baissés contre terre, ils leur dirent : Pourquoi cherchez-vous parmi les morts celui qui est vivant ? — 6. Il n'est point ici ; mais il est ressuscité. Souvenez-vous de quelle manière il vous a parlé lorsqu'il était encore en Galilée, — 7, et qu'il disait : Il faut que le fils de l'homme soit livré entre les mains des pécheurs, qu'il soit crucifié et qu'il ressuscite le troisième jour. — 8. Elles se souvinrent donc des paroles de Jésus. — 9. Et étant revenues du sépulcre, elles racontèrent tout ceci aux onze apôtres et à tous les autres. — 10. Celles qui firent ce rapport aux apôtres étaient Marie-Madeleine, Jeanne et Marie mère de Jacques et les autres qui étaient avec elles ; — 11, mais ce qu'elles disaient leur parut comme une rêverie, et ils ne les crurent point ; — 12, néanmoins Pierre, se levant, courut au sépulcre ; et s'étant baissé pour regarder, il ne vit que les linceuls qui étaient par terre ; et il s'en revint, admirant, en lui-même, ce qui était arrivé.

200.

Toute cette manifestation des anges apparaissant dans le sépulcre, et du bruit semblable à un tremblement de terre produit par les Esprits préposés, ne sont que choses faciles à comprendre pour quiconque a étudié la doctrine Spirite ; mais elle paraîtra puérile aux *Esprits forts*. Elle avait pour but de frapper de stupeur les gardiens du sépulcre et de donner plus de force, à leurs yeux, à ce « prodige », en voyant les femmes qui venaient près du corps partager leur frayeur; c'est ainsi qu'ils furent portés à *en rendre témoignage* aux princes des prêtres et aux personnes aux milieu desquelles ils vivaient.

Tous ces événements avaient jeté ces femmes aimantes et naïves dans le trouble et la consternation. C'est alors que Jésus apparut pour la première fois à Marie-Madeleine, ce fut une apparition non pas tangible, mais simplement *visible*, avec audition, Marie était Médium auditif et voyant, et cela constitue un phénomène tout-à-fait naturel et bien connu.

La seconde apparition de Jésus aux femmes, et que la première à Marie-Madeleine avait déjà préparée, fut une apparition visible et tangible avec audition. Il était cette fois vêtu tel qu'elles l'avaient toujours vu. Ces phénomènes sont aussi simples et aussi naturels que possible, puisque les Esprits inférieurs eux-mêmes peuvent les produire.

« *Je ne suis pas encore monté vers mon père* » dit Jésus à Marie-Madeleine. Cela ne voulait-il pas dire : Je suis encore parmi les hommes, « ressuscité », mais vivant au milieu d'eux? Et d'un autre côté, ces paroles ne sont-elles pas tout-à-fait exclusives de la divinité que les hommes ont attribuée au Christ? Enfin Jésus appelle ses disciples *ses frères*, proclamant encore ainsi qu'il n'est pas le *Créateur* incréé, mais bien une *créature* qui a le même Père céleste que tous les hommes. Jésus, qui avait la prescience, prévoyait *à l'avance* toutes les falsifications dont on devait maculer la vérité dans l'avenir, et il s'appliquait à fournir à *l'avance* tous les éléments nécessaires pour rétablir toutes choses dans *leur véritable esprit*.

Jésus donnait ainsi l'image de ce que nous devenons tous après la mort, et nous montrait que la mort n'est qu'une *résurrection* qui délivre l'Esprit des liens de la matière.

« Oh ! croyez, croyez et espérez, vous tous que la douleur accable, vous qui perdez ceux qui vous sont chers ! croyez et marchez en avant avec confiance, car bientôt vous reverrez tous ces êtres chéris de votre cœur.

« Toute la présence de Jésus parmi vous, a été une apparition spirite *par rapport à vous*. Cette Révélation n'est pas un *système* que l'on cherche à imposer à la crédulité, MAIS BIEN une lumière que nous montrons à l'esprit humain qu'il est temps d'éclairer, afin de relier sous le même drapeau tous les dissidents de bonne foi. Cette Révélation que vous pouvez appeler : LA RÉVÉLATION DE LA RÉVÉLATION, montre aux hommes tous les faits évangéliques sous leur véritable jour et dans toute leur harmonie lumineuse. Elle trouvera certainement beaucoup d'opposition *à première vue*, mais, plus les *Esprits sérieux* étudieront la question, et plus ils en comprendront *la nécessité* d'être ; ils verront enfin que RIEN, en dehors d'elle NE PEUT être admissible. »

Dans l'ignorance de *la nature* du corps de Jésus et de l'existence de ce phénomène spirite de la *tangibilité*, les apôtres crurent à la résurrection *corporelle*. Cette croyance, la seule qu'ils pussent avoir alors, DEVAIT servir et a servi de base aux controverses et aux contradictions humaines ; aujourd'hui elle n'appartient plus qu'à la foi *aveugle*, et a poussé d'un autre côté les hommes à *l'incrédulité*. Tout cela était nécessaire pour *préparer* les hommes à la Révélation Nouvelle, et rien ne peut être expliqué ni compris sans la connaissance de la doctrine Spirite.

La croyance à la résurrection corporelle est complètement inadmissible et est condamnée par le principe de l'immuabilité des lois de la nature. Si Jésus avait eu un corps matériel humain *tel que le nôtre*, il eut donc été impossible qu'il ressuscitât, c'est-à-dire qu'il reparut corporellement vivant avec ce corps devenu cadavre par la mort réelle (1).

Il n'y a que la Révélation Nouvelle qui puisse expliquer clairement, et sans laisser aucun doute, tous ces faits qui semblent « miraculeux » et qui ne sont que naturels.

MARC, XVI ; V. 12-13 — LUC, XXIV ; V. 13-35

Apparition de Jésus aux deux disciples qui allaient à Emmaüs. — Jésus disparaît à leurs yeux, ÉTANT à table avec eux.

Marc : V. 12. Après cela, il apparut *sous une autre forme*, à deux d'entre eux qui s'en allaient en une maison de campagne ; — 13, ceux-ci vinrent le dire aux autres disciples ; mais ils ne les crurent pas non plus.

Luc : V. 13. Ce jour-là même, deux d'entre eux s'en allaient dans un bourg nommé Emmaüs, éloigné de soixante stades de Jérusalem, — 14, parlant ensemble de tout ce qui s'était passé. — 15. Et il arriva que, lorsqu'ils s'entretenaient et conféraient ensemble sur

---

(1) Il faut lire cette discussion si importante dans Roustaing, page 104 et suivantes, du 3ᵉ volume.

cela, — Jésus vint lui-même les joindre et se mit à marcher avec eux ; — 16, mais leurs yeux étaient retenus afin qu'ils ne pussent le reconnaître. — 17. Et il leur dit : De quoi vous entretenez-vous ainsi en marchant ? Et d'où vient que vous êtes si tristes ? — 18. L'un d'eux appelé Cléophas, prenant la parole, lui répondit : Êtes-vous seul si étranger dans Jérusalem que vous ne sachiez pas ce qui s'est passé ces jours-ci ? — 19. Et quoi ? leur dit-il ; ils lui répondirent : Touchan' Jésus de Nazareth qui a été un prophète puissant en œuvres et en paroles devant Dieu et devant tout le peuple : — 20. Et de quelle manière les princes des prêtres et nos sénateurs l'ont livré pour être condamné à mort et l'ont crucifié. — 21. Or, nous espérions que ce serait lui qui rachèterait Israël ; et cependant, après tout cela, voici le troisième jour que ces choses se sont passées. — 22. Il est vrai que quelques femmes de celles qui étaient avec nous nous ont étonnés ; car ayant été avant le jour à son sépulcre, — 23, et n'y ayant point trouvé son corps, elles sont venues dire que des anges mêmes leur ont apparu qui leur ont dit qu'il est vivant. — 24. Et quelques-uns des nôtres ayant été au sépulcre, ont trouvé toutes choses comme les femmes les leur avaient rapportées : mais, pour lui, ils ne l'ont point trouvé. — 25. Alors il leur dit : O insensés, dont le cœur est tardif à croire tout ce que les prophètes ont dit ! — 26. Ne fallait-il pas que le Christ souffrit toutes ces choses et qu'il entrât ainsi dans sa gloire ? — 27. Et commençant par Moïse et ensuite par tous les prophètes, il leur expliquait dans toutes les écritures ce qui avait été dit de lui. — 28. Lorsqu'il fut proche du bourg où ils allaient, il fit semblant d'aller plus loin ; — 29, mais ils le forcèrent de s'arrêter, en lui disant : Demeurez avec nous parce qu'il est tard, et que le jour est déjà sur son déclin ; et il entra avec eux. — 30. Étant avec eux à table, il prit le pain et le bénit ; et l'ayant rompu, il le leur donna. — En même temps leurs yeux s'ouvrirent et ils le reconnurent, mais il disparut de devant leurs yeux. — 32. Alors ils se dirent l'un à l'autre : N'est il pas vrai que notre cœur était tout brûlant dans nous, lorsqu'il nous parlait dans le chemin, et qu'il nous expliquait les écritures ? — 33. Et se levant à l'heure même, ils retournèrent à Jérusalem, et trouvèrent que les onze apôtres et ceux qui demeuraient avec eux étaient assemblés, — 34, et disaient : Le Seigneur est vraiment ressuscité, et il apparut à Simon. — 35. Alors ils racontèrent aussi eux-mêmes ce qui leur était arrivé en chemin et comment il l'avait reconnu dans la fraction du pain.

201.

Les deux disciples auxquels Jésus apparut étaient *inconsciemment* Médiums auditifs et voyants, et la science Spirite nous met à même de tout comprendre à cet égard. Pour apparaître aux deux disciples et marcher avec eux lorsqu'il vint les rejoindre, Jésus n'eut qu'à rendre tangible son corps fluidique. Si Jésus ne se fit pas reconnaître, en prenant les traits sous lesquels ils l'avaient toujours connu, c'est afin que le phénomène frappa mieux leur imagination et leur donnât plus à réfléchir, ainsi que ceux qui, de nos jours, méditeront toutes les phases de ce phénomène. Jésus s'était donné pour but de les impressionner, et quand il rompit le pain et presque en même temps disparut, il voulait leur rappeler ses dernière paroles au moment de la Cène : « *Ceci est mon corps, ceci est mon sang* », autrement dit : Aimez-vous les uns les autres en souvenir de moi.

MARC, XXVI; V. 14 LUC, XXIV; V. 36-49

Apparition de Jésus aux apôtres.

Marc : V. 14. Enfin il apparut aux onze lorsqu'ils étaient à table; il leur reprocha leur incrédulité et la dureté de leur cœur, de ce qu'ils n'avaient point cru ceux qui avaient vu qu'il était ressuscité.

Luc : V. 36. Pendant qu'ils s'entretenaient ainsi, Jésus se présenta au milieu d'eux, et leur dit : La paix soit avec vous; c'est moi, n'ayez point de peur. — 37. Mais dans le trouble et la frayeur dont ils étaient saisis, ils s'imaginaient voir un esprit; — 38, et Jésus leur dit : Pourquoi vous troublez-vous ? Et pourquoi s'élève t-il tant de pensées dans vos cœurs ? — 39. Regardez mes mains et mes pieds : et reconnaissez que c'est moi-même : touchez-moi et considérez qu'un esprit n'a ni chair ni os comme vous voyez que j'en ai. — 40. Après avoir dit cela, il leur montra ses mains et ses pieds. — 41. Mais comme ils ne croyaient point encore, tant ils étaient transportés de joie et d'admiration, il leur dit : Avez-vous ici quelque chose à manger ? — 42. Ils lui présentèrent un morceau de poisson rôti et un rayon de miel. — 43. Il en mangea devant eux; et prenant les restes, il les leur donna, — 44, et leur dit : Voilà ce que je vous disais étant encore avec vous : qu'il était nécessaire que tout ce qui a été écrit de moi dans la loi de Moïse, dans les prophètes et dans les psaumes, fût accompli. — 45. En même temps il leur ouvrit l'esprit, afin qu'ils entendissent les Écritures. — 46. Et il leur dit : C'est ainsi qu'il est écrit, et c'est *ainsi* qu'il fallait que le Christ souffrît et qu'il ressuscitât d'entre les morts; — 47, et qu'on prêchât en son nom la pénitence et la rémission des péchés dans toutes les nations en commençant par Jérusalem. — 48. Or, vous êtes témoins de ces choses; — 49, et je vais vous envoyer le don de mon père qui vous a été promis; mais cependant demeurez dans la ville jusqu'à ce que vous soyez revêtus de la force d'en haut.

202.

On voit que, dans tous ses actes, Jésus cherche à initier ses disciples à tous les mystères de la vie. Il se mettait toujours *matériellement* à la portée de l'intelligence des gens *matériels*. Que Jésus laissât comprendre son origine spirite, qu'il ne se montrât à ses disciples QUE sous une apparence fluidique, et ces hommes superstitieux s'effrayaient ; et la défense d'évoquer les morts se présentant à eux, ils croyaient avoir manqué aux lois de Moïse. La tangibilité, dont ils ignoraient l'existence et les causes, frappait au contraire leur esprit et ne les mettait point en contravention avec la loi.

Quelle arme dangereuse eut été ALORS, dans les mains des hommes, *cette science* spirite dont nous-mêmes aujourd'hui faisons un si triste usage !

Il fallait que la foi fut *aveugle* parmi les hommes, jusqu'à ce que les yeux de l'âme fussent assez forts pour s'ouvrir à la *lumière*. Dans tous ses actes, Jésus s'appliquait toujours à *servir* le présent et à *réserver* l'avenir.

Ici l'on voit Jésus promettant à ses disciples de leur envoyer *le don de son Père ;* c'étaient les langues de feu qu'ils devaient bientôt voir, et les *Esprits supérieurs* qui devaient les assister dans leur mission. C'est en effet ce qui arriva, et ses promesses se trouvèrent toutes réalisées.

MATHIEU, XXVIII ; V, 16-20 — MARC, XVI ; V, 15-20 — LUC, XXIV ; V. 50-53

Nouvelles et successives apparitions aux disciples. — Retour de Jésus à sa propre nature spirituelle, dans les régions éthérées. — Retour appelé : ascension. — Concordance établie à cet égard entre les narrations évangéliques qui s'expliquent et se complètent les unes par les autres.

Mathieu : V. 16. — Or, les onze disciples s'en allèrent en Galilée sur la montagne où Jésus leur avait commandé de se trouver ; — 17, et le voyant là ils l'adorèrent ; quelques-uns néanmoins furent en doute. — — 18. Mais Jésus s'approchant, leur parla ainsi : Toute puissance m'a été donnée dans le ciel et sur la terre. — 19. Allez donc et instruisez tous les peuples, les baptisant au nom du Père, et du Fils et du Saint-Esprit, — 20, et leur apprenant à observer toutes les choses que je vous ai commandées, et assurez-vous que je serai toujours avec vous jusqu'à consommation des siècles.

Marc : V. 15. Et il leur dit : Allez par tout le monde, — prêchez l'Évangile à toute créature ; — 16, celui qui croira et qui sera baptisé, sera sauvé ; mais celui qui ne croira point, sera condamné ; — 17, ces miracles accompagneront ceux qui auront cru ; ils chasseront les démons en mon nom ; ils parleront de nouvelles langues ; — 18, ils prendront les serpents avec la main, et s'ils boivent quelque breuvage mortel, il ne leur fera point de mal ; ils imposeront les mains sur les malades, et les malades seront guéris. — 19. Le Seigneur Jésus, après avoir ainsi parlé, fut élevé dans le ciel où il est assis à la droite de Dieu. — 20. Et eux étant partis prêchèrent partout, le Seigneur coopérant avec eux et confirmant sa parole par les actes qui l'accompagnaient.

Luc : V. 50. Après cela, il les mena dehors vers Béthanie ; et ayant levé les mains, — il les bénit ; — 51, et en les bénissant, il se sépara d'eux et fut enlevé dans le ciel ; — 52, pour eux, après l'avoir adoré, ils s'en retournèrent à Jérusalem remplis de joie. — 53. Et ils étaient sans cesse dans le temple, louant et bénissant Dieu. AMEN.

203.

C'est en Galilée que Jésus apparut pour la dernière fois à ses disciples. C'est là que, le retrouvant, comme il le leur avait promis, ils l'adorèrent, et qu'il fut élevé au ciel. Alors, l'ayant adoré ils retournèrent à Jérusalem avec une grande joie, pleins de confiance et de foi qu'ils étaient.

Toutes les apparitions de Jésus, comme toutes les choses qu'il a faites, n'ont pas été relatées en détail par les évangélistes, mais seulement celles qui étaient nécessaires pour les résultats que devait produire la mission terrestre du Maître, et pour les fruits qu'elle devait porter dans le présent d'alors et dans l'avenir. Il suffit de faire savoir aux hommes, en dehors des narrations évangéliques (1), que Jésus apparut aux apôtres pendant quarante jours, leur parlant du royaume de Dieu.

Le baptême que Jésus ordonnait à ses disciples de donner, était à la fois le baptême de l'eau et du Saint-Esprit. Le baptême *de l'eau* n'était qu'un *symbole*, qui ne se donnait qu'à l'adulte apte à comprendre ses actes. Le baptême du *Saint-Esprit* suivait le baptême de l'eau, *selon le mérite du néophyte;* il avait pour but d'appeler sur lui l'assistance des bons Esprits.

Et les disciples du Christ allèrent par le monde *prêchant l'évangile à toute créature*, et ils avaient partout l'aide et l'assistance des Esprits supérieurs dont le concours leur était assuré; sous leur

---
(*1*) *Actes des Apôtres*, chapitre 1ᵉʳ, V. 3.

influence ils devinrent Médiums parlants, ils guérirent les possédés et les malades et continuèrent enfin la mission du Maître.

Sa mission terminée Jésus s'éleva dans l'espace aux yeux de ses disciples, en faisant cesser sa tangibilité mais en restant quelque temps visible encore. *Alors* qu'il disparut en entrant dans la nuée qui, sous l'action Spirite, avait été formée de fluides opaques capables de le dérober aux regards, il restitua aux régions auxquelles ils les avait empruntés, les fluides qui servaient d'élément à la formation du corps fluidique qui constituait SA VIE *aux yeux des hommes.*

« Ainsi qu'il l'a promis et prédit, et ainsi que le dirent aux disciples « les deux hommes vêtus de blanc *qui se présentèrent* SOUDAIN *à eux* » (1), c'est-à-dire les deux Esprits supérieurs envoyés vers eux, Jésus viendra, descendant du ciel *de la même manière* que les disciples l'y virent monter : *à l'état Spirite.* Il descendra du ciel *sur les nuées,* MAIS cette fois, « avec une grande majesté », dans tout son éclat Spirite, alors qu'il vous aura, vous et votre Planète, conduits DE la période matérielle A la limite de la période fluidique pure, et que vous serez près d'atteindre la perfection. ALORS, il conduira votre globe, devenu véritablement « son Royaume », dans les régions des fluides purs où il sera « UN DES ROYAUMES DU PÈRE » qu'habitent ou qu'abordent *seuls* les purs Esprits.

MATHIEU, MARC, LUC, JEAN,
Assistés des Apôtres.

FIN
DES TROIS PREMIERS ÉVANGILES

---

(1) *Actes des Apôtres*, chapitre 1er. V. 10-11.

ÉVANGILE
SELON JEAN

« C'est l'esprit qui vivifie ; la chair ne sert
de rien ; les paroles que je vous dis sont esprit et vie. »
(Jean VI, v. 64.)

« *La lettre* tue et *l'esprit* vivifie. »
(Paul, 2me Épitre aux Corinthiens, chapitre III, v. 6.)

CHAPITRE PREMIER
V. 1-18

Le Verbe. — Le Verbe avec Dieu. — Le Verbe Dieu. — Le Verbe fait chair ; il a habité parmi les hommes. ils l'ont vu. — Le monde ne l'a point connu. — Il est venu chez soi et les siens ne l'ont point reçu. — Nul homme n'a jamais vu Dieu. — C'est le fils unique qui est dans le sein du Père, qui en a donné connaissance. — Mission de Jean et témoignage qu'il rend du Verbe.

V. 1. Au commencement était le Verbe, et le Verbe était avec Dieu, et le Verbe était Dieu ; — 2, il était au commencement avec Dieu ; — 3, toutes choses ont été faites par lui, et rien de ce qui a été fait n'a été fait sans lui. — 4. En lui était la vie, et la vie était la lumière des hommes ; et la lumière luit dans les ténèbres, et les ténèbres ne l'ont point comprise. —

6. Il y eut un homme envoyé de Dieu qui s'appelait Jean. — 7. Il vint, pour servir de témoin, pour rendre témoignage à la lumière, afin que tous crussent en lui. — 8. Il n'était pas la lumière, mais il vint pour rendre témoignage à celui qui était la lumière ; — 9, c'était la vraie lumière qui éclaire tout homme venant en ce monde ; — 10, il était dans le monde, et le monde a été fait par lui, et le monde ne l'a point connu ; — 11, il est venu chez soi et les siens ne l'ont point reçu ; — 12, mais il a donné à tous ceux qui l'ont reçu le pouvoir d'être faits enfants de Dieu, à tous ceux qui croient en son nom, — 13, qui ne sont point nés du sang ni de la volonté de la chair, ni de la volonté de l'homme, mais de Dieu lui-même. — 14. Et *le Verbe* a été fait chair, et *il a habité* parmi nous, et nous avons *vu* sa gloire telle que le fils unique devait la recevoir du père ; *il a*, dis-je, *habité* parmi nous plein de grâce et de vérité. — 15. Jean rend témoignage de lui et il crie, en disant : Voici celui dont je vous disais : Celui qui doit venir après moi, m'a été préféré, parce qu'il était avant moi. — 16. Et nous avons tous reçu de sa plénitude et grâce pour grâce. — 17. Car la loi a été donnée par Moïse, mais la grâce et la vérité ont été apportées par Jésus-Christ. — 18. *Nul homme n'a jamais vu Dieu ;* le fils unique qui est dans le sein *du père* est celui qui en a donné connaissance.

1.

Dieu, dans sa prescience et sa sagesse infinies, a tout préparé, disposé et approprié dans la marche des temps pour donner graduellement et progressivement aux hommes ce qu'ils pouvaient porter. La Révélation hébraïque sur le mont Sinaï, les prophéties annonçant tout ce qui devait arriver dans l'avenir, la révélation faite par l'ange à Marie et à Joseph, la mission terrestre de Jésus recueillie par les évangélistes et continuée par les apôtres, enfin la Révélation spirite actuelle, sont autant de jalons indiquant clairement le soin que prend la Providence pour développer dans l'Humanité naissante l'intelligence et le sens moral. Et l'homme, se spiritualisant en même temps que sa Planète elle-même, passe insensiblement du règne de la matière au règne de l'esprit. Aujourd'hui, la Révélation est devenue incessante, tout en restant cependant progressive, et tous les Esprits qui se communiquent à nous de toutes parts représentent L'ESPRIT DE VÉRITÉ *promis* qui doit nous conduire aux temps prédits du second avénement de Jésus, époque à laquelle il viendra, sur notre Planète transformée, en Souverain visible à toutes les créatures épurées, pour nous montrer toute la vérité, la vérité *sans voile*.

A l'époque où s'ouvrit l'ère hébraïque, les rapports, autrement dit les communications occultes et patentes des Esprits avec les incarnés, avaient conduit ceux-ci au POLYTHÉISME. Pour tous les peuples d'alors, le Ciel était rempli de *dieux*, et la Terre de *fils de dieux* enfantés par ces divinités et de vierges fécondées par elles. Les Juifs avaient rapporté de l'exil ces croyances vulgaires.

Il fallait que l'unité divine fut mise en lumière aux yeux de tous. Pour cela, une Révélation était nécessaire et l'Humanité commençait à être assez intelligente pour la comprendre. Petit à petit, grâce aux Révélations successives, le Polythéisme devait disparaître complètement. Alors, le décalogue fut dicté à Moïse sur le mont Sinaï par un Esprit supérieur qui prononça ces paroles : « Je suis L'ÉTERNEL, ton DIEU. Tu n'auras point *d'autres* dieux devant ma face. » Puis, pour relier le présent au passé, il fit entendre aux hommes ces autres paroles : « Dieu a pris séance dans l'assemblée des *dieux*, et assis au milieu *d'eux*, il juge *les dieux.* » (Ps. LXXXI. 1 et 6.) Puis enfin ces autres paroles : « J'ai dit : Vous êtes *des dieux* et vous êtes Tous *les fils du Très-Haut.* »

Par l'ensemble de toutes ces paroles, Dieu proclama qu'il était Un, indivisible, créateur incréé, créant mais non pas par la divisibilité *de son essence,* et qu'enfin il n'y avait *en* lui, *de* lui et *par* lui que des créatures. Ainsi, tous les Esprits sont *ses fils*, qui tous, ainsi, sont *frères* entre eux.

Mais c'est seulement aujourd'hui que ces paroles divines, prononcées sur le mont Sinaï, pouvaient être comprises par l'explication que vient en donner la Révélation spirite.

Pour déraciner complètement l'œuvre des siècles et le Polythéisme antique, il fallait une transition. Cette transition ne pouvait être accomplie que par un envoyé de Dieu en mission supérieure parmi les hommes, et cette mission supérieure ne pouvait être confiée qu'à Jésus qui est le protecteur et le gouverneur de notre Planète, à la formation de laquelle il a présidé.

Mais Jésus, Esprit de pureté parfaite et immaculée, ne pouvait pas, d'après les lois immuables de la nature, revêtir le corps matériel humain de notre Planète, corps de boue tout-à-fait incompatible avec *sa nature spirituelle.* Il lui fallut donc revêtir un corps relativement en harmonie avec notre sphère et qui put faire illusion aux yeux des hommes. Cela était indispensable pour que les hommes fussent attirés vers lui par cette conformité qu'ils pussent entendre ses enseignements et être touchés par l'exemple de sa vie pure et sans tache, toute de dévouement, de charité et d'amour. Il est évident qu'il devait être *aux yeux des hommes* un homme tel qu'eux, et qu'il leur fallait aussi une paternité et une maternité humaine *à leurs yeux*, bien qu'elles ne fussent *qu'apparentes*. D'ailleurs, parmi les Hébreux existaient la croyance vulgaire qu'ils avaient rapportée de l'exil, *de fils de dieux, dieux eux-mêmes* comme ayant été enfantés par des vierges fécondées par la divinité et, d'un autre côté, tout en admettant le Monothéisme qui leur avait été *imposé* (Exode, ch. XXXII, 1 à 32 ; ch. XXXIII, 1 à 23 ; ch. IV, 1 à 35), ils croyaient que Dieu communiquait *directement* avec les hommes sous l'appellation de *Saint-Esprit*. Dans les masses régnait l'idée de la corporéité de Dieu, idée que Jésus eut pour mission de détruire par ces paroles : « *Dieu est esprit.* »

Les Evangiles ne sont autre chose qu'un code divin montrant à tous la prescience de Dieu et sa prévoyance en ce s nous ; ils nous font voir tout le soin qu'il prend à respecter toujours notre libre-arbitre *sans lequel* nous ne serions rien. Jésus fut chargé de nous apporter ce code, et comme il fallait qu'il fut à la portée des hommes d'alors, très matériels encore, et des hommes de l'avenir qui se spiritualisaient progressivement, il eut bien soin d'avertir tout le monde de se méfier de la lettre en disant : « C'est *l'esprit qui vivifie;* la chair ne sert de rien ; les paroles que je vous dis sont *esprit et vie.* » (Jean, VI, 64.) Ce sont ces mêmes paroles qu'interpréta l'apôtre Paul en disant : « La lettre *tue* et l'esprit *vivifie.* » (Epître aux Corinthiens, III, 6.)

On voit donc bien que l'interprétation *selon la lettre* est la mort, c'est-à-dire conduit à l'erreur, et que l'interprétation *selon l'esprit* est la vie, c'est-à-dire conduit à la vérité.

Mais le règne de LA LETTRE devait avoir lieu, à titre *transitoire* et à titre *préparatoire* à l'avènement de L'ESPRIT. *La lettre* est pour les peuples primitifs, pour l'enfance, la puberté et l'adolescence de l'Humanité, jusqu'aux temps précurseurs de sa virilité; *l'esprit* est pour les peuples parvenus à un degré de développement intellectuel assez grand pour pouvoir écarter le voile de *la lettre*, l'écorce du *mystère* et le prestige du *miracle*.

Les apôtres, l'apôtre Paul surtout, et l'apôtre Jean dans sa narration évangélique, inspirés par les Esprits du Seigneur (*le Saint-Esprit*) qui les assistaient et les guidaient dans l'accomplissement de leur mission, ont marché dans les voies tracées par Jésus. Leurs paroles aussi devaient être expliquées plus tard *en esprit et en vérité*, et c'est justement ce que vient faire la RÉVÉLATION SPIRITE.

Les paroles de Jésus lui-même, sont *exclusives* de la *Divinité* qui lui a été attribuée par les hommes, car il a dit à ses disciples : « *En vérité, en vérité*, je vous le dis : *Celui* qui croit en moi fera *lui-même* les œuvres *que je fais et en fera encore de plus grandes*, parce que je m'en vais à mon père. » S'il était Dieu comment serait-il possible que l'homme pût surpasser ses actes ?

Il est d'ailleurs facile de voir que Jésus n'était pas Dieu en étudiant les paroles prononcées par l'apôtre Paul, sous l'inspiration des Esprits supérieurs qui l'assistaient et le guidaient dans l'accomplissement de sa mission. Il suffit pour cela de lire: *l'Epître aux Romains* (IX, 3-4-5); la première *Epître aux Corinthiens* (XV, 3-4-6); une autre *Epître aux Romains* (VIII, 34) ; et *l'Epître aux Hébreux* (II, 6-7 et 9-10). L'apôtre Paul déclare que Jésus était *sans père, sans mère, sans généalogie* et que Dieu, pour son entrée dans la vie de notre globe, lui forma un corps qui était l'image de *la substance de Dieu*.

De même que ce Melchisédech qui vint au devant d'Abraham, et qui était *sans père, sans mère, sans généalogie*, fut une MANIFESTATION SPIRITE, une apparition visible et tangible; de même l'apparition et le passage de Jésus sur la Terre furent aussi une manifestation Spirite, une apparition tantôt seulement visible, et tantôt en même temps visible et tangible, suivant les besoins de sa mission.

Les apôtres, qui n'étaient que des instruments divins, étaient loin de toujours comprendre exactement le sens et la portée des paroles qui leur étaient dictées par l'inspiration des Esprits du Seigneur. C'est pour cela qu'ils sont aujourd'hui venus les expliquer *en esprit et en vérité*.

« *Au commencement était le Verbe, et le Verbe était avec Dieu, et le Verbe était Dieu.* » Comment expliquer ces paroles ?

« Tout principe émane de Dieu. Le Verbe, ainsi qu'est dénommé Jésus, était donc en ce sens, et comme tout Esprit, avec Dieu de toute éternité, et était Dieu. En ce sens tous les Esprits créés sont *dieux* et tous *fils du Très-Haut*. La seule distinction qui doit être établie, et qui pose Jésus comme ayant une origine exceptionnelle, provient de ce que, *n'ayant jamais failli*, il a gardé la pureté type de *l'origine divine*.

« Le mot : VERBE, désigne la *cause*, c'est-à-dire l'action qui retira votre Planète du chaos, autrement dit, de la masse des fluides préposés par Dieu et destinés à être les matériaux, le mobilier et le personnel de votre Terre. Ces fluides contiennent les essences spirituelles destinées à devenir les créatures de votre globe et les éléments de formation de la Planète. Ce mot : *Verbe*, veut dire aussi *l'être;* il est la personnification de Jésus, toujours distincte de celle de Dieu *un*, INDIVISIBLE, Créateur incréé sans la volonté duquel rien ne se produit; il est la personnification de Jésus, *organe directe de Dieu.*

« Mais Jésus n'est pas le *seul* Verbe de Dieu. Tous les fondateurs de Planètes, *Esprits de pureté parfaite et immaculée* comme ayant gardé la pureté primitive et ayant atteint la perfection sidérale sans avoir jamais failli, sont aussi, comme Jésus, des VERBES de Dieu.

« Mais il y a d'autres *Verbes* de Dieu, dans l'acception générale de cette expression; ce sont des *envoyés*, Esprits faillis mais *épurés* et devenus purs Esprits, approchant du foyer de la Toute-Puissance, et qui deviennent ses Messagers directs dans les différentes missions qu'ils remplissent sur les Planètes; mais cela, sous la direction des Esprits qui en sont les fondateurs, les protecteurs et les gouverneurs.

« Le Verbe était avec Dieu, et il était Dieu, *en ce sens* qu'il avait en lui l'étincelle divine qui l'avait formé et qui n'avait pas perdu sa pureté primitive.

« Il était *au commencement....* », en ce sens qu'il présida lui-même à la création de votre Planète.

« *En lui était la vie....* », car c'est lui qui avait le pouvoir de constituer, de conduire et d'éclairer toutes les existences sur votre globe.

« *Et la lumière luit dans les ténèbres.....* », allusion faite à l'ignorance qui retenait les hommes et les détournait de comprendre les voies du salut.

« *Et il y eut un homme, envoyé de Dieu, qui s'appelait Jean.........* », car les Esprits humains avaient besoin d'être préparés à l'événement qui allait changer la face morale du globe.

« *Et le Verbe a été fait chair.....* », car Jésus a revêtu un corps visible *aux yeux des hommes*, et les hommes ont vu ses actes et ont pu les apprécier.

« De même que, autre est la chair des hommes, autre la chair des bêtes, autre celle des oiseaux, autre celle des poissons, *de même* autre est la chair des hommes de certains mondes élevés.

« De même que il y a des corps terrestres, *de même* il y a des corps célestes.

« De même qu'il y a, pour l'homme terrestre, un *corps animal*, soumis à la corruption, formé selon la loi naturelle de reproduction sur votre Planète, et un *corps spirituel*, que vous appelez Périsprit, qui est incorruptible et est l'enveloppe fluidique de l'âme, *de même* il y a pour l'homme céleste un *corps céleste* non soumis à la corruption, fluidique de sa nature, non plus formé par le rapprochement des deux sexes de la matière, mais selon les lois naturelles qui régissent les mondes élevés.

« Relativement à l'essence de Jésus, le corps de nature périspritique qu'il avait revêtu était chair; il était chair véritable, chair comme celle de tout autre homme, c'est-à-dire était matérielle *relativement aux yeux humains*.

« *Nul n'a jamais vu Dieu........* ». Pour voir Dieu, il faut être arrivé à un tel degré de pureté que les Messies et les Grands Esprits *seuls,* en peuvent approcher.

V. 19-28

Témoignage que rendit Jean de lui et de Jésus lorsque les Juifs envoyèrent vers lui des prêtres et des lévites.

V. 19. Or, voici le témoignage que rendit Jean, lorsque les Juifs envoyèrent de Jérusalem des prêtres et des lévites pour lui demander : Qui êtes-vous ? — 20. Car il confessa et ne le nia pas : il confessa qu'il n'était point le Christ. — 21. Ils lui demandèrent : Quoi donc ? Êtes-vous Élie ? Et il leur dit : Je ne le suis point. Êtes-vous prophète ? ajoutèrent-ils. Et il leur répondit : Non. — 22. Qui êtes-vous donc, lui dirent-ils, afin que nous rendions réponse à ceux qui nous ont envoyés ? Que dites-vous de vous-même ? — 23. Je suis, leur dit-il, la voix de celui qui crie dans le désert : Rendez droite la voie du Seigneur, comme l'a dit le prophète Isaïe. — 24. Or, ceux qu'on lui avait envoyés étaient des Pharisiens. — 25. Il lui firent encore une nouvelle demande, et lui dirent : Pourquoi donc baptisez-vous, si vous n'êtes ni le Christ, ni Élie, ni prophète ? — 26. Jean leur répondit : Pour moi, je baptise dans l'eau : mais il y en a un au milieu de vous que vous ne connaissez pas ; — 27. c'est lui qui doit venir après moi, parce qu'il m'a été préféré ; et je ne suis pas digne de dénouer les cordons de ses souliers. — 28. Ceci se passa à Béthanie, au delà du Jourdain, où Jean baptisait.

2.

La question des Juifs prouve bien, de la manière la plus évidente, qu'ils s'attendaient à revoir Élie *vivre de nouveau* parmi eux à l'aide d'une incarnation nouvelle. En second lieu la réponse de Jean prouve que, comme la plupart des hommes, il n'avait pas souvenir de ses existences antérieures. Et cela était nécessaire, car ce souvenir aurait amené des complications qui auraient entravé la marche des événements.

Les cas sont très rares où les hommes peuvent se resouvenir de leur existence antérieure, mais ils existent.

V. 29-34

Autre témoignage de Jean. — Jésus agneau de Dieu.

V. 29. Le lendemain, Jean vit Jésus qui venait à lui et il dit : Voici l'agneau de Dieu, voici celui qui ôte les péchés du monde ; 30, c'est celui-là même de qui j'ai dit : Il vient après moi un homme qui m'a été préféré parce qu'il était avant moi. — 31. Pour moi, je ne le connais pas ; mais je suis venu baptiser dans l'eau afin qu'il soit connu dans Israël. — 32. Et Jean rendit alors ce témoignage, en disant : J'ai vu le Saint-Esprit descendant du ciel comme une colombe et demeurer sur lui ; — 33, pour moi, je ne le connaissais pas, mais celui qui m'a envoyé baptiser dans l'eau, *m'a dit :* Celui sur qui vous verrez descendre et demeurer le Saint-Esprit ; est celui qui baptise dans le Saint-Esprit. — 34, je l'ai vu et j'ai rendu témoignage qu'il est le fils de Dieu.

3.

Jean annonçait ainsi par avance, dans un langage approprié aux intelligences auxquelles il s'adressait, le sacrifice solennel par lequel *l'agneau sans tache* devait racheter les hommes.

Jean était en même temps médium voyant, inspiré et auditif. Il prenait les Esprits supérieurs qui lui parlaient comme étant Dieu *lui-même*. Il ne savait pas que Dieu ne communique jamais *directement* avec les hommes.

V. 35-42

Deux disciples de Jean suivent Jésus ; André lui amène Pierre.

V. 35. Le lendemain, Jean était encore là avec deux de ses disciples ; — 36, et jetant la vue sur Jésus qui passait, il dit : Voilà l'agneau de Dieu. — 37. Ces deux disciples, l'ayant entendu parler ainsi, suivirent Jésus. — 38. Jésus se retourna, et voyant qu'ils le suivaient, il leur dit : Que cherchez-vous ? Ils lui répondirent : Rabbi, c'est-à-dire maître, où demeurez-vous ? 39. Il leur dit : Venez et voyez ; et ils demeurèrent chez lui ce jour-là. Il était alors environ la dixième heure du jour. — 40. André, frère de Simon-Pierre, était l'un des deux qui avaient entendu dire ceci à Jean et qui avaient suivi Jésus. — 41. Et ayant trouvé le premier son frère Simon, il lui dit : Nous avons trouvé le Messie, c'est-à-dire le Christ. — 42. Et il l'amena à Jésus ; Jésus, l'ayant regardé, lui dit : Vous êtes Simon, fils de Jean. Vous serez appelé Céphas, c'est-à-dire Pierre.

4.

Cette appellation de *Céphas*, c'est-à-dire Pierre, donnée à Simon fils de Jean, se rapportait à sa mission terrestre et spirituelle, comme devant être la pierre d'angle de l'Église *du Christ*.

V. 43-51

Philippe et Nathanaël.

V. 43. Le lendemain, Jésus, voulant s'en aller en Galilée, trouva Philippe, et lui dit : Suivez-moi. — 44. Philippe était de la ville de Bethsaïde, d'où étaient aussi André et Pierre. — 45. Et Philippe, ayant trouvé Nathanaël, lui dit : Nous avons trouvé celui de qui Moïse a écrit dans la loi et que les prophètes ont prédit, savoir : Jésus de Nazareth, fils de Joseph — 46. Nathanaël lui dit : Peut-il venir quelque chose de bon de Nazareth ? Philippe lui dit : Venez et voyez. — 47. Jésus, voyant Nathanaël qui venait le trouver, dit de lui : Voilà un vrai Israélite, sans déguisement et sans artifice. — 48. Nathanaël lui dit : D'où me connaissez-vous ? Jésus lui répondit : Avant que Philippe vous eût appelé, je vous ai vu lorsque vous étiez sous le figuier. — 49. Nathanaël lui dit : Rabbi, c'est-à-dire maître, vous êtes le fils de Dieu, vous êtes le roi d'Israël. — 50. Jésus lui répondit : Vous croyez, parce que je vous ai dit que vous étiez sous le figuier ? Vous verrez de bien plus grandes choses. — 51. Et il ajouta : En vérité, je vous le dis : Vous verrez le ciel ouvert, et les anges de Dieu monter et descendre sur le fils de l'homme.

5.

Jésus qui n'avait pas subi l'incarnation humaine, ÉTANT toujours *esprit*, voyait à distance, hors de portée des regards humains.

Nathanaël ne crut que parce que Jésus l'avait vu avant qu'il ne vînt.

CHAPITRE II

V. 1-11

Noces de Cana. — Fait *appelé* miraculeux.

V. 1. Trois jours après il se fit des noces à Cana en Galilée: et la mère de Jésus y était; — 2. Jésus fut aussi convié aux noces avec ses disciples. — 3. Et le vin venant à manquer, la mère de Jésus lui dit: Ils n'ont pas de vin. — 4. Jésus lui répondit: Femme, qu'y a-t-il entre moi et vous? Mon heure n'est pas encore venue. — 5. Et sa mère dit à ceux qui servaient: Faites tout ce qu'il vous dira. — 6. Or, il y avait six grandes urnes de pierre pour servir aux purifications qui étaient en usage parmi les Juifs, dont chacune tenait deux ou trois mesures. — 7. Jésus leur dit: Emplissez les urnes d'eau, et ils les remplirent jusqu'au haut. — 8. Alors il leur dit: Puisez maintenant, et portez-en au maître d'hôtel; et ils lui en portèrent. — 9. Le maître d'hôtel ayant goûté cette eau qui avait été changée en vin, et ne sachant d'où venait ce vin quoique les serviteurs, qui avaient puisé l'eau, le sussent bien il appela l'époux, — 10, et lui dit: Tout homme sert d'abord le bon vin; et, après qu'on a beaucoup bu, il en sert alors de moindre; mais, pour vous, vous avez réservé le bon vin jusqu'à cette heure. — 11. Ce fut là le premier des miracles de Jésus; et, par là, il fit éclater sa gloire; et ses disciples crurent en lui.

6.

Nous savons maintenant que ce *miracle* ne fut autre chose qu'un fait *parfaitement naturel.* C'était un phénomène magnétique dû à la grande puissance de Jésus *sur les fluides.* L'eau ne fut pas changée en vin, mais prit au goût des convives la saveur du vin que lui avait imposée Jésus. Aujourd'hui tous nos magnétiseurs font cela.

Jésus opéra en même temps une action de magnétisme spirituel sur tous les convives.

« Par ces paroles qu'il adressa à Marie : « *Femme qu'y a-t-il entre moi et vous? Mon heure n'est pas encore venue* », Jésus n'ayant pas encore opéré de « *miracle* », rappelait à Marie qu'elle n'aurait pas dû lui en demander un dans cette circonstance, *l'heure n'était point encore venue* de commencer *sa mission publique*; et ces paroles étaient dites, non point pour Marie personnellement, mais pour ceux en face de qui il se trouvait; car demandant le « *miracle* » par ce qu'elle dit à Jésus : « *Ils n'ont pas de vin* », et aux serviteurs : « *Faites tout ce qu'il vous dira* », Marie parlait sous l'influence Spirite et sous une inspiration inconsciente de sa part. Cette manifestation commençait à préparer les voies et à mettre Jésus en relief. »

V. 12-25

Vendeurs chassés du temple. — *Jésus rétablira la vie en son corps en trois jours si les Juifs la lui ôtent aux yeux des hommes.* — *Connaissance* PAR LUI-MÊME *de tout ce qu'il y avait dans l'homme.*

V. 12. Après cela, il alla à Carphanaüm avec sa mère, ses frères et ses disciples, mais ils n'y demeurèrent pas longtemps; — 13. car la Pâque des Juifs étant proche, Jésus s'en alla à Jérusalem; — 14. et ayant trouvé dans le temple des gens qui vendaient des bœufs, des moutons et des colombes, comme aussi des changeurs qui étaient assis à leurs bureaux.

— 15, il fit un fouet avec des cordes et les chassa tous du temple avec les moutons et les bœufs, et il jeta par terre l'argent des changeurs et renversa leurs bureaux ; — 16, et il dit à ceux qui vendaient des colombes : Otez tout cela d'ici et ne faites pas de la maison de mon père une maison de trafic ; — 17, alors ses disciples se souvinrent qu'il est écrit : Le zèle de votre maison me dévore. — 18. Les Juifs donc, prenant la parole, lui dirent : Par quel miracle nous montrez-vous que vous avez le droit de faire de telles choses ? — 19. Jésus leur répondit : Détruisez ce temple, et je le rétablirai en trois jours. — 20. Les Juifs lui répondirent : Ce temple a été quarante-six ans à bâtir, et vous le rebâtiriez en trois jours ? — 21. Mais il entendait parler du temple de son corps. — 22. Après donc qu'il fut ressuscité d'entre les morts, ses disciples se ressouvinrent qu'il leur avait dit cela, et ils crurent à l'Ecriture et à la parole que Jésus avait dite. — 23. Pendant qu'il était à Jérusalem, à la fête de Pâques, plusieurs crurent en son nom, voyant les miracles qu'il faisait. — 24. Mais Jésus ne se fiait point à eux, parce qu'il les connaissait tous, — 25, et qu'il n'avait pas besoin que personne lui rendit témoignage d'aucun homme, car il connaissait, par lui-même, ce qu'il y avait dans l'homme.

7.

Les versets de Jean n'ont pas d'ordre chronologique ; ils sont simplement la réunion de faits accomplis. L'Evangile de Jean omet des faits dont les trois autres Evangiles ont parlé et il en cite d'autres sur lesquels ils se sont tus.

Il faut noter particulièrement ces paroles de Jésus, parlant au temple de son corps : « *Détruisez-le et je le rétablirai en* TROIS JOURS ; » il faisait allusion à la résurrection.

CHAPITRE III

V. 1-21

La loi de renaissance. — La réincarnation. — Questions adressées par Nicodème à Jésus. — Réponses de Jésus.

V. 1. Or, il y avait un homme d'entre les Pharisiens nommé Nicodème, sénateur des Juifs, — 2, qui vint, la nuit, trouver Jésus, et lui dit : Maître, nous savons que vous êtes venu de la part de Dieu pour nous instruire comme un docteur, car personne ne saurait faire les miracles que vous faites si Dieu n'est pas avec lui. — 3. Jésus lui répondit : En vérité, en vérité, je vous dis : personne ne peut entrer dans le royaume de Dieu s'il ne naît de nouveau. — 4. Nicodème lui dit : Comment peut naître un homme qui est déjà vieux ? Peut-il rentrer dans le sein de sa mère pour naître une seconde fois ? — 5. Jésus lui répondit : En vérité, en vérité, je vous dis : Si un homme ne renait par l'eau et par l'esprit, il ne peut entrer dans le royaume de Dieu. — 6. Ce qui est né de la chair est chair, et ce qui est né de l'esprit est esprit. — 7. Ne vous étonnez pas de ce que je vous ai dit qu'il faut que vous naissiez de nouveau. — 8. L'esprit souffle où il veut, et vous entendez sa voix ; mais vous ne savez d'où il vient ni où il va ; il en est de même de tout homme qui est né de l'esprit. — 9. Nicodème lui répondit : Comment cela peut-il se faire ? — 10. Jésus lui dit : Quoi, vous êtes maître en Israël, et vous ignorez ces choses ? — 11. En vérité, en vérité, je vous dis que nous ne disons que ce que nous savons, et que nous ne rendons témoignage que de ce que nous avons vu, et cependant vous ne recevez point notre témoignage ; — 12, mais, si vous ne me croyez pas lorsque je vous parle des choses de la terre, comment me croirez-vous lorsque je vous parlerai des choses du ciel ? — 13. Aussi personne n'est monté au ciel, que celui qui est descendu du ciel, savoir: le fils de l'homme qui est dans le ciel. — 14. Et comme Moïse éleva dans le désert le serpent d'airain, il faut de même que le fils de l'homme soit élevé en haut, — 15. afin que tout homme qui croit en lui ne périsse point, mais ait la vie éternelle. — 16. Car Dieu a tellement aimé le monde, qu'il a donné son fils unique afin que tout homme qui croit en lui ne périsse point, mais ait la vie éternelle; – 17. car Dieu n'a pas envoyé son fils dans le monde pour juger le monde, mais afin que le monde soit sauvé par lui. — 18. Celui qui croit en lui n'est pas condamné; mais celui qui ne croit pas est déjà condamné, parce qui ne croit pas au nom du fils unique de Dieu; — 19. et le sujet de cette condamnation est que la lumière est venue dans le monde et que les hommes ont mieux aimé les ténèbres que la lumière, parce que leurs œuvres étaient mauvaises; — 20. car quiconque fait le mal, hait la lumière et ne s'approche point de la lumière, de peur que ses œuvres ne soient condamnées. — 21. Mais celui qui fait ce que la vérité lui prescrit, s'approche de la lumière afin que ses œuvres soient découvertes, parce qu'elles sont faites de Dieu.

8.

Nicodème avait la conscience de la mission de Jésus. Les chefs de la synagogue l'avaient aussi, mais leur orgueil et leurs intérêts personnels faisaient alors pour Jésus ce qu'ils avaient fait tant de fois pour les prophètes.

Nicodème comprenait bien que Jésus était l'envoyé promis; mais, par l'effet d'une fausse honte si commune à la lâcheté humaine, il craignait le *qu'en dira-t-on*. Jésus lisait dans sa pensée.

Jésus affirma bien véritablement la loi naturelle et immuable de renaissance, la loi de la réincarnation, c'est-à-dire de l'obligation de revivre comme *seul* moyen d'épuration et de progrès pour l'Esprit, afin qu'il puisse parvenir à la perfection et entrer *ainsi* dans le royaume des cieux. Il faut que chacun de nous dépouille *le vieil homme*.

« L'Esprit, en revêtant le corps, y enferme avec lui tous les principes, bons ou mauvais, qu'il porte en lui ; ces principes trouvent dans ce corps un agent qui les aide à se manifester. L'Esprit guide l'outil dont il se sert, et c'est à lui à s'en bien servir, à le bien guider. Que l'Esprit quitte le corps, et celui-ci n'est plus qu'un amas de pourriture, incapable d'aucun mouvement.

« Mais c'est à l'ouvrier que le maître demande compte de l'ouvrage et non point à l'outil. Il veut savoir les œuvres qui ont été faites, et, quand elles sont mauvaises, il dit à l'ouvrier : *recommence*. L'instrument qui te servait est usé, en voici un autre ; prends-le et sache mieux l'employer, car il faut que ta tâche se fasse, il faut que l'œuvre *s'achève*, il faut qu'elle soit parfaite. Tu as failli, observe-toi, étudie, vois toi-même ce qui t'a entraîné dans le mal, ce qui a égaré ton coup d'œil et ta main. Et lorsque tu me montreras ton œuvre terminée, alors je te donnerai le salaire promis.

« Dites, ô nos Bien-aimés, cette pensée n'est-elle pas douce et consolante ? Ce dogme de la nature n'est-il pas plus encourageant, plus doux et plus consolant que tous ces dogmes humains qu'enseigne l'Eglise ? N'est-il pas doux à chacun de vous de pouvoir se dire : « j'ai failli ; mais mon Père, le Dieu tout puissant me permettra dans sa bonté, sa justice et miséricorde infinies, de recommencer mon œuvre mal faite. Mes crimes ou mes fautes, je les expierai après ma mort à l'état errant, par des tortures ou des souffrances morales proportionnées à ces fautes, et les remords et les douleurs vainqueront les mauvais instincts qui sont en moi.

« Répentant et soumis, plein du désir ardent de réparer et de progresser, je demanderai la grâce de *revivre*, de *naître de nouveau* pour recommencer l'œuvre inachevée ou mal faite. Et je recommencerai la tâche pour me purifier au feu de nouvelles épreuves.

« Ces paroles : « S'il NE RENAIT par *l'eau* et par *l'esprit*, » ne sont, de la part du maître et dans sa pensée, que *l'affirmation* de celles qu'il venait de prononcer déjà : « *S'il ne renait de nouveau.* » Elles signifient, *en esprit et en vérité :* S'IL NE RECOMMENCE SA VIE SELON LA LOI DE REPRODUCTION, « *par l'eau*, » en prenant un corps nouveau ; et « *par l'esprit* » en venant habiter avec son âme ce corps qui doit lui servir d'instrument de régénération.

« Moi Jean, évangéliste, j'ai entendu et appliqué dans ce sens, ce mot : « *l'eau*, » comme principe primitif générateur et organisateur du corps de l'homme, lorsque j'ai dit : « *Il y en a trois qui rendent témoignage sur la Terre : l'esprit, l'eau et le sang ; ces trois sont un.* » (Epitre 1, ch. V, v. 8.) Ces paroles se rapportent à l'homme : *l'esprit* rend témoignage à l'esprit, c'est-à-dire au Père ; *l'eau* et le sang rendent témoignage de la matière unie à l'esprit, et ces trois sont *un :* l'homme. La naissance de l'homme ne tient qu'à la chair ; la matière dérive de la matière, l'esprit seul anime cette matière périssable. « *Ce qui est né de la chair est chair ; ce qui est né de l'esprit est esprit.* »

JEAN.

Le royaume de Dieu, nous le portons en nous-mêmes. Ce n'est point un lieu circonscrit comme les hommes se le sont imaginé, *c'est la perfection morale humaine,* c'est l'immensité dans la vertu.

« Nous n'entrerons pas ici dans des détails au sujet de l'église romaine, de ses préjugés, de ses exigences ; nous nous bornons à dire à tout homme pensant : « Qu'est-ce qui est le plus conforme à la justice du Seigneur, à la bonté, à l'amour qu'il a pour toutes ses créatures ? ou de la loi de l'Eglise qui n'admet que ceux qu'elle a ramassés dans son giron, quel que soit le peu de vertu qu'ils aient, pourvu qu'ils soient soumis à ses dogmes ; ou de la loi naturelle, loi de renaissance et de réincarnation, qui accorde à toutes les créatures du Seigneur des droits égaux et les mêmes titres pour arriver ; loi naturelle et juste qui n'admet pas de bonnes consciences sans actes bons, et qui ne sépare pas la charité de la foi.

« Ne prenons qu'un exemple. Qu'est-ce que cette absolution donné par le prêtre au mourant ? C'est simplement un dogme de création et d'institution humaines, car Jésus n'en a jamais parlé. Et pourtant qu'un malade néglige de faire appeler un prêtre à ses derniers moments et l'Eglise lui refuse la sépulture ecclésiastique.

V. 14. *Et comme Moïse éleva dans le désert le serpent d'airain, il faut de même que le fils de l'homme soit élevé en Haut.* C'était une allusion que Jésus faisait à la mort *apparente* qu'il devait subir et qui devait servir de signe de ralliement à tous ceux qui voudraient marcher sur ses traces.

V. 20. *Car quiconque fait le mal,* etc., celui qui se complait dans l'iniquité s'est condamné lui-même ; *il a choisi sa peine* et il la subira.

« Priez, nos Bien-aimés, priez pour ces pauvres
» pêcheurs endurcis qui ne veulent rien entendre
» et dites avec nous : « Seigneur, vous avez per-
» mis que votre lumière descendit vers nous pour
» réchauffer nos cœurs, ranimer nos intelligences
» et réveiller nos sens engourdis. Faites, ô mon
» Dieu, que tous participent à cette lumière ré-
» génératrice. Envoyez, Seigneur, vos Esprits vers
» ceux qui sont encore loin de la vérité, afin
» qu'ils déchirent les voiles qui la recouvrent et la
» fassent briller dans toute sa beauté.

» Dieu de bonté, père de miséricorde, permet-
» tez à nos faibles voix de pouvoir faire entendre
» à nos frères des paroles persuasives. Permettez
» à nos cœurs régénérés de pouvoir entraîner nos
» frères dans un élan d'amour. Dieu de bonté,
» secourez nos efforts; donnez-nous la persuasion,
» la douceur, la persévérance, la forte foi qui
» qui transporte les montagnes, la confiance que
» rien n'ébranle, et cet amour qui, en s'étendant
» sur toutes vos créatures, nous rapproche de
» vous. »

Judas Iscariote.

V. 22-36

Jean rend témoignage de Jésus.

V. 22. Après cela, Jésus, étant venu en Judée, suivi de ses disciples, y demeurait avec eux et y baptisait. — 23. Jean baptisait aussi à Ennon, près de Salim, parce qu'il y avait là beaucoup d'eau, et plusieurs y venaient et y étaient baptisés. — 24. Car alors Jean n'avait pas encore été mis en prison. — 25. Il s'excita donc une dispute entre les disciples de Jean et les

Juifs touchant le baptême. — 26. Et les premiers étant venus trouver Jean, ils lui dirent : Maître, celui qui était avec vous au-delà du Jourdain et auquel vous avez rendu témoignage, baptise maintenant et tous vont à lui. — 27. Jean leur répondit : L'homme ne peut rien recevoir s'il ne lui a été donné du ciel. — 28. Vous me rendez vous-mêmes témoignage que j'ai dit que je ne suis point le Christ, mais que j'ai été envoyé devant lui. — 29. L'époux est celui à qui est l'épouse ; mais l'ami de l'époux qui se tient debout et qui l'écoute, est ravi de joie à cause qu'il entend la voix de l'époux : je me vois donc maintenant dans l'accomplissement de cette joie. — 30. Il faut qu'il croisse et que je diminue. — 31. *Celui qui* EST VENU d'en haut est au-dessus de tous; celui qui tire son origine de la terre EST de la terre, et ses paroles tiennent de la terre; celui qui est venu du ciel est au-dessus de tous. — 32. Et il rend témoignage de ce qu'il a vu et entendu et personne ne reçoit son témoignage ; — 33. celui qui reçoit son témoignage atteste que Dieu est véritable ; — 34. celui que Dieu a envoyé ne dit que les paroles de Dieu, parce que Dieu ne lui donne pas son esprit par mesure. — 35. Le père aime le fils et lui a remis toutes choses entre les mains. — 36. Celui qui croit au fils a la vie éternelle, et au contraire, celui qui ne croit pas au fils ne verra pas la vie; mais la colère de Dieu demeure sur lui.

9.

Jean rendait témoignage à celui que Dieu envoyait parmi les hommes pour les guider dans la voie de la vérité. Jésus, vient-il nous dire, est celui à qui appartient votre Humanité comme gouverneur de la Planète que vous habitez, qui *seul* a la mission supérieure de veiller sur ses habitants et de les enseigner. « Mais moi, Jean, dit la Révélation, je ne suis que son précurseur, son auxiliaire dévoué et, plein de respect et d'amour pour lui, j'obéis à sa voix, et suis ravi de joie de voir sa mission commencée; et maintenant qu'elle l'est, il faut qu'elle se développe et que la mienne, qui n'était que préparatoire, s'efface et finisse.

Jean, qui était en même temps médium inspiré, voyant, auditif et parlant, affirme sous l'influence spirite, la mission de Jésus. Lui, Jean, dit-il, est un homme terrestre subissant l'incarnation humaine, mais Jésus, lui, est venu d'en haut ; il est un homme *céleste*, revêtu d'un corps *céleste*, c'est-à-dire fluidique de sa nature et qui n'est visible *aux yeux des hommes* que par un acte de sa volonté qui le rend soit uniquement visible, soit en même temps visible et tangible. Jean affirme la supériorité de Jésus sur tous : « *Le père l'aime, dit-il, et lui a mis toutes choses entre les mains.* » et il est en rapport *direct* avec le père, et il parle comme *organe direct* du Seigneur tout-puissant.

CHAPITRE IV

V. 1-26

Entretien de Jésus avec la Samaritaine. — Eau vive que Jésus donne à boire et qui devient, en celui qui la boit, une fontaine d'eau qui rejaillit jusque dans la vie éternelle. — Ne plus adorer le père sur la montagne ni dans Jérusalem. — Adoration du père. — Les vrais adorateurs que le père demande. — Les adorateurs du père en esprit et en vérité. — Jésus déclare à la Samaritaine être le Messie, c'est-à-dire le Christ. — Sens, portée et but de ces paroles de Jésus : Dieu est esprit. — Explications de la révélation actuelle sur Dieu.

V. 1. Jésus ayant donc su que les Pharisiens avaient appris qu'il faisait plus de disciples et baptisait plus de personnes que Jean, — 2, (quoique Jésus ne baptisât pas lui-même, mais ses disciples), il quitta la Judée et s'en alla, de nouveau, en Galilée. — 4. Et comme il fallait qu'il passât par la Samarie, — 5, il vint dans une ville de Samarie, nommée Sichar, près de l'héritage que Jacob donna à son fils Joseph. — 6. Or, il y avait là un puits qu'on appelait la fontaine de Jacob; et Jésus, étant fatigué du chemin, s'assit sur cette fontaine pour se reposer. Il était environ la sixième heure du jour. — 7. Il vint alors une femme de Samarie pour tirer de l'eau. Jésus lui dit : Donnez-moi à boire; — 8, car ses disciples étaient allés à la ville pour acheter à manger. — 9. Mais cette femme Samaritaine lui dit : Comment, vous qui êtes Juif, me demandez-vous à boire, à moi qui suis Samaritaine? Car les Juifs n'ont point de commerce avec les Samaritains. — 10. Jésus lui répondit : Si vous connaissiez le don de Dieu et qui est celui qui vous dit : Donnez-moi à boire, vous lui en auriez peut-être demandé vous-même et il vous aurait donné de l'eau vive. — 11. Cette femme lui dit : Seigneur, vous n'avez pas de quoi en puiser, et le puits est profond : d'où auriez-vous donc de l'eau vive ? — 12. Êtes-vous plus grand que notre père Jacob qui nous a donné ce puits et en a bu lui-même, aussi bien que ses enfants et ses troupeaux? — 13. Jésus lui répondit : Quiconque boit de cette eau, aura encore soif; au lieu que celui qui boira de l'eau que je lui donnerai, deviendra en lui une fontaine d'eau qui rejaillira jusque dans la vie éternelle. — 15. Cette femme lui dit : Seigneur, je vois bien que vous êtes un prophète. — 20. Nos pères ont adoré sur cette montagne; et vous autres, vous dites que c'est dans Jérusalem qu'est le lieu où il faut adorer. — 21. Jésus lui dit : Femme, croyez-moi, le temps va venir que ce ne sera plus sur cette montagne, ni dans Jérusalem que vous adorerez le père. — 22. Vous adorez ce que vous ne connaissez point; pour nous, nous adorons ce que nous connaissons, car le salut vient des Juifs. — 23. Mais le temps vient, et il est déjà venu, que les vrais adorateurs adoreront le père en esprit et en vérité, car ce sont là les vrais adorateurs que le père demande. — 24. Dieu est esprit, et il faut que ceux qui l'adorent, l'adorent en esprit et en vérité. — 25. Cette femme lui répondit : Je sais que le Messie, c'est-à-dire le Christ, doit venir; lors donc qui sera venu, il nous annoncera toutes choses. — 26. Jésus lui dit : C'est moi-même qui vous parle.

10.

Jésus s'assit parce qu'il savait d'avance que la Samaritaine allait venir, et son entretien avec elle eut lieu parce qu'il était également préparé d'avance, afin que cet enseignement *pour l'avenir* eut lieu.

Cet enseignement avait pour but de faire comprendre aux hommes que, devant Dieu, il n'y a ni *hérétiques*, ni *orthodoxes*, mais seulement des enfants du même père céleste plus ou moins tendres, plus ou moins soumis. On voit, dans cet entretien, que les paroles de Jésus sont « *esprit et vie,* » mais la Samaritaine ne les comprend pas et les prend dans leur sens *matériel* et *littéral.* Et cependant, les paroles de Jésus étaient bien claires : « *Quiconque boit de cette eau aura encore soif;* AU LIEU QUE *celui qui boira de l'eau que je lui donnerai, n'aura jamais soif.....* » Et le Messie divin donne de cette *eau vive* à boire à qui lui en demande, qu'il soit Juif ou Samaritain, c'est-à-dire de quelque pays qu'il soit, et abstraction faite de tout culte et de toutes croyances.

Connaître le « don de Dieu, » c'était connaître l'appui et le concours que Dieu nous envoie par ses bons Esprits; c'était savoir que ce qu'on appelle l'inspiration, le génie de la science et de la charité, toutes choses que l'homme en son ignorance s'attribue *exclusivement* à lui-même, est « *don de Dieu.* » Connaître le Messie, c'est-à-dire le Christ, c'est connaître la morale qu'il personnifie, qu'il a déclarée être *toute la loi et les prophètes*, qu'il est venu lui-même sanctionner parmi nous, loi qui est divine, éternelle et immuable comme Dieu même, et qui est écrite dans la conscience de tout homme comme elle est en même temps déposée au fond de son cœur. Et *l'eau vive* est l'emblème des vérités éternelles qui alimentent l'âme et font la prédominance de l'esprit sur la matière.

Combien peu comprennent les paroles du maître et les mettent en pratique !

Jésus, embrassant dans sa pensée le présent *d'alors* et l'avenir, prédit la disparition et la cessation de tous les cultes qui devaient diviser les hommes sur la Terre : « *Femme, croyez-moi, dit-il, le temps va venir que ce ne sera plus sur cette montagne ni dans Jérusalem que vous adorerez* LE PÈRE. » Il prédisait ainsi L'ADORATION *du Père* au fond du cœur, qui, lorsqu'il est pur, est son seul et vrai temple ayant pour sanctuaire la conscience; culte intime de l'âme, que les hommes rendront au père quand ils auront fini par comprendre *en esprit et en vérité* les enseignements divins de son Christ.

Mais l'Eglise a continué les enseignements et les prétentions des chefs de synagogue. S'emparant à son tour du principe *d'orthodoxie* que s'arrogeaient les Juifs, elle rejette aujourd'hui les Juifs dans la catégorie des Samaritains et déclare *hérétiques* et persécute tous ceux qui professent des croyances contraires aux dogmes humains qu'elle a créés, et à ses interprétations humaines si fausses et si antichrétiennes. Elle *ose* dire que ceux-là seuls entreront dans le royaume de Dieu, qui sont et qui restent dans son giron. Elle adore Dieu dans des temples de pierre et rejette ceux qui l'adorent sur la montagne.

Mais les temps sont venus où les cultes qui *divisent* doivent tomber, et où la tolérance et la fraternité vont réunir tous les hommes sous le même drapeau *d'amour* et de *charité*.

« Apôtres de la Révélation nouvelle, prenez bien garde de tomber dans l'exclusivisme de l'Eglise romaine, de faire du grand progrès spiritualiste qui embrasse aujourd'hui votre Humanité, de ce Spiritisme qui est une des phases de la Révélation permanente de Dieu, *une secte*. Les seuls adorateurs que *le père* demande, ce sont les adorateurs DU PÈRE *en esprit et en vérité*, quel que soit le culte extérieur dans lequel la réincarnation les a fait naître, et qui ne voient dans *tous les autres* hommes QUE *des frères*. Si jamais vous deveniez *dogmatiques*, vous failliriez à la tâche qui vous est confiée en faussant la mission que *l'esprit de Vérité* vient accomplir sur votre Terre. Les vérités éternelles sont successivement et progressivement révélées à l'homme; elles doivent être *librement* acceptées par lui. Le jour viendra où tous croiront *au père* : le Dieu UN, SEUL et INDIVISIBLE; *au fils*, votre Messie et Esprit protecteur de votre Planète; et au « *Saint-Esprit*, » c'est-à-dire aux Esprits du Seigneur travaillant, sous la direction du Maître, à votre progrès et au développement de votre globe. »

Dieu est *esprit*, et il est l'Esprit des Esprits en tout ce que ces paroles expriment la supériorité D'ÊTRE. Dieu est le principe intelligent universel, qui agit par l'acte de sa volonté sur le fluide universel, et qui produit la création universelle que nous appelons la nature en le combinant et le transformant selon des lois immuables et éternelles. Il conduit tout, de l'infiniment petit à l'infiniment grand dans l'ordre spirituel, fluidique et matériel, par la loi immuable du progrès et de l'harmonie. Il est le GRAND MOTEUR, le moteur de tout ce qui est.

« Vos intelligences sont trop bornées pour pouvoir comprendre Dieu dans son essence et ses moyens d'action comme créateur incréé. Cependant, vous pouvez comparer Dieu au soleil de l'univers infini, lumière étincelante que, *seul*, l'aigle de pureté peut voir en face. Sa chaleur se répand sur tous les mondes et les féconde. Intelligence suprême, son souffle crée l'intelligence ; son regard créé la vie, et pourtant (ô nudité de votre langage, ô infirmité de votre intelligence, qui nous forcent à restreindre l'immensité de Dieu à des comparaisons matérielles!) Dieu, ce principe de tous les principes, cette source intarissable de toutes les vies, n'est point un corps limité comme les hommes cherchent à le comprendre. Nous l'avons dit et nous le répétons : Dieu est le principe *seul et unique* de tout ce qui EST, lumière de tout ce qui voit, fertilité de tout ce qui produit. Dieu est la cause de toutes les causes que nos sens grossiers cherchent inutilement à comprendre ; mais cette cause première ineffable est tellement au-dessus de toute intelligence, que ceux-là seuls qui l'approchent peuvent le comprendre. »

Les paroles de l'apôtre Paul, prononcées sous l'influence spirite, sont maintenant compréhensibles pour nous :

« EN LUI, nous avons *la vie, le mouvement* et *l'être* : IN IPSO *vivimus* ET *movemur* ET *sumus*. *Tout* EST *de lui, tout* EST *par lui, et tout* EST *en lui* : *ea ipso* ET *per ipsum,* ET *in ipso* SUNT *omnia.* » (Actes XVII, v. 28, et épître aux Romains, XI, v. 36.)

V. 27-42.

Rapport de la Samaritaine. — Les Samaritains viennent vers Jésus. — Ils croient. — Le reconnaissent le Sauveur du monde. — Paroles de Jésus à ses disciples.

V. 27. En même temps, ses disciples arrivèrent, et ils s'étonnaient de ce qu'il parlait avec une femme ; néanmoins nul ne lui dit : Que lui demandez-vous ? Ou : d'où vient que vous parlez avec elle ? — Cette femme cependant, laissant là sa cruche, s'en retourna à la ville, et commença à dire à tout le monde : Venez voir un homme qui m'a dit tout ce que j'ai jamais fait. Ne serait-ce pas le Christ ? — 30. Ils sortirent donc de la ville et vinrent le trouver. — 31. Cependant ses disciples le pressèrent de prendre quelque chose, en lui disant : Maître mangez. — 32. Et il leur dit : J'ai une nourriture à prendre que vous ne connaissez pas. — 33. Les disciples se disaient donc l'un à l'autre : Quelqu'un lui aurait-il apporté à manger ? — 34. Jésus leur dit : Ma nourriture est de faire la volonté de celui qui m'a envoyé et d'accomplir son œuvre. — 35. Ne dites vous pas vous-mêmes que, dans quatre mois, la moisson viendra ? Mais moi je vous dis : Levez vos yeux et considérez les campagnes qui sont déjà blanches et prêtes à être moissonnées. — 36. Et celui qui moissonne reçoit la récompense, et amasse les fruits pour la ville éternelle, afin que celui qui sème soit dans la joie, aussi bien que celui qui moissonne ; — 37, car ce que l'on dit d'ordinaire est vrai en cette rencontre : que l'un sème et que l'autre moissonne. — 38. Je vous ai envoyés moissonner ce qui n'est pas venu par votre travail. D'autres ont travaillé et vous êtes entrés dans leurs travaux. — 39. Or, il y eu beaucoup de Samaritains de cette ville là, qui crurent en lui, sur le rapport de cette femme qui les assurait qu'il lui avait dit tout ce qu'elle avait jamais fait. — 40. Les Samaritains, étant donc venus le trouver, le prièrent de demeurer chez eux, et il y demeura deux jours. — 41. Il y en eut beaucoup qui crurent en lui, pour l'avoir entendu parler ; — 42, de sorte qu'ils disaient à cette femme : Ce n'est pas plus sur ce que vous nous en avez dit que nous croyons en lui ; car nous l'avons entendu nous-mêmes et nous savons qu'il est vraiment le sauveur du monde.

11.

La Samaritaine avait été frappée des facultés extra-humaines de Jésus bien plus que de l'affirmation qu'il lui fit qu'il était le Christ. Les Samaritains étaient comme les hommes de nos jours : les uns ont besoin pour croire d'avoir des faits extraordinaires qui les frappent et les étonnent, tandis que d'autres pleins d'admiration pour la morale douce, simple et pure de Jésus, ne cherchent ni ne demandent autre chose.

Quant à la réponse du Christ à ses disciples qui lui disaient : « Maître, mangez », Jésus affirme ici, *sous voile*, qu'il n'est pas soumis aux nécessités et aux besoins matériels de notre Humanité en raison de sa nature extra-humaine. Cela fait bien voir qu'il ne prenait son repas, *aux yeux des hommes*, c'est-à-dire toujours *en apparence* et jamais en réalité, que lorsque cela était absolument nécessaire pour qu'ils fussent convaincus de son humanité.

CHAPITRE V

V. 1-16

Piscine de Bethsaïda. — Guérison du paralytique.

V. 1. Après cela, la fête des Juifs était arrivée, Jésus s'en alla à Jérusalem. — 2. Or, il y avait à Jérusalem la piscine des brebis, qui s'appelle en Hébreu *Bethsaïda*, qui avait cinq galeries, — 3. dans lesquelles étaient couchés un grand nombre de malades, d'aveugles, de boiteux et de ceux qui avaient les membres desséchés, qui, tous, attendaient que l'eau fut remuée; — 4. car l'ange du Seigneur, en un certain temps, descendait dans cette piscine et en remuait l'eau; et celui qui y entrait le premier après que l'eau avait été ainsi remuée, était guéri, de quelque maladie qu'il fût atteint. — 5. Or, il y avait là un homme qui était malade depuis trente-huit ans. — 6. Jésus, l'ayant vu couché et connaissant qu'il était malade depuis fort longtemps, lui dit : Voulez-vous être guéri ? — 7. Le malade lui répondit : Seigneur, je n'ai personne pour me jeter dans la piscine après que l'eau a été remuée ; et pendant le temps que je mets à y aller, un autre y descend avant moi. — 8. Jésus lui dit : Levez-vous, emportez votre lit et marchez. — 9. A l'instant cet homme fut guéri ; et, prenant sont lit, il commença à marcher. Or, ce jour était un jour de sabbat ; — 10. les Juifs dirent donc à celui qui avait été guéri : C'est aujourd'hui le sabbat ; et il ne vous est pas permis d'emporter votre lit. — 11. Et il leur répondit : Celui qui m'a guéri, m'a dit : Emportez votre lit et marchez. — 12. Ils lui demandèrent : Qui est donc cet homme qui vous a dit : Emportez votre lit et marchez ? — 13. Mais celui qui avait été guéri, ne savait pas lui-même qui il était ; car Jésus s'était retiré de la foule du peuple qui était là. — 14. Depuis, Jésus trouva cet homme dans le temple et lui dit : Vous voyez que vous êtes guéri ; ne péchez plus à l'avenir, de peur qu'il ne vous arrive quelque chose de pis. — 15. Cet homme s'en alla trouver les Juifs et leur dit que c'était Jésus qui l'avait guéri. — 16. Et c'est pour cette raison que les Juifs persécutaient Jésus parce qu'il faisait ces choses le jour du sabbat.

12.

Cette narration est le résumé des croyances superstitieuses qui avaient cours. La source de Bethsaïda était parfois agitée par des secousses volcaniques qui rendaient les eaux normales et curatives pour certaines maladies.

« Ceux qui descendaient *avec foi* dans la piscine étaient guéris ; ceux qui étaient atteints des maladies auxquelles les eaux étaient applicables, étaient aidés par le magnétisme spirituel; ceux qui étaient atteints de maladies pour lesquelles ces eaux étaient sans application, et sans efficacité, étaient *directement* et *uniquement* guéris par le magnétisme spirituel. Les Esprits du Seigneur qui venaient vers ces croyants, exerçaient invisiblement l'action magnétique à l'aide des fluides appropriés à la nature de la maladie et procuraient ainsi la guérison. »

On sait tout ce que la foi peut faire et combien souvent elle opère de guérisons. Et à cette époque la foi était autrement vive que de nos jours.

V. 17-30

Action incessante du père. — Action incessante aussi de Jésus. — Paroles de Jésus aux Juifs qui l'accusent de se faire égal à Dieu parce qu'il l'appelle: son père, — *et par lesquelles, sous le voile de la lettre, il déclare son infériorité relativement à Dieu, n'être que l'instrument et le ministre des volontés du père, — Sa position et ses pouvoirs comme Messie. — Les fruits que sa mission doit produire.*

V. 17. Alors Jésus leur dit: Mon père ne cesse point d'agir jusqu'à présent, — et j'agis aussi incessamment. — 18. Mais les Juifs cherchaient encore, avec plus d'ardeur, à le faire mourir, parce que non seulement il ne gardait pas le sabbat, mais qu'il disait même que Dieu était son père, se faisant ainsi égal à Dieu; Jésus ajouta donc et leur dit: — 19. En vérité, en vérité, je vous dis que le fils ne peut rien faire de lui-même et qu'il ne fait que ce qu'il voit faire au père: car tout ce que le père fait, le fils aussi le fait comme lui; — 20. parce que le père aime le fils et lui montre tout ce qu'il fait; et lui montrera des œuvres encore plus grandes que celles-ci; en sorte que vous en serez remplis d'admiration; — 21, car comme le père ressuscite les morts et leur rend la vie, ainsi le fils donne la vie à qui il lui plaît; — 22, car le père ne juge personne, mais il a donné tout pouvoir de juger au fils, — 23, afin que tous honorent le fils comme ils honorent le père; celui qui n'honore point le fils n'honore point le père qui l'a envoyé. — 24. En vérité, en vérité, je vous dis que celui qui entend ma parole et qui croit à celui qui m'a envoyé, a la vie éternelle et ne tombe point dans la condamnation, mais il est déjà passé de la mort à la vie; — 25, en vérité, en vérité, je vous dis: l'heure vient, et elle est déjà venue, où les morts entendront la voix du fils de Dieu; et ceux qui l'entendront, vivront; — 26, car comme le père a la vie en lui-même, il a donné au fils d'avoir la vie en lui-même; — 27, et il lui a donné le pouvoir de juger parce qu'il est le fils de l'homme. — 28. Ne vous étonnez pas de ceci, car le temps vient où tous ceux qui sont dans les sépulcres entendront la voix du fils de Dieu; — 29, et ceux qui auront fait de bonnes œuvres sortiront des tombeaux pour ressusciter à la vie; mais ceux qui en auront fait de mauvaises, en sortiront pour ressusciter à leur condamnation. — 30. Je ne puis rien faire de moi même; je juge selon ce que j'entends; et mon jugement est juste, parce que je ne cherche pas ma volonté, mais la volonté de celui qui m'a envoyé.

13.

Les paroles de Jésus, comme toujours, sont *voilées* et *figurées*.

Il dit ici qu'il n'y a pas de « jour de repos » pour faire le bien, et il proclame en même temps que l'action du Créateur sur ses enfants est incessante. Et les Juifs prenant *à la lettre* ces mots: « *Mon père*, » l'accusèrent de s'attribuer la divinité et devinrent pleins de haine pour lui ; et cependant Jésus leur disait : « *Le fils ne fait que ce qu'il voit faire au père.* »

« Pour l'esprit en général, dit la Révélation, il n'y a point de sens comme pour le corps. Pour l'esprit élevé, la pensée est *la lumière* ; or la volonté divine est visible aux *grands Esprits* qui approchent du foyer de toute vie et de la toute-puissance ; c'est ce qui fait dire à Jésus qu'il ne fait QUE ce qu'il VOIT faire au père ; ce qui signifie donc qu'il ne fait rien qui ne soit la volonté du Seigneur ; *volonté* que Jésus *voit* aussitôt qu'elle *est*.

« Ne vous méprenez pas sur la valeur du mot : *voit*. Quand nous avons dit : *voit*, nous n'avons pas entendu une simple intuition de Jésus, mais bien *une lumière éclairant* son intelligence, comme celle de tout grand Esprit s'élevant vers ces pures régions. La pensée est un corps visible et palpable *pour l'Esprit*, et plus il est épuré, plus elle devient *lumineuse* pour lui. La pensée est un corps visible et palpable pour l'Esprit *en ce sens* qu'elle est portée et transmise par *un courant fluidique*, et vous devez comprendre qu'elle doit être la lumière éclairant l'intelligence du pur Esprit, *par un courant fluidique pur* qui part de Dieu et est le véhicule de la pensée divine.

« Ne savez-vous pas que le fluide universel, à tous ses états de combinaisons et de transformations dans l'immensité, est soumis à l'influence attractive des fluides qui établissent les rapports des Esprits entre eux par analogie d'espèce et de nature, et qu'il est le véhicule de la pensée ? »

« *Tout ce que le père fait, le fils aussi le fait.* »

« C'est une allusion à la formation des Planètes à laquelle président les Esprits purs. Dieu crée par sa volonté les fluides qui l'environnent de toutes parts et qui sont appelés à contenir les essences spirituelles ; il crée tous les germes d'où doivent tirer *leur être* les mondes et tous les règnes de la nature, pour être conduits en vertu des lois immuables et éternelles, de l'infiniment petit à l'infiniment grand. Les Messies créent les mondes qui sont formés de ces fluides, *en ce sens que* c'est sous leur surveillance et leur volonté qu'ils s'agglomèrent. C'est là l'œuvre des Esprits préposés qui assistent l'Esprit fondateur de la Planète, et qui travaillent, sous sa direction, à cette agglomération d'où la Planète doit sortir.

« *Le père aime le fils et lui montre tout ce qu'il fait.* » Car le père a confiance dans le fils, et il *lui* montre, en les lui faisant voir et comprendre, tous les actes qu'il accomplit comme Créateur ; et il lui montrera des œuvres plus grandes encore à mesure que, par suite du progrès, les évènements de la transformation de la Terre s'accompliront, par la volonté du père. »

C'est seulement aujourd'hui, que l'intelligence humaine est suffisamment développée, que l'on peut comprendre les paroles de Saint-Jean.

Le père ne juge personne, car le Seigneur, dans sa longanimité, attend que ses enfants s'approchent de lui ; ce qui arrivera certainement un jour, car la loi du progrès, immuable comme Dieu lui-même, conduit toutes les Humanités au but. Dieu ne juge personne, parce que l'Esprit a son libre arbitre, et que c'est lui-même qui doit redresser les écarts de son jugement et réparer ses égarements. Lui-même doit se frayer sa voie vers le progrès et y marcher sans faiblesse. Dieu lui a seulement donné la conscience du bien et du mal. Le jugement de Dieu, c'est la loi immuable de la souffrance qui atteint, tôt ou tard, le coupable et provoque en lui le remords cruel et vengeur. Le jugement de Dieu, c'est la lutte qui harasse et brise et n'a pas de résultat tant que l'Esprit n'a pas formé le ferme propos de renoncer au mal et d'entrer dans la voie du bien. Mais celui qui peut marcher assez purement dans les voies de Jésus pour ne point dévier, et suit ainsi les préceptes qui conduisent à Dieu, celui-là entre dans une phase nouvelle, dans la phase de progrès et d'épreuves qui le mènent à la perfection.

Mais les temps viennent où tous ceux qui sont dans les sépulcres, c'est-à-dire tous les incarnés (car nos corps de chair sont des sépulcres pour notre Esprit), entendront la voix du Fils de Dieu

---

V. 31-38

Jésus a un plus grand témoignage que celui de Jean. — Le père qui l'a envoyé a rendu témoignage de lui. — Ce sont les œuvres qu'il fait qui rendent de lui témoignage.

V. 31. Si c'est moi qui rends témoignage de moi-même, mon témoignage n'est pas véritable; — 32. mais il y en a un autre qui rend témoignage de moi; et je sais que le témoignage qu'il me rend est véritable. — 33. Vous avez envoyé à Jean; et il a rendu témoignage à la vérité. — 34. Pour moi, ce n'est pas d'un homme que je reçois témoignage; mais je dis ceci afin que vous soyez sauvés. — 35. Jean était une lampe ardente et luisante; et vous avez voulu vous réjouir pour un peu de temps à la lueur de sa lumière. —

36. Mais, pour moi, j'ai un témoignage plus grand que celui de Jean; car les œuvres que mon père m'a donné pouvoir de faire, les œuvres, dis-je, que je fais, rendent témoignage de moi, que c'est mon père qui m'a envoyé; — 37, et mon père qui m'a envoyé a rendu lui-même témoignage de moi. Vous n'avez jamais entendu sa voix ni rien vu qui le représentât; — 38, et sa parole ne demeure point en vous, parce que vous ne croyez point à celui qu'il a envoyé.

14.

A l'œuvre on connait l'artisan, et celui qui le dirige et qui l'emploie.

L'homme ne doit jamais se citer comme modèle, mais son devoir est de chercher toujours à en servir. Ce sont les œuvres qu'il accomplit et les exemples qu'il donne qui, *seuls*, peuvent et doivent témoigner en sa faveur. Ce sont les autres, et non pas lui-même, qui doivent rendre de lui témoignage.

Tel est ici l'enseignement de Jésus.

V. 39-46

Les Écritures rendent témoignage de Jésus. — Celui qui croit Moïse, croit Jésus.

V. 39. Lisez avec soin les Écritures, parce que vous croyez y trouver la vie éternelle, et ce sont elles qui rendent témoignage de moi. — 40. Mais vous ne voulez pas venir à moi pour avoir la vie. — Je ne tire point ma gloire des hommes; mais je vous connais et je sais que vous n'avez point en vous l'amour de Dieu. — 42. Je suis venu au nom de mon père, et vous ne me recevez pas; si un autre vient en son propre nom vous le recevrez. — 43. Comment pouvez-vous croire, vous qui recherchez la gloire que vous vous donnez les uns aux autres et qui ne recherchez point la gloire qui vient de Dieu seul? — 44. Ne croyez pas que ce soit moi qui doive vous accuser devant le père; vous avez un accusateur qui est Moïse en qui vous espérez. — 45. Car si vous croyez Moïse, vous me croiriez aussi, parce que c'est de moi qu'il a écrit. — Si vous ne croyez pas ce qu'il a écrit, comment croiriez-vous ce que je dis?

15

Jésus constate qu'il est bien, d'après les interprétations données aux paroles de Moïse et des prophètes, le Messie promis aux Hébreux, et qu'il vient à eux pour leur donner la vie *spirituelle*. « Je suis l'envoyé de Dieu, leur dit-il, et vous ne me recevez pas; si un autre vient en son propre nom, qui s'offre à vous comme un libérateur matériel, vous le recevez. Comment donc pouvez-vous *croire, accepter* ma mission, qui est toute *spirituelle*, et *marcher dans mes voies*, vous qui recherchez l'indépendance et la gloire dans la vie *matérielle*, et qui ne recherchez pas la gloire qui vient de Dieu *seul*, c'est-à-dire la vie spirituelle? »

Croire Moïse, et croire ce qu'il a écrit, c'était évidemment croire à la mission de Jésus.

Mais Jésus n'accuse personne devant son père; quels que soient le culte et les croyances des hommes, qu'ils soient Juifs, Chrétiens ou Mahométans, ce sont *leurs actes*, et pas autre chose, qui rendent témoignage *pour* ou *contre* eux devant Dieu.

Qu'on lise attentivement les Écritures de l'ancienne loi, que l'on se reporte à tous les textes et l'on reconnaîtra facilement que la Révélation hébraïque présente bien, en effet, le Messie promis, le Christ, comme un être exceptionnel, mystérieux, ayant une origine et une nature humaines, en même temps une origine et une nature extra-humaines. C'était là une *transition* nécessaire qui devait être ménagée et accomplie.

CHAPITRE VI.

V. 1-15

Multiplication des cinq pains et des deux poissons. — Jésus sachant qu'on veut l'enlever pour le faire roi, se retire sur la montagne, et seul.

V. 1. Jésus s'en alla ensuite au delà de la mer de Galilée, qui est le lac de Tibériade; et une grande foule de peuple le suivait, parce qu'ils voyaient les miracles qu'il faisait sur les malades. — 3. Jésus monta donc sur une montagne et s'y assit avec ses disciples. — 4. Or, le jour de Pâques, qui est la grande fête des Juifs, était proche. — 5. Jésus ayant donc levé les yeux et voyant qu'une grande foule de peuple venait à lui, dit à Philippe : D'où achèterons-nous des pains pour donner à manger à tout ce monde? — 6. Mais il disait cela pour le tenter, car il savait bien ce qu'il devait faire; — 7. Philippe lui répondit : Quand on aurait pour deux cents deniers de pain, cela ne suffirait pas pour en donner à chacun tant soit peu. — 8. Un de ses disciples qui était André, frère de Simon-Pierre, lui dit : — 9 Il y a ici un petit garçon qui a cinq pains d'orge et deux poissons; mais qu'est-ce que cela pour tant de gens? — 10. Jésus leur dit donc : Faites-les asseoir. Or, il y avait beaucoup d'herbe dans ce lieu-là; et environ cinq mille hommes s'y assirent. — 11. Jésus prit donc les pains : et ayant rendu grâces, il les distribua à ceux qui étaient assis; et il leur donna de même des deux poissons autant qu'ils en voulurent. — 12. Après qu'ils furent rassasiés, il dit à ses disciples : Ramassez les morceaux qui sont restés, afin que rien ne se perde. — 13. Ils les ramassèrent donc et emplirent douze paniers des morceaux qui étaient restés des cinq pains d'orge, après que tous en eurent mangé. — 14. Et ces personnes, ayant vu le miracle qu'avait fait Jésus, disaient : C'est là vraiment le prophète qui doit venir dans le monde ; — 15, mais Jésus, sachant qu'ils devaient venir l'enlever pour le faire roi, s'enfuit encore sur la montagne, lui seul.

16

Ce fait de la multiplication des pains et des poissons a été expliqué déjà, ainsi que tout le contenu de ces versets; nous n'avons qu'une chose à faire remarquer, c'est que les narrations évangéliques se complètent les unes par les autres.

V. 16-21

Jésus marche sur la mer.

V. 16. Lorsque le soir fut venu, les disciples descendirent au bord de la mer : — 17, et étant montés sur une barque, ils s'avancèrent vers Capharnaüm qui était au-delà de la mer. Or, il était déjà nuit, et Jésus n'était pas encore venu à eux. — 18. Cependant, la mer commençait à s'enfler à cause d'un grand vent qui soufflait. — 19. Et comme ils eurent fait environ vingt-cinq ou trente stades, ils virent Jésus qui marchait sur la mer, et qui était proche de leur barque, ce qui les remplit de frayeur ; — 20, mais il leur dit : C'est moi, ne craignez point. — 21. Ils voulurent donc

le prendre dans leur barque; et la barque se trouva
aussitôt au lieu où ils allaient. — 22. Le lendemain,
le peuple, qui était demeuré de l'autre côté de la mer,
remarqua qu'il n'y avait point eu là d'autre barque,
et que Jésus n'y était point entré avec ses disciples,
mais que les disciples seuls s'en étaient allés. — 23. Et
comme il était depuis arrivé d'autres barques de Tibériade près du lieu où le Seigneur, après avoir rendu
grâces, les avait nourris de cinq pains, — 24, et qu'ils
connurent enfin que Jésus n'était point là, non plus
que ses disciples, ils entrèrent dans ces barques et
vinrent à Capharnaüm chercher Jésus.

17

Tout cela a été expliqué suivant *l'esprit* et *la
vérité* dans notre Résumé des trois premiers Évangiles.

V. 25-40

*La morale que Jésus personnifie est la source de tout pro-
grès et la voie qui mène à la perfection; elle conduit à
l'affranchissement de l'incarnation matérielle.*

V. 25. Et l'ayant trouvé au-delà de la mer, ils lui
dirent : Maître, quand êtes-vous venus ici? — 26. Jésus leur répondit : En vérité, en vérité, je vous dis :
Vous me cherchez, non à cause des miracles que vous
avez vus, mais parce que je vous ai donné du pain à
manger et que vous avez été rassasiés. — 27. Travaillez pour avoir, non la nourriture qui périt, mais
celle qui demeure pour la vie éternelle, et que le fils
de l'homme vous donnera, parce que c'est en lui que
le père, qui est : Dieu, a imprimé son sceau et son
caractère; — 28, ils lui dirent : Que ferons-nous pour
faire les œuvres de Dieu? — 29. Jésus leur répondit :

L'œuvre de Dieu est que vous croyez en celui qu'il a envoyé. — 30. Ils lui dirent : Quel miracle donc faites-vous, afin qu'en le voyant nous vous croyons? Que faites-vous d'extraordinaire? — 31. Nos pères ont mangé la manne dans le désert, selon ce qui est écrit : il leur a donné le pain du ciel. — 32. Jésus leur répondit : En vérité, en vérité, je vous dis : Moïse ne vous a point donné le pain du ciel; — 33. car le pain de Dieu est celui qui est descendu du ciel et qui donne la vie au monde. — 34. Ils lui dirent donc : Seigneur, donnez-nous toujours de ce pain. — 35. Jésus leur répondit : Je suis le pain de vie; celui qui vient à moi n'aura point de faim, et celui qui croit en moi n'aura jamais soif. — 36. Mais je vous l'ai déjà dit : Vous m'avez vu et vous ne croyez point. — 37. Tous ceux que mon père me donne viendront à moi et je ne jetterai point dehors celui qui vient à moi. — 38. Car je suis descendu du ciel, non pour faire ma volonté, mais pour faire la volonté de celui qui m'a envoyé. — 39. Or, la volonté de mon père qui m'a envoyé est que je ne perde aucun de tous ceux qu'il m'a donnés, mais que je les ressuscite tous au dernier jour. — 40. La volonté de mon père qui m'a envoyé est que quiconque voit le fils et croit en lui ait la vie éternelle; et je le ressusciterai au dernier jour.

18

Jésus était passé de l'autre côté de la mer sans qu'il y eût de barque où il pût entrer pour traverser; c'est pour cela que la foule, soupçonnant encore un « *miracle*, » lui dit : « Quand donc êtes-vous venu? » Mais Jésus s'abstient de répondre à cette question et de faire connaître qu'il avait marché sur la mer.

Il prend texte du fait de la multiplication des pains et des poissons, pour en faire sortir à la fois la révélation *voilée* de son origine et de sa mission et un enseignement; révélation et enseignement qui ne devaient être compris que de nos jours, avec la Révélation spirite.

Il fait allusion au terme des incarnations matérielles et il fait comprendre que l'Esprit est mort au point de vue spirite quand il est incarné dans un corps de chair. Mais les Juifs, qui voyaient ses œuvres et ne voulaient pas croire à sa mission, ne pouvaient comprendre ses paroles, qu'il était donné seulement aux hommes de l'avenir d'en comprendre le véritable sens. On voit que toujours, dans sa mission, Jésus embrasse en même temps le présent *d'alors* et l'avenir. Mais c'est surtout pour les générations à venir qu'il parle et se conduit, car, à cette époque-là, l'intelligence humaine n'était pas encore assez développée.

V. 41-51

Murmure des Juifs contre ce que Jésus venait de dire. — — Paroles voilées de Jésus. — Aucun homme n'a vu le père si ce n'est celui qui est né de Dieu. — Personne ne peut venir à Jésus si son père qui l'a envoyé ne l'attire. — Celui qui croit en lui a la vie éternelle. — Il est le pain qui est descendu du ciel. — Il est le pain vivant qui est descendu du ciel.

V. 41. Sur quoi, les Juifs se mirent à murmurer contre lui parce qu'il avait dit : Je suis le pain vivant qui suis descendu du ciel. — 42. Et ils disaient : N'est-ce pas là Jésus, fils de Joseph, dont nous connaissons le père et la mère ? Comment donc dit-il qu'il est descendu du ciel ? — 43. Mais Jésus leur répondit : Ne murmurez point entre vous. — 44. Personne ne peut venir à moi si mon père qui m'a envoyé ne l'attire, et je le ressusciterai au dernier jour.

— 45. Il est écrit dans les prophètes : ils seront tous enseignés de Dieu; tous ceux donc qui ont entendu la voix du père et ont été enseignés de lui viennent à moi. — 46. Ce n'est pas qu'aucun homme ait vu le père, si ce n'est celui qui est de Dieu, car c'est celui-là qui a vu le père. — 47. En vérité, en vérité, je vous dis : Celui qui croit en moi a la vie éternelle. — 48. Je suis le pain de vie : — 49. Vos pères ont mangé la manne dans le désert, et ils sont morts; mais voici le pain qui est descendu du ciel, afin que celui qui en mange ne meure point. — 51. Je suis le pain vivant qui suis descendu du ciel.

19.

Ceux-là même qui ont assisté à l'apparition de Jésus sur la terre et à tous les évènements de sa mission, ne pouvaient et *ne devaient* pas le comprendre, car c'était seulement à l'époque actuelle de la Révélation nouvelle, que tout devait et *pouvait* être expliqué *selon* l'esprit.

« N'est-ce pas Jésus, le fils de Joseph, dont nous connaissons le père et la mère? » lui demandaient les Juifs en murmurant; mais Jésus devait s'abstenir de répondre à ces paroles, car la Révélation, voilée *à dessein*, faite par l'ange à Marie et à Joseph, devait rester secrète pendant toute la mission terrestre du Maître. En présence de leurs murmures, il ne fait que répéter les paroles qu'il venait de dire en les fortifiant d'aperçus nouveaux : « Et voici la morale que je personnifie, leur dit-il, la morale qui doit régénérer les hommes et que je leur apporte, moi qui suis apparu parmi eux venant des régions célestes, afin que ceux qui la pratiquent et marchent dans mes voies parviennent à l'affranchissement de l'incarnation matérielle, à la perfection, et *ainsi*, ne meurent point. »

« Mais, dit-il encore, *selon l'esprit*, les incarnés seuls qui écoutent les inspirations des bons Esprits et y sont dociles, peuvent venir à moi et faire des efforts soutenus et sérieux ; c'est toute *la filière spirite* que Jésus indique en termes voilés, quand il dit que personne ne peut venir à lui *si son père ne l'attire,* car il est écrit, dans les prophètes, que tous seront enseignés de Dieu, et cela, par l'organe de ses envoyés, de ses missionnaires incarnés et errants à l'état spirite. Les bons Esprits ne sont autre chose que « *la voix du père* »

V. 52-59

La morale que Jésus personnifie est figurément *le pain vivant, sa chair et son sang. — Celui qui la pratique a la vie éternelle, c'est-à-dire parvient à la perfection.*

V. 52. Si quelqu'un mange de ce pain, il vivra éternellement ; et le pain que je donnerai, c'est ma chair que je dois donner pour la vie du monde. — 53. Les Juifs disputaient donc entre eux en disant : Comment celui-ci peut-il donner sa chair à manger ? — 54. Et Jésus leur dit : En vérité, en vérité je vous dis : Si vous ne mangez la chair du fils de l'homme, et ne buvez son sang, vous n'aurez point la vie en vous.— 55. Celui qui mange ma chair et boit mon sang a la vie éternelle, et je le ressusciterai au dernier jour ; — 56, car ma chair est véritablement une nourriture, et mon sang est véritablement un breuvage ; — 57, celui qui mange ma chair et boit mon sang demeure en moi et je demeure en lui ; — 58, comme mon père qui m'a envoyé est vivant et que je vis par mon père, de même celui qui me mange vivra aussi par moi. —

50. C'est ici le pain qui est descendu du ciel : ce n'est pas comme la manne que vos pères ont mangée et qui ne les a pas empêchés de mourir; celui qui mange ce pain vivra éternellement.

20.

Il ne faut point ici prendre *la lettre*, comme l'a fait si malheureusement l'Eglise romaine. Toutes les paroles de Jésus sont figurées; toutes les pensées qui voilent ces paroles sont spirituelles. Il fait allusion à la morale qu'il est venu prêcher; c'est sa *chair* et c'est son *sang*, car il est essentiellement pur et pratiquant, dans toute son étendue, le principe d'amour qu'il est venu prêcher. Ceux-là qui se nourrissent de cet amour, se nourrissent ainsi, *figurément*, de la *chair* et du *sang* de celui qui est *tout amour*. O la pauvre Humanité! qui, tant sont grandes encore la faiblesse de son intelligence et les erreurs de son jugement, a erré à ce point d'assimiler l'essence spirituelle du Christ sauveur, à un aliment qui subit les macérations de l'estomac et suit toutes les phases et tous les conduits de la digestion!

V. 60-72

En présence de ce que Jésus venait de dire, murmures et désertion de quelques-uns de ses disciples. — Paroles de Jésus à Pierre. — Réponse de Pierre. — Paroles de Jésus relativement à Judas Iscariote.

V. 60. Ce fut en enseignant dans la synagogue de Capharnaüm que Jésus dit ces choses. — 61. Plusieurs donc de ses disciples, l'ayant entendu, dirent : Ces paroles sont bien dures et qui peut les écouter ? — 62. Mais Jésus, connaissant, en lui-même, que ses disciples murmuraient sur ce sujet, leur dit : Cela vous scandalise-t-il ? — 63. Que sera-ce donc si vous voyez le fils de l'homme monter où il était auparavant ? — 64. C'est l'esprit qui vivifie ; la chair ne sert de rien, les paroles que je vous dis sont esprit et vie ; — 65. mais il y en a quelques-uns d'entre vous qui ne croient pas. Car Jésus savait, dès le commencement, qui étaient ceux qui ne croyaient point, et qui serait celui qui le trahirait. — 66. Et il leur disait : C'est pour cela que je vous ai dit que personne ne peut venir à moi, s'il ne lui est donné par mon père. — 67. Dès lors, plusieurs de ses disciples se retirèrent de sa suite, et ils n'allaient plus avec lui. — 68. Et Jésus, sur cela, dit aux douze apôtres : Et vous, ne voulez-vous point aussi me quitter ? — 69. Simon-Pierre lui répondit : A qui irions-nous, Seigneur ? Vous avez les paroles de la vie éternelle. — 70. Nous croyons et nous savons que vous êtes le Christ, le fils de Dieu. — 71. Jésus leur répondit : Ne vous ai-je pas choisi au nombre de douze ? Et néanmoins un de vous est un démon. — 72. Ce qu'il disait de Judas Iscariote, fils de Simon ; car c'était lui qui devait le trahir, quoiqu'il fût l'un des douze.

21.

Une partie des auditeurs de Jésus fit ce que plus tard fit l'Eglise romaine : ils prirent *au pied de la lettre* ses paroles.

Jésus, en faisant allusion à l'époque appelée : *Ascension*, frappe l'attention de ses disciples et surtout des apôtres, et il affirme encore sa nature et son origine extra-humaines. Et quand il dit : « *c'est l'esprit qui vivifie*, la chair *ne sert de rien*, il veut faire comprendre aux hommes qu'ils ne devaient pas prendre et entendre ce qu'il leur disait *selon la lettre*, mais *selon l'esprit*. Ce qu'il venait de dire, en effet, exprimait des pensées *toutes* spirituelles. C'est *l'esprit qui vivifie*, car il est seul la cause et la source de la vie et de l'intelligence humaine ; la chair, elle, c'est une matière inerte qui n'est qu'un instrument pour les manifestations de la vie, instrument qui change avec la nature de la Planète qu'on habite.

CHAPITRE VII

V. 1-9

Incrédulité des parents de Jésus. — Son temps n'est pas encore venu.

V. 1. Depuis ce temps-là, Jésus parcourait la Galilée, ne voulant pas aller en Judée, parce que les Juifs cherchaient à le faire mourir ; — 2, mais la fête des Juifs, appelée des Tabernacles, étant proche, — 3, ses frères lui dirent : Quittez ce lieu et allez en Judée, afin que vos disciples voient aussi les œuvres que vous faites. — 4. Car personne n'agit en secret lorsqu'il veut être connu dans le public : puisque vous faites ces choses, faites-vous connaître au monde ; — 5, car ses frères ne croyaient pas en lui ; — 6. Jésus leur dit donc : Mon temps n'est pas encore venu : mais, pour le vôtre, il est toujours prêt. — 7. Le monde ne peut vous haïr ; mais, pour moi, il me hait, parce que je rends témoignage contre lui, que ses œuvres sont mauvaises. — 8. Allez, vous autres, à cette fête : pour moi, je n'y vais pas encore parce que mon temps n'est pas accompli. — 9. Ayant dit ces choses, il demeura en Galilée.

22.

« *Ses frères ne croyaient pas en lui.* » Ses frères étaient tous ces Esprits matérialisés par leur enveloppe, qui ont besoin de toucher et de voir pour croire, et qui, même encore, ne s'en rapportent pas toujours à leurs propres sens.

V. 10-53

Jésus va secrètement à la fête des Tabernacles. — Il y enseigne publiquement. — Paroles de Jésus et des Juifs sur son origine, et sa mission. — Personne ne mit la main sur lui parce que son heure n'était pas encore venue. — Tentative infructueuse de la part des princes des prêtres de le faire prendre par les archers qu'ils avaient, à cet effet, envoyés. — Paroles des Pharisiens aux archers. — Nicodème prend la défense de Jésus.

V. 10. Mais lorsque ses frères furent partis, il alla aussi lui-même à la fête, non pas publiquement, mais comme s'il eût voulu se cacher. — 11. Les Juifs donc le cherchaient pendant cette fête ; et ils disaient : Où est-il ? — 12. Et on faisait plusieurs discours de lui en secret, parmi le peuple ; car les uns disaient : C'est un homme de bien ; les autres disaient : Non, mais il séduit le peuple. — 13. Personne, néanmoins, n'osait en parler avec liberté par la crainte qu'on avait des Juifs ; — 14, or, vers le milieu de la fête, Jésus monta au temple où il se mit à enseigner. — 15. Et les Juifs, en étant étonnés, disaient : Comment cet homme sait-il les saintes lettres, lui qui n'a point étudié ? — 16. Jésus leur répondit : Ma doctrine n'est pas ma doctrine, mais celle de celui qui m'a envoyé. — 17. Si quelqu'un veut faire la volonté de Dieu, il reconnaîtra si ma doctrine est de lui ou si je parle de moi-même. — 18. Celui qui parle de son propre mouvement cherche sa propre gloire ; mais celui qui cherche la gloire de celui qui l'a envoyé est véridique, et il n'y a point en lui d'injustice. — 19. Moïse ne vous a-t-il pas donné la loi ? Et néanmoins nul de vous n'accomplit la loi. — 20. Pourquoi cherchez-vous à me faire mourir ? Le peuple lui dit : Vous êtes possédé du démon ; qui est-ce qui cherche à vous faire mourir ? — 21. Jésus leur répondit : J'ai fait une œuvre le jour du sabbat, et vous en êtes tous surpris. — 22. Cependant, Moïse vous ayant donné la loi de circoncision, quoiqu'elle vienne des patriarches et non de Moïse, pour obéir à cette loi, vous donnez la circoncision le jour même du sabbat. — 23. Si un homme peut donner la circoncision pour ne pas violer la loi de Moïse, pourquoi vous mettez-vous en colère contre moi parce que j'ai guéri un homme, dans tout son corps, le jour du sabbat ? — 24. Ne jugez pas selon l'apparence, mais jugez selon la justice. — 25. Alors quelques personnes de Jérusalem commencèrent à dire : N'est-ce pas là celui qu'ils cherchent pour le faire mourir ? — 26. Et néanmoins le voilà qui parle devant tout le monde sans qu'ils lui disent rien. Est-ce donc qu'en effet les sénateurs ont reconnu qu'il est véritablement le Christ ? — 27. Mais nous savons cependant d'où est celui-ci ; au lieu que quand le Christ viendra, personne ne saura d'où il est. — 28. Jésus cependant continuait à les instruire, et disait à haute voix dans le temple : Vous me connaissez et vous savez d'où je suis ; et je ne suis pas venu de moi-même ; mais celui qui m'a envoyé est véritable et vous ne le connaissez point. — 29. Pour moi, je le connais parce que je suis né de lui et qu'il m'a envoyé. — 30. Ils cherchaient donc les moyens de le prendre ; et néanmoins personne ne mit la main sur lui, parce que son heure n'était pas encore venue. — 31. Mais plusieurs du peuple crurent en lui et disaient entre eux : Quand le Christ viendra, fera-t-il plus de miracles que n'en fait celui-ci ? — 32. Les Pharisiens entendirent ces discours que le peuple faisait de lui, et les princes des prêtres avec eux envoyèrent des archers pour le prendre. — 33. Jésus leur dit donc : Je suis encore avec vous pour un peu de temps, et je vais ensuite vers celui qui m'a envoyé : — 34. vous me chercherez et vous ne me trouverez point; et vous ne pouvez venir où je suis. — 35. Les Juifs dirent donc entre eux : Où est-ce qu'il s'en ira, que nous ne pourrons le trouver ? Ira-t-il vers les Gentils, qui sont dispersés par tout le monde ? Et instruira-t-il les Gentils ? — 36. Que signifie cette parole qu'il vient de dire : Vous me chercherez et vous ne me trouverez point; et vous ne pouvez venir où je suis ? — 37. Le dernier jour de la fête, qui était un jour solennel, Jésus, se tenant debout, dit à haute voix : Si quelqu'un a soif, qu'il vienne à moi, et qu'il boive. — 38. Si quelqu'un croit en moi, il sortira des fleuves d'eau vive de son cœur, comme dit l'Écriture. — 39. Ce qu'il entendait de l'esprit, que devaient recevoir ceux qui croiraient en lui; car le Saint-Esprit n'avait pas encore été donné, parce que Jésus n'était pas encore glorifié. — 40. Cependant plusieurs d'entre le peuple, écoutant ses paroles, disaient : C'est le Christ; mais d'autres disaient : Mais le Christ viendra-t-il de Galilée ? — 42. L'Écriture ne dit-elle pas que le Christ viendra de la race de David et de la petite ville de Bethléem d'où était David ? — 43. Le peuple était ainsi divisé sur son sujet. — 44. Et quelques-uns d'entre eux avaient envie de le prendre; mais néanmoins personne ne mit la main sur lui. — 45. Les archers retournèrent donc vers les princes des prêtres et les Pharisiens qui leur dirent : Pourquoi ne l'avez-vous pas amené ? — 46. Les archers leur répondirent : Jamais homme n'a parlé comme cet homme-là. — 47. Les Pharisiens leur répliquèrent : Y a-t-il quelqu'un des sénateurs ou des Pharisiens qui ait cru en lui ? — 49. Car, pour cette populace qui ne sait ce que c'est que la loi, ce sont des gens maudits de Dieu, — 50. Sur cela, Nicodème, l'un d'entre eux, le même qui était venu trouver Jésus la nuit, leur dit : — 51. Notre loi permet-elle de condamner personne sans l'avoir auparavant entendu et sans s'être informé de ses actions ? — 52. Et ils lui répondirent : Est-ce que vous êtes aussi Galiléen ? Lisez avec soin les Écritures, et apprenez qu'il ne sort point de prophète de la Galilée; — 53, et chacun retourna en sa maison.

23.

Jésus monta à Jérusalem avec tous ceux qui s'y portaient, pour éveiller à l'avance l'attention publique. Il avait attendu que tous, Scribes, Pharisiens et princes de l'Église fussent réunis pour paraître en leur présence et se présenter dans le temple. Et l'étonnement de tous fut grand, car on savait bien qu'il n'avait pas étudié. Comment donc alors pouvait-il savoir les Écritures? N'affirmait-il pas ainsi qu'il était de nature extra-humaine? Il provoque les Juifs à réfléchir sur ce qu'il dit et enseigne. Ne jugez pas *selon l'apparence*, mais *selon la justice*, leur dit-il, quand on l'accuse de violer le Sabbat. Et partout, et toujours, Jésus fait allusion à sa nature extra-humaine, à son essence spirituelle comme envoyé divin, qui lui permettent de garder pendant sa mission terrestre, la connaissance de Dieu et de son rapport direct avec lui.

Mais l'heure du sacrifice n'était pas venue encore et Jésus se contente d'agir sur ceux qui l'entourent par l'action magnétique de sa volonté.

« *Et vous ne pouvez venir où je suis*, » leur disait-il, affirmant toujours, *sous le voile de la lettre*, son origine et sa nature extra-humaines. Et, *toujours et partout*, Jésus dit : « Si quelqu'un a soif de progrès et d'épuration, qu'il vienne à la source que je personnifie par la morale que j'ai prêchée; qu'il boive, à pleine coupe et à longs traits, l'amour et la charité que je viens apprendre aux hommes ; qu'il boive cette eau vive, pure et rafraîchissante, qui désaltère l'âme et donne la vie éternelle. »

Les paroles de Nicodème ont servi et servent à mettre en relief, aux yeux des hommes, la grande et sublime personnalité de Jésus.

CHAPITRE VIII

V. 1-11

La femme adultère.

V. 1. Pour Jésus, il s'en alla sur la montagne des Oliviers. — 2. Mais dès la pointe du jour, il retourna au temple où tout le peuple s'amassa autour de lui ; et, s'étant assis, il commença à les instruire. — Alors les Scribes et les Pharisiens lui amenèrent une femme qui avait été surprise en adultère ; et, la faisant tenir debout au milieu du peuple, — 4, ils dirent à Jésus : Maître, cette femme vient d'être surprise en adultère ; — 5, or, Moïse nous a ordonné de lapider les adultères : quel est donc, sur cela, votre sentiment ? — 6. Ils disaient ceci en le tentant, afin d'avoir de quoi l'accuser. *Mais Jésus, se baissant, écrivait avec son doigt sur la terre.* — 7. Comme donc ils continuaient à l'interroger, il se leva et leur dit : Que celui d'entre vous qui est sans péché, lui jette la première pierre. — 8. Puis, *se baissant de nouveau,* il continua d'écrire sur la terre. — 9. Mais, pour eux, l'ayant entendu parler de la sorte, ils se retirèrent les uns après les autres, les vieillards les premiers ; et ainsi Jésus demeura seul avec la femme adultère, qui était au milieu de la place. — 10. Alors Jésus, se relevant, lui dit : Où sont vos accusateurs ? Personne ne vous a-t-il condamnée ? — 11. Elle lui dit : Non, Seigneur. Jésus lui répondit : Je ne vous condamnerai pas non plus. Allez-vous-en ; et à l'avenir ne péchez plus.

24.

Et il écrivait avec son doigt sur le sable.

Et il se baissa deux fois AINSI, afin de laisser aux hommes qui l'entouraient (et aux hommes de l'avenir) le temps de réfléchir. Et cela voulait dire quoi ? Toute sa pensée est contenue dans ces trois enseignements :

Ne faites pas aux autres ce que vous ne voudriez pas qu'il vous fût fait.

Que celui d'entre vous qui est sans péché lui jette la première pierre.

Quand tu veux juger ton frère, rentre en toi-même, sonde ton cœur, interroge la conscience.

V. 12-24

Discours de Jésus aux Juifs qui NE *devaient être compris, selon l'esprit, en esprit et en vérité,* QUE *par la révélation nouvelle.*

V. 12. Jésus parlant, de nouveau, au peuple, leur dit : Je suis la lumière du monde : celui qui me suit ne marche point dans les ténèbres, mais il aura la lumière de la vie ; — 13, les Pharisiens lui dirent donc : Vous vous rendez témoignage à vous-mêmes ; et ainsi votre témoignage n'est pas véritable ; — 14, Jésus leur répondit : Quoique je me rende témoignage à moi-même, mon témoignage est véritable parce que je sais d'où je viens et où je vais ; mais, pour vous, vous ne savez pas d'où je viens ni où je vais ; vous jugez selon la chair ; mais, pour moi, je ne juge personne. — 21. Jésus leur dit encore : Je m'en vais et vous me chercherez, et vous mourrez dans votre péché ; vous ne pourrez venir où je vais ; — 22, les Juifs disaient donc : Veut-il dire qu'il se tuera lui-même lorsqu'il dit : Vous ne pouvez venir où je vais?

25.

Jésus *était* et *est*, la lumière qui éclaire les hommes. Jusqu'à ce jour, nul ne s'est rendu un compte exact de son origine ; nul ne pouvait le suivre où il allait ; *lui seul* connaissait le lieu d'où il était DESCENDU parmi les hommes ; *lui seul*, pouvait rendre un témoignage exact sur son origine.

« *Vous mourrez dans vos péchés*, » disait-il, cela voulait dire : « Si vous ne croyez pas que je sois un envoyé de Dieu descendu parmi vous des sphères supérieures pour vous enseigner le chemin de la vie ; si vous n'abandonnez pas les chemins bourbeux où vous vous êtes engagés, pour avancer *résolument* dans la voie lumineuse que je vous ouvre, vous resterez stationnaires dans les ténèbres et ne parviendrez pas au progrès qui, *seul*, peut conduire à Dieu. »

V. 25-45

Suite du discours de Jésus aux juifs.

V. 25. Ils lui dirent : Qui êtes-vous donc ? Jésus leur répondit : Le principe, moi-même qui vous parle ; — 26. J'ai beaucoup de choses à dire de vous et à condamner en vous ; mais celui qui m'a envoyé est véritable, et je ne dis dans le monde que ce que j'ai appris de lui. — 27. Et ils ne comprirent point que Dieu était son père; — 28. et Jésus leur dit donc : QUAND VOUS AUREZ *élevé en haut* le fils de l'homme, alors vous connaîtrez ce que je suis; car je ne fais rien de moi-même; mais je ne dis dans le monde que ce que j'ai appris de lui. — 29. Et celui qui m'a envoyé est avec moi et ne m'a point laissé seul, parce que je fais toujours ce qui lui est agréable : — 30. Lorsqu'il disait ces choses, plusieurs crurent en lui. — 31. Jésus dit donc aux Juifs qui croyaient en lui : Si vous demeurez dans l'observation de ma parole, vous serez véritablement mes disciples; — 32. et vous connaîtrez la vérité, et la vérité vous rendra libres. — 33. Et ils lui répondirent : Nous sommes de la race d'Abraham : et nous n'avons jamais été esclaves de personne. Comment donc dites-vous que nous serons rendus libres ? — 34. Et Jésus leur répondit : En vérité, en vérité, je vous dis que quiconque commet le péché est esclave du péché. — 35. Or, l'esclave ne demeure pas toujours dans la maison, mais le fils y demeure toujours. — 36. *Si donc le fils vous met en liberté, vous serez* VÉRITABLEMENT *libres.* — 27. Je sais que vous êtes les enfants d'Abraham, mais vous voulez me faire mourir, parce que ma parole ne trouve point d'entrée en vous. — 38. Pour moi, je dis ce que j'ai vu chez mon père; et vous, vous faites ce que vous avez vu chez votre père. — 39. Ils lui répondirent : C'est Abraham qui est notre père; Jésus leur dit : Si vous êtes enfants d'Abraham, faites donc les œuvres d'Abraham. — 40. Mais maintenant vous cherchez à me faire mourir, moi qui ait dit la vérité que j'ai apprise de Dieu; c'est ce qu'Abraham n'a point fait; — 41. vous faites les œuvres de votre père, ils lui dirent : Nous ne sommes pas des enfants bâtards; nous n'avons tous qu'un père qui est Dieu. — 42. Jésus leur dit donc : Si Dieu était votre père, vous m'aimeriez, parce que c'est de Dieu que je suis sorti, et c'est de sa part que je suis venu; car je ne suis pas venu de moi-même, c'est lui qui m'a envoyé. — 43. Pourquoi ne connaissez-vous point mon langage? Parce que vous ne pouvez écouter ma parole. — 44.

Vous êtes les enfants du diable, et vous voulez accomplir les désirs de votre père. Il a été homicide dès le commencement et n'est point demeuré dans la vérité, parce que la vérité n'est point en lui; lorsqu'il dit des mensonges, il dit ce qu'il trouve dans lui-même, car il est menteur et père du mensonge; — 45, mais pour moi, lorsque je dis la vérité, vous ne me croyez pas.

26.

Jésus affirme encore, sous le voile *de la lettre*, sa position spirite, comme fondateur de notre Planète, comme protecteur de tout ce qui EST sur notre Terre.

« *Quand vous aurez élevé en haut le fils de l'homme*..... » N'est-ce pas là la prédiction du Golgotha? « Quand vous m'aurez élevé aux yeux de tous, sur la croix du Calvaire, veut-il dire; quand vous aurez reconnu que je ne suis pas de ce monde, mais d'en Haut; quand, après avoir fait de moi, par vos interprétations humaines, un homme et un Dieu, un Dieu *miraculeusement* incarné, un homme-Dieu; quand, acceptant la Révélation par moi prédite et promise de l'esprit de vérité qui vous sera donnée aux temps où vous serez devenus capables de la porter, vous m'aurez enfin rendu la place que je dois occuper, ALORS vous reconnaîtrez, en *esprit et en vérité*, CE QUE JE SUIS. Car je n'agis que par la volonté de Dieu, dont je ne suis que l'instrument et le ministre, mais dont je suis l'organe direct parmi les hommes comme étant son envoyé, ne disant que ce que j'ai appris de lui, car je tiens de lui la perfection acquise par mes œuvres et la prescience de l'avenir. »

Celui que Jésus a affranchi a marché dans les voies du Seigneur ; il a conquis la liberté et le droit d'en jouir lui est accordé. Son expiation est terminée et il ne descend plus sur la terre de l'esclavage.

Le règne de la liberté humaine arrivera aussi, mais il faut que nous le préparions ; mais ce mot de *Liberté* nous cause des étourdissements et notre pauvre intelligence n'en comprend même pas le sens. La Liberté ! c'est le respect aux lois de la part des uns ; la douceur et la justice de la part des autres ; le soutien et l'appui de la part de tous, les uns pour les autres. C'est une association mutuelle, dans l'ordre moral, intellectuel et physique, formant une chaîne continue, chaîne sanitaire qui repousse l'orgueil, l'avarice, l'envie, la haine, l'ambition, la force et la révolte.

Ces mots de Jésus : « *votre père, le diable..... il a été homicide dès le commencement.....* » avaient pour but de réveiller le souvenir de cet évènement emblématique de Caïn mettant son frère Abel à mort. Car les figures de Caïn et d'Abel sont emblématiques comme celles d'Adam et d'Eve ; elles ont trait à l'origine de l'Esprit, à sa chute et aux conséquences de cette chute. La postérité de Caïn représente, figurément, la série d'Esprits coupables qui ont failli et subissent l'incarnation sur les mondes matériels d'épreuve et d'expiation. Le mensonge, c'est tout ce qui dérive du mal : erreurs, fausses doctrines se traduisant par la parole et par les actes : « Vous, nous dit Jésus, vous êtes des Esprits *faillis*, fils de la révolte et du péché, et vous voulez, cédant aux inspirations du mal qui vous a fait faillir, accomplir vos mauvaises pensées et vos intentions coupables en versant le sang du juste.

« *Et pour moi, lorsque je vous dis la vérité,* en vous prêchant la morale pure qui peut seule mener les hommes aux pieds de l'éternel, en vous montrant la voie du progrès et d'épuration qui doit vous conduire à la perfection, *vous ne me croyez pas,* vous ne croyez pas à ma parole et à ma mission. »

V. 46-59

Suite et fin du discours de Jésus aux Juifs.

V. 46. Qui de vous me convaincra d'aucun péché ? Si je vous dis la vérité, pourquoi ne me croyez-vous pas ? — 47. Celui qui est de Dieu écoute les paroles de Dieu ; c'est pour cela que vous ne les écoutez point, parce que vous n'êtes pas de Dieu. — 48. Les Juifs lui répondirent donc : N'avons-nous pas raison de dire : Vous êtes un Samaritain, et que vous êtes possédé du démon ? — 49. Jésus leur répartit : Je ne suis point possédé du démon, mais j'honore mon père, et vous, vous me déshonorez. — 50. Pour moi, je ne recherche point ma gloire, un autre la recherchera et me fera justice. — 51. En vérité, en vérité, je vous dis : Si quelqu'un garde ma parole, il ne mourra jamais. — 52. Les Juifs lui dirent : Nous connaissons bien maintenant que vous êtes possédé du démon : Abraham est mort et les prophètes aussi ; et vous dites : Si quelqu'un garde ma parole, il ne mourra jamais. — 53. Êtes-vous plus grand que notre père Abraham, qui est mort, et que les prophètes qui sont morts aussi ? Qui prétendez-vous être ? — 54. Jésus leur répondit : Si je me glorifie moi-même, ma gloire n'est rien, c'est mon père qui me glorifie, lui dont vous dites qu'il est votre Dieu, —55. tandis que vous ne le connaissez pas ; mais, pour moi, je le connais, et, si je disais que je ne le connais pas, je serais un menteur comme vous. Mais je le connais et je garde sa parole. — 56. Abraham votre père a désiré, avec ardeur, de voir mon jour : il l'a vu et il a été rempli de joie. — 57. Les Juifs lui dirent : Vous n'avez pas encore cinquante ans, et vous avez vu Abraham ? — 58. Jésus leur répondit : En vérité, en vérité, je vous dis : Je suis avant qu'Abraham fût. — 59. Là-dessus, ils prirent des pierres pour le lapider ; mais Jésus se cacha et sortit du temple.

27.

On voit toujours les Esprits de cette époque, tous arriérés et mauvais, prendre à la lettre les paroles de Jésus.

Mais que voulaient dire ces paroles de Jésus : « *Si quelqu'un garde ma parole,* IL NE MOURRA JAMAIS ! » Le voici : l'Esprit doit toujours être en voie d'épuration, et lorsqu'il reste en stagnation, c'est pour lui la mort, car le progrès *c'est la vie.*

Jésus ne répond pas aux Juifs qui lui demandent *s'il est plus grand qu'Abraham,* du moins sa réponse est *voilée*; c'est que la génération d'alors n'aurait pas pu le comprendre, et lorsqu'il dit : « *Abraham a désiré avec ardeur de voir mon jour,* » il fait allusion à sa mission terrestre, à son apparition sur la Terre et à la joie que causa à Abraham *à l'état d'Esprit* l'avènement du Messie. Il se proclame en même temps de création antérieure à celle d'Abraham en disant : « *Je suis avant qu'Abraham fut.* »

CHAPITRE IX

V. 1-12

Aveugle dès sa naissance. — Guéri par Jésus.

V. 1. Lorsque Jésus passait, il vit un homme qui était aveugle dès sa naissance. — 2. Et ses disciples lui firent cette demande : Maître, est-ce le péché de cet homme ou le péché de ceux qui l'ont mis au monde qui est cause qu'il est né aveugle ? — 3. Jésus leur répondit : Ce n'est point qu'il ait péché, ni ceux qui l'ont mis au monde ; mais c'est afin que les œuvres de la puissance de Dieu éclatent en lui. — 4. Il faut que je fasse les œuvres de celui qui m'a envoyé, pendant qu'il est jour : La nuit vient dans laquelle personne ne peut agir. — 5. Tant que je suis dans le monde, je suis la lumière du monde. — 6. Après avoir dit cela, il cracha à terre, et ayant fait de la boue avec sa salive, il oignit de cette boue les yeux de l'aveugle, — 7, et lui dit : Allez vous laver dans la piscine de Siloë, qui signifie : envoyé ; il y alla donc ; il s'y lava, et en revint voyant clair. — 8. Ses voisins et ceux qui l'avaient vu auparavant demander l'aumône, disaient : N'est-ce pas là celui qui était assis et qui demandait l'aumône ? Les uns répondaient : C'est lui. — 9. D'autres disaient : Non, c'en est un qui lui ressemble. Mais lui, leur disait : C'est moi-même. — 10. Ils lui dirent donc : Comment vos yeux se sont-ils ouverts ? — 11. Il leur répondit : Cet homme qu'on appelle Jésus a fait de la boue et en a oint mes yeux, et il m'a dit : Allez à la piscine de Siloë, et vous y lavez. J'y ai été, je m'y suis lavé et je vois. — 12. Ils lui dirent donc : Où est-il ? Il leur répondit : Je ne sais.

28.

Nous l'avons déjà dit : Quand Jésus dut accomplir sa mission sur la Terre, il se forma un groupe d'Esprits destinés à l'assister dans sa mission. L'homme aveugle, dès sa naissance, était du nombre de ces Esprits dévoués qui s'étaient incarnés autour du Maître pour servir à l'accomplissement de son œuvre.

Ce ne sont point les fautes de son incarnation actuelle qu'il expie, encore moins celles de son père et de sa mère, répond Jésus à ses disciples, « *mais il faut que les œuvres de la puissance de Dieu éclatent en lui,* » cela voulait dire : il faut que l'expiation imposée à tout Esprit coupable ait son cours ; cet homme ne subit pas le châtiment du présent ; il ne paie pas pour un autre ; il acquitte une dette contractée par son Esprit avant son incarnation actuelle.

La guérison fut accomplie par l'action magnétique, et si Jésus mit de la boue sur les yeux de l'aveugle, ce fut pour lui dire ensuite : « *Allez vous laver dans la piscine de Siloé.* » C'était pour répandre davantage le bruit de la guérison, cette source étant très fréquentée.

V. 13-34

L'aveugle est conduit devant les Pharisiens. — Interrogatoire qu'ils lui font subir, ainsi qu'à ses père et mère. — Puis il est injurié et chassé par eux.

V. 13. Alors ils amenèrent aux Pharisiens cet homme qui avait été aveugle. — 14. Or, c'était le jour du sabbat que Jésus avait fait cette boue et lui avait ouvert les yeux. — 15. les Pharisiens l'interrogèrent donc aussi eux-mêmes pour savoir comment il avait recouvré la vue, et il leur dit : Il m'a mis de la boue sur les yeux, je me suis lavé et je vois. — 16. Sur quoi, quelques-uns des Pharisiens dirent : Cet homme n'est point envoyé de Dieu, puisqu'il ne garde point le sabbat. Mais d'autres disaient : Comment un méchant homme pourrait-il faire de tels prodiges ? Et il y avait, sur cela, division entre eux. — 17. Ils dirent donc à l'aveugle : Et toi, que dis-tu de cet homme qui t'a ouvert les yeux ? Il répondit : Je dis que c'est un prophète. — 18. Mais les Juifs ne crurent point que cet homme eût été aveugle et qu'il eût recouvré la vue, jusqu'à ce qu'ils eussent fait venir son père et sa mère, — 19. qu'ils interrogèrent, en leur disant : Est-ce là votre fils que vous dites être né aveugle ? Comment donc voit-il maintenant ? — 20. Le père et la mère répondirent : Nous savons que c'est là notre fils et qu'il est né aveugle. — 21. Mais nous ne savons pas comment il voit maintenant, et nous ne savons pas non plus qui lui a ouvert les yeux. Interrogez-le, il a de l'âge ; qu'il réponde pour lui-même. — 22. Son père et sa mère parlaient de la sorte, parce qu'ils craignaient les Juifs, car les Juifs avaient déjà résolu ensemble : que quiconque reconnaîtrait Jésus pour être le Christ, serait chassé de la synagogue. — 23. Ce fut ce qui obligea le père et la mère de répondre : Il a de l'âge, interrogez-le lui-même. — 24. Ils appelèrent donc une seconde fois cet homme qui avait été aveugle, et lui dirent : Rends gloire à Dieu ; nous savons que cet homme est un pécheur. — 25. Il leur répondit : Si c'est un pécheur, je n'en sais rien ; tout ce que je sais, c'est que j'étais aveugle et que je vois maintenant. — 26. Ils lui dirent encore : Que t'a-t-il fait ? Et comment t'a-t-il ouvert les yeux ? — 27. Il leur répondit : Je vous l'ai déjà dit, et vous l'avez entendu : pourquoi voulez-vous l'entendre encore une fois ? Est-ce que vous voulez aussi devenir ses disciples ? — 28. Sur quoi ils le chargèrent d'injures et lui dirent : Sois toi-même son disciple ; pour nous, nous sommes disciples de Moïse. — 29. Nous savons que Dieu a parlé à Moïse ; mais pour celui-ci, nous ne savons d'où il est. — 30. Cet homme leur répondit : C'est ce qui est étonnant que vous ne sachiez d'où il est et qu'il m'ait ouvert les yeux. — 31. Or, nous savons que Dieu n'exauce point les pécheurs ; mais si quelqu'un l'honore et qu'il fasse sa volonté, c'est celui-là qu'il exauce; — 32, depuis que le monde est, on n'a jamais entendu dire que personne ait ouvert les yeux à un aveugle-né. — 33. Si cet homme n'était pas envoyé de Dieu, il ne pourrait rien faire de tout ce qu'il a fait ; — 34, ils lui répondirent : Tu n'es que péché dès le ventre de ta mère et tu veux nous enseigner? Et ils le chassèrent.

29.

Ces versets n'ont besoin d'aucun commentaire. L'on peut comparer ces faits à ceux qui se passent de nos jours, car les hommes sont presqu'aussi aveugles aujourd'hui qu'autrefois; il suffit, pour l'admettre, de voir tout le mauvais esprit dont ils font preuve devant la Révélation spirite.

V. 35-41

L'aveugle qui avait été guéri, rencontré par Jésus, croit en lui. — Paroles que Jésus lui adresse. — Paroles des Pharisiens à Jésus, — et réponse de Jésus.

V. 35. Jésus apprit qu'ils l'avaient ainsi chassé ; et l'ayant rencontré, il lui dit : Croyez-vous au fils de Dieu ? — 36. Il lui répondit : Qui est-il, Seigneur, afin que je croie en lui ? — 37. Jésus lui dit : Vous l'avez vu, et c'est celui-là même qui vous parle ; — 38, il lui répondit : Je crois, Seigneur; et, se prosternant, il l'adora. — 39. Et Jésus ajouta : Je suis venu dans ce monde pour exercer un jugement, afin que ceux qui ne voient point voient, et que ceux qui voient deviennent aveugles. — 40. Quelques Pharisiens qui étaient avec lui entendirent ces paroles et lui dirent : Sommes-nous donc aussi aveugles? —

41. Jésus leur répondit : Si vous étiez aveugles, vous n'auriez point de péché ; mais maintenant vous dites que vous voyez, c'est pour cela que votre péché demeure en vous.

30.

Les Pharisiens reconnaissaient dans leur for intérieur la mission de Jésus, mais ils ne voulaient point l'admettre, tenant plus aux biens de la Terre qu'à ceux du Ciel qui étaient tout-à-fait hypothétiques pour eux. On a vu dans l'histoire des Juifs comment leurs prophètes étaient traités quand ils contrecarraient les puissants.

Si l'on se replie aux jours actuels de la Révélation nouvelle et sur les hommes qui en sont contemporains, on retrouve absolument les *mêmes* situations qu'aux temps de la mission terrestre de Jésus. L'accueil fait aux Esprits du Seigneur, organes de l'esprit de vérité, n'est-il pas le même que celui qui fut fait à Jésus ? La prédiction par Jésus de l'avènement de la Révélation nouvelle, n'est-elle pas reçue comme le fut celle de l'avènement du Messie, du Christ ? Combien sont nombreux tous ceux qui *ne veulent* ni entendre, ni voir ! Combien sont nombreux aussi ceux qui, témoins des manifestations spirites, se retirent de la lumière pour se replonger dans les ténèbres !

CHAPITRE X

V. 1-10

*Parabole de la porte de la bergerie des brebis.
Jésus est la porte.*

V. 1. En vérité, en vérité, je vous dis : Celui qui n'entre pas par la porte dans la bergerie des brebis, mais qui y monte par un autre endroit, est un voleur et un larron ; — 2. mais celui qui entre par la porte est le pasteur des brebis ; — 3. c'est à celui-là que le portier ouvre, et les brebis entendent sa voix ; il appelle ses propres brebis par leur nom et il les fait sortir. — 4. Et, lorsqu'il a fait sortir ses propres brebis, il va devant elles ; et les brebis le suivent, parce qu'elles connaissent sa voix. — 5. Elles ne suivent point un étranger, mais elles le fuient, parce qu'elles ne connaissent point la voix des étrangers. — 6. Jésus leur dit cette parabole, mais ils n'entendirent point de quoi il leur parlait. — 7. Jésus leur dit donc encore : En vérité, en vérité, je vous le dis : je suis la porte des brebis. — 8. Tous ceux qui sont venus sont des voleurs et des larrons ; et les brebis ne les ont point écoutés. — 9. Je suis la porte ; si quelqu'un entre par moi, il sera sauvé : il entrera, il sortira et il trouvera des pâturages. — 10. Le voleur ne vient que pour voler, pour égorger et pour perdre ; mais, pour moi, je suis venu, afin que les brebis aient la vie et l'aient abondamment.

31.

Jésus est la porte de la bergerie : c'est lui qui ouvre l'Intelligence, l'éclaire, et conduit l'Esprit à la demeure du père : la perfection.

Celui qui prend charge d'enseigner les hommes et qui, au lieu de leur enseigner, par la parole et par l'exemple, la morale pure que Jésus personnifie et qu'il a prêchée, les égare hors des voies simples et droites de la justice, de l'amour et de la charité, est un voleur et un larron des âmes : un faux pasteur.

« *Tous ceux qui sont venus avant moi sont des voleurs et des larrons..... »* Ces paroles doivent être prises *au figuré :* c'est une allusion aux diverses missions humaines qui, entachées plus ou moins par la faiblesse inhérente à l'humanité, n'ont point eu la force et la valeur de la mission divine de Jésus. C'était une image forte, destinée à faire sensation sur les hommes.

« *Le voleur ne vient que pour voler, pour égorger et pour perdre.* » Car toutes les missions ont excité à répandre le sang, tandis que lui, Jésus, est venu prêcher la paix, l'union et la fraternité. « S'il y a eu du sang versé *en son nom*, ah ! qu'il retombe sur la mémoire de ceux qui se disaient ses disciples et n'étaient que des loups dévorants ! »

V. 11-21

Jésus est le bon pasteur. — Tous les hommes qui pratiquent sa morale pure sont ses brebis. — Sa mission est d'amener tous les hommes à la pratiquer afin qu'il n'y ait qu'un troupeau et qu'un pasteur. — Il a le pouvoir de quitter la vie et de la reprendre ; personne ne la lui ôte, ne peut la lui ôter.

V. 11. Je suis le bon pasteur qui donne sa vie pour ses brebis ; — 12. mais le mercenaire et celui qui n'est point pasteur et à qui les brebis n'appartiennent pas, voyant venir le loup, abandonne les brebis, et s'enfuit ; et le loup les ravit et disperse le troupeau. —

13. Le mercenaire s'enfuit parce qu'il est mercenaire, et qu'il ne se met point en peine pour ses brebis. — 14. Pour moi, je suis le bon pasteur; je connais mes brebis et mes brebis me connaissent : — 15. comme mon père me connait et que je connais mon père, et je donne ma vie pour mes brebis; — 16. j'ai encore d'autres brebis qui ne sont pas de cette bergerie; il faut aussi que je les amène; elles écouteront ma voix, et il n'y aura qu'un troupeau et qu'un pasteur. — 17. C'est pour cela que mon père m'aime, parce que je quitte la vie pour la reprendre; — 18. personne *ne me l'ôte*; c'est moi qui la quitte *de moi-même*; j'ai *le pouvoir de la quitter*, et j'ai *le pouvoir de la reprendre*; c'est *le commandement* que j'ai *reçu* de mon père.

V. 19. Ce discours excita une nouvelle division parmi les Juifs. — 20. Plusieurs d'entre eux disaient: Il est possédé du démon, et il a perdu le sens; pourquoi l'écoutez-vous? — 21. Mais les autres disaient : Ce ne sont pas les paroles d'un homme possédé du démon : le démon peut-il ouvrir les yeux aux aveugles?

32.

« Je suis le bon pasteur *qui donne sa vie pour ses brebis.....* » Jésus prépare ainsi ceux qui l'écoutent, les hommes de l'époque et ceux des générations futures, à entendre l'allusion qu'il fait au sacrifice du Golgotha et à ses suites.

Les « brebis » de Jésus, sont tous les Esprits de la Terre, soit errants, soit incarnés. *Celles* qui le connaissent, sont ceux qui pratiquent la morale pure qu'il a prêchée; *les autres*, qui ne sont pas de cette bergerie et que Jésus doit amener, sont ceux qui ne reconnaissent point encore sa mission. Mais un jour toutes ces brebis ne formeront plus qu'un *seul troupeau* et il n'y aura plus qu'un seul pasteur, et c'est alors que Jésus viendra en souverain visible aux créatures épurées, dans tout son éclat spirite. « J'ai le pouvoir, dit-il à tous, de quitter la vie que j'ai prise, humaine *aux yeux des hommes*, et de la reprendre pour apparaître parmi eux, selon les besoins et les nécessités de ma mission terrestre, et je peux retourner dans l'espace avec la vie toute spirituelle qui m'est propre, comme protecteur et gouverneur de votre Planète. J'ai le pouvoir de quitter la vie, humaine *aux yeux des hommes*, pour consommer le sacrifice du Golgotha ; j'ai le pouvoir de la reprendre pour « ressusciter. » Et tout ceci est le résultat de la volonté divine qui a permis la manifestation et prescrit *ainsi* l'accomplissement de mon œuvre, pour le progrès des hommes. »

———

V. 22-42

Jésus, — accusé de se faire : Dieu, — proteste sous le voile de la lettre ; *et aussi sous le voile* de la lettre, *en renvoyant les juifs au psaume LXXXI, v. 1 et 6, se proclame fils de Dieu, Dieu comme eux, et comme ayant* TOUS, *une origine commune et divine en tant que principe spirituel. — Il proclame en même temps sous voile également, son autorité, sa mission terrestre et sa mission spirituelle.*

V. 22. Or, on faisait à Jérusalem la fête de la dédicace : et c'était l'hiver ; — 23, et Jésus se promenant dans le temple, dans la galerie de Salomon. — 24, les Juifs *s'assemblèrent autour de lui*, et lui dirent : jusques à quand nous tiendrez-vous l'esprit en suspens ? Si vous êtes le Christ, dites-nous-le clairement. — 25. Jésus leur répondit : Je vous parle et vous ne me croyez pas. Les œuvres que je fais au nom de mon père rendent témoignage de moi ; — 26, mais, pour vous, vous ne me croyez pas, parce que vous n'êtes pas de mes brebis. — 27. Mes brebis entendent ma ma voix ; je les connais et elles me suivent. — 28. Je leur donne la vie éternelle, et elles ne périront jamais ; et nul ne les ravira d'entre mes mains. — 29. Ce que mon père m'a donné est plus grand que toutes choses; et personne ne peut le ravir de la main de mon père. — 30. Mon père et moi nous sommes un. — 31. Alors les Juifs prirent des pierres pour le lapider. — 32. Et Jésus leur dit : J'ai fait, devant vous, plusieurs bonnes œuvres par la puissance de mon père ; pour laquelle est-ce que vous me lapidez ? — 33. Les Juifs lui répondirent : Ce n'est pas pour aucune bonne œuvre que nous vous lapidons, mais à cause de votre blasphème, et parce qu'étant homme, vous vous faites : Dieu. — 34. Jésus leur répartit : N'est-il pas écrit dans votre loi : « J'ai dit que vous êtes des Dieux? » — 35. Si donc elle appelle dieux ceux à qui la parole de Dieu était adressée, et que l'Écriture ne puisse être détruite, — 36, pourquoi dites-vous que je blasphème, moi que mon père a sanctifié et envoyé dans le monde, parce que j'ai dit que je suis le fils de Dieu ? — 37. Si je ne fais pas les œuvres de mon père, ne me croyez pas ; — 38, mais si je les fais, quand vous ne voudriez point me croire, croyez à mes œuvres, afin que vous connaissiez et que vous croyiez que mon père est en moi, et moi en mon père. — 39. Alors les Juifs tâchèrent de le prendre, mais il s'échappa de leurs mains. — 40. Et il s'en alla de nouveau au-delà du Jourdain, au même lieu où Jean avait d'abord baptisé ; et il demeura là. — 41. Plusieurs vinrent l'y trouver, et ils disaient : Jean n'a fait aucun miracle, — 42, mais tout ce que Jean a dit de celui-ci était vrai. Et il y en eut beaucoup qui crurent en lui.

33.

Il faut voir comme tout s'enchaîne dans les paroles du Maître et forme un ensemble harmonique.

A ceux qui l'accusent de se proclamer Dieu, il répond en rappelant ces paroles de l'Écriture : « J'ai dit : *Vous êtes des Dieux.* » C'était pour relever les hommes à leurs propres yeux. « *Et tous, nous sommes les fils du Très-Haut.* N'est-il pas écrit, dans votre loi, que tous les Esprits tirent *leur être* de Dieu, sont des créatures et doivent retourner à lui ? S'il en est ainsi, pourquoi dites-vous que je blasphème, moi que Dieu a *sanctifié* comme ayant, par mes œuvres, mérité la perfection, et dont il a fait son *envoyé* sur votre Terre pour vous adresser sa parole ?

« *Il s'échappa de leurs mains : exivit de manibus eorum* », paroles qui mettent en évidence la nature extra-humaine de Jésus. Ils étaient tous assemblés *autour de lui, l'entouraient,* étaient *remplis de fureurs,* et voulaient *le lapider.....* et il s'échappa de leurs mains !

Il fit simplement cesser sa tangibilité.

CHAPITRE XI

V. 1-45

Lazare « mort » aux yeux des hommes *et à leurs yeux « ressuscité. »*

V. 1. Il y avait un homme malade, nommé Lazare, qui était du bourg de Béthanie, où demeuraient Marie et Marthe, sa sœur. — 2. Cette Marie était celle qui répandit sur le Seigneur une huile de parfum et qui lui essuya les pieds avec ses cheveux ; et Lazare, qui était alors malade, était son frère. — 3. Ses sœurs envoyèrent donc dire à Jésus : Seigneur, celui que vous aimez est malade. — 4. Ce que Jésus ayant entendu, il dit : *Cette maladie* NE VA POINT *jusqu'à la mort,* MAIS *elle n'est* QUE *pour la gloire de Dieu,* ET AFIN *que le fils de Dieu en soit glorifié.* — 5. Or, Jésus *aimait Marthe et Marie,* sa sœur, et *Lazare.* — 6. Ayant donc entendu dire qu'il était malade, *il demeura encore deux jours au lieu où il était,* — 7, et li dit *ensuite* à ses disciples : Retournons en Judée. — 8. Ses disciples lui dirent : Maître, il n'y a qu'un moment que les Juifs voulaient vous lapider, et vous parlez déjà de retourner parmi eux ? — 9. Jésus leur répondit : *N'y a-t-il pas douze heures au jour ?* Celui qui marche pendant le jour ne se heurte point, parce qu'il voit la lumière de ce monde — 10. Mais celui qui marche la nuit se heurte parce qu'il n'a point de lumière. — 11. Il leur parla de la sorte et *ensuite* leur dit : *Notre ami Lazare* DORT, *mais je m'en vais* LE RÉVEILLER. — 12. Ses disciples lui répondirent : Seigneur, *s'il dort, il sera guéri.* — 13. Mais Jésus entendait parler de la mort, au lieu qu'ils crurent qu'il leur parlait du sommeil ordinaire. — 14. Jésus leur dit donc encore clairement : Lazare est mort. — 15, *et je me réjouis pour vous de ce que je n'étais pas là,* AFIN QUE *vous croyez;* mais allons à lui. — 16. Sur quoi Thomas, appelé Dydyme, dit aux autres disciples : Allons aussi, nous autres, afin de mourir avec lui. — 17. Jésus étant arrivé, trouva qu'il y avait déjà quatre jours que Lazare était dans le tombeau ; et comme Béthanie n'était éloignée de Jérusalem que d'environ quinze stades. — 19. il y avait quantité de Juifs qui étaient venus voir Marthe et Marie pour les consoler de la mort de leur frère. — 20. Marthe ayant donc appris que Jésus venait, alla au-devant de lui ; et Marie demeura dans la maison. — 21. Alors Marthe dit à Jésus : Seigneur, si vous eussiez été ici, mon frère ne serait pas mort. — 22. Mais je sais que présentement même Dieu vous accordera tout ce que vous lui demanderez. — 23. Jésus lui répondit : Votre frère ressuscitera. — 24. Marthe lui dit : Je sais qu'il ressuscitera en la résurrection qui se fera au dernier jour. — 25. Jésus *lui repartit :* Je suis la *résurrection et la vie ;* celui qui croit en moi quand il serait mort, vivra ; — 26. et quiconque croit en moi, ne mourra jamais, croyez-vous cela ? — 27. Elle lui répondit : Oui, Seigneur, je vois que vous êtes le Christ, le fils de Dieu, qui êtes venu dans ce monde. — 28. Lorsqu'elle eut ainsi parlé, elle s'en alla, et appela secrètement Marie sa sœur en lui disant : Le maître est venu et il vous demande ; — 29. ce qu'elle n'eut pas plus tôt entendu, qu'elle se leva et alla le trouver ; — 30. car Jésus n'était pas encore entré dans le bourg, mais il était au même lieu où Marthe l'avait rencontré. — 31. Cependant, les Juifs, qui étaient avec Marie dans la maison et qui la consolaient, ayant vu qu'elle s'était levée si promptement et qu'elle était sortie, la suivirent en disant : Elle s'en va au sépulcre pour pleurer. — 32. Lorsque Marie fut venue au lieu où était Jésus, l'ayant vu, elle se jeta à ses pieds et lui dit : Seigneur, si vous eussiez été ici, mon frère ne serait pas mort. — 33. Jésus, voyant qu'elle pleurait et que les Juifs qui étaient venus avec elle pleuraient aussi, frémit en son esprit et se troubla lui-même ; — 34. et il leur dit : Où l'avez-vous mis ? Ils lui répondirent : Seigneur, venez et voyez. — 35. Alors Jésus pleura. — 36. Et les Juifs dirent entre eux, voyez comme il l'aimait. — 37. Mais il y en a eut aussi quelques-uns qui dirent : Ne pouvait-il empêcher qu'il ne mourût, lui qui a ouvert les yeux à un aveugle-né ? — 38. Jésus, frémissant donc de nouveau en lui-même, vint au sépulcre (c'était une grotte, et on avait mis une pierre par dessus). — 39. Jésus leur dit : Otez la pierre. Marthe, qui était sœur du mort, lui dit : Seigneur, il sent déjà mauvais, car il y a quatre jours qu'il est là. — 40. Jésus lui répondit : Ne vous ai-je pas dit que si vous croyez, vous verrez la gloire de Dieu ? — 41. Ils ôtèrent donc la pierre, et Jésus, levant les yeux en haut dit ces paroles : Mon père, je vous rends grâces de ce que vous m'avez exaucé. — 42. Pour moi, je savais que vous m'exaucez toujours ; mais je dis ceci pour ce peuple qui m'environne, afin qu'ils croient que c'est vous qui m'avez envoyé. — 43. Ayant dit ces mots, il cria d'une voix forte : Lazare, sortez dehors. — 44. Et à l'heure même, le mort sortit, ayant les pieds et les mains liés de bandes et le visage enveloppé d'un linge. Alors Jésus leur dit : Déliez-le et laissez-le aller. — 45. Plusieurs donc d'entre les Juifs qui étaient venus voir Marie et Marthe et qui avaient vu ce que Jésus avait fait, crurent en lui.

34.

Nous l'avons dit : Lazare n'était pas mort ; pas plus que le fils de la veuve de Naïm ; pas plus que la fille de Zaïre.

Tous ces versets ont un sens voilé qu'il faut comprendre. Il faut en lire l'explication complète dans le troisième volume des œuvres de Roustaing, à la page 418.

V. 46-56

Sur le rapport à eux fait de ce qui venait de s'accomplir pour Lazare, les princes des prêtres et les Pharisiens tiennent conseil, dans le but de trouver les moyens de faire mourir Jésus. — Paroles de Caïphe.

V. 46. Mais quelques-uns d'entre-eux s'en allèrent trouver les Pharisiens et leur rapportèrent ce que Jésus avait fait. — 47. Les princes des prêtres et les Pharisiens tinrent donc conseil ensemble et dirent : Que faisons-nous ? Cet homme fait plusieurs miracles. — 48. Si nous le laissons faire, tous croiront en lui ; et les Romains viendront, et ruineront notre ville et notre nation : — 49, mais l'un d'eux, nommé Caïphe, qui était grand prêtre cette année-là, leur dit : Vous n'y entendez rien, — 50, et vous ne considérez pas qu'il vous est avantageux qu'un seul homme meure pour le peuple, et que toute la nation ne périsse point. — 51. Or, il ne disait point ceci de lui-même ; mais, étant grand prêtre cette année-là, il prophétisa que Jésus devait mourir pour la nation des Juifs, — 52, et non seulement pour cette nation, mais aussi pour rassembler et réunir les enfants de Dieu qui étaient dispersés. — 53. Ils ne pensèrent donc plus depuis ce jour là, qu'à trouver le moyen de le faire mourir. — 54. C'est pourquoi Jésus ne se montrait plus en public parmi les Juifs ; mais il se retira dans une contrée près du désert, en une ville nommée Ephrem, où il se tint avec ses disciples. — 55. Or, la Pâque des Juifs était proche ; et plusieurs de ce quartier là étant allés à Jérusalem avant la Pâque pour se purifier, — ils cherchaient Jésus et se disaient, dans le temple, les uns aux autres : Que pensez-vous de ce qu'il n'est point venu à ce jour de fête ? Mais les princes des prêtres et les Pharisiens avaient donné ordre que, si quelqu'un savait où il était, il le découvrit, afin qu'ils le fissent prendre.

35.

Tous ces versets se comprennent de soi. *Aux yeux des Juifs*, Jésus devait, s'il continuait son œuvre, rassembler le peuple d'Israël sous son drapeau et l'affranchir de la domination romaine ; telle était l'opinion répandue. Or Caïphe, comprenant, comme les principaux d'entre les Juifs, que la nation serait incapable d'effectuer son affranchissement, proposa de sacrifier ce prétendu libérateur pour sauver le reste du peuple qui courait risque d'être écrasé par les légions romaines.

CHAPITRE XII

V. 1-11

Marie parfume les pieds de Jésus. — Murmure de Judas. Les Juifs délibèrent de faire mourir Lazare.

V. 1. Six jours avant la Pâque, Jésus vint à Béthanie où était mort Lazare qu'il avait ressuscité. — 2. On lui apporta là à souper; Marthe servait, et Lazare était un de ceux qui étaient à table avec lui. — 3. Mais Marie, ayant pris une livre d'huile de parfum de vrai nard, qui était de grand prix, elle le répandit sur les pieds de Jésus, et les essuya de ses cheveux ; et toute la maison fut remplie de l'odeur de ce parfum. — 4. Alors, l'un des disciples, savoir : Judas Iscariote, qui devait le trahir, dit : — 5. Pourquoi n'a-t-on pas vendu ce parfum trois cents deniers, qu'on aurait donnés aux pauvres ? — 6. Il disait ceci, non qu'il se souciât des pauvres, mais parce qu'il était larron, et qu'ayant la bourse, il portait l'argent qu'on y mettait. — 7. Mais Jésus dit : Laissez-la faire, parce qu'elle a gardé ce parfum pour le jour de ma sépulture ; — 8, car vous aurez toujours des pauvres parmi vous, mais, pour moi, vous ne m'aurez pas toujours. — 9. Une grande multitude de Juifs, ayant su qu'il était là, y vinrent, non seulement pour Jésus, mais aussi pour voir Lazare, qu'il avait ressuscité d'entre les morts. — 10. Mais les princes des prêtres délibérèrent de faire mourir aussi Lazare, — 11, parce que beaucoup de Juifs se retiraient d'avec eux à cause de lui et croyaient en Jésus.

36.

On a dit que lors du sacrifice du Golgotha tous les malades que Jésus avait guéris, en si grand nombre, avaient disparus. Infimes pour la plupart, que pouvaient-ils faire en faveur de Jésus ? Il n'auraient fait qu'augmenter la haine qui s'acharnait après lui. D'ailleurs là n'était pas le rôle qu'ils *devaient* remplir. Mais dès que la doctrine du Maître forme école, on les voit se grouper autour des disciples et former le noyau des *premiers chrétiens*.

V. 12-19

Entrée de Jésus dans Jérusalem.

V. 12. Le lendemain, une grande quantité de peuple, qui était venu pour la fête, ayant appris que Jésus venait à Jérusalem, — 13, ils prirent des branches de palmier, et allèrent au-devant de lui, en criant : Hosanna, salut et gloire ; béni soit le roi d'Israël qui vient au nom du Seigneur. — 14. Et Jésus, ayant trouvé un ânon, monta dessus, ainsi qu'il est écrit : — 15. Ne craignez point, fille de Sion, voici votre roi qui vient monté sur le poulain d'une ânesse. — 16. Les disciples ne firent point d'abord attention à cela ; mais quand Jésus fut entré dans sa gloire ils se souvinrent alors que ces choses avaient été écrites de lui, et que ce qu'ils avaient fait à son égard en était l'accomplissement. — 17. Le grand nombre de ceux qui s'étaient trouvés avec lui lorsqu'il avait appelé Lazare du tombeau et l'avait ressuscité d'entre les morts, lui rendait témoignage ; — 18, et ce fut aussi ce qui fit sortir tant de peuple pour aller au-devant de lui, parce qu'ils avaient entendu dire qu'il avait fait ce miracle. — 19. Les Pharisiens dirent donc entre eux : Vous voyez que nous ne gagnons rien ; voilà tout le monde qui court après lui.

37.

Le récit de Jean n'est qu'un résumé des faits racontés par les trois premiers évangélistes.

« *Quand Jésus fut rentré dans sa gloire* », ces paroles signifient : Quand Jésus fut retourné à sa propre nature spirituelle.

V. 20-26

Des Gentils veulent voir Jésus : — Paroles de Jésus à cette occasion.

V. 20. Or, il y eut quelques Gentils de ceux qui étaient venus pour adorer au jour de la fête, — 21. qui s'adressèrent à Philippe qui était de Bethsaïde en Galilée, et lui firent cette prière : Seigneur, nous voudrions bien voir Jésus. — 22. Philippe vint le dire à André, et André et Philippe le dirent ensemble à Jésus. — 23. Jésus leur répondit : L'heure est venue où le fils de l'homme doit être glorifié. — 24. En vérité, en vérité, je vous dis : Si le grain de froment ne meurt pas après qu'on l'a jeté en terre, il demeure seul ; mais quand il est mort, il porte beaucoup de fruits. — 25. Celui qui aime sa vie la perdra ; mais celui qui hait sa vie dans ce monde la conserve pour la vie éternelle. — 26. Si quelqu'un me sert, qu'il me suive, et où je serai, là aussi sera mon serviteur. Si quelqu'un me sert, mon père l'honorera.

38.

Tout Esprit, avant de s'incarner, choisit le milieu dans lequel il doit vivre, les croyances et le culte sous lesquels il doit se ranger, et son incarnation est toujours dirigée en vue de les faire progresser en progressant lui-même. Mais l'incarné qui, à titre d'épreuve, s'est placé dans un mauvais milieu, dans un milieu autre que celui dans lequel il doit vivre, a tout le mérite de l'initiative pour en sortir alors qu'il a la vue obscurcie par la chair ; tandis que celui qui s'est placé volontairement, en s'incarnant, dans un centre progressif et qui reste dans le *statu quo*, forfait à son devoir, qui est de chercher toujours à progresser.

Ces Gentils, dont il est parlé dans ces versets, se trouvaient dans le premier de ces deux cas. C'étaient des étrangers nouvellement convertis au judaïsme ; ils étaient plus ardents et plus intelligents que la plupart des Juifs. Jésus leur parle du sacrifice de Golgotha, dont l'heure était proche, car il fallait qu'il souffrît pour que sa mission terrestre portât ses fruits. S'il n'avait pas souffert, tous auraient dit : « Que lui en coûtait-il de faire le bien, d'être pur et vertueux, à ce privilégié de Dieu ? Son essence n'était-elle pas supérieure à la nôtre ? » Mais ce n'était point les tortures du corps qu'il allait souffrir, c'étaient toutes celles de l'âme, celles de voir l'ingratitude, la noirceur, le crime, régner en maîtres dans le cœur de ceux qu'il aimait plus que lui-même. Cela est difficile à comprendre pour nous qui n'admettons et ne comprenons que ce qui touche *notre matière* et qui ne pouvons concevoir à quel point les souffrances morales peuvent surpasser les douleurs physiques. Voyez cependant tout ce qu'une mère est capable de souffrir moralement pour son enfant ! Et l'amour d'une mère est peu de chose à côté de l'amour immense de Jésus pour notre pauvre Humanité si aveugle et si méchante.

« *Celui qui aime sa vie la perdra...* » Aimer sa vie, c'est tout sacrifier à son bien-être présent, à ses satisfactions sensuelles, à son orgueil, à son égoïsme ; et c'est ainsi perdre sa vie *spirituelle* en ne s'occupant que de ce qui regarde la matière.

V. 27-36

Suite des paroles de Jésus.

V. 27. Maintenant, mon âme est troublée ; et que dirai-je ? Mon père, délivrez-moi de cette heure, mais c'est pour cette heure que je suis venu. — 28. Mon père, glorifiez votre nom ; au même instant, on entendit une voix du ciel, qui dit : Je l'ai déjà glorifié, et je le glorifierai encore ; — 29. le peuple qui était là, et qui avait entendu le son de cette voix, disait que c'était un coup de tonnerre ; d'autres disaient : C'est un ange qui a parlé. — 30. Jésus répondit : Ce n'est pas pour moi que cette voix s'est fait entendre, mais pour vous. — 31. C'est maintenant que le monde va être jugé ; c'est maintenant que le prince du monde va être chassé : — 32. Et pour moi, quand j'aurai été élevé de la terre, j'attirerai tout à moi. — 33. Ce qu'il disait pour marquer de quelle mort il devait mourir. — 34. Le peuple lui répondit : Nous avons appris de la loi que le Christ doit demeurer éternellement. Comment donc dites-vous que le fils de l'homme doit être élevé de la terre ? — Qui est le fils de l'homme ? — 35 : Jésus leur répondit : La lumière est encore avec vous pour un peu de temps ; marchez pendant que vous avez de la lumière, de peur que les ténèbres ne vous surprennent : Celui qui marche dans les ténèbres ne sait où il va. — 36. Pendant que vous avez la lumière, croyez en la lumière afin que vous soyez des enfants de lumière. Jésus parla de la sorte, et se retirant, il se cacha d'eux.

39.

On voit le Christ préparer ceux qui l'écoutent à ce qui doit arriver, afin que ses paroles, leur revenant en mémoire, puissent porter des fruits de foi ; il s'adresse au Père Céleste afin d'attirer toujours l'esprit de l'homme vers son créateur et lui enseigner à quelle source il doit puiser la force et la foi.

La voix qui retentit était provoquée par les Esprits qui entouraient Jésus, qui le suivaient et étaient toujours prêts à le seconder. Elle avait pour but de prouver que Jésus était bien un envoyé céleste, et que toutes les fois qu'on élève avec confiance son esprit vers Dieu, sa puissance vous soutient toujours et fortifie. Mais ce n'était pas pour Jésus *que cette voix se fit entendre*, c'était pour ceux qui l'entouraient et qu'il fallait frapper matériellement. Combien de milliers de faits semblables, de voix se faisant entendre dans l'air et prononcées par des êtres invisibles, n'avons-nous pas dans l'histoire ?

Jésus fait allusion à son *ascension* dans les régions éthérées : « *et j'attirerai tout à moi* », car ses préceptes se répandant par toute la terre, les hommes doivent tendre toujours désormais vers la fraternité universelle et vers l'unité.

V. 37-43

Incrédulité des Juifs ; — foi de quelques-uns, mais étouffée par le respect humain, la crainte d'être chassés de la synagogue; aimant mieux ainsi la gloire des hommes que la gloire de Dieu.

V. 37. Mais, quoiqu'il eût fait tant de miracles devant eux, ils ne croyaient point en lui ; — 38, afin que cette parole du prophète Isaïe fût accomplie : Seigneur, dit-il, qui a cru à la parole qu'il a entendue de nous ? Et à qui le bras du Seigneur a-t-il été révélé ? — 39. C'est pour cela qu'ils ne pouvaient croire, parce qu'Isaïe a dit encore : — 40. Il a aveuglé leurs yeux et il a endurci leur cœur, de peur qu'ils ne viennent à se convertir et que je ne les guérisse; — 41, Isaïe a dit ces choses lorsqu'il a vu sa gloire, et qu'il a parlé de lui. — 42. Plusieurs néanmoins des sénateurs mêmes, crurent en lui ; mais à cause des Pharisiens ils n'osaient le reconnaître publiquement, de crainte d'être chassés de la synagogue. — 43. Car ils ont plus aimé la gloire des hommes que la gloire de Dieu.

40.

Ce qui s'est passé à l'égard de Jésus lors de sa mission terrestre, se passe encore de nos jours à l'égard de la révélation nouvelle de *l'esprit de vérité*, révélation qui fut prédite et promise par lui. Parmi ceux qui croient, ne voit-on pas la plupart ne point oser proclamer leur foi spirite et craindre de l'avouer publiquement à cause des Pharisiens de nos jours? Ceux là préfèrent la gloire des hommes à la gloire de Dieu. Les paroles d'Isaïe s'accomplissent encore de nos jours, car il y a encore des Esprits impurs, arriérés ou grossiers, des Esprits ignorants, et surtout des Esprits orgueilleux, qui rejettent la révélation de l'esprit de vérité et méprisent ceux qui s'en font les organes. Mais, avec le temps, la lumière se fera et resplendira pour tout le monde.

V. 44-50

La morale que Jésus a prêchée est non de lui, mais de Dieu; Jésus, qui est la lumière, est venu pour sauver le monde; l'homme se juge lui-même, et c'est sa conscience qui prononce le jugement.

V. 44. Or, Jésus s'écria et dit : Celui qui croit en moi ne croit pas en moi, mais en celui qui m'a envoyé; — 45, et celui qui me voit, voit celui qui m'a envoyé. — 46 Je suis venu dans le monde, moi qui suis la lumière, afin que ceux qui croient en moi ne demeurent point dans les ténèbres. — 47. Si quelqu'un entend mes paroles et ne les garde pas, je ne le juge point : car je ne suis pas venu pour juger le monde, mais pour sauver le monde. — 48. Celui qui me méprise et ne reçoit point mes paroles a pour juge la parole même que j'ai annoncée; ce sera elle qui le jugera au dernier jour. — 49. Car je n'ai point parlé de moi-même, mais mon père qui m'a envoyé est celui qui m'a prescrit par son commandement ce que je dois dire et comment je dois parler, — 50, et je sais que son commandement est la vie éternelle. Ce que je dis donc, je le dis selon que mon père me l'a ordonné.

44

Celui qui suit la morale que Jésus a prêchée et qu'il personnifie par ses enseignements et ses exemples, ne pratique pas une morale qui soit de lui, mais la morale qui vient de Dieu lui-même dont il est l'organe.

Jésus n'est pas venu pour juger le monde, mais pour le sauver; car il est venu pour enseigner aux hommes à vivre et à mourir en vue du progrès de l'Esprit.

CHAPITRE XIII

V. 1-17

Jésus lave les pieds à ses apôtres; — Paroles qu'il leur adresse.

V. 1. Avant la fête de Pâques, Jésus sachant que son heure était venue de passer de ce monde à son père, comme il avait aimé les siens qui étaient dans le monde, il les aima jusqu'à la fin, — 2. Et après le souper, le diable, ayant mis dans le cœur de Judas Iscariote, fils de Simon, le dessein de le trahir, — 3. Jésus qui savait que son père lui avait mis toutes choses entre les mains, — qu'il était sorti de Dieu et qu'il s'en retournait à Dieu, — 4. se leva de table, quitta ses vêtements, et, ayant pris un linge, il le mit autour de lui; — 5. puis ayant versé de l'eau dans un bassin, il commença à laver les pieds de ses disciples, et à les essuyer avec du linge qu'il avait autour de lui. — 6. Il vint donc à Simon-Pierre, qui lui dit : Quoi, Seigneur, vous me laveriez les pieds ? — 7. Jésus lui répondit : Vous ne savez pas maintenant ce que je fais; mais vous le saurez ensuite. — 8. Pierre lui dit : Vous ne me laverez jamais les pieds; Jésus lui répondit : Si je ne vous les lave, vous n'aurez point de part avec moi. — 9. Alors Simon-Pierre lui dit : Seigneur, non-seulement les pieds, mais aussi les mains et la tête. — 10. Jésus lui dit : Celui qui a été déjà lavé n'a plus besoin que de se laver les pieds, et il est pur dans tout le reste; et pour vous aussi, vous êtes purs, mais non pas tous; — 11. car il savait qui était celui qui devait le trahir; et c'est pour cela qu'il dit : Vous n'êtes pas tous purs. — 12. Après donc qu'il leur eut lavé les pieds, il reprit ses vêtements; et s'étant remis à table, il leur dit : Savez-vous ce que je viens de vous faire? — 13. Vous m'appelez votre maître et votre seigneur, et vous avez raison, car je le suis. — 14. Si donc je vous ai lavé les pieds, moi qui suis votre seigneur et votre maître, vous devez aussi vous laver les pieds les uns aux autres; — 15, car je vous ai donné l'exemple afin que ce que je vous ai fait, vous le fassiez aussi, vous autres. — 16. En vérité, en vérité, je vous dis : Le serviteur n'est pas plus grand que son maître, et l'envoyé n'est pas plus grand que celui qui l'a envoyé. — 17. Si vous savez ces choses, vous serez heureux, pourvu que vous le pratiquiez.

42

« Ne commettez pas, dit la Révélation, cette erreur répandue parmi ceux qui s'appellent « chrétiens, » que Judas fut « *possédé du diable*, » quand il trahit Jésus. Car tel homme peut être dirigé par son propre Esprit qui est mauvais par lui-même et n'a pas besoin que d'autres viennent le pousser au mal. Dieu ne peut pas prédestiner telles de ses créatures à être la proie de puissances contraires plus fortes qu'elles, afin de servir d'instruments passifs à l'accomplissement de ses desseins. »

Par l'acte emblématique du lavement des pieds, Jésus a voulu donner aux hommes, qu'il appelle ses frères, l'exemple de l'*humilité* et du *renoncement*. Ah! que ceux qui ont voulu pratiquer cette ablution sont loin de celui qui en donna l'exemple! Ceux-là habitent des palais somptueux et ont oublié les paroles du Maître : « *Les renards ont des* tanières et les oiseaux du ciel ont des nids, mais le fils de l'homme n'a pas un lieu où reposer sa tête. » Qu'ils descendent donc de leur trône et que, *humbles* et *doux*, *pauvres* et *dévoués*, ils aillent porter la consolation, le courage et la foi chez les pauvres et les malheureux ; qu'ils lavent les pieds de leurs disciples, non point en grande pompe, devant une foule aveugle se signant dévotement, mais à chaque heure du jour, par leurs actes cachés et par leurs humbles vertus. Qu'ils donnent par eux-mêmes l'exemple de ce qu'ils prêchent.

« *Le serviteur n'est pas plus grand que le maître*, car tous les Esprits sont égaux devant le Seigneur, la vertu *seule* établissant la hiérarchie. Devant lui les conditions sociales n'existent pas. C'est en comprenant bien cela que les hommes seront heureux, car alors ils pratiqueront avec sincérité la fraternité et l'amour universel. »

V. 18-30

Jésus prédit la trahison de Judas.

V. 18. Je ne dis pas ceci de vous tous. Je sais qui sont ceux que j'ai choisis ; mais il faut que cette parole de l'Ecriture soit accomplie : Celui qui mange du pain avec moi lèvera le pied contre moi. — 19. Je vous dis ceci dès maintenant, et avant qu'il arrive, afin que lorsqu'il arrivera, vous me reconnaissiez pour ce que je suis. — 20. En vérité, en vérité, je vous dis : Quiconque reçoit celui que j'aurai envoyé me reçoit moi-même ; et qui me reçoit, reçoit celui qui m'a envoyé. — 21. Jésus, ayant dit ces choses, se troubla dans son esprit et parla ouvertement en disant : En vérité, en vérité, je vous dis : un d'entre vous me trahira. — 22. Les disciples se regardaient donc l'un l'autre, ne sachant de qui il parlait. — 23. Mais l'un d'eux que Jésus aimait étant couché sur le sein de Jésus, — 24. Simon-Pierre lui fit signe de s'enquérir qui était celui dont Jésus parlait. — 25. Ce disciple, se reposant donc sur le sein de Jésus, lui dit : Seigneur, qui est-ce ? — 26. Jésus lui répondit : C'est celui à qui je présenterai du pain que j'aurai trempé, et, ayant trempé du pain, il le donna à Judas Iscariote fils de Simon. — 27. Et quand il eut pris ce morceau, Satan entra en lui ; et Jésus lui dit : Faites au plus tôt ce que vous faites. — 28. Mais nul de ceux qui étaient à table ne comprit pourquoi il lui avait dit cela ; — 29. car quelques-uns pensaient qu'à cause que Judas avait la bourse, Jésus avait voulu lui dire : Achetez-nous ce qui nous est nécessaire pour la fête, ou qu'il lui donnait des ordres pour distribuer quelque chose aux pauvres. — 30. Judas, ayant donc reçu ce morceau, sortit aussitôt, et il était nuit.

43.

Les paroles que Jésus prononce relativement à *la prédiction* qu'il fait de la trahison de Judas, ont pour but de frapper l'attention de ses apôtres afin que, lorsque l'évènement de cette trahison arrivera, ils en soient impressionnés et reconnaissent la prescience de l'avenir qu'avait l'envoyé de Dieu.

Ces paroles figurées : « *Satan entra en lui,* » signifient que la pensée de la trahison qui germait dans l'esprit de Judas devenait une résolution qui allait se traduire en acte. Les disciples se livrèrent à toutes sortes de suppositions, car ils ne pouvaient penser que Jésus envoyait Judas le trahir.

V. 31-38

Jésus fait allusion au sacrifice qui va s'accomplir sur le Golgotha; — les disciples du Christ doivent s'aimer *les uns les autres — c'est là le signe auquel on les reconnaîtra. — Renoncement de Pierre prédit.*

V. 31. Après qu'il fut sorti, Jésus dit : Maintenant, le fils de l'homme est glorifié, et Dieu est glorifié en lui. — 32. Si Dieu est glorifié en lui, Dieu le glorifiera aussi en lui-même; et c'est bientôt qu'il le glorifiera. — 33. Mes petits enfants, je n'ai plus que peu de temps à être avec vous; vous me chercherez; et, comme j'ai dit aux Juifs qu'ils ne pouvaient venir où je vais, je vous le dis aussi à vous-mêmes présentement : — 34. Je vous fais un commandement nouveau qui est que vous vous aimiez les uns les autres et que vous vous entr'aimiez comme je vous ai aimés; — 35. c'est en cela que tous reconnaîtront que vous êtes mes disciples, si vous avez de l'amour les uns pour les autres. — 36. Simon-Pierre lui dit : Seigneur, où allez-vous? Jésus lui répondit : Vous ne pouvez maintenant me suivre où je vais, mais vous me suivrez après. — 37. Pierre lui dit : Pourquoi ne puis-je pas vous suivre maintenant? Je donnerai ma vie pour vous. — 38. Jésus lui répartit : Vous donnerez votre vie pour moi? En vérité, en vérité, je vous le dis : Le coq ne chantera point que vous ne m'ayez renoncé trois fois.

44.

Jésus prédit le sacrifice qui allait s'accomplir. Il fait allusion à la disparition du sépulcre après le sacrifice du Golgotha, à son retour à sa nature spirituelle à l'époque appelée *Ascension*, et enfin à la mission que ses disciples doivent accomplir sur la Terre après que la sienne sera terminée.

Et certes, une chose qui doit frapper tout le monde, c'est de voir toujours Jésus prédire à l'avance tout ce qui doit arriver.

En disant à Pierre : « vous ne pouvez *maintenant* me suivre où je vais. » Jésus donne la preuve de l'infériorité de notre Planète, mais il laisse luire dans le cœur des hommes l'espoir du progrès qui leur permettra de s'élever : *Mais vous me suivrez après,* » lui dit-il ; c'est-à-dire quand leur mission serait terminée.

CHAPITRE XIV. — V. 1-12

Plusieurs demeures dans la maison du père. — Jésus va préparer le lieu à ses disciples ; — et lorsqu'il reviendra, il les attirera à lui afin qu'ils soient là où il sera ; — il est la voie, la vérité, la vie ; — personne ne vient au père que par lui ; — ses rapports avec le père ; — celui qui croit en Jésus fera lui-même les œuvres qu'il fait et en fera encore de plus grandes.

V. 1. Que votre cœur ne se trouble point ; vous croyez en Dieu, croyez en moi. — 2. Il y a plusieurs demeures dans la maison de mon père. Si cela n'était, je vous l'aurais dit ; car je m'en vais vous préparer le lieu. — 3. Et après que je m'en serai allé, et que je vous aurai préparé le lieu, je reviendrai, et je vous retirerai à moi, afin que là où je serai, vous y soyez aussi. — 4. Vous savez bien où je vais, et vous en savez la voie. — 5. Thomas lui dit : Seigneur, nous ne savons où vous allez ; et comment pouvons-nous en savoir la voie ? — 6. Jésus lui dit : Je suis la voie, la vérité, la vie : personne ne vient au père que par moi. — 7. Si vous m'aviez connu, vous auriez aussi connu mon père, et vous le connaîtrez bientôt, et vous l'avez déjà vu. — 8. Philippe lui dit : Seigneur, montrez-nous votre père, et il nous suffit. — 9. Jésus lui répondit : Il y a si longtemps que je suis avec vous, et vous ne me connaissez pas encore ? Philippe, celui qui me voit, voit aussi mon père. Comment donc dites-vous : Montrez-nous votre père ? — 10. Ne croyez-vous pas que je suis dans mon père et que mon père est en moi ? Ce que je vous dis, je ne vous le dis pas de moi-même, mais mon père qui demeure en moi fait lui-même les œuvres que je fais. — 11. Ne croyez-vous pas que je suis en mon père et que mon père est en moi ? Croyez-le au moins à cause des œuvres que je fais. — 12. *En vérité, en vérité,* je vous dis : Celui qui croit en moi fera lui-même les œuvres que je fais, et en fera encore de plus grandes parce que je m'en vais à mon père.

45.

Jésus exhorte ses apôtres à avoir foi dans sa mission et dans la leur. Il confirme l'habitabilité de tous les globes semés dans l'espace, car la maison du Père, c'est l'immense univers et tout ce qu'il contient. Il fait bien comprendre que l'Esprit change de demeure au fur et à mesure qu'il progresse, car ces mondes se divisent en mondes *d'épreuves et d'expiations,* qui comprennent beaucoup de degrés, et sur lesquels se fait continuellement le triage de l'ivraie et du bon grain ; en mondes *régénérateurs,* en quantités innombrables aussi et hiérarchisés, sur lesquels les Esprits *faillis* poursuivent et achèvent leur épuration et où ils deviennent incapables de faire le mal à l'avenir ; en mondes *heureux,* où l'Esprit tout à fait régénéré n'a plus qu'à progresser dans le bien sans plus avoir à lutter contre le mal, mondes dans lesquels les Esprits sont à l'état *semi-fluidique*, car leurs corps ont commencé à se dématérialiser ; enfin en mondes *célestes* ou *divins* qu'habitent *seuls* les purs Esprits, ceux qui sont parvenus à l'état *fluidique* pur.

« *Et après que je m'en serai allé.....* » Cela veut dire : « et après que je me serai éloigné définitivement de la Terre, et que vous aurez achevé aussi votre mission, et que, sous ma direction, vous aurez accompli votre développement et votre progrès, je reviendrai, ainsi que je l'ai prédit, et vous retirerai avec moi, afin de vous faire prendre rang parmi les purs Esprits. »

Jésus, en parlant de son second avènement, fait allusion à l'époque où la foi aura dépouillé l'homme de toute faute. Nous venons d'entrer dans cette ère nouvelle de *l'avènement de l'esprit*, mais c'est à peine si nous y avons fait les premiers pas. Il faut pour avancer promptement que nous comprenions bien que Jésus :

Est la voie, par la morale qu'il a prêchée et qu'il personnifie par ses enseignements et ses exemples ;

Est la vérité, comme étant l'organe direct de Dieu préposé aux progrès des hommes dans la mesure de ce qu'ils peuvent porter ;

Est la vie, car en progressant et s'épurant par la morale divine apportée par Jésus, l'homme parvient à s'affranchir de l'incarnation matérielle qui arrête et tue le souvenir et est *ainsi* pour l'Esprit la mort *spirituelle*.

Celui qui a la foi agit en conséquence, et ses œuvres sont toutes ascencionnelles. Celui qui croit fermement en Jésus, c'est-à-dire qui suit avec zèle le chemin tracé par lui dans l'amour et dans la vérité, deviendra pur comme lui.

V. 13-24

Jésus promet à ses disciples que ce qu'ils demanderont au père, afin que le père soit glorifié dans le fils, leur sera accordé; — qu'il leur accordera ce qu'ils lui demanderont en son nom; — il leur prescrit de garder ses commandements; il leur promet — le consolateur qui est le Saint-Esprit — l'esprit de vérité; il déclare que tous ceux qui garderont ses commandements, sa parole, auront, avec eux, le père et lui.

V. 13. Et tout ce que vous demanderez à mon père, en mon nom, je le ferai, afin que le père soit glorifié dans le fils; — 14, si vous me demandez quelque chose en mon nom, je le ferai. — 15. Si vous m'aimez, gardez mes commandements; — 16, et je prierai mon père, et il vous donnera un autre consolateur, afin qu'il demeure éternellement en vous : — 17, l'esprit de vérité que le monde ne peut recevoir, parce qu'il ne le voit point et ne le connait point; mais, pour vous, vous le connaitrez, parce qu'il demeurera en vous et qu'il sera en vous. — 18. Je ne vous laisserai point orphelins : je viendrai à vous. — 19. Encore un peu de temps et le monde ne me verra plus; mais, pour vous, vous me verrez, parce que je vivrai et que vous vivrez aussi. — 20. En ce jour-là, vous connaitrez que je suis en mon père et vous en moi, et moi en vous. — 21. Celui qui a mes commandements et qui les garde, c'est celui-là qui m'aime; or, celui qui m'aime sera aimé de mon père, et je l'aimerai aussi, et je me découvrirai moi-même à lui. — 22. Judas, non pas l'Iscariote, lui dit : Seigneur, d'où vient que vous vous découvrirez vous-même à nous et non pas au monde? — 23. Jésus lui répondit : Si quelqu'un m'aime, il gardera ma parole, et mon père l'aimera, et nous viendrons à lui et nous ferons en lui notre demeure. — 24. Celui qui ne m'aime point, ne garde point mes paroles ; et la parole que vous avez entendue n'est point ma parole, mais celle de mon père qui m'a envoyé.

46.

Jésus rend encore témoignage de la force et du pouvoir de la foi, et fait comprendre aux hommes que ce qui glorifie le père, c'est le progrès que les hommes accomplissent et auquel Jésus préside comme protecteur et gouverneur de notre Planète ; et c'est *ainsi* que le père est glorifié dans le fils.

L'esprit de vérité que Dieu donne aux hommes, c'est la vérité toujours relative à l'intelligence de ceux qui la reçoivent, et dont la connaissance leur est révélée par les Esprits en mission, soit errants, soit incarnés, qui reçoivent l'inspiration divine par l'intermédiaire des Esprits supérieurs qui les assistent et les guident. Voilà ce qu'il faut entendre par l'esprit de vérité et, *à ce point de vue*, l'esprit de vérité a toujours été donné par Dieu aux hommes, car la Révélation divine est permanente et progressive.

Jésus fait allusion à l'époque de son retour, époque à partir de laquelle il ne sera visible spirituellement que pour les yeux de l'esprit, c'est-à-dire *par la pensée et par la foi*. C'est *ainsi* que le monde ne le verra plus, mais il sera guidé et inspiré par lui par l'intermédiaire des Esprits supérieurs.

Et tous ceux qui pratiquent la morale du Christ, abstraction faite de tout culte extérieur, s'attireront sa protection et, par là même, celle de Dieu. Car

Dieu et Jésus *aiment* tous les hommes, car Dieu a en lui l'amour universel et infini, et Jésus est sur notre Planète la personnification et l'emblème de sa loi d'amour.

L'homme a son libre-arbitre, la liberté de ses pensées et de ses actes, comme il en a la responsabilité; ceux qui ne gardent pas les commandements que le Christ a donnés, s'engagent dans les voies de l'orgueil ou de l'égoïsme, ou bien dans celle des vices et des passions qui égarent ou dégradent notre Humanité, attirent à eux les mauvaises inspirations, les mauvaises influences et éloignent *ainsi* l'inspiration divine. Dieu et Jésus ne viennent pas à eux.

V. 25-31

Le consolateur, qui est le Saint-Esprit, enseigne toutes choses; — Jésus donne sa paix à ses disciples; — son père est plus grand que lui.

V. 25. Je vous ai dit ceci, demeurant encore avec vous. — 26. Mais le consolateur, qui est le Saint-Esprit, que mon père enverra en mon nom, vous enseignera toutes choses et vous fera ressouvenir de tout ce que je vous ai dit. — 27. Je vous laisse la paix; je vous donne ma paix, je ne vous la donne pas comme le monde la donne; que votre cœur ne se trouble point et qu'il ne soit point saisi de frayeur. — 28. Vous avez entendu que je vous ai dit : Je m'en vais et je reviens à vous. Si vous m'aimiez, vous vous réjouiriez de ce que je m'en vais à mon père, parce que mon père est plus grand que moi. — 29. Et je vous le dis maintenant avant que cela n'arrive, afin que lorsqu'il sera arrivé, vous ayez une ferme confiance en moi. — 30 Je ne vous parlerai plus guère, car le prince du monde va venir, quoiqu'il n'ait rien en moi qui lui appartienne; — 31, mais afin que le monde connaisse que j'aime mon père et que je fais ce que mon père m'a ordonné. Levez-vous, sortons d'ici.

47.

Jésus prévient les disciples de l'appui qui leur sera accordé par les Esprits du Seigneur chargés de les seconder dans leur mission terrestre. Ce qu'il est question de leur enseigner ici, ce n'est pas la science universelle, mais toutes choses nécessaires aux besoins de l'époque et aux besoins de leur mission. Pendant les siècles qui se sont écoulés depuis l'accomplissement de leur mission jusqu'à nos jours, les apôtres ont appris, et ils apprendront encore pendant les siècles qui se succèderont. Aujourd'hui ils savent beaucoup et viennent nous apprendre ce qu'ils ont appris, dans la mesure de nos forces et de nos besoins.

« *Mon père est plus grand que moi,* » disait Jésus. Remarquons comme en toutes circonstances graves, Jésus fait ressortir son infériorité relativement au Créateur. Et dire que, devant de telles paroles, on a osé poser comme un dogme la croyance en sa divinité !

CHAPITRE XV

V. 1-11

Parabole de la vigne et du vigneron.

V. 1. Je suis la vraie vigne et mon père est le vigneron. — 2. Il retranchera toutes les branches qui ne portent point de fruit en moi, et il émondera toutes celles qui portent du fruit, afin qu'elles en portent davantage. — 3. Vous êtes déjà purs à cause de la parole que je vous ai annoncée. — 4. Demeurez en moi et moi en vous, comme la branche ne saurait porter de fruit d'elle-même et si elle ne demeure attachée au cep de vigne; il en est ainsi de vous autres si vous ne demeurez pas en moi. — 5. Je suis le cep de la vigne et vous en êtes les branches; celui qui demeure en moi et en qui je demeure porte beaucoup de fruit, car vous ne pouvez rien faire sans moi. — 6. Si quelqu'un ne demeure pas en moi, il sera jeté dehors comme un sarment inutile; il séchera et on le ramassera pour le jeter au feu, et il brûlera. — 7. Si vous demeurez en moi et que mes paroles demeurent en vous, vous demanderez tout ce que vous voudrez, et il vous sera accordé. — 8. C'est la gloire de mon père que vous rapportiez beaucoup de fruit. — 9. Comme mon père m'a aimé, je vous ai aussi aimé; demeurez dans mon amour. — 10. Si vous gardez mes commandements, vous demeurerez dans mon amour comme j'ai gardé moi-même les commandements de mon père et que je demeure dans son amour. — 11. Je vous ai dit ces choses afin que ma joie demeure en vous et que votre joie soit pleine et parfaite.

48.

Ces paroles : « *Je suis la vraie vigne et mon père est le vigneron,* » sont encore un témoignage de la nature inférieure de Jésus, par rapport au père.

Jésus est le cep de la vigne et tous les hommes en sont, comme l'étaient ses disciples, les branches; il les protège et les gouverne tous, et seul il est chargé de leur développement et de leur progrès. Celui qui demeure en lui et en qui il demeure, porte beaucoup de fruits. Celui qui suit avec persévérance, et sans se détourner de la voie, la morale qu'il a prêchée, progresse et s'épure vite. Mais celui qui ne demeure pas en Jésus sera jeté dehors comme un sarment inutile.

Et quand il est dit que toutes les prières des justes sont exaucées, il faut comprendre que les justes, c'est-à-dire ceux-là qui demeurent dans la voie tracée par Jésus, ne peuvent demander que ce qui est juste et bon et que ce qu'ils demandent leur sera toujours accordé, mais aux temps et dans les conditions que Dieu *seul* fixe et détermine.

V. 12-17

S'aimer les uns les autres. — Les serviteurs. Les amis de Jésus ; — sa mission.

V. 12. Le commandement que je vous donne est de vous aimer les uns les autres comme je vous ai aimés. — 13. Personne ne peut avoir un plus grand amour que de donner sa vie pour ses amis. — 14. Vous êtes mes amis, si vous faites tout ce que je vous commande. — 15. Je ne vous donnerai plus le nom de serviteurs, parce que le serviteur ne sait pas ce que fait son maître ; mais je vous ai appelé mes amis, parce que je vous ai fait savoir tout ce que j'ai appris de mon père ; — 16. ce n'est pas vous qui m'avez choisi, et je vous ai établis, afin que vous marchiez et que vous rapportiez du fruit, et que votre fruit demeure toujours et que mon père vous donne tout ce que vous lui demanderez en mon nom. — 17. Ce que je vous commande est de vous aimer les uns les autres.

49.

Jésus commande à ses disciples *de s'aimer* les uns les autres comme il les a *aimés*, c'est-à-dire de pratiquer la loi d'amour entre eux, et à l'égard de tous les hommes, comme il l'a lui-même pratiquée dans toute son étendue. *Ainsi*, il fait appel à la fraternité universelle par la réciprocité et la solidarité dans l'amour. Jésus donne aux hommes le plus grand enseignement qui soit pour ce qui se rattache à l'amour universel sur notre terre. Tout est contenu dans les Evangiles. Et ce qu'il vient nous dire c'est que l'amour pur et dévoué est la source de toutes les vertus, la base du devoir et doit être le but de toutes les aspirations. Celui qui *aime* Dieu ne peut que s'efforcer d'accomplir, avec un zèle infatigable, les commandements qu'il en a reçus. Il doit aimer ses frères avec autant d'abnégation, de dévouement, de charité incessante, qu'il a été aimé de celui qui s'est fait « homme » pour enseigner l'amour aux hommes ; il doit répandre son amour sur tous les êtres de la création, car tous sont l'œuvre du père, tous concourent à sa gloire, tous sont un hymne vivant en son honneur.

Ceux que Jésus appelle « *amis* » sont ceux qui, comme les disciples, se servant de leur raison pour développer leur cœur, sentent grandir leur amour et leur zèle à mesure qu'ils comprennent mieux les intentions et la paternelle bonté du souverain dont ils suivent la loi avec amour.

V. 18-27

Jésus prédit à ses disciples la haine et les persécutions que l'accomplissement de leur mission leur attirera. — Il leur prédit l'avènement futur de l'esprit de vérité, et sa venue pour eux.

V. 18. Si le monde vous hait, sachez qu'il m'a haï avant vous. — 19. Si vous étiez du monde, le monde aimerait ce qui serait à lui ; mais parce que vous n'êtes point du monde, et que je vous ai choisis du milieu du monde, c'est pour cela que le monde vous hait. — 20. Souvenez-vous de la parole que je vous ai dite : Le serviteur n'est pas plus grand que le maître ; s'ils m'ont persécuté, ils vous persécuteront aussi ; s'ils ont gardé mes paroles, ils garderont aussi les vôtres ; mais ils vous feront tous ces mauvais traitements à cause de mon nom, parce qu'ils ne connaissent point celui qui m'a envoyé : — 22. Si je n'étais point venu et que je ne leur eusse point parlé, ils n'auraient point le péché qu'ils ont, mais maintenant ils n'ont point d'excuse de leur péché. — 23. Celui qui me hait, hait aussi mon père ; — 24, si je n'avais pas fait, parmi eux, des œuvres qu'aucun autre n'a faites, ils n'auraient point le péché qu'ils ont ; mais maintenant ils les ont vues, et ils ont haï et moi et mon père, — 25, afin que la parole qui est écrite dans leur loi soit accomplie : ils m'ont haï sans aucun sujet. — 26. Mais lorsque le consolateur, l'esprit de vérité qui procède du père, et que je vous enverrai de la part de mon père, sera venu, il rendra témoignage de moi ; — 27, et vous en rendrez aussi témoignage parce que vous êtes dès le commencement avec moi :

50.

Les Esprits inférieurs qui alors étaient incarnés, ne suivant pas la loi d'amour naturelle au cœur de l'homme, haïssaient celui qui était tout amour.

Et Jésus disait à ses disciples ce qu'on pourrait dire aujourd'hui des spirites : « *parce que vous n'êtes point de ce monde et que je vous ai choisis du milieu du monde, c'est pour cela que le monde vous hait.* » Oui, la tâche est rude, ô spirites ! Mais combien grande aussi sera la récompense. Seulement il faut se tenir sur ses gardes, et ne pas oublier que la chair est un instrument ingrat sur lequel il faut veiller avec persévérance. Ce n'est pas qu'un Esprit supérieur qui accepte une mission sur cette terre et ne l'accomplit pas *en entier* sans faiblesse, puisse rétrograder, non ; mais le progrès que cet acte de dévouement lui aurait fait faire est moins grand. Le progrès que fait un Esprit est proportionné au plus ou moins de force qu'il a déployée contre les défaillances inhérentes à l'humanité terrestre.

Toutes ces paroles de l'apôtre Jean sont facilement compréhensibles, mais elles cessent de l'être dès que l'on écarte la *réincarnation*, rémunératrice *du passé*, agent de progrès pour *l'avenir* ; et alors, on tombe INÉVITABLEMENT dans *l'arbitraire* des destinées et de Dieu, qui est l'éternelle justice, on fait *un pouvoir capricieux, régnant* par *le bon plaisir*.

Au point de vue spirite, celui qui est serviteur *aujourd'hui* a été maître *hier*. C'est là l'égalité divine suivant la loi de réincarnation. Celui qui après avoir fait le mal, se réincarne pour s'humilier et réparer, à un moment donné de son existence nouvelle on le verra prendre tout à coup le bon chemin, sans plus jamais s'en écarter, et l'on dira que celui-là est un privilégié et qu'il a reçu la grâce ; mais non, cela ne peut pas être, il ne peut pas y avoir de faveur accordée par le père à l'un de ses enfants *plutôt* qu'à l'autre ; il n'y a qu'une grâce : ce sont les moyens donnés à l'homme de progresser, c'est la lumière qui lui est envoyée sous quelque forme que ce soit, quelque nom qu'elle porte, et qu'il est libre de rejeter en usant de sa volonté personnelle.

Il faut admettre une Providence bienveillante, veillant sur nous tous, mais respectant toujours notre libre arbitre et ne s'imposant jamais à nous. Rien dans ce monde, absolument rien, n'est dû à ce que certains appellent : le hasard. Il existe toujours une cause, une raison d'être, pour toutes choses ; et c'est notre ignorance de la cause, de la raison d'être, qui seule fait pour nous le hasard.

L'esprit de vérité qui procède du père, c'est la lumière, la science, la vérité, que ses messagers, les Esprits, sont chargés d'apporter aux hommes.

CHAPITRE XVI

V. 1-15

Suite des prédictions de Jésus — quant aux persécutions qui attendent ses disciples, — et quant à l'avènement futur de l'esprit de vérité et à sa mission.

V. 1. Je vous ai dit ces choses *afin que vous n'en soyez point scandalisés :* — 2. Et ils vous chasseront des synagogues, et le temps vient où quiconque vous fera mourir, croira faire une chose agréable à Dieu. — 3. Ils vous traiteront de la sorte parce qu'ils ne connaissent ni mon père ni moi. — 4. Or, je vous ai dit ces choses afin que lorsque le temps sera venu vous vous souveniez que je vous les ai dites. — 5. Je ne vous les ai pas dites dès le commencement parce que j'étais avec vous, mais maintenant je m'en vais à celui qui m'a envoyé, et aucun de vous ne me demande où je vais ; — 6, mais parce que je vous ai dit ces choses, votre cœur est rempli de tristesse ; — 7, cependant je vous dis la vérité ; il vous est utile que je m'en aille, car si je ne m'en vais point, le consolateur ne viendra pas à vous ; mais, si je m'en vais, je vous l'enverrai : — 8. Et lorsqu'il sera venu, il convaincra le monde touchant le péché, — touchant la justice et touchant le jugement ; — 9, touchant le péché parce qu'ils n'ont pas cru en moi ; — 10, touchant la justice, parce que je vais à mon père et que vous ne me verrez plus ; — 11, touchant le jugement, parce que le prince du monde est déjà jugé. — 12. J'aurais encore beaucoup de choses à vous dire ; mais vous ne pouvez pas les porter présentement. — 13. Quand cet esprit de vérité sera venu, il vous enseignera toute vérité, car il ne parlera pas de lui-même ; mais il dira tout ce qu'il aura entendu, et il vous annoncera les choses à venir : — 14. Il me glorifiera parce qu'il recevra de ce qui est à moi, et il vous l'annoncera. — 15. Tout ce qu'a mon père est à moi ; c'est pourquoi je vous dis qu'il recevra de ce qui est à moi et vous l'annoncera :

51.

Toutes les paroles de Jésus embrassent en même temps le présent *d'alors* et l'avenir.

Il prévient du sort qui l'attend tout missionnaire qui vient au milieu d'Esprits en retard, et l'encourage en l'engageant à accepter toutes les insultes et tous les déboires, comme des conséquences inévitables de la mission qu'il a acceptée.

Ceux qui ont pratiqué l'intolérance, le fanatisme et la persécution à l'égard des disciples du Christ et des missionnaires, allant même souvent jusqu'à les faire mourir, ont cru faire une chose agréable à Dieu, dit-il, et n'ont agi *ainsi* que parce qu'ils ne connaissaient pas le Père, qui est le Dieu d'amour, qui est l'amour universel et infini; parce qu'ils ne connaissaient pas Jésus qui était l'envoyé du Seigneur, *l'emblême* de la loi d'amour; parce qu'ils n'ont pas compris la grandeur et le but de sa mission qui était la régénération de l'humanité par la justice, l'amour et la charité et, *ainsi*, par la fraternité entre tous les hommes.

L'esprit de vérité, dit Jésus, *convaincra* le monde *touchant le péché, parce qu'ils n'ont pas cru en moi;* il le convaincra touchant la transgression de la loi divine de la part de ceux qui, ne croyant pas à la mission de Jésus, n'ont pas accepté et suivi la morale qu'il a prêchée et ont *ainsi* forfait aux engagements qu'ils avaient pris en s'incarnant et se sont ancrés plus profondément dans le mal.

L'esprit de vérité convaincra le monde touchant la justice, touchant la foi à la mission divine de Jésus, à la loi d'amour universel qu'il a prêchée, parce qu'il a consommé le sacrifice du Golgotha et est « ressuscité », puis réapparu, et, après les apparitions aux femmes et aux disciples, est disparu aux yeux des hommes, lors de son retour dans l'immensité, à l'époque appelée *Ascension*. Toutes choses et tous évènements qui avaient été prédits à l'avance par lui.

L'esprit de vérité *convaincra* le monde *touchant le jugement*, c'est-à-dire touchant la rétribution selon les œuvres, la rétribution qui est due et faite aux penchants vicieux, contraires à la loi divine, et à tous les actes coupables.

L'esprit de Vérité nous enseignera toute vérité, car sa tâche est de montrer successivement, à l'humanité, la lumière qui doit la guider dans ses recherches et l'aider à avancer encore et toujours, de plus en plus, avec énergie, dans la voie du progrès physique, intellectuel et moral.

L'esprit de vérité ne parlera pas de lui-même, mais il dira ce qu'il aura entendu, car l'esprit de vérité, ce sont les Esprits du Seigneur, ses messagers, ses missionnaires à l'état errant. Ils diront ce qui, venant du Seigneur, leur aura été hiérarchiquement communiqué et qu'ils seront chargés de transmettre aux hommes. Ils ne parleront pas d'eux-mêmes, mais sous l'inspiration divine. Et ils diront ce qu'ils auront reçu *par inspiration ou audition.*

Il annoncera les choses à venir, c'est-à-dire qu'il nous parlera pour le présent, pour les temps actuels où nous commençons à entrer dans l'ère nouvelle qui s'ouvre pour l'Humanité, et pour les temps à venir. Il annoncera les choses à venir, non pas comme le font les diseurs de bonne aventure, mais en répandant la clarté sur les parties restées obscures, *sous le voile de la lettre,* dans la Révélation messianique. Il instruira les hommes sur leurs destinées futures, sur ce qu'ils peuvent et doivent espérer, sur la science du monde et de la créature, enfin sur la connaissance des lois de Dieu dans l'ordre physique et moral, sur l'origine du monde et de la créature et sur la fin que l'un et l'autre doivent atteindre.

L'esprit de vérité *glorifie* Jésus et le *glorifiera* de plus en plus, car la mission des Esprits délégués est de nous faire comprendre la loi de Dieu représentée par Jésus et les moyens de l'accomplir.

V. 16-22

Jésus promet à ses disciples la joie après la tristesse.

V. 16. Encore un peu de temps et vous ne me verrez plus; et encore un peu de temps et vous me verrez, parce que je m'en vais à mon père. — 17. Sur cela, quelques-uns de ses disciples se dirent les uns aux autres : Que veut-il nous dire par là : Encore un peu de temps et vous ne me verrez plus; et encore un peu de temps et vous me verrez, parce que je m'en vais à mon père? — 18. Ils disaient donc : Que signifie ce qu'il dit : Encore un peu de temps? Nous ne savons ce qu'il veut dire. — 19. Mais Jésus, connaissant qu'ils voulaient l'interroger là-dessus, leur dit : Vous vous demandez les uns aux autres ce que j'ai voulu dire par ces paroles : Encore un peu de temps et vous ne me verrez plus; et encore un peu de temps et vous me verrez. — 20. En vérité, en vérité, je vous dis : Vous pleurerez et vous gémirez et le monde se réjouira; vous serez dans la tristesse, mais votre tristesse se changera en joie. — 21. Une femme, lorsqu'elle enfante, est dans la douleur, parce que son heure est venue; mais, après qu'elle a enfanté un fils, elle ne se souvient plus de tous ses maux dans la joie qu'elle a d'avoir mis un homme au monde; — 22, c'est donc ainsi que vous êtes dans la tristesse; mais je vous verrai de nouveau, et votre cœur se réjouira et personne ne vous ravira votre joie.

52.

Jésus fait ici allusion à sa mort apparente, à sa réapparition parmi ses disciples et à son retour à sa véritable nature, à sa nature spirituelle, dans l'immensité, auprès du Père, à l'époque appelée : *Ascension*.

V. 23-33

Promesses que Jésus fait à ses disciples ; prédictions qu'il leur adresse ; — il atteste, sous le voile de la lettre, son origine et sa position spirite ; — il déclare qu'il a vaincu le monde.

V. 23. En ce jour-là, vous ne m'interrogerez plus sur rien, en vérité, en vérité, je vous dis : Si vous demandez quelque chose à mon père en mon nom, il vous le donnera. — 24. Jusqu'ici vous n'avez rien demandé en mon nom, demandez et vous recevrez, afin que votre joie soit pleine et parfaite. — 25. Je vous ai dit ces choses en paraboles ; l'heure vient où je ne vous entretiendrai plus en paraboles, mais je vous parlerai ouvertement de mon père. — 26. En ce jour-là, vous demanderez en mon nom ; et je ne vous dis pas que je prierai mon père pour vous, — 27. car mon père vous aime lui-même parce que vous m'avez aimé et que vous avez cru que je suis sorti de Dieu. — 28. Je suis sorti de mon père et je suis venu dans le monde, mais maintenant je laisse le monde, et je m'en retourne à mon père. — 29. Ses disciples lui dirent : C'est maintenant que vous parlez tout ouvertement et que vous n'usez d'aucune parabole. — 30. Nous voyons bien à présent que vous savez tout et que vous n'avez pas besoin que personne vous interroge ; c'est pour cela que nous croyons que vous êtes sorti de Dieu. — 31. Jésus leur répondit : Vous le croyez maintenant. — 32. Le temps va venir, et il est déjà venu, que vous serez dispersés chacun de votre côté et que vous me laisserez seul ; mais je ne serai pas seul, parce que mon père sera avec moi. — 33. Je vous ai dit ces choses afin que vous trouviez la paix en moi. Vous aurez à souffrir bien des afflictions dans le monde ; mais ayez confiance, j'ai vaincu le monde.

53.

Jésus montre encore qu'avec la prière et la foi on peut tout obtenir. Il nous apprend que nous serons rendus un jour à notre nature spirituelle et que, tous, nous recevrons directement l'inspiration divine selon l'ordre hiérarchique, et que tous nous progresserons sous la direction du Maître.

Jésus montre toujours sa prescience. Il prédit à ses disciples leur dispersion après son arrestation et sa condamnation ; il leur prédit la persécution et les douleurs physiques et morales qui les attendent dans l'accomplissement de leur mission. « *Mais ayez confiance*, leur dit-il, *j'ai vaincu le monde.* » En effet, n'avait-il pas posé les bases, les éléments et les moyens de la régénération humaine?

CHAPITRE XVII

V. 1-26

Paroles adressées par Jésus au père — devant ses disciples — au point de vue de l'unité et de l'indivisibilité de Dieu, de la nature et de l'importance de la mission que le père lui a conféré relativement à notre planète et à son humanité, — au point de vue des disciples, de leur mission et des progrès à venir qui les attendent après leur mission fidèlement accomplie et qui attendent tous ceux qui marcheront sur leurs traces.

V. 1. Jésus, ayant dit ces choses, leva les yeux au ciel et dit: Mon père, l'heure est venue; glorifiez votre fils afin que votre fils vous glorifie. — 2, comme vous lui avez donné puissance sur tous les hommes, afin qu'il donne la vie éternelle à ceux que vous lui avez donnés. — 3. Or, la vie éternelle consiste à vous connaître, — vous qui êtes le seul Dieu véritable, — et Jésus-Christ que vous avez envoyé. — 4. Je vous ai glorifié sur la terre; j'ai achevé l'ouvrage dont vous m'aviez chargé; — 5, et vous, mon père, glorifiez-moi donc aussi maintenant en vous-même, de cette gloire que j'ai eue en vous avant que le monde fût. — 6 J'ai fait connaître votre nom aux hommes (que vous m'avez donnés, etc.) que vous m'avez donnés en les séparant du monde; ils étaient à vous, et vous me les avez donnés; et ils ont gardé votre parole. — 7. Ils savent présentement que tout ce que vous m'avez donné vient de vous, — 8, parce que je leur ai donné les paroles que vous m'avez données, et ils les ont reçues; ils ont reconnu véritablement que je suis sorti de vous, et ils ont cru que vous m'avez envoyé. — 9. C'est pour eux que je prie; je ne prie point pour le monde, mais pour ceux que vous m'avez donnés, parce qu'ils sont à vous. — 10. Tout ce qui est à moi est à vous, et tout ce qui est à vous est à moi, et je suis glorifié avec eux; — 11, et déjà je ne suis plus du monde; mais, pour eux, ils sont encore dans le monde, et moi je m'en retourne à vous. Père saint, conservez en votre nom ceux que vous m'avez donnés afin qu'ils soient un comme nous; — 12, lorsque j'étais avec eux, je les conservais en votre nom; j'ai conservé ceux que vous m'avez donnés, et nul d'eux ne s'est perdu; il n'y a eu de perdu que celui qui était un enfant de perdition, afin que l'Ecriture fût accomplie; — 13, mais maintenant je viens à vous, et je dis ceci, étant encore dans le monde, afin qu'ils aient en eux, la plénitude de la joie; — 14, je leur ai donné votre parole et le monde les a haïs parce qu'ils ne sont point du monde, comme je ne suis point moi-même du monde; — 15, je ne vous prie pas de les ôter de ce monde, mais de les garder du mal; — 16, ils ne sont point du monde comme je ne suis point moi-même du monde; — 17, sanctifiez-les dans la vérité; votre parole est la vérité. — 18. Comme vous m'avez envoyé dans le monde, je les ai aussi envoyés dans le monde; — 19, je me sanctifie moi-même pour eux afin qu'ils soient aussi sanctifiés dans la vérité; — 20, je ne prie pas pour eux seulement, mais encore pour ceux qui doivent croire en moi par leurs paroles; — 21, afin que tous ne soient qu'un, comme vous, mon père, êtes en moi et moi en vous; qu'ils soient de même un en nous, afin que le monde croie que vous m'avez envoyé; — 22, et je leur ai donné la gloire que vous m'avez donnée, afin qu'ils soient un comme nous sommes un; — 23, je suis en eux et vous en moi afin qu'ils soient consommé dans l'unité, et que le monde connaisse que vous m'avez envoyé, et que vous les avez aimés comme vous m'avez aimé. — 24. Mon père, je désire que là où je suis, ceux que vous m'avez donnés y soient avec moi, afin qu'ils contemplent ma gloire que vous m'avez donnée parce que vous m'avez aimé avant la création du monde. — 25. Père juste, le monde ne vous a point connu; mais, moi, je vous ai connu; et ceux-ci ont connu que vous m'avez envoyé; — 26, je leur est fait connaître votre nom et je le leur ferai connaître encore, afin que l'amour dont vous m'avez aimé soit en eux et que je sois moi-même en eux.

54.

Jésus déclare que l'heure est venue du sacrifice qui doit s'accomplir pour le progrès des hommes, dont il a accepté la direction depuis l'origine du monde pour leur donner la vie éternelle, c'est-à-dire la vie des purs Esprits. Il demande à Dieu de permettre l'accomplissement de ce sacrifice, qui est une des phases de la mission terrestre dont il s'est chargé pour amener les hommes à la repentance, et les faire entrer dans la voie du progrès.

Il rend témoignage encore une fois de l'*unité indivisible* du Père en disant : « Vous qui êtes le SEUL DIEU *véritable*. » Il repoussait ainsi, A L'AVANCE, la divinité que les hommes devaient lui attribuer:

Jésus recommande la prière qui donne de la force au milieu des épreuves, car elle résonne à l'oreille de l'homme comme la promesse d'un appui, d'une attraction, de la protection divine.

« Au point de vue *spirituel*, la prière est une ÉMANATION des fluides les plus purs apportant à ceux qui en sont l'objet, *même à leur insu*, la force et l'appui. C'est une magnétisation morale s'opérant à distance et dont il vous est difficile de vous rendre compte ; cette expression : « magnétisation morale » est pourtant compréhensible pour ceux qui ont étudié l'action des fluides magnétiques, et qui ont compris l'action du magnétiseur qui, par sa simple volonté, émet des fluides qui enveloppent un sujet, lui donnent la force ou le condamnent à l'inertie, lui ouvrent des horizons nouveaux ou l'enveloppent de ténèbres, calment ses souffrances ou lui en font endurer de fictives.

« Eh bien ! la prière est, à un point de vue plus épuré, basée sur le même principe,

« L'âme dégage, par la force de sa volonté et de son amour s'élevant vers le trône de son Créateur, des fluides subtils qui enveloppent celui ou ceux pour qui la prière est adressée au Seigneur ; et ces fluides ont la propriété de fortifier l'âme souffrante, de l'éclairer et de l'instruire. Mais l'action de la prière a plus de force sur l'âme dégagée que sur l'incarné gêné par la matière ; celui-ci en ressent cependant les bienfaisants effets. D'ailleurs l'Esprit, une fois désincarné, profite toujours du secours dont il n'a pu se servir pendant l'incarnation. »

« JEAN. »

« *Mon père, je désire, dit Jésus, que là où je suis, ceux que vous m'avez donnés y soient avec moi...* »

Jésus fait cette prière *à haute voix*. Le désir qu'il exprime signifie qu'il veut soutenir les Esprits dévoués, ses disciples et tous ceux qui, comme eux, recherchent la lumière, la science et la vérité.

« *Je leur ai fait connaître votre nom.....* » Jésus déclare ainsi que la connaissance qu'il a donnée de Dieu à ses disciples et aux hommes, n'était pas complète, parce qu'ils n'étaient point assez avancés pour en comprendre plus ; mais il leur promet de le leur faire connaître *encore*. Cette connaissance de Dieu, il la leur développera au fur et à mesure de leur épuration et de leur progrès.

CHAPITRE XVIII

V. 1-14

Jésus s'en va, avec ses disciples, au jardin situé au delà du torrent de Cédron ; — arrestation de Jésus ; — circonstances relatives à cette arrestation ; — paroles de Jésus à ceux qui venaient pour s'emparer de lui ; — paroles de Jésus à Pierre, qui s'est servi de son épée et a blessé Malchus à l'oreille droite ; — Jésus est pris et amené chez Anne et de là chez Caïphe.

V. 1. Jésus, ayant dit ces choses, s'en alla, avec ses disciples, au delà du torrent de Cédron, où il y avait un jardin, dans lequel il entra lui et ses disciples. — 2. Judas, qui le trahissait, connaissait aussi ce lieu-là, parce que Jésus y avait souvent été avec ses disciples. — 3. Judas ayant donc pris, avec lui, une compagnie de soldats et des gens envoyés par les princes des prêtres et par les Pharisiens, il vint, en ce lieu, avec des lanternes, des flambeaux et des armes. — 4. Mais Jésus, qui savait tout ce qui devait arriver,

vint au devant d'eux et leur dit : Qui cherchez-vous ?
— 5. Ils lui répondirent : Jésus de Nazareth. Jésus
leur dit : C'est moi. Or, Judas, qui le trahissait, était
aussi là présent avec eux. — 6. Lors donc que Jésus
leur eût dit : C'est moi, ils reculèrent et tombèrent
par terre. — 7. Il leur demanda encore une fois : Qui
cherchez-vous ? Et ils lui dirent : Jésus de Nazareth.
— 8. Jésus leur répondit : Je vous ai dit que c'est
moi. Si c'est donc moi que vous cherchez, laissez
aller ceux-ci. — 9. Afin que cette parole qu'il avait
dite fût accomplie : Je n'ai perdu aucun de ceux que
vous m'avez donnés. — 10. Alors Simon-Pierre, qui
avait une épée, la tira, en frappa un des gens du
grand prêtre, et lui coupa l'oreille droite ; et cet
homme s'appelait Malchus. — 11. Mais Jésus dit à
Pierre : Remettez votre épée dans le fourreau ; ne
faut-il pas que je boive le calice que mon père m'a
donné ? — 12. Les soldats et leur capitaine, avec les
gens envoyés par les Juifs, prirent donc Jésus et le
lièrent ; — 13. et ils l'amenèrent premièrement chez
Anne, parce qu'il était beau-père de Caïphe, qui était
grand prêtre cette année-là ; — 14. et Caïphe était
celui qui avait donné ce conseil aux Juifs, qu'il était
avantageux qu'un seul homme mourut pour tout le
peuple.

55.

Le commentaire des trois premiers Evangiles a suffisamment expliqué ces versets.

V. 15-27

V. 15. Cependant Simon-Pierre suivit Jésus, comme aussi un autre disciple qui, étant connu du grand prêtre, entra avec Jésus dans la cour de la maison du grand prêtre. — 16. Mais Pierre demeura dehors à la porte. Alors cet autre disciple qui était connu du grand prêtre sortit et parla à la portière qui fit entrer Pierre. — 17. Cette servante qui gardait la porte dit donc à Pierre : N'êtes-vous pas aussi des disciples de cet homme ? Il lui répondit : Je n'en suis point. — 18. Les serviteurs et les gens qui avaient pris Jésus étaient auprès du feu où ils se chauffaient, parce qu'il faisait froid; et Pierre était aussi avec eux, et se chauffait. — 19. Cependant le grand prêtre interrogea Jésus touchant ses disciples et touchant sa doctrine. — 20. Jésus lui répondit : J'ai parlé publiquement à tout le monde; j'ai toujours enseigné dans la synagogue et dans le temple où tous les Juifs s'assemblent; et je n'ai rien dit en secret. — 21. Pourquoi donc m'interrogez-vous? Interrogez ceux qui m'ont entendu pour savoir ce que je leur ai dit. Ce sont ceux-là qui savent ce que je leur ai enseigné. — 22. Comme il eut dit cela, un des officiers qui était là présent donna un soufflet à Jésus, en lui disant : Est-ce ainsi que vous répondez au grand prêtre ? — 23. Jésus lui répondit : Si j'ai mal parlé, faites voir le mal que j'ai dit ; mais si j'ai bien parlé, pourquoi me frappez-vous ? — 24. Or, Anne l'avait envoyé lié à Caïphe le grand prêtre. — 25. Cependant Simon-Pierre était debout près du feu et se chauffait. Quelques-uns donc lui dirent : N'êtes-vous pas aussi de ses disciples ? Il le nia, en disant : Je n'en suis point. — 26. Alors un des gens du grand prêtre, parent de celui à qui Pierre avait coupé l'oreille, lui dit : Ne vous ai-je pas vu dans le jardin avec cet homme ? — 27. Pierre le nia encore une fois; et le coq chanta aussitôt.

56.

Ce qu'il faut ici remarquer, c'est la réponse calme et digne que fait Jésus à l'officier qui vient de lui donner un soufflet. C'est un enseignement donné aux hommes afin de leur apprendre à supporter la moquerie, l'insulte et l'injure sans s'émouvoir. C'est une leçon que leur donne le Maître qui leur apprend à pardonner les injures, les offenses et les plus sanglants outrages.

―――

V. 28-40

V. 28. Ils menèrent donc ensuite Jésus de chez Caïphe au prétoire ; c'était le matin ; et, pour eux, ils n'entrèrent point dans le prétoire afin de ne pas se souiller et de pouvoir manger la pâque. — 29. Pilate vint donc les trouver dehors et leur dit : Quel est le crime dont vous accusez cet homme ? — 30. Ils lui répondirent : Si ce n'était point un malfaiteur, nous ne vous l'aurions pas livré. — 31. Pilate leur dit : Prenez-le vous-mêmes et jugez-le selon votre loi ; mais les Juifs lui répondirent : Il ne nous est pas permis de faire mourir personne. — 32. Afin que ce que Jésus avait dit lorsqu'il avait marqué de quelle mort il devait mourir, fût accompli. — 33. Pilate étant donc rentré dans le palais et ayant fait venir Jésus, lui dit : Êtes-vous le roi des Juifs ? — 34. Jésus lui répondit : Dites-vous cela de vous-même, ou si d'autres vous l'ont dit de moi ? — 35. Pilate lui répliqua : Est-ce que je suis juif ? Ceux de votre nation et les princes des prêtres vous ont livré entre mes mains : qu'avez-vous fait ? — 36. Jésus lui répondit : Mon royaume n'est pas de ce monde ; si mon royaume était de ce monde, mes gens auraient combattu pour m'empêcher de tomber entre les mains des Juifs ; mais mon royaume n'est pas maintenant de ce monde. — 37. Pilate lui dit alors : Vous êtes donc roi ? Jésus lui répartit : Vous le dites, je suis roi ; c'est pour cela que je suis né et que je suis venu dans le monde afin de rendre témoignage à la vérité ; quiconque appartient à la vérité écoute ma voix. — 38. Pilate lui dit : Qu'est-ce que la vérité ? Et ayant dit ces mots, il sortit encore pour aller vers les Juifs, et il leur dit : Je ne trouve aucun crime en cet homme ; — 39. mais comme c'est la coutume que je vous délivre un criminel à la fête de Pâques, voulez-vous que je vous délivre le roi des Juifs? — 40. Alors ils se mirent de nouveau à crier tous ensemble : Nous ne voulons point celui-ci, mais Barrabas. Or, Barrabas était un voleur.

57.

En disant : « *Mon royaume n'est pas de ce monde* », Jésus fait ressortir sa mission qui est toute *spirituelle*, qui est toute en dehors des intérêts matériels. « Si mon royaume était de ce monde, avait-il la pensée de dire, mes gens auraient combattu pour m'empêcher de tomber entre les mains des Juifs, mais mon royaume n'est pas *maintenant* de ce monde. Pilate lui dit : « *Vous êtes donc roi?* » Oui, répondit-il, vous le dites, « JE SUIS ROI », et c'est pour cela que je suis né parmi vous et que je suis venu dans le monde, pour rendre témoignage à la Vérité. « *Qu'est-ce que la Vérité?* » lui demande Pilate. Celui qui appartient à la Vérité, est celui qui sait que la Vérité est relative aux temps et aux besoins des époques, qu'elle est UNE, mais plus ou moins enveloppée et cachée, suivant les intelligences, et qu'elle ne se découvre aux regards qu'au fur et à mesure que l'homme peut la supporter et la comprendre. Et cette Vérité, ce sont tous les Esprits en mission qui viennent la faire sortir de l'écorce du mystère, ceux que nous appelons hommes d'élite par l'intelligence et par le cœur, et génies bienfaiteurs de l'Humanité dans l'ordre physique aussi bien que dans l'ordre intellectuel et moral.

CHAPITRE XIX

V. 1-7

Flagellation. — Couronnement d'épines; voici l'homme. Crucifiement demandé par les Juifs.

V. 1. Pilate prit donc alors Jésus et le fit fouetter ; — 2, et les soldats, ayant fait une couronne d'épines entrelacées, la lui mirent sur la tête et le revêtirent d'un manteau d'écarlate, — 3, puis ils venaient lui dire : Salut au roi des Juifs, et ils lui donnaient des soufflets. — 4. Pilate sortit donc encore une fois du palais et dit aux Juifs : Voici que je vous l'amène dehors, afin que vous sachiez que je ne trouve en lui aucun crime. — 5. Jésus sortit donc portant une couronne d'épines et un manteau d'écarlate, et Pilate leur dit : Voici l'homme. — 6. Les princes des prêtres et leurs gens, l'ayant vu, se mirent à crier, en disant : Crucifiez-le, crucifiez-le ! Pilate leur dit : Prenez-le vous-mêmes et le crucifiez ; car, pour moi, je ne trouve en lui aucun crime. — 7. Les Juifs lui répondirent : Nous avons une loi, et, selon notre loi, il doit mourir, parce qu'il s'est fait fils de Dieu.

58.

Selon la loi hébraïque, tout blasphémateur était passible de mort. Les Juifs accusaient Jésus de blasphème en prenant *au pied de la lettre* ces mots qu'il avait prononcés : *Fils de Dieu*, dont cette révélation nous a aujourd'hui fait connaître le sens.

V. 8-15

Silence de Jésus en présence de la question que lui adresse Pilate. — Tout pouvoir vient d'en haut. — Les Juifs persistent à demander le crucifiement de Jésus.

V. 8. Pilate, ayant donc entendu ces paroles, craignit encore davantage ; — 9, et étant rentré dans le prétoire, il dit à Jésus : D'où êtes-vous ? Mais Jésus ne lui fit aucune réponse. — 10. Alors Pilate lui dit : Vous ne me parlez point ? Ne savez-vous pas que j'ai le pouvoir de vous faire attacher à une croix et que j'ai le pouvoir de vous délivrer ? — 11. Jésus lui répondit : Vous n'auriez aucun pouvoir sur moi, s'il ne vous avait été donné d'en haut. C'est pourquoi celui qui m'a livré à vous est coupable d'un plus grand péché. — 12. Depuis cela, Pilate cherchait un moyen de le délivrer. Mais les Juifs criaient : Si vous délivrez cet homme, vous n'êtes point ami de César, car quiconque se fait roi, se déclare contre César. — 13. Pilate, ayant entendu ces discours, mena Jésus hors du prétoire, et s'assit dans son tribunal, au lieu appelé en grec : *lithostrotos*, et en hébreu : *gabbatha*. — 14. C'était le jour de la préparation de la Pâque ; il était environ la sixième heure, et il dit aux Juifs : Voilà votre roi. — 15. Mais ils se mirent à crier : Otez-le, ôtez-le du monde. Crucifiez-le. Pilate leur dit : Crucifierai-je votre roi ? Les princes des prêtres lui répondirent : Nous n'avons point d'autre roi que César.

59.

Le pouvoir que possédait Pilate lui avait été donné d'en haut, et s'il occupait la position importante qui mettait le Maître en son pouvoir, c'est parce que le Seigneur l'avait permis. Et le Maître était en son pouvoir parce que l'heure du sacrifice de Golgotha était venue, et que c'était uniquement dans le but de ce sacrifice que le Maître s'était rendu volontairement au jardin où il savait devoir être arrêté, et *devait* se laisser arrêter, en témoignant cependant de sa puissance, avant son arrestation, par la stupéfaction et le renversement des gardes qui voulurent mettre la main sur lui.

V. 16-22

Jésus livré aux Juifs ; — emmené au Calvaire ; — crucifiement ; — inscription écrite par Pilate et mise au haut de la croix.

V. 16. Alors donc il le leur abandonna pour être crucifié. Ainsi ils prirent Jésus et l'emmenèrent. — 17. Et portant sa croix, il vint au lieu du Calvaire qui se nomme en hébreu : *Golgotha,* — 18. où ils le crucifièrent et deux autres avec lui, l'un d'un côté, l'autre de l'autre, et Jésus au milieu. — 19. Pilate fit aussi une inscription qu'il fit mettre au haut de la croix, où étaient écrit ces mots : *Jésus de Nazareth, roi des Juifs.* — 20. Beaucoup de Juifs lurent cette inscription parce que le lieu où Jésus avait été crucifié était proche de la ville ; et cette inscription était en hébreu, en grec et en latin. — 21. Les princes des prêtres dirent donc à Pilate : Ne mettez pas roi des Juifs, — mais parce qu'il s'est dit roi des Juifs. — 22. Pilate leur répondit : Ce qui est écrit est écrit.

60.

De la part de Pilate, le refus de réformer l'écriteau provenait d'un sentiment d'orgueil qui ne lui permettait pas de revenir sur ce qu'il avait décidé, et qui l'avait été sous une inspiration inconsciente de sa part.

V. 23-27

Vêtements — tunique ; — la Vierge et Jean au pied de la croix. — Paroles de Jésus à Marie — puis à Jean.

V. 23. Les soldats, ayant crucifié Jésus, prirent ses vêtements et les divisèrent en quatre parts, une pour chaque soldat. Ils prirent aussi la tunique: et, comme elle était sans couture et d'un seul tissu depuis le haut jusqu'en bas, — 24, ils dirent entre eux : Ne la coupons point; mais jetons au sort à qui l'aura ; afin que cette parole de l'Écriture fût accomplie : Ils ont partagé entre eux mes vêtements, et ils ont jeté ma robe au sort. Voilà ce que firent les soldats. — 25. Cependant la mère de Jésus et la sœur de sa mère, Marie, femme de Cléophas et Marie-Madeleine, se tenaient auprès de la croix. — 26. Jésus, ayant donc vu sa mère, et près d'elle le disciple qu'il aimait, dit à sa mère : Femme, voilà votre fils. — 27. Puis il dit au disciple : Voilà votre mère. Et depuis cette heure-là, le disciple la prit chez lui.

61.

Ce fait de la tunique n'a aucune importance ; il y eut cependant une singularité qui frappa les hommes qui se partagèrent les vêtements de Jésus, c'est une certaine influence magnético-spirite qui les empêcha de voir les coutures des étoffes. Il en fut ainsi « afin que la parole de l'Ecriture fut accomplie. »

V. 28-37

*Paroles de Jésus ; — Jésus mort aux yeux des hommes.
Os non brisés ; — côté percé.*

V. 28. Après cela, Jésus sachant que toutes choses étaient accomplies, — afin qu'une parole de l'Écriture s'accomplît encore, il dit : J'ai soif. — 29. Et, comme il y avait là un vase plein de vinaigre, les soldats en emplirent une éponge, et l'environnant d'hysope, la lui présentèrent à la bouche. — 30. Jésus, ayant donc pris le vinaigre, dit : Tout est accompli ; et, baissant la tête, il rendit l'esprit. — 31. Or, de peur que les corps ne demeurassent à la croix le jour du sabbat, parce que c'en était la veille et la préparation, et que ce jour du sabbat était une grande fête, les Juifs prièrent Pilate de leur faire rompre les jambes et de les faire ôter de là. — 32. Il vint donc des soldats qui rompirent les jambes au premier, et de même à l'autre qu'on avait crucifié avec lui ; — 33, puis étant venus à Jésus, et voyant qu'il était déjà mort, ils ne lui rompirent point les jambes, — 34, mais un des soldats lui perça le côté avec une lance, et aussitôt il en sortit du sang et de l'eau. — 35. Celui qui l'a vu en rend témoignage, et son témoignage est véritable ; et il sait qu'il dit vrai, afin que vous le croyiez aussi, — 36, car ces choses ont été faites afin que cette parole de l'Écriture fût accomplie : Vous ne briserez aucun de ses os. — 37. Il est dit encore, dans un autre endroit de l'Écriture : Ils verront ce qu'ils ont percé.

62.

Afin qu'une parole de l'Écriture fût accomplie, Jésus dit : « *J'ai soif.* » En second lieu, l'envoyé qui rompit les jambes aux deux larrons, ne les rompit point à Jésus et l'un des soldats lui perça le côté avec une lance ; les choses furent ainsi faites pour que ces paroles de l'Écriture fussent accomplies : « Vous ne briserez aucun de ses os ; *ils verront celui qu'ils ont percé.* » Tout, tout s'enchaîne dans les révélations successives; l'Écriture est un lien qui relie toujours le passé, le présent et l'avenir.

Jésus n'était mort *qu'aux yeux des hommes*; il avait laissé sur la croix son corps fluidique à l'état tangible, en retenant par sa volonté puissante les éléments qui le constituaient, et cela avec toutes les apparences de la mort humaine. Le sang et l'eau qui sortirent du côté, aussitôt après que le coup de lance eut été porté, étaient un effet fluidique et figurant, *aux yeux des hommes,* l'effet matériel sur un corps humain.

V. 38-42

Dépôt du corps de Jésus dans le sépulcre.

V. 38. Après cela, Joseph d'Arimathie, qui était disciple de Jésus, mais en secret, parce qu'il craignait les Juifs, demanda à Pilate qu'il lui permît d'enlever le corps de Jésus, et Pilate le lui ayant permis, il vint et enleva le corps de Jésus. — 39. Nicodème, qui était venu la première fois durant la nuit, y vint aussi avec environ cent livres d'une composition de myrrhe et d'aloès. — 40. Et ayant pris le corps de Jésus, ils l'enveloppèrent dans des linceuls avec des aromates, selon la manière d'ensevelir qui est en usage parmi les Juifs. — 41. Or, il y avait au lieu où il avait été crucifié un jardin, et dans ce jardin un sépulcre tout neuf où personne n'avait encore été mis; comme donc c'était le jour de la préparation du sabbat des Juifs, et que le sépulcre était proche, ils y mirent Jésus.

63.

La narration de Jean sur ces faits et celle des trois premiers évangélistes, s'expliquent et se complètent naturellement.

CHAPITRE XX

V. 1-18

Madeleine va au sépulcre ; elle avertit Pierre et Jean qui viennent après elle. — Apparition des Anges et Jésus à Madeleine.

V. 1. Le premier jour de la semaine, Marie-Madeleine vint, dès le matin, au sépulcre, lorsqu'il faisait encore obscur, et elle vit que la pierre avait été ôtée du sépulcre ; — 2, elle courut donc et vint trouver Simon-Pierre et cet autre disciple que Jésus aimait, et leur dit : Ils ont enlevé du sépulcre le Seigneur, et nous ne savons où ils l'ont mis. — 3. Pierre sortit aussitôt et cet autre disciple aussi, et ils s'en allèrent au sépulcre. — 4. Ils couraient l'un et l'autre ensemble, mais cet autre disciple courut plus vite que Pierre, et arriva le premier au sépulcre. — 5. Et s'étant baissé, il vit les linceuls qui étaient à terre, mais il n'entra point. — 6. Simon-Pierre qui le suivait, arriva ensuite et entra dans le sépulcre ; il vit les linceuls qui y étaient, — 7, et le suaire qu'on avait mis sur sa tête, lequel n'était pas avec les linceuls, mais plié en un lieu à part. — 8. Alors donc, cet autre disciple, qui était arrivé le premier au sépulcre, y entra aussi, et il vit, et il crut ; — 9, car ils ne savaient pas encore ce que l'Écriture enseigne, qu'il fallait qu'il ressuscitât d'entre les morts. — 10. Ces disciples s'en retournèrent donc ensuite chez eux ; — 11, mais Marie se tint dehors, près du sépulcre, versant des larmes; et, comme elle pleurait, s'étant baissée pour regarder dans le sépulcre, — 12, elle vit deux anges vêtus de blanc assis au lieu où avait été le corps de Jésus, l'un à la tête et l'autre aux pieds. — 13. Ils lui dirent : Femme, pourquoi pleurez-vous ? Elle leur répondit : C'est qu'ils ont enlevé mon Seigneur, et je ne sais où ils l'ont mis; — 14. ayant dit cela, elle se retourna et vit Jésus debout, sans savoir néanmoins que ce fût Jésus. — 15. Alors Jésus lui dit : Femme, pourquoi pleurez-vous ? Qui cherchez-vous ? Elle, pensant que ce fût le jardinier, lui dit : Seigneur, si c'est vous qui l'avez enlevé, dites-moi où vous l'avez mis, et je l'emporterai. — 16. Jésus lui dit : Marie ; aussitôt elle se retourna et lui dit : *Rabboni*, c'est-à-dire : mon maître. — 17. Jésus lui répondit : Ne me touchez point, car je ne suis pas encore monté vers mon père; mais allez trouver mes frères, et dites-leur de ma part : Je monte vers mon père et votre père, vers mon Dieu et votre Dieu ; — 18, Marie-Madeleine vint donc dire aux disciples qu'elle avait vu le Seigneur et qu'il lui avait dit ces choses.

64.

Ces faits ont été commentés dans les trois premiers évangiles.

V. 19-23

Apparition de Jésus aux apôtres.

V. 19. Sur le soir du même jour, qui était le premier de la semaine, les portes du lieu où les disciples étaient assemblés de peur des Juifs étant fermées, Jésus vint et se tint au milieu d'eux et leur dit : La paix soit avec vous. — 20. Ce qu'ayant dit, il leur montra ses mains et son côté. Les disciples eurent donc une grande joie de voir le Seigneur. — 21. Et il leur dit une seconde fois : La paix soit avec vous ; comme mon père m'a envoyé, je vous envoie aussi de même ; — 22, ayant dit ces mots, il souffla sur eux et leur dit : Recevez le Saint-Esprit ; — 23, les péchés seront remis à ceux à qui vous les remettrez, et ils seront retenus à ceux à qui vous les retiendrez.

65.

« *Ayant dit ces mots, il souffla sur eux* et leur dit : *Recevez le Saint-Esprit.* » Humainement, il leur communiqua l'inspiration en leur donnant l'assistance et le concours invisibles des Esprits supérieurs qui devaient aider les apôtres dans leur mission.

V. 24-31

Apparition de Jésus à Thomas et aux autres disciples. Thomas voit et croit.

V. 24. Or, Thomas, l'un des douze apôtres, appelé Didyme, n'était pas avec eux lorsque Jésus vint. — 25. Les autres disciples lui dirent donc : Nous avons vu le Seigneur. Mais il leur dit : Si je ne vois pas dans ses mains la marque des clous qui les ont percées et si je ne mets mon doigt dans le trou des clous, et ma main dans la plaie de son côté, je ne le croirai point. — 26. Huit jours après, les disciples étant encore dans le même lieu, et Thomas avec eux, Jésus vint les portes étant fermées, et il se tint au milieu d'eux et leur dit : La paix soit avec vous. — 27. Il dit ensuite à Thomas : Portez ici votre doigt et considérez mes mains ; approchez ici votre main et mettez-la dans mon côté ; et ne soyez point incrédule, mais fidèle. — 28. Thomas répondit et lui dit : Mon Seigneur et mon Dieu. — 29. Jésus lui dit : Vous avez cru, Thomas, parce que vous m'avez vu : heureux ceux qui ont cru sans avoir vu. — 30. Jésus a fait, à la vue de ses disciples, beaucoup d'autres miracles qui ne sont point écrits dans ce livre. — 31. Mais ceux-ci sont écrits afin que vous croyiez que Jésus est le Christ, le fils de Dieu, et qu'en croyant vous ayez la vie en son nom.

66.

Thomas, pas plus que les autres disciples, ne connaissait la tangibilité, son existence, sa cause et ses effets. Il ne fut convaincu qu'à la vue du Maître.

« *Mon Seigneur et mon Dieu !* » s'écria Thomas. Ces paroles de l'apôtre expriment son respect et son admiration. C'est à cette époque seulement que commença à germer dans l'esprit de tous les disciples la pensée de la divinité de Jésus.

« *Heureux ceux qui ont cru sans avoir vu.* » C'est que la foi éclairée, solide, forte, durable, s'obtient, non pas seulement par ce que peuvent percevoir matériellement les yeux du corps, mais par ce que perçoivent les yeux de l'esprit à l'aide de l'étude et de l'examen approfondi. La foi et la science doivent s'appuyer l'une sur l'autre. Mais la science, inséparable de la foi, n'est point limitée à notre science humaine qui s'exerce seulement sur la matière et les fluides ; elle s'étend à la recherche de la vérité dans l'ordre physique, moral et intellectuel au point de vue du progrès *spirituel*. Elle s'étend à l'intelligence, *en esprit et en vérité*, des paroles, des actes du Maître et de ses promesses, dont la révélation messianique que les apôtres et les évangélistes ont eu la mission de répandre et ont transmise aux hommes. C'est là qu'est la source de tout progrès pour les hommes. Elle s'étend, cette science, à l'étude et à la connaissance des lois de la nature qui régissent le monde *visible* et le monde *invisible*, et leurs rapports ; elle s'étend à l'instruction que les hommes doivent acquérir sur leurs destinées futures, sur ce qu'ils peuvent et doivent espérer ; elle s'étend à l'étude et à la connaissance des lois physiques et morales du monde et de la créature, de leur origine, de leurs phases, de la fin qui leur est proposée, et des obligations à remplir pour atteindre le but ; elle s'étend à l'étude et à la connaissance de la science magnétique et de la science spirite, appelées à conduire et à faire avancer les hommes dans les voies du progrès et de la vérité.

CHAPITRE XXI

V. 1-25

Apparition de Jésus près de la mer de Tibériade. — Pêche appelée : « *miraculeuse* ». *— Amour de Pierre pour Jésus. — Jésus lui confie ses brebis, lui prédit son martyre ; et s'abstient de dire ce que deviendra Jean.*

V. 1. Jésus se fit voir encore depuis à ses disciples sur le bord de la mer de Tibériade ; et Il s'y fit voir de cette sorte : — 2. Simon-Pierre et Thomas appelé Didyme, Nathanaël, qui était de Cana en Galilée, les fils de Zébédée et deux autres de ses disciples étaient ensemble. — 3. Simon-Pierre leur dit : Je vais pêcher. Ils lui dirent : Nous allons asssi avec vous. Ils s'en allèrent donc et entrèrent dans une barque, mais cette nuit-là ils ne prirent rien ; — 4. le matin étant venu, Jésus parut sur le rivage sans que ses disciples connussent que c'était Jésus ; Jésus leur dit donc : Enfants, n'avez-vous rien à manger ? Ils lui répondirent : Non. — 6. Il leur dit : Jetez le filet au côté droit de la barque et vous en trouverez. Ils le jetèrent aussitôt et ils ne pouvaient plus le retirer tellement il était chargé de poissons. — 7. Alors le disciple que Jésus aimait, dit à Pierre : C'est le Seigneur. Et Simon-Pierre, ayant appris que c'était le Seigneur, mit son habit, car il était nu, et se jeta dans la mer. — 8. Les autres disciples vinrent avec la barque ; et, comme ils n'étaient loin de la terre que d'environ deux cents coudées, ils y tirèrent leur filet plein de poissons. — 9. Lors donc qu'ils furent descendus à terre, ils trouvèrent des charbons allumés et du poisson mis dessus et du pain. — 10. Jésus leur dit : Apportez quelques-uns de ces poissons que vous venez de prendre. — 11. Alors Simon-Pierre monta dans la barque et tira à terre le filet qui était plein de cent cinquante-trois grands poissons. Et, quoiqu'il en eût tant, le filet ne se rompit point. — 12. Jésus leur dit : Venez, dînez. Et nul de ceux qui se mirent là pour manger n'osait lui demander : Qui êtes-vous ? car ils savaient que c'était le Seigneur. — 13. Jésus vint donc, prit le pain et leur en donna et du poisson de même. — 14. Ce fut la troisième fois que Jésus apparut à ses disciples, depuis qu'il fut ressuscité d'entre les morts. — 15. Après donc qu'ils eurent dîné, Jésus dit à Simon Pierre : Simon, fils de Jean, m'aimez-vous plus que ne font ceux-ci ? — Pierre lui répondit : Oui, Seigneur, vous savez que je vous aime. Jésus lui dit : Paissez, mes agneaux. — 16. Il lui demanda de nouveau : Simon, fils de Jean, m'aimez-vous ? Pierre lui répondit : Oui, seigneur, vous savez que je vous aime. Jésus lui dit : Paissez mes agneaux. — 17. Il lui demanda pour la troisième fois : Simon, fils de Jean, m'aimez-vous ? Pierre fut touché de ce qu'il lui demandait pour la troisième fois : m'aimez-vous ? et il lui dit : Seigneur, vous savez toutes choses, vous connaissez que je vous aime, Jésus lui dit : Paissez mes brebis ; — 18, en vérité, en vérité, je vous dis : lorsque vous étiez plus jeune, vous vous ceigniez vous-même, et vous alliez où vous vouliez, mais lorsque vous serez vieux, vous étendrez vos mains et un autre vous ceindra et vous mènera où vous ne voulez pas. — 19. Or, il dit cela pour marquer par quelle mort il devait glorifier Dieu. Et, après avoir ainsi parlé, il lui dit : Suivez-moi. — 20. Pierre s'étant retourné vit venir après lui le disciple que Jésus aimait, et qui, pendant la Cène, s'était reposé sur son sein et lui avait dit : Seigneur, qui est-ce qui vous trahira ? — 21. Pierre donc, l'ayant vu, dit à Jésus : Et celui-ci, Seigneur, que deviendra-t-il ? — 22. Jésus lui dit : Si je veux qu'il demeure jusqu'à ce que je vienne, que vous importe ? Pour vous, suivez-moi. — 22. Il courut, sur cela, un bruit parmi les frères, que ce disciple ne mourrait point; Jésus néanmoins, n'avait pas dit : Il ne mourra point, mais : Si je veux qu'il demeure jusqu'à ce que je vienne, que vous importe ? — 24. C'est ce même disciple qui rend témoignage de ces choses et qui a écrit ceci ; et nous savons que son témoignage est véritable. — 25. Jésus a fait encore beaucoup d'autres choses ; et, si on les rapportait en détail, je ne crois pas que le monde même pût contenir les livres qu'on en écrirait.

67.

« Les faits relatés dans ce chapitre émanent de l'apôtre Jean, comme tout ce qui constitue sa narration évangélique, avec cette seule différence qu'au lieu d'avoir écrit lui-même, il a dicté à l'un de ses disciples, alors que son âge ne lui permettait plus d'écrire lui-même.

Toutes les explications ont été données au sujet de ces versets.

LES COMMANDEMENTS

EXPLIQUÉS EN ESPRIT ET EN VÉRITÉ

DÉCALOGUE

Dieu ne communique pas *directement* avec les hommes ; mais *aux yeux des Hébreux*, c'était Dieu *lui-même* qui s'entretenait avec Moïse.

Esprit très élevé relativement aux Hébreux qu'il était chargé de diriger, Moïse fut obligé, pour accomplir sa tâche difficile et sa mission, de s'entourer de pompe et de mystère. C'était d'ailleurs un très puissant médium, en même temps *voyant, auditif, inspiré* et *à effets physiques*. En même temps, il était guidé lui-même par des Esprits qui lui étaient très supérieurs.

A cette époque, les hommes étaient très grossiers et ils ne pouvaient être conduits que par la terreur et par la crainte. Toutes les manifestations physiques racontées par la Bible eurent bien lieu en effet et furent l'œuvre des Esprits préposés.

Ce furent eux qui provoquèrent des bruits par le choc des fluides inflammables et produisirent ce *tonnerre,* ces *éclairs,* cette *épaisse fumée* qui couvrit la montagne et qui s'élevait vers le ciel comme d'une fournaise. Par l'emploi du *fluide sonique* contenu dans l'air, ils produisirent ces *sons de trompette* qui s'augmentaient peu à peu et devenaient plus forts et plus perçants. Toutes choses qu'on lit racontées dans la Bible. (*Exode* XIX. 16, 17, 18, 19 et 28. V. 18.)

Les premières tables de la loi que Dieu, dans sa prescience, savait devoir être brisées, furent écrites par Moïse sous l'influence médiumique. Mais elles furent l'*œuvre de Dieu,* par l'intermédiaire de l'Esprit supérieur envoyé par lui et qui, invisible pour Moïse, lui fit entendre les paroles des COMMANDEMENTS, et en même temps les lui fit *mécaniquement* écrire.

Les secondes tables furent aussi écrites de la même manière par Moïse, sous l'influence d'une médiumnité dont il fut tout à fait inconscient. Il était continuellement guidé par les Esprits supérieurs qui étaient les véritables agents de sa mission.

Mais comment expliquer tous ces actes de cruauté de Moïse, faisant passer au fil de l'épée trois mille des siens qui s'étaient livrés à l'idolâtrie ? N'est-ce pas odieux de l'entendre crier : « *Que chacun tue son frère, son ami, et celui qui lui est le plus proche... afin que la bénédiction de Dieu vous soit donnée.* » (Exode XXXII V. 25 à 29).

Voici ce que dit à ce sujet la Révélation : « Lors de l'incarnation de cette génération, les Esprits qui s'étaient revêtus d'un corps étaient peut-être encore plus mélangés qu'à votre époque,

La plupart avaient pris pour mission de maintenir sur terre et de populariser l'idée de *l'unité* de Dieu; mais beaucoup, se sentant trop faibles pour persévérer, avaient demandé d'être arrêtés dans le cours de leur existence terrestre *au cas où* ils manqueraient à leurs engagements. Car l'Esprit, l'Esprit inférieur surtout, conserve plus ou moins longtemps, à l'état d'erraticité, les préjugés, les opinions, les idées, les penchants et les tendances de son incarnation précédente ; et alors qu'il s'est préparé à de nouvelles épreuves, il a à redouter le retour de tous ces vices, contre lesquels, dans son nouvel état d'incarné, il est appelé à lutter. Ceux qui tombèrent sous les coups des lévites subirent un sort prévu et demandé par eux. Aucun coup ne s'égara, parce que les Esprits protecteurs qui étaient préposés pour surveiller les épreuves et les expiations de chacun et pour veiller à ce qu'elles fussent accomplies, poussaient le coupable ou dirigeaient le glaive qui devait le frapper, comme dans une bataille, la balle qui doit frapper *tel* ou *tel* suit sa route alors même que, parfois, toutes les probabilités seraient qu'elle fût perdue. Rien dans ce monde, rien, absolument rien, n'est sans motif et sans but, et ce que l'homme regarde comme effet de hasard est toujours *la conséquence du passé* ou *la préparation de l'avenir*.

« Dans l'ordre religieux, que de massacres n'ont point été faits au nom de Dieu et dont votre histoire est remplie! N'est-ce pas toujours l'ignorance, ou le fanatisme, ou l'abus du pouvoir, ou l'ambition qui en furent la cause?. Ne sont-ce pas toujours les prêtres d'un culte poussant les hommes à la guerre religieuse? les faisant *s'entre-tuer* pour attirer sur eux-mêmes les bénédictions du Seigneur, les *torturant* dans des auto-da-fé sanglants en l'honneur de Dieu?

» Dans l'affreux massacre de la Saint-Barthélemy, quels furent les instigateurs? Toujours les prêtres, ayant pour mobile, non pas même l'ambition de grandir *aux yeux de Dieu*, mais l'ambition de garder le pouvoir.

» C'était encore la même chose que du temps de Moïse, *excepté* le motif et le but qui avaient présidé à l'acte de Moïse. Ces prêtres fanatiques eurent plus tard à subir une expiation longue et douloureuse, mais ceux qui tombèrent sous leurs coups étaient des victimes qui s'étaient elles-mêmes sacrifiées d'avance en choisissant cette expiation de fautes commises dans des existences antérieures. »

PREMIER COMMANDEMENT

Tu n'auras pas d'autre Dieu devant ma face.

L'homme ne doit pas détourner sa pensée de son Créateur — le Dieu seul et unique — le Créateur incréé — Celui qui EST — de qui, par qui et en qui tout EST.

SECOND COMMANDEMENT.

« *Tu ne feras point d'images taillées des choses qui sont là-haut dans les cieux ni ici-bas sur la terre, ni dans les eaux sous la terre. — Tu ne te prosterneras point devant elles; tu ne les adoreras point et tu ne les serviras point, car je suis l'Éternel ton Dieu, le Dieu fort et jaloux qui punis l'iniquité des pères sur les enfants jusqu'à la troisième et quatrième génération de ceux qui me haïssent, et qui fais miséricorde dans la suite de mille générations à ceux qui m'aiment et qui gardent mes commandements.* »

Certainement, on peut représenter par des images les choses créées, mais l'on ne doit se *prosterner* devant aucune, afin de maintenir toujours l'*unité* du principe créateur. Aux quatre angles du temple de Salomon, on voyait des anges aux ailes déployées ; la représentation artistique et symbolique n'était donc pas interdite, *mais seulement* le culte adressé à ces représentations.

La réincarnation nous explique, *selon l'esprit*, la punition du coupable, *jusqu'à la troisième et quatrième génération ;* cette punition est l'expression sublime de la justice et de la bonté infinies de Dieu. C'est le châtiment s'appesantissant toujours, de générations en générations, sur l'Esprit qui s'épure et progresse vers le bien ; et jusqu'en mille générations et plus, le mieux se fait sentir pour atteindre enfin la perfection.

TROISIÈME COMMANDEMENT.

« *Tu ne prendras point en vain le nom de l'Eternel, le Seigneur ton Dieu ; car l'Eternel, le Seigneur, ne tiendra point pour innocent celui qui aura pris son nom en vain.* »

L'homme ne doit pas mésuser du nom du Seigneur, en tant qu'il y attache une pensée sérieuse. Quand on invoque le nom de Dieu, il faut que la pensée se reporte vers notre Créateur bien-aimé, à qui nous devons tout ce que nous avons et tout ce que nous sommes ; alors nous attirons à nous soit des Esprits supérieurs, soit de bons Esprits qui viennent nous secourir et nous apporter leur appui.

QUATRIÈME COMMANDEMENT

« Souviens-toi du jour du sabbat pour le sanctifier. »

« Tu travailleras six jours et tu feras ton œuvre, mais le septième jour est le jour du repos consacré à l'Éternel, le Seigneur ton Dieu ; tu ne feras aucune œuvre en ce jour-là ni toi, ni ton fils, ni ta fille, ni ton serviteur, ni ta servante, ni ton bétail, ni ton hôte l'étranger qui est dans l'enceinte de tes villes. »

Ce commandement, revêtu du cachet religieux, est une loi toute civile et d'utilité humanitaire. Si le travail est une loi nécessaire à l'Humanité pour la faire progresser, le repos n'est pas moins indispensable aussi pour le corps et pour l'Esprit. Il faut que l'homme ait le temps d'élever sa pensée vers son Créateur et de se livrer à la méditation. Mais il y avait surtout dans ce commandement un profond sentiment de philanthropie envers les hommes aussi bien qu'envers les animaux, car les peuples anciens abusaient tous de la force : les esclaves étaient chargés des plus rudes travaux, et les animaux étaient regardés comme des choses ayant à peine la sensation de la douleur.

Il faut travailler, mais ne jamais dépasser les bornes de ses forces. Surtout, il ne faut jamais surcharger de travail un de ses inférieurs. Enfin il faut respecter aussi le repos du bétail. Les Hébreux portaient si loin le respect de cette loi de Moïse, que la terre elle-même avait tous les sept ans son année de repos. Mais il faut toujours avoir présentes à son esprit ces paroles de Jésus : « *Le sabbat a été fait pour l'homme et non pas l'homme pour le sabbat.* »

CINQUIÈME COMMANDEMENT
Honore ton père et ta mère.

Car nos parents sont les guides que Dieu nous donne et qu'il a préposés sur terre à notre garde. Mais tous ceux qui développent notre intelligence sont aussi nos parents *spirituels*, qui souvent font plus pour nous que notre père et notre mère; il faut donc aussi les respecter. Que de pères et de mères oublient leurs devoirs sacrés et abandonnent les enfants que Dieu leur a confiés, les laissent livrés à leurs mauvais penchants et souvent même les entraînent à suivre leurs mauvais exemples !

Le chef de l'Etat, le juge qui rend justice à tous avec équité, sont des pères pour ceux qu'ils sont chargés d'administrer. Ils doivent les regarder comme les enfants de la grande famille que Dieu leur a donnée à gouverner. Tout supérieur, de quelque condition qu'il soit, doit remplir saintement toutes ses obligations envers ses subordonnés. La loi de respect doit s'étendre sur toutes les conditions, car elle est le chaînon qui relie entre eux tous les membres de la famille universelle.

SIXIÈME COMMANDEMENT

Tu ne tueras pas.

Celui qui ne peut rien créer n'a pas le droit d'arrêter l'existence des créatures de Dieu. Ce commandement a une très grande portée ; chaque phase passée de l'Humanité l'a interprété selon ses besoins, et chaque phase future l'interprètera encore à sa manière. Aux temps des Hébreux, la peine de mort était en vigueur pour le moindre délit, et le sang des victimes offertes en holocauste ruisselait sans cesse sur l'autel. Plus tard, la peine de mort devint plus rare et l'on devint plus doux envers les animaux. Mais la guerre fait encore couler des flots de sang.

Aujourd'hui des voix nombreuses s'élèvent contre la peine de mort et l'on commence à prendre en horreur les maux et les cruautés de la guerre. Mais c'est la vie même de toutes les faibles créatures répandues sous nos pas qu'il nous faut respecter. « Un jour viendra où il n'y aura plus de sang versé sur la terre, où l'homme ne tuera plus. Alors l'homme aimera et protègera le faible, qu'il soit homme comme lui ou simple animal placé sous sa garde, car un jour l'homme se sera complètement élevé au-dessus des besoins de la chair, besoins qu'il est nécessaire encore de satisfaire, car ils tiennent à *l'organisme actuel* de la machine, mais qui diminueront graduellement à mesure que l'Esprit grandira en sagesse et en science. »

SEPTIÈME COMMANDEMENT

Tu ne commettras pas d'adultère.

« La nature matérielle de l'homme le porte à la lubricité ; rien n'arrête ses désirs quand il se laisse aller à ses instincts animaux. Ces instincts étaient dominants à ces époques reculées, bien plus qu'aujourd'hui où vous voyez cependant tant de vos frères se laisser entraîner dans des écarts honteux.

« Les liens qui unissent l'homme et la femme, et qui les portent à perpétuer l'espèce, ont une origine noble et pure que la matérialité de l'incarnation a détournée, mais à laquelle IL FAUT REVENIR.

« Ce commandement, pris *selon l'esprit*, s'étend à tout détournement de l'union pure, à tout ce qui ravale l'espèce humaine aux instincts de la brute.

« Les Esprits se groupent par entraînements sympathiques, et chaque Esprit, avant de s'incarner, choisit sa compagne ou son compagnon, avec lequel il doit passer son temps d'épreuve. Mais *les dispositions matérielles* de l'un ou de l'autre peuvent rompre accidentellement l'harmonie et l'un ou l'autre peut se laisser séduire et détourner par les entraînements charnels, ou par l'orgueil, ou par l'ambition et l'amour de l'or.

Ce n'est point aux Esprits sympathiques qui se sont unis suivant leur choix réciproque qu'on a besoin de dire : « *Tu ne commettras pas d'adultère,* » mais à ceux qui ont brisé leurs engagements, à ceux qui se sont laissés entraîner par les instincts sensuels, et qui se sont laissés détourner de leur voie. »

HUITIÈME COMMANDEMENT

Tu ne déroberas point.

L'égoïsme et l'envie sont deux ennemis cachés que tout homme porte en soi et qui l'incitent à s'emparer, soit moralement, soit physiquement, de tout ce qui peut lui convenir. Imposer à l'homme le respect de la propriété, *quelle qu'elle soit*, c'est le forcer à dompter ces deux principes mauvais qui le poussent au mal. Pour cela, il faut que chacun revienne à la loi du travail, de la justice, de l'amour et de la charité qui, en bannissant de notre cœur l'égoïsme et l'envie, porteront le coup de mort à la paresse, à l'ignorance, à la misère et à tous les excès et débordements de l'esprit et de la chair.

NEUVIÈME COMMANDEMENT

« *Tu ne diras pas de faux témoignages contre ton prochain..* »

Jésus nous l'a dit : ce n'est point ce qui entre dans l'homme qui le souille, mais toutes les mauvaises pensées qui sortent de son cerveau et toutes les méchantes paroles qui montent de son cœur à ses lèvres. La vérité, dans toute sa simplicité la plus pure et la plus complète, doit *seule* inspirer les paroles de celui qui aime et craint Dieu et cherche à marcher dans ses voies.

Ne point dire de faux témoignage : c'est rendre, en tout temps et en tous lieux, hommage à la vérité ; c'est arborer son drapeau sans honte et sans défection ; c'est ne pas craindre de porter haut la lumière qui éclaire ; c'est briser le boisseau qui la recouvre pour la faire luire aux yeux de tous.

Ne pas faire de faux témoignages, c'est marcher toujours d'accord avec sa conscience.

DIXIÈME COMMANDEMENT

« *Tu ne convoiteras point la maison de ton prochain ; tu ne convoiteras point la femme de ton prochain, ni son serviteur, ni sa servante, ni son bœuf, ni son âne, ni aucune chose qui soit à ton prochain.* »

Ce commandement enseigne à l'homme qu'il ne suffit pas de s'abstenir de l'action mauvaise, mais qu'il faut vaincre même toutes ses mauvaises pensées, car, bien souvent, la pensée vaut l'acte. En effet, celui qui conçoit un mauvais dessein, mais qui se trouve dans l'impossibilité de l'exécuter, n'est-il point aussi coupable que celui qui le commet ?

« Blanchissez et nettoyez les sépulcres de vos cœurs ; purifiez vos pensées et que pas une ne puisse vous faire rougir devant vos frères, car ce que vous n'oseriez pas avouer à des hommes faillibles comme vous, est exposé sous les yeux de votre Juge suprême, qui lit jusqu'au plus secret de votre âme.

« Ne convoitez rien ; ne préméditez rien de mal ; ne vous laissez aller à aucune mauvaise pensée, car Celui qui sonde les cœurs et les reins juge les sentiments comme les actes.

« Que le Seigneur répande ses bénédictions sur vous. »

Moïse.

AMOUR DE DIEU ET DU PROCHAIN

« Tu aimeras l'Éternel ton Dieu de tout ton cœur, de toute ton âme et de toutes les forces. » (*Deutéronome*, ch. VI, v. 4-5.) « Tu aimeras ton prochain comme toi-même. » (*Lévitique*, ch. XIX, v. 18 ; — MATHIEU, ch. XXII, v. 30-40 ; — MARC, ch. XII, v. 28-31 ; — LUC, X, v. 25, 28, et v. 29-37.).

« Et ces commandements que je te prescris aujourd'hui seront dans ton cœur ; tu les inculqueras à tes enfants, et tu en parleras quand tu te tiendras dans ta maison, quand tu te mettras en chemin, quand tu te coucheras et quand tu te lèveras ; et tu les liras comme un signe sur tes mains, et ils seront comme des fronteaux entre les yeux ; — tu les écriras aussi sur les poteaux de ta maison et sur tes portes ; — tu les écouteras donc, ô Israël, et tu prendras garde à les faire, *afin que tu sois heureux* et que vous *multipliez beaucoup* au pays où coulent le *lait* et le *miel*, selon que l'Éternel, le Dieu de tes pères, l'a dit. » (*Deutéronome*, ch. VI, v. 6-78 9-3.)

« Toute la loi et les prophètes sont renfermés dans ces deux commandements. » (MATHIEU, ch. XXII, v. 40.)

« Aimer Dieu, c'est rendre hommage au principe de l'amour, à la cause de vie.

« Créature infime, que *peut* l'homme, que *peut* l'Esprit qui anime cette forme grossière, en re-

connaissance de tous les trésors que le Seigneur tout-puissant a mis sous sa main pour qu'il y puise incessamment? Il ne peut et ne doit qu'AIMER; *aimer*, car l'amour inspire la soumission, le respect et la reconnaissance; *aimer*, car l'amour est le *seul* lien qui relie la créature au créateur. Et cet amour DOIT se manifester *sous toutes les formes,* car il représente LA CRÉATION TOUT ENTIÈRE.

« Pour aimer Dieu, l'homme doit nettoyer son cœur, son esprit, son corps de toutes les souillures qui les maculent, car l'amour tend au rapprochement et rien de ce qui est impur ne peut approcher de Dieu.

» Pour aimer Dieu, l'homme doit travailler sans cesse à élever son intelligence et la développer; à accroître ses connaissances et à étendre toujours sa science. Car l'ignorance ne peut s'approcher de l'omniscience et tout ce qui est amour doit tendre à s'unir.

» Aimer Dieu, c'est se fondre dans l'Humanité, s'absorber dans l'amour fraternel. Car tout homme comme toute créature du Seigneur, provient du même principe, tend au même but, est une partie de l'être divisé à l'infini, A L'EFFET de parvenir de l'infiniment petit à l'infiniment grand, dans l'individualité et l'immortalité. Hommes, ne vous méprenez pas sur le sens et la portée de ces dernières paroles qui, mal comprises, donneraient lieu à de fausses interprétations au point de vue des idées panthéistes, lesquelles sont erronées et fausses. Pour bien comprendre le sens et la portée *de ces paroles,* reportez-vous à ce qui vous a été dit et expliqué déjà (1) sur Dieu et sur l'origine de l'essence spirituelle; sur l'origine de l'âme, ses phases, ses fins et ses destinées; sur l'origine des mondes et de toutes les créations dans l'ordre spirituel, fluidique et matériel.

» Ce qui vous a été AINSI déjà dit et expliqué vous montre : Dieu, créateur incréé, personnel et distinct de la création, — distinct de la créature, comme la cause est personnelle et distincte de l'effet qu'elle engendre et qu'elle produit, — distinct comme l'infini et l'incréé sont distincts du fini et du créé et sont personnels, — comme l'éternité est personnelle et distincte du temps, de la durée qu'elle engendre et qu'elle produit au regard de la créature.

» Ce qui vous a été AINSI déjà dit et expliqué vous montre Dieu : créateur incréé, personnel et distinct de la création et des créatures qui sont DE LUI, PAR LUI et EN LUI, mais *non* LUI, et sont ainsi en ce sens, *une partie de l'être divisé à l'infini*, A L'EFFET de parvenir de l'infiniment petit à l'infiniment grand, *dans l'individualité et l'immortalité*.

» Ce qui vous a été AINSI dit et expliqué déjà vous montre : Dieu, créateur incréé, intelligence, pensée et fluide, habitant (selon les paroles de l'apôtre Paul) une lumière inaccessible et possédant *seul* l'immortalité; *seul* possesseur du fluide universel partant de lui et touchant à lui, qui est (par ses quintessences et à l'aide de toutes les combinaisons, modifications et transformations qu'il en opère) l'instrument et le moyen de toutes les créa-

---

(1). Voir ROUSTAING, n°° 11, v. 24 et n° 11 *bis*. Puis n°° 56 et suivants, au commencement de l'Évangile de Jean.

tions spirituelles, fluidiques et matérielles; l'instrument de la création de tous les mondes, de tous les *êtres* dans tous les règnes de la nature, enfin de tout ce qui vit, de tout ce qui est.

» Ce qui vous a été AINSI dit et expliqué vous montre : la grande loi de l'attraction magnétique (par les fluides magnétiques qui nous enveloppent tous comme un seul être pour nous aider à monter à Dieu en réunissant nos forces), reliant entre eux dans l'univers infini tous les mondes, unissant tous les Esprits, incarnés ou non, et toutes les créatures entre elles, dans le sein de Dieu, créateur incréé, immuable, éternel, infini, qui est le GRAND TOUT UNIVERSEL dont tous nous faisons partie.

» L'Humanité entière doit donc se regarder comme une individualité, un IMMENSE CORPS dont chaque individu est un membre se rattachant à l'ensemble et où tout doit tendre à l'harmonie.

» Ainsi, AIMER SON PROCHAIN COMME SOI-MÊME, c'est la conséquence de l'amour de Dieu, et c'est pourquoi Jésus a dit, en parlant de l'amour de Dieu : « *C'est là le premier et le grand commandement;* » puis, en parlant de l'amour du prochain : « *Et voici le second qui lui est semblable.* »

» Hommes, pratiquez donc, avec sincérité, avec zèle, sans relâche et sans cesse, ces deux commandements, en ne faisant jamais aux autres ce que vous ne voudriez pas qu'il vous fût fait, soit par la parole ou soit par les actes. Faites, au contraire, au point de vue du beau et du bien, tout ce qui est juste, bon et vrai dans l'ordre moral aussi bien que dans l'ordre intellectuel et dans l'ordre matériel. « *Là est toute la loi et les prophètes.* » Et songez bien que chacun sera jugé selon ses œuvres, *au tribunal de sa conscience* où siège le tribunal de Dieu.

» Préparez ainsi par la pratique avec sincérité, humilité et désintéressement, de la justice, de l'amour et de la charité, préparez l'avènement de la fraternité humaine qui, seule, peut établir et faire régner sur votre Terre la liberté et l'égalité pour tous devant Dieu et devant les hommes, sous l'empire de la loi de réciprocité et de solidarité. Par l'intelligence et la pratique, de la part de tous, du droit et du devoir, au point de vue social et au point de vue de la famille, préparez, ô nos frères! l'avènement du règne de Dieu sur votre Terre, sous l'empire et le fonctionnement de la loi d'amour et d'unité. »

Moïse, Mathieu, Marc, Luc, Jean,
Assistés des Apôtres.

FIN.

ÉPILOGUE

Voici terminée la tâche que nous nous étions donnée, celle de faire connaître l'œuvre de Roustaing, en réunissant en un Résumé succinct l'ensemble de la doctrine entière. Peut-être n'eussions-nous pas entrepris ce travail, si nous en avions connu d'avance toute la difficulté, car cette Révélation n'est autre chose que l'explication des œuvres de Dieu, une admirable cosmogonie de l'Univers. C'est une œuvre magistrale où, pendant tout le cours des enseignements qu'on nous donne, on sent un souffle d'amour et de foi qu'il est impossible à aucun de nous d'avoir aussi puissant dans son cœur, quand, d'un autre côté, le désir de se faire comprendre conduit à des répétitions et à des redites que nous avons dû chercher à éviter et qui, cependant, font le charme de l'œuvre en montrant la peine infinie que se donnent les Révélateurs pour convaincre, et toute la délicatesse et les soins que prennent les maîtres à se faire accepter d'élèves dont ils savent, *à l'avance*, toute la difficulté de vaincre l'indolence et le parti pris.

Nous l'avouons en toute modestie, nous nous sentons désolé d'avoir si mal traduit une œuvre aussi sainte et aussi élevée qui, nous en sommes bien intimement convaincu, doit devenir un jour

Nous avions trouvé que, parmi les Spirites, on traitait un peu légèrement une œuvre qui, après l'avoir lue deux fois un peu couramment, nous avait semblé remplie de beautés et d'enseignements dignes d'élever en nous le sens moral et capables de nous rendre meilleurs. C'était, nous a-t-il semblé tout d'abord, la belle religion du Christ, UNIQUE AU MONDE, expliquée dans tous ses détails comme elle ne l'avait jamais été jusqu'à ce jour, et, — sauf la naissance miraculeuse de Jésus et les souffrances de sa mort qui, d'après sa nature *non humaine*, ne pouvaient être que morales, et sauf aussi la virginité de Marie, sa mère, — tout nous paraissait légitimement acceptable étant donnée, pour le comprendre, la clef que nous offre aujourd'hui la *Science Spirite*.

Mais, dans le cours de notre étude, faite très consciencieusement et sans parti pris, et à laquelle nous avaient d'ailleurs préparé de longues et sérieuses recherches, nous vîmes nos idées changer complètement et, au moment où nous écrivons ces lignes, c'est la doctrine complète et tout entière, ce sont ses enseignements dans tous leurs détails, que nous acceptons comme étant la pure expression de la vérité. Nous regardons désormais comme un devoir d'en être le défenseur, et comme une gloire, si nous parvenions à nous mettre au nombre de ses coryphées.

Nous croyons que Jésus était un Esprit pur descendu en mission des hautes sphères célestes, à qui sa nature de pureté parfaite ne permettait pas de prendre un corps semblable au nôtre, par la raison que cela lui était *complètement* impossible, autant qu'il serait impossible à un chimiste d'unir ensemble un atôme d'hydrogène à un atôme d'or ou de platine, de fer ou de plomb, les deux corps hétérogènes mis en présence différant trop entre eux par leur nature et leur densité. D'un autre côté, rien n'est impossible dans les phénomènes qu'on nous raconte de la naissance de Jésus, de sa croissance et de sa vie qui, loin d'être des *réalités*, comme pour chacun de nous, ne furent que des *apparences*; ce sont là des faits de transfiguration fluidique que nous voyons se reproduire dans nos séances spirites et qui, notamment, sont très communs dans les apparitions d'Esprits qui se font actuellement en Amérique. Il faut bien se dire que le Spiritisme, cette merveille du XIXᵉ siècle, a changé la face du monde et que, ce qui eût été rejeté comme absurde folie il y a vingt ans, est passé, de nos jours, à l'état de fait scientifique et de vérité incontestable et démontrée. Nous ne parlons pas ici pour ces esprits orgueilleux et vains qui, majestueusement drapés dans leur pauvre science humaine, dans laquelle ils ne sont encore qu'au premier théorème, ont cru trop au-dessous d'eux de s'occuper des tables tournantes et de l'étude du monde extra-terrestre. Ceux-là sont punis par où ils ont péché; ils se sont mis volontairement dans l'impossibilité de rien comprendre en laissant s'élever entre eux et la vérité: un mur d'airain. Ce sont les Scribes et les Pharisiens d'autrefois qui aiment mieux crucifier la vérité que la croire.

Nous croyons à la virginité de Marie, non pas parce que l'état de vierge est supérieur à celui de mère, non, car c'est tout le contraire: mais, parce que Marie et Joseph étaient deux Esprits descendus des mondes supérieurs pour aider Jésus dans sa mission. Dans ces mondes, les Esprits nous l'ont assez dit, la génération ne se fait pas de la même manière qu'ici-bas, par la raison que, plus on s'élève dans la hiérarchie des globes, plus la matière se purifie et se luméfie, et plus aussi l'*esprit* l'emporte sur elle et la domine. Dans ces mondes où l'on est occupé à servir Dieu, dont on se sent les instruments *conscients*, les époux appellent du cœur un jeune *Esprit* nouvellement sorti, tout ignorant et simple, des mains du Créateur, et dont ils ont résolu de guider les premiers pas; puis, comme le feraient deux habiles chimistes, ils lui composent un corps avec les fluides qui les entourent. Ce n'est plus pour le jeune Esprit qui entre dans la vie universelle une incarnation, mais une simple *incorporation*. C'est de la même manière que Jésus formait et décomposait son corps par sa volonté puissante, quand il était sur notre Terre, avec les fluides qu'amenaient autour de lui les Esprits supérieurs qui l'aidaient dans sa mission. Donc, Marie et Joseph, Esprits supérieurs, n'avaient aucun goût pour l'œuvre de chair, et voilà tout. Le cas n'est pas rare et nous connaissons des hommes et des femmes, qui ne sont cependant que de pauvres Terriens, qui pensent absolument comme Joseph et Marie, et qui professent pour l'œuvre de chair le plus profond mépris.

Il ne faut rien voir d'extraordinaire dans cette abstinence et cette vie pure de Joseph et de Marie quand les philosophes platoniciens de l'Ecole d'Alexandrie nous ont donné tant d'exemples de cas semblables. Citons un seul de ces exemples : « Au premier rang parmi les professeurs de l'Ecole d'Alexandrie, dit Eugène Bonnemère (1),

---

(1) *L'Ame et ses Manifestations à travers l'Histoire* pa. Eug. Bonnemère, ouvrage couronné par la Société d'Etudes psychologiques de Paris.

brillait une femme, la célèbre Hypathia, qui fut l'une de ses gloires les plus pures. Elle avait dû à la supériorité de son savoir et de son génie, d'occuper la chaire de philosophie, illustrée par tant de grands esprits, et en dernier lieu par Plotin.

« Fille du philosophe Théon, d'Alexandrie, à une éloquence enchanteresse, à la vertu la plus immaculée, elle unissait la beauté la plus touchante. On l'appelait « la belle philosophe, » et l'astronomie était l'une des sciences qu'elle cultivait avec passion. Les magistrats lui rendaient les honneurs, et Oreste, le gouverneur de la ville, se faisait gloire d'être compté au nombre de ses amis. Mariée au philosophe Isidore, elle vivait vierge et chaste auprès de lui. Cette union des âmes, exclusive de celle des corps, était assez fréquente alors parmi les platoniciens ; c'était *l'amour platonique*, et bien des évêques mariés donnaient de nobles exemples de cette continence volontaire. » (1)

Enfin, nous croyons que Jésus ne pouvait avoir que des souffrances morales et nous trouvons vraiment inintelligent au degré suprême, d'admettre que Dieu ait pu condamner son fils bien-aimé à souffrir de nos douleurs de forçats, sans pouvoir les lui éviter ni l'y soustraire. Quel être impuissant serait donc ce Dieu ! Et comme nous aurions

---

(1) « Saint-Cyrille était patriarche d'Alexandrie. Il était profondément irrité de voir que le gouverneur Oreste couvrait d'une égale protection les Juifs, les hérétiques nestoriens, les catholiques, les païens et les adeptes des diverses sectes philosophiques. Surtout il se montrait jaloux de l'influence et de la célébrité de la païenne Hypathia. Un maître d'école, partisan fanatique de Cyrille et ennemi de la « belle philosophe, » ayant été tué dans une émeute suscitée par le patriarche contre

bien le droit de le renier et de nous croire supérieurs à lui, nous qui, par de simples passes magnétiques, par quelques fluides s'échappant de notre système nerveux, pouvons jeter en catalepsie, c'est-à-dire dans l'insensibilité la plus complète, une personne aimée à laquelle nous voulons épargner les souffrances d'une opération chirurgicale ou les douleurs de l'enfantement. Vraiment, ce n'est pas raisonner que d'admettre que Jésus ait souffert sur la croix comme l'eût fait un des sujets de cet enfer qu'on appelle la Terre. Oh! nous entendons bien d'ici la critique. Eh quoi! dira-t-on, que faites-vous du magnifique sacrifice du Calvaire? Quoi! depuis dix-huit cents ans, l'Humanité chrétienne aurait pleuré sur des souffrances apocryphes? Il nous faut un Jésus qui saigne, qui pleure, qui, pantelant et tout en lambeaux, pardonne à ses bourreaux. Hélas! répon-

---

les Juifs, Cyrille le glorifia publiquement et le mit au rang des martyrs. La population s'émut en sens divers. Un lecteur de l'église d'Alexandrie, nommé Pierre, ameuta la populace chrétienne contre Hypathia; on l'arracha de sa demeure, on la traîna dans l'église appelée Césarium, comme si on voulait l'immoler en holocauste au pied des hôtels de Dieu, on la dépouilla de ses vêtements, on déchira avec des coquilles tranchantes, des débris de tuiles et de poteries, ce beau corps que nulle souillure n'avait jamais atteint. « Ces forcenés, dit Châteaubriand, brûlèrent ensuite sur la place Cinaron les membres de la créature céleste, qui vivait dans la société des astres qu'elle égalait en beauté et dont elle avait ressenti les influences les plus sublimes. »

On nous excusera cette digression, nous n'étions pas fâché d'exciter, en passant, la fibre de l'indignation contre ces fanatiques sans cœur, ni âme, qui, si souvent, déshonorèrent de leurs cruautés infâmes la belle et douce religion du Christ.

drons-nous, bien que désolé de vous contredire, pour ce qui est de nous, un pareil tableau du fils de Dieu, d'un des bien-aimés du Créateur, nous conduirait à la négation de Dieu lui-même, et, s'il fallait passer par ces fourches caudines-là, nous préférerions encore reprendre notre rang d'autrefois parmi les matérialistes. C'était déjà beaucoup, pour notre Christ, de descendre de ses hauteurs pour venir sur cette Terre, obligé d'y vivre côte à côte avec l'ignorance, l'orgueil, l'égoïsme, la sottise, l'ingratitude et la cruauté des hommes.

De même que, dans des songes appropriés, nos anges gardiens nous guident et nous enseignent au moyen de tableaux fluidiques; de même Jésus, l'ange gardien de la Terre, est venu faire lui-même notre éducation, au moyen de tableaux et de symboles d'autant plus puissants qu'il était lui-même plus grand et que la collectivité à laquelle il s'adressait était plus nombreuse. Cette collectivité, c'était l'Humanité terrienne tout entière. Il n'y a là ni comédie, ni fraude, et imposture encore bien moins.

Ainsi que nous l'apprend cette belle Révélation, nous avons tous été créés Esprits et notre véritable existence, notre existence normale, est la vie à l'état d'Esprits dans l'espace ou sur des mondes fluidiques, ou sur des mondes plus beaux encore, appelés mondes célestes, que ne peuvent habiter que les Esprits purs. Et tous les Esprits montent de globe en globe en s'instruisant toujours, sous l'œil et la direction de maîtres savants et puissants; ils finissent enfin par partager les travaux du Créateur : eux-mêmes ils créent des mondes, les gouvernent et les dirigent. Mais l'orgueil peut les prendre à des hauteurs pareilles, et c'est là l'immense danger auquel un grand nombre succombe, car Dieu n'attente jamais au libre-arbitre de sa créature qui, sans ce libre-arbitre, n'aurait plus aucun mérite et n'existerait même pas. Sans la possibilité de tomber et de faillir, en effet, la créature eût dû être créée parfaite, et elle eût été l'égale de Dieu, elle eût été Dieu lui-même. Tout ceci admis, arrive évidemment la nécessité de la *punition* sans laquelle il n'y eût pas eu de réhabilitation possible. Et c'est justement pour la punition de ceux qui ont failli qu'ont été créées les Terres primitives, comme la nôtre, sur lesquelles sont incarnés et réincarnés les Esprits coupables, et *seulement* les Esprits coupables, pour avoir à expier leurs fautes et à se débarrasser par l'épreuve, par la lutte et les combats de tous genres, des vices et des défauts où les ont fait tomber l'orgueil et la présomption, l'égoïsme et l'envie.

Et sur ces globes, qui sont autant d'enfers, l'Esprit s'incarne dans des *matières particulières* défendues de la destruction, en ce qu'elles répugnent aux animaux qui les fuient. Et l'œuvre de l'Esprit est de sortir de cette matière qu'avec le temps il tuméfie et à laquelle il donne des formes de plus en plus belles jusqu'à ce que, complètement purifié, il s'en échappe en regagnant sa vertu première. C'est dans cette matière primitive *humaine* que vient donc s'incarner l'Esprit en punition, matière à laquelle son périsprit s'attache, molécule à molécule, et qu'il imprègne tout entière, comme l'eau fait l'éponge.

L'objet de l'Esprit sera désormais d'élever la vie dans cette matière qui la possède déjà à l'état rudimentaire; c'est le boulet qu'il traîne au pied et qui doit l'obliger à réfléchir et à penser, un jour, à s'amender. D'ailleurs, les révélations successives que viendront lui faire, au fur et à mesure de ses besoins et de ses progrès, les Esprits chargés de veiller sur lui, l'aideront à sortir petit à petit de cette horrible prison dont la réincarnation lui permet de changer constamment les matériaux et les murs.

La punition est dure; c'est qu'il était monté si haut dans la science et qu'il était tombé si bas dans son orgueil! Il fallait une combinaison de son âme avec la matière qui le fît *oublier* et qui fût assez forte pour *endormir* ses puissants élans vers le mal.

Ce n'est donc *qu'amoindris* (d'autant plus que l'élément d'incarnation est plus abrupte et primordial), que se font jour ses vices à travers le lourd manteau de la matière, ce qui ne les empêche pas, cependant, de faire encore acte de puissance et de vie; et la haine, et la jalousie, et l'égoïsme et le maudit orgueil, agissant de conserve au milieu de cette multitude d'incarnés livrée aux vents de toutes les passions, c'est la guerre qui promène partout son glaive ensanglanté et sa torche incendiaire. Pauvre Humanité sans boussole et démâtée! de combien de maux et d'horribles souffrances ne vas-tu pas payer ta révolte insensée!

Mais ces âmes tombées vont s'épurer au feu de l'épreuve et de la souffrance, comme la loupe de fer sous le marteau du pudleur, et, petit à petit les vices diminuant, la matière s'affine et se luméfie d'autant, et l'Esprit rayonne plus facilement. Les formes deviennent plus belles, le cœur se développe, le repentir naît, l'âme s'élève et, comme au printemps des fleurs sortant de leurs boutons l'une après l'autre, on voit de tous côtés s'éveiller ces Esprits endormis dans la chair et tendre vers la patrie perdue leurs bras suppliants.

C'est le moment venu pour le pardon, et c'est alors que, à ces âmes alourdies encore, encore remplies d'orgueil et faibles de volonté pour le bien, un Christ est envoyé par le Seigneur pour ouvrir à la lumière leurs yeux d'aveugles. La mission de ce Christ a trois phases. Il se revêt d'abord d'un *aspect* matériel, ainsi que nous l'avons vu dans cet ouvrage de Roustaing, afin de se mettre à la portée d'hommes matériels et de pouvoir se faire comprendre d'eux. C'est là sa première apparition, dans laquelle il apporte à l'Humanité le code moral qui doit guider ses pas, l'aider à progresser et servir ses premiers élans vers le repentir et la lumière. Puis, quand cette Humanité a suffisamment progressé, en même temps dans son corps et dans son périsprit qui sont solidaires et mutuellement se purifient, ce Christ revient à l'*état* d'Esprit à la tête de légions d'Esprits l'aidant dans ses œuvres et volant au secours des humains qui les appellent et les implorent dans l'humilité et la simplicité de leur cœur. Mais la Planète elle-même suit en même temps la voie du progrès et, quand elle est parvenue au point où, Elle et toute l'Humanité qui a mérité de la suivre, doivent aller occuper un rang plus élevé dans la hiérarchie des globes, c'est alors que son Christ revient pour la troisième fois, et alors *dans toute* sa gloire, pour les conduire à l'endroit qu'ils doivent désormais prendre dans l'espace. Et c'est alors que, la Planète s'éloignant petit à petit de l'astre central qui lui dispensait tous les éléments nécessaires à *sa vie matérielle*, le soleil *s'obscurcira* et se montrera *couvert de ténèbres*. Et c'est là la fin du monde, c'est-à-dire le moment où la partie purifiée et spiritualisée de notre Planète s'approchera de Dieu, en laissant dans l'espace sa partie matérielle en débris semblables à ceux dont nos astronomes ont constaté la présence entre Mars et Jupiter et qu'ils ont réunis sous le nom de *Planètes télescopiques*.

Tel est, en quelques mots, le Résumé de cette belle Révélation, que les apôtres eux-mêmes sont venus nous faire à l'état d'Esprits, ministres qu'ils sont encore du MAÎTRE dans cette seconde Révélation que Jésus avait annoncée lui-même. Il faut dire qu'elle est corroborée par toutes les autres *petites révélations* particulières que font, à tous les coins du globe, d'autres Esprits composant cette immense légion qui s'est ébranlée et dans laquelle chacun apporte aussi sa part d'aide et de travail pour la grande œuvre de régénération. Si toutes ne sont pas *identiquement* les mêmes, c'est que les Esprits qui les font n'ont pas le même degré de valeur, de savoir et d'instruction. Mais, tous, ils obéissent à des chefs placés sous la direction de notre Christ. Et tous ceux qui voudront bien se donner la peine d'étudier sérieusement les livres dictés par tous ces Esprits différents, n'en auront aucune à reconnaître, que le fond en est toujours le même, et qu'enfin tout cet ensemble de révélations ne sont que les parties détachées d'une grande révélation générale s'accomplissant sur toute la surface de notre globe.

Parmi toutes ces Révélations, il en est une de la plus haute valeur; elle est dictée par une seule intelligence qui signe : *l'Esprit de Vérité*, et le médium qui lui sert d'instrument est un pauvre paysan sans intelligence, pour ainsi dire, et sans instruction, quand, au contraire, la Révélation qui sort de sa bouche est la plus savante et la plus admirable Cosmogonie de l'univers qu'on puisse imaginer et concevoir; à telle enseigne, que nous regardons comme impossible à la plus belle intelligence humaine de pouvoir inventer un système aussi vaste et si savant. Nous voulons parler de la Révélation de Louis Michel (*de Figanières*). Dans son livre « *La Vie universelle* », on voit tous les globes se mouvant dans l'immense univers absolument comme, dans une plante, se meuvent les atomes qui se transforment incessamment sous l'influence de la vie pour aller former les parties dures de l'écorce, les parties liquide de la sève, enfin les fleurs et les fruits. Et partout, dans l'immense univers sans bornes, c'est la même chose; car la loi divine est UNE et toujours partout la même, à ce point qu'avec la clé de *l'analogie* dans les mains, on peut comprendre toutes les œuvres de Dieu.

L'Esprit de Vérité nous montre tous les globes, créés dans l'espace par des Esprits d'une puissance et d'une intelligence incompréhensibles à notre pauvre petite intelligence de Lilliputiens, travaillant sous l'œil et sous les ordres de Dieu. Et ces mondes progressent en passant par tous les états de la matière, étant *solides* d'abord, puis devenant *fluides*, puis enfin *célestes* et portant partout la vie dans le grand corps de Dieu. Et tous ces mondes sont habités par des Humanités qui progressent en même temps qu'eux. Mais le *libre-arbitre* est aussi la grande loi de l'univers et, parmi tous ces Esprits de différents grades, les uns montent et s'élèvent toujours quand d'autres tombent jusqu'aux plus bas degrés du vice. Ceux-là sont punis et distribués sur les différents globes qui servent d'enfer et de lieux d'expiation.

Chaque globe, dit cette Révélation de *l'Esprit de Vérité*, chaque globe a un Esprit particulier spécialement chargé de son progrès intellectuel et moral, son CHRIST en un mot, qui doit le conduire, lui et l'Humanité qui l'habite, jusqu'aux mondes célestes qui entourent les lieux où se tient LE GRAND MOTEUR, l'âme universelle des mondes. Et sur chaque globe, le Christ préposé à ses destinées apparaît à trois fois successives en suivant lui-même les trois phases de la Planète : à l'état *matériel*, à l'état *spirituel*, enfin à l'état *divin*. C'est exactement la même chose que nous dit la Révélation de Roustaing.

Enfin, nous ne voudrions pas passer sous silence l'opinion d'un grand journal anglais : « *Le Théosophist* », se publiant à Bombay, qui est complètement dévoué à tous les préceptes de la philosophie orientale et a pour but de patroner et faire valoir la doctrine du Boudhisme, la religion la plus ancienne du monde et qui compte comme partisans plus du tiers de la population du globe.

« Tous les faits cités dans le livre des « *Quatre Évangiles* » publié par Roustaing, dit ce Journal, appartiennent sans exception à nos théories aryanes et pré-aryanes, mais elles sont présentées comme des révélations nouvelles. Il se trouve dans cet ouvrage de nombreux passages frappants de sagesse et de beauté, mais pour un Boudhiste, voir attribuer les phénomènes terrestres et toutes les conquêtes morales de l'intelligence humaine à des interventions surnaturelles, est chose antipathique. Ceci mis de côté, nous ne pouvons cacher combien nous avons été frappés de ce fait que ce livre, en maints endroits, n'est autre chose qu'une exposition parfaite de la doctrine occulte du Boudhisme de notre Eglise du Nord. L'influence des Esprits d'un ordre très supérieur (*Dhyan Chohan*) sur l'évolution primitive de l'homme, la densité des Planètes proportionnée à leur place dans la série évolutive des mondes, les développements futurs des pouvoirs psychiques dans toute la race humaine, le développement de l'Humanité sortant d'un germe primitif après avoir atteint les limites de la perfectibilité possible dans les règnes animal et végétal, c'est bien là tout ce qu'admettent les initiés boudhistes. Nous admettons que le type est *un*, mais qu'il est modifié par ce qui l'entoure et la transition de l'état de l'incarnation primitive est produite par le développement de ce type unique contenu dans le germe. Tout ce que nous trouvons dans le « livre de Roustaing » a été enseigné par notre Boudha, Gautama Cathagata, il y a vingt-quatre siècles, et il n'y avait pas besoin de le donner en France comme un nouvel Evangile. Enfin, si nous éliminons de cet ouvrage quelques mots tels que : *Création, Influence paternelle de Dieu*, etc... termes en accord avec une croyance préconçue en une puissance créatrice gouvernant l'univers, nous y trouvons l'écho le plus prononcé des doctrines esotériques orientales sur la Cosmogonie et l'Evolution. D'où et comment cet écho serait-il arrivé au médium de M. Roustaing, Madame Collignon ; comment tant d'idées absolument correctes et scientifiques ont-elles pu se trouver si déplorablement mêlées à des spéculations improuvables et aux vues étroites particulières à la moins ancienne des religions de la Terre, c'est affaire aux psychologues studieux de l'étudier et de nous l'apprendre. »

Tel est le résumé, en peu de mots, d'un grand article de ce journal. La critique du « *Théosophist* » est bien loin d'être juste; et d'abord son auteur se met à *priori* à un point de vue qui n'est pas acceptable en niant la direction de notre monde matériel par un ÊTRE supérieur à nous. C'est là une vérité qui ressort des innombrables communications spirites qui se font de toutes parts, et, s'il avait lu tous les livres dictés par nos amis de l'espace, en constatant toute la science, toute la logique, toute la haute philosophie qu'ils contiennent et qu'ils offrent à la méditation des sages, peut-être sortirait-il de son positivisme et ne ferait-il pas paraître autant d'aversion pour des faits dont il ne veut point admettre la cause. On sent dans l'auteur un de ces positivistes dont on a si bien dit : qu'ils ne sont autres que des « *matérialistes honteux* » et qui, pour nous, sont de véritables assassins de l'intelligence et de la foi. Roustaing n'est absolument rien dans cette œuvre admirable des « QUATRE ÉVANGILES » comme il semble le croire, car elle est *entièrement* sortie de dictées mécaniques faites par des Esprits dont il est impossible de nier le grand cœur et la haute valeur intellectuelle et morale; car n'est-ce point aux fruits que l'on connaît l'arbre ? L'œuvre tout entière est un ensemble d'une logique admirable et ne présente pas un seul point faible; c'est d'ailleurs, dans toute sa puissance et sa beauté, la pure doctrine chrétienne qui n'est point une *philosophie*, mais bien une véritable *religion* qui, adoptée par tous, ferait de notre Terre un paradis. Un code moral, une philosophie, ne pourront jamais établir le bonheur et la paix parmi les hommes, parce que l'un et l'autre ne peuvent s'adresser qu'à quelques esprits forts et capables de trouver en eux-mêmes, dans leur intelligence et leur instruction, des moyens de lutter contre les épreuves et les difficultés de la vie ; jamais ils ne réuniront tout un peuple, encore moins toute une Humanité, sous leur drapeau sans couleurs. Une religion le peut, parce qu'elle rive au cœur l'espérance qui le rend calme, et la foi qui le rend fort. Enfin la religion étouffe en nous et tue nos deux plus grands défauts, ceux dont découlent tous les maux qui nous accablent, l'égoïsme et l'orgueil. Le philosophe ne prie pas ; l'homme religieux prie ; et celui qui prie est bien près de n'avoir plus d'orgueil. Le philosophe combat l'égoïsme et fait l'apologie de la fraternité parce qu'il sent bien qu'il n'y a pas de paix possible sans cela ; l'homme religieux tue l'égoïsme en aimant et travaille au règne de la fraternité universelle parce qu'il sait que nous sommes tous bien véritablement frères, tous enfants du même Père céleste.

Amour et fraternité, voilà ce que la religion apporte aux hommes : Elle unit. Luttes et déceptions, voilà l'œuvre de la philosophie : Elle divise.

Positivistes et spiritualistes ne sont pas faits pour jamais s'entendre. Les uns aiment à vivre et mourir dans le petit cercle au diamètre infime où nagent leur pauvre science et leur pauvre cœur. Les autres se plaisent sur les hautes montagnes, sur les sommets d'où rayonnent les grands horizons et aiment à chercher l'inconnu dans les vastes champs des Cieux.

Nous terminons en faisant appel à l'indulgence et à la bienveillance du lecteur de ces pages ; le dévouement et l'amour de la vérité, seuls, nous ont fait les écrire. Notre but a été de lui faciliter une étude difficile et de lui donner l'occasion de méditer à tête et à cœur posés, sur cette belle et admirable religion du Christ débarrassée de tout ce dont l'avait ternie l'ignorance unie aux spéculations de l'intérêt et de l'orgueil, et ramenée enfin à son véritable esprit divin par cette Révélation nouvelle dont le nom véritable est bien :

LA RÉVÉLATION DE LA RÉVÉLATION

René CAILLIÉ.

APPENDICE

Preuves de l'existence de Jésus

I

Certaines personnes ont cru pouvoir mettre en doute la réalité de l'existence de Jésus. Ce doute n'est véritablement pas permis. D'abord une preuve bien évidente, c'est que les rabbins israélites de nos jours reconnaissent Jésus comme ayant existé ; ils le regardent seulement comme un grand philosophe, et leur historien Flavius Josèphe en fait lui-même mention. Mais nous avons bien d'autres preuves.

Tacite parle du Christ une trentaine d'années après sa mort : « Néron, dit-il, fit souffrir les tortures les plus raffinées à des malheureux détestés par leurs abominations et qu'on appelait vulgairement chrétiens. Ce nom leur vient de *Christ* qui, sous Tibère, fut livré au supplice par le procureur Pontius Pilatus. »

Suétone, à peu près à la même époque, confirme ce récit. Il rapporte qu'une grande agitation eut lieu parmi les juifs à cause du Christ et que l'empereur Claude les chassa de Rome pour ce motif.

Cinquante ans plus tard, on voit que le mouvement chrétien avait pris des proportions inouïes et Pline, gouverneur de la Bythinie, en rend compte à Trajan. « Ils s'assemblent, dit-il, avant le jour pour chanter les louanges en l'honneur du Christ qu'ils regardent comme leur Dieu. »

Et dans *le Talmud* enfin, voici ce qu'on lit : « La veille de Pâques, Jésus fut supplicié pour s'être livré à la magie et aux sortilèges. »

Il faut remarquer ici que les preuves à l'appui sont toutes tirées de l'assertion même des ennemis du Christianisme. Ces preuves doivent donc être regardées comme péremptoires. Et l'on ne peut d'ailleurs nier ce fait d'une importance capitale que, depuis Jésus, l'histoire du monde a été scindée en deux parties : le monde AVANT lui et le monde APRÈS lui.

II

Voici un renseignement qui nous paraît utile et que nous prenons dans l'*Histoire de la Palestine*, page 202, par Y. Dérenbourg de l'Institut.

« Nos sources rabbiniques sont presque muettes sur le fondateur du Christianisme et les rares passages qui traitent de Jésus datent d'une époque où l'esprit de parti a dû altérer la tradition.

« Pour les contemporains, dont aucun n'a pressenti l'immense portée des évènements qui se préparaient, Jésus fut au début un *agadiste* (prédicateur), tel que Judas et Mathias, puisque, lui non plus, ne prenait pas ses textes dans le Pentateuque, mais dans les Prophètes. Comme ces deux victimes de la tyrannie d'Hérode, il était chéri du peuple qui préférait, aux discussions arides des docteurs, des enseignements pleins de chaleur et de vie s'abritant sous les paroles inspirées de l'Ecriture. Seulement, lorsque plus tard il fit des miracles, que ses discours parurent empreints d'une couleur étrange, et que certaines expressions figurées des anciens *voyants* reçurent dans sa bouche une application qui heurta et troubla les sévères croyances monothéistes des juifs, le tribunal lui appliqua la loi du Deutéronome. (Ch. XIII, V. 1, etc..)

« L'histoire évangélique se résume, pour le Thalmud, dans la courte phrase : « Jésus fit des prodiges, séduisit et égara les masses. »

(Sota, 47-a — Sanhédrin, 107-a).

«...Mais si la personne du Christ passe inaperçue devant les écoles qui florissaient alors, il n'en a pas été de même de ses adhérents ni de ses doctrines. L'histoire des siècles qui vont suivre nous montrera souvent l'influence qu'exerce le christianisme sur les docteurs et sur leurs doctrines, soit qu'il s'agisse de le combattre en face, soit qu'on ait à cœur de se protéger contre ses envahissements par des dispositions nouvelles et tutélaires. »

III

Voici encore, au sujet de l'existence de Jésus, un document qui montrera qu'elle est acceptée comme réelle par les plus grands savants. Voici ce que dit Munck, qui appartenait à l'Institut pour la partie des sciences orientales, et était, en même temps, l'un des membres les plus distingués du Consistoire des Israélites de France.

« L'administration tyrannique de Pilate fut signalée par un évènement qui, alors, ne paraissait pas avoir une grande importance, mais qui, par l'immensité de ses conséquences, est un des plus mémorables de l'histoire du monde : c'est le procès et la condamnation de Jésus de Nazareth, surnommé le Christ.

« Au milieu des troubles, des guerres civiles, des calamités de tout genre qu'entraîna l'oppression étrangère, des querelles parmi les sectes religieuses et des disputes dans les écoles, une idée dominait le temple Juif, celle de sa future gloire, prédite par les prophètes. Les Juifs, généralement, croyaient alors le moment venu où les prédictions devaient s'accomplir par un rejeton de la maison de David, qui briserait le joug étranger, rétablirait leur Etat dans l'ancienne splendeur qu'il avait eue sous David et Salomon, qui ferait triompher leur religion sur celle des Gentils, et donnerait au peuple Juif la paix et le bonheur sous le règne de Dieu et de sa loi, etc...

» Lorsque Jésus vint populariser, dans ses discours et dans ses paraboles, les doctrines des prophètes et des docteurs spiritualistes, il s'annonça lui-même comme le *Messie*, ou le *Christ*, comme le rédempteur attendu par le peuple Juif. La grande majorité des Juifs refusa de le reconnaître comme tel, et, dans les épithètes de *roi des Juifs*, de *fils de David* et de *fils de Dieu*, prises dans un sens plus que figuré, épithètes que lui donnèrent ses disciples, et qu'il adopta lui-même, le Synédrium crut trouver des motifs suffisants pour élever contre lui une accusation capitale. Le procès de Jésus, par son côté politique, intéressait à un haut point le gouvernement romain qui, seul, pouvait ordonner l'exécution de la sentence. Pour un homme comme Pilate, c'était peu de chose que la mort d'un Juif présenté comme rebelle; et sa complaisance, dans cette occasion, ne fit pas défaut au synédrium, quoique, selon les Evangiles, il ne fut rien moins que convaincu de la culpabilité de Jésus.

....
....

» Ce ne fut que plus tard que les Juifs durent reconnaître la haute portée de cet évènement; ils virent dans la fondation du Christianisme une œuvre de la providence divine, et considérèrent la religion chrétienne comme une des grandes phases nécessaires dans le développement progressif des idées religieuses du genre humain, phase que, selon eux, le monde païen devait traverser avant d'arriver au monothéisme absolu de la religion juive. Ce fut au monde païen que s'adressèrent les apôtres de Jésus-Christ; ils restèrent presque étrangers aux grands évènements qui se passèrent en Judée et qui amenèrent le terrible dénouement de son histoire. » (1)

IV

Si maintenant nous voulons nous appuyer sur la force et la puissance du raisonnement mathématique, nous nous adresserons à M. François Vallès, inspecteur général des ponts et chaussées. Nous empruntons ce qui suit à ses *Entretiens sur le Spiritisme*.

« Si le supplice de la croix n'a pas eu lieu, dit-il, comment expliquerez-vous que l'humanité chré-

---

(1) L'UNIVERS, ou HISTOIRE DE TOUS LES PEUPLES, LA PALESTINE, par M. S. Munck, page 584 et suivantes.

tienne tout entière soit allée chercher le plus ignominieux des emblèmes pour en faire le symbole vénéré de sa croyance, symbole qui n'aurait plus de signification, à coup sûr, s'il n'y avait pas eu un crucifié. Après tout, ce que j'ai dit déjà, il y a une autre nature d'arguments que je ne saurais passer sous silence, car ils s'imposent et me dominent ; ce sont ceux dont le souffle, partant de la conscience, va chercher et trouver sa sanction dans la raison.

« On a pu mettre en doute l'existence de Jésus ; mais celle de la doctrine qu'on lui attribue, qu'elle soit de lui oui ou non, est indéniable, car elle est là sous nos yeux et nous pouvons tous les jours en lire et en méditer l'exposé. Il faut incontestablement qu'elle ait eu une origine. Or, si l'on se refuse à croire qu'elle vient d'un seul, on devra admettre qu'elle vient de plusieurs ; je ne vois pas d'autre hypothèse possible.

« Le meilleur moyen de s'éclaircir sur la provenance probable de la doctrine, c'est d'étudier sa nature, et la marche des résultats produits. N'est-ce pas en sachant ce qu'est le fruit que nous saurons de quel arbre il peut provenir? Or, la doctrine est une dans son ensemble comme dans ses détails, d'un bout à l'autre elle est morale pure, excellente ; elle professe des principes complètement inconnus aux hommes vivant à l'époque et dans le pays où elle est venue à jour, en contradiction formelle avec leurs croyances, leurs sentiments et leurs codes ; d'où l'on serait autorisé à penser que les philosophes qui l'ont conçue, dit-on, n'étaient pas de race juive. Mais, d'un autre côté, dans les récits qui en ont été faits, il y a une telle multiplicité de circonstances ayant trait à la géographie locale, à l'organisation des pouvoirs dans le pays, à ses mœurs, ses dogmes religieux, ses hiérarchies sacerdotales, ses institutions en un mot, qu'il semble bien difficile d'admettre que les hommes qui ont apporté cette doctrine fussent des étrangers. Mais s'ils sont réellement indigènes, plus ils auront été nombreux, plus difficilement on s'expliquera que, tandis que la doctrine est devenue la règle des autres nations, c'est justement le peuple par lequel elle a été constituée, chez lequel elle a été prêchée, qui s'est refusé et continue de se refuser à en admettre les principes. Au point de vue de la question qui nous occupe, je comprendrais la résistance du peuple juif s'appuyant sur le motif que les signes de la venue du Messie étaient nuls. Mais donner pour raison que celui qu'on a prétendu l'être ne l'était pas, n'est-ce pas reconnaître en fait l'existence de Jésus ; nouveau témoignage qui vient s'ajouter aux autres. N'est-il pas bien singulier que pas un seul nom des philosophes qui auraient fait partie de cette réunion de réformateurs, que pas un seul des détails qui concernent leur action commune ne soient parvenus jusqu'à nous, et que, dans la tradition, cette multiplicité d'existences se soit fondue en une seule.

Envisageant maintenant la question au point de vue général humanitaire, comment voudrait-on que des hommes qui ont nécessairement entre eux des vues, des idées, des sentiments, des passions différentes, aient pu s'entendre pour produire l'unité dans la morale, dans la sagesse, dans la perfection ; comment ces hommes, dépouillant subitement leurs anciennes pensées, leurs croyances, leurs préjugés, leurs intérêts, aient pu établir le code moral sans tache et non révisable, dans ses grands principes, de l'Humanité; voilà, selon moi, où serait le phénomène qu'il faudrait regarder comme irréalisable. Certes, les disciples immédiats de Jésus ne formaient pas une réunion nombreuse, cependant, et quoique instruits et éclairés par la parole du Maître, échos fidèles des divergences qui, de tout temps, ont existé dans l'Humanité, quelques-uns par moments ont été incrédules, d'autres ont été ambitieux, un autre a renié, un autre enfin a trahi. Ainsi, à la source même, l'accord n'a pu exister.

Dira-t-on maintenant que dans cette réunion d'un certain nombre de personnes sous l'influence d'inspirations identiques, dont d'ailleurs on n'indique pas l'origine, tous se sont trouvés avoir mêmes vues, mêmes idées, mêmes sentiments; je ne vois trop en vérité ce qu'on pourrait y gagner. Car ne serait-ce pas, sous une autre forme, réaliser cette unité de moyens et de but que réclame si impérieusement la nature de la doctrine. Seulement, on avouera qu'il est bien difficile de s'expliquer comment on serait assez libéral pour accorder ce privilège d'unité à dix, vingt, trente personnes à la fois sur le même sujet, alors qu'on s'acharne obstinément à refuser l'unité à un seul. A-t-on oublié les controverses de toutes sortes qui, pendant plusieurs siècles après la mort de Jésus, n'ont cessé d'agiter les chrétiens. Croyez-moi, évitons d'être savants et supérieurs à ce point, ne forçons pas notre talent; ce ne sera jamais être rebelle à la raison que de supposer qu'elle doit préférer le plus simple au plus compliqué; car plus nous étudions, plus nous acquérons la conviction que la voie la plus simple est toujours celle que Dieu aime à suivre.

En résumé :

Parce qu'au point de vue de l'histoire il existe des récits, presque contemporains des apôtres, confirmatifs de l'existence de Jésus, qu'il en est de même au point de vue des monuments de cette époque qui sont conservés dans Rome ;

Parce que sans le fait du crucifiement, on ne saurait s'expliquer que la société tout entière eut pris la croix pour symbole de ses croyances ;

Parce que l'examen approfondi de la doctrine, en ce qui concerne sa haute moralité, son unité, sa propagation, ses différences avec la loi juive ne permettent pas à la raison de croire que dans ces circonstances, elle a pu être l'œuvre d'une réunion d'hommes vivant à cette époque et venus du dedans ou du dehors ;

Parce qu'enfin au point de vue de l'Humanité qui possède la doctrine et à qui on ne peut l'enlever quoi qu'il arrive, je ne vois aucun motif, aucun but, aucune utilité à nier l'existence de celui qui en est considéré comme l'auteur ;

Je conclus que la négation qu'on pourrait émettre à ce sujet n'est appuyée sur aucun fondement solide, qu'au contraire tout porte à croire qu'elle n'est qu'une erreur, et qu'au point de vue de l'histoire comme au point de vue de la raison, nous sommes autorisés à considérer l'existence de Jésus comme certaine.

R. C.

FIN

TABLE DES 3 PREMIERS ÉVANGILES

ANALYSÉS

N°s d'ordre		Pages
	Préface....................	1
	Introduction	55
1	Les Évangiles.................	75
2	Apparition de l'ange à Zacharie — Naissance de Jean prédite. — Zacharie rendu muet...............	78
3	Annonciation..................	90
4	Visite de Marie à Élisabeth........	96
5	Cantique de Marie..............	98
6	Naissance de Jean	99
7	Apparition, en songe, de l'ange à Joseph; génération de Jésus — Conception, grossesse, et ainsi par là même, accouchement et enfantement par l'opération du Saint-Esprit. — Apparition de Jésus sur la terre......................	101
8	Les Pasteurs..................	114
9	Circoncision. — Purification.......	116

10	Cantique de Siméon................	118
11	Anne prophétesse.................	120
12	Adoration des mages..............	121
13	Fuite en Egypte. — Meurtre des enfants........................	125
14	Retour d'Egypte..................	127
15	Jésus dans le temple parmi les docteurs. — Explication, par la révélation nouvelle, de sa vie humaine apparente : depuis son apparition sur la terre, appelée « sa naissance » jusqu'à l'époque de sa venue à Jérusalem, ayant, parmi les hommes, l'apparence d'un enfant de douze ans; — et depuis cette époque jusqu'à celle où il commença, sous l'apparence d'un homme de trente ans, sur les bords du Jourdain, publiquement sa mission...................	128
16	Prédication de Jean-Baptiste. — Baptême.......................	137
17	Reproches contre les pharisiens. — Avis au peuple, aux publicains et aux soldats. — Témoignage rendu à Jésus-Christ.................	140
18	Baptême de Jésus.................	144
19	Généalogie de Jésus (aux yeux des hommes)......................	147
20	Jeûne et tentation de Jésus.........	173
21	Avis de la mise en prison de Jésus. — Retraite de Jésus en Galilée. Prédications. — Séjour à Capharnaüm..........................	182
22	Venue de Jésus à Nazareth. — Lecture de la prophétie d'Isaïe.......	183

EXPLIQUÉS EN ESPRIT ET EN VÉRITÉ 797

23 Jésus appelé fils de Joseph. — Réponse de Jésus. — Colère de ceux qui étaient dans la synagogue. — Jésus, mené par eux au sommet de la montagne pour le jeter du haut en bas, *disparait d'entre leurs mains*.................... 184
24 Vocations de Pierre, André, Jacques et Jean. — Pêche appelée miraculeuse..... 186
25 Prédication de Jésus. — Sa renommée. — Guérisons physiques et morales appelées « miracles »... 189
26 Sermon sur la montagne........... 195
27 Sel et lumière de la terre. — Lampe. — Rien de caché qui ne doive être découvert, et rien de secret qui ne doive être connu et paraître publiquement............... 197
28 Jésus n'est pas venu détruire la loi, mais l'accomplir............... 200
29 Justice abondante. — Parole injurieuse. — Réconciliation........ 202
30 Faire pénitence................... 203
31 Parabole du figuier stérile.......... 204
32 Femme malade, courbée........... 205
33 Le jour du sabbat. — Culte du sabbat. 206
34 Adultère dans le cœur. En extirper toutes mauvaises pensées....... 207
35 Mariage. — Jurement............. 208
36 Patience, abnégation, charité, morale matérielle 210
37 Amour des ennemis. — Amour et charité pour tous. — Voie vers la perfection 213

38	Humilité et désintéressement, et secret dans la pratique des bonnes œuvres	214
39	Prière........................	215
40	Jeûne........................	218
41	Détachement des choses de la terre. — Ne cherchez que ce qui, par la charité, rapproche de Dieu. — Cœur pur, — SEUL et VRAI TRÉSOR.	220
42	Se garder de l'avarice. — Riche préoccupé exclusivement des choses de la terre. — Riche en Dieu....	221
43	Servir Dieu et Mammon. — Point de préoccupation exclusive pour les choses matérielles. — Confiance en Dieu en cherchant les voies qui conduisent à lui...............	222
44	Parabole du mauvais riche et du pauvre patient et résigné.......	227
45	Ne point juger les autres. — La paille et la poutre. — Ne pas donner les choses saintes aux chiens.......................	230
46	La prière. — Demandez et l'on vous donnera. — Cherchez et vous trouverez. — Frappez et l'on vous ouvrira......................	232
47	Amour et charité. — Justice........	235
48	Porte étroite qui conduit à la vie....	236
49	Efforts à faire pour entrer par la porte étroite...................	237
50	Faux prophètes. — Fruits semblables à l'arbre	239
51	Dieu juge sur les œuvres...........	240
52	Le lépreux......................	242

	EXPLIQUÉS EN ESPRIT ET EN VÉRITÉ	799
53	Le centenier ou centurion............	244
54	Fils de la veuve de Naïm............	249
55	Guérison de la belle-mère de Pierre. — Malades guéris................	251
56	Retraite au désert. — Prière. — Prédication..........................	252
57	Suivre Jésus. — Laisser les morts ensevelir leurs morts. — Ne pas regarder en arrière.............	253
58	Tempête apaisée....................	257
59	Légions de mauvais esprits chassés. — Délivrance des subjugués. — Pourceaux précipités dans la mer.	261
60	Paralytique.........................	267
61	Vocation de Mathieu.................	270
62	Jeûne. — Drap neuf. — Vaisseaux vieux. — Vin nouveau et vin vieux...........................	272
63	La fille de Jaïre. — L'hémorroïsse ..	276
64	Aveugles guéris	279
65	Possédé muet. — Blasphème des pharisiens...........................	281
66	Brebis sans pasteur. — Moisson. — Ouvriers.........................	282
67	Noms des apôtres. — Leur vocation..	284
68	Descente de la montagne. — Guérisons............................	285
69	Instructions données aux apôtres. — Leur mission. — Leur puissance. — Leur pauvreté. — Leur prédication.............................	286
70	Prudence. — Simplicité. — Assurance devant les hommes. — Assistance et concours du Saint-Esprit............................	291

71	Fuir la persécution. — Imiter Jésus. — Révélation nouvelle prédite. — Levain des pharisiens. — L'hypocrisie; rien de caché à Dieu. — Aveugle conduisant un autre aveugle....................	293
72	Ne craindre que Dieu sans la volonté de qui rien ne s'accomplit......	297
73	Jésus est venu mettre le feu sur la terre, apporter non la *paix* mais le glaive, la division, afin qu'il parvienne à être connu et jusqu'à ce qu'il le soit................	299
74	Amour de la famille. — Accomplissement du devoir par-dessus toute chose. — Patience et résignation dans les épreuves terrestres.....	302
75	Examiner avant d'agir. — Ne pas s'arrêter dans la route du progrès. — Ne tenir aux biens matériels que comme moyen de charité....	304
76	Celui qui accomplit la loi d'amour et de charité aura sa récompense...	305
77	Mission et instructions données aux soixante-douze disciples........	305
78	Retour des soixante-douze disciples, leurs noms écrits dans les cieux..	307
79	Disciples de Jean envoyés par lui à Jésus.....................	308
80	Jean précurseur de Jésus. — Pierre fondamentale de l'édifice de la régénération. — Mission nouvelle et future de Jean	309
81	Jean et Jésus non compris par les Hébreux, compris aujourd'hui par ceux qui sont les enfants du Seigneur........................	314

	EXPLIQUÉS EN ESPRIT ET EN VÉRITÉ	801
82	Pécheresse qui arrose de ses larmes les pieds de Jésus, les essuie avec ses cheveux et y répand l'huile de parfum.	316
83	Villes impénitentes	318
84	Sages et prudents aux yeux des hommes : aveuglés. — Petits aux yeux des hommes : éclairés.	322
85	Joug doux et fardeau léger.	324
86	Le sabbat a été fait pour l'homme et non pas l'homme pour le sabbat. — Dieu, toujours prêt à l'indulgence envers ses créatures faibles et faillibles, leur laisse toujours la faculté *de se* repentir et *de* réparer.	325
87	Main paralysée, guérie un jour de sabbat.	328
88	Mission du Messie. — Ses pouvoirs. — Voie toujours ouverte aux esprits coupables pour se purifier, tous les esprits devant parvenir au même but.	331
89	Subjugué. — Aveugle et muet par l'effet de la subjugation. — Blasphème des pharisiens. — Royaume divisé.	333
90	Le fort armé. — Péché remis. — Blasphème contre le Saint-Esprit. — Trésor du cœur. — Parole impie. — Qui n'est pas avec Jésus est contre lui. — C'est par le fruit qu'on connaît l'arbre.	337
91	Prodige demandé par les pharisiens. — Réponse de Jésus. — Prodige de Jonas. — Ninivites. — Reine du Midi.	341

92	Devoir pour l'homme de résister aux mauvais instincts, aux mauvaises passions. — Réponse de Jésus aux paroles que lui adresse une femme du milieu du peuple......	343
93	Le frère, la sœur et la mère de Jésus sont ceux qui font la volonté de son père en écoutant la parole de Dieu et la mettant en pratique...	346
94	Parabole du semeur. — Explication de cette parabole............	356
95	Parabole de l'ivraie sursemée......	365
96	Grain de sénevé. — Levain de la pâte. — Semence jetée en terre..	367
97	Explication de la parabole de l'ivraie	371
98	Trésor caché.................	373
99	Perle de grand prix............	373
100	Parabole du filet jeté dans la mer...	374
101	Nul n'est prophète dans son pays, dans sa maison et parmi ses parents.................	375
102	Mort de Jean-Baptiste. — Paroles dites à l'égard de Jésus qui confirment la croyance des Hébreux à la réincarnation............	377
103	Multiplication des cinq pains et des deux poissons...............	380
104	Jésus et Pierre marchant sur la mer.	385
105	Attouchement du vêtement de Jésus.	388
106	Mains non lavées. — Traditions humaines. — Scandale à mépriser. — Guides aveugles. — Vraie impureté. C'est ce qui vient du cœur qui souille l'homme, le rend impur................	389

	EXPLIQUÉS EN ESPRIT ET EN VÉRITÉ.	803
107	La femme chananéenne............	396
108	Sourd-muet guéri................	399
109	Foule de malades guéris. — Multiplication des sept pains...........	400
110	Prodige demandé par les pharisiens et les saducéens, et refusé......	402
111	Levain des pharisiens et des saducéens.....................	403
112	Aveugle guéri.................	406
113	Paroles de Jésus confirmant la réincarnation. — Rapports médianimiques qui peuvent exister entre les hommes et les puissances spirituelles. — Mission de Pierre dans l'église de Christ. — Vraie confession	410
114	Prédiction. — Paroles de Pierre. — Réponse de Jésus.............	418
115	Moyens et conditions sans lesquels on ne peut voir le règne de Dieu, dans sa puissance, sur la terre.....................	422
116	Transfiguration de Jésus sur le Thabor. — Apparition d'Elie et de Moïse. — Nuée qui couvrit les disciples. — Voix qui sortit de cette nuée et paroles qu'elle fit entendre...................	424
117	L'esprit d'Elie réincarné dans la personne de Jean le Précurseur, fils de Zacharie et d'Elisabeth.......	430
118	Lunatique. — Foi toute puissante. — Prière et jeûne...............	433
119	Prédiction par Jésus de sa mort et de sa résurrection................	437

120	Jésus paie le tribut....................	439
121	Enseignement de charité et d'amour, de soutien pour le faible, de foi, de confiance, d'humilité, de simplicité........................	440
122	Paroles de Jacques et de Jean. — Réponse de Jésus	442
123	Fuir le scandale. — Il est nécessaire qu'il vienne des scandales, il est impossible qu'il n'en arrive pas, mais malheur à l'homme par qui vient le scandale	443
124	Brebis égarée, drachme perdue.....	446
125	Parabole de l'enfant prodigue.......	448
126	Parabole de l'économe infidèle.....	451
127	Suite de la même parabole.........	452
128	Paroles de Jésus, pour servir de transition, relativement au pardon et à l'oubli des injures et des offenses proclamés par lui devoir être absolus et sans condition.........	453
129	Accomplissement du devoir avec humilité et désintéressement, avec ce sentiment : d'amour et de reconnaissance envers le Créateur.	455
130	Les dix lépreux....................	456
131	Le royaume de Dieu est au-dedans de nous...........................	457
132	Signes précurseurs du second avènement de Jésus.................	458
133	Pouvoir de lier ou de délier donné par Jésus aux Apôtres. — Sa présence là où deux ou trois personnes sont assemblées en son nom.....	460

134	Pardon des injures et des offenses. — Parabole de la dette des dix mille talents.	464
135	Divorce. — Mariage	466
136	Réponse de Jésus à la question que ses disciples lui adressent sur la condition du Mariage. — Les trois espèces d'eunuques	470
137	L'humilité, source de toutes les vertus et *seule* voie qui mène à la perfection	473
138	Parabole de la veuve et du méchant juge	475
139	Pharisien et Publicain	476
140	Parabole du jeune homme riche	477
141	Réponse de Jésus à Pierre. — Les douze trônes. — Les douze tributs d'Israël. — Apostolat	480
142	Parabole de la vigne et des ouvriers de la première et de la dernière heure	483
143	Prédiction du sacrifice sur le Golgotha	485
144	Enfants de Zébédée. — L'humilité et le dévouement pour tous, sources et seuls moyens d'élévation. — Ne jamais avoir dans le cœur l'envie. Suivre l'exemple de Jésus et s'efforcer de marcher sur ses traces.	487
145	Conversion de Zachée	489
146	Aveugles de Jéricho guéris	490
147	Entrée de Jésus dans Jérusalem. — Vendeurs et acheteurs chassés du temple. — La Maison du Seigneur est une maison de prières et non par le trafic une caverne de voleurs	492

148	Parabole du figuier desséché........	497
149	Réponse de Jésus aux princes des prêtres, aux scribes et aux sénateurs du peuple. — Parabole des deux fils....................	499
150	Parabole de la vigne et des vignerons.	502
151	Suite de la même parabole. — Jésus principale pierre d'angle..........	505
152	Hydropique guéri, un jour de sabbat, chez l'un des principaux pharisiens......................	507
153	Inviter les pauvres, les estropiés, les boiteux et les aveugles. — Désintéressement....................	508
154	Prendre la dernière place. — Humilité	508
155	Parabole du festin et des conviés qui s'excusent....................	510
156	Dieu et César....................	512
157	Saducéens. — Résurrection. — Immortalité de l'âme, sa survivance au corps, son individualité après la mort......................	514
158	Amour de Dieu et du prochain......	516
159	Parabole du Samaritain............	519
160	Jésus chez Marthe. — Ne pas se préoccuper plus qu'il ne faut des besoins du corps. — Allier les soins que réclament l'esprit et le corps. La nourriture spirituelle ne périt jamais..................	520
161	Le Christ. — Seigneur de David.....	521
162	Orgueil et hypocrisie des scribes et des pharisiens. — Les écouter et ne pas les imiter...............	523

	EXPLIQUÉS EN ESPRIT ET EN VÉRITÉ	807
163	Dieu *seul* père, le Christ *seul* docteur, seul maître, les hommes tous frères...	524
164	Scribes et pharisiens hypocrites...	525
165	Docteurs hypocrites qui trompent les hommes...	527
166	Le denier de la veuve...	531
167	Réponse de Jésus à ses disciples relativement à son avènement et à la fin du monde et sur les signes qui en seront les précurseurs. — Guerres. — Séditions. — Pestes. — Famines. — Persécutions...	532
168	Abomination de la désolation dans le lieu saint. — Siège de Jérusalem.	537
169	Faux christs, faux prophètes...	541
170	Prédictions des événements qui précéderont l'avènement de Jésus dans son éclat spirite...	543
171	Parabole du figuier. — Prédiction de l'ère nouvelle du christianisme de Christ, de l'ère spirite. — La terre passera mais les paroles de Jésus ne passeront pas...	546
172	L'heure des événements prédits est inconnue, l'homme doit être toujours digne d'échapper à toutes ces choses qui doivent arriver...	548
173	L'homme doit se tenir toujours en éveil. — Paroles relatives à la séparation de l'ivraie d'avec le bon grain...	551
174	Parabole du serviteur fidèle et prudent et du méchant serviteur...	552

175	La culpabilité de l'Esprit et sa responsabilité sont en raison des moyens mis à sa portée et de la lumière qu'il a reçue..................	551
176	Parabole des vierges folles et des vierges sages...................	554
177	Veiller, être prêt à recevoir Jésus lors de son second avènement.......	556
178	Parabole des talents. — Serviteurs inutiles. — Paraboles des dix mares......................	556
179	Jugement dernier; séparation de l'ivraie d'avec le bon grain........	560
180	Parfums répandus sur la tête de Jésus.	562
181	Pacte de trahison de Judas Iscariote avec les princes des prêtres.....	564
182	Cène pascale. — Trahison de Judas prédite par Jésus................	569
183	Orgueil, Ambition, Domination, flétris	574
184	Prédictions de Jésus. — Renoncement de Pierre prédits.............	575
185	Jésus au lieu de Gethsemani. — Paroles et enseignements adressés à ses disciples. — Apparition de l'ange dans le but de convaincre les hommes de son humanité *apparente*, mais prise pour *réelle*...	576
186	Baiser de Judas. — Oreille d'un des serviteurs du grand prêtre, coupée — Fuite des disciples..........	580
187	Jésus emmené chez le grand prêtre. Outragé, déclaré mériter la mort.	585
188	Renoncement de Pierre............	587
189	Repentir et mort de Judas. — Lieu de son suicide et de sa sépulture....	589

	EXPLIQUÉS EN ESPRIT ET EN VÉRITÉ	809
190	Jésus devant Pilate. — Il est livré pour être crucifié..............	590
191	Flagellation. — Couronnement d'épines. — Outrages. — Insultes..	594
192	Jésus conduit au lieu du supplice. — Croix portée par Simon de Cyrène. — Paroles adressées par Jésus aux femmes qui se frappaient la poitrine et le pleuraient..........	595
193	Crucifiement de Jésus et des deux voleurs. — Paroles prononcées par Jésus	598
194	Blasphèmes. — Railleries. — Insultes.	598
195	Paroles de Jésus à l'un des deux voleurs appelé le bon larron.......	599
196	Mort, aux yeux des hommes, de Jésus	600
197	Voile du temple déchiré. — Tremblement de terre. — Apparition des morts. — Obscurcissement du soleil. — Paroles du centenier...	603
198	Joseph d'Arimathie descend le corps de Jésus, de la croix, et le dépose dans le sépulcre	605
199	Scellement, par les princes des prêtres et les pharisiens, de la pierre fermant l'entrée du sépulcre. — Etablissement des gardes..........	607
200	Visite de Marie-Magdeleine et des autres femmes au sépulcre. — Pierre qui fermait l'entrée du sépulcre descellée et renversée. — Apparition des anges aux femmes. — Rapport de ce qui s'était passé, par les gardes, aux princes des prêtres. — Apparition de Jésus à Marie et aux femmes. — Rapport par elles aux disciples. — Visite au sépulcre par Pierre et Jean...	608

201 Apparition de Jésus aux deux disciples qui allaient à Emmaüs. — Jésus disparaît à leurs yeux, ÉTANT à table avec eux.......... 613
202 Apparition de Jésus aux apôtres..... 616
203 Nouvelles et successives apparitions aux disciples. — Retour de Jésus à sa propre nature spirituelle, dans les régions éthérées. — Retour *appelé* : ascension. — Concordance établie *à cet égard* entre les narrations évangéliques qui s'expliquent et se complètent les unes par les autres............. 618

ÉVANGILES SELON JEAN

1 Le Verbe. — Le Verbe avec *Dieu*. — Le Verbe *Dieu*. — Le Verbe fait chair ; il a *habité* parmi les hommes, ils l'ont vu. *Le monde ne l'a point* connu. — Il est venu chez soi et les siens ne l'ont point reçu. — Nul homme n'a jamais vu *Dieu*. — C'est le fils unique qui est dans le sein *du Père*, qui en a donné connaissance. — Mission de Jean et témoignage qu'il rend du Verbe.................. 621
2 Témoignage que rendit Jean de lui et de Jésus lorsque les Juifs envoyèrent vers lui des prêtres et des lévites..................... 630

	EXPLIQUÉS EN ESPRIT ET EN VÉRITÉ	811
3	Autre témoignage de Jean. — Jésus agneau de Dieu..................	631
4	Deux disciples de Jean suivent Jésus; André lui amène Pierre........	632
5	Philippe et Nathanaël.............	633
6	Noces de Cana. — *Fait* appelé *miraculeux*....................	634
7	Vendeurs chassés du temple. — Jésus rétablira la vie en son corps en trois jours si les Juifs la lui ôtent *aux yeux des hommes.* — Connaissance PAR LUI-MÊME de tout ce qu'il y avait dans l'homme......	635
8	La loi de renaissance. — La réincarnation. — Questions adressées par Nicodème à Jésus.— Réponses de Jésus........................	637
9	Jean rend témoignage de Jésus......	642
10	Entretien de Jésus avec la Samaritaine. — Eau vive que Jésus donne à boire et qui devient, en celui qui la boit, une fontaine d'eau qui rejaillit jusque dans la vie éternelle. — Ne plus adorer le père sur la montagne ni dans Jérusalem. — Adoration du père. — Les vrais adorateurs que le père demande. — Les adorateurs du père *en esprit et en vérité*. — Jésus déclare à la Samaritaine être le Messie, c'est-à-dire le Christ. — *Sens, portée et but* de ces paroles de Jésus: Dieu est esprit. — Explications de la révélation actuelle sur Dieu..........	645

11 Rapport de la Samaritaine. — Les Samaritains viennent vers Jésus. — Ils croient. — Le reconnaissent le Sauveur du monde. — Paroles de Jésus à ses disciples............. 650

12 Piscine de Bethsaïda. — Guérison du paralytique........................... 652

13 Action incessante *du père*. — Action incessante aussi *de Jésus*. — Paroles de Jésus aux Juifs qui l'accusent de se faire *égal* à Dieu parce qu'il l'appelle : *son père*, — et par lesquelles, sous le voile *de la lettre*, il déclare son infériorité relativement à Dieu, n'être que l'instrument et le ministre des volontés *du père*. — Sa position et ses pouvoirs comme Messie. — Les fruits que sa mission doit produire.......................... 654

14 Jésus a un plus grand témoignage que celui de Jean. — Le père qui l'a envoyé a rendu témoignage de lui. — Ce sont les œuvres qu'il fait qui rendent de lui témoignage... 658

15 Les Ecritures rendent témoignage de Jésus. — Qui croit Moïse, croit Jésus........................ 659

16 Multiplication des cinq pains et des deux poissons. — Jésus sachant qu'on veut l'enlever pour le faire roi, se retire sur la montagne, et seul.......................... 661

17 Jésus marche sur la mer........... 662

EXPLIQUÉS EN ESPRIT ET EN VÉRITÉ   813

18   La morale que Jésus personnifie est la source de tout progrès et la voie qui mène à la perfection; elle conduit à l'affranchissement de l'incarnation matérielle......... 663

19   Murmure des Juifs contre ce que Jésus venait de dire. — Paroles voilées de Jésus. — Aucun homme n'a vu le père si ce n'est celui qui est né de Dieu. — Personne ne peut venir à Jésus si son père qui l'a envoyé ne l'attire. — Celui qui croit en lui a la vie éternelle. — Il est le pain qui est descendu du ciel. — Il est le pain vivant qui est descendu du ciel............ 665

20   La morale que Jésus personnifie est *figurément* le pain vivant, sa chair et son sang. — Celui qui la pratique a la vie éternelle, *c'est-à-dire* parvient à la perfection.... 667

21   En présence de ce que Jésus venait de dire, murmures et désertion de quelques-uns de ses disciples. — Paroles de Jésus à Pierre. — Réponse de Pierre. — Paroles de Jésus relativement à Judas Iscariote 668

22   Incrédulité des parents de Jésus. — Son temps n'est pas encore venu. 670

23   Jésus va secrètement à la fête des Tabernacles. — Il y enseigne publiquement. — Paroles de Jésus et des Juifs sur son origine et sa

mission. — Personne ne mit la main sur lui parce que son heure n'était pas encore venue. — Tentative infructueuse de la part des princes des prêtres de le faire prendre par les archers qu'ils avaient, à cet effet, envoyés. — Paroles des Pharisiens aux archers. — Nicodème prend la défense de Jésus.................. 671

24 La femme adultère................ 675

25 Discours de Jésus aux Juifs qui NE devaient être compris, selon l'esprit en esprit et en vérité, QUE par la révélation nouvelle...... 676

26 Suite du discours de Jésus aux Juifs. 677

27 Suite et fin du discours de Jésus aux Juifs....................... 681

28 Aveugle dès sa naissance. — Guéri par Jésus.................... 683

29 L'aveugle est conduit devant les Pharisiens. — Interrogatoire qu'ils lui font subir, ainsi qu'à ses père et mère. — Puis il est injurié et chassé par eux................ 684

30 L'aveugle qui avait été guéri, rencontré par Jésus, croit en lui. — Paroles que Jésus lui adresse. — Paroles des Pharisiens à Jésus, — et réponse de Jésus............ 686

31 Parabole de la porte de la bergerie des brebis — Jésus est la porte.. 688

EXPLIQUÉS EN ESPRIT ET EN VÉRITÉ 815

32 Jésus est le bon pasteur. — Tous les hommes qui pratiquent sa morale pure sont ses brebis. — Sa mission est d'amener tous les hommes à la pratiquer afin qu'il n'y ait qu'un troupeau et qu'un pasteur. — Il a le pouvoir de quitter la vie et de la reprendre; personne ne la lui ôte, ne peut la lui ôter.. 689

33 Jésus, — accusé de se faire Dieu, — proteste sous le voile *de la lettre*, en renvoyant les juifs au psaume LXXXI, v. 1 et 6, se proclame fils de Dieu, Dieu comme eux, et comme ayant, tous, une origine commune et divine *en tant que principe spirituel*. — Il proclame en même temps, sous voile également, son autorité, sa mission *terrestre* et sa mission *spirituelle*. 691

34 Lazare « mort » *aux yeux des hommes à leurs yeux* « ressuscité. ». 693

35 Sur le rapport à eux fait de ce qui venait de s'accomplir pour Lazare, les princes des prêtres et les Pharisiens tiennent conseil, dans le but de trouver les moyens de faire mourir Jésus. — Paroles de Caïphe...................... 696

36 Marie parfume les pieds de Jésus. — Murmure de Judas. — Les Juifs délibèrent de faire mourir Lazare. 698

37 Entrée de Jésus dans Jérusalem..... 699

38 Des Gentils veulent voir Jésus : — Paroles de Jésus à cette occasion. 700

39	Suite des paroles de Jésus........	702
40	Incrédulité des Juifs ; — foi de quelques-uns, mais étouffée par le respect humain, la crainte d'être chassés de la synagogue : aimant mieux ainsi la gloire des hommes que la gloire de Dieu...... ...	704
41	La morale que Jésus a prêchée est non de lui, mais de Dieu ; Jésus, qui est la lumière, est venu pour sauver le monde ; l'homme se juge lui-même, et c'est sa conscience qui prononce le jugement.	705
42	Jésus lave les pieds à ses apôtres ; — Paroles qu'il leur adresse.......	706
43	Jésus prédit la trahison de Judas...	708
44	Jésus fait allusion au sacrifice qui va s'accomplir sur le Golgotha ; — les disciples du Christ doivent s'AIMER les uns les autres — c'est le signe auquel on les reconnaîtra. — Renoncement de Pierre prédit.	710
45	Plusieurs demeures dans la maison du père. — Jésus va préparer le lieu à ses disciples ; — et lorsqu'il reviendra, il les attirera à lui afin qu'ils soient là où il sera ; — il est la voie, la vérité, la vie ; — personne ne vient au père que par lui ; — ses rapports avec le père. — Celui qui croit en Jésus fera lui-même les œuvres qu'il fait et en fera encore de plus grandes..	711

46	Jésus promet à ses disciples que ce qu'il demanderont au père afin que le père soit glorifié dans le fils, leur sera accordé; — qu'il leur accordera ce qu'ils lui demanderont en son nom; — il leur prescrit de garder ses commandements; il leur promet le consolateur qui est le Saint-Esprit l'esprit de vérité; — il déclare que tous ceux qui garderont ses commandements, sa parole, auront avec eux, le père et lui........	714
47	Le consolateur, qui est le Saint-Esprit, enseigne toutes choses; — Jésus donne sa paix à ses disciples; — son père est plus grand que lui.....................	716
48	Parabole de la vigne et du vigneron.	717
49	S'aimer les uns au autres. — Les serviteurs, les amis de Jésus; — sa mission..................	719
50	Jésus prédit à ses disciples la haine et les persécutions que l'accomplissement de leur mission leur attirera. — Il leur prédit l'avénement futur de l'esprit de vérité, et sa venue pour eux...............	721
51	Suite des prédictions de Jésus — quant aux persécutions qui attendent ses disciples, — et quant à l'avénement futur de l'esprit de vérité et à sa mission.........	723
52	Jésus promet à ses disciples la joie après la tristesse...............	727

53 Promesses que Jésus fait à ses disciples; prédictions qu'il leur adresse; — il atteste, sous le voile *de la lettre*, son origine et sa position spirite; — il déclare qu'il a vaincu le monde.................... 728

54 Paroles adressées par Jésus au père — devant ses disciples. — au point de vue de l'unité et de l'indivisibilité de Dieu, de la nature et de l'importance de la mission que le père lui a conféré relativement à notre planète et à son humanité, — au point de vue des disciples, *de leur mission* et des progrès à venir qui les attendent après leur mission fidèlement accomplie et qui attendent tous ceux qui marcheront sur leurs traces......... 729

55 Jésus s'en va, avec ses disciples, au jardin situé au delà du torrent de Cédron; — arrestation de Jésus; — circonstances relatives à cette arrestation; — paroles de Jésus à ceux qui venaient pour s'emparer de lui; — paroles de Jésus à Pierre, qui s'est servi de son épée et a blessé Malchus à l'oreille droite; — Jésus est pris et amené chez Anne et de là chez Caïphe.. 733

58 Flagellation. — Couronnement d'épines; voici l'homme. — Crucifiement demandé par les Juifs..... 738

EXPLIQUÉS EN ESPRIT ET EN VÉRITÉ   819

59 Silence de Jésus, en présence de la question que lui adresse Pilate. — Tout pouvoir vient d'en haut. — Les Juifs persistent à demander le crucifiement de Jésus........   739

60 Jésus livré aux Juifs ; — emmené au Calvaire ; — crucifiement ; — inscription écrite par Pilate et mise au haut de la croix........   740

61 Vêtements — tunique ; — la Vierge et Jean au pied de la croix. — Paroles de Jésus à Marie — puis à Jean.........   741

62 Paroles de Jésus ; — Jésus mort *aux yeux des hommes*. — Os non brisés ; — côté percé............   742

63 Dépôt du corps de Jésus dans le sépulcre...................   743

64 Madeleine va au sépulcre ; elle avertit Pierre et Jean qui viennent après elle. — Apparition des Anges et Jésus à Madeleine..........   744

65 Apparition de Jésus aux apôtres....   745

66 Apparition de Jésus à Thomas et aux autres disciples. — Thomas voit et croit...................   746

67 Apparition de Jésus près de la mer de Tibériade. — Pêche *appelée*: « miraculeuse ». — Amour de Pierre pour Jésus. — Jésus lui confie ses brebis, lui prédit son

martyre; *et s'abstient de* dire ce
que deviendra Jean............ 748

LES COMMANDEMENTS

Décalogue...................... 751
Épilogue....................... 767

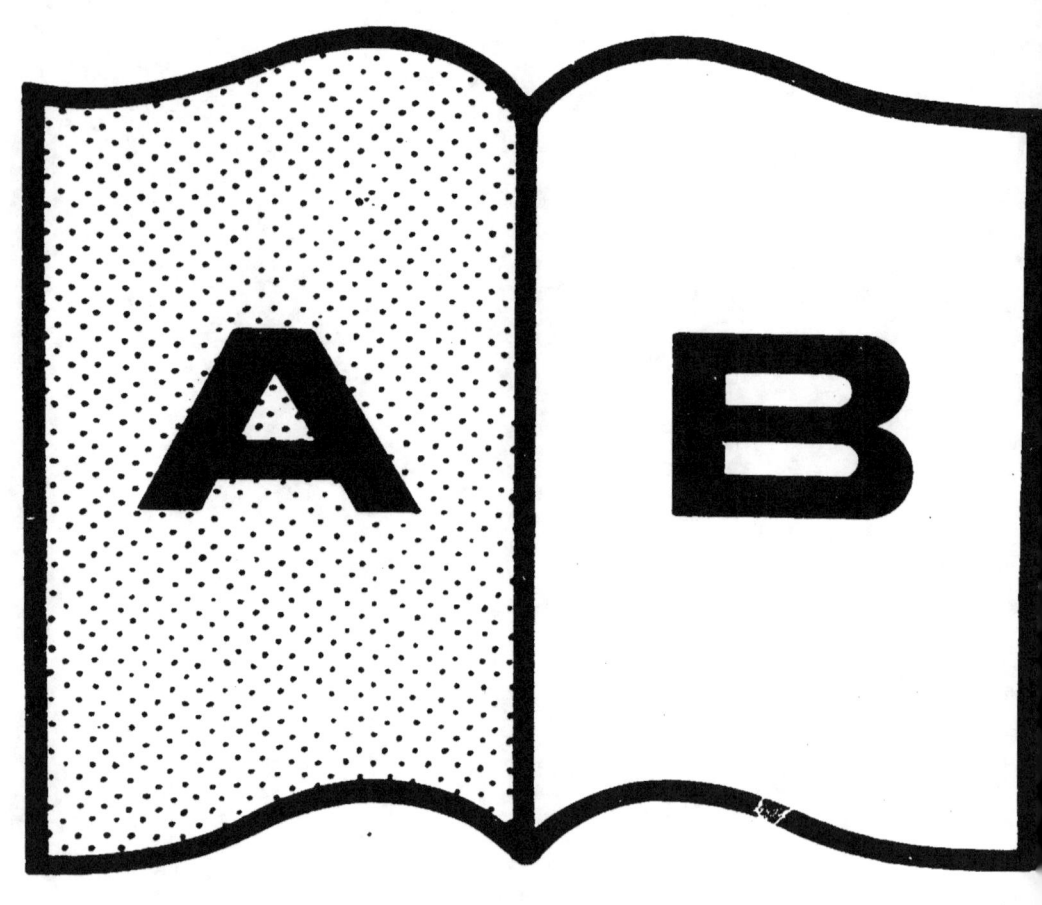

Contraste insuffisant

NF Z 43-120-14

www.ingramcontent.com/pod-product-compliance
Lightning Source LLC
Chambersburg PA
CBHW071425300426
44114CB00013B/1317